KB051482

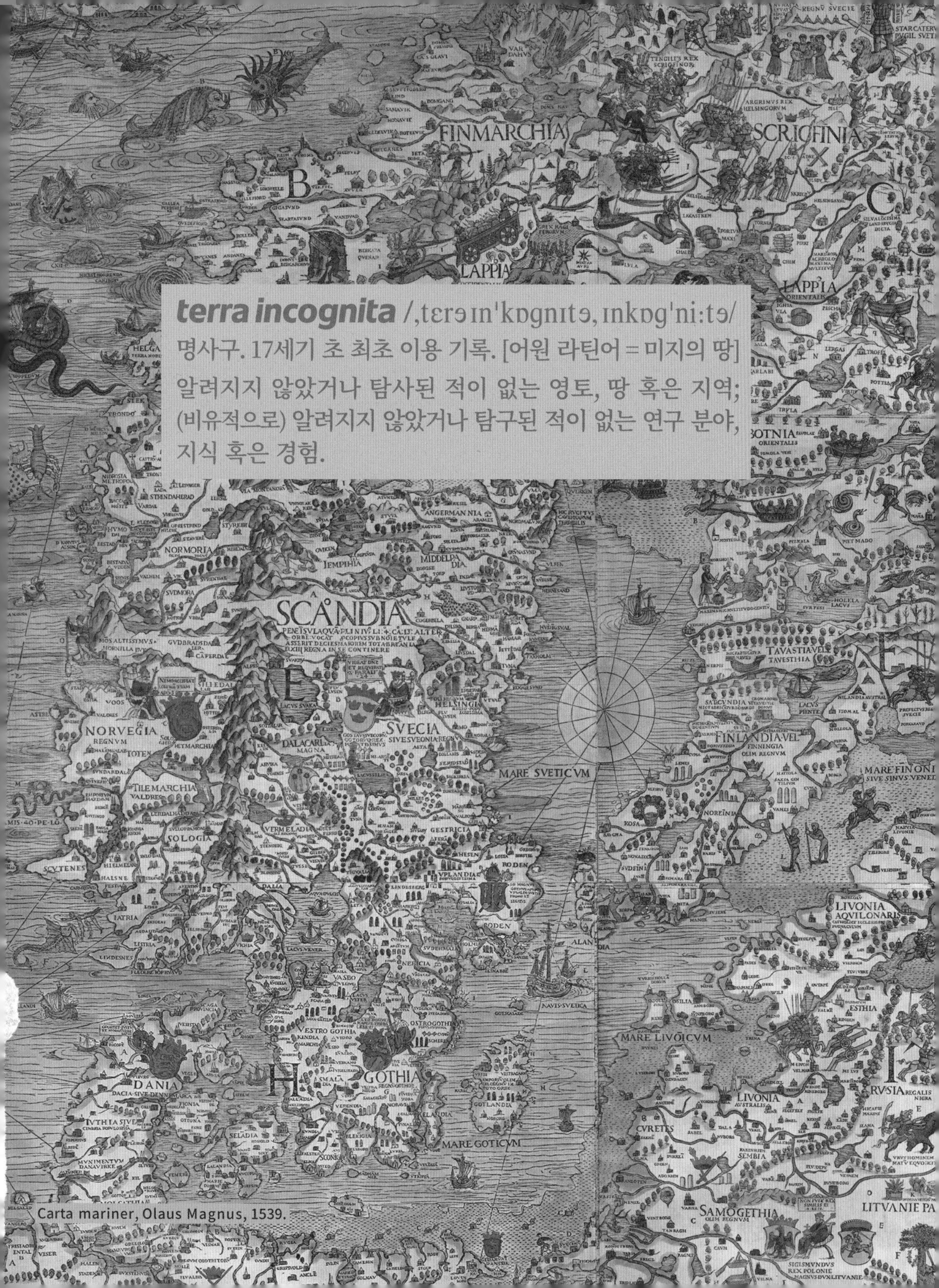

terra incognita /ˌtɛrə ɪnˈkɒɡnɪtə, ɪnkɒɡˈniːtə/

명사구. 17세기 초 최초 이용 기록. [어원 라틴어 = 미지의 땅]

알려지지 않았거나 탐사된 적이 없는 영토, 땅 혹은 지역; (비유적으로) 알려지지 않았거나 탐구된 적이 없는 연구 분야, 지식 혹은 경험.

Carta mariner, Olaus Magnus, 1539.

2015년 난민의 흐름으로, 각각의
점이 난민 17명을 나타낸다.

TERRA INCOGNITA

앞으로 100년

인류의 미래를 위한 100장의 지도

이언 골딘, 로버트 머가 지음
추서연 외 옮김

동아시아

TERRA INCOGNITA

First published as TERRA INCOGNITA by Century, an imprint of Cornerstone.
Cornerstone is part of the Penguin Random House group of companies.
Typesetting and design by Roger Walker
Features EarthTime images by CREATE Lab
Features additional images by Roger Walker

이언 골딘 Ian Goldin

옥스퍼드대학 교수로 '세계화 및 개발' 분야의 세계적인 석학이다. 또한 300명 이상의 전문가가 모여 세계가 맞이한 긴급 현안들에 대한 대안을 모색하는 학제 간 연구소 '옥스퍼드 마틴 스쿨'의 창립 이사이기도 하다. 넬슨 만델라 대통령의 경제 자문을 역임했으며 세계은행 개발정책이사와 부총재 직위를 역임했다. 다보스 포럼과 TED에서 기조연설을 맡았으며, 《BBC》에서 〈세상을 바꾼 팬데믹The Pandemic that Changed the World〉을 발표했다. 주요 저서로 『발견의 시대』, 『위험한 나비효과』, 『이주와 경제』, 『개발을 위한 세계화』 등이 있다.

로버트 머가 Robert Muggah

세계적인 정치학자이자 도시학자, 안보 전문가이다. 이가라페 연구소와 세크데브 그룹의 공동 설립자이기도 하며, 도시화, 범죄 예방, 안보, 이주, 분쟁과 폭력 분야 등의 연구에서 두각을 드러낸다. 《뉴욕타임스》와 《BBC》에 정기적으로 기고를 하고 있으며, 다보스 포럼과 TED에서도 연사로 활동하고 있다. 그가 설립한 브라질의 싱크탱크인 이가라페 연구소는 2019년 프로스펙트 매거진에서 세계 최고의 사회정책 싱크탱크로 선정되었다. AOAV가 선정한 '폭력 방지에 있어서의 가장 중요한 100대 인물' 중 한 명으로 꼽혔다.

옮긴이

권태형

한국외국어대학교 통번역대학원 한영과를 국제회의통역 전공으로 졸업했다. 석유공사, 이노션 삼성 SDS를 거쳐 금융기관에서 일하고 있다. 금융, 마케팅, 스포츠, 영화 등 다양한 분야에서 통번역가로 활동 중이다.

금미옥

서울외국어대학원대학교 한영통번역학과를 졸업하고 글밥아카데미 출판번역 과정을 수료했다. 2014인천장애인아시아경기대회조직위원회에서 통번역 업무를 했고 천주교서울대교구 민족화해위원회 국제포럼 조직위에서 행사 종괄 및 국제협력 업무를 담당했다. 지금은 번역 프리랜서로 일하고 있다.

김민정

서울외국어대학원대학교 한영통번역학과를 국제회의통역 전공으로 졸업한 후 한국수력원자력에서 근무했다. 프리랜서 통역사, 번역가로 활동 중이다.

김화진

서울외국어대학원대학교 한영통번역학과를 국제회의통역 전공으로 졸업했다. 이후 KDI 정책대학원과 벨기에 뢰번가톨릭대학교에서 환경정책으로 석사 학위를 취득한 후 유엔환경계획(UNEP), 21세기 재생에너지정책네트워크(REN21)에서 근무했다. 현재는 유엔교육훈련기구(UNITAR)의 제주 소재 연수센터에서 환경 분야 사업을 기획하고 있다.

유병진

한국외국어대학교 영어과와 몬트레이국제대학원 한영통역번역학과(국제회의통역 전공)를 졸업했다. 2014인천아시아경기대회 조직위원회에서 근무하며 스포츠 행정 및 통번역 업무를 담당했다. 그 외 다큐멘터리 영상, 역사 서적 등 다양한 번역 경험이 있다. 현재 지자체에서 지방정부 간 도시외교 및 국제기구와의 협력과 관련한 통번역 업무를 담당하고 있다.

유선희

서울외국어대학원대학교 한영통번역학과와 경희대학교 국제대학원을 졸업한 후 이화여자대학교 통역번역대학원 박사과정을 수료했다. 문화체육관광부 외신대변인으로 근무하고 있으며, 대학에서 번역 강의를 한다. 서울특별시청, 2018 평창동계올림픽대회 조직위원회에서 통,번역, 국제 협력, 홍보 업무를 했으며 한국 문화의 해외 홍보에 관심이 많다.

유지윤

서울대학교 사회학과를 졸업하고 한국외국어대학교 통번역대학원 영어과에서 번역을 전공했다. KBS 라디오 PD로 근무하다가 지금은 미국에 거주하며 프리랜서 번역가로 일하는 워킹맘이다. 한국언론재단 국제행사 프로그램 및 기사 등을 번역했고, 옮긴 책으로 제사 크리스핀의 『그래서 나는 페미니스트가 아니다』(북인더갭)가 있다.

이은경

서울여자대학교에서 영문학과 국제학을 전공하고 서울외국어대학원대학교 한영통역번역학과를 졸업했다. 의약분야 국내외 규정 등 전문 번역 경험이 풍부하다. 현재 국가기관에서 통번역 업무와 의약품 관련 국제기구 및 해외기관 대상 국제협력 업무를 맡고 있다.

이지연

연세대학교를 졸업하고 광고 카피라이터로 활동 후 서울외국어대학원대학교 한영통역번역학과 국제회의통역 전공으로 졸업했다. 농식품부, 한국수력원자력 등 공공기관에서 양자 다자 협력 등 국제협력 및 계약 협상 통역 번역 업무를 담당하였다. 현재 에너지, IT, 농업, 생명, 식품 등 다양한 분야에서 프리랜서 통번역가로 활동 중이다.

이효은

방위사업청, 산업부에서 통역사로 일했다. 애플, 마이크로소프트 등 글로벌 테크기업과 국내 대기업 사이의 기술 협력을 맡았다. TBS에서 서울시 영어 리포터로 활동했다.

임민영

서울여자대학교에서 행정학과 경영학을 전공했으며 서울외국어대학원대학교 한영통역번역학과를 졸업했다. 다수의 생명과학 분야 논문, 법률·규정을 번역했고 현재는 통번역사로서 생명과학 분야 전문 통번역을 하고 있다.

정훈희

한양대학교에서 영어교육학을 전공하고 뉴욕시립대학교 헌터칼리지에서 TESOL 석사학위를 취득했다. 한국외국어대학교 통번역대학원 한영과에서 번역을 전공한 후, 헌법재판소 세계헌법재판총회, 국립현대미술관 등 여러 기관에서 번역사로 근무했다. 현재는 영문에디터이자 프리랜서 번역가로 활동하고 있다.

추서연

서울대학교 사회학과와 서울외국어대학원대학교 한영통역번역학과를 졸업했다. 지자체에서 기후변화 및 환경 국제기구와의 협력·협상 통번역을 담당했고, 유엔기후변화협약 당사국총회 부대행사 등 국제행사를 진행했다. 현재 지방정부 도시외교 및 국제기구 협력 분야 통번역가로 활동 중이다.

새로운 시대를 위한 새로운 지도

'세계화'라는 단어가 무의미했던 인류 역사 대부분의 기간 동안 호모 사피엔스는 언제나 같은 곳에서 태어나 같은 곳에서 죽어갔을까? 다시 한번 생각해 보자. 30만 년 전 동아프리카에서 탄생한 인류는 두 발로 걸어 유라시아 대륙 끝자락에까지 도착하지 않았던가? 대부분의 인류 역사에서 우리는 부모님이 태어난 곳이 아닌 다른 곳에서 태어났고, 우리의 경험과 추억은 그들의 기억이 만들어진 곳이 아닌 새로운 장소에서 만들어졌다는 말이다.

예전에 살던 곳엔 여전히 사냥감들이 부족했기에, 인류는 언제나 '익숙하고 편한' 곳이 아닌, '새롭고 불편한' 곳으로 떠나야만 했다. 인류에게 미래란 언제나 테라 인코그니타, 그러니까 '미지의 땅'이었다는 말이다. 하지만 1만 2,000년 전, 농사라는 최첨단 기술을 습득한 인류는 한곳에 정착하기 시작했고, '예측 가능성'이라는 편안함을 알게 된다. 시간과 계절의 불안함을 해소하기 위해 달력을 만들었고, '지도'를 통해 미지의 세상은 점점 익숙하고 예측 가능한 세상으로 탈바꿈하기 시작한다.

지구 마지막 구석까지 완벽하게 '지도화'한 인류는, 이제 흥미롭게도 또 다른 '미지의 땅'을 향해 가고 있다. 지구온난화와 기후변화는 지구 환경을 되돌릴 수 없게 탈바꿈시키기 시작했다. 도시화와 고령화 그리고 AI 같은 새로운 기술 역시 '익숙하고 편하던' 세상을 다시 '새롭고 불편하게' 바꾸어 놓기 시작했다.

"낡은 지도로는 새로운 세상을 탐험할 수 없다"라는 아인슈타인의 말을 따라, 이언 골딘과 로버트 머가는 21세기 우리가 이해하고, 탐험하고, 생존해야 할 새로운 '미지의 땅'을 소개한다. 퇴근 후 저녁에 읽기 시작해 밤을 꼬박 새워 읽을 수밖에 없었다. 놀랍고, 두렵고, 흥미로운 미지의 세상을 보여주는 책! 짐작은 하고 있었지만, 진정으로 이해하지 못했던 우리의 미래를 미리 보여주는 책이었다.

21세기 미래의 문제를 준비해야 할 결정적 시기에 여전히 19세기와 20세기 과거 문제에 더 집착하고 있는 대한민국의 현실…. 정치인, 지식인, 언론인… 그리고 앞으로 21세기 미지의 세상에서 살아남아야 할 MZ 세대 한 명 한 명에게 강제로라도 꼭 읽어 보게 하고 싶은 책이다.

뇌과학자 김대식

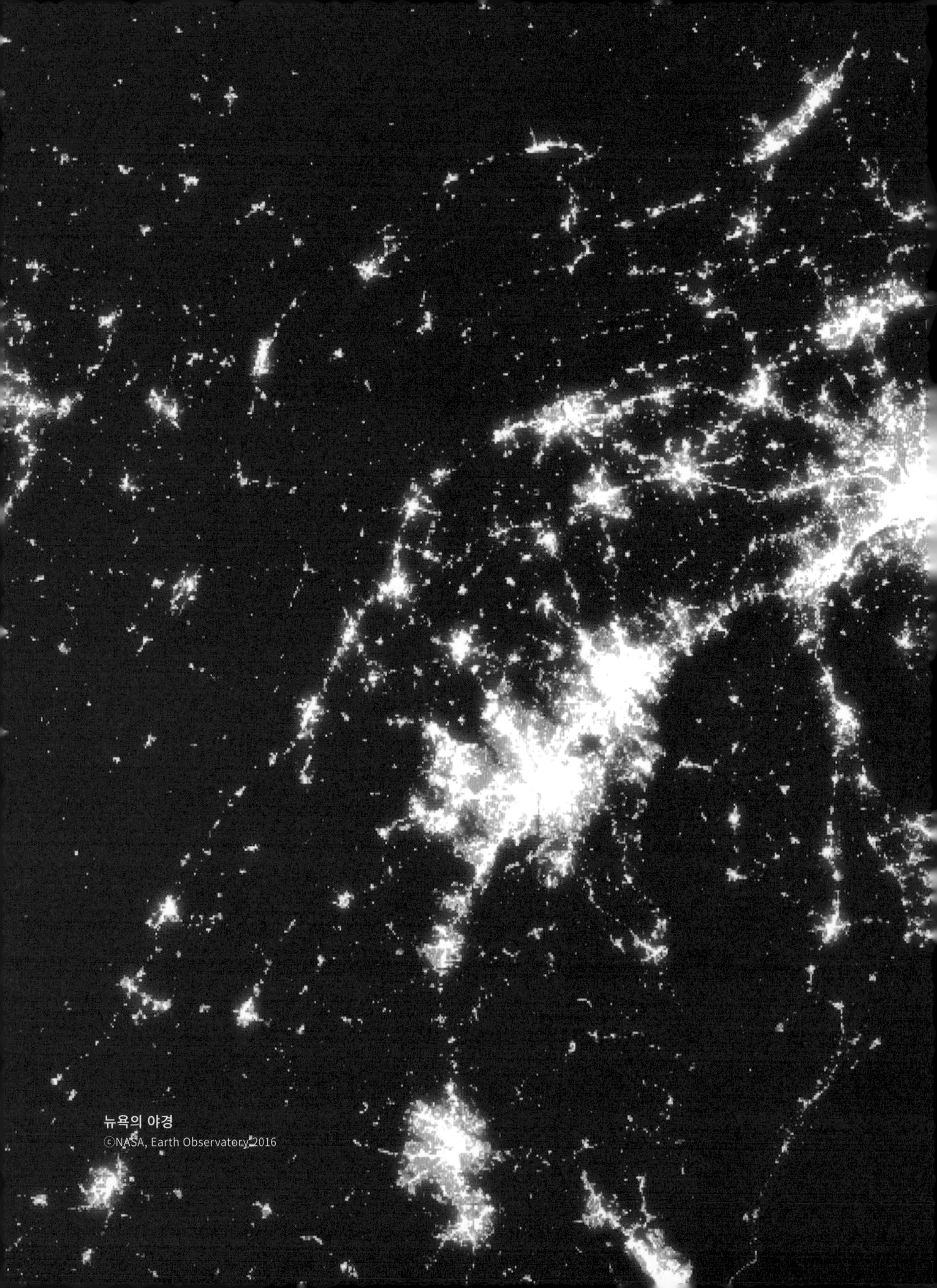

뉴욕의 야경

차례

100장의 지도

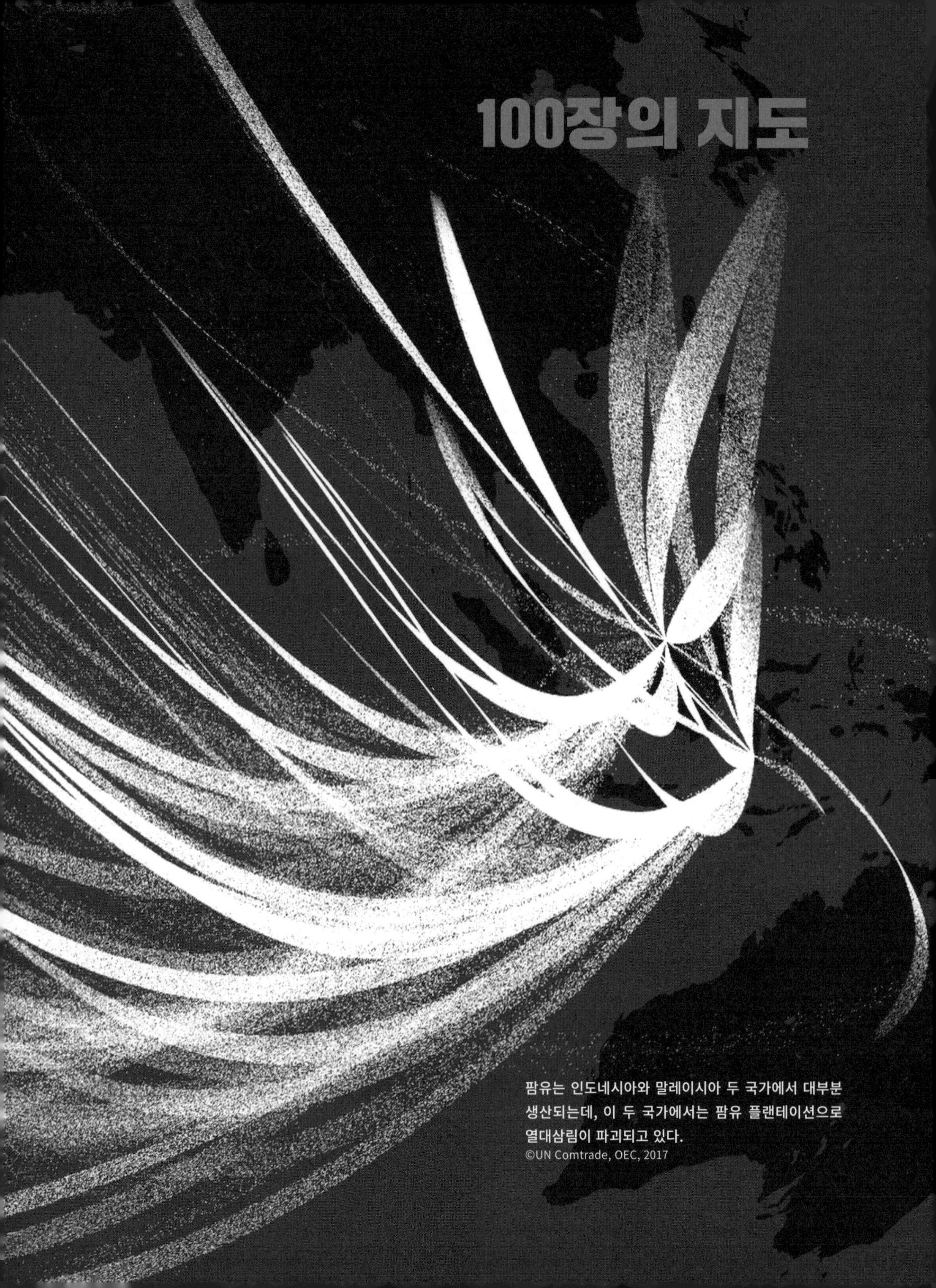

팜유는 인도네시아와 말레이시아 두 국가에서 대부분 생산되는데, 이 두 국가에서는 팜유 플랜테이션으로 열대삼림이 파괴되고 있다.

일러두기

- 본문에서 단행본은 『 』, 저널·신문은 《 》, 그 외 영화와 방송프로그램 등은 〈 〉로 구분했다.
- 본문에 옮긴이가 추가한 주석은 이탤릭체 괄호로 표시하여 원문과 구분하였다.
- 본문에 나오는 그림과 표 중에 출처가 기입되지 않은 자료는 저자가 가공하여 수록한 자료이다.

테스Tess, 올리비아Olivia, 앨릭스Alex에게
풍요로운 삶을 살아가기를!
이언 골딘

미지의 것을 포용하는 용기를 지닌
헨리Henry와 베티Betty에게
로버트 머가

감사의 말

우선 이 책을 시작부터 출판까지 책임지고 맡아준 참을성 많고 일 잘하는 펭귄 출판사의 편집자 벤 브루시Ben Brusey와 그를 도와준 카심 모하메드Kasim Mohammed와 제스 밸런스Jess Ballance에게 깊은 감사의 말씀을 전합니다. 크리에이트 랩CREATE Lab의 일라 누르바흐시Illah Nourbaksh와 그의 동료 폴 딜Paul Dille, 라이언 호프먼Ryan Hoffman, 게이브리얼 오도널Gabriel O'Donnell은 이 책에 필수적인 여러 지도를 제공해 주었습니다. 로저 워커Roger Walker는 이미지 디자인과 조판을 훌륭하게 해주었습니다. 연구조사를 도와준 애덤 페리스Adam Ferris에게도 진심으로 감사드립니다.

이 책에서 다루는 여러 주제의 일부는 저자들의 전문지식과 경험을 넘어서는 영역이었습니다. 이렇게 여러 주제를 탐색하면서 궤도를 이탈하지 않고 바로잡아 줄 주변의 많은 동료와 친구들의 열정적이며 세심한 조언에 절대적으로 의존했습니다. 이 책에 밝힌 의견은 전적으로 저희의 책임이지만, 저희를 선뜻 도와준 수많은 사람, 특히 아워월드인데이터Our World in Data의 맥스 로저Max Roser와 그의 뛰어난 팀에 깊은 감사를 표합니다.

이언은 지적 탐구를 지원하고 육성하는 최적의 환경을 제공해 온 옥스퍼드 마틴 스쿨Oxford Martin School에 고마움을 전합니다. 매사추세츠공과대학MIT의 빈곤퇴치 연구소MIT Poverty와 미디어 랩Media Lab에서 안식년을 보내도록 해준 옥스퍼드대학Oxford University과 베일리얼 칼리지Balliol College만큼 여러 생각을 탐구하고 배우기에 좋은 환경에 있다는 사실을 늘 감사하게 생각합니다. 이언은 록펠러 재단 벨라지오 센터Rockefeller Centre at Bellagio와 스텔렌보쉬 연구소Stellenbosch Institute for Advanced Studies에 있을 때 이 책의 일부를 썼습니다.

로버트는 자신을 아낌없이 지원해 준 이가라페 연구소Igarapé Institute, 시크데브그룹SecDev Group, 세계경제포럼World Economic Forum의 동료들에게 감사의 마음을 전합니다. 린드 펠로십Lind Fellow 연구원으로 안식년을 보낸 브리티시컬럼비아대학 리우 국제문제연구소University of British Columbia's Liu Centre와 뉴욕대학 국제 협력센터New York University's Center for International Cooperation에도 감사를 표합니다. 시카고 국제문제협의회Chicago Council on Global Affairs와 캐나다 국제문제연구소도 수년간 로버트를 지원해 주었습니다.

모든 책이 나오는 데에는 희생이 따릅니다. 책을 쓰지 않았다면 가족과 친구들과 시간을 더 많이 보낼 수 있었을 겁니다. 이언과 로버트는 이 책을 위해 밤과 주말 시간을 기꺼이 포기해준 자신들의 파트너와 아이들에게 특히 감사의 마음을 전합니다. 대서양을 넘나드는 전화 통화와 시간의 압박 때문에 이언은 테스, 올리비아, 앨릭스에게 시간을 내주지 못한 적이 많았지만, 그들은 그를 한결같이 사랑하며 참을성 있게 지지하고 격려해 주었습니다. 로버트 역시 가족과 친구들에게 고마운 일이 많았고, 초기 원고를 읽고 피드백을 준 것에 특히 고마움을 느꼈습니다. 로버트의 부인 일로나Ilona와 딸 야스민-조이Yasmin-Zoe 또한 변함없는 지지와 놀라운 참을성을 보여주었습니다.

2020년 6월

옥스퍼드에서 이언 골딘

리우데자네이루에서 로버트 머가

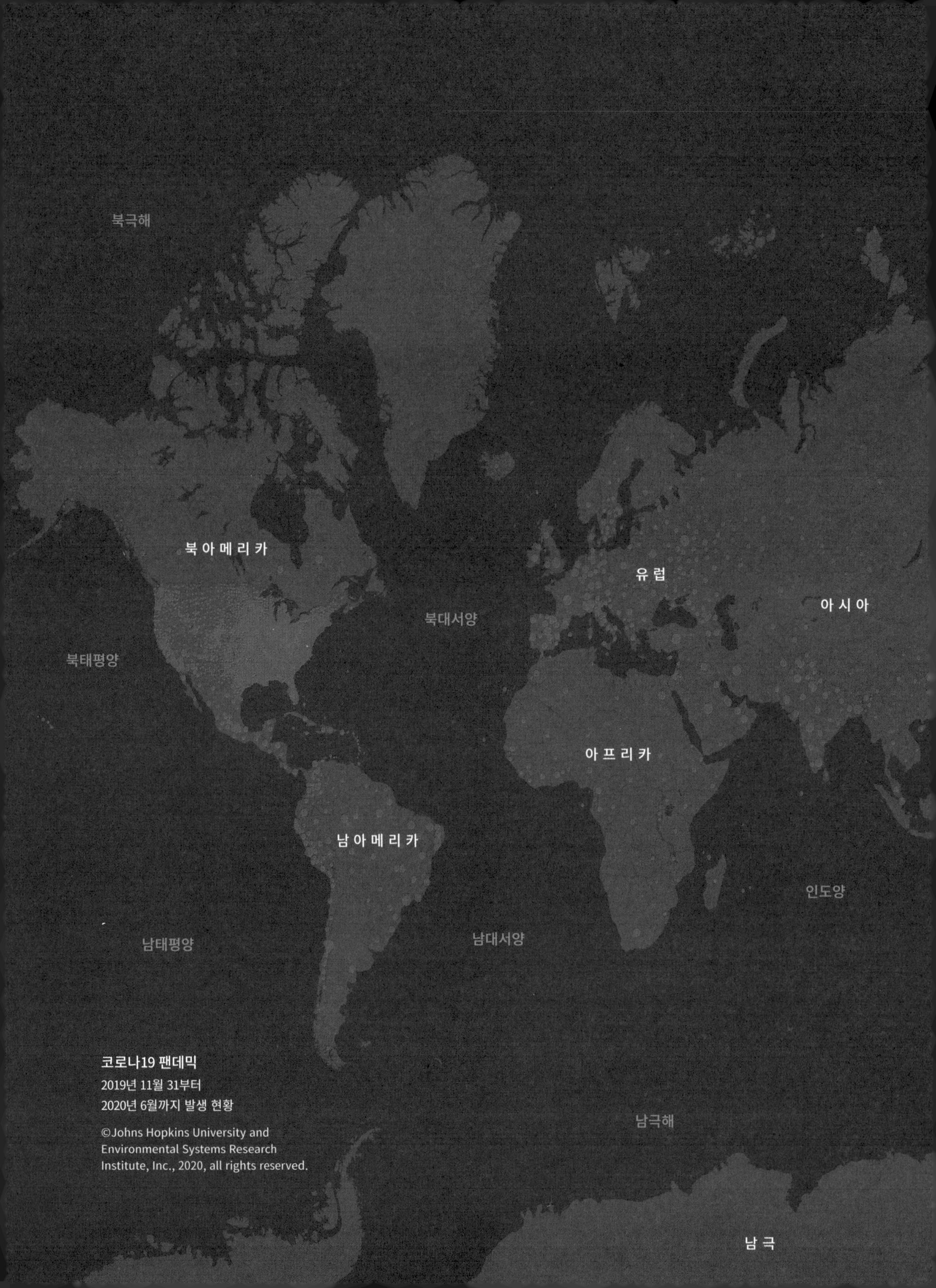

북극해

북아메리카

유럽

아시아

북대서양

북태평양

아프리카

남아메리카

인도양

남태평양

남대서양

코로나19 팬데믹

2019년 11월 31부터
2020년 6월까지 발생 현황

남극해

남극

서문

2020년 1월에서부터 5월까지의 기간에 걸쳐, 코로나19COVID-19는 188개국으로 퍼졌고 감염자의 일부에 불과한 확진자 800만여 명 중에서 40만 명이 사망했다. 코로나바이러스 지도들은 이 책에 나온 다른 지도들처럼, 21세기에 우리가 연결된 방식과 우리가 직면한 공동의 기회와 위기를 잘 나타낸다.

2020년 초, 세계 인구의 3분의 2 이상이 코로나19 봉쇄령lockdown 아래 놓였을 때, 우리는 한 지도를 보며 경악했다. 존스홉킨스대학Johns Hopkins University과 에스리ESRI 연구원들이 지난 100년간 가장 치명적이었던 바이러스의 진화를 추적하여 선명한 빨간색과 검은색으로 표시해 만든 지도이다.[1] 보기만 해도 등골이 서늘해지는 이 지도는 코로나19 감염자와 사망자 수의 실시간 집계를 나타낸다. 세계가 감염병의 확산 속도에 놀랐을지는 몰라도, 바이러스 자체가 예상 못 했던 바는 아니었다. 수년간, 빌 게이츠Bill Gates와 우리를 비롯한 많은 이들이 대대적인 팬데믹pandemic의 위험성을 경고하며, 팬데믹이 어디에서 시작될지, 얼마나 우후죽순처럼 세계 전역을 뒤덮을지까지도 예측했다.[2] 2019년에서 2020년에 걸친 코로나바이러스의 무시무시한 규모를 알려주는 이 데이터는 희망의 실마리도 제공한다. 얼마나 많은 사람들이 코로나19에서 회복되었는지를 보면, 생명의 위협을 무릅쓴 의사, 간호사, 구급차 운전사, 응급 구조요원과 기타 구급대원들의 영웅적 노력을 엿볼 수 있다.

우리가 이 책의 원고를 펭귄랜덤하우스Penguin Random House에 보낸 것은 코로나19 팬데믹이 한창 세계를 죽음의 도가니로 몰아넣던 때였다. 2019년 12월, 코로나바이러스가 우한에서 처음 발견된 후, 로버트는 향후 바이러스의 세계 이동 경로를 예상하며 이를 막을 방법을 찾기 위해 역학자와 통계학자로 꾸려진 팀에 합류했다. 주식 시장에서 주가가 폭락하기 시작하며 1주일 만에 9조 달러가 넘는 금액이 증발했을 때, 이언은 라디오 프로그램에 나가 청취자들에게 과거의 위기들을 상기시키며 이를 종식할 방법을 이야기했다. 그때나 지금이나 인류 최대의 적은 음모론을 생성하고 과학을 부인하는 정치인과 비평가이다. 이 위기가 어떻게 끝날지 예측할 수는 없지만, 세계화와 삶의 다양한 측면에 지속적인 영향을 끼치리라는 사실은 분명하다. 코로나19 팬데믹은 가속화된 연결에 수반되는 체계적 위험system risk을 드러낸다. 이는 우리가 불가분의 운명 공동체이며, 협력이 필연은 아닐지라도 필수이기는 하다는 점을 상기시킨다. 팬데믹이든 기후 변화든 대규모 살상무기든, 우리가 직면한 여러 가지 존재론적 위협을 부정하고 행동하지 않는 일은 그저 위험하기만 한 게 아니라 그 자체로 범죄이다.

코로나19 팬데믹은 상상도 못 했던 방식으로 우리의 삶을 가속화하고 파괴했다. 많은 사람이 예정을 취소하고, 일을 쉬고, 아픈 친지들을 돌보았으며, 사랑하는 사람들을 일찍 하늘로 떠나보내야 했다. 상당한 충격이 갑작스럽게 찾아왔다. 2020년 3월 초, 로버트는 뉴욕시에서 안식년을 보내고 있었다. 코로나19와 관련된 세계의 통계 수치를 분석하다가 자신의 본거지로 가 상황을 더 자세히 조사해 보기로 마음먹었다. 자신이 내린 통계 추계를 보고 심란해진 로버트는 미래의 '밀집hotspot' 예상 지역을 둘러보았다. 가는 거리마다 사회적 거리두기는 전혀 염두에도 없는 사람들로 매우 붐볐다. 로버트는 바로 그날, 이삿짐 트럭을 고용해 짐을 싸 가족과 함께 국경을 넘어 고향인 캐나다로 갔고, 그곳에서 영국의 옥스퍼드에서 봉쇄령으로 묶여 있던 이언과 함께 이 책을 마무리했다. 로버트가 뉴욕을 떠난 지 불과 며칠 후, 캐나다와 미국은 국경을 폐쇄했고, 원래 살던 브라질로 가는 비행편은 취소되었다. 몇 주 만에 뉴욕은 미국 전체 확진자의 4분의 1에 달하는 확진자와 수만 명의 사망자를 기록하며 세계에서 손꼽는 코로나19 중심지가 되었다.

코로나19 팬데믹은 우리 모두의 삶을 뒤흔들었지만, 세계의 가장 위급한 난제들과 해결책을 규명하고 시각화하고자 하는 이 책이 필요한 이유 역시 확실하게 드러냈다. 코로나19가 세계화를 없애지는 않겠지만, 세계화의 모습을 재편할 것은 분명하다.[3] 코로나19의 발생 자체가 세계화의 장단점을 고루 드러낸다. 초연결된 세상에서 전염성 바이러스는 유례없이 빠른 속도로 광범위하게 이동한다. 바이러스는 사람들만 감염시키는 게 아니라 정치와 경제까지 즉각 감염시킨다. 고도로 통합된 세계 공급망 때문에 한 생산자에게만 문제가 생겨도 예측 불가능한 결과가 초래되는 연쇄 파급효과가 나타난다. 그러나 탈세계화를 외치고 공급망을 축소하자는 요구에도 불구하고, 인터넷을 통해 또 위험한 사건·사고의 발생에 대응하는 정보를 열정적으로 공유하는 사람들로 세계는 여전히 묶여 있다. 생산자와 판매자, 소비자의 다양성과 풍부함만으로도 회복력이 강화되기도 한다. 네트워크와 노드의 다중성 덕분에 그중 몇 개가 파괴되어도 시스템은 계속 돌아간다. 우리 역시 이 책의 인쇄를 맡길 때 이를 몸소 경험했다. 팬데믹 때문에 몇 달간 중국 인쇄소가 대부분 가동을 중단했기 때문에 펭귄랜덤하우스는 중국에서 이탈리아로 인쇄소를 변경해야만 했다.

우리는 그 어느 때보다 위험한 바이러스에 더 많이 노출되어 있지만, 그 어느 때보다 가장 준비태세를 잘 갖추고 있다. 정부와 기업, 사회는 글로벌 위기를 견딜 만한 체력이 있었다. 브라질, 벨라루스, 나카라과, 투르크메니스탄, 심지어 중국과 미국에서도 현실을 외면하려는 리더들이 코로나19 팬데믹 대응을 지연시켰지만, 그래도 취약한 사람들에게 미치는 영향을 지연시키는 보건 정책 등을 대부분의 정부 대응은 과학적 정보에 따라 이루어졌다.[4] 물론 인류를 재앙으로 몰고 가는 역병과 싸워야만 했던 것이 이번이 처음이었던 것은 아니다. 역사를 통틀어 수백만 명이 역병과 페스트로 죽어갔다. 지난 500년간 발발한 주요 팬데믹 15개 중 최악으로 꼽히는 것은 1918년에서 1919년에 걸쳐 나타났던 스페인 독감Spanish flu이다. 적어도 전 지구의 인류 중 3분의 1을 감염시켰으며 사망자는 최소 5,000만 명에 달하며, 정확한 사망자 수는 아무도 알지 못한다.[5] 미국 군인으로 알려진 첫 희생자는 1918년 3월의 캔자스주Kansas에 있던 한 군사 기지 소속이었다. 수개월 만에 바이러스는 미국에서 배를 타고 프랑스와 독일의 참호로 향한 병력에 의해 퍼졌고, 그 결과 수백만 명이 사망했다. 그해 말 더 광범위하고 치명적이었던 2차 대유행으로, 오스트레일리아·일본·인도에 이어 결국 중국에까지 바이러스가 퍼졌다. 오래된 격언처럼, 역사는 그대로 반복되지는 않지만 그 흐름은 분명 반복된다.

한 세기 전, 세계는 팬데믹에 전혀 대비되지 않은 상태였고, 스페인 독감의 유전자 서열을 규명할 수 있는 분자생물학자나 바이러스학자가 있지도 않았다. 실제로 의사들 대다수는 이 병의 원인이 바이러스라는 사실조차 몰랐다. 사람들이 병에 걸리지 않도록 보호하는 항바이러스제나 백신이 있었던 것도 아니다. 그런 것들은 수십 년 후에나 나타났다. 세계보건기구(WHO) 같은 국제기구도 없었고, 새로운 질병을 조사하고 확산을 추적하는 미국 질병통제예방센터(CDC)나 그와 유사한 남아메리카·북아메리카·유럽·아프리카·아시아의 국가 주무 부처들도 없었다. 오히려 전시검열 때문에라도 팬데믹에 관한 정보는 거의 없다시피 했다. 오늘날, 건강과 복지를 가늠하는 지표 대부분이 눈에 띄게 개선되었지만, 국제사

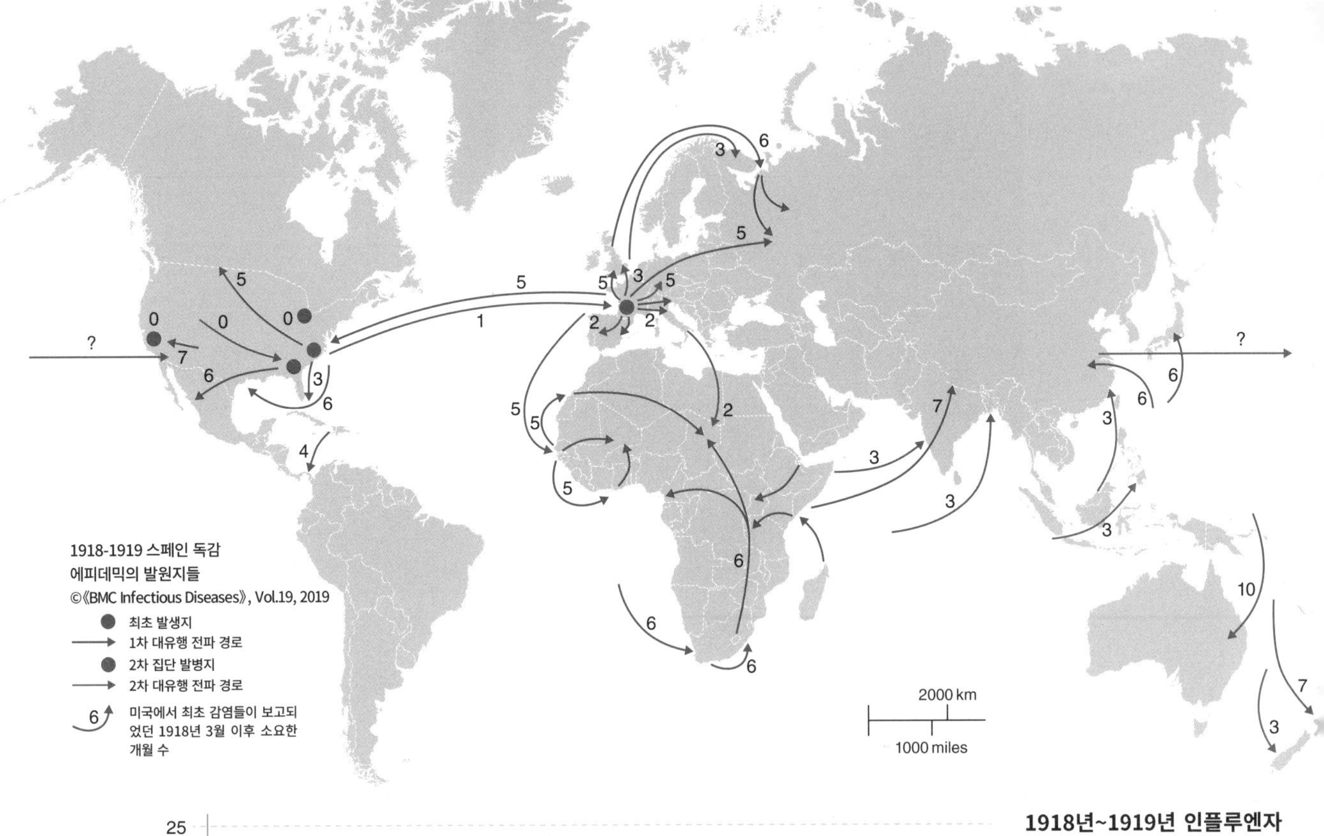

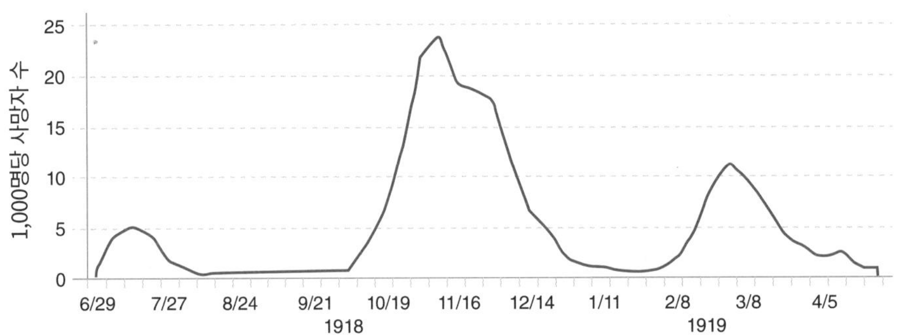

©Textbook of Influenza, Blackwell, Science, 1998

1918년~1919년 인플루엔자 팬데믹 ('스페인 독감')[6]
스페인 독감이라고도 하는 1918년~1919년 인플루엔자 팬데믹으로, 사망자는 5,000만 명에 달한다. 최소 67만 5,000명의 미국 거주자가 이 바이러스로 사망했으며, 이는 제1차 세계 대전 전체 사망자 수의 3배이다. 이 팬데믹은 처음에는 북아메리카에서 유럽으로, 이어 아프리카와 아시아로, 이렇게 3차에 걸쳐 세계에 퍼졌다.

회는 코로나19 확산을 막는 데 실패했다. 2020년 초 수개월 동안 코로나19를 막기 위해 중국과 이탈리아, 프랑스, 스페인, 영국, 미국 등의 나라에서 채택한 조치들은 1918년과 1919년 사이에 나왔던 것들은 물론, 14세기 흑사병 시기에 나왔던 조치들과도 놀라울 정도로 닮았다. 그때나 지금이나 물리적 거리두기physical distancing가 격려되고, 격리 조치가 시행되었으며, 발병 지역은 고립되고, 손 씻기가 권장되었으며, 대규모 군중의 모임을 방지하는 전략들이 도입됐다. 당시 많은 사람이 대규모 사망이 '나쁜 공기' 혹은 독기miasma 때문이라고 믿었다. 지역 당국도 정확한 원인은 알지 못했지만, 건강한 사람들과 아픈 사람들을 분리해야 한다는 사실은 알고 있었다. 백신이 없는 상황에서, 글로벌 리더십의 유감스러운 상태를 비추어 볼 때 선진국들이 현재 할 수 있는 최선도 바로 분리일 것이다.

팬데믹은 사람들의 건강뿐만 아니라 광범위한 영역에 영향을 준다. 스페인 독감은 실물 경제 활동에 급격한 영향을 미쳤으며, 1920년대 여러 강대국의 성장을 둔화시켰다.[7] 스페인 독감의 파괴력이 컸다고는 해도, 여러 가지 이유로 코로나19가 과거의 팬데믹들보다 세계 보건과 정치, 경제에 훨씬 더 파괴적일 것이다. 가장 분명한 이유는 세계가 20세기 초보다 훨씬 더 극적으로 상호의존하고 있다는 사실이다. 당시에는 상업적 항공산업이 생겨나기 전이라, 대다수 사람들이 원양 정기선이나 철도를 이용해 여행했다. 우리가 오늘날 글로벌 산업으로 알고 있는 관광산업은 당시 매우 소규모였다.[8] 제1차 세계대전 이전에 빠르게 성장했던 국제무역은 몰락했다.[9] 전쟁으로 피폐해지고 오염 때문에 몸이 상한 많은 사람들은 인플루엔자에 걸리기 쉬운 상태였다. 스페인 독감은 노동력 부족과 임금 인상을 불러왔지만, 종전을 재촉하고 사회보장제도가 생기는 데 일조했을지도 모른다.

코로나19 발생이 경제적으로 더 위험한 것은 세계 경제가 그 어느 때보다 더 서로 얽혀 있기 때문이다. 2003년에 중증급성호흡기증후군(SARS, 사스) 에피데믹이 일어났을 때, 중국은 세계 경제의 4퍼센트를 차지했지만, 현재 중국이 세계 경제에서 차지하는 비중은 16퍼센트를 넘는다. 중국은 세계 공급망의 중심에 있고, 중국 관광객들의 해외 소비액은 매년 2,600억 달러 이상이다.[10] 국내외 무역과 여행이 급증한 덕에 수십억 인구가 빈곤에서 벗어났다. 그러나 이 모든 상호의존성에는 어두운 면이 있다. 발생한 지 수개월 만에 코로나19는 미국 기업 75퍼센트 이상의 공급망을 조각냈으며 세계 제조업에도 큰 차질을 빚었다.[11] '적시 생산just in time'에서 '비상 대비 생산just in case' 경영으로 나아가자는 요구는 물론, 중국으로부터 '탈동조화decoupling'하려는 노력 역시 커졌다. 회복은 느리고 고통스러울 것이며, 취약계층에게는 더욱더 그러할 것이다. 그러는 내내 코로나19는 국가 내, 국가 간 불평등을 심화할 것이다.[12]

코로나19 팬데믹으로 여러 국가에서 사회계약은 이미 망가진 상태고 거버넌스governance에는 극명한 불평등이 내재해 있음이 만천하에 드러났다. 뉴질랜드처럼 민주주의가 제대로 작동하고 신뢰도가 높은 나라들은 코로나19의 확산세를 막았을 뿐 아니라 종식하는 데도 성공했다. 한편 브라질처럼 포퓰리스트 지도자가 이끄는 나라들은 확진과 사망률이 치솟았다. 이 책을 출간하는 시점에*(원서 기준)* 미국은 세계에서 코로나바이러스의 타격을 가장 크게 받은 나라였다. 다른 곳에서와 마찬가지로 가장 빈곤한 사회 구성원들, 특히 흑인 혹은 아시아인 및 기타 소수 인종의 바이러스의 피해가 가장 컸다. 미국의 흑인 남성 조지 플로이드George Floyd가 경찰에 의해 질식사하는 광경을 담은 영상이 퍼진 후, 세계는 소수 인종이 직면한 여러 고통에 대해 다시 한번 생각하게 되었다. 수년간 '블랙 라이브즈 매터Black Lives Matter(흑인 목숨은 소중하다)' 운동이 이어지며 경찰의 잔혹 행위를 반대하는 많은 시민의 분노와 격분을 담아냈지만, 효과는 미미했다, 팬데믹이 한참 활개를 치는 가운데 일어난 조지 플로이드의 죽음은 미국 내 350여 곳의 도시에서 분노와 절망의 횃불에 불씨를 지폈다. 시위는 수일 안에 세계 수십 개국으로 번졌으며, 인종차별·경찰 폭력·정의·불평등에 관한 필수적인 논의가 촉발됐다.

팬데믹이 지정학에 미치는 영향 또한 엄청날 것이다. 팬데믹의 경제적 여파로 정치 불안정이 장기화하고 재정긴축과 관련된 사회 불안이 심화하면서 보호무역주의자들의 반격이 촉발되기 때문이기도 하다.[13] 코로나19는 우리에게 협력의 가치를 다시금 상기할 기회를 주었지만, 강대국들은 아직까지도 일관된 대응을 하지 못하고 날을 세우기 일쑤이다. 제2차 세계대전 이후 지금까지 미국은 글로벌 위기마다 리더의 역할을 자임했지만, 코로나19 이후 미국 지도부는 WHO, 동맹, 적국을 가리지 않고 깎아내리기에 열을 올렸다. 미국이 중국과의 무역 전쟁을 확대하고 중국이 팬데믹과 관련한 정보를 숨겼다고 추궁했을 때, 글로벌 협력의 가능성은 더욱 악화되었다. 팬데믹은 기존에 있던 미국과 중국 사이의 마찰을 강화했을 뿐 아니라, 이동의 자유라는 핵심 가치를 포함하여 유럽연합EU의 결속 또한 약화했다.

코로나19와 관련된 부정적인 측면이 많긴 했지만, 그래도 과학계가 팬데믹에 빠르게 대응할 수 있었던 것은 세계화의 이점들 덕분이었다. 디지털 연결, 첨단 기술 연구 실험, 유전체 신기술 등에 힘입어 과학자들은 바이러스의 유전체 서열을 단 몇 주 만에 분석해 냈다. 역학자와 분자생물학자, 수학자로 이뤄진 국제 네트워크들이 추정과 연구 결과, 모범 사례들을 공유하며 밤낮을 가리지 않고 일했다. 국가 내에서, 또 국가 간에서도 호흡기 등 장비와 마스크, 전문지식을 공유하는 연대가 일어나기도 했다. 2008년 금융위기를 계기로 주요 20개국 협의체G20가 형성되었던 것처럼, 한동안은 이 글로벌 위기를 계기로 집단행동이 새롭게 활성화될 것만 같았다. 그러나 이번 위기로 글로벌 리더십 부족은 심각하고 많은 국가에서 사회계약이 균열되고 있음이 드러났다. 다자주의multilateralism가 깨지기 쉬운 상태라는 것도 분명해졌다. 국제연합 안전보장이사회United Nations Security Council(UN 안보리)는 *(코로나바이러스가 창궐한 지)* 100일이 지나고 4만 여 명이 사망할 때까지도 글로벌 위기를 논의하는 만남에조차 합의하지 않았다.

우리는 엄청나게 복잡하고 불확실한 새로운 시대로 진입하고 있다. 아무도 다음에 뭐가 올지 모른다. 국제통화기금(IMF)은 닥쳐올 대공황으로 모든 국가 경제, 특히 신흥국가가 영향을 크게 받을 것이라고 내다보고 있다. 그러나 우리가 결연한 행동으로 과거에 저질렀던 것과 같은 실수를 피한다면 최악의 결과는 면할 수 있을 것이라고 생각할 만한 근거 또한 분명히 존재한다. 모든 것은 백신과 항바이러스제를 언제 만들어 내느냐, 만들어 낼 수 있느냐에 달려 있다. 백신과 항바이러스제가 없다면 코로나바이러스는 수년간, 어쩌면 영원히 계속될 수도 있다. 나타난 지 얼마 안 됐음에도 불구하고, 코로나19는 다가올 미래에 여행과 일, 교육, 보건, 인간이 상호작용 하는 방식을 완전히 바꿔버렸다. 이러한 변화가 얼마나 극적일지는 아직 불투명하다. 뉴노멀new normal은 *(기존의 규칙과)* 매우 다른 규칙을 따르게 될 수도 있다. 이것이 반드시 나쁜 일만은 아니다. 영국에서 팬데믹이 선언된 후 실시한 설문조사에 따르면, 봉쇄령이 끝나면 이전의 삶의 방식 그대로 돌아가고 싶다고 밝힌 영국인은 9퍼센트에 불과하다.[14] 또한 세계 곳곳의 이산화탄소 및 이산화질소 배출량은 전례 없는 수준으로 감축되어 오염된 도시들의 공기가 깨끗해졌다.[15] 엄청난 어려움에도 불구하고, 세계 여러 도시의 시장들과 시의회들은 더 자연 친화적이고 지속 가능한 도시의 모습을 다시 상상하기 시작했다.[16]

새롭게 부상하는 코로나 시대에 가장 염려되는 것은 위협은 체계적 위험으로 가속화되는 데 비해, 세계·국가·주·도시 차원의 준비태세와 대응이 느리다는 점이다. 글로벌 위협들이 급속히 격화하는 이 시점에, 많은 정부가 협력을 외면하고 20세기 중반부터 유지된 국제 체제를 저버리고 있다. UN은 수십 년 동안 사람들의 관심에서 멀어졌고 그 힘은 예전만 못하다. UN이 이번 코로나19로 인한 엄청난 보건 사태의 규모와 쏟아지는 경제·식량·인도주의적 수요에 허덕이는 것도 무리가 아니다. 세계은행World Bank과 IMF는 구제금융이 필요한 나라들에 수십억 달러를 쏟아부었지만, 2조 달러 이상이 필요한 상황에서 그 금액으로는 충분치 않은 것으로 판명이 났다. 오늘날 다자주의 체제를 지배하는 것은 분열된 국가들이며, 극단적인 개혁과 쇄신만이 이를 고칠 수 있다.[17]

코로나19는 최악의 순간에 찾아왔다. 이는 많은 나라가 긴축과 민영화로 진이 빠져 있을 때 들이닥쳤다. 2008년 금융위기와 뒤이은 유로화 위기를 완화하기 위해 중앙은행들은 돈을 찍어내고 금리를 제로에 가깝게 인하했으나, 통화정책 카드를 이미 써버린 지금, 운신의 폭이 크게 줄어들었다. 많은 정부와 기업이 2019년 12월 코로나바이러스가 부상하기 전부터 이미 지나치게 많은 빚에 허덕였다. 코로나19로 경제활동이 중단되면서 근본적으로 존재했던 경제 문제가 더욱더 악화되고, 미래는 물론이거니와 당장의 수요를 충족하기 위한 국가의 능력도 저하될 것이다. 게다가 코로나19가 발생하기 훨씬 이전에, 민주주의에 대한 대중의 지지는 약해지다 못해 역사가 기록된 이래 가장 낮은 수준으로 떨어졌다.[18] 세계 여러 사회가 이미 양극화와 선출직 (그리고 비선출직) 대표들에 대한 불신으로 이미 분열되어 있었다.[19]

국제 협력이 필수인 이 시기에, 협력은 절망적일 정도로 부족하고 글로벌 리더십은 공백 상태이다. 우리가 이 책에 썼듯, 미국과 중국의 두 강대국은 충돌로 노선을 정하고 냉전 2.0을 향해 달려가고 있는 듯하다. EU 역시 한때는 아시아의 거인 중국과 경제 관계를 확대하려 했지만 이제는 그 전략을 폐기하려고 하고 있으며, 공급망을 중국으로부터 철수시켜 다각화하고 있다. 중국은 중국대로 40년간 최저 경제성장률을 기록한 가운데 새로운 '느리게 살기slow living' 패러다임을 채택하고 있다. 이런 가운데 UN 또한, 세계 리더들의 기념사진 촬영 기회를 제공하는 것 이상을 하려고 안간힘을 쓰는 주요 7개국 협의체(G7)와 G20과 마찬가지로 마비된 방관자에 불과하다. 언제 끝날지 앞이 보이지 않는 상황에서, 많은 나라가 각자 국내 문제와 각자도생에 골몰해 있다. 국제기관들은 21세기의 난제들에 맞설 수 있도록 시급한 개혁이 필요하다. 그러나 각국 정부가 국제기관에 필요한 리더십과 정당성, 자원을 제공하지 않는 상황에서 자꾸 뒤처지기만 한다.

국제기구의 역량 부족으로 글로벌 회복탄력성은 약해지고 인류는 여러 위험에, 특히 감염병 발병과 기후변화에 취약해지고 있다. 이 두 가지 위협은 미래에 닥쳐올 위기의 가장 가능성 높은 원인임과 동시에, 바로 지금 현재도 일어나고 있는 일이기도 하다. 설상가상으로 국제사회에서도 국가 내에서도, 규제 당국은 재원이 소수 지역에만 집중될 때 수반되는 위험을 대개 무시해 왔다. 글로벌 경쟁 기업들은 지리적으로 분산되기는커녕 바로 옆 빌딩에 나란히 위치해 있다. 구명 의약품 생산에 있어서도 이와 유사한 집중의 위험이 존재한다. 팬데믹으로 미국이 공급망과 격리되면 인구집단의 보건 위험은 증폭된다. 마찬가지로, 허리케인 때문에 월가Wall Street가 폐쇄되거나 세계 특정 지역에 필수 물자 공급이나 서비스에 차질이 생기면, 세계 경제와 우리 모두의 집단적 복지에 따르는 위험은 증폭된다.[20]

팬데믹은 세계 어디에서나 발생할 수 있다는 점에서 다른 글로벌 위험들과는 다르다. 기후변화, 사이버 공격, 항생제 내성 등의 위협은 기업, 도시, 지역사회 등 소수의 행위자만으로도 연합체를 만들어 대응함으로써 위험을 크게 완화할 수 있다.[21] 그러나 팬데믹은 그렇지 않다. 발병했을 때 상황을 주시하고 개입하여 발원지를 고립하는 역량도 필요하고, 감염된 개인들을 격리하고 치료하는 국가 조치 역시 필수적이다. 이런 역량이 없는 나라들을 위해, 발병을 발원지로 한정하려면 경계를 게을리하지 않는 감시와 기민한 국제 대응이 필요하다. 특히 최빈국을 지원하기 위해서라도, 국제 차원의 정보와 자원의 공유가 필요하다. WHO는 이런 권한이 있지만, 개혁의 부재와 세계 회원국 정부의 불충분한 지원 탓에 제 기능을 하지 못해왔다.

세계의 여러 복잡한 통합 시스템이, 그 시스템의 가장 약한 연결고리만큼만 강하다는 것을 코로나19를 통해 분명히 확인할 수 있었다. 궁극적으로 팬데믹을 막는 것은 더 높은 울타리와 더 두꺼운 방호벽이 아니다. 팬데믹뿐 아니라 그 어떤 글로벌 위기라도 마찬가지이다. 지금 시험에 든 것은 불평등한 세상에서 협력하려는 우리의 집단 의지이다. 많은 것이 걸려 있다. 우리는 미지의 바다로 나아간다. 이 책을 쓰는 우리는 지도를 활용해 더 나은 협력을 만들어 갈 수있다고 믿는다. 이 챕터의 시작 부분에 실린 붉고 검은 지도처럼, 복잡한 생각도 강력하고도 단순하게 전달할 수 있다. 이 책의 서두에도 나열한 100개의 지도와 이미지가 새로운 통찰과 이해의 길잡이가 되기를 바란다. 궁극적으로 그 지도와 이미지들은 희망을 준다. 자, 이제 21세기의 새로운 지도들로 들어가 보자. 그 지도들을 우리의 길잡이로 삼자. 이제 시작이다.

2020년 6월

이언 골딘, 로버트 머가

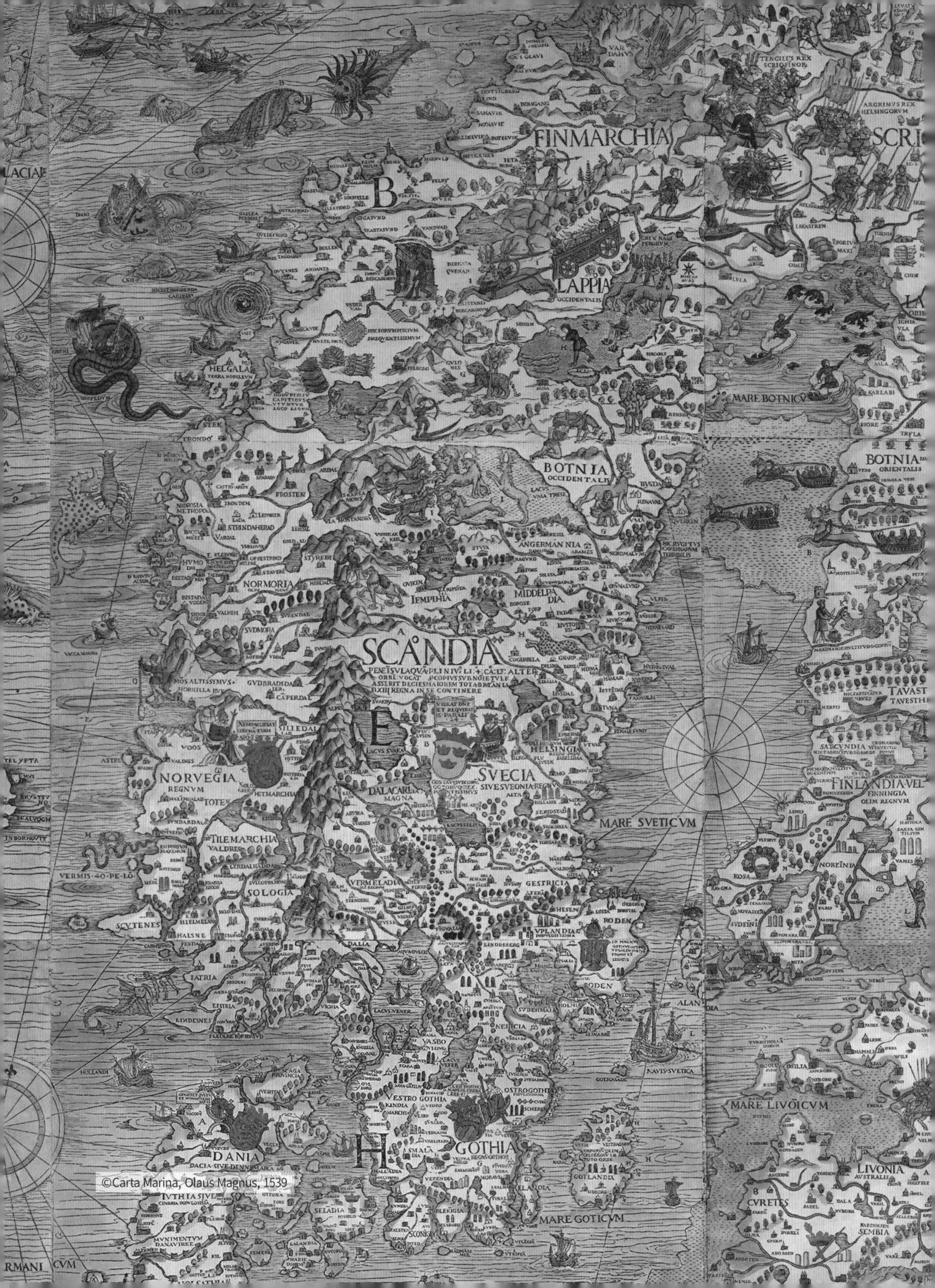

©Carta Marina, Olaus Magnus, 1539

서론

"낡은 지도로는 새로운 세상을 탐험할 수 없다."
_알베르트 아인슈타인Albert Einstein

우리는 인류 역사상 대부분의 기간 동안, 우리는 우리가 어디에 있는지 말 그대로 전혀 몰랐다. 직접 관찰할 수 없는 곳은 미지의 영역이었다. 이는 선조들이 야생 사냥감이나 물이 나오는 곳 등, 주변 환경을 동굴 벽에 그리기 시작하면서 바뀌었다. 인간이 파피루스에 최초로 세계 지도를 그리기 시작한 것은 약 3,000년 전이다. 탐험하지 못한 지역은 용, 이무기, 사자 등 공상 속의 무시무시한 괴물로 채워졌다. 바로 최근까지도 지구 대부분은 '테라 인코그니타Terra Incognita'(미지의 땅)였다. 항해 보조 장비들과 폭발적인 과학적 발견들 덕에 모든 게 변화하기 시작했다. 아직 우리가 배워나가야 할 것들이 많이 남아 있지만, 기후·생물다양성·복잡한 인체 시스템 등 우리의 복잡한 세계는 빠르게 본모습을 드러내고 있다. 우리는 '테라 코그니타Terra Cognita'에 도달했고, 이제는 밝혀진 세계에 살고 있다.

이 책에서 우리는 지도를 이용해 인류의 실존을 위협하는 가장 심각한 문제와 가장 고무적인 해결책 몇 가지를 설명하고자 한다. 우리는 불확실성으로 인해 어지러우면서 동시에 기회가 무한대인 시기를 살고 있다. 코로나19 출현 전에도 기후위기는 최우선순위 의제로 떠올랐고, 대기·빙하·해양·생태계·지구에서의 삶의 변화를 염려하는 사람이 부쩍 늘어났다. 또한 지구온난화가 우리 생을 통틀어 유례없는 위협이긴 하지만, 우리가 직면한 유일한 비상사태인 것은 아니다. 세계화 시대에 우리는 극단적 불평등과 감염병 발생부터 정치적 극단주의, 프라이버시를 위협하는 감시, 격렬한 폭력에 이르기까지 다양한 위협에 처해 있다. 각각의 위험은 상호 연결되어 있으며, 그 때문에 어렵더라도 이 모든 문제를 동시에 다루는 일이 그 어느 때보다 더 중요하다.

집단 내, 집단 간 분열을 키우거나 공포를 조성하는 대신, 세계에 닥친 가장 큰 위험들을 명확히 밝히고 그 맥락을 시각화해 이해하기 쉽게 만들어 알린다면 어떨까? 불확실성을 줄이고 투명성과 이해도를 높이고 미래의 의사결정을 돕는 방식으로 정보를 동원한다고 상상해 보면 어떨까? 미래로부터 도피하다가 퇴보해 버리는 위험에 처하는 대신에, 미래를 자신 있게 헤쳐나가도록 도와줄 새로운 도구들을 모두가 이용할 수 있게끔 만든다면 어떨까? 복잡성으로부터 명확성을 도출해 내는 한 가지 방법은, 인류의 가장 큰 난제들을 지도에 표시해 보는 것이다. 지리 이미지 처리 기술과 데이터 과학의 눈부신 발전으로 우리는 가장 심각한 위협을 표시하고 과거와 현재, 미래를 시각화할 수단을 얻었다. 또한 물리적 영역만이 아니라 환경·사회·경제·정치의 영역도 탐험의 대상으로 확대되었다.

지도를 만드는 것은 인류의 오래된 충동이다. '호모 사피엔스Homo Sapiens'가 의사소통하게 된 순간부터 인류는 지도를 이용해 세계를 이해하려 했다. 문자가 발명되기 훨씬 전부터 인류는 지도를 이용하여 인간과 인간, 나아가 환경·지구·우주와의 관계를 설명했다. 돌에 새겨졌든 먼 태양계를 항해할 목적으로 이용되든, 지도는 우리에게 올바른 방향을 가리키는 필수 도구이다. 그러나 예나 지금이나 지도에는 취급 주의 경고가 붙는다. 액면 그대로 받아들이면 안 된다. 지도는 무언가를 드러내는 만큼이나 무언가를 감추기도 하기 때문이다.

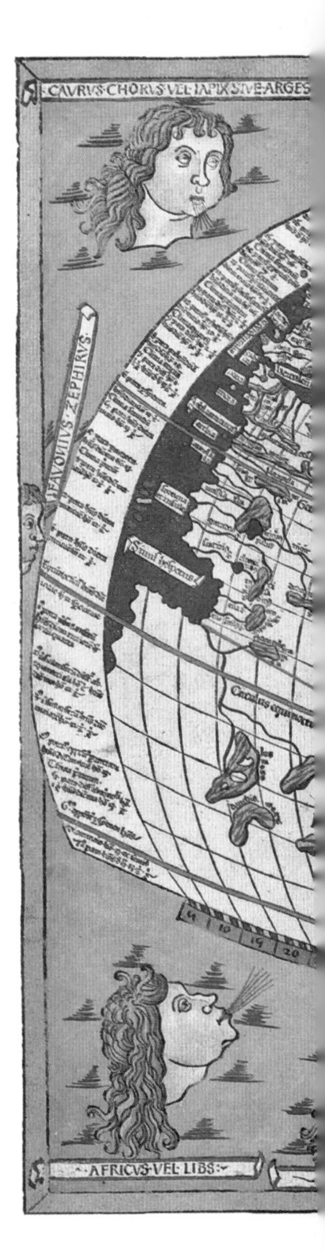

세계를 바꾼 지도들

위성 영상과 원격 감지가 발명되기 수천 년 전, 인간은 육지 사이의 거리를 가늠하며 드넓은 바다를 항해했다. 역사상 가장 영향력 있는 지도 중 하나인 클라우디오스 프톨레마이오스Claudios Ptolemy의 『지리학Geographia』은 2세기에 제작된 지도책이며, 이 책에 수록된 지도에서는 최초로 경도와 위도를 표시했다. 『지리학』은 당대의 모든 지리 지식을 모았지만, 오류가 많았다. 카나리아제도에서 타이만

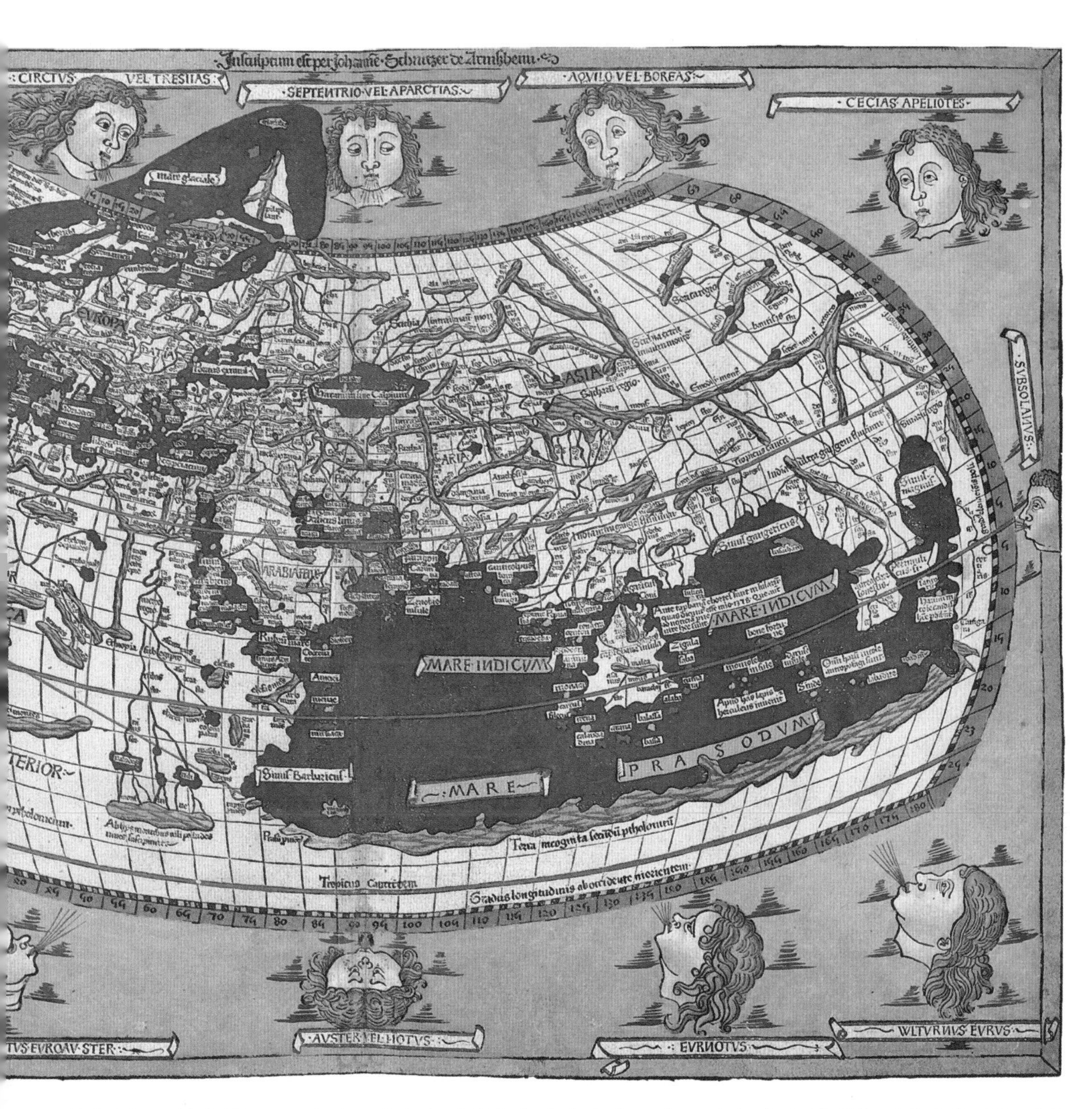

프톨레마이오스의 『지리학』(150년)에 수록되어, 1482년 요하네스 슈니처가 복원한 지도

에 이르기까지 대부분의 나라와 수로의 크기와 위치, 형태를 심각하게 잘못 계산했다. 『지리학』은 또한 지구 자오선(경선의 중심)을 서아프리카 어딘가에 두었다. 그렇지만 『지리학』은 요하네스 슈니처Johannes Schnitzer의 1482년 지도를 포함해 수 세기 동안 지도 제작자들에 의해 복원되었고, 비록 많이 왜곡되었다고는 해도 지구를 이해하는 데 흥미로운 기회를 제공했다.

『지리학』은 우리가 세계를 인식하는 방식에 큰 영향을 끼쳤다. 15~16세기, 최초의 유럽 탐험가들은 이 지도에 의존하여 새로운 발견의 시대로 맹렬히 나아갔다.

일례로 『지리학』은 포르투갈 탐험가들이 아프리카의 새로운 해안선을 기록하고 마침내 아프리카 대륙을 돌아 인도양으로 들어가는 데에도 일조했다. 크리스토퍼 콜럼버스Christopher Columbus와 같은 위대한 탐험가들은 프톨레마이오스의 지도를 이용하는 과정에서 지도에 표시되지 않았던 미지의 땅으로 인식의 영역을 넓혀 나갔다. 몇 가지 개선에도 불구하고 콜럼버스의 지도 역시 여전히 오류가 많았고, 이는 세계적으로 복잡한 결과를 낳았다. 우선 콜럼버스와 그의 선원들은 아시아가 실제보다 더 유럽에 가깝다고 믿게 되었다. 콜럼버스가 1492년 마침내 카리브해 지역에 도착했을 때는 그가 아시아와 유럽 사이의 거리라고 생각했던 만큼을 여행한 후였다. 이는 그가 히스파니올라가 일본이 아닌지 알게 된 후 왜 그렇게 경악했는지를 설명해 준다. 그 이후의 이야기는 모두가 다 아는 역사이다.

세상을 바꾼 또 다른 지도는 16세기에, 뛰어난 지도 제작자이자 지리학자,

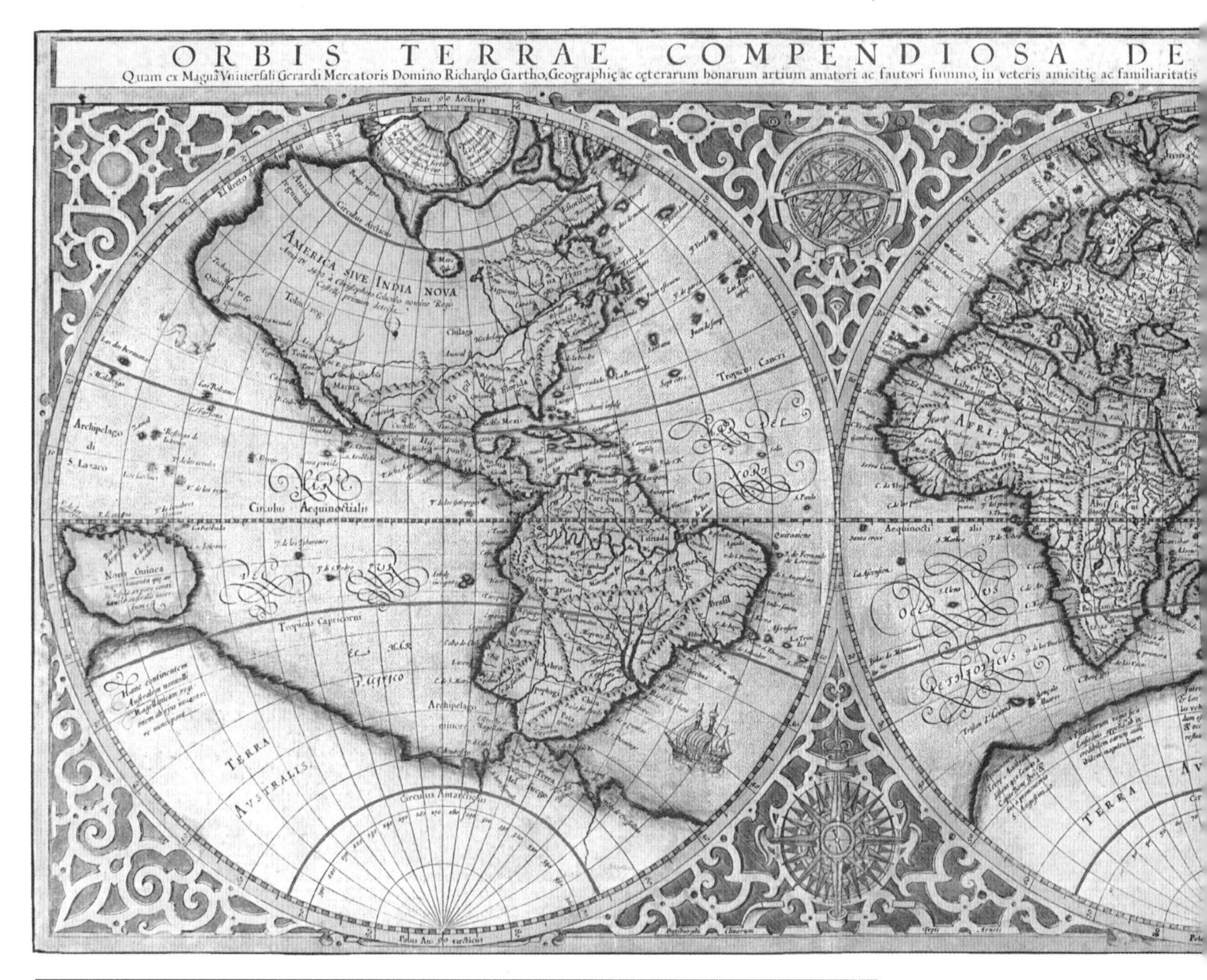

헤라르뒤스 메스카토르의 세계지도(1569)

천지학자였던 헤라르뒤스 메르카토르Gerardus Mercator의 손에서 탄생했다. 그는 혁신적인 원통형 투영법을 사용해 위도와 경도가 늘 90도 각도를 유지하도록 하는 항정선rhumb lines을 만들었고, 덕분에 선원들은 더욱 효율적으로 세계 바다를 누빌 수 있었다. 지도 제작자들은 수년간 2차원의 해도를 3차원 구체에 맞게 짜 맞추는 데 어려움을 겪었다. 메르카토르가 만든 지도들은 혁명적이었으나 이용하기 불편했다. 뱃사람들은 해도에 내재된 결점들을 보완하느라 항로를 매번 다시 계산해야만 했다.

이전 지도들보다 더 정확한 길잡이이긴 했지만, 메르카토르 지도에는 큰 단점이 있었다. 적도에서 축척이 무한대로 수렴하는 극점까지, 위도가 올라갈수록 크기를 극적으로 왜곡하기 때문이다. 메르카토르 지도들에서는 위도와 경도가 일정하므로, 예를 들어 적도에 더 가까운 땅덩어리보다 그린란드와 남극이 상대적

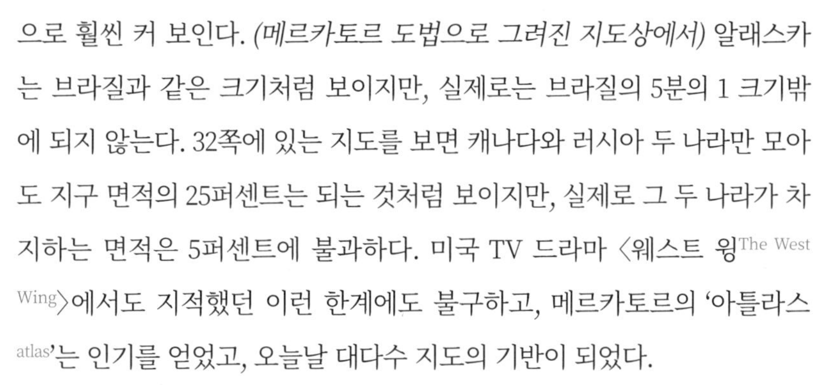

으로 훨씬 커 보인다. *(메르카토르 도법으로 그려진 지도상에서)* 알래스카는 브라질과 같은 크기처럼 보이지만, 실제로는 브라질의 5분의 1 크기밖에 되지 않는다. 32쪽에 있는 지도를 보면 캐나다와 러시아 두 나라만 모아도 지구 면적의 25퍼센트는 되는 것처럼 보이지만, 실제로 그 두 나라가 차지하는 면적은 5퍼센트에 불과하다. 미국 TV 드라마 〈웨스트 윙The West Wing〉에서도 지적했던 이런 한계에도 불구하고, 메르카토르의 '아틀라스atlas'는 인기를 얻었고, 오늘날 대다수 지도의 기반이 되었다.

역대 제작된 지도 중에서 가장 인기 있는 것 중 하나인 뉴저지 지역의 지오그래피아Geographia라는 기업이 1940년대 초에 출판한 지도이다. 이 지도는 메르카토르 지도의 더욱 정교한 버전으로, 아직도 세계 여러 대학 캠퍼스와 초등학교의 벽에 걸려 있다. 지오그래피아 지도와 다른 메르카토르 지도는 땅덩어리의 크기를 왜곡하고, 북반구가 남반구보다 두드러지는 유럽 중심주의적 세계관을 강화한다는 비판을 많이 받는다. 이와 대조적으로, 1970년대 지도 제작자들이 열광했던 골 페터스Gall-Peters 도법 형식은 메르카토르 지도들의 극적인 한계를 일부 드러낸다. 부연하자면, 골 페터스 지도에서 모든 나라는 실제 크기를 대비했을 때 비교적 정확한 크기이다. 그래서 특히 아프리카나 브라질이 다른 지도에서 봤을 때보다 훨씬 크게 그려져 있다. 서유럽 역시 남아메리카와는 비교가 안 될 정도로 크기

가 작으며, 남아메리카의 약 반 정도 된다.

지도는 21세기를 맞이해 또 한 번 혁명적 변화를 겪고 있다. 디지털, 다차원 지도가 많아졌으며, 원격 감지 기술을 기반으로 하고 있다. 2005년에 출시된 앱인 구글 지도Google Maps는 이제 연간 사용자 수가 10억을 넘는다. 구글 지도는 지구를 둘러싼 이미지를 뒤틀어 울퉁불퉁한 회전 타원체로 지구의 실체에 더 가까운 근사치를 보여준다. 다음 장에 나오는 것처럼, 구글 지도는 이용자가 세계를 행정 단위로 나눠서 보거나 위성에서 관측한 시점으로 볼 수 있는 선택지 또한 제공한다. 평평한 2차원 렌더링 역시 2018년에 3차원 버전으로 업그레이드되었다.

지도가 우리의 과거 모습을 드러낼 수 있다면, 우리가 미래를 헤쳐나가는

오른쪽) 메르카토르 지도와 골페터스 지도
(예상 크기 대 실제 크기)

아래) 지오그래피아 세계지도
(1942)

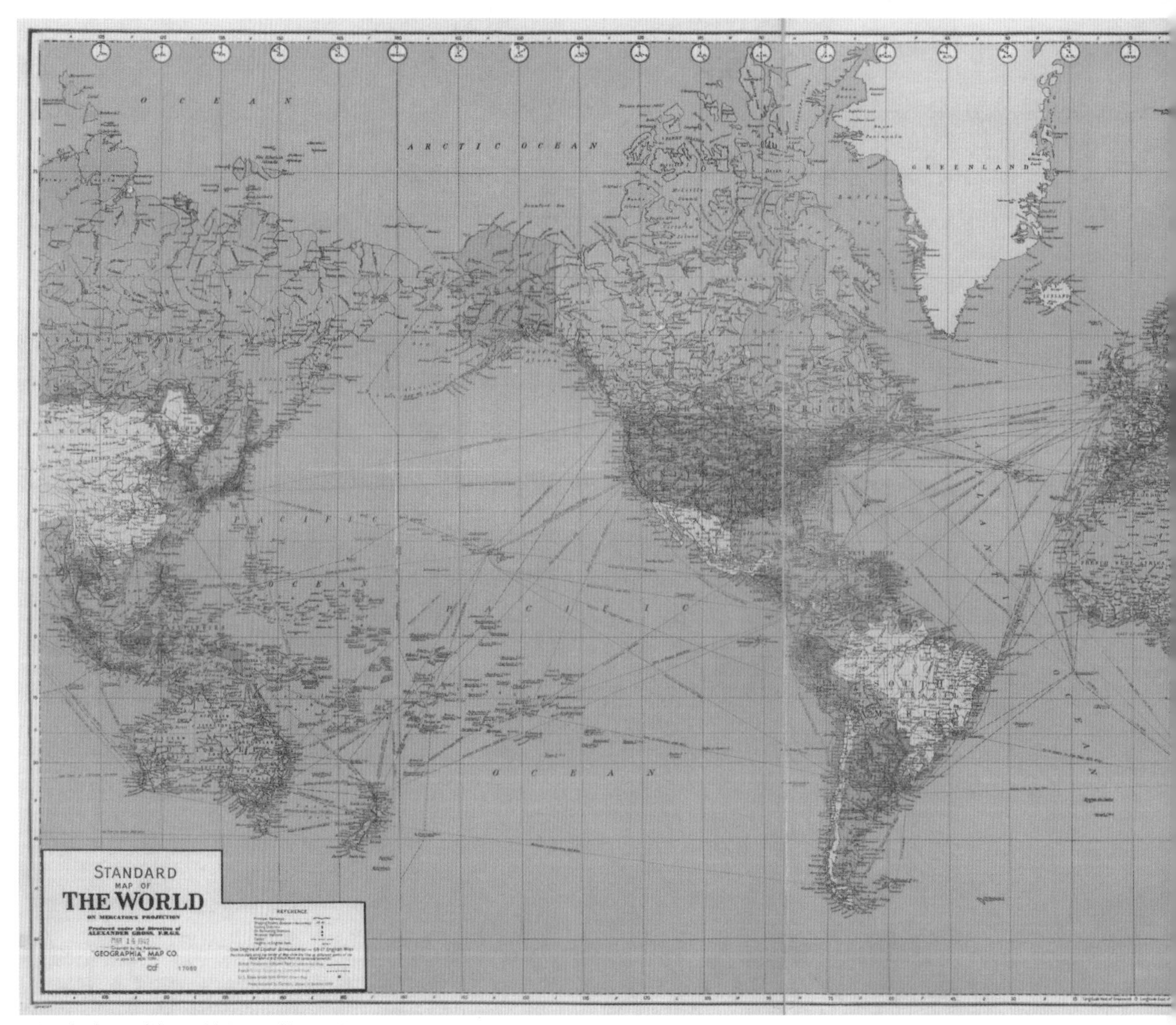

©Standard map of the World. Geographia Map Company

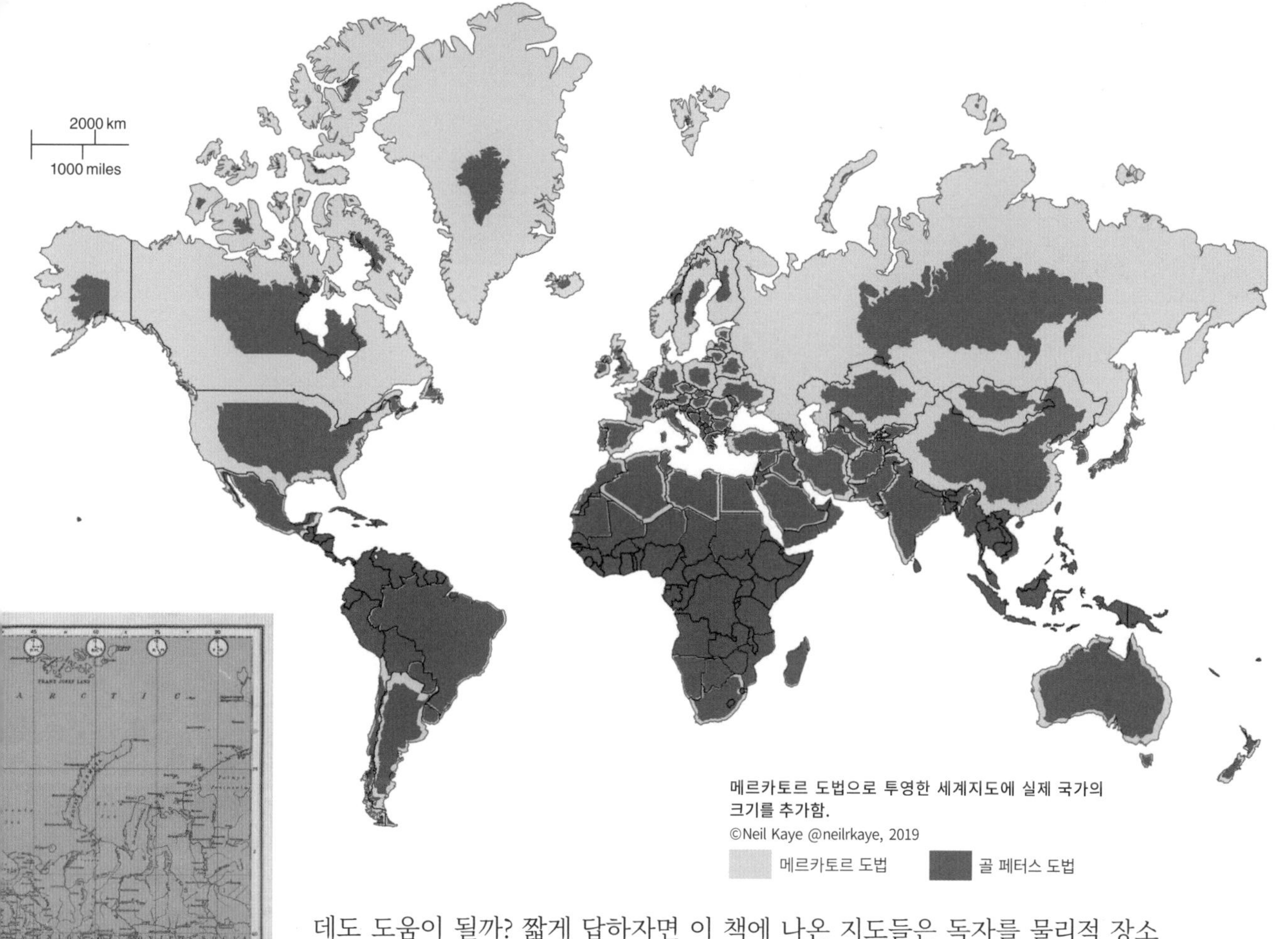

메르카토르 도법으로 투영한 세계지도에 실제 국가의 크기를 추가함.
©Neil Kaye @neilrkaye, 2019

데도 도움이 될까? 짧게 답하자면 이 책에 나온 지도들은 독자를 물리적 장소가 아니라 향상된 이해의 영역으로 안내하도록 구성되어 있다. 저자들이 지금 여기에서 설명하고 있는 것처럼, 길게 답하자면 지도는 심각한 불평등 문제들을 드러낸다. 그 문제들을 그대로 방치한다면 우리 모두 압도될지도 모른다. 시간과 공간 속에서 문제들이 어떻게 연결되고 편중되어 있는지를 이해해야지만 비로소 해결책을 만들어 내기 시작할 수 있다. 과거 확실했던 것들이 흐려지는 지금, 우리는 복잡하고 번민에 가득 찬 시대를 살고 있다. 코로나19 팬데믹의 광범위한 영향과 변화의 빠른 속도 때문에 그간 우리를 물리적·정신적으로 안내해 줬던 지도들은 더 이상 제 기능을 하지 못한다. 프톨레마이오스, 메르카토르, 골과 페터스, 구글, 기타 여러 사람이 만든 지도 읽기의 원칙을 버리진 않아야겠지만, 이제는 위치 파악을 돕고 더 나은 운명으로 이어지는 확실한 길로 안내할 새로운 지도들이 절실히 필요하다.

하지만 코로나19 발생을 둘러싼 그 많은 나쁜 소식들에도 불구하고, 정보에 입각해 낙관론자가 될 근거는 충분하다. 지금은 살기 좋은 시대이자 아마도 여전

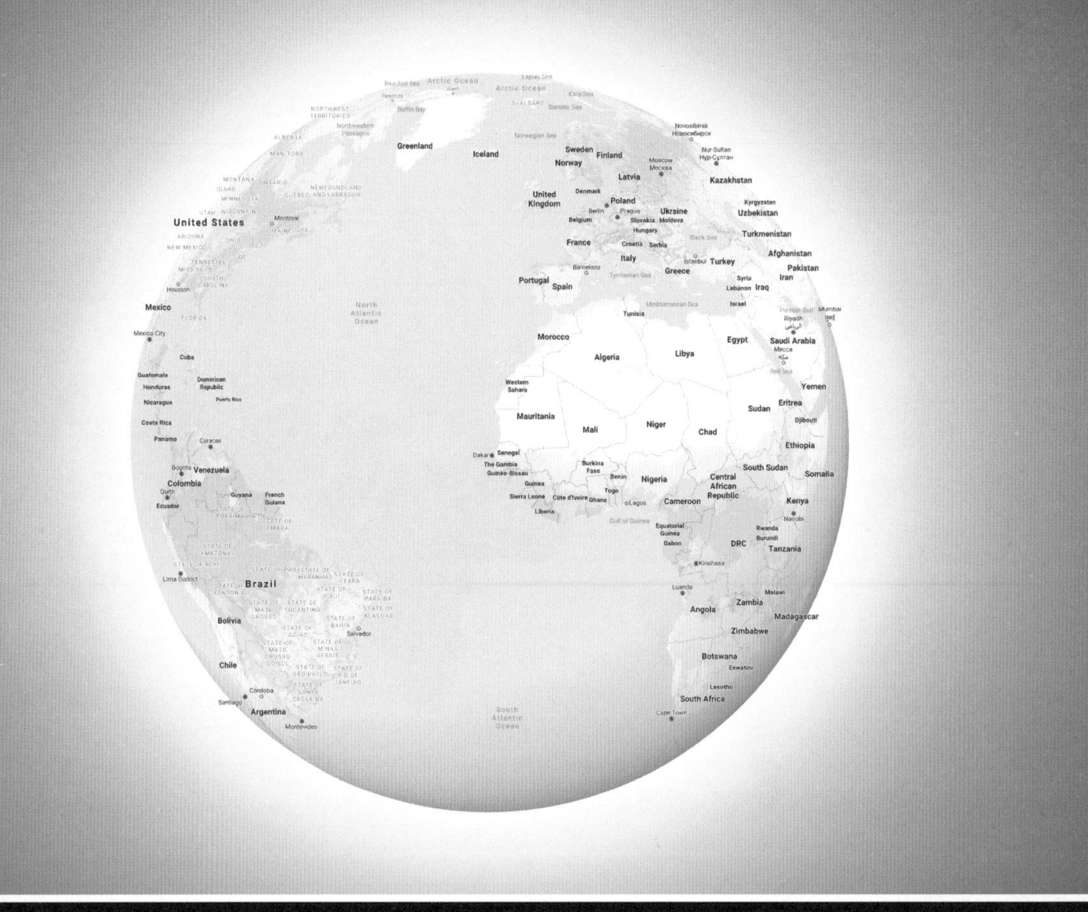

Arctic Ocean
Arctic Ocean
Greenland
Iceland
Sweden
Finland
Norway
Latvia
Kazakhstan
Uzbekistan
Turkmenistan
Afghanistan
Pakistan
Iran
Iraq
Syria
Turkey
Greece
Italy
France
United Kingdom
Poland
Ukraine
Denmark
Spain
Portugal
United States
Mexico
Cuba
Morocco
Algeria
Libya
Egypt
Saudi Arabia
Yemen
Sudan
Eritrea
Western Sahara
Mauritania
Mali
Niger
Chad
Ethiopia
South Sudan
Somalia
Senegal
Nigeria
Central African Republic
Cameroon
Kenya
Tanzania
DRC
Angola
Zambia
Madagascar
Zimbabwe
Botswana
South Africa
North Atlantic Ocean
South Atlantic Ocean
Venezuela
Colombia
Brazil
Bolivia
Chile
Argentina

히 인류 역사 이래 최고로 멋진 시대일 것이다. 우리는 동시다발적으로 일어나는 여러 기술, 사회, 경제, 정치 혁명을 경험하고 있다. 코로나바이러스의 끔찍한 영향에도 불구하고, 대다수는 최초의 호모 사피엔스가 20만여 년 전 걷기 시작한 이래로 가장 오래, 그리고 가장 건강하게 살고 있다. 건강에 대한 챕터에서 살펴보게 되겠지만, 세계의 평균 기대수명은 지난 50년 동안 놀랍게도 20년이나 증가했다. 과거 이만큼 기대수명이 증가하는 데에는 석기시대부터 20세기 중반까지의 시간이 필요했다. 코로나19로 비롯된 끔찍한 경제 여파가 수년간 이어지겠지만, 남은 격차를 줄이고 지구 인구 전체에 더 낫고 의미 있는 삶을 제공할 가능성이 실제로 존재한다. 그러나 불평등 챕터를 보면, 부인할 수 없는 진보와 장래성에도 불구하고 특히 부유한 국가에서 많은 사람이 미래를 암울하고 암담하게 전망한다는 사실이 드러난다. 이런 무력감은 코로나19 이후 극적으로 증가했다.

인간은 언제나 불확실성과 더불어 살아왔지만, 오늘날의 양상은 좀 다르다. 인류 역사 어느 때도 단 하나의 세대가 내린 결정들이 후세대의 생존에 이렇게까지 큰 영향을 미친 적은 없었다. 가장 위급한 질문들이 일상대화의 주제로 등장한다. 코로나19 이후 어떻게 해야 더 포용적이고 회복력 있는 세상을 만들 수 있을까? 온실가스 배출을 되돌리고 해안 도시들이 처한 해수면 상승의 위험을 완화할 수 있을까? 우리가 인공지능AI을 통제할까, 아니면 AI가 우리를 통제할까? 국가 혹은 개별 극단주의자가 벌이는 핵전쟁이나 세균전이라는 재앙을 피할 수 있을까? 어떻게 해야 파괴적인 포퓰리즘과 심각해지는 양극화를 초래하지 않고 세계화의 장점만을 얻을 수 있을까? 난민의 존엄성과 권리를 보장하면서도 그들의 이동을 줄이고, 이주에 대한 합리적 접근을 장려할 수 있을까? 비거니즘veganism*(완전 채식주의)*이 지구를 구할 수 있을까?

구글의 3차원 지도(2018)

©Google Maps/Google Earth

자, 깊게 심호흡을 한번 해보자. 이 질문들이 너무 엄청나서 압도되거나 힘이 다 빠진 것처럼 느낄 수도 있다. 감염병 발생, 기후변화, 자동화, 사이버 전쟁 등의 뉴스를 접하면 많은 사람이 무력감을 느끼고 겁을 낸다. 오늘날 누구나 인정하는 기념비적인 난제들을 균형잡힌 안목으로 바라볼 필요가 있다. 특히 서유럽과 북아메리카에서 크게 문제가 되었던 난민 문제를 일단 생각해 보자. 오늘날 세계 난민은 약 2,600만 명이며, 이는 제2차 세계대전 이후 최고 수치이다. 오해의 소지가 있는 신문 헤드라인 때문에 서구인들은 대다수의 난민이 자기네 도시에

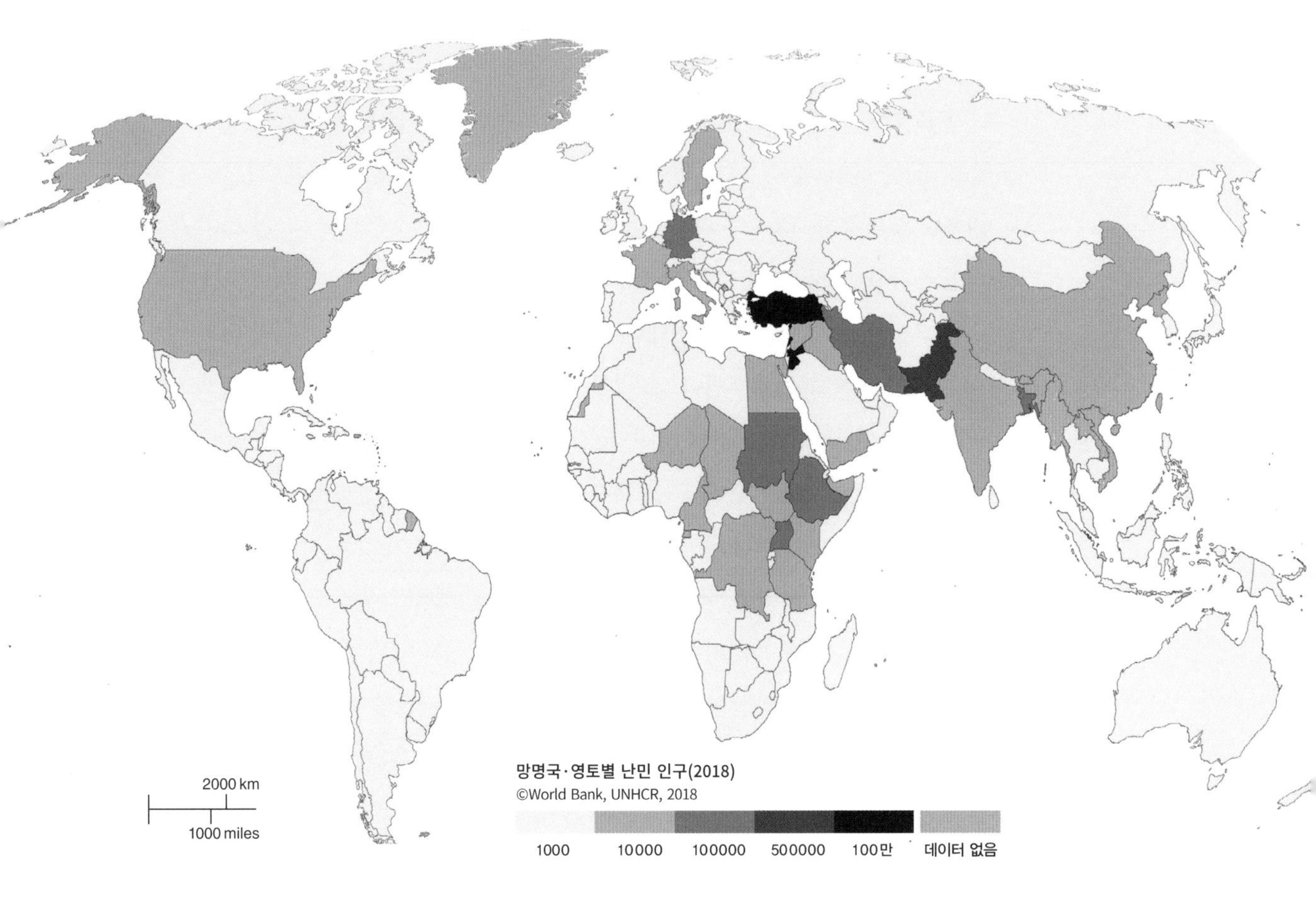

서 피난처를 찾으려 한다고 믿는다. 부분적으로는 그 결과로 이주자에 대한 태도가 완고해지고, 반동 국수주의와 그 불행한 징후, 즉 제한적 이주 정책들과 수용소, 높은 장벽이 확산되고 있다.

그러나 이 책에 나온 지도들을 흘깃 훑어보기만 해도, 통념보다 난민의 분포가 훨씬 더 넓다는 사실을 알게 된다. 실제로 모든 난민과 망명 신청자의 약 90퍼센트가 현재 아프리카, 중동, 아시아와 라틴아메리카 등, 보통 자신의 출신국에 가까운 곳에 거주한다. 더 부유한 나라들로 가게 되는 난민은 10퍼센트가 채 안 된다. 2020년에 인구 3억 2,500만 명인 미국은 최대 1만 8,000명의 난민을 받아들이고자 했다. 이는 세계 전체 인구의 0.006퍼센트밖에 안 되며, 역사상 미국이 수용한 가장 적은 수의 유입이다. 한편, 인구 970만 명인 요르단에는 상상할 수 없는 고통을 피해 국경을 넘은 시리아 난민 65만 명 이상이 머무르고 있다. 이는 영국으로 치면 400만 명 이상, 캐나다로 치면 250만 명 이상의 난민을 하루아침에 수용하게 된 것과 마찬가지이다. 요르단은 난민의 유입을 부담으로 여기는 대신, 자국 경제를 다양화하고 활성화할 기회로 여긴다.

난민들이 국가 정체성이나 자유민주주의에 존재론적 위협을 가하지 않는데도 불구하고, 포퓰리스트들과 논객들은 그렇지 않다고 우리를 설득하고자 밤낮없이 애쓴다. 미국의 난민 유입이 대폭 줄었는데도, 백악관이 여행금지령을 내리고 멕시코와 중앙아메리카의 망명 신청자들로부터 남쪽 국경을 '수호'한다고 병사들을 동원한 것에서는 현란한 정치쇼의 냄새가 짙게 풍긴다. 한편, 유럽 국가들에서는 망명 신청은 거부되는 경우가 승인되는 경우에 비해 2배나 더 많으며 이주 정책을 둘러싼 논쟁이 한창이다. 난민과 이주민들에 대한 낙인 찍기 탓에 가장 다양하고 관대한 사회들조차 양극화하고 있는 가운데, 세계 리더들이 어떤 분위기를 조성하는지가 중요하다. 코로나19 팬데믹의 경제적 고통이 현실화되면서 리더십을 요구하는 목소리는 더욱 커질 것이다. 이주, 지정학, 문화를 다룬 챕터에 나오는 것처럼 인구의 갑작스러운 유입은 제대로 관리되지 않으면 극심한 혼란을 낳는다. 이런 공포가 영국의 브렉시트Brexit부터 프랑스, 독일, 헝가리, 폴란드 극우 국수주의자들의 부상에 이르기까지, 반동주의 움직임을 부채질했다. 외국인 차별은 오스트레일리아와 브라질부터 인도와 필리핀에 이르기까지 지도자들의 단골 수사이다.

세계를 이해하도록 돕는 상호작용 지도들

20세기 초 광고계의 중진이었던 프레드 바너드Fred Barnard는 "사진 한 장이 천 마디 말보다 낫다"라는 말을 했다고 한다. 옳은 말이다. 지도를 탐색할 때는 글자로 기록된 것을 봤을 때 놓쳤던 연결 관계를 파악할 수 있게 된다. 우리의 지도 제작법은 위성 이미지들과 국가 연구원·유수 대학·민영 기업·비정부기구NGO가 수집한 방대한 데이터를 통합하는 것이다. 인간 행동의 결과를 시각화해서 지구의 등고선 위에 표시하는 일은 황홀하면서도 당혹스럽고 직관에 어긋나는 일이다. 실제로 어떤 일이 일어나는지를 보기 시작하면, 여러 가지를 훨씬 더 잘 이해할 수 있다. 일례로 2019년에서 2020년에 걸쳐 오스트레일리아를 황폐하게 만들었던 산불로 수천만 헥타르의 땅이 불탔고 10억 마리가 넘는 동물이 죽었다. 일본 기상 위성 히마와리 8호Himawari-8가 만든 지도들은 산불의 어마어마한 규모와 면적을 잘 보여준다. 우리는 이런 사례들을 보며 처음엔 비록 불안하고 걱정하더라도, 그

다음에는 깨달음을 얻고 감동하며 나아가 결국 행동에 나설 수 있는 힘을 얻는다.

이 책에 실린 지도는 대부분 카네기멜런대학 Carnegie Mellon University의 크리에이트랩이 개발한 어스타임 EarthTime이라는 온라인 데이터 시각화 플랫폼으로 제작되었다. 데이터의 기본 출처는 지난 30년간 여러 랜드샛 Landsat과 센티널 2-A호 Sentinel-2A 위성들이 수집한 500만여 개의 위성 이미지들이다. 이 위성들은 지구 주위를 하루 14바퀴 돌며 방대한 데이터를 송출한다. 어스타임 지도들

은 UN, EU, 미국 항공우주청(NASA), 미국 인구조사국US Census Bureau, 대학, 연구 기관과 같은 공공부문과 구글과 같은 민영 기업 파트너들이 보내는 2,000여 개의 데이터 레이어data layer와 고해상도 위성 이미지를 합해서 만드는데, 세계 단위부터 지역 단위까지 자연의 변화와 인간이 미치는 영향의 패턴을 나타낸다.

이 책은 포괄적이긴 하지만, 철저하고 완벽한 것과는 거리가 멀다. 이 책의 대부분은 코로나19 팬데믹이 처음 발생하기 전에 썼으며, 우리 시대 가장 중요한 문제 몇 가지에 초점을 맞춰 열네 챕터를 만들었다. 각 챕터에서는 우리가 직면한 핵심 난제들을 다루고 최신 과학 증거를 기반으로 하는 해결책들을 제안했다. 세상은 지난 수십 년 동안 놀라울 정도로, 특히 2020년에는 매우 극적으로 변했지만, 매우 의미심장한 변화들이 앞으로 더 많이 일어날 것이다. 상처받고 상호 연결된 지구에서 번영하려면 우리는 모두 데이터를 해석하고 소음과 신호를 분리하는 새로운 방법을 더 많이 배워야 한다. 그러려면 우리 모두 각자의 디지털 문해력과 지도 문해력을 향상할 필요가 있다. 새로운 지도들과 같은 데이터 플랫폼이 우리에게 정확히 무엇을 하라고 말해줄 수는 없다. 그러나 우리의 판단에 도움이 되는 정보를 주고, 이 불확실한 시대를 헤쳐나가는 데 간절히 필요한 관점들을 줄 수는 있다.

우주에서 바라본 오스트레일리아의 산불(2020)

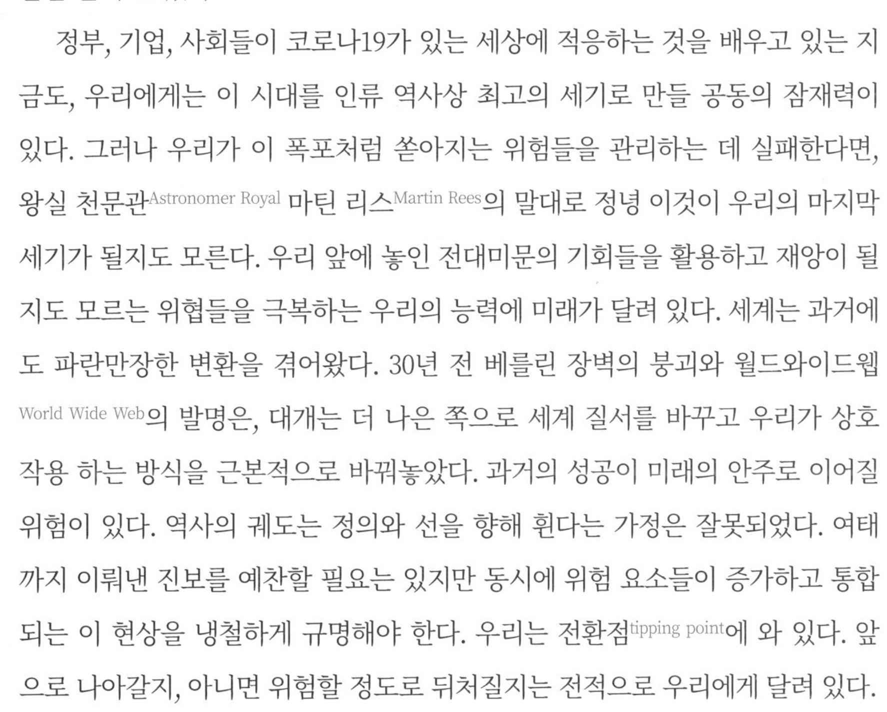

정부, 기업, 사회들이 코로나19가 있는 세상에 적응하는 것을 배우고 있는 지금도, 우리에게는 이 시대를 인류 역사상 최고의 세기로 만들 공동의 잠재력이 있다. 그러나 우리가 이 폭포처럼 쏟아지는 위험들을 관리하는 데 실패한다면, 왕실 천문관Astronomer Royal 마틴 리스Martin Rees의 말대로 정녕 이것이 우리의 마지막 세기가 될지도 모른다. 우리 앞에 놓인 전대미문의 기회들을 활용하고 재앙이 될지도 모르는 위협들을 극복하는 우리의 능력에 미래가 달려 있다. 세계는 과거에도 파란만장한 변환을 겪어왔다. 30년 전 베를린 장벽의 붕괴와 월드와이드웹World Wide Web의 발명은, 대개는 더 나은 쪽으로 세계 질서를 바꾸고 우리가 상호작용 하는 방식을 근본적으로 바꿔놓았다. 과거의 성공이 미래의 안주로 이어질 위험이 있다. 역사의 궤도는 정의와 선을 향해 휜다는 가정은 잘못되었다. 여태까지 이뤄낸 진보를 예찬할 필요는 있지만 동시에 위험 요소들이 증가하고 통합되는 이 현상을 냉철하게 규명해야 한다. 우리는 전환점tipping point에 와 있다. 앞으로 나아갈지, 아니면 위험할 정도로 뒤처질지는 전적으로 우리에게 달려 있다.

이 책의 모듬 챕터를 관통하는 세 가지 주제가 있다. 첫째는 세계화의 영향이다. 사람, 제품, 아이디어의 이동이 가속화하면서 문화와 통상에 엄청난 영향을 끼쳤지만, 그 영향이 언제나 좋지만은 않았다. 두 번째 주제는 불평등의 심화이다. 거의 모든 지역의 생활 수준이 올라갔지만, 많은 나라에서 불평등이 심화했고, 빈부격차 역시 커져만 간다. 수치들이 아찔할 정도이다. 억만장자 2,150명이 세계 인구의 60퍼센트보다 더 많은 부를 소유한다. 그중에서도 고작 42명이 지구의 극빈층 37억 명보다 더 많은 부를 소유한다. 수명, 식량 접근권과 범죄 노출률 등 여러 영역에서 불평등이 심화하고 있다. 우리는 우편번호로 수명과 삶의 기회를 예측할 수 있으며, 이는 코로나19 팬데믹을 통하여 마음 아플 정도로 명확해진 사실이다. 마지막 주제는 신기술의 빠른 변화가 미치는 영향들이다. 영향이다. AI, 로봇공학, 유전체학, 생명공학의 놀라운 진화는 흥미진진하면서도 당혹스러운 방식으로 정치에서부터 보건, 교육에 이르기까지, 이 모든 것을 송두리째 바꿔버렸다. 코로나19에 대한 과학계의 대응이야말로 이 변화의 방증이다. 코로나19가 발견된 지 3개월 만에 심사를 거쳤거나 미발표된 연구 3만 건 이상이 전 세계에 공유됐다. 우리는 지도들을 통해 과거의 교훈을 깨닫고 더 나은 미래를 만들 수 있을까?

지도를 보며 새로운 세계로 항해하기

여행작가 빌 브라이슨Bill Bryson은 이렇게 말했다. “지도의 매력이란 도대체 뭘까? 종일 바라봐도 질리지 않는다.” 그를 포함하여 내비게이터navigator와 오리엔티어orienteer*(지도와 나침반만을 가지고 목적지에 빨리 도달하는 것을 겨루는 오리엔티어링 경기 애호가)*라면 모두 알고 있듯이, 지도를 읽을 때는 해야 할 것과 하지 말아야 할 것들이 있다. 그런 지침들이 없으면, 금세 간단한 실수를 하다가 완전히 길을 잃어버리게 된다. 처음부터 올바른 종류의 지도를 선택하는 게 중요하다. 도시를 오가며 운전할 때 지형도가 별 도움이 되지 않는 것처럼, 등산객에게 해도는 쓸모가 없다.

지도를 해석하기 전에는 흔히 ‘키key’라고 하는 기호 설명서, 범례legend를 꼭 확인해야 한다. 범례에는 보통 도시, 산맥, 삼림 지역이나 담수와 해수를 나타내는 기호나 컬러 코드colour codes가 포함돼 있다. 이 책에서는 범례에 나오는 컬러 코드로 시간의 흐름에 따른 산림피복forest cover, 우주에서 본 산업·자연 화재의 규모, 전쟁 지역에서 조직화한 폭력의 경로, 세계 각국의 아동 사망률 변동 등의 각종 변화를 표시해 독자의 이해를 돕는다.

지도에 무엇이 포함되지 않았는지를 항상 생각해 봐야 한다. 모든 지도는 현실을 완전히 투영하지 않으며 일정한 왜곡이 있다. 지도에 담는 영역이 클수록, 왜곡 역시 커진다. 지도에 나온 것을 보고 상관관계와 인과관계를 혼동한 채 너무 성급하게 결론을 내리고 싶어질 수도 있다. 높은 기대수명과 뛰어난 학교 시험 성적을 기록하는 나라들이라고 해서 모든 사람이 똑같은 혜택을 받는다는 뜻은 아니다. 항상 회의적인 시각으로 무엇이 포함되었는지 추궁하고, 무엇이 왜 빠졌는지 계속 질문해야 한다. 우리 지도들은 완벽과는 거리가 멀며, 우리는 독자가 지도들을 개선할 방법을 찾기를 바란다.

지도를 보면서는 그 지도를 만든 게 누구인지를 알아야만 한다. 지도는 중립적이거나 공정하지 않다. 아무리 복잡한 지도도 결국은 한 장소의 일정한 특성을 기호로 재현한다. 지도 제작자들은 여러 목적으로 지도를 만들고, 그들의 관점은 각 지도의 내용에 반영될 것이다. 과거에는 잘 알려진 지도 제작자가 소수에 불과했다. 지도 제작자들은 왕족의 명을 받아 일했고, 15세기 메르카토르의 '아틀라스'나 18세기의 '아틀라스 누보Atlas Nouveau'와 같이 자신의 조사 결과를 값비싼 가죽을 엮어 만든 책으로 펴냈다. 오늘날에는 전문가나 일반인 가릴 것 없이 모두 각양각색의 형태와 크기로 지도를 만들고, 만들어진 지도들은 수십억 사람들을 위해 디지털로 복제된다. 지도에 대한 접근권이 확대된 것은 축하할 만하지만, 그만큼 지도의 출처를 이해하는 게 그 어느 때보다 중요해졌다.

지도는 우리가 폭넓은 통찰과 이해를 향해 나아가도록 도와주는 여러 도구 중 하나이다. 수 세기 동안 항해사들은 별자리와 행성의 위치를 파악하고, 풍향을 관찰하며, 나침반과 육분의sextant*(수평선 위에 있는 천체의 고도를 측정하는 도구)*를 해석하고, 각 지역의 지혜를 빌리는 등 여러 방법을 이용해 목적지로 가는 길을 찾아냈다. 지도 덕에 무사히 항해할 수 있겠지만, 우리는 지도에만 의존해서는 안 된다. 이 책 곳곳에서 제시하는 바와 같이, 우리는 다양한 기법에 의지해 세계의 이야기를 전하고자 한다. 세상을 '테라 코그니타'로 만들기 위해.

세계는 과거 그 어느 때보다도 해저 광섬유 케이블, 철도망, 파이프라인으로 서로 연결되어 있다

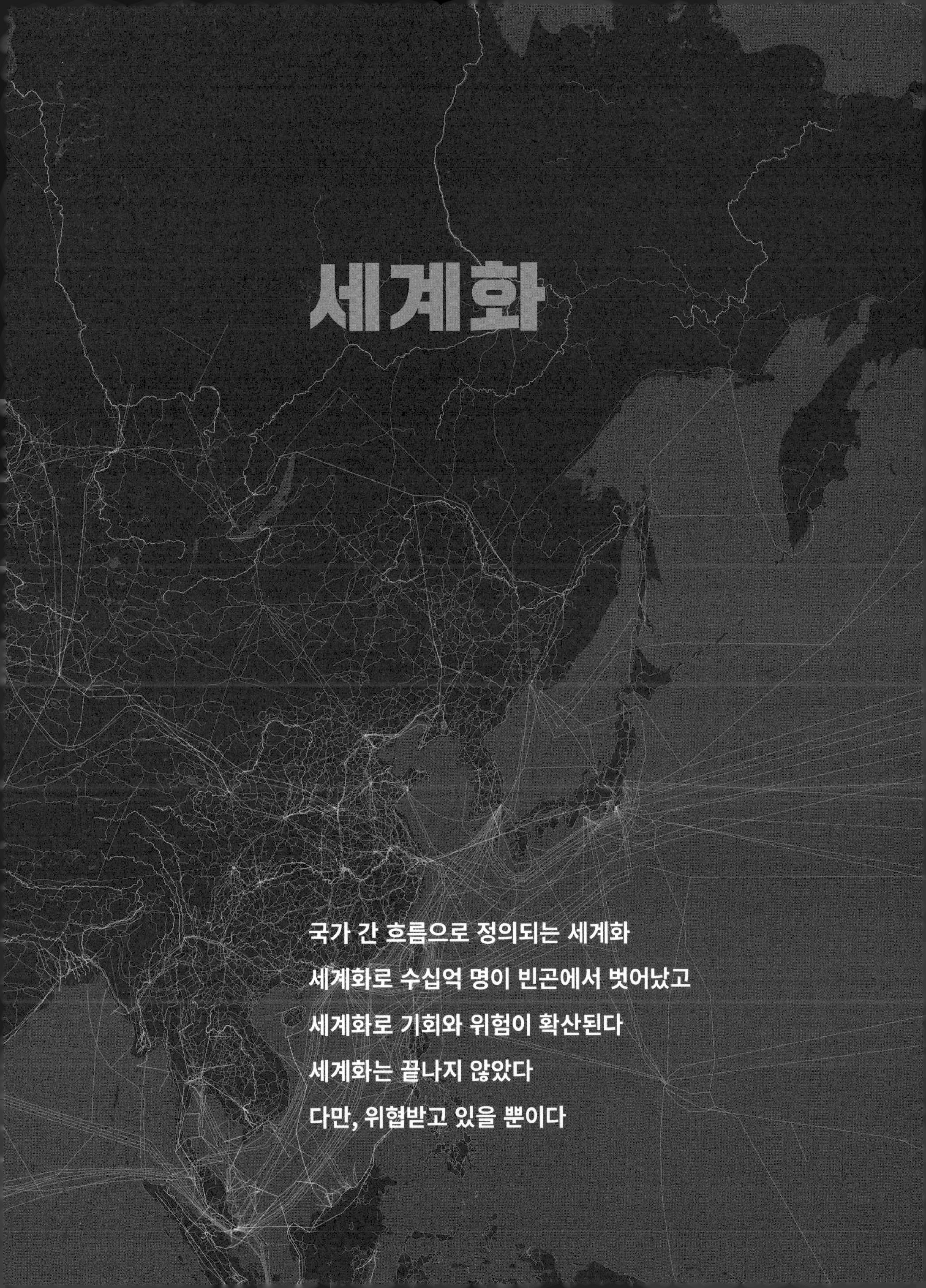

세계화

국가 간 흐름으로 정의되는 세계화

세계화로 수십억 명이 빈곤에서 벗어났고

세계화로 기회와 위험이 확산된다

세계화는 끝나지 않았다

다만, 위협받고 있을 뿐이다

연결된 우리 세계
흰색 점은 전화와 컴퓨터, 기타 연결 장치의 클러스터이며 보라색 선은 대륙을 잇는 해저 통신 케이블이다. 인구밀도가 높은 지역의 활발한 연결 상태와 사막, 농촌 지역, 그리고 아프리카 대륙에서 볼 수 있듯 빈곤에서 탈피하지 못한 국가들의 연결성 결여는 한눈에 확인할 수 있다.

들어가며

세계화에 대해 많은 논의가 있지만 정작 세계화를 정의하기는 쉽지 않다. 가장 일반적으로 세계화는 국경을 넘어 발생하는 인간 활동의 총체라고 정의된다.[1] 인간 활동이란 경제나 사회, 문화, 정치, 기술, 심지어 코로나19 혹은 HIV/에이즈처럼 생물학적인 흐름을 포함한다. 아이디어가 세계적으로 확산되는 현상은 세계화의 모습 중 눈에 보이지 않지만 가장 강력한 것 중 하나이다. 아이디어가 확산되고 또 수렴하면서 사회 구성, 경제, 기업 관리, 사람들이 사고하고 이해하는 방식에 영향을 미치기 때문이다.

인터넷 연결 흐름을 나타낸 위의 지도를 보면 세계화의 핵심 요소, 즉 정보의 세계적인 흐름을 확인할 수 있다. 흰색 점으로 보이는 것이 컴퓨터와 서버, 전화 등 연결 장치의 클러스터이다. 지도상에서 바다를 가로지르는 보라색 선은 해저 통신 케이블이다. 네트워크 연결성이 이렇게 강하다는 것은 곧 그만큼 우리가 서

로 연결되어 있다는 것을 의미한다. 특히 북아메리카, 유럽, 동남아시아 및 오스트레일리아 동부 해안가와 라틴아메리카 지역은 지도가 환할 정도이다. 북아메리카 인구의 90퍼센트 이상, 유럽 인구의 88퍼센트 이상이 인터넷에 접속할 수 있다.[2]

지도를 보면 일부 지역은 상대적으로 연결성이 낮다는 것도 확인할 수 있다. 어둡게 나타난 지역 대부분은 극지방, 아마존, 사하라 등 인구 자체가 적은 곳이다. 영국의 방송통신규제기관 오프컴Ofcom은 소비자가 디지털 사회에 참여하기 위해 필요한 광대역 통신 속도broadband speed는 최소 10메가비피에스(Mbps)라고 규정했다.[3] 하지만 아프리카 40개국에서 5Mbps 이상의 광대역 통신 속도가 나온다고 답한 곳은 단 4개국에 불과했다. 아프리카 대륙에서 유일하게 마다가스카만 10Mbps 이상의 광대역 통신 속도를 보였지만, 마다가스카 인구는 아프리카 대륙 전체 인구 중 2퍼센트도 되지 않는다.[4] 개발도상국 중 가장 빠른 성장세를 보이는 동남아시아와 아프리카 해안에 자리한 국가들, 라틴아메리카 도시들이 동시에 가장 인터넷 연결이 잘되어 있는 곳이기도 하다는 점은 결코 우연의 일치가 아니다. 연결성이 떨어져 지도에서 어둡게 보이는 지역은 개발 속도에서도 뒤처지고 있다.

30여 년 전 베를린 장벽 붕괴와 구소련 해체 이후 자유민주주의 원칙과 가치가 세계적으로 확산될 것이라는 기대가 있었다. 프랜시스 후쿠야마Francis Fukuyama는 1992년 출간된 유명한 저서를 통해 '역사의 종언'을 고하고 개방형 시장의 승리를 예고했다.[5] 세계는 지정학적 의미에서 수축하고 새롭게 등장한 월드와이드 웹으로 인해 세상이 작아질 것이라는 기대감이 팽배해졌고 '거리의 소멸' 개념도 지지를 받았다.[6] 이 모든 현상으로 기회가 확대되어 토머스 프리드먼Thoma Friedman의 표현처럼 '평평한' 세상이 만들어질 것처럼 보였다.[7] 하지만 안타깝게도 세계화는 우리가 바랐던 시나리오대로 진행되지 않았다.[8]

30년 전에 가졌던 가슴 벅찬 환상은 쓰라린 현실에 자리를 내주었다. 세계화는 미국과 유럽 지식인들이 확언했던 결과를 가져다주지 않았다. 코로나19가 세계화의 동맥을 타고 확산되었고, 전 세계적으로 전례 없는 수준의 보건 및 경제 위기를 초래했다. 세계 상위 1퍼센트는 막대한 혜택을 누렸을지 모르지만, 대부분의 사람들은 소득 불균형이 심화되어 예전보다 더욱 살기 힘들다고 느끼고 있다.[9] 2008년 금융위기 이후 삶의 어려움을 호소하는 사람은 더욱 많아졌다. 그 이후 10여 년이 지나고 미국, 영국, 남유럽 국가의 평균 임금을 확인해 보니 금융위기 이전 수준도 회복하지 못하고 있었다.[10] 불안하다고 느끼는 것이 당연한지도 모르겠다. 전 세계적으로 세대를 거듭하면서 거듭 확인되는 현실은, 높은 소득이 경제적인 우위를 안겨줄 뿐 아니라 높은 기대수명과 밝은 직업 전망, 좋은 학군, 그 외 여러 혜택과도 상관관계를 보인다는 점이다.

한동안 중국과 인도, 아시아의 여러 나라, 아프리카, 라틴아메리카 국가들이 시장을 점차 개방하면서, 세계화가 유럽과 북미뿐만이 아니라 신흥 경제 국가들과의 사고방식 통합으로 이어지리라는 기대가 있었다. 2008년 금융위기는 다자간 공조 체계가 정점을 찍었던 때이기도 했다. 금융위기가 터지자 G20은 전 세계를 금융의 깊은 수렁에서 다시 구하기 위해 발 빠르게 움직였고, 이에 구제금융 조치를 신속히 합의한 것이다. 그러나 그것이 최후의 축배였다. 금융위기 이후

10년째 중산층 임금은 제자리걸음을 하고 있고 국내 불평등 수준도 급격히 증가했다. 금융인과 정치인 그리고 이러한 시스템을 관리하는 전문가 집단의 무능함에 분노하여 세계화에 반하는 포퓰리스트들이 불같이 반발하기 시작했다.

세계화는 우리 사회 안팎으로 다양한 사람들을 만나게 해주기는커녕 사상적·정치적 분열을 조장해 공동으로 결정하고 해결책을 모색할 잠재력을 저해하고 있다. 금융위기를 통해 증명되었듯이 세계화는 분명 시스템상의 위험을 관리하기 위해 더 큰 협력을 요구한다. 또한 경제 성장과 기회의 확산이 부정적인 결과로 이어지지 않도록 다 함께 행동하기를 요구한다. 세계화의 부정적 외부효과externality에는 감염병 발생, 항생제 내성 증가, 기후변화 등이 있고, 이는 공동으로 관리해야 하는 문제이다. 그런데 지구 생태계 시스템이 날로 위태로워져 협력을 확대해야만 하는 지금, 우리 현실은 어떠한가. 세계화는 정치적 분열을 가져왔고 결국 우리가 대응할 수 있는 수단은 그리 많지 않다는 통렬한 자각이 밀려온다.

지난 10여 년간 세계화란 단어는 남용되고, 세계에서 발생하는 여러 문제의 원인으로 지목되어 왔다. 이상하게 들릴지도 모르지만, 문제는 지나친 세계화가 아니라 불충분한 세계화이다. 생계유지에 필요한 수준으로 돈을 빌릴 수 없거나 개방 무역, 저렴한 인터넷 서비스, 양질의 교육, 보건 시스템과 최신 정보 등의 혜택을 받지 못하는 사람들은 감염성 질병에 더 취약하고, 소득과 그 밖의 기회에서 뒤처진다.[11] 세계 곳곳으로 퍼질 수 있는 문제들을 특히 잘 관리하기 위해서는 올바른 세계화의 모습을 갖춘 거버넌스가 필요하다. 이 챕터에서는 우선, 세계화가 무엇인지 세계화의 변천사를 통해 살펴볼 것이다. 이어서 세계화의 다양한 측면과 세계화가 어떻게 금융과 국제 원조의 지형을 바꿔놓았는지 알아보고, 미래에 우리의 관리 능력을 향상시킬 수 있는 방법들을 살펴보겠다.

세계화의 물결

세계화는 21세기의 발명품이 아니다. 세계화는 수백 년 동안 존재해 온 개념이다. 보통 경제사학자들은 재화·서비스·금융·기술·사람을 비롯하여 국경을 넘어 이동하는 대부분 개념의 흐름을 포함하는 세계화의 특정 사례들을 설명하기 위해서 다양한 측정 도구를 활용한다.[12] 세계화의 물결은 과거에도 있었으나 현재 우리가 올라탄 세계화의 물결은 과거에 비하면 거의 쓰나미 수준이다. 지난 30여 년 동안 실물 재화의 글로벌 거래량과 가상공간 속에서 진행되는 금융과 통신의 흐름은 과거에는 상상할 수도 없을 만큼 급증했다.

아래의 지도는 프랜시스 골턴Francis Galton이 1881년 제작한 지도를 복구한 것이다. 이 지도는 런던에서부터 사람과 물자를 세계 어느 곳으로든 운반하려면 상당한 시간이 소요되었음을 보여준다.[13] 일례로 유럽에서 북아프리카 해변까지는 10일, 시드니, 상하이 또는 남미 대부분의 지역까지는 최소 40일이 필요했다. 오늘날 세계 주요 도시끼리는 36시간이면 비행기로 이동할 수 있고 고속 인터넷으로도 연결되어 있다. 이 책에서도 보여주겠지만, 사람과 공간이 물리적으로나 디지털로

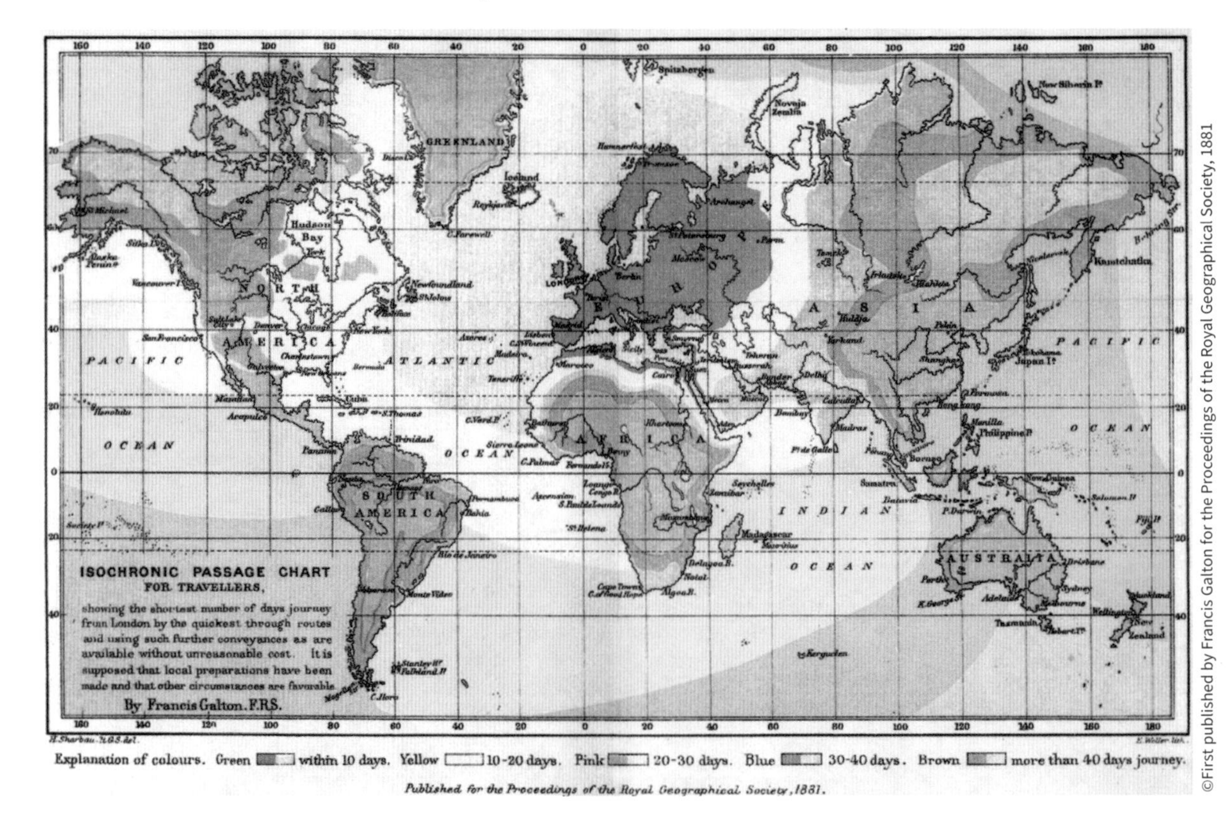

슬로보트Slow boats: 1881년에 런던에서 출발하여 세계의 각 지역까지 도달하는 데 얼마나 걸리는지를 나타낸 지도

프랜시스 골턴이 만든 최초의 등시선도isochronic map*(한 지점으로부터 도달시간이 같은 지점들을 연속적인 선으로 이어서 표현한 지도)*로 알려져 있으며, 1881년 영국 왕립지리학회Royal Geographic Society가 발간했다. 런던에서 출발하여 다른 곳으로 이동하는 데 걸리는 시간을 보여준다. 여행하기에 좋은 조건이고, 여행을 미리 계획했으며, 여행 자금도 넉넉하다는 가정하에 만들어졌다. 지도를 보면 런던에서 유럽은 10일 내로 어디든 갈 수 있었으나, 시드니, 도쿄 혹은 베이징까지는 40일이 걸렸다.

연결되면서 보건, 교육, 문화, 기술 등 다양한 방면으로 혁신이 탄생할 수 있었다.

그러면 가장 최근의 세계화 국면은 과거에도 숱하게 있었던 세계화와 어떤 점에서 뚜렷이 구별되는가? 분명 규모도 차이가 있다. 하지만 문제는 앞서 말한 것처럼, 세계화에 대해 아직 합의된 정의가 없고, 그 시작이 언제인지에 대해서는 더더욱 의견이 분분하다는 점이다.[14] 일부 학자들은 수십만 년 전에 호모사피엔스가 아프리카 대륙을 벗어나는 긴 여정에 착수했을 때 세계화가 시작되었다고 주장한다. 또 다른 학자들은 기원전 1세기에 중국과 유라시아에서 귀금속 등의 사치품 거래를 활성화시켜 오늘날 '실크로드Silk Road'라 불리는 교역이 이뤄진 후에 세계화가 시작되었다고 주장한다. 7세기부터 15세기까지는 종교와 무역(특히 향신료)이 확산되며 세계화가 시작되었다고 볼 수 있는 또 다른 시점이다. 마찬가지로 15세기와 19세기 사이 아메리카 대륙의 '발견'과 폭발적으로 일어난 과학 혁신도 세계화의 시작점으로 생각할 수 있다. 사실 우리는 세계화에 대해 충분히 이해하고 있지 않으며, 이 책 한 권으로 이 문제들 전부를 해결할 생각도 없다.

다만 세계화가 일어난 과정이 무탈하지 않았다는 것은 분명히 말할 수 있다. 역사 속에서 해양 나침반, 전구, 내연기관, 인터넷, 현대적 광섬유와 같은 기술 혁신은 세계화의 파고를 크게 상승시키기도 했다. 정책과 제도, 지역별 선호의 변화 역시 세계화를 가속화하기도 했고 어떤 때에는 퇴보시키기도 했다. 예를 들어 15세기 중국 황제 홍희제洪熙帝는 해양 원정을 금지했다.[15] 당시 최대 해상 무역 국가였던 중국은 유럽에 자리를 내주게 됐고, 이어서 르네상스와 소위 말하는 대항해시대가 열렸다. 이로 인해 감자, 토마토, 커피, 초콜릿이 유럽 땅에 들어올 수 있었지만, 콜럼버스 이전 시대 문명의 삶은 파괴되었고 수백만 명의 아프리카인은 야만적인 노예무역의 대상으로 전락했다.[16]

현대적인 세계화의 첫 번째 물결은 19세기 말 시작되었다.[17] 그 전까지만 해도 무역 활동으로 발생하는 세계 경제 생산량은 전체의 10퍼센트도 되지 않았다.[18] 세계적인 경제학자 존 메이너드 케인스John Maynard Keynes는 19세기 후반부터 제1차 세계대전까지의 기간을 두고 현대 세계 경제가 탄생한 시기라 말했다.[19] 이 시기에 금융시장이 통합되었고 증기 기관의 발명으로 철로와 해상 운송이 진일보하였으며 통신 기기도 발전하기 시작했다. 유럽의 식민 통치도 한층 강화되었다.[20] 우리가 살고 있는 지금의 세계화 모습과는 달리 당시 세계 인구 대비 이

5세기 동안의 세계화와 급반전 양상

그래프는 지난 500년의 동안 국가의 무역 개방성에 따른 세계화의 수준을 보여준다. '무역 개방 지수'는 세계 수출입의 합을 세계 GDP로 나눈 값이다. 색깔 별로 정보의 출처를 나타냈다.

주민의 수는 역대 최고 수준이었다. 아일랜드계, 이탈리아계, 스칸디나비아계 인구 중 많게는 3분의 1이 이주하고 100만 명 이상이 매년 대서양을 건너던 이 시기는 집단 이주의 시대Age of Mass Migration라고도 불린다.[21]

앞서 언급한 세계화의 여러 국면들은 대개 재난 상황 발생으로 급반전이 되며 짧게 막을 내렸다. 위의 그래프는 1500년부터 현재까지 GDP 대비 무역 정도를 설명하는 '무역 개방 지수trade openness index'를 보여준다. 1800년대 후반 30퍼센트 정도의 수준을 보이다가 제1차 세계대전의 여파로 완전히 무너지는 것을 알 수 있다. 전쟁에 이어 대공황이 터지자 무역으로 이어지던 세계화의 물결이 꺼져버렸다. 세계화에 대한 반발감과 유럽 내에서 부상하던 민족주의는 제2차 세계대전 발발의 씨를 뿌렸다. 21세기에는 반사적 민족주의와 보호주의가 등장하여 또다시 세계화가 위협받고 있다. 팬데믹과 같은 생존에 대한 위협만 아니라, 꼬리에 꼬리를 무는 금융위기와 기후변화도 세계화의 흐름을 멈추게 할 수 있다.

제2차 세계대전이 끝나고 나서야 세계화의 두 번째 큰 물결이 밀려왔다. 이 물결은 무역이 세계 GDP의 62퍼센트를 차지하던 시기, 즉 2008년 금융위기가 터지기 직전까지 계속 탄력을 받았다. 2019년에 무역 거래는 비록 금융위기 이전의 정점에는 못 미치지만 세계 GDP의 59퍼센트를 차지하여, 역사적 기준으로 보았을 때 충분히 높은 수치를 기록했다. 2020년에는 코로나19로 급반전되어 무역 거래량은 최소 3분의 1 수준으로 하락했다. 이러한 무역량 급감이 일시적인 후퇴인지, 아니면 장기적인 둔화 추세로 재설정되어 현재 세계화의 끝이 시작되는 것인지는 80조 달러의 상금을 걸 수 있을 정도로 어려운 문제이다. 여기에 대한 답은 코로나19가 종식될 것인지, 백신과 방역 조치를 어느 정도까지 도입하여 여행이나 무역을 재개할 것인지 여부에 달려 있다. 이는 또한 선진국에서 보호주의 정책을 확대하고 지속하여 더 많은 무역 갈등, 잘못된 판단, 위기를 가져오는지에도 달려 있다.

기술 발전 역시 세계화의 행보를 결정할 수 있는 중요한 요소이다. 에너지와 운송의 비용이 하락하고 시스템이 점차 표준화되면서 제조업체들은 다양한 국가의 여러 지역에서 위탁 생산을 할 수 있게 되었다. 조각난 공급망은 코로나19 이전에도 이미 한계점을 보였을 것이고, 저비용 지역에 만들었던 특수생산시설에서 이득을 봤던 제조업과 서비스업도 3D 프린팅과 로봇공학 덕택에 본국으로 회귀reshoring하고 있다. 동시에 소비자의 선호 또한 쉽게 대체될 수 없는 개인 서비스와 마찬가지로, 빠르게 배송될 수 있도록 지역에서 생산되며 개별화된 상품으로 옮겨 가고 있었다. 이런 경향성은 코로나19 팬데믹 시대에 더욱 가속화될 것으로 보인다.

궁극적으로 21세기 세계화의 속도와 규모는 다양한 요소들에 달려 있다. 가장 최근의 세계화는 교통·통신의 비용이 급감한 덕을 톡톡히 보았다. 54쪽의 그래프에서 볼 수 있듯이 해상 선적율은 컨테이너가 개발되어 해상 운임이 떨어지면서 급감했고, 덕분에 엄청난 양의 물품들이 생산지에서부터 도매상이나 대량 구매자에게 직접 배송될 수 있었다. 마찬가지로 통신과 항공 여행 비용이 현저히 낮아져서 1990년 4억 3,000만 명이었던 출장 및 여행객 수가 2019년 15억 명까지 늘어날 수 있었다.[22] 코로나19 발생 이후 이 분야는 재앙에 가까울 정도의 하락세를 보였다.

가장 최근에 나타난 세계화는 무역의 급격한 확장을 수반했는데, 전 세계 수출액을 나타낸 그래프에서 확인할 수 있다. 그래프는 2001년 9·11 테러 이후 잠깐의 하락세를 제외하고 1980년대부터 수출량이 가파르게 상승한 모습을 보여준다. 그러나 2008년 금융위기 직전 정점을 찍고 나서는 답보 상태를 벗어나지 못했고, 코로나19 때문에 2020년에는 급락하고 말았다. 제2차 세계대전 이후 금융과 무역 시

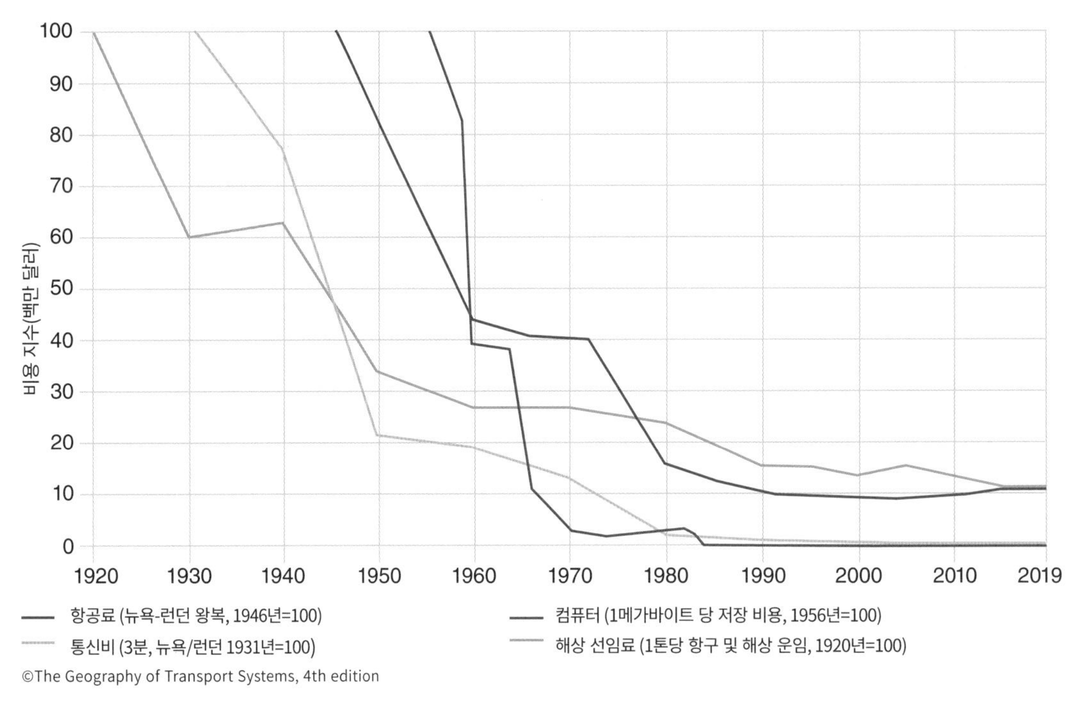

통신 및 교통비용 하락

지난 100년간 통신과 교통비용이 전례 없는 하락세를 보이고 있다.
세로축은 0에서 100까지 비용 지수를 나타낸다.

스템을 정착시키고자 1944년 7월 브레튼우즈Bretton Woods에서 동맹국들이 합의했던 국제 체제는 최근에 들어서야 제 역할을 했다고 볼 수 있다. 이후 지정학 챕터에서 논의할 부분이기도 하지만, WTO는 국제통화기금(IMF), 세계은행과 함께 무역의 불씨가 꺼지지 않게 하는 데 중추적 역할을 했다. 하지만 여러 강대국에서 다자주의에 대한 의지는 식어가고 있고, 일부 제도는 신흥 강국 부상에 대해 적절히 대응하지 못했다. 이러한 상황에서 현존하는 제도적 프레임워크가 효과가 있는지 회의감이 점점 커지고 있다.

최근의 세계화 국면에서 가장 두드러지는 것이 경제 통합의 속도이다. 57쪽의 지도에서 점 하나는 금융이나 정보의 교류처럼 무형이 아닌 유형의 재화 거래 금액 1,000만 달러를 의미한다. 1990년과 2018년을 비교해 보면 유럽, 북아메리카와 아시아 내에서의, 또 서로 간의 무역이 놀랍도록 증가했음을 알 수 있다. 1970년 무역 규모는 세계 경제 활동, 즉 세계 GDP의 약 4분의 1이었고, 한 세기 전의 약 30퍼센트에 비하면 하락한 수치이다. 오늘날 이 비율은 한 세기 전에 비해 약 2배로 늘었다.[23] 10여 년 전과 비교하자면 수출입 구성은 상당히 달라져,

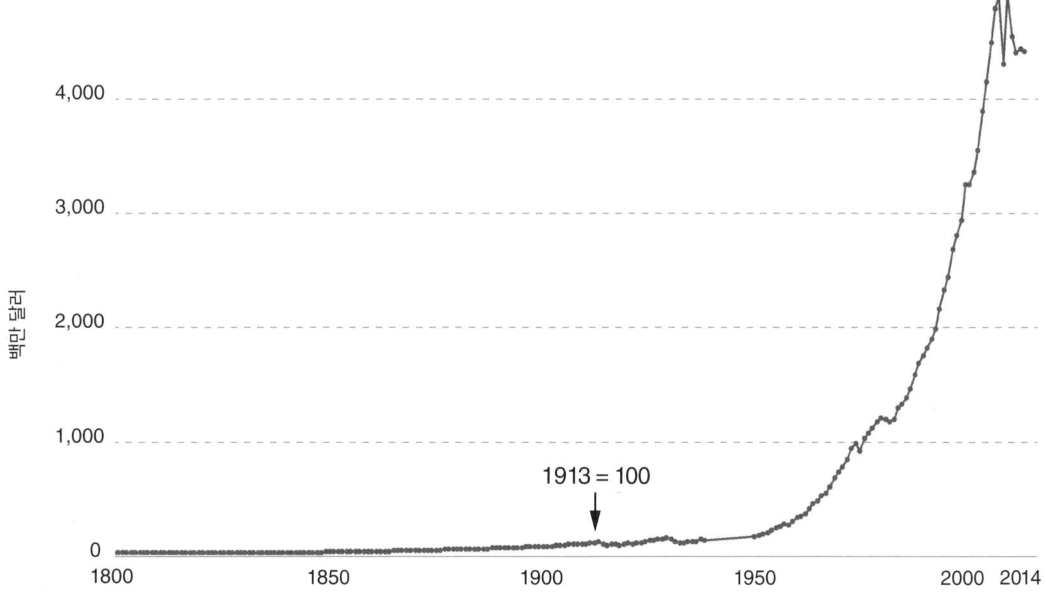

©OWID. Federico, Giovanni and Antonio Tena-Junguito, 2016

상승세에서 답보 상태로 바뀐 무역
무역의 급격한 상승세와 답보 상태가 그래프에 잘 나타나 있다. 그래프는 세계 수출액을 보여주며, 인플레이션을 감안하여 비용이 변하지 않는다고 가정하고 1913년의 가치를 1억 달러로 고정했다. 이번 세기 초반에는 수출이 정점을 찍어 100년 이전보다 508배 증가된 수준까지 상승했고, 이후부터는 계속 답보 상태에 머물러 있다.

서비스 분야의 비율이 늘어나고 있다. 무역에 있어 아시아의 영향력이 높아졌다는 사실은 그만큼 아시아가 세계화로부터 중요한 혜택을 많이 받았다는 뜻으로 해석할 수 있다. 1970년 중국은 국제 무역의 고작 0.6퍼센트만을 차지하던 국가였지만 오늘날에는 국제 무역의 14퍼센트를 차지하며 가장 큰 비율을 점유하고 있다.[24] 중국 경제는 과거에 비해 훨씬 더 개방되었고, 중국 경제에서 무역이 차지하는 비중은 38퍼센트로, 미국 경제에서 무역의 비중이 26퍼센트인 것과 비교된다.[25]

세계화의 속도는 1980년대 말부터 계속 빨라지고 있다. 세계화를 가속시킨 주요 사건에는 베를린 장벽의 붕괴와 구소련의 해체가 있다. 또 EU 12개국이 1993년에 'EU의 네 가지 자유'라고 하는, 재화·자본·서비스·노동의 자유로운 이동을 위한 절차를 밟음으로써 단일한 시장이 탄생하게 된 것 또한 중요한 사건이었다. 1994년 북미자유무역협정(NAFTA)이 효력을 발휘하게 되면서 멕시코, 캐나다, 미국을 잇는 세계에서 가장 큰 자유 무역 지대가 탄생했다. 이때 캐나다와 미국이라는 선진국과, 멕시코라는 개발 수준이 훨씬 뒤처진 국가가 전례 없는 통합을 이뤄내면서 북아메리카 경제 관계가 근본적으로 재편되었다. NAFTA (현재는 미국·멕시코·캐나다 협약을 줄여서 USMICA라고 재명명되었다) 체결 이후 미국과 이웃 국가들의 무역량은 3배 이상 증가했고, 이는 세계 다른 지역 국가들과의 무역량 증가에 비해 훨씬 빠른 속도이며, 매년 미국 경제에 수십억 달러의 경제적 가치를 더해주고 있다.[26]

또 다른 기념비적인 구조적 변화를 가져온 무역 협정 체결은 1989년 월드와이드웹 발명에 따른 기술적 진보가 있었던 시기에 일어났다. HTML, URL, HTTP 시스템 개발로 컴퓨터를 사용하여 서로 대화할 수 있게 되었고, 과학계뿐만 아니라 모든 사람에게 인터넷이 개방되었다.[27] 이는 기하급수적으로 향상된 연산 능력과 컴퓨터 비용 하락에 힘입어 자유와 민주주의와 같은 개념을 더욱 빠르게 확산시키는 배경이 되었다. 이후 지정학 챕터에서도 설명하겠지만, 1989년에는 세계에는 독재 체제가 민주주의 체제보다 많이 존재했다. 그러나 20여 년 후 그 비율은 뒤바뀌었고, 민주주의 체제와 독재 체제의 비율은 약 2 대 1이다.[28] 그러나 그렇다고 해서 전 세계 민주주의 양태의 모든 면이 다 좋다는 뜻은 아니다. 한 설문에 따르면 역사상 이렇게 불만이 많았던 적은 없다고 한다.[29]

이처럼 정치적·기술적으로 거대한 변화가 시작되면서 우리 삶의 모든 부분이 영향을 받게 되었다. 지금 이 책도 인터넷이 없었더라면 출판될 수 없었을 것이다. 브라질 리우데자네이루 출신의 로버트, 영국 옥스퍼드 출신의 이언, 미국 피츠버그의 크리에이트랩 직원들이 함께 작업한 결과물인 것이다. UN, 세계은행 등의 다국적 기관이 제공한 정보를 바탕으로 하고, 미국에서부터 일본에까지 다양한 사람들로 구성된 팀이 정교한 설문조사를 실시했으며, 수집한 위성 이미지로 생성된 정보를 이용했다. 지난 수십 년간 멀리 떨어진 곳으로 여행을 다녔던 개인적인 경험마저도 저렴한 항공

1990년과 2007년의 세계 무역

1990년대 들어서 무역 장벽이 낮아지고 중국과 아시아 일부 국가에서 무역 개방을 시작했음을 국가 간에 이어진 선을 통해 알 수 있다. 이 선은 거래된 재화의 규모를 나타내며, 점 하나당 1,000만 달러이다. 당시 거래되었던 미네랄, 석유, (금융 거래 등의) 서비스는 제외한다.

1990

2017

Miscellaneous manufactured artickes
UN Comtrade, 2018

각각의 점은 1,000만 달러를 의미

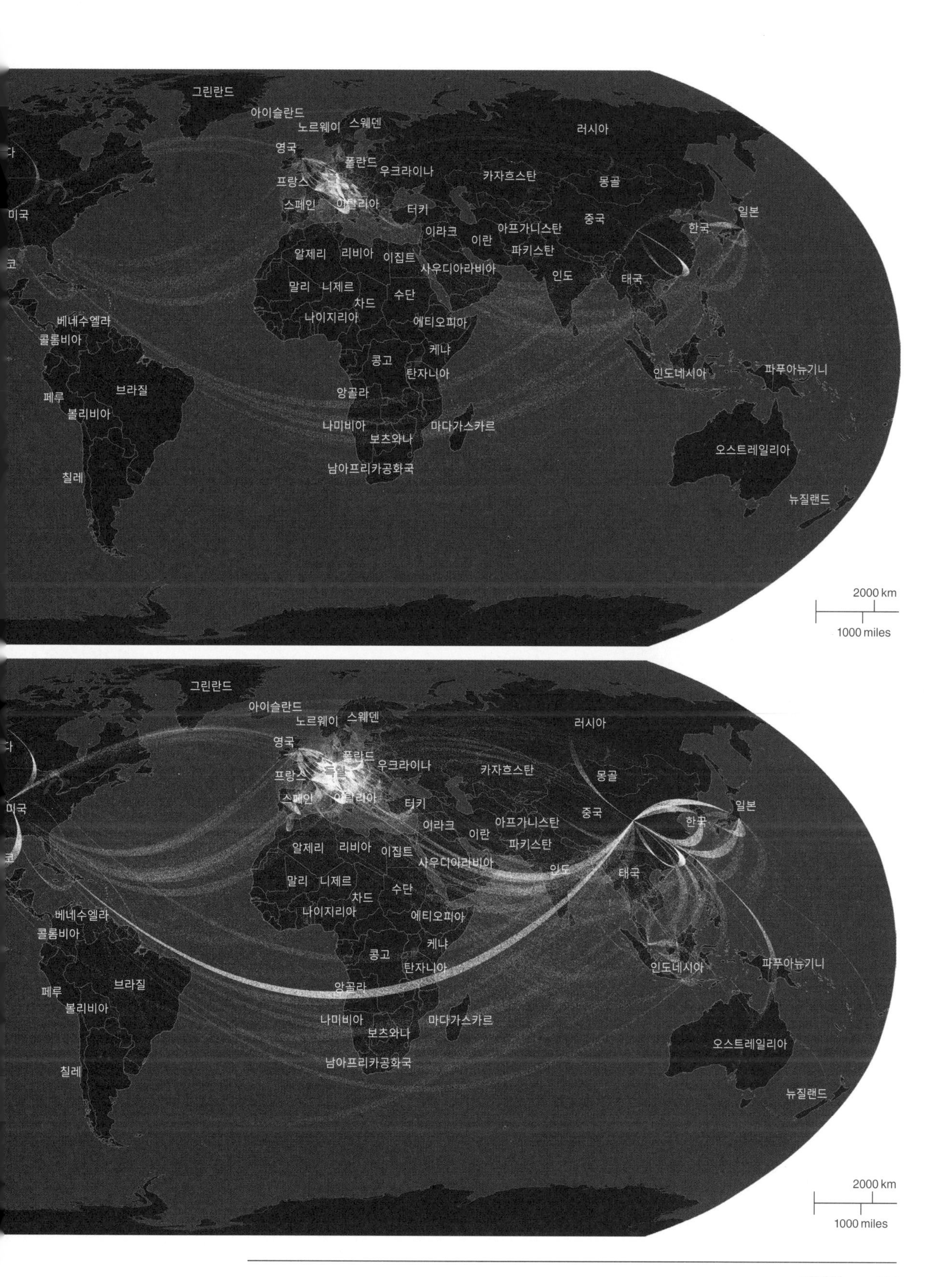
그린란드
아이슬란드
노르웨이
스웨덴
러시아
영국
폴란드
우크라이나
카자흐스탄
몽골
프랑스
스페인
이탈리아
터키
미국
중국
일본
이라크
이란
아프가니스탄
한국
알제리
리비아
이집트
파키스탄
사우디아라비아
인도
태국
말리
니제르
차드
수단
나이지리아
에티오피아
베네수엘라
콜롬비아
케냐
콩고
탄자니아
인도네시아
파푸아뉴기니
브라질
페루
앙골라
볼리비아
나미비아
마다가스카르
보츠와나
오스트레일리아
남아프리카공화국
칠레
뉴질랜드
2000 km
1000 miles
그린란드
아이슬란드
노르웨이
스웨덴
러시아
영국
폴란드
우크라이나
카자흐스탄
몽골
프랑스
스페인
이탈리아
터키
미국
중국
일본
이라크
이란
아프가니스탄
알제리
리비아
이집트
파키스탄
사우디아라비아
인도
태국
말리
니제르
차드
수단
베네수엘라
나이지리아
에티오피아
콜롬비아
케냐
콩고
탄자니아
인도네시아
파푸아뉴기니
브라질
페루
앙골라
볼리비아
나미비아
마다가스카르
보츠와나
오스트레일리아
남아프리카공화국
칠레
뉴질랜드
2000 km
1000 miles

세계화가 얼마나 진행되었는가?

이 지도는 DHL이 전 세계 다양한 국가의 연결성을 분석하기 위해 실시한 조사 결과를 요약해 보여준다. 지도를 보면 네덜란드가 가장 연결성이 좋은 국가이며 수단이 169위로 연결성이 가장 떨어진다. 연결성이 좋은 국가들인 싱가포르, 스위스, 아랍에미리트, 아일랜드는 노란색이다. 연결성이 떨어지는 국가는 보라색으로 나타난 짐바브웨, 수단, 아프가니스탄, 예멘, 베네수엘라로, 내전과 제재 조치로 인해 이들 사회가 탈세계화되고 있다.

료와 수송 인프라 확장에 힘입어 가능했던 것이다.

세계가 서로 연결되어 있는 방식은 우리가 생각·상품·서비스를 서로 공유하는 방식으로부터 유추할 수 있다. 위의 지도는 물류회사인 DHL에서 169개 국가 내 기업들이 재화·자본·정보·사람의 국경 간 이동에 관련하여 어떠한 활동을 하고 있는지 조사하기 위해 만든 자료를 활용한 것이다.[30] 지도는 연결성connectedness의 '깊이'를 보여주며, 이를 통해 한 국가의 인구·무역·금융·정보가 국가 내에서 흐르는 것이 아니라 국제적으로 흐르는 것을 알 수 있다. 지도

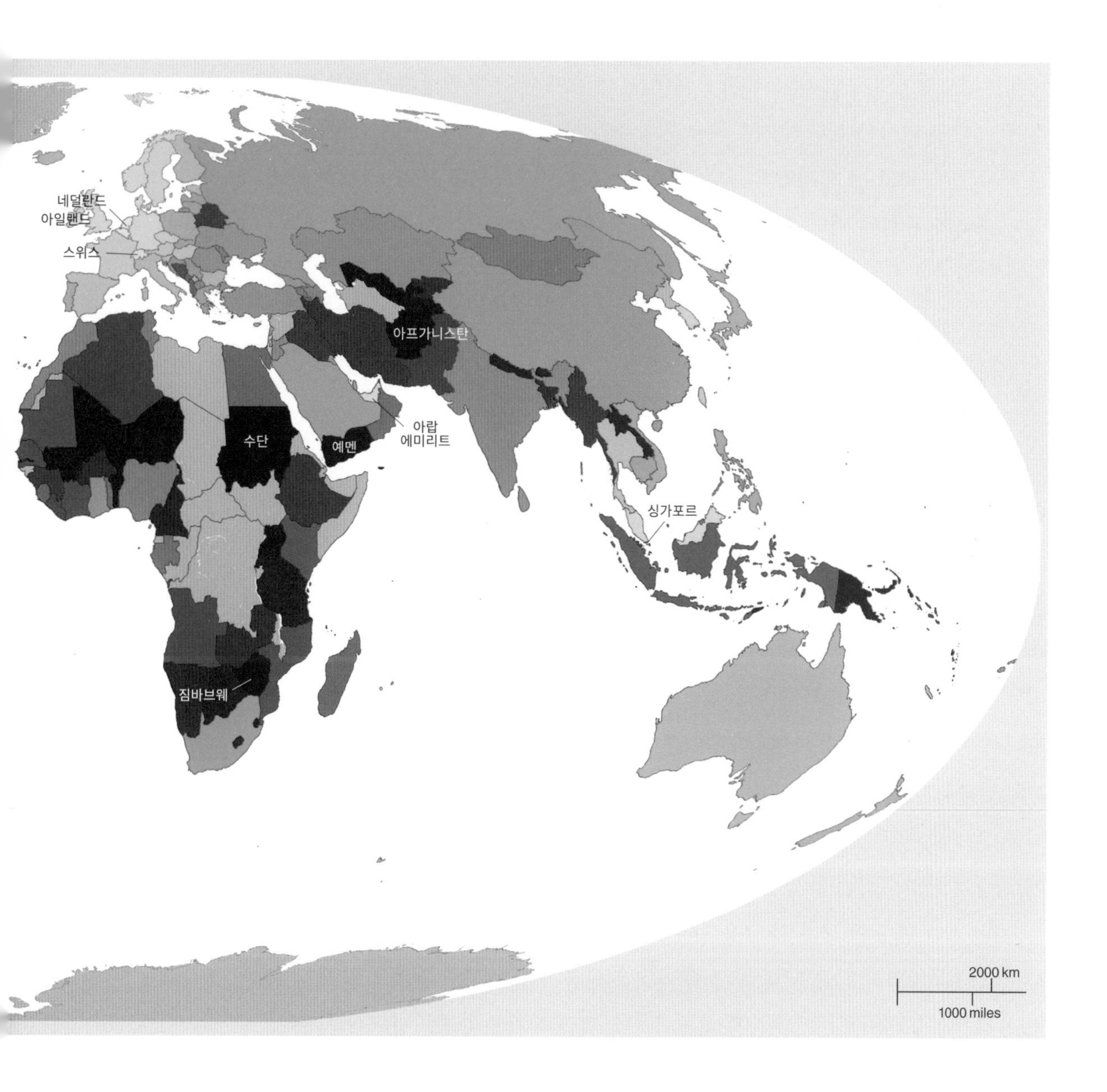

는 또한 국가 간 연계성linkage의 깊이도 분석해 준다. 연계되어 있는 국가가 많을수록 높은 점수를 주었는데, 이와 같은 조사는 국가들이 지역적으로 그리고 세계적으로 통합되어 있음을 암시한다.

세계에서 연결성이 가장 좋은 10개국은 네덜란드, 싱가포르, 스위스, 벨기에, 아랍에리미트, 아일랜드, 룩셈부르크, 덴마크, 영국과 독일이다. 상위 5개국은 다양한 상품과 서비스를 세계 여러 소비 계층에게 제공하면서 성장 궤도를 밟아온 국가들로 나라의 크기는 작아도 개방 경제를 지향한 곳이다. 상위

10개국 중 8개국이 유럽 대륙 국가로, 유럽은 세계에서 가장 연결성이 좋은 지역이다. 반면 미국은 상대적으로 국내 지향적인 모습이다.[31] 많은 유럽 국가들은 서로 간 그리고 전 세계와의 보다 큰 통합을 이루었고, 이는 무역, 자본시장 및 세계화와 관련된 기타 개혁조치와 더불어 유럽의 단일시장이 유럽 각국의 경제를 얼마나 변화시켰는지를 잘 보여준다.

금융의 세계화

역사적으로 봤을 때 국경을 넘나드는 금융 자본의 흐름은 재화와 서비스의 수출입을 위한 지출과 이윤이 주를 이뤘다. 한편 국가 간 투자 자본은 주로 채굴산업, 석유 등 여러 형태의 생산 활동을 위한 자금조달 목적으로 이동했고, 수출을 하면서 상환되었다. 투자 자본 중 국내 투자(자국에 투자하는 투자자들)가 여전히 75퍼센트 이상의 비중을 차지하지만, 해외 투자, 대출 및 원조도 많은 국가에서 점점 더 중요해지고 있다.[32] 그러나 해외 금융에 의존할 경우 발생하는 단점도 있다. 인도네시아와 한국, 태국 등의 개발도상국 경제가 붕괴한 1997년의 금융위기와 2008년의 금융위기를 겪으면서, 해외 금융 자본 의존도가 높으면 더 큰 대가를 치르게 되고 그 결과 빈곤층이 더 힘들어진다는 것을 체득했다.[33] 이는 무역과 비교했을 때, 금융 자본의 흐름이 투기나 경기에 더 취약하고, 변동성이 더 크기 때문이다.[34]

지난 20여 년 동안 국가 간 금융 자본의 흐름이 급격히 증가했다. 이는 자본에 대한 통제가 완화되고 파생신용상품 등 새로운 금융 상품에 대한 규제 완화가 일어난 시기와 일치한다. 이러한 금융 자본의 이동 급증은 위험 관리와 함께 투기 목적도 있었다. 시스템 연산 능력 강화와 국가 간 단절 없는seamless 무역이 가능해진 상황을 제대로 관리하지 못한 것이 2008년 금융위기의 주요 원인이었다.[35] 과거에는 경제 활동과 발맞춰 금융 자본이 이동한 모습을 확인할 수 있었던 반면, 최근 10여 년 동안은 이와 같은 관계를 볼 수 없었다. 자본 흐름은 더 가파른 속도로 확대되었다. 다음 그래프를 보면 선진국에서 개발도상국으로 자본이 빠르게 이동하는 것을 알 수 있다. 1980년대 후반까지는 거의 움직임이 없다가, 이후부터 변동성에 영향을 많이 받긴 했지만 움직임 자체가 눈에 띄게 커진 것을 알 수 있다.

2008년 금융위기 결과, 투자자들이 보유한 주식을 헐값으로 내던지면서 주

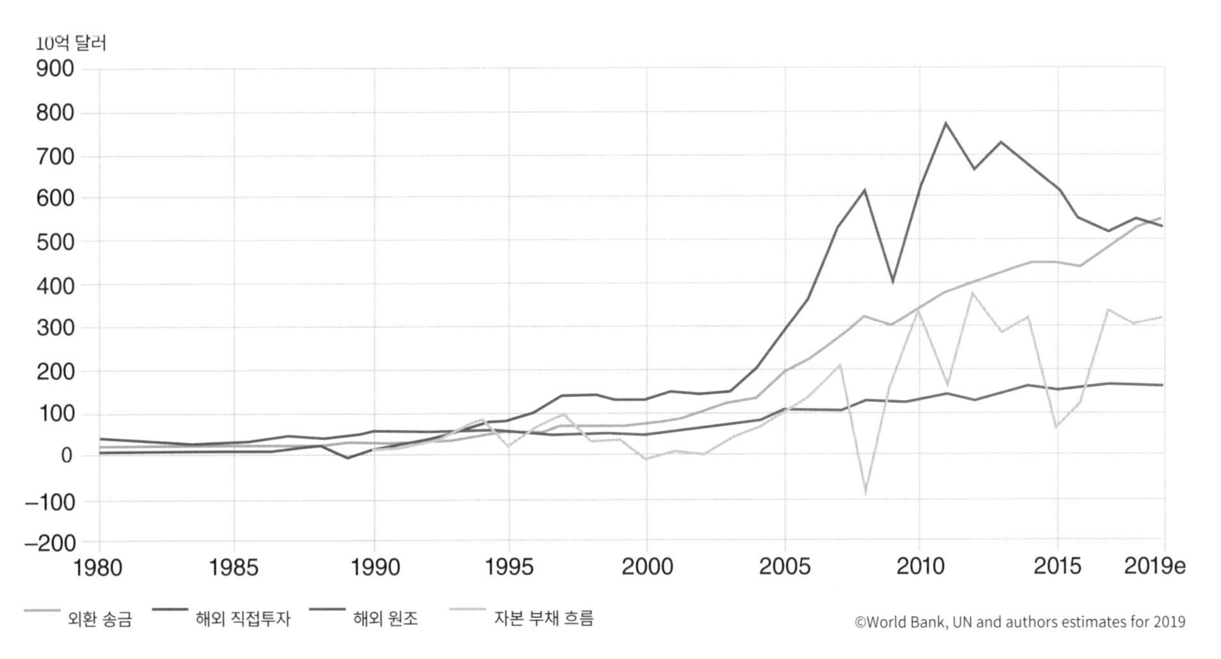

1980~2019년 개발도상국으로의 금융 흐름(현재 달러화 기준)

금융 자본의 활발한 흐름은 세계화의 중요한 단면으로, 냉전 종식 이후 금융 자본의 흐름이 확대된 것을 볼 수 있다. 해외직접투자(FDI)는 가장 중요하지만 소수의 국가나 채굴산업이나 석유 등 일부 분야만 그 혜택을 본다. 이주 노동자들이 본국으로 보내는 외환 송금은 최근에 들어서 해외직접투자 비중을 초과했다. 금융 자본 흐름에서 중요도는 밀리지만, 자본부채 흐름의 변동성과 정체된 해외 원조 흐름도 그래프에서 명백히 드러난다.

식시장이 붕괴되었다. 1850년에 설립된 리만브라더스Lehman Brothers를 비롯한 미국 주요 은행 15개가 파산했다. 다른 기관들은 연방 정부으로부터 구명 조치를 받았고, IMF 총재는 전 세계 금융 시스템이 '금융 붕괴의 위기'에 처해 있다고 경고했다.[36] 당시 투자자들은 상황이 더욱 악화될 것으로 생각하고 당황하여, 기록적 수준의 주식 매도가 이어졌다. 불과 며칠 만에 다우존스Dow Jones 산업평균지수는 전례 없는 수준인 18퍼센트나 폭락했고 S&P500 지수는 20퍼센트 이상 하락했으며, 이와 비슷하게 역사상 사례를 찾아보기 힘든 수준으로 전 세계 금융 시장 붕괴가 일어났다.[37]

금융 자본 흐름은 무너졌지만 이주 노동자들이 본국으로 보내는 외환 송금의 흐름은 흔들리지 않았다. 외환 송금은 지속적인 상승세를 보여 2019년 7,070억 달러를 기록하여 역사상 최고 수준까지 올랐고, 이 중 2019년 저소득국가와 중간소득국가로 보낸 외환 송금액은 5,510억 달러였다.[38] 외환 송금 대상국은 인도가 820억 달러로 가장 규모가 컸고, 중국(700억 달러), 멕시코(390억 달러), 필리핀(350억 달러)과 이집트(260억 달러)가 그 뒤를 잇는다.[39] 국가 경제 상황이 좋지 않을 때 송금은 중요한 자금원이 된다. 예를 들어 태평양 도서국가인 통가에서는 2019년 외환 송금액이 국민 소득의 39퍼센트를 차지했고, 아이티에서는 GDP의 34퍼센트를, 네팔에서는 30퍼센트를 차지하며, 엘살바도르 및 중앙아메리카 국가들에서는 21퍼센트를 차지한다.[40]

2018년 대규모의 금융 자본이 개발도상국으로 이동하면서 최초로 외환 송금액이 해외 투자액을 초과했다. 외환 송금액은 우선적으로는 개인에게 전달되는 반면 해외 투자는 민간 기업이 수신하는데, 두 부분 모두 경제적으로 중요한 의미를 지닌다. 해외 투자 흐름은 장기적 흐름에 영향을 받기 때문에, 수요 증가세가 둔화되고 투자 매력도가 떨어지면서 경제 위기 발생 시 뒤늦은 영향을 받는다. 그 결과, 해외 투자는 금융위기 이후 7년이 지난 2015년에 정점을 찍어 세계적으로 총 해외 투자가 2조 달러를 기록했고, 이후 2018년에 1조 2,000억 달러로 떨어졌다. 개발도상국으로 흘러간 자본은 2015년에 약 7,000억 달러로 최고 수준을 찍었으나 2018년까지 6,730억 달러로 떨어졌다. 이 중 4,780억 달러가 아시아 국가로 이동한 반면, 아프리카 국가에는 단 380억 달러만 송금되었다.[41]

최근 수십 년 동안 금융 흐름이 변화하면서 다양한 금융시장 간 상대적인 가중치와 또 자국 기저 경제에 대한 가중치가 변했다. 코로나19 팬데믹 발생 직전 유로 화폐 흐름은 유럽 경제 크기의 6배였던 반면, 20년 전 유로화(€)를 채택한 직후에는 유럽 연합 회원국 경제를 모두 합한 규모보다 많이 크지 않았다.[42] 영국 파운드 스털링화(£)는 100여 년 이상 동안 외환 거래를 장악했었지만 최근 그 자리를 유로에 내주었고, 일본 엔화(¥) 거래량은 최근 들어 중국 위안화(¥)에게 추월당했다. 이와 같은 경향은 앞으로도 지속될 것으로 예상되며, 브렉시트 이후 영국의 추락에도 속도가 붙을 것으로 보인다.[43] 단순하게 국채 규모만 봤을 때도 미국은 계속해서 전 세계 금융 흐름을 장악할 것으로 예상된다.[44]

국가 정부는 해외 투자자들이 채권, 또는 국채를 매수하는 정도까지만 국가 예산을 확대 편성, 지출할 수 있다. 미국은 세계에서 가장 국채를 많이 발행한 나라이다. 미국 정부가 발행한 미 국채는 2019년 기준 23조 달러를 상회한다. 이는 현재 미국 경제 규모의 80퍼센트 수준인데, 국민들의 소비가 커지고 세금 감면으로 세수가 줄어듦에 따라 미국 국채는 더욱 많아질 것이며, 앞으로 수년 내로 국가

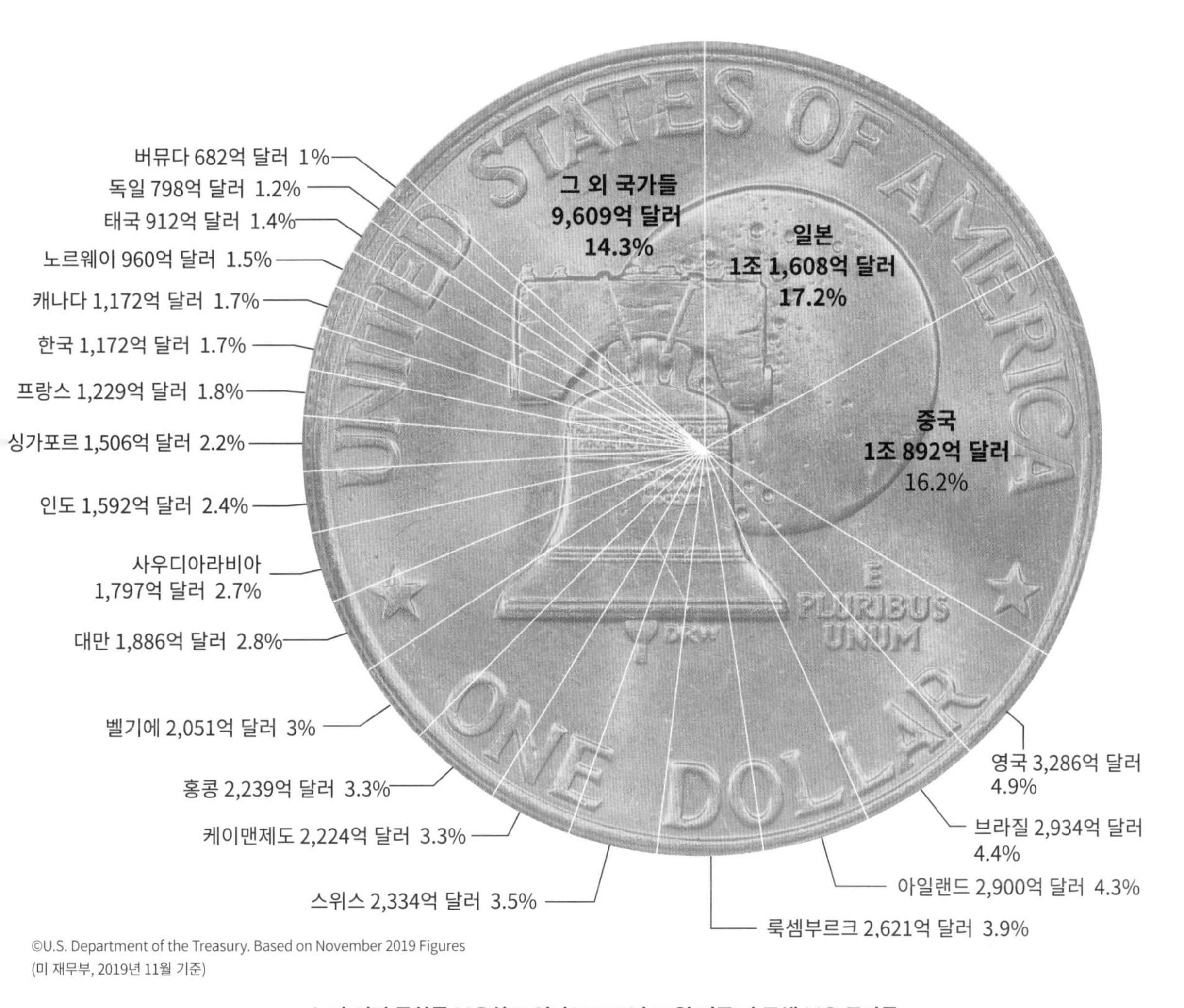

누가 어떤 통화를 보유하고 있나? 2019년 11월 기준 미 국채 보유 국가들

미국은 전 세계를 대상으로 23조 달러 이상의 국채를 발행했다. 위의 그래프에서 볼 수 있듯이 미 국채 최대 보유국은 1조 1,000억 달러 이상을 사들인 일본이며 중국이 그 뒤를 잇는다. 중국 외환보유액의 절반 이상이 미 달러화로, 이 때문에 중국이 미국 경제의 안정성을 뒤흔들거나 미 달러 가치 절하를 유도할 이유는 거의 없다.

경제 규모보다도 커질 것이다.[45] 미국이 미 국채 보유국에 대한 의존도를 키우면 키울수록 달러화는 외환 거래의 주요 화폐 자리를 계속해서 지켜나갈 것이다. 코로나19 팬데믹 발생 직전 미국 채권의 30퍼센트 정도는 외국인이 보유하고 있었다.[46] 위의 그래프에서 볼 수 있듯이 코로나19 발생 이전에는 중국이 거의 1조 1,000억 달러, 즉 미 국채의 16퍼센트를 보유했다. 이를 통해서 최근 미·중 무역전쟁에도 불구하고 미국과 중국의 상호 의존도 정도를 알 수 있다.[47] 2019년 일본은 미국 1조 1,000억 달러 규모의 미 국채를 보유하여 최대 보유국으로 올라섰다.[48]

원조

이와 반대로, 해외 원조는 국가 정부와 국제기구의 무상원조, 양허성 차관 Concessional loan에서부터 비국가기구와 박애주의 단체의 지원에 이르기까지 다양한 자본 흐름을 포괄한다. 의약품과 수도 펌프 등의 현물 지원도 있고 공적개발원조 또는 ODA로 측정되는 현물 원조에는 기술적 지원도 포함된다.[49] 원조의 규모, 목적, 자금 출처는 최근 10여 년 동안 두드러진 변화를 보인다. 1990년대에 지정학적, 군사적, 과거 식민지배관계가 지배적인 배경이 되어 원조가 이뤄졌다. 그러다 1990년 초에 냉전이 종식되자 구속성 원조가 아닌 수혜 국가와 수혜 지역사회가 주인이 되는 프레임워크 지원 사업을 대상으로 하는 원조의 형태로 중심이 이동했다.[50] 최근까지만 해도 원조의 대부분이 분산되고 분열된 채 제공되었다. 원조의 흐름을 조율하고 관리하려는 노력은 1990년 동안 속도를 높였다. 이와 같은 노력은 2000년이 되어 새천년개발목표(MDGs)에 명시되었고, 2015년 지속가능개발목표(SDGs)에도 반영되었다.[51]

그래프를 통해 부유한 국가들의 모임인 경제협력개발기구OECD에서 추적한 ODA 흐름에 관한 좋은 소식과 나쁜 소식을 확인할 수 있다. 1970년 UN의 결의안에 따라 부유한 국가는 1975년까지 국가 소득의 최소 0.7퍼센트를 해외 원조로 지원할 것을 약속했지만, 네덜란드와 스웨덴만 이 약속을 지켰다.[52] 그 후 50

구두쇠 선진국: 개발도상국으로의 원조 흐름

평균적으로 선진국은 점점 더 부유해지고 개발도상국도 관리 수준이 높아졌지만, 선진국 국민이 개도국에게 소득의 일부를 나누는 원조의 비율은 50년간 크게 변화하지 않았다. 이는 OECD 개발원조위원회(DAC) 30개국의 국민총소득(GNI) 대비 ODA 비율로 확인할 수 있다. 10억 달러 단위로 본 ODA의 총액은 국가들이 부유해지면서 기복이 있긴 해도 천천히 상승했지만, 최근 들어 다시 정체되고 있는 양상이다.

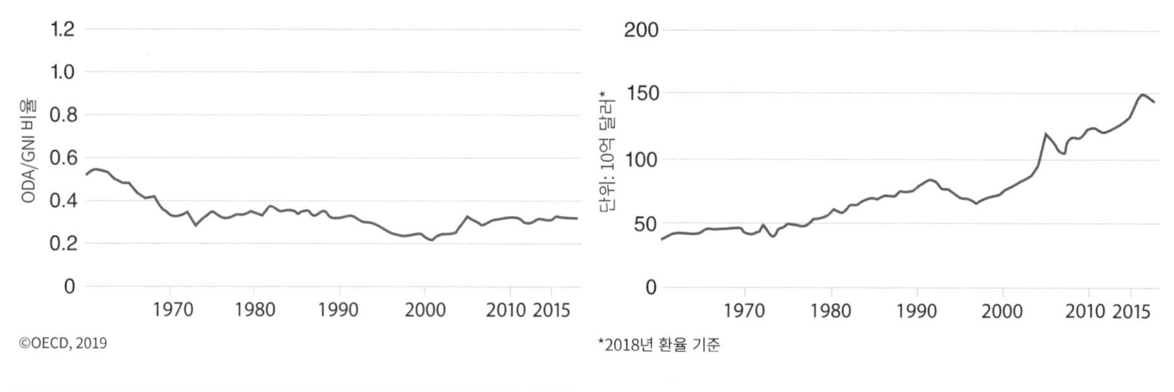

©OECD, 2019

*2018년 환율 기준

년이 지나고 나서, 이 약속을 계속해서 지켜온 국가는 단 네 곳으로 덴마크, 룩셈부르크, 노르웨이와 영국뿐이다. 사실 ODA에 대한 부유 국가의 소득 비율은 1970년 0.5퍼센트에서 2019년 0.3퍼센트로 오히려 줄었다.[53]

전통적으로 원조를 제공하던 국가들의 경제의 총 규모가 절대적인 기준으로 증가했으므로 총 해외원조 규모도 1960년 360억 달러에서 2018년 1,430억 달러로 증가했다.[54] 유럽 연합이 제공한 총 해외 원조 금액이 가장 크지만, 단일 국가의 기여 규모로는 미국이 가장 큰 액수의 원조를 제공했다. 미국은 2018년 330억 달러의 원조를 주었으나 이는 국가 소득의 단 0.16퍼센트에 해당한다. 이와 반대로 스웨덴은 58억 달러의 원조를 제공했는데 국가 소득 대비 1퍼센트 이상의 비율인 수준이다. 67쪽의 지도 중 위의 지도는 ODA 흐름으로, 연한 선은 원조 공여국을 나타내며 녹색 선은 원조 수혜국을 의미한다. 지도에서도 극명히 나타나듯이, 대부분은 서유럽, 북아메리카, 일본에서부터 시작하여 아프리카 국가들로 흐르고 있다. 유럽과 미국에서 중동 지역으로의 흐름은 다소 제한된 모습이며, 미국에서 중앙아메리카와 카리브 지역 지역으로도 마찬가지로 제한된 흐름을 보이고 있다. 지도에는 중국에서 사하라 이남 아프리카에 집중적으로 흐르는 원조 프로그램도 나타나 있는데, 아직은 작은 규모지만 매우 중요한 의미를 지닌다. 또한 터키와 사우디아라비아의 원조는 주변 국가를 대상으로 하며, 오스트레일리아도 주변국인 파푸아뉴기니로 원조 자금이 흐르고 있다는 점도 중요하다.

OECD가 '비전통적'이라고 표현하는 공여국의 부상은 이들 국가의 경제와 정치적 영향력도 증가했음을 의미한다. 중국이 주도하는 일대일로一帶一路 구상은 원조를 바탕으로 중국이 새롭게 형성하는 관계를 대변하는 중요한 사업으로, 대부분의 투자 자본이 아시아, 아프리카, 유럽과 심지어 라틴아메리카의 도로, 철도, 해상 인프라 구축에 집중 사용된다.[55] 이 부분은 지정학 챕터에서도 다룰 것이다. 또 다른 신규 공여국으로 인도, 카타르, 한국, 브라질과 터키가 있고 이들 국가들은 점점 더 활발하게 활동하고 있다. 일례로 2015년, 요르단, 레바논, 그리고 특히 터키가 시리아 난민들을 지원했는데, 상당 부분이 인도주의적 원조 형태로 지원했다는 점은 중요한 의미를 지닌다. OECD 국가들이 원조 효과성을 떨어뜨린다고 파악했던 많은 문제들이 비OECD 국가의 원조 과정에서 수면 위로 다시 부상했다. 예를 들어 원조 의존성, 공여국과 수혜국 간 불균형적인 힘의 관계, 원

조 제공에서 기술적 자문과 해외 기준의 결여 등의 문제들이 다시 떠올랐다.[56]

원조 흐름의 분산 정도를 그래픽으로 시각화하면 단순 규모를 파악하는 데 도움이 된다. 이용 가능한 가장 최신 자료에 따라 2018년 ODA를 나타낸 이 지도에는 전쟁으로 참사를 겪은 시리아가 현재까지 가장 수혜를 많이 입은 국가로 100억 달러 이상의 원조를 받았음이 나타난다. 이는 시리아 국민 한 명당 567달러를 받는 것과 같은 수준이다. 그중 비전통적인 공여국인 터키가 67억 달러 이상을 제공했고, 이어서 독일은 7억 6,900만 달러를 제공했다. 다만 독일의 원조에는 독일 내 재정착한 시리아 난민을 위한 지원도 포함되어 있다.[57] 분쟁이 발생하면 원조 자본과 특히 인도주의적 지원 원조를 그대로 집어삼켜 버린다는 점에 더하여, 폭력 사태로 그동안의 개발 결과가 모두 엎어져 버린다는 사실을 시리아 내전을 통해 다시 한번 깨달을 수 있다. 끝나지 않는 내전이 시작된 2011년 이전, 시리아는 중동에서 가장 선진화된 국가 중 하나였고 원조는 거의 하나도 받지 않았었다.

세계화: 착한 놈, 나쁜 놈, 이상한 놈

현재 진행되고 있는 세계화는 불균형을 점점 더 심화시킨다. 사실 이만큼의 혜택을 이렇게 빠른 속도로 이 정도의 사람들에게 누릴 수 있게끔 한 것은 인류 역사상 유례가 없던 일이다. 제2차 세계대전 후 시작된 변화들로 영양 상태, 문맹률, 인류 수명 등 '웰빙'에 해당하는 다양한 지표가 전례 없는 수준으로 개선되었다. 또한 1990년 이래로 20억 명 이상이 심각한 빈곤에

부국에서 빈국으로 흐르는 원조

지도는 공여국 원조의 흐름을 나타낸다. 점 하나당 100만 달러다. 흰색 점은 공여국, 녹색은 수혜국으로 흰색 점에서부터 녹색으로 원조가 흘러가는 모습을 볼 수 있다. 또한 공여국이 몇몇의 수혜국들에게 원조를 주고, 그 시작이 유럽, 미국, 일본, 걸프만 지역 국가에 집중되어 있음을 알 수 있다. 반면 수혜국은 대체로 중동과 북아프리카 지역이며, 미국의 경우 그 정도는 조금 더 작지만 카리브 지역에도, 오스트레일리아의 경우 파푸아뉴기니에도 원조를 제공하고 있다.

ODA(2018)
©OECD, 2019
각각의 점은 100만 달러를 의미

원조는 어디로 흘러가는가

빨간색 점은 2018년 원조 수혜국이며, 아프리카와 중동 지역에 집중된 모습이 뚜렷하다. 이웃 국가로 피난 간 난민들을 대상으로 하거나 다른 인도주의적 지원 규모가 큰 곳은 분쟁 지역과 관련이 있다. 지도에서 가장 큰 점은 시리아에 찍혀 있다. 시리아는 107억 달러의 원조를 받았고, 그 외 주요 수혜국으로는 76억 달러를 받은 예멘, 22억 달러를 받은 이라크, 11억 달러를 받은 터키가 있다. 가장 작은 점은 적도 기니이며, 527만 달러의 원조를 받았다.

원조 수혜국(2018)
©OECD, 2019
제공받은 원조의 액수에 비례

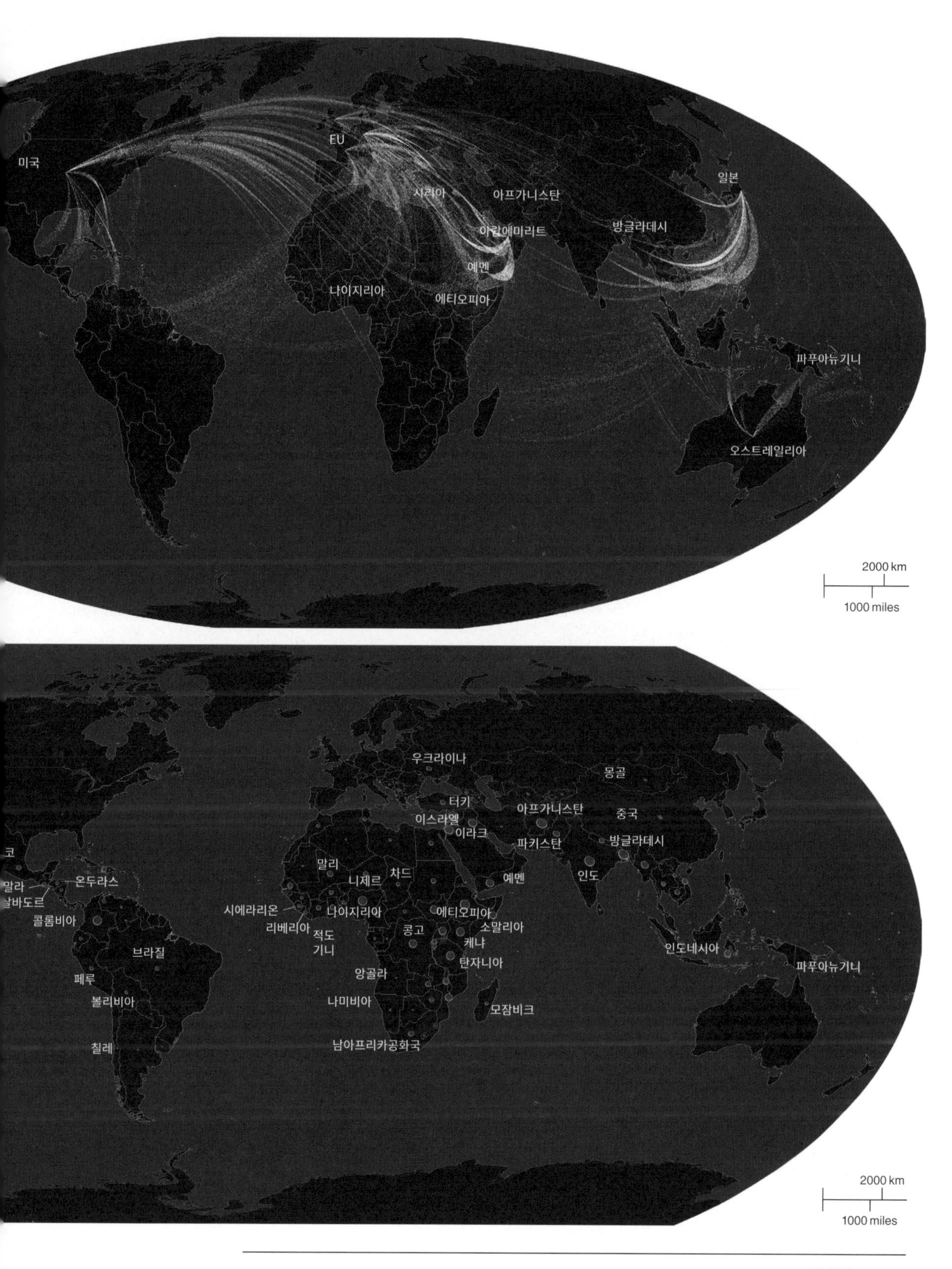
EU
미국
시리아
아프가니스탄
일본
아랍에미리트
방글라데시
예멘
나이지리아
에티오피아
파푸아뉴기니
오스트레일리아
2000 km
1000 miles
우크라이나
몽골
터키
아프가니스탄
이스라엘
중국
이라크
파키스탄
방글라데시
말리
차드
니제르
예멘
인도
온두라스
시에라리온
나이지리아
에티오피아
콜롬비아
리베리아
적도
기니
콩고
소말리아
케냐
브라질
인도네시아
탄자니아
앙골라
파푸아뉴기니
페루
볼리비아
나미비아
모잠비크
칠레
남아프리카공화국
2000 km
1000 miles

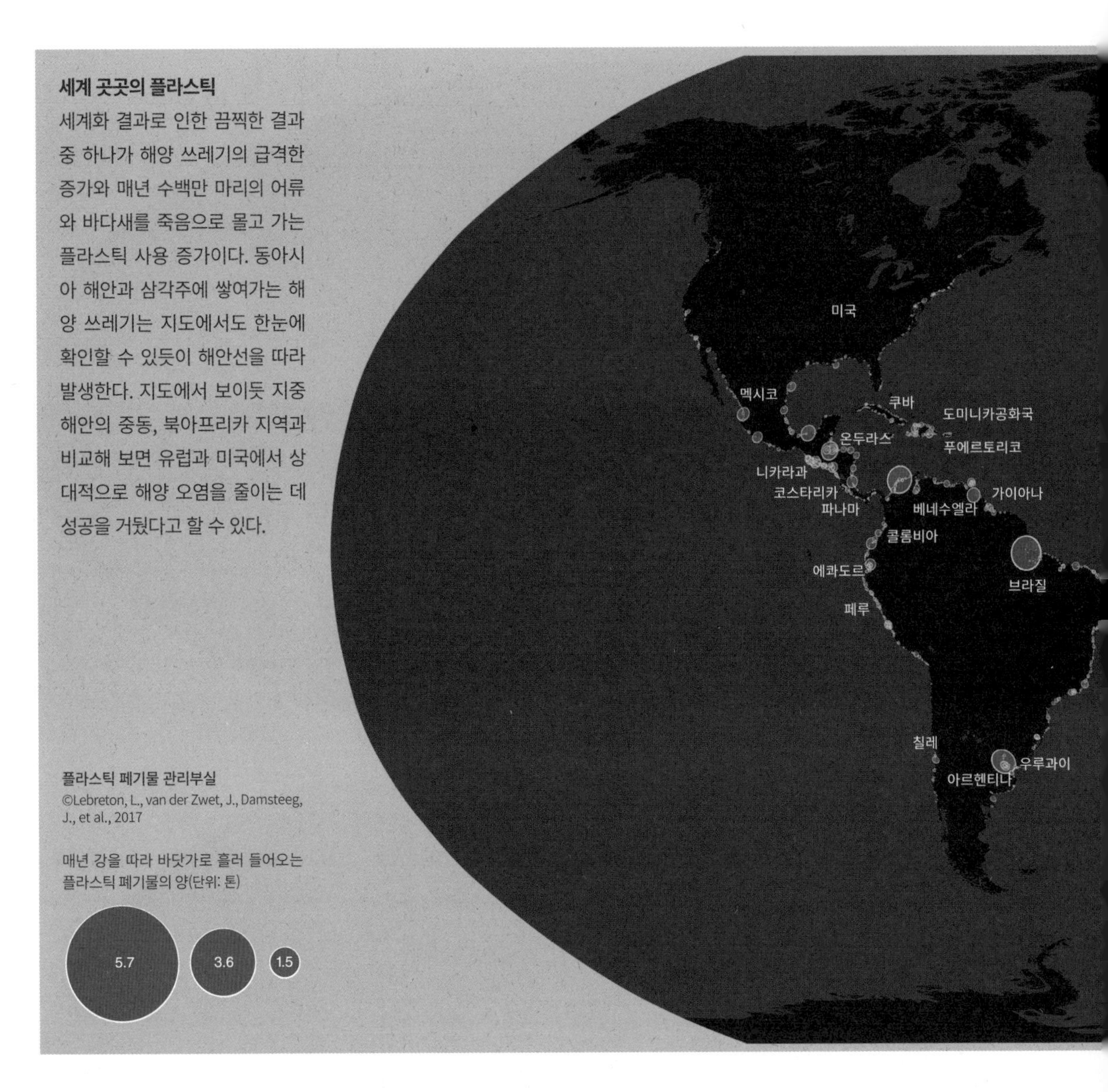

서 벗어날 수 있었고, 이 중 대부분은 동남아시아 인구였다. 전 세계적으로 평균 기대 수명은 1990년 이후 단 한 세대 만에 15년 이상 증가했다. 이 부분은 건강 챕터에서 다시 한번 다루겠다. 같은 기간 동안 30억 명 이상의 인구가 읽고 쓰는 법을 배웠다.[58] 의사였던 고 한스 로슬링Hans Rosling과 심리학자인 스티븐 핑커Steven Pinker 등이 이와 같은 세계화의 긍정적인 자료를 방대한 규모로 분석·검토해 여러 권의 책으로 발간했다.

세계화에 대한 회의감은 사실 그리 멀지 않은 과거에도 있었다. 1970년과 1980년대까지는 중국, 인도, 브라질, 그 외 여러 개발도상국이 세계화에 대한 강

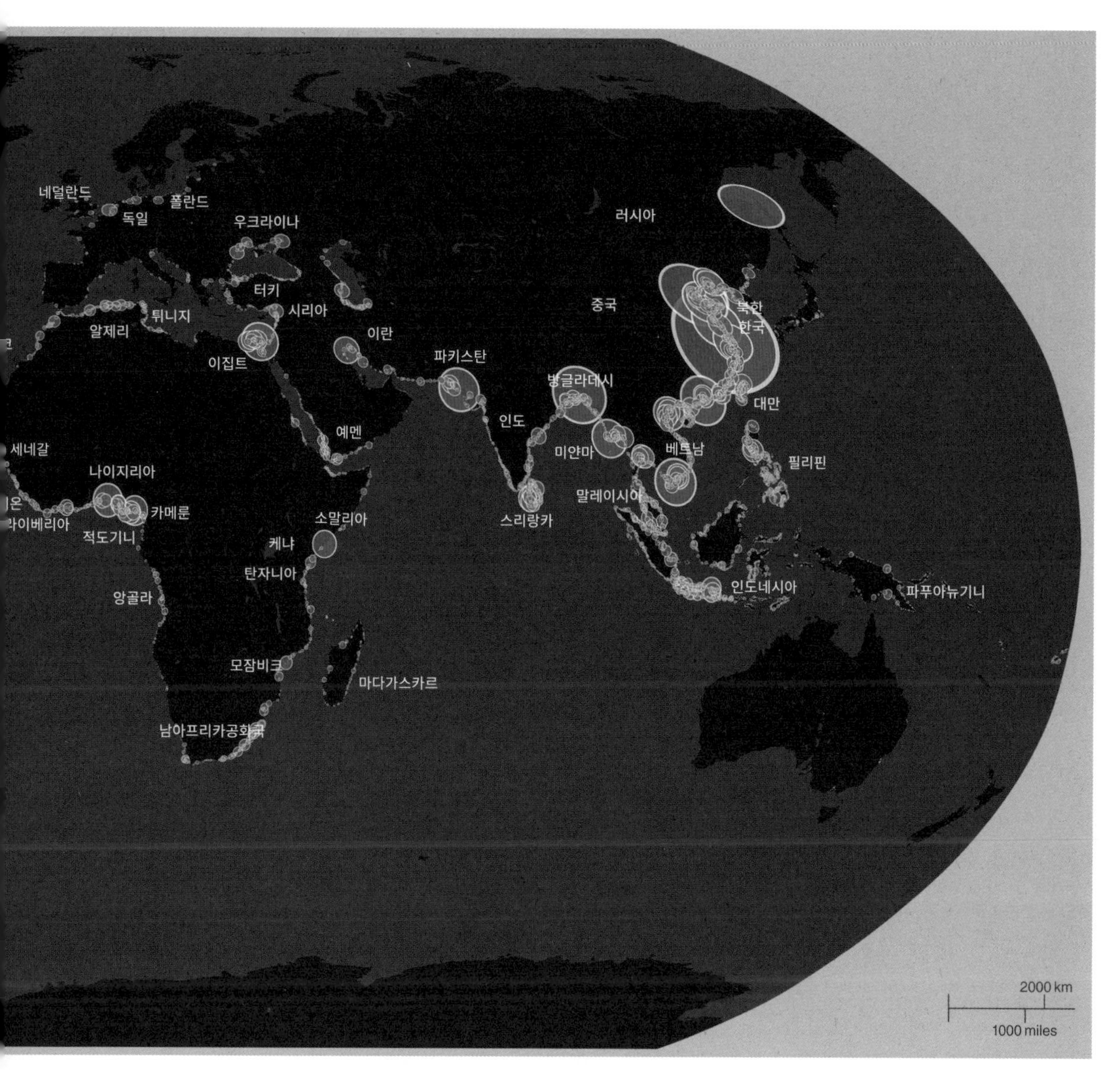

한 회의감을 드러냈다. 하지만 이제는 부유한 국가의 소위 '소외된 계층'에서 세계화를 가장 강하게 반대하며 '좋았던' 시절로 돌아가자고 주장한다. 지금의 세계화의 모습에 가장 환멸을 느끼는 사람들은 대개 북아메리카와 서유럽과 같은 부유한 국가 사람들로 한정되어 있다. 이는 그리 놀랄 일이 아니다. 부유한 국가의 소득은 지난 30년간 겨우 2배 상승했던 반면, 그 외의 지역에서는 평균 소득이 거의 6배 상승했고, 중국의 경우 거의 (310달러에서 8,827달러로) 30배 상승했다.[59]

요점은 초고속 엔진을 장착한 세계화의 가장 최근 국면이 위험을 더욱 가중시키기도 했다는 것이다. 합법적인 국경 간 흐름이 강화되면서, 불법적 흐름 역시 확대되었다. 폭력 챕터에서 또 언급하겠지만, 자금세탁과 세금 탈루, 그 외 불법적인 자금 송금이 세계화 이후 부흥기를 누리고 있다.[60] 마찬가지로 인터넷은 창의적인 아이디어를 확장시키고 혁신을 가져왔을 뿐만 아니라, 가짜 뉴스를 흘려보내고 절도, 랜섬웨어, 급진적이고 극단적인 사상의 통로도 되었다. 우리가 사용하는 실제 인터넷보다 몇 배나 더 큰 다크웹dark web이 무분별하게 뻗어나가면서 마약 밀매와 사이버 범죄에서부터 아동 성범죄에 이르기까지 모든 종류의 불법 활동을 조장하고 있다. 분쟁과 범죄, 인신매매, 밀수품과 멸종위기 야생동물의 거래를 초래한 소형 총기류와 탄약 거래가 전체 무역의 최소 10퍼센트 이상을 차지하는 것으로 추정된다.[61]

가장 최근의 세계화 양상으로 기대하지 않았던 또 하나의 결과는 순수한 개인의 활동이 전 세계로 영향을 미칠 수 있다는 점이다. 월가에서 내린 결정으로 지구상 모든 곳의 근로자와 연금 수령자의 삶을 어렵게 할 수 있다. 해안가를 휩쓸고 바다에 떠다니는 플라스틱도 수 세대에 걸쳐 지속될 심각한 세계적 문제이다. 중국 해안가에서 발견되는 플라스틱 쓰레기의 양은 앞의 지도에서도 확연히 드러난다. 그렇기 때문에 한때 전 세계의 쓰레기가 버려지는 곳이었던 중국이 일회용 플라스틱의 생산과 판매 및 중고 플라스틱 수입을 금지하기도 했다. 플라스틱에 제한을 두는 국가가 점점 늘어나고 있지만, 서아프리카, 지중해, 기타 해안가를 따라 쌓여가는 플라스틱의 양은 상상을 초월할 정도이다.

책임감 있고 포용적인 세계화를 만들기 위해서는 몇 가지 지켜야 할 의무가 있다. 우리의 습관과 행동들이 지역 단위에서 세계적 차원에 이르기까지 지역사회에 어떤 영향을 미치는지 인지하고 관심을 기울여야 한다. 화석연료를 더 많이 사용한다든지 항생제를 더 많이 쓴다든지 육류나 참치 섭취를 늘린다든지 일회용 플라스틱을 사용한다든지 등 개인적으로 우리의 필요를 충족시켜주는 것들은 근본적으로 건강하고 안정적인 지역사회, 나아가 세계를 만들기 위해서는 합리적이라고 볼 수 없는 행동들이다. 세계화는 우리가 서로에게 더 가까워질 수 있게 해주었다. 그러나 모두 알듯이 우리가 서로로부터 거리를 두게 만들었다. 생존하기 위해서 우리 모두는 함께해야 할 방법을 찾아야 한다. 즉, 우리의 행동이 우리에게 미칠 영향뿐만 아니라 서로에게, 우리의 지역사회에, 우리의 지구에 미칠 결과를 생각해야 한다.

결국에 미래에 누릴 수 있는 웰빙은 고삐 풀린 개인주의나 반사적인 민족주의로는 이룰 수 없다. 번영을 누리기 위해서는 세계화로 야기된 복잡다단한 문제들을 해결하기 위해 노력해야 한다. 전 세계 지도자들에게 더 넓게 이해하고 더 많이 관용을 베풀어야 한다고 요구해야 한다. 2008년 금융위기는 세계화를 관리하는 데 있어 그 어떤 사건보다도 재앙에 가까운 실패 사례이다. 그 결과 급격한 변화에 대한 지도자들의 관리 능력을 신뢰할 수 없게 되었다. 좌우를 막론하고 포퓰리스트와 권위주의자가 힘을 얻는 것은 전통적 기득권 (그리고 그들을 지지하는 엘리트층이) 자신들을 실망시켰고 날이 갈수록 현실감을 잃는 것 같다는 생각이다. 이에 반대하는 사회 반동세력의 목적은 정치양상을 뒤엎는 것이다. 비록 우리 모두가 그 전술과 정책에 대해 전부 동의하지는 못하지만, 세계적으로 분노에 찬 시위대의 모습을 보면 동정을 느끼곤 한다. 과거 기득권층은 사람들을 실망시켰고, 불평등은 계속해서 확대되고 있다. AI의 등장과 급격한 기술 변화는 일자리를 실질적으로 위협하고 있다. 세계화는 현재 관리 부실 상태고, 그로 인해 기후변화, 팬데믹, 그 외 심각한 위협이 될 수 있는 위험 요소들이 커지고 있다. 반면 경쟁적으로 세금 인하, 사회보장 축소, 규제 완화 등, 즉 바닥을 향한 경주 속에서 정부의 재원은 고갈되고 국민을 위한 필수적 복지 규모는 축소된다.

전 세계가 코로나19 상황에서 점차 빠져나오는 지금이 세계화를 재설정할 수 있는 기회이다. 자본주의와 사회주의 간의 싸움이 아니다. 우리는 근본적으로 자본주의를 새롭게 구성하여 주주의 이윤이 아니라 가장 취약한 계층을 중심으로 한 국민 복지와 우리 지구를 우선순위로 삼아야 한다. 전 세계를 둘러싸고 있는 가장 큰 도전 과제를 해결하기 위해서는 협력을 줄이는 것이 아니라 오히려 더 큰 범위의 협력이 요구된다. 인류 정주 조건을 지속적으로 개선하기 위해서는 재원, 백신, 다른 재화 및 서비스를 줄이는 것이 아니라 오히려 더 많이 제공해 빈곤 국가와 빈곤층에게도 도움을 줄 수 있어야 한다. 이를 성공으로 이끌기 위해서는 세계화가 가진 힘을 통해 세계화로부터 소외된 사람들을 포용해야 한다. 우리가 이 물결 속에서 가라앉을지 혹은 수영을 해서 살아남을지 여부는 우리의 개인적이고 또 집단적인 행동에 달려 있다. 새로운 세계화의 물결을 잘 관리하고 보살펴야 한다. 만약 앞으로의 세계화의 파도가 순조롭게 앞으로 뻗어나가지 못한다면, 그 속에서 우리도 번영할 수 없다.

기후

녹아내리는 빙하와 해빙

이상기온

산불과 가스 플레어링

삼림파괴와 황폐화

해수면 상승과 도시의 수몰

브라질 아마존의 삼림파괴(2019)

1 km

1 mile

〈푸른 구슬The Blue Marble〉(1972)
©NASA / Apollo 17 crew

들어가며

생명을 지탱하는 정교한 생태계가 무너지고 있다. '호모 사피엔스'는 두 세기도 채 안 되어 43억 살 지구의 기후를 파멸적으로 바꾸어 놓았다.[1] 이 재앙이 인간의 탓인지 아닌지에 대한 논쟁은 한참 전에 끝났다. 관건은 우리가 '얼마나 빨리' 방향을 바꿀 수 있는가이다. 앞으로 벌어질 일들의 규모만 생각하기에도 이미 충분히 복잡하다. 많은 과학자들이 되돌릴 수 없는 전환점을 이미 지났다고 말한다. 종말론적인 미디어 헤드라인은 우리가 가진 최악의 두려움을 증명하듯, 거대한 빙산과 떠도는 북극곰, 동물과 곤충의 대멸종, 폭염과 오염된 도시, 맹렬한 태풍과 불기둥, 산성화된 바다와 죽어가는 산호초를 조명한다. 이러한 뉴스는 너무 참담해서, 차라리 인류의 패배를 인정하고 진실을 외면하고 싶게 만든다. 하지만 이것이야말로 결코 해서는 안 되는 일이다. 인류는 분명 심각한 문제에 직면해 있다. 하지만 미래에 일어날 일들로 인한 손실을 어느 정도 방지할 수는 있다. 점과 점을 연결하여 신속히 확장할 수 있는 해법에 투자하는 것이 그 어느 때보다 중요하다. 여기에 필요한 것이 바로 지도이다. 지도는 우리가 큰 그림을 볼 수 있게 하고, 새롭고 예측하지 못한 방법으로 일정한 패턴과 관계를 이해하게 해준다.

수 세기 동안, 지도는 인류가 알려지지 않은 것들을 이해하고 방향을 파악하는 데 도움을 주었다. 현재의 위치와 앞으로 가야 할 길을 알려주었다. 몇몇 지도는 우리가 세계를 이해하는 방식을 완전히 바꾸어 놓기도 했다. 이 챕터에 나오는 많은 지도는 1972년 12월 7일 오전 5시 39분(동부 표준시)에 촬영된 한 장의 사진에서 시작되었다. 아폴로 17호 승무원이 촬영한 이 사진에는 추후 〈푸른 구슬The Blue Marble〉이라는 이름이 붙었다. 이 사진은 태양계에서 생물이 사는 유일한 행성인 지구의 섬세한 아름다움을 1만 8,000마일*(약 2만 9,000킬로미터)* 떨어진 곳에서 포착하였다. 덕분에 전 세계 사람들이 처음으로 지구의 컬러 이미지를 볼 수 있게 되었다. 이 사진은 현대 환경 운동의 상징이자, 역사상 가장 널리 알려진 사진 중 하나다. 이것은 사진과 지도를 통해 인류가 눈부신 통찰과 미래의 기회에 마음을 열 수 있다는 것을 일깨워 주었다. 이들은 우리가 가던 길을 멈추게 할 수도, 행동에 나서게 할 수도 있는 것이다.

이 챕터에서는 지구의 가장 중요한 생태계들을 숨 가쁘게 돌아보려 한다. 이 생태계들의 운명은 우리 공동의 미래를 좌우할 것이다. 첫 번째 목적지는 '제3의 극지'이자 수십억 아시아 인구의 생존의 열쇠인 히말라야산맥이다. 이후 그린란드를 거쳐 북극과 남극으로 이동하며 거대한 빙상이 역대 가장 빠른 속도로 녹아내리는 모습을 보게 될 것이다. 우주에서도 보이는 전례 없는 산불과 산업공해 물질로 이루어진 온실가스의 배출이 걷잡을 수 없는 속도로 일어나면서, 이러한 변화는 더욱 빨라지고 있다. 그다음으로, 지구 표면의 70퍼센트 이상을 차지하고 지구상에 존재하는 물의 97퍼센트를 보유하고 있는 해양에 지구온난화가 어떤 영향을 미치고 있는지 살펴보려 한다. 또한, 긴밀히 연결된 우리의 도시들(40억 인구가 살고 있는 글로벌 금융과 자본의 중심지) 가운데 해수면 상승으로 머지않아 가라앉게 될 도시들을 지도를 통해 알아보려 한다. 이것은 지금 당장 조치를 취하지 않는 한 실제로 일어날 일이다.

기후변화 대응에 있어 중대한 순간에 전 세계의 관심은 코로나19 위기로 향했다. 중요한 정부 간 회의들이 연기되었고, 기회주의자들은 삼림파괴와 다양한 자원 착취에 박차를 가했다. 한편, 팬데믹이 기후에는 득이 되기도 했다. 국가 간 여행과 교역이 급감하며 이산화탄소와 이산화질소의 배출이 줄어든 것이다. 인도의

녹아내리는 히말라야 빙하
(왼쪽: 1984년, 오른쪽: 2019년)

일부 도시 주민들은 한 세대 만에 처음으로 히말라야 정상을 육안으로 감상할 수 있었고, 베이징 시민들은 깨끗한 공기를 들이마실 수 있었다. 팬데믹 대응이 기후변화에 끼친 영향을 정확히 판단하기는 아직 이르지만, 어느 정도 긍정적인 효과를 가져왔을 거라는 신호가 이미 감지되고 있다.

히말라야산맥: 무너져 내리고 있는 아시아의 급수탑

우리는 기후 비상사태의 심각성을 정확히 이해하기 위해 히말라야산맥을 오르기로 했다. 당연히 우리의 최우선 과제는 죽을 정도로 애쓰지 않는 것이었다. 1950년대 초부터 해발 8,000미터(2만 6,000피트) 이상의 '8,000미터 봉우리eight-thousanders' 14좌를 등반하다 사망한 사람이 2만 5,000명 이상이다.[2] 수천 명의 산악인들이 실패했고 이들 중 적어도 900명이 등반 중에 대부분 눈사태, 추락, 장시간 추위 노출로 인해 목숨을 잃었다. 이 암울한 수치를 보고 우리는 안나푸르나와 마나슬루 고봉 주변을 (오르는 대신에) 걷기로 했다. 해발 약 4,000미터 지점에서도 밤은 매섭게 추웠고 낮은 당황스러울 만큼 따뜻했다. 비록 들쭉날쭉한 봉우리에서의 사고는 면

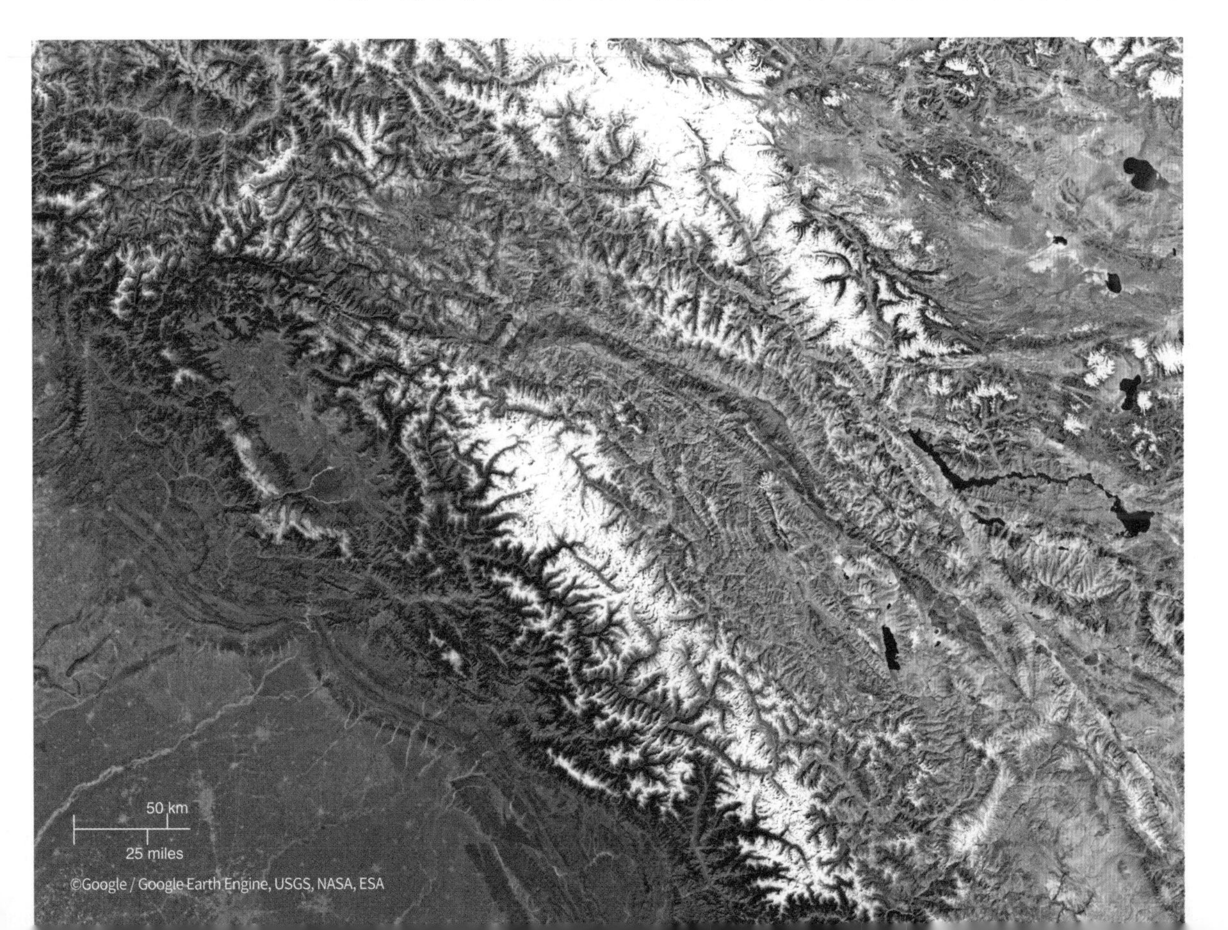

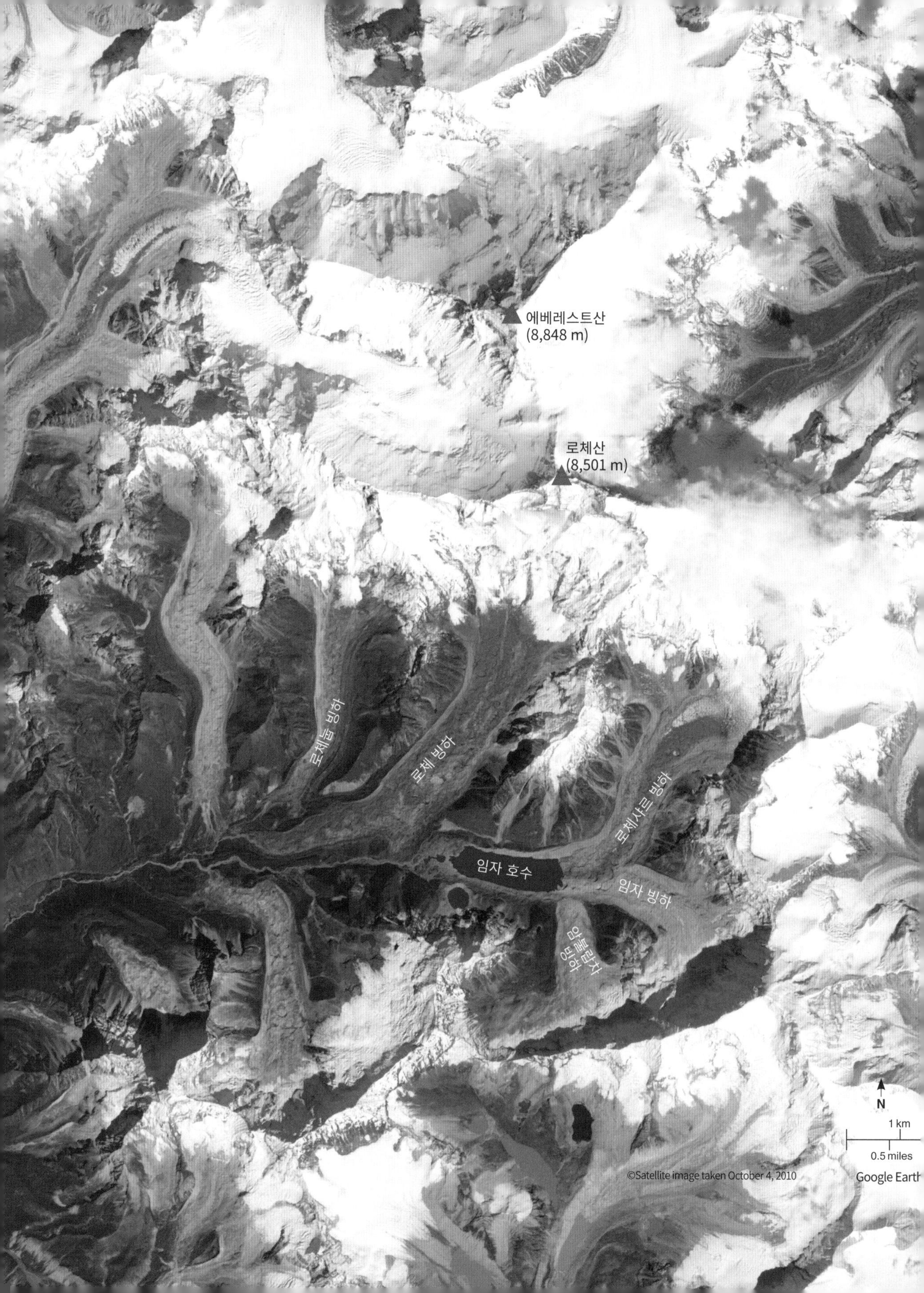
에베레스트산
(8,848 m)
로체산
(8,501 m)
로체눕 빙하
로체 빙하
로체샤르 빙하
임자 호수
임자 빙하
암불랍차 빙하
N
1 km
0.5 miles
©Satellite image taken October 4, 2010
Google Earth

했지만, 우리 바로 아래 협곡이 있다는 사실은 공포 그 자체였다.

히말라야의 빙하는 녹고 있다. 1984년과 2019년에 NASA 위성이 촬영한 사진에서 보듯 장엄한 순백색의 빙하는 급격히 쪼그라들고 있다. 한때 눈으로 덮여 있던 거친 빙퇴석 지점을 지날 때쯤 우리를 안내해 주던 셰르파는 최근 거대한 빙산이 후퇴하며 남긴 움푹 들어간 지점을 가리켰다. 그들은 빙산이 점점 빠른 속도로 퇴각하고 있다고 했다. 기후 과학자들은 셰르파들의 개인적 경험담을 구체적인 수치로[3] 뒷받침한다. 길게는 1975년부터 이어온 세부 현장 연구결과를 비교하면, 세계에서 세 번째로 큰 얼음과 눈 퇴적물이 사라지고 있다는 것을 알 수 있다.[4]

이 같은 빙하의 변화가 수천만 마일 떨어진 곳에 살고 있는 우리와 어떤 관련이 있을까? 답은 수없이 많다. 앞의 지도에서 보았듯 히말라야는 실로 광활하다. 1,500마일*(약 2,414킬로미터)* 길이의 산맥은 5개 국가(중국, 인도, 파키스탄, 네팔, 부탄)에 걸쳐 있으며, 이들 국가를 합치면 전 세계 인구의 40퍼센트가 넘고 세계 경제의 20퍼센트 이상을 차지한다. 히말라야를 덮고 있는 얼음은 북극과 남극 다음으로 큰 담수 저장고로 인더스강, 황허강, 갠지스강, 브라마푸트라강, 이라와디강, 살윈강, 메콩강, 양쯔강 그리고 수십 개 지류의 발원지이다. 다시 말해, 히말라야는 아라비아해부터 벵골만에 이르는 지역의 수십억 인구에게 물적, 영적 자양분을 제공하고 있다.

사라지고 있는 로체 빙하와 커져만 가는 임자 호수

히말라야에는 북극과 남극 다음으로 가장 많은 빙하가 형성되어 있어, '제3의 극지'로 불린다. 위성 지도상에 듬성듬성 보이는 흰색 가루는 4,600제곱마일*(약 1만 2,000제곱킬로미터)* 규모의 담수를 보유하고 있는 1만 5,000개 이상의 빙하를 나타낸다. 강고트리[5], 쿰부[6], 로체[7], 야무노트리[8], 제무[9]와 같은 거대 빙원의 일부는 완전히 후퇴했다. 1970년대 이후 히말라야 전체 얼음 표면의 5분의 1이 녹아내렸다. 이 자리에 바위 표면, 자갈 평원, 거대 빙하 호수가 드러나 있다. 에베레스트산 바로 옆에 위치한 로체 빙하Lhotse Glacier와 우려스러운 속도로 커지고 있는 임자 호수lake Imja가 단적인 예이다.

히말라야를 기준으로 하더라도 로체 빙하는 어마어마한 존재이다. 지도에서처럼 에베레스트산의 남쪽 면에 위치하며, 동쪽의 임자 빙하 그리고 남동쪽의 암불랍차 빙하와 경계를 이루고 있다. 산 정상부터 약 1만 3,000피트*(약 4킬로미터)* 아래로 펼쳐진 빙하에는 수백 개의 싱크홀, 연못, 축축한 침전물과 고산식물[10]의 울퉁

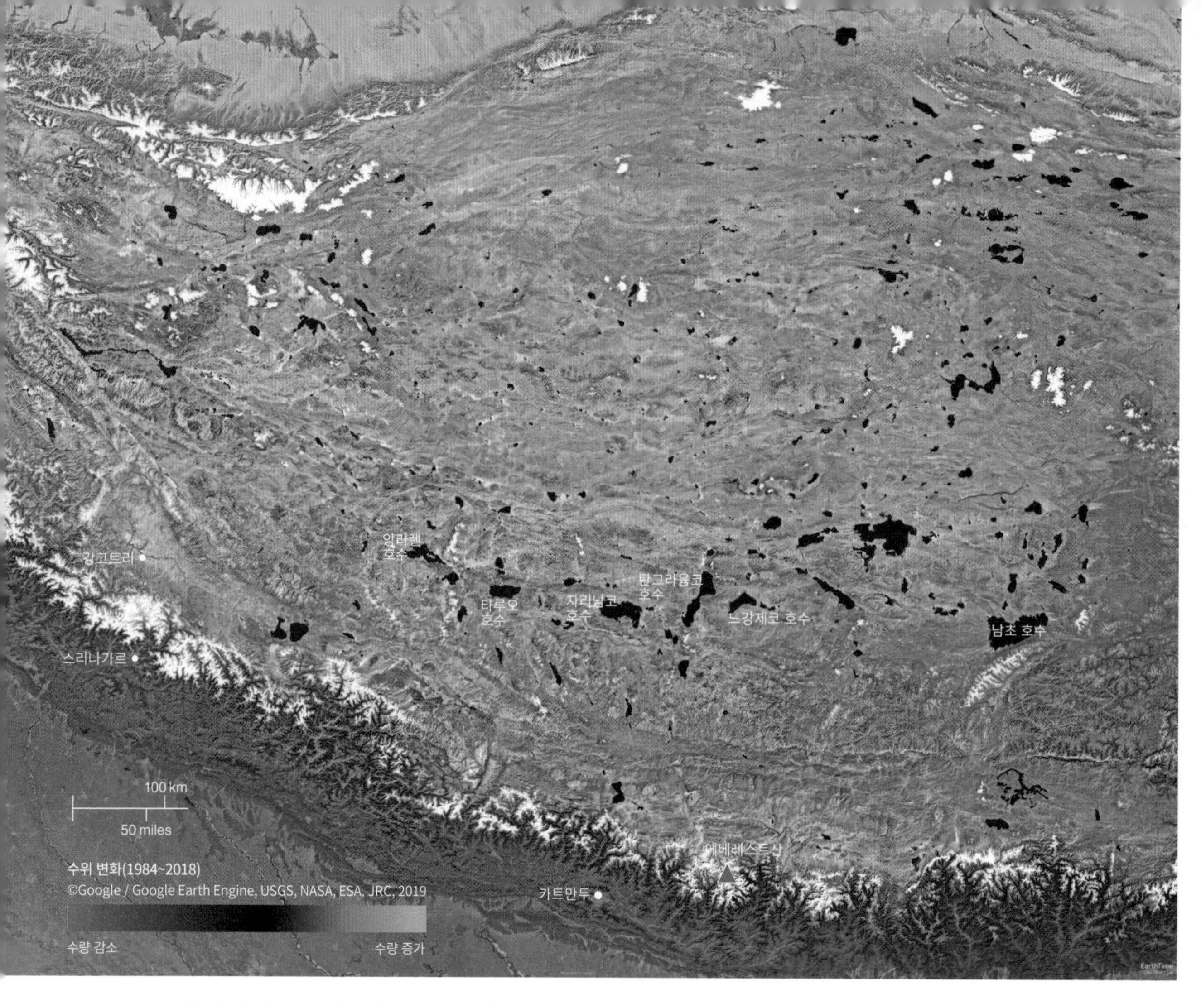

티베트 고원
빙하가 녹으면서 형성된 고지대의 호수

불퉁한 흔적이 곳곳에 남아 있다. 또한, 이 빙하는 지난 30년간 1년에 100피트씩 후퇴했다. 빙하는 녹으면서 불안정한 상태가 된다. 2016년 로체 빙하는 1시간도 채 안 되는 시간에 7,000만 세제곱피트 이상의 물을 비정상적으로 방류했다.[11] 빙하가 녹으면서 거대한 웅덩이들을 만드는데, 이들이 한계에 이르면 급류, 진흙, 잔해들을 쏟아내면서 사람들이 모여 사는 산 아래의 마을을 순식간에 덮치게 된다.

네팔 지역에만 천 개의 새로운 빙하호氷河湖가 고지대에 형성되었다. 빙하호는 지난 10년간 평균 70퍼센트 증가했다.[12] 지도에 초록색으로 표시된 지역은 지난 30년간 히말라야고원에서 수위가 상승한 곳이다. 주로 빙하가 녹으며 일으킨 현상이다. 한 예로 1980년대 이후 네팔 임자 호수의 면적은 3배 증가하였다. 현재 이곳의 수심은 500피트*(약 1,524미터)*에 달하며, 26억 세제곱피트*(약 740억 리터)* 이상의 물을 보유하고 있는데, 이는 올림픽 규격 수영장 3만 개를 채울 수 있는 양이다. 지진이 빈번한 지역에서 일어난 미세한 진동 하나가 인도적 재난을 불러올 수도 있다. 재정난에 처한 네팔 정부는 UN과 세계은행의 지구환경기금으로부터 수백만 달러를 지원받아 배수 작업을 시작했다.[13] 군 엔지니어들은 높은 고도, 험한 지형, 예측 불가한 지진 활동 때문에, 이 작업이 말처럼 쉽지 않다는 것을 이내 깨닫게 되었다.

그렇다면 히말라야 빙하가 이렇게 빠른 속도로 녹는 이유는 무엇일까? 온실가스 중에서도 질산염, 황산염, 탄소 입자를 함유한 온실가스가 문제의 큰 부분을 차지한다. '블랙카본'[14] 또는 그을음은 이산화탄소와 메탄에 이어 기후변화를 일으키는 주범이다.[15] 블랙카본의 흔적은 히말라야 어디에서도 찾을 수 있다. 마시는 공기는 물론이고, 다른 산업공해와 결합하여 더러운 갈색 구름brown clouds을 만드는데, 이 구름은 우주에서도 관측된다.[16] 대부분의 그을음은 중국과 인도에 있는 석탄화력발전소, 자동차, 화전, 조리용 난로에서 뿜어져 나온다. 블랙카본은 대기의 기온을 상승시키고 열을 가둘 뿐 아니라, 순백색의 빙하 표면에 안착하여 '알베도 효과albedo effect' 발생에 기여한다.[17] 쉽게 말해, 그을음이 묻은 눈은 흰 눈보다 더 많은 태양에너지를 흡수하여 지구의 온도 상승을 유발한다. 이 순환고리가 지구 건강planetary health을 위협한다.

히말라야(그리고 히말라야에 의존하는 사람들)의 미래는 암울하다.[18] 향후 20년 안에 지구온난화가 완화되고 지구 평균기온 상승이 1.5°C로 제한될 것이라는 가능성 낮은 시나리오도 존재하지만, 과학자들은 이번 세기 말까지 지구의 빙하 3분의 1 이상이 소멸할 것이라 예측하고 있다.[19] 온실가스가 지속적으로 배출되고 지구 평균 기온이 2°C 이상 오르면, 적어도 빙하의 3분의 2가 사라질 것이다. 이는 히말라야와 힌두쿠시로 이어지는 고산지대를 터전으로 삼고 있는 2억 4,000만 명 이상의 사람들에게 닥쳐올 재앙이다. 그뿐만 아니라 빙하를 발원지로 두고 있는 10개의 강에 직·간접적으로 의존하는 20억 인구와 이 강 유역에서 재배되는 식량에 의존하는 30억 인구의 삶을 위태롭게 할 것이다.[20]

녹아내리는 빙하의 영향은 한꺼번에 체감하는 것이 아니라, 순차적으로 다가올 것이다. 우선 축적된 물이 넘쳐 강의 범람과 홍수를 일으킬 것이다. 바로 이어, 하천 유량이 급감하고 식량 생산이 줄어들며 수력발전소의 에너지원이 고갈될 것이다. 수십억 아시아 인구가 위험에 직면해 있지만, 빙하가 녹으면 그중에서도 방글라데시나 네팔처럼 인구가 급증하고 있는 지역을 포함한 가장 빈곤하고 가장

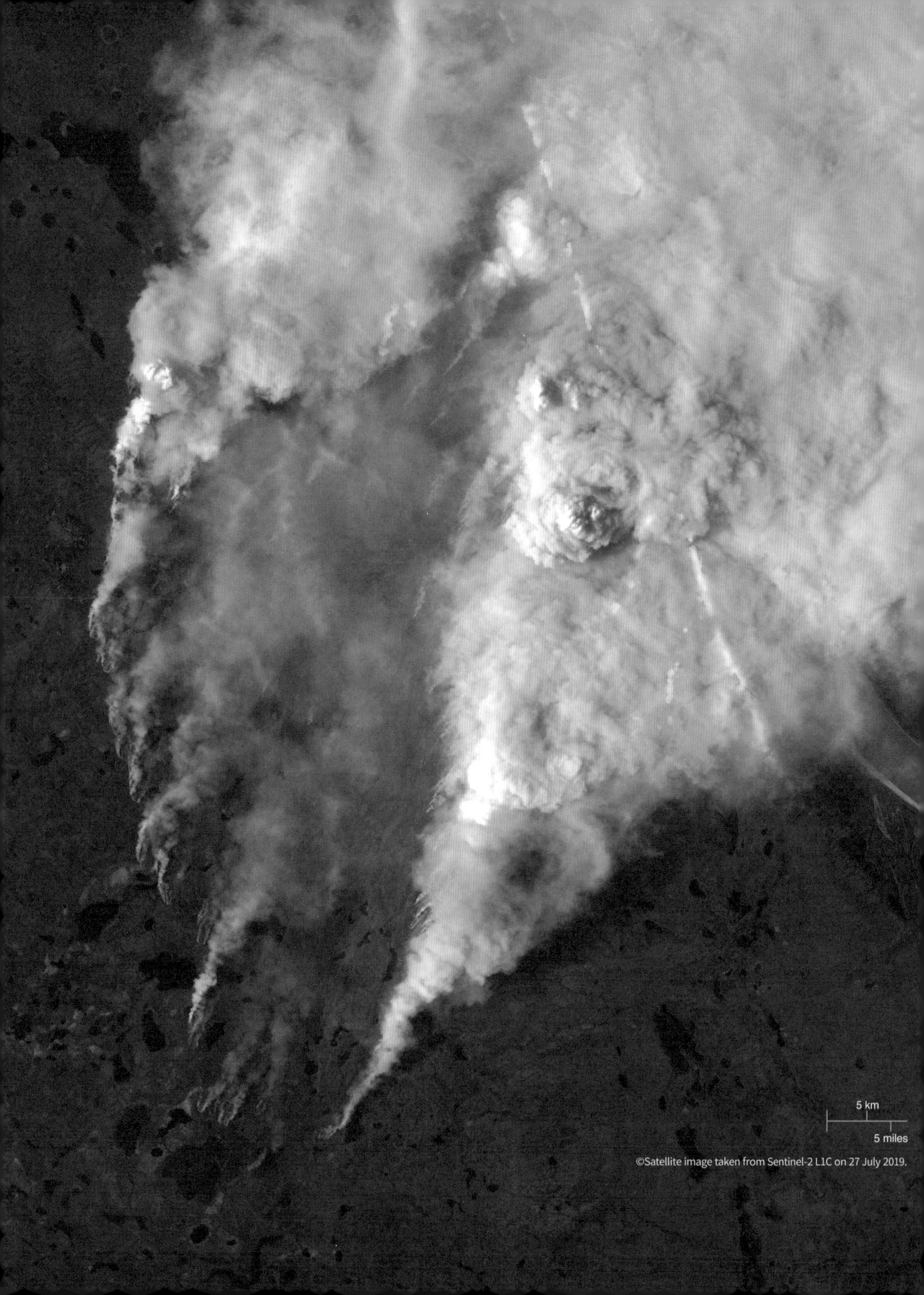

©Satellite image taken from Sentinel-2 L1C on 27 July 2019.

불타는 북극
캐나다 노스웨스트준주, 매켄지강 남쪽

취약한 지역이 가장 큰 타격을 입을 것이다. 이것이 끝이 아니다. 강물의 고갈로 영세농업과 농업 생산성이 급감하여 집단이주와 사회적 불안을 야기할 가능성이 매우 크다.[21] 이에 관해서는 다른 챕터에서 더 자세히 다루겠다. 이용 가능한 물이 사라지면 중국, 인도, 파키스탄 같은 지정학적 경쟁자들 사이에 들끓는 긴장감이 폭발하여 갈등으로 번질 수 있다.

사라지는 그린란드의 얼음: 방 안에 있는 코끼리 500억 마리

지구의 모든 곳에서 얼음이 사라지고 있다. 비단 히말라야의 빙하만 녹고 있는 것이 아니다. 북극과 남극의 바다 얼음의 두께 역시 얇아지고 있으며, 캐나다 북부와 러시아의 영구동토가 녹으면서 엄청난 양의 탄소와 메탄 누출을 예고하고 있다.[22] 엎친 데 덮친 격으로 북극의 툰드라는 불타고 있다. 2019년 시베리아 지역에 발생한 대형 산불로 생성된 그을음과 재는 EU 국가를 모두 합친 것보다 더 커다

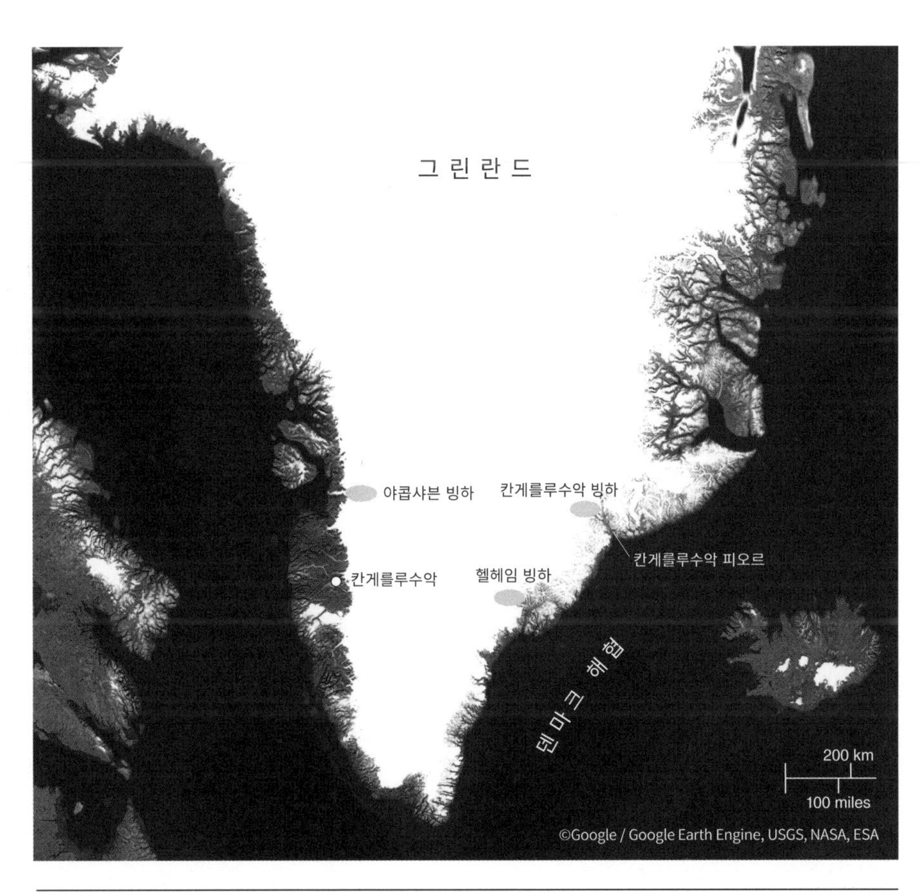

그린란드(2019)

녹고 있는 칸게를루수악 빙상 (1984, 2019)

란 구름을 만들어 냈다. 과학자들은 여름 기온의 상승으로 북쪽 수림대와 (지구 육지 면적의 3분의 1에 해당하는) 북극 툰드라 지역의 화재가 2100년까지 4배 증가할 것으로 예측한다. 영구동토가 녹고 습지가 불에 타면서 주변 생태계가 의존하고 있는 식물들이 사라지고 있다. 이러한 화재는 대기에 배출되는 탄소량의 급증을 유발하고, 가장 의욕적인 배출 저감 노력을 무력하게 만들 수 있다.

전 세계 빙하의 후퇴는 경종을 울리고 있다. 알래스카의 헌터산[23], 멘덴홀[24], 컬럼비아[25]는 세계에서 가장 빠른 속도로 후퇴하고 있는 빙원들로, 1980년대 이후 최대 12마일(*약 20킬로미터*)이 유실되었다. 20년 전 아프리카 최고봉 킬리만자로를 오

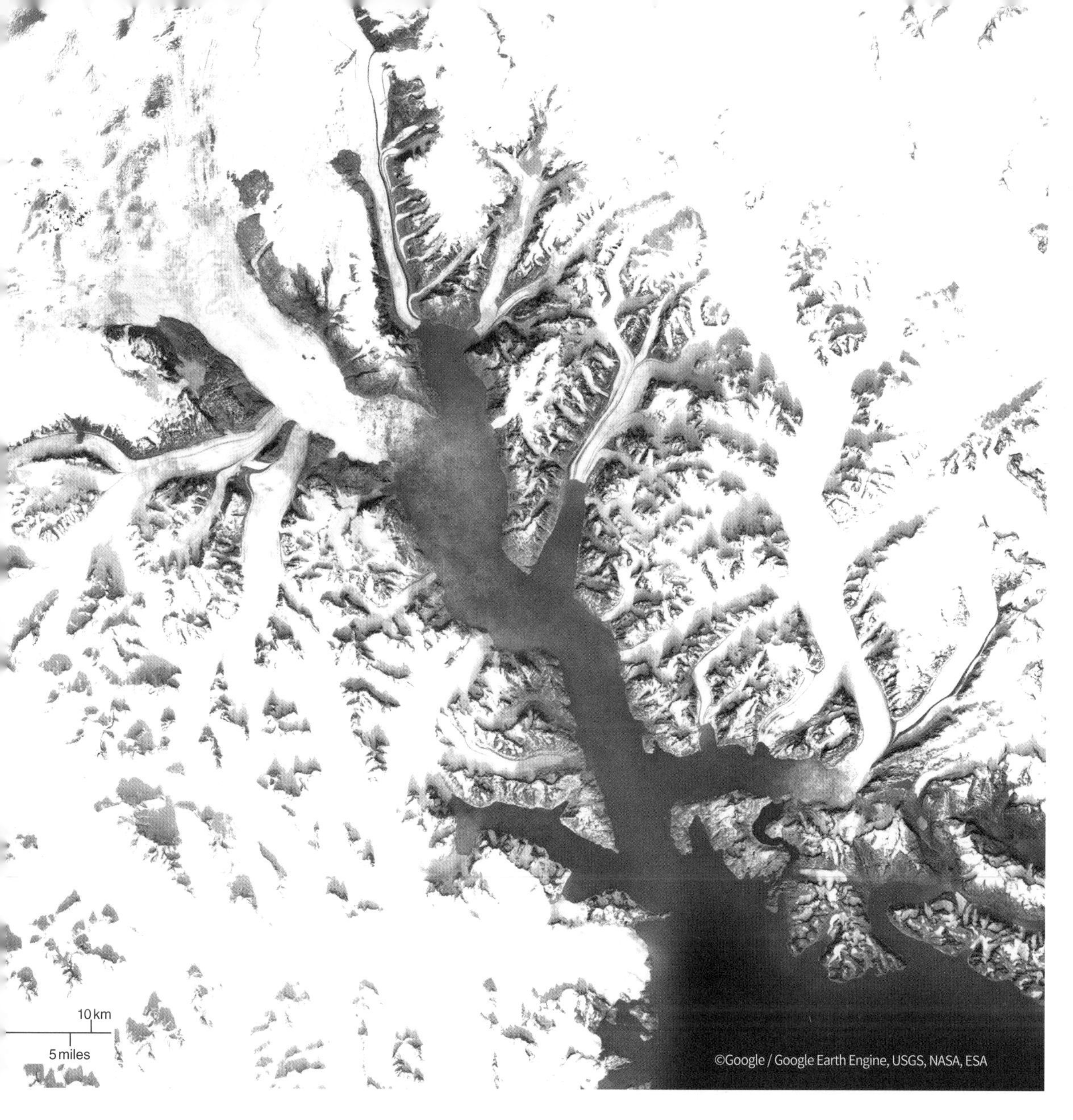

를 때만 해도 높이 300피트*(약 90미터)* 이상의 빙원을 볼 수 있었다. 하지만 지금은 오랜 세월 봉우리를 지키던 적도의 얼음 80퍼센트가 사라졌다. 빙하학자들이 기후 변화의 맥을 짚고 있는 또 다른 장소는 바로 백야의 땅이다. 거대한 빙상으로 둘러싸인 그린란드의 칸게를루수악Kangerlussuaq(그린란드어로 '커다란 피오르'를 의미한다)은 어쩌면 가장 중요한 얼음벌판이지만, 독자에게는 매우 생소한 곳일 수 있다. 우주에서 보면 칸게를루수악을 둘러싼 흰 눈과 얼음이 회색과 푸른색으로 변하고 있다.

83쪽의 지도에서 보듯이, '그린'란드는 초록색과 아무런 관련이 없다. 전해지는 말에 따르면, 서기 981년 짓궂은 고대 스칸디나비안 정착민들이 순진한 상인과 여행자를 끌어모으기 위한 마케팅 전략으로, 세계에서 가장 큰 이 섬에 그린란드라는 이름을 지어주었다고 한다. 현재 이 섬은 길이 1,500마일*(약 2,400킬로미터)*, 폭 450마일*(약 720킬로미터)*, 평균 깊이 1.2마일*(약 2킬로미터)* 규모의 눈과 빙원으로 덮여 있다. 이 오래된 빙상은 지구 담수 공급량의 10분의 1을 차지한다. 만일 이것이 한꺼번에 녹는다면, 지구 해수면은 20피트*(약 6미터)* 이상 상승할 것이다.[26] 칸게를루수악의 위성 사진을 보면 1930년대 최초 관찰 기록이 시작된 이래 가장 멀리 빙하가 후퇴했음을 알 수 있다.

최근 과학자들이 발견한 그린란드의 모습은 섬뜩하다. 수천 년 만에 처음으로 그린란드의 해빙기가 길어지고 강력해지고 있다.[27] 《네이처》에 수록된 한 보고서에 따르면 이곳의 빙상이 산업화 이전보다 2배 더 빨리 녹고 있다고 한다.[28] 잦은 비 역시 그린란드의 얼음을 더욱 빨리 녹이고 있다.[29] 빙하가 녹으면서 큰 얼음덩어리가 떨어져 나가거나 잘게 쪼개지면서 최고 3,000피트*(약 910미터)*에 달하는 빙산을 형성한다.[30] 하지만 이는 문제의 일부에 불과하다. 영구동토가 녹으면서 땅속에 묻혀 있던 유기물이 메탄을 방출한다.[31] 메탄은 이산화탄소보다 *(지구온난화에 미치는 영향력이)* 30배나 강력하기 때문에 심히 우려되는 부분이다.[32] 더 큰 문제는 얼음이 녹아 바다로 흘러들어 간다는 것이다. 이것이 해류와 해수면에 끼치는 부정적 영향은 악몽과도 같다.

그린란드의 빙상이 녹는 것은 그야말로 빙산의 일각에 불과하다. 비교적 작은 규모로 녹는다 해도 그 여파는 엄청날 수 있기 때문이다. 지도를 보면 칸게를루수악 빙하에 있는 순백의 얼음이 녹으면서 그 아래 있던 푸른색 바다가 모습을 드러낸다. 정상적이라면 우주로 반사되어야 하는 태양광이 이 물에 그대로 흡수된다. 이로 인해 해수 온도가 상승하고 얼음이 더욱 빨리 녹는 악순환이 반복된다. 칸게를루수악 피오르 남쪽에 보이는 빙원 대부분은 이번 세기가 끝나기도 전에 녹아버릴 수 있다.[33] 20년도 채 안 되어 그린란드의 빙상이 매년 269기가톤(Gt)씩 사라졌다. 이는 커다란 코끼리 500억 마리의 무게와 맞먹는다.

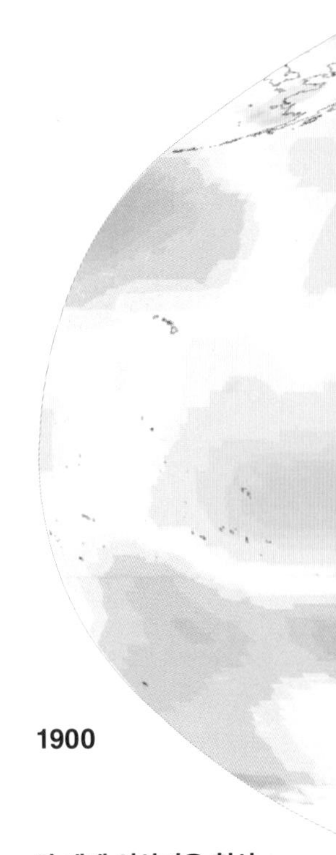

1900

2018

전 세계 이상기온 현상 (1900, 2018)

전 지구적 기온 상승: 10억 년 만에 가장 뜨거운 지구

지구 기온의 상승으로 히말라야의 얼음은 그린란드로 후퇴하고 있다. 2020년

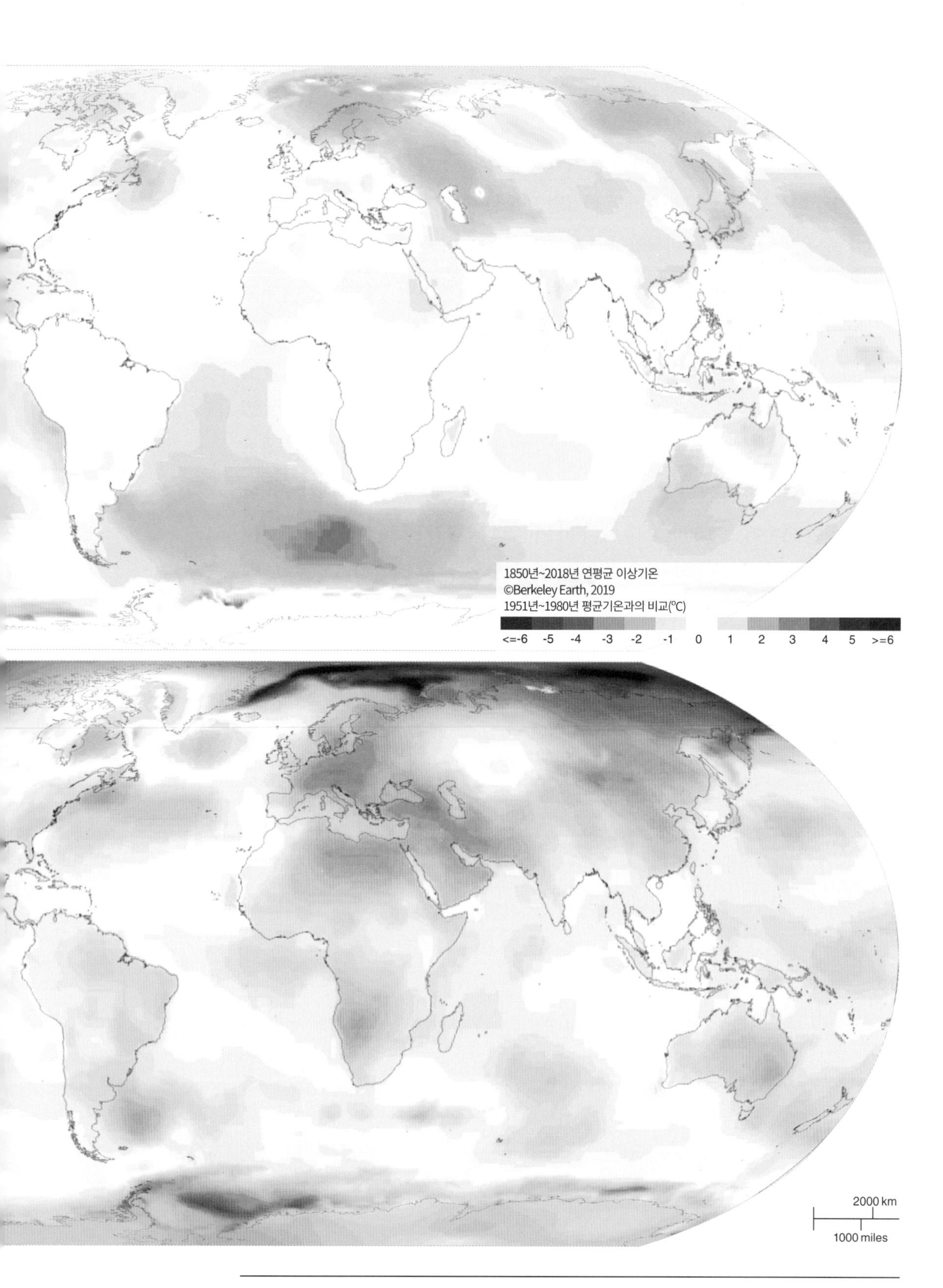
1850년~2018년 연평균 이상기온
©Berkeley Earth, 2019
1951년~1980년 평균기온과의 비교(°C)
<=-6 -5 -4 -3 -2 -1 0 1 2 3 4 5 >=6
2000 km
1000 miles

세계적인 봉쇄 조치에도 불구하고 이러한 추세는 계속되었다. 새로운 원격감지 기술의 도움으로 지표의 이상기온 현상을 한 세기 전까지 추적하여 지도에 표시하였다. 이 지도를 통해 전 세계의 과열 지역을 파악할 수 있다. 미국해양대기청의 139년 기록 역사상 지난 10년이 가장 더웠던 것으로 밝혀졌다.[34] 동아시아부터 남아시아, 중동, 북아프리카, 사하라사막 이남의 아프리카, 서유럽, 동유럽, 오스트레일리아, 뉴질랜드, 그리고 바다를 둘러싼 지역을 포함한 모든 곳에서 기록적인 고온 현상이 관측되었다. 이로 인해 역사상 가장 길고 극심한 폭염이 발생했다. 고온은 탈진, 열사병에 이어 장기부전까지 일으킬 수 있다.

지구 온도는 수십억 년간 지속적인 변동을 겪었는데 오늘날의 기온편차는 무려 4배에 달한다. 그 어느 때보다 기온이 높고 변화의 속도가 빠르며 장기간 지속되고 있다. 여기에는 인간의 책임이 크다. 이미 전 세계 인구 3분의 1이 연 20일 이상 치명적인 고온에 노출되어 있다. 인구가 가장 많은 나라 중 하나인 인도에서는 2019년에 인구 65퍼센트가 폭염에 노출되었다. 《네이처 기후변화Nature Climate Change》에 게재된 한 연구에 따르면, 온실가스 배출량이 급격히 줄지 않으면 2100년까지 전 세계 인구 4분의 3이 극심한 폭염(비정상적인 고온이 이틀 연속 지속되는 현상)을 겪을 수 있다고 한다. 다시 말해, 이번 세기 안에 극심한 폭염으로 인한 사망자 수가 2,000퍼센트 이상 증가할 수 있다는 것이다. 더운 날씨는 노인, 기저질환 환자, 냉방의 이용이 제한된 사람들에게 더욱 위험하다. 이 때문에 고온 자체보다는 기온이 정상범주에서 얼마나 벗어날지가 우려되고 있다.

온실가스 배출의 급등은 지구온난화를 더욱 가속하고 있다. 최근 30년간 배출된 이산화탄소, 메탄, 산화질소 및 기타 유해한 가스의 양이 그 이전 150년간 배출된 총량보다 더 많다.[35] 우리가 그 어느 때보다 더 많은 화석연료를 에너지원으로 사용하고, 식량을 구하기 위해 더 많은 삼림을 벌채하며, 육식을 늘리고, 더 많은 비료와 불소화 가스를 사용하고 있기 때문이다. 지도에서 보듯 지구온난화로 인해 육지뿐 아니라 바다 역시 뜨거워지고 있다. 최근의 과학적 증거를 통해 지구의 바다의 온도가 급격히 상승하고 산소의 양이 줄어들면서, 이들에 의존하고 있는 해양 생태계와 연안 지역사회가 위협받고 있다는 것을 알 수 있다. 우리는 하와이와 코수멜, 몰디브, 이미 산호초 절반이 사라진 그레이트베리어리프에서 기온 상승으로 인해 산호 백화현상과 해양 생물 파괴가 더욱 빠르게 이루어지고 있는 모습을

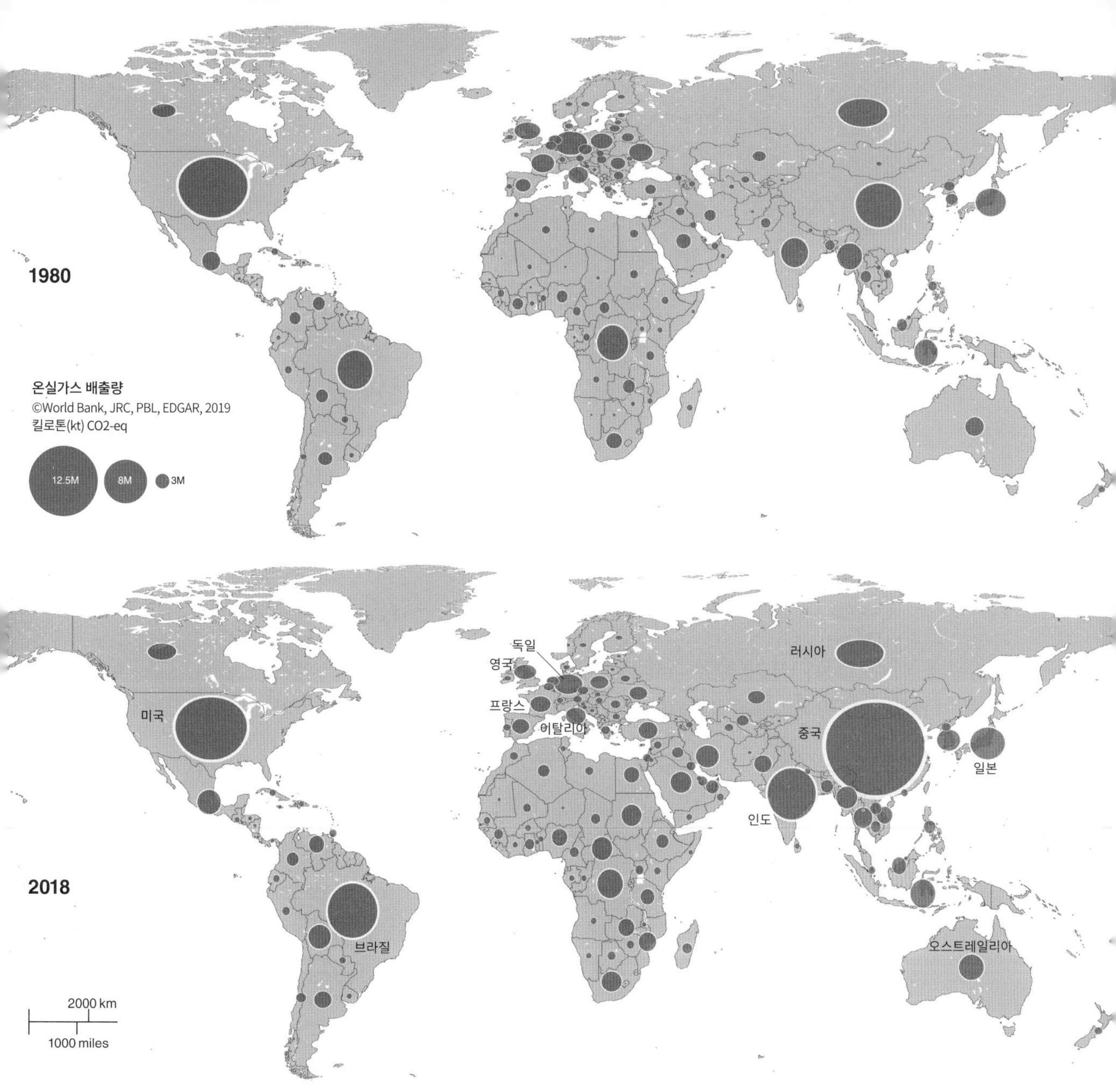

국가별 온실가스 배출 기여도[36]

눈으로 확인했다.[37] 활활 타오르는 화석연료 역시 전례 없는 폭우와 장기화된 가뭄 같은 기상이변을 부추기고 있으며,[38] 이 같은 현상은 더욱 증가할 것으로 보인다.[39]

화석연료(석탄, 석유, 가스)의 연소가 배출의 가장 큰 부분을 차지하는 이유는 에너지, 교통, 음식, 시멘트 같은 것에 대한 채워지지 않는 인간의 욕구 때문이다.[40] 그런데 실제 배출의 가장 큰 책임은 소수의 국가와 기업들에 있다. 지도에서 보듯, 미국과 유럽은 과거에 배출의 주범이었으며, 매년 수천억 톤의 이산화탄소를 배출했다.[41] 수십 년간 폭발적인 경제성장을 거둔 중국은 오늘날 유럽, 서유럽,

러시아를 합친 것보다 더 많은 양의 온실가스를 배출하고 있다. 인도, 일본, 한국, 이란, 사우디아라비아, 캐나다, 인도네시아, 멕시코, 브라질, 남아프리카, 터키, 오스트레일리아 같은 국가들이 그 뒤를 바짝 쫓고 있다. 그렇다면 대체 누가 이 화석연료를 제공하고 있는 것일까? 정답은 겨우 100개의 기업이 전 세계 온실가스의 70퍼센트 이상을 배출하고 있다는 것이다.[42] 이러한 초대형 배출자들super-emitters이 1988년부터 2016년 사이 6,350억 톤의 온실가스를 배출하였는데, 이는 엠파이어 스테이트 빌딩 180만 개와 맞먹는 규모이다. 이 중 오직 극소수만이 자신들의 탄소발자국을 공개할 의향이 있다는 사실은 놀랍지도 않다.[43]

코로나19 팬데믹 기간 이산화탄소와 이산화질소 수치가 일시적으로 감소했으나, 전 세계의 산업 배출 저감 노력은 너무 더딘 속도로 진행되고 있다. 2000년 이후 탄소발자국 감축에 성공한 나라는 덴마크, 프랑스, 아일랜드, 영국, 우크라이나, 미국 등 20개국에 불과하다. 중국 정부가 국가적인 배출량 거래제를 도입하여 석탄 사용을 제한하고 재생에너지로의 전환을 시작한 이후, 중국의 배출량은 여전히 매우 높은 수준이지만 안정되는 추세이다.[44] 미국이 2015 파리기후협정에서 탈퇴한 후, 중국은 완화와 저감 노력을 촉구하며 국제사회 떠돌이에서 세계의 지도자로 변모했다. 온실가스 배출이 다시 증가하기 시작했기 때문에, 후자의 '그린 리더십'은 그리 오래가지 못할 것이다.[45] 미국의 유명 자산운용사 블랙록(자산규모 약 7조 달러)이 2030년까지 화석연료와 관련된 투자를 중단하겠다고 선언하였으나, 청정에너지와 친환경 공급망에 투자하는 기업은 여전히 극소수에 불과하다. 판도를 바꿀 기미가 도무지 보이지 않는다는 것이다. 코로나19 팬데믹 이전에도 중국, 인도, 유럽의 화석연료 수요 때문에 탄소 배출량은 기록적인 수준으로 치솟았다.[46] 이 암울한 상황을 전환시키려면 체계적 변화가 지금보다 더욱 빠른 속도로 일어나야 한다.

청정 기준과 배출량 감축을 촉구하는 가장 강력한 목소리는 외교관이나 기업 CEO가 아닌 진보적인 정치인과 환경운동가들로부터 나온다. 수년간 키리바시, 솔로몬 제도, 바누아투와 같은 태평양 섬나라 지도자들은 오염 유발자들에게 배출량 감소를 요구하고 있다. 이 국가들은 현재 화석연료 기업을 대상으로 해수면 상승 대응을 위한 비용 청구 소송을 불사하겠다는 입장을 내놓고 있다.[47] 미국의 일부 주州들은 대형 정유기업이 자신들의 기후변화 영향 결과를 두고 일부러 혼란을 야기했다며, 엑손과 같은 대기업을 상대로 소송을 진행하고 있다.[48] 뉴욕[49]과 샌프란시스코[50] 같은 대도시들 역시 정유와 가스 기업을 상대로 기후변화로 인한 손실에 대해 손해배상을 청구했다. 학생들은 화석연료 생산시설의 신규 임대사업을 일체 중단할 것을 촉구하며 연방정부를 상대로 역사적인 소송을 진행하고 있다. 2015년에는 또 다른 기념비적인 사건이 일어났다. 네덜란드 국민들이 정부를 상대로 제기한 소송에 승리하며, 국가가 2021년 이전 온실가스 배출량을 최소(1990년 대비) 25퍼센트 감축하라는 판결을 이끌어 낸 것이다.

반가운 소식이라면 대중의 여론이 전환점에 도달하고 있다는 것이다. 파리협정과 2016년 (특히 기후 행동, 해양과 육지생물을 중심으로 하는) 지속 가능한 개발목표는 중요한 이정표가 된다. 기후 과학자들 역시 본격적인 행동에 나섰으며, 기후변화에 대한 정부 간 협의체IPCC(정책입안자들이 기후변화에 대해 정기적인 과학적 진단을 내릴 수 있도록 만들어진 플랫폼)가 발표한 보고서는 점점 더 많은 위급상황을 알리고 있다. 그러나 분명한 것은, 이 중 가장 영향력 있는 변화가 예기치 못한 곳에서 빠르게 확산하고 있다는 것이다. 바로 우리의 아이들이다. 가장 놀라운 사건은 스웨덴의 청소년 기후활동가 그레타 툰베리Greta Thunberg가 시작한 '미래를 위한 금요일Fridays for Future'운동으로, 수천만 명의 청소년들이 거리로 나와 함께 변화를 촉구했다. '멸종 저항Extinction Rebellion'은 60개 이상의 나라에서 시작된 정치 운동이다. 'XR'라고 불리는 이 운동은 비폭력적인 시민 불복종을 통해 정부가 '기후 비상상황'을 인지하고 생태계의 붕괴를 막기 위한 행동을 취할 것을 요구한다. 밀레니얼과 Z세대는 이제 막 움직이고 있다. 하마터면 늦을뻔 했다.[51]

불타는 세계: 샌프란시스코는 어떻게 세계에서 가장 오염된 도시가 되었을까

산업 활동뿐만 아니라 숲과 초원의 화재도 온실가스를 배출한다. 2018년 발생한 산불로 무려 320억 톤의 이산화탄소가 배출되었는데, 같은 해 화석연료 기업들이 뿜어낸 이산화탄소의 양은 370억 톤이다. 2019년과 2020년에는 배출량이 더 증가할 것이다. 역사적으로 대부분의 산불은 자연적으로 일어났다. 자연발화는 죽은 초목을 태우고 새로운 동물의 서식지를 조성하며, 식물 개체 수를 조절하는 역

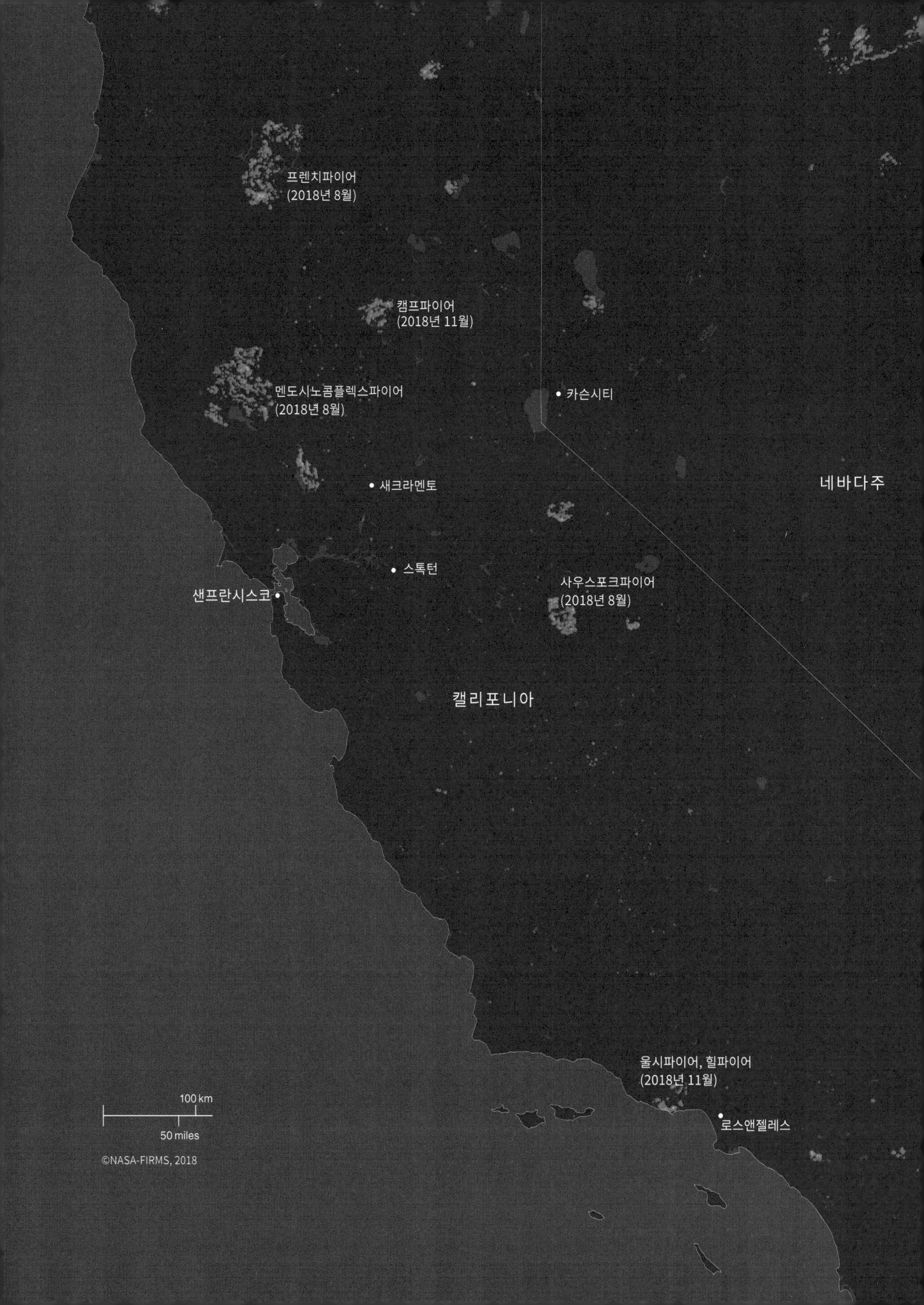

프렌치파이어
(2018년 8월)

캠프파이어
(2018년 11월)

멘도시노콤플렉스파이어
(2018년 8월)

카슨시티

새크라멘토

네바다주

스톡턴

사우스포크파이어
(2018년 8월)

샌프란시스코

캘리포니아

울시파이어, 힐파이어
(2018년 11월)

100 km

50 miles

로스앤젤레스

오른쪽) '캠프파이어The Camp Fire', 2018년 11월 8일
캘리포니아 역사상 가장 끔찍하고 파괴적인 산불이자 미국에서 여섯 번째로 치명적이었던 산불

왼쪽) 캘리포니아의 산불
2018년 한 해에 일어난 산불

할을 하기 때문에 생태계의 중요한 특징이라 할 수 있다. 대부분의 산불은 눈비로 인해 잦아든다. 그러나 풀과 관목은 건조할수록 잘 탄다. 사헬 지역의 말리, 니제르, 나이지리아를 방문했을 때, 기온의 급격한 상승이 광범위한 화전 농업을 통해 식물을 더욱 메마르게 하고 산림 면적을 축소시키는 것은 물론, 농가와 목축업자 간 폭력과 갈등을 심화시키는 것을 볼 수 있었다. 이곳과 다른 비슷한 지역에서도 경작 가능한 땅은 줄어들고, 건기는 더욱 길어지는 반면 우기는 더욱 짧아지고 있다.

오늘날 전 세계에서 발생하는 대규모 산불의 주된 원인은 인간이다. 다수의 산불은 우주에서도 관측되며, NASA와 USGS가 공개하는 랜드샛Landsat 위성 사진에도 나타난다. 대도시를 포함한 대부분의 지역에서 산불은 시급한 문제이다. 지도에서처럼 연 최대 10만 건의 산불이 미국을 달구고 있다. 1990년대 이후 미국에서 발생한 150만 건의 산불 중 80퍼센트는 사람에 의해 발생했다.[52] 최근까지 산불은 일 년에 500만 에이커의 면적을 태웠다. 2018년에는 사상 최대 규모인 900만 에이커가 잿더미로 변해버렸다.[53] 지도를 보면 캘리포니아주가 최악의 피해를 입은 지역 중 하나라는 것을 알 수 있다. 2018년에 발생한 총 9,000건의 산불은 190만 에이커를 숯덩이로 만들고, 도시와 마을을 유독가스로 뒤덮었다. 이들 중 총 50만 에이커의 면적을 태운 멘도시노 콤플렉스Mendocino Complex, 캠프Camp, 울시Woolsey, 힐Hill을 포함한 초대형 산불들은 우주에서도 관측되었다.[54] 이들은 단 이틀 만에 캘리포니아주를 달리는 차량 전체가 1년 내내 만드는 오염보다 더 많은 대기오염을 일으켰다.[55] 2018년의 몇 주 동안 캘리포니아주의 세 도시 샌프란시스코, 스톡턴, 새크라멘토는 지구에서 가장 오염된 도시가 되었다.[56]

가스 플레어링: 100만 대의 차가 도로 위를 달리는 것과 같은 노스다코타주의 플레어링

오른쪽) 미국 노스다코타주의 바켄 유전
수력파쇄 또는 프래킹 작업장의 가스 플레어링

아래) 노스다코타주의 가스 플레어링(2019)

산불의 경우처럼 화석연료 발전소의 감출 수 없는 연기 기둥과 수력파쇄 또는 프래킹fracking 작업 현장에서 발생하는 화염은 얼마든지 추적이 가능하다.[57] 지

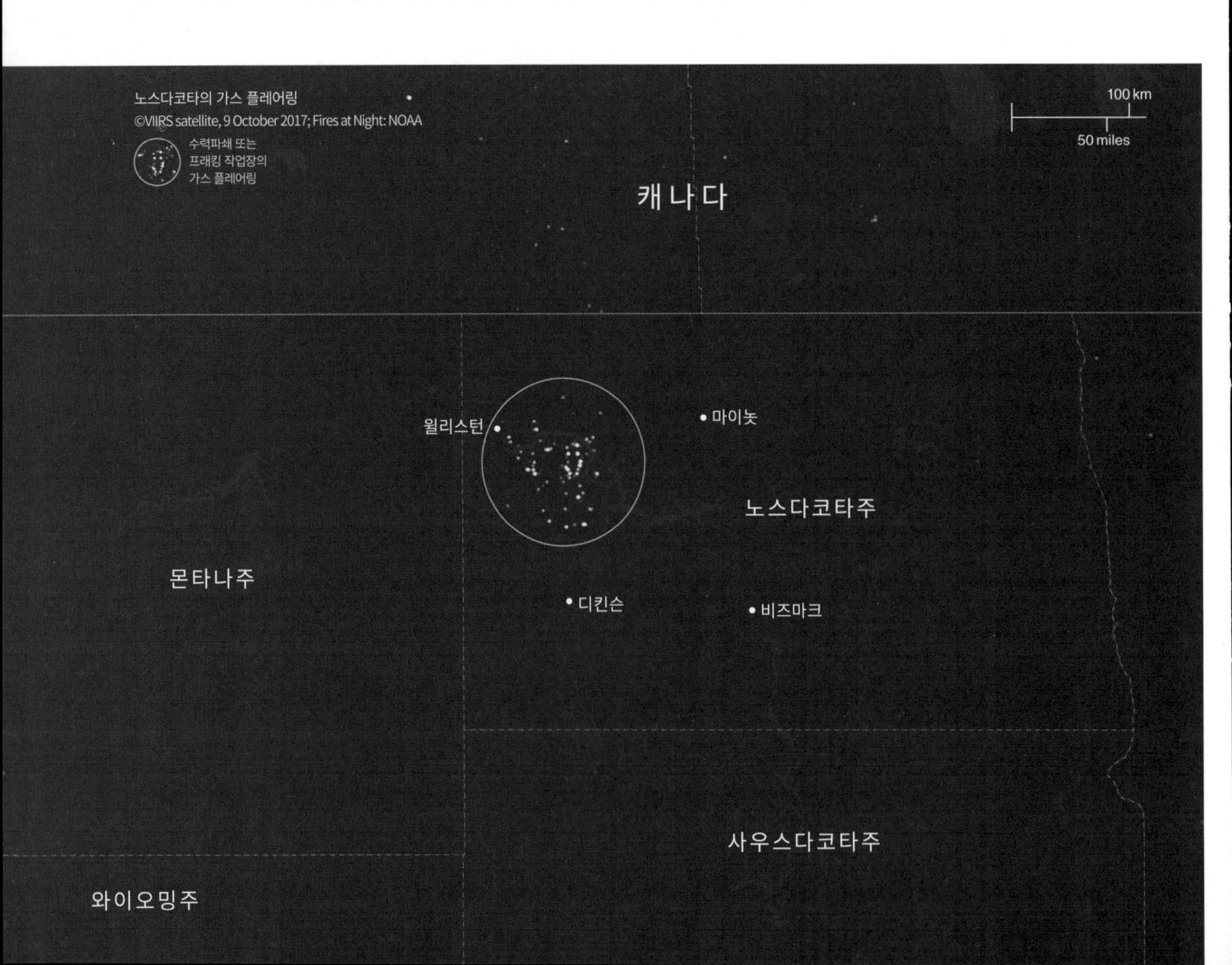

노스다코타의 가스 플레어링
©Google / Google Earth Engine, USGS, NASA, ESA.
Fires at night: NOAA, VIIRS, 2017

도를 보면 다른 나라보다 미국에서 더 많은 가스 플레어링이 이루어지고 있다는 것을 알 수 있다.[58]

면밀히 관찰해 보면 노스다코타주에서 프래킹이 집중적으로 일어나고 있다. 2019년 말까지 이 지역의 하루 원유 생산량은 역대 최고 수준인 150만 배럴에 달했다. 주州를 연결하는 천연가스 수송 파이프라인이 부족하자 생산 회사들은 잉여 원유를 태워 버렸다. 같은 해, 정유 기업들은 하루에 25억 세제곱피트의 석유를

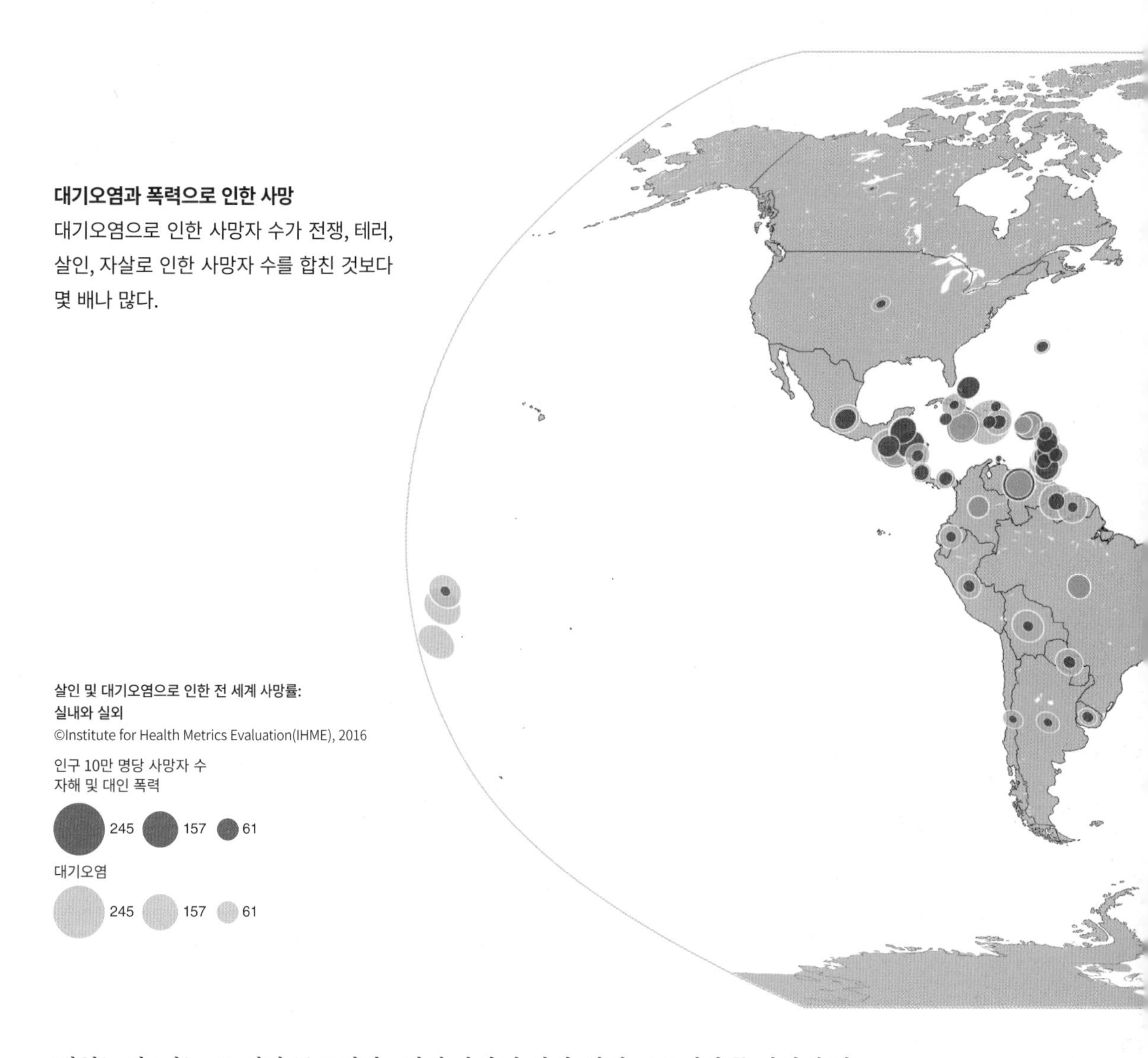

대기오염과 폭력으로 인한 사망
대기오염으로 인한 사망자 수가 전쟁, 테러, 살인, 자살로 인한 사망자 수를 합친 것보다 몇 배나 많다.

태웠는데, 이는 주 설정 목표치의 2배에 달하며 사상 최대 규모이다.[59] 이렇게 낭비된 가스는 노스다코타주와 사우스다코타주에 필요한 에너지를 공급할 수도 있었다. 이처럼 고의로 천연가스를 불태우는 행위는 낭비일 뿐 아니라(연 10억 달러의 불필요한 손실과도 같다), 500만 메트릭톤 이상의 이산화탄소를 대기로 뿜어내는 더러운 일이기도 하다. 이는 도로를 달리는 차가 1년간 100만 대 더 늘어나거나[60] 425만 가구가 난방을 하며 배출하는 온실가스 양과 같다.

차량 배기가스, 가스 플레어링, 그리고 산불은 기후뿐 아니라 사람들의 건강에도 해롭다. 매연에 함유된 미세 입자는 폐 속 깊이 침투하여 염증, 천식, 호흡기질환, 암을 유발할 수 있다.[61] 화석연료 연소로 발생한 실내외 오염은 700만

건 이상의 조기 사망을 야기하며, 2018년 세계 주요 사망원인이 되었다.[62] 지도를 보면 대기오염이 전쟁, 테러, 살인과 자살을 합친 것보다 더 많은 사람의 목숨을 앗아 갔다는 것이 분명해진다. 특히 매연, 스모그, 먼지에 노출되었을 때 심혈관 질환으로 사망할 확률이 급격히 증가하는 65세 이상 성인에게 매우 위험하다.[63] 캘리포니아주를 포함하여 전 세계 지역과 정부, 기업과 시민들은 토지 사용 및 주택건축기준을 근본적으로 재고하고, 더욱 현명한 방법으로 숲을 관리해야 한다.[64] 그렇지 않으면 숲은 완전히 불에 타 없어질 것이다.

산불의 뿌리는 깊다. 수만 년간 농부와 목자들은 잡초를 제거하고 땅에 영양분을 되돌려 주기 위해 일부러 밭을 태웠다. 아프리카의 대초원, 아시아의 시골, 남아메리카의 평원과 같은 곳에서는 숲을 태워 숯을 만드는데, 이 숯은 전기나 다른 연료가 없는 곳에서 요리와 난방을 위해 반드시 필요하다. 아래 지도처럼, 열대 우림지역이나 초원에서 수십만 개의 작은 화재들이 일어나고 있다.[65] 상공에서 보면

화재로 인한 오염
©Google / Google Earth Engine, USGS, NASA, ESA.
Fires at night: NOAA, VIIRS, 2019

아프리카의 화전이 전 세계 화재발생 면적 중 가장 큰 부분을 차지하고 있다. 또한 아시아 지역도 크게 뒤지지 않는다. 산불, 조리용 난로, 쓰레기 소각장에서 나오는 연기는 이산화탄소와 기타 유독가스는 물론 블랙카본을 배출하는데, 이것은 세계

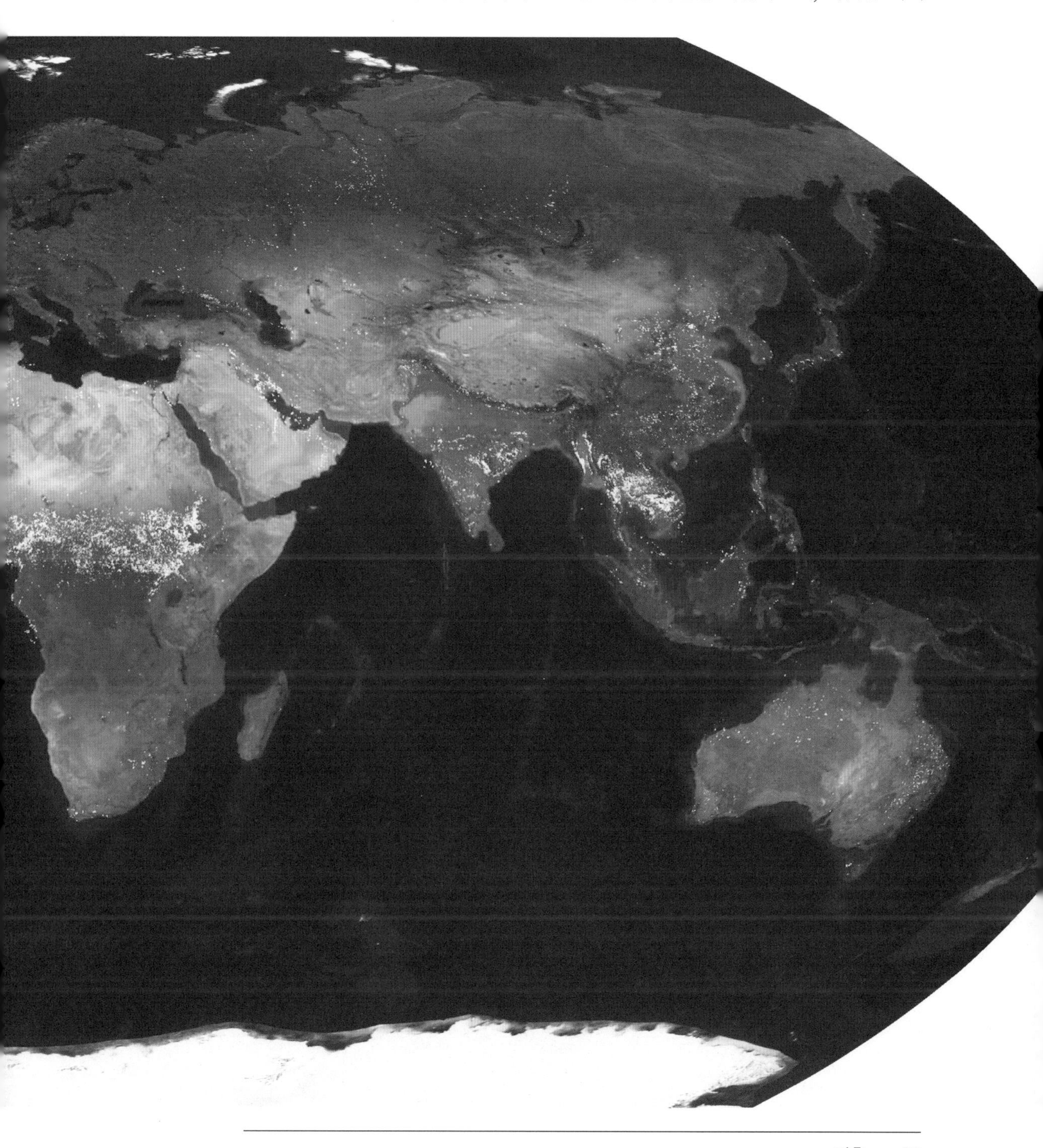

주요 탄소흡수원이 위치한 지역에 비가 내리는 것을 방해한다.[66]

아마존의 하늘을 나는 강들

아마존 분지는 지구온난화의 원인과 해법에 관한 논의의 중심에 있다. 아마존이 '지구의 폐'라고 불릴 이유는 충분하다. 면적은 약 270만 제곱마일*(약 700만 제곱킬로미터)*로, 전 세계 열대우림의 40퍼센트 이상을 차지하며 강우량, 운량, 해류를 조절한다. 수억 년 동안 이 지역은 자연적으로 발생한 수조 톤의 이산화탄소를 산소로 바꾸어 왔다. 하지만 현재 이곳은 탄소 흡수원에서 탄소 발생원으로 변하고 있다.[67] 최근 몇 년간 아마존 우림은 산불, 무자비한 삼림파괴와 황폐화의 위협을 끊임없이 받아왔다. 화재의 상당수는 목장과 농장에서 고의로 일으킨 것이다. 1980년대 이후 수십만 제곱마일의 산림을 개간하여 방목, 대두와 사탕수수 재배,

아마존에서 뿜어져 나오는 연기(2019)
2019년 8월 10일 센티넬-2 L1C에서 촬영한 위성 이미지

수목, 그리고 광물 생산에 활용했다.[68] 프랑스보다 더 큰 면적의 삼림벌채는 수십 억 톤의 이산화탄소 배출을 의미한다.[69] 아마존 강 역시 대기에 탄소를 배출한다. 세계에서 가장 큰 숲의 공기청정 기능이 저하되고 있는 것이다.[70]

우리는 브라질, 볼리비아, 컬럼비아, 페루의 숲과 농장에서 화전 농업으로 인한 산불이 증가하고 가뭄이 더욱 빈번히 일어나는 것을 직접 목격했다. 이 위성 사진은 2019년 한 해 동안 브라질에서 발생한 8만 건이 넘는 산불을 본격적으로 알리기 시작했을 뿐이다. 나무를 많이 태울수록 광합성을 통해 대기 중에서 제거할 수 있는 탄소의 양은 줄어든다. 가뭄이 극심해질수록 숲의 지붕 두께는 얇아지고 머금을 수 있는 습기도 줄어든다. 건조한 숲은 화재에 더욱 취약하기 때문에 산불은 더 멀리, 그리고 더 빨리 번지게 된다. 더욱 심각한 문제는 대서양과 태평양이 온난해지면서 가뭄을 더욱 악화시킨다는 것이다.[71] 과학자들은 아마존이 변곡점에 가까운 위태로운 상황에 놓여 있어, 너무 덥고 건조한 환경이 되면 이 지역에

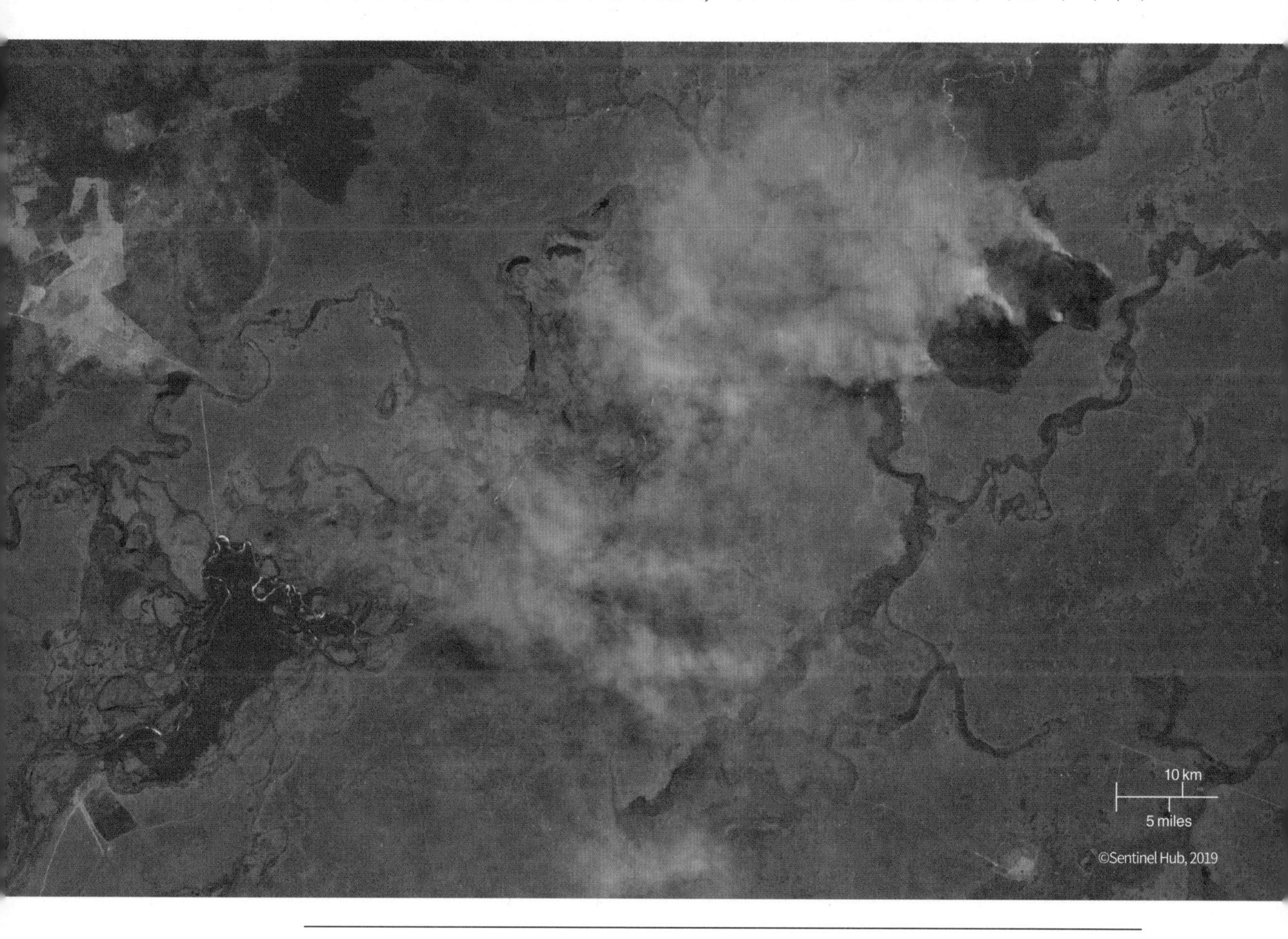

서식하는 생물종의 재생이 불가능해질 것을 우려한다. 삼림 면적의 20~25퍼센트를 벌목할 경우 아마존 분지는 이산화탄소 흡수 능력을 완전히 상실할 수도 있다. 이것은 세계 최대의 열대우림이 세계 최대의 관목지로 전락하는 '다이백die-back' 시나리오를 촉발할 수도 있다. 다이백 현상은 생물다양성의 손실을 일으킬 뿐 아니라, 증발산 과정을 크게 어지럽혀 전 세계 운량과 해류 순환을 방해할 것이다.

아마존 분지 상부에 위치한 브라질 혼도니아주는 지구상에서 가장 많은 벌채가 이루어진 곳 중 하나로, 스위스의 5배에 달하는 광활한 면적을 갖고 있다.[72] 지

혼도니아주의 삼림파괴와 황폐화(1985, 2019)

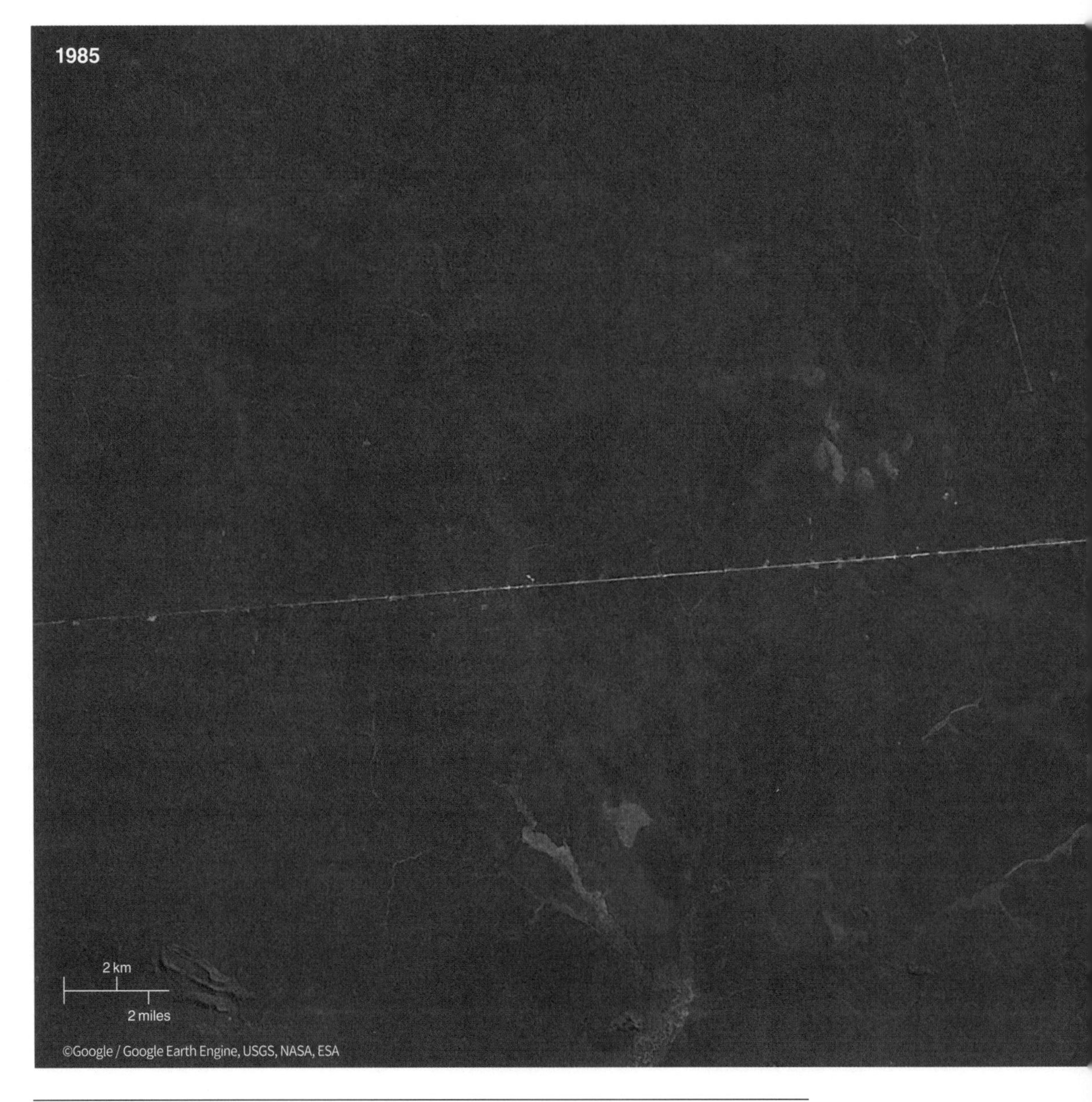

도에서 보듯 1985부터 2019년까지 이 지역의 3분의 1가량이 목초지와 경작지로 전용되었다.[73] 삼림벌채는 주로 길을 따라 시작돼 점점 확장하면서 물고기 뼈 모양의 패턴을 형성하였다. 지난 30년간 광활한 원시림에서 농사가 집중적으로 이루어졌으며, 금과 콜탄 같은 값비싼 금속의 채굴에 쓰인 화학물질로 인해 오염이 지속되었다. 비료와 축산 폐수에서 흘러나온 잔류 수은과 질소 축적물 역시 생물다양성을 감소시키고, 강을 오염시키며 먹이사슬에 침투했다.[74]

오늘날 브라질에서는 1분에 축구장 2개 면적의 숲이 사라지고 있다.[75] 더군

20 km
10 miles
©Google / Google Earth Engine, USGS, NASA, ESA

2019
20 km
10 miles
©Google / Google Earth Engine, USGS, NASA, ESA

다나 코로나19 팬데믹 상황 속에서도 삼림벌채는 더욱 빠른 속도로 진행되고 있다. 위성사진을 보면 아마존, 아프리카, 동남아시아 지역이 '초록색'으로 변하고 있는 것처럼 보인다.[76] 하지만 이것은 전 세계 열대우림 지역을 끊임없이 변질시키고 있는 단일 작물 경작의 확대로 나타난 현상이다.

상대적으로 주목받지 못하고 있는 삼림벌채의 여파는 바로 빗물의 고갈이다. 숲은 분수처럼 땅에서 물을 빨아들여 수증기 형태로 대기에 내보낸다. 나무 한 그루는 하루에 수백 리터의 물을 증산할 수 있다. 수십억 그루의 나무가 한꺼번에 물 분자를 방출할 때, 상공에는 거대한 '강'이 만들어진다. 이렇게 하늘을 나는 강들이 구름을 만들고 수백 마일, 때로는 수천 마일 떨어진 곳에 비를 내린다.[77] 하지만 이 강들이 줄어들면 강수량도 감소한다. 지구 표면에 나무가 부족하면 기온이 상승하기 때문에 문제가 더욱 심각해진다. 연구자들은 아마존의 숲과 주변 목초지의 기온차가 최대 3℃에 달한다는 것을 발견했다.[78] 증산 작용이 활발히 이루어지지 않으면 물 부족과 가뭄이 더욱 빈번히 발생한다.[79] 이것은 결코 우리와 '동떨어진' 문제가 아니다. 지난 10년간 브라질의 900여 개 도시와 마을이 극심한 물 부족을 겪었다. 전 세계 담수 20퍼센트를 공급하는 나라에서 일어나고 있는 일이다.[80]

혼도니아주의 삼림파괴와 황폐화(1985, 2019)

해수면 상승과 가라앉고 있는 도시들

기후변화의 결과는 결코 가능성이 희박하거나 요원한 일이 아니다. 이미 도래한 일이며, 해안 도시에서 더욱 극명히 나타나고 있다.[81] 가망이 없어 보이긴 하지만 2050년까지 지구 온도 상승폭을 2℃로 제한하는 데 성공하더라도, 인구 8억 명 이상이[82] 살고 있는 최소 600개의[83] 도시는 그 전에 해수면 상승과 해일[84], 민물 염류화와 가늠조차 할 수 없는 재정부담[85]으로 황폐해질 것이다. 그럼에도 불구하고, 세계에서 가장 빠르게 성장하고 있는 해안 도시들은 해수면 상승에 대해 최소한의 대비도 하고 있지 않다. 명백하고 현존하는 위험에도, 북아메리카와 서유럽의 해안 도시들은 필수적인 완화 및 적응 대책을 마련하고 있지 않다. 라틴아메리카, 아프리카, 아시아의 몇 안 되는 도시들은 기후변화 효과에 대한 기본 대응 계획조차 미비한 상태이다.

라고스, 상하이, 마이애미, 뭄바이처럼 난개발이 가중되고 있는 메가시티들은

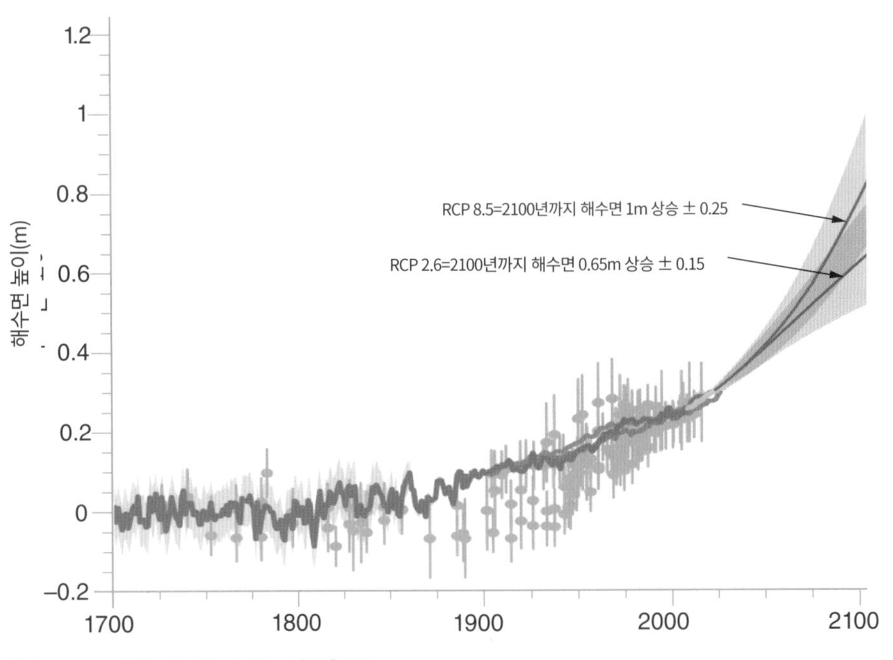

©Intergovernmental Panel on Climate Change (IPCC), 2012

과거와 미래의 해수면 상승
대표농도경로RCP는 IPCC가 적용한 온실가스 농도변화이며, 경로는 각기 다른 기후 미래를 설명하는데, 향후 배출되는 온실가스 배출량에 따라 가능한 시나리오를 의미한다. RCP는 2.6, 4.5, 6, 8.5로 구분된다.[86]

지구 평균보다 더 많은 해수면 상승을 겪고 있다.[87] 많은 해안 도시들이 습지와 홍수에 취약한 지반 위에 형성되기 때문에, 침수와 동시에 해수가 스며들게 된다. 이는 도시의 무게뿐 아니라(실제로 무겁기도 하지만), 주민들이 때때로 방대한 양의 지하수를 불법 추출하기 때문이기도 하다. 인도네시아의 현 수도이자

자카르타 해수면 상승 전망

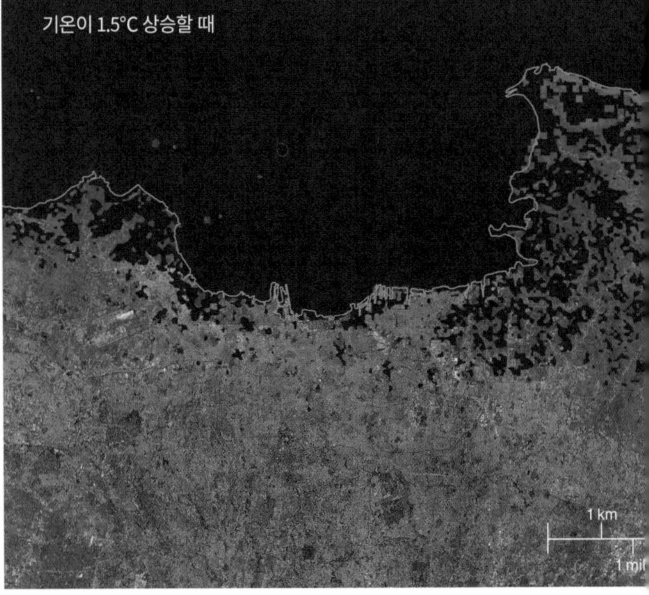

©Climate Central. Basemap: Google / Google Earth Engine, USGS, NASA, ESA

1,000만 명 가까이 거주하는 자카르타를 예로 들어보자. 이 도시 일부 지역은 지난 10년 동안 8피트 이상 가라앉았다.[88] 지구 온도가 1.5℃ 이상 상승하면 도시 전체가 완전히 수몰될 수도 있다.

자카르타는 지형의 희생양이다. 자바해가 북쪽을 둘러싸고 있고, 습한 지반 위에 형성된 데다 수십 개가 넘는 강이 사방을 가로지르고 있는데, 이 강들의 상당수는 심하게 오염되어 있다. 지표수가 풍부하지만 지역 당국은 물 수요의 40퍼센트를 충족하는 것마저 힘겨워하고 있다. 시 정부가 지하수 추출을 제대로 규제하지 못한다는 것은 지역 판매자와 주민들의 불법 행위가 이미 걷잡을 수 없는 수준에 이르렀다는 것을 의미한다. 또한 반복되는 홍수에도 고급 아파트들이 속속 들어서고 있다.[89] 하지만 명심해야 한다. 2050년까지 도시 95퍼센트가 물에 잠기면서 건설 노다지도 이내 증발할 것이다. 인도네시아 정부는 도시를 구하기 위한 최후의 방법으로 네덜란드와 한국의 지원을 받아 400억 달러 규모의 방파제를 건설하겠다고 밝혔다.[90] 그럼에도 불구하고 정부가 포기하고 있다는 조짐이 감지되고 있다. 이미 40만 명이 넘는 인구가 범람하는 강가와 저수지를 떠나 이주했고,[91] 2024년부터는 국가 자본이 보르네오섬으로 이동할 것이다.

자카르타가 아시아에서 소멸 위기에 처한 유일한 도시는 아니다. 위험 범람원에 거주하는 아시아 인구수는 2060년까지 2배 증가할 것으로 예측된다. 실제로

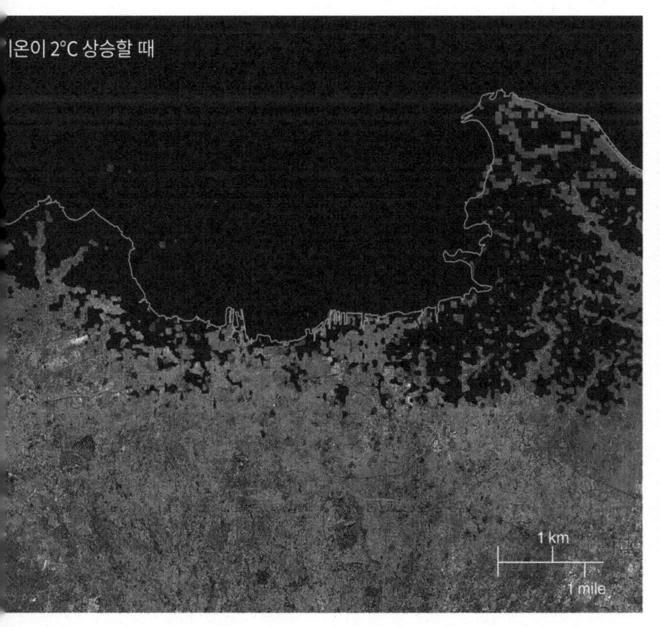

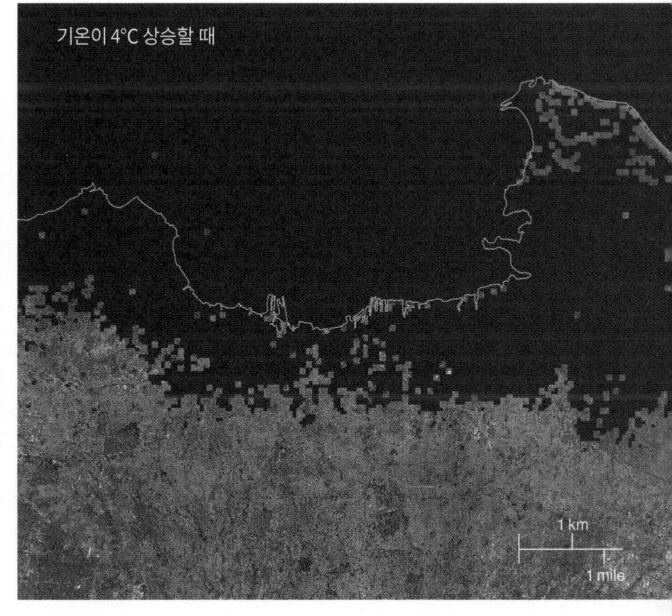

2050년까지 해수면 상승의 영향을 받는 인구 5명 중 4명은 아시아에 거주할 것이다.[92] 소위 말하는 삼각주 도시들delta cities이 가장 먼저 수몰될 것으로 보인다.[93] 현재 다카, 광저우, 호치민 시, 홍콩, 마닐라, 도쿄를 포함한 50여 개의 삼각주 도시에 수억 명의 인구가 살고 있다. 한때 이 도시들은 바다와 인접하고 토양이 비옥하여 이상적인 정착지로 여겨졌다. 이러한 특징을 보면 브라마푸트라강, 갠지스강, 인더스강, 나일강, 양쯔강이 왜 세계 주요 문명의 요람이 되었는지 알 수 있다. 그러나 이 같은 과거의 장점들이 오늘날에는 부담으로 작용하고 있다. 해안가의 삶이 점점 위태로워지고 있는 것이다. 2100년까지 해수면 상승에 따른 비용이 수십조 달러에 이를 것으로 보인다.[94] 보험사들이 이미 더욱 빈번하고 극심해지는 이상기후 현상인 '뉴노멀'을 반영해 보험료를 인상하고 있다는 사실은 그리 놀랍지도 않다.[95]

마이애미 해수면 상승 전망

©Climate Central. Basemap: Google / Google Earth Engine, USGS, NASA, ESA

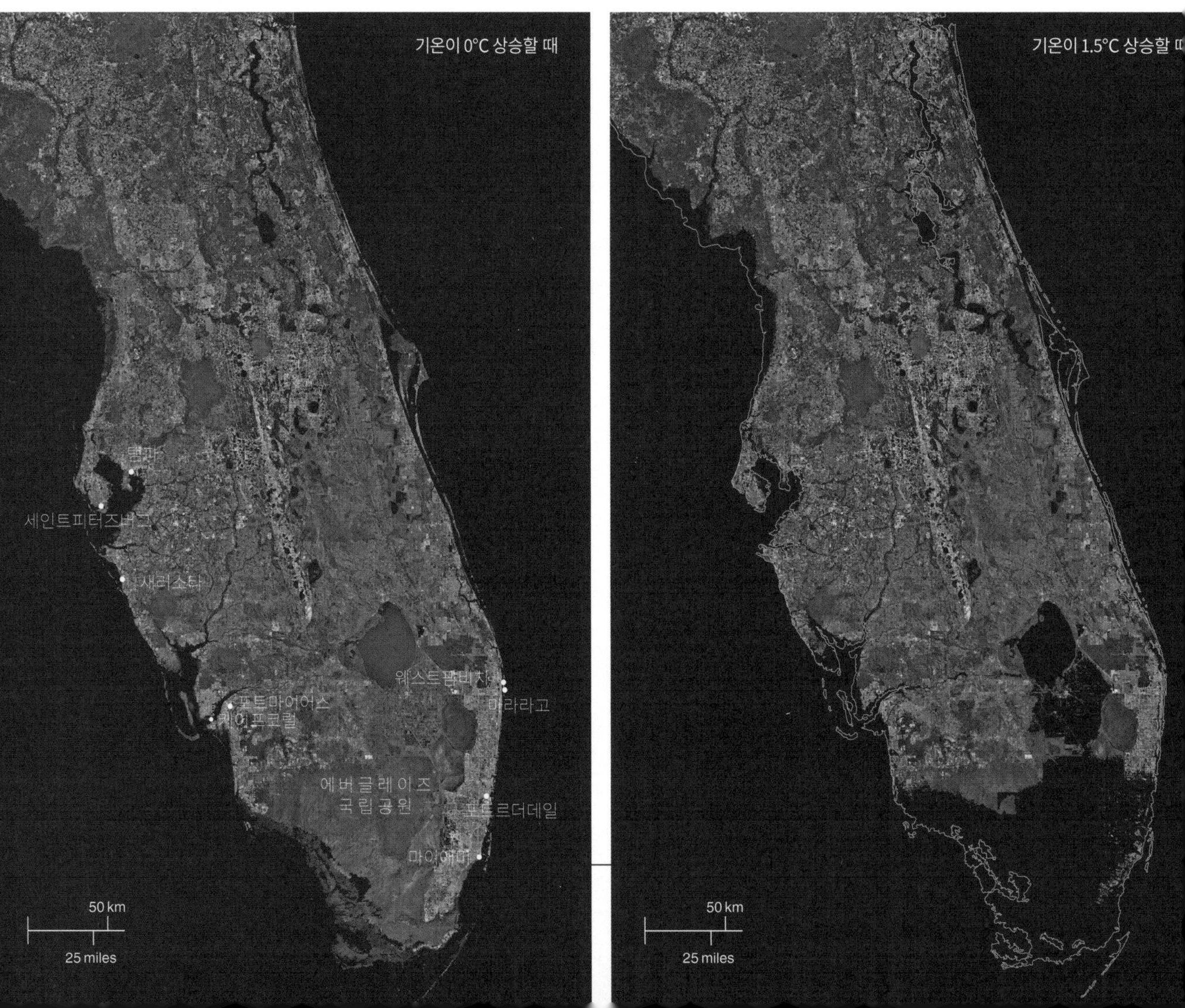

아메리카 대륙, 특히 북아메리카 동부 해안지방과 걸프 연안의 도시들은 해수면 상승의 최전선에 놓여 있다. 이 도시들은 그린란드의 해빙과 대서양의 해류 약화 때문에 더욱 취약하다. 90개 이상의 미국 해안 도시들은 만성적인 홍수를 겪고 있는데, 2030년까지 홍수가 2배 더 많이 발생할 것으로 보인다.[96] 뉴욕은 지리적 위치와 인구 규모 때문에 가장 위험한 도시 중 하나로 꼽힌다.[97] 향후 수십 년 안에 미국에서 해안 홍수에 가장 취약한 도시 25개 중 22개는 플로리다주의 도시가 될 것이다. 21세기 말까지 10~30피트의 해수면이 상승할 것으로 예측되는 마이애미는 위기에 처한 도시들의 대표주자다. 해수면 상승을 고려하여 계획된 도시가 아니기 때문에 도시의 부동산과 도로 인프라는 많은 위험에 노출될 것이다. 설상가상으로, 플로리다 남부의 지반은 '스위스 치즈'와 같다. 압축된 암초와 석회암으로 구성되어 있어 강력한 홍수에 취약하다.[98] 게다가 이곳의 허리케

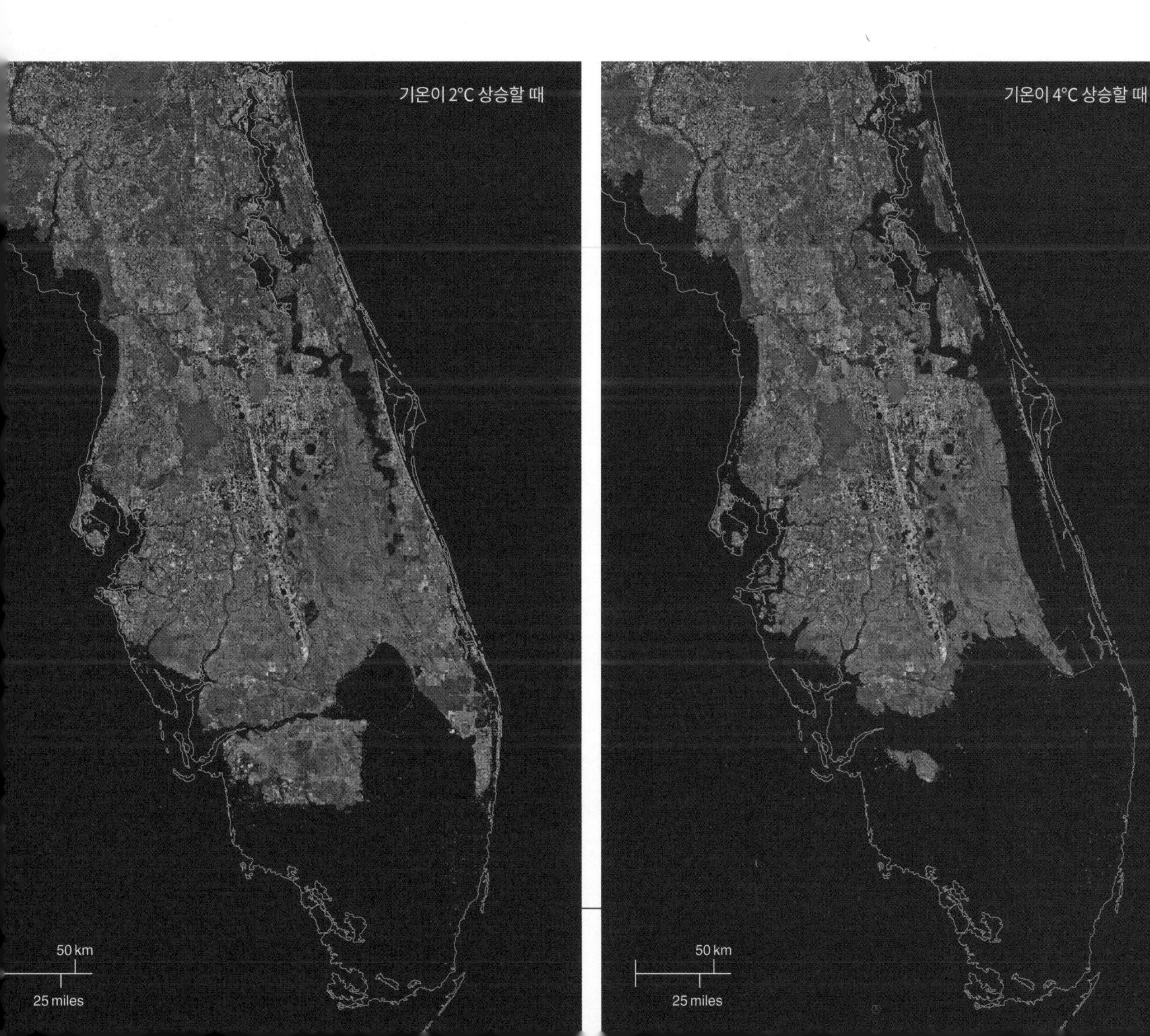

인과 기상이변의 발생 빈도와 강도는 점점 커지고 있다. 폭우와 폭풍이 더 자주 발생하고 있는 것이다.

마이애미 주민들이 원하든 원하지 않든, 미래에는 물 위에서 살아야 할 수도 있다. 시 당국은 방파제, 정수처리장, 물을 바다로 내보내기 위한 배수펌프 등의 장치들을 분주히 설치하고 있다. 그뿐만 아니라 건축법 개정, 도로 높임, 습지 복원을 통해 기후 스트레스로부터 도시 복원력을 강화하기 위해 노력하고, 기후변화 완화를 위한 자금 조달을 위해 녹색 채권을 발행하고 있다. 자카르타와 마찬가지로 일부 지역은 해수면 상승에 항복하였고, 빈 건물들은 친수공원이나 범람을 방지하기 위한 저류지로 탈바꿈하고 있다.[99] 전 세계 정부, 기업, 시민단체는 반드시 기후변화를 고려하여 도시를 설계해야 한다. 유럽의 중심 도시 4분의 3 정도가 해수면 상승으로 타격을 입을 것이다. 특히, 네덜란드, 스페인, 이탈리아의 도시들은 더 많은 위험에 노출될 것이다.[100] 급속한 도시화와 인구증가가 이루어지고 있는 아프리카와 아시아의 해안 도시들 역시 상황이 좋지 않다. 특히, 이들 도시에 사는 가장 취약한 계층 주민 다수는 바닷가에 형성된 저소득의 비공식 거주지에 모여 생활하고 있다.[101]

도시가 전멸할 수 있다는 예측이 나오자, 점점 더 많은 도시의 의회, 재계, 시민단체들이 기후 안전 도시를 만들기 위해 분주히 노력하고 있다.[102] 미국이 2015년 파리기후협정을 탈퇴한 지 며칠 만에, 1,000개 이상의 도시 시장들은 '기후보호시장협정Mayors Climate Protection Agreement'을 맺고 전 세계 기후변화 목표 및 그 이상을 달성하는 데 뜻을 모았다.[103] 심지어 대규모 산유지인 텍사스주의 오스틴, 댈러스, 포트워스 등의 도시들도 10년 안에 탄소 중립을 달성하기 위해 노력하고 있다.[104] 유럽 도시들은 이보다 훨씬 앞서 완화 및 적응 전략을 적극적으로 채택하고 있다.[105] 한 예로 덴마크 코펜하겐은 2025년까지 탄소 중립 도시가 될 것이다.[106] 유럽 최대의 청정 도시 오슬로 역시 2030년 이전 탄소 배출량 95퍼센트 저감 달성을 위해 숨 가쁘게 움직이고 있으며, 계획을 순조롭게 추진 중이다. 한편, 도시기후 리더십 그룹 C40이나 탄소중립도시연합Carbon Neutral Cities Alliance 같은 강력한 글로벌 도시 연합은 2050년 이전 도시들이 화석연료 중독에서 벗어날 수 있도록 돕고 있다.[107] 지도에 나타난 바와 같이, 글로벌기후·에너지시장서약Global Covenant of Mayors for Climate and Energy에 인구 9억 명이 거주하는 1만 개 이상의 도시가 참여하고 있다.[108]

글로벌기후·에너지시장 서약(2020)
2020년 기준, 138개국 1만 개 이상의 도시와 지방정부가 가입했다[109]

네덜란드의 해안 도시들은 해수면 상승 대응을 위한 수많은 해결책을 제시하는 데 앞장서고 있다. 국토 3분의 1이 해수면 아래(최저 지점은 해수면보다 22피트 아래 있다)에 있다는 것을 감안하면 네덜란드의 주도적인 노력은 당연해 보인다. 중앙정부는 지방정부의 노력을 촉진하기 위해 치수 분야의 상당 부분을 분권화하고 도시에 책임을 위임했다. 예를 들어, 홍수방지는 중앙 기관이 아닌 지역 치수 위원회의 소관 업무이다. 그렇다고 중앙정부가 책임을 전가하는 것은 아니다. 정부는 2,300마일을 연결하는 제방, 댐, 방파제는 물론 거대한 마에슬란트 방벽 공사를 지원하였다. 범람과 홍수로부터 로테르담(도시의 90퍼센트가 해수면보다 낮은 지대에 있다)을 보호하기 위해 세워진 이 방벽의 크기는 에펠탑 2개를 나란히 눕혀놓은 것과 같다.[110]

로테르담 같은 도시는 해수면 상승 대응 방법에 있어 귀감이 되는 모델을 제시한다. 로테르담은 세계에서 가장 안전한 삼각주 도시로 손꼽히는데, 그 이유는 바로 이 도시가 오랜 세월 물과 공존하는 법을 깨달았기 때문이다. 이 같은 삶의 방식은 13세기까지 거슬러 올라간다. 당시 지역 상인들과 시 당국은 4분의 1마일 길

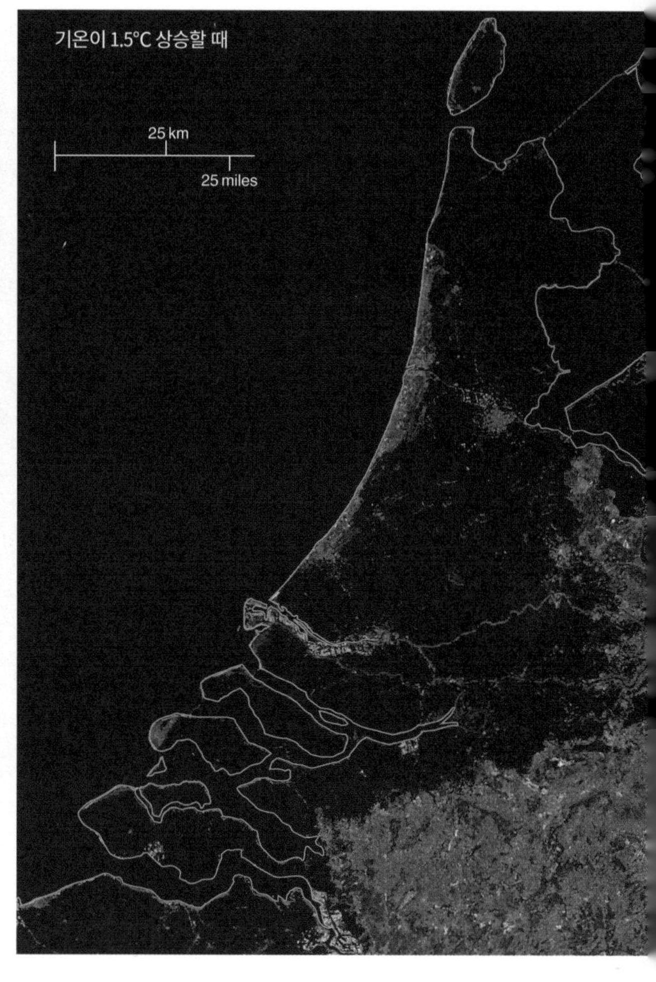

©Climate Central. Basemap: Google / Google Earth Engine, USGS, NASA, ESA

로테르담 해수면 상승 전망

이의 제방을 쌓아 만조에 물이 스며드는 것을 방지하고 배수를 원활하게 했다. 1850년대에는 운하를 신설하여 수질을 개선하고 빈번히 일어나는 콜레라의 창궐을 막았다. 1950년대 초 발생한 대홍수는 무려 1,800명 이상의 목숨을 앗아 갔다. 그리고 1997년, 마침내 마에슬란트 방벽이 완공되었다. 오늘날 이 방벽의 거대한 갑문은 해상교통의 흐름을 방해하지 않으면서 150만 명의 도시민들을 홍수로부터 지켜주고 있다.

그러나 로테르담의 중요한 성공 요인은 공학 기술이 아닌 태도에 있다. 장기집권 중인 아흐메드 아부탈레브Ahmed Aboutaleb 로테르담 시장은 시민들에게 '기후변화를 위협이 아닌 도시의 복원력을 강화하고 도시의 매력을 더하며, 더 강한 경제 도시로 만드는 기회'로 여겨야 한다고 주장했다. 그는 기후변화에 대한 적응이 도시

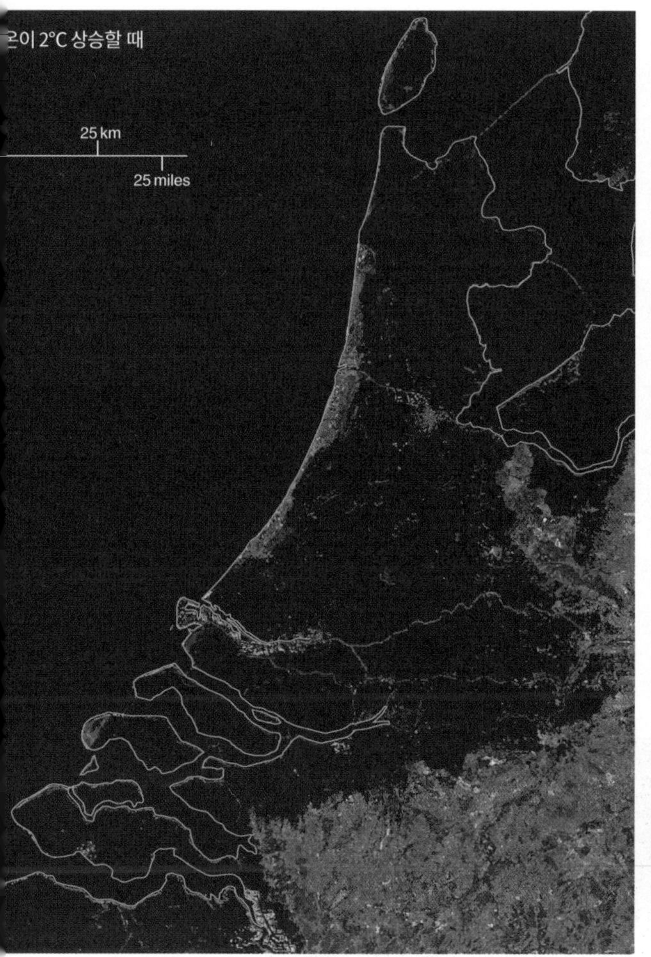

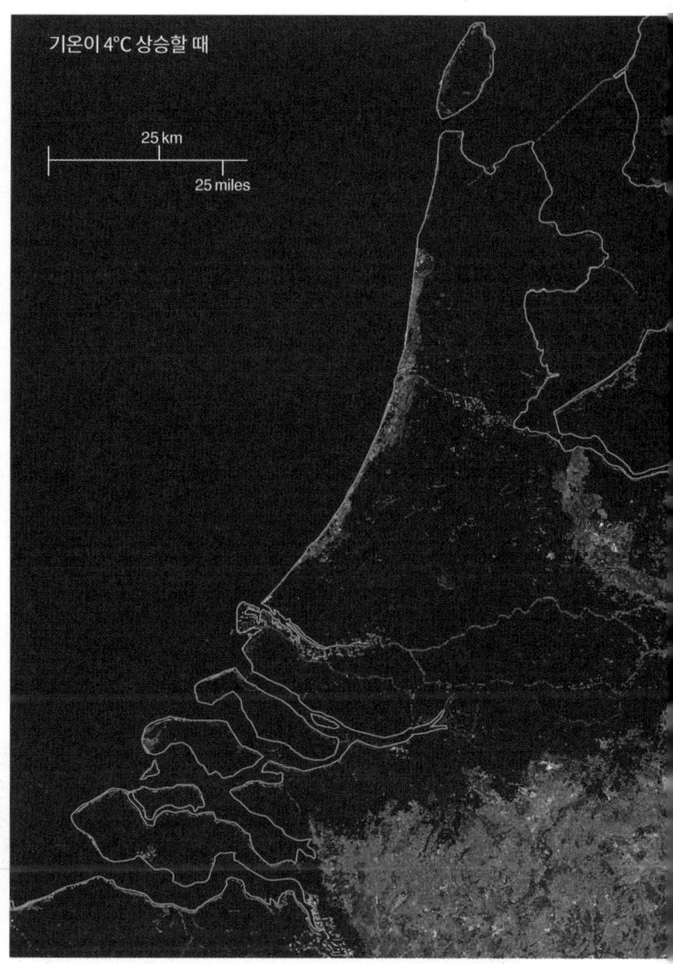

기반시설을 개선하고 생물다양성을 강화하며, 더욱 유의미하게는 시민들의 참여를 이끌어 낼 기회로 보았다. 이러한 취지에서 시 정부는 2025년까지 '기후변화에 강한climate-proof' 도시를 완성하기 위하여 기후변화 적응 전략을 채택하였다.[111] 그리고 연못, 창고, 공원, 광장을 임시 저수지로 개조하기 시작했다. 또한, 지역 주민들과 협력하여 골목 경제를 활성화하고 불평등을 해소하며, 미래의 충격에 대한 복원력을 강화하기 위한 노력을 이어가고 있다.

키리바시, 마셜제도, 투발루, 몰디브 같은 섬나라보다 더 위험한 지역도 드물다. 기후 변화는 이들을 완전히 장악할 것이다. 상승하는 해수면이 둘러싸고 있는 키리바시는 필요시 자국민 11만 3,000명을 이주시키기 위한 대책으로 인근 피지에 5,000에이커의 땅을 매입하려는 협상을 진행하고 있다.[112] 정부가 공식 홈페이지를 통해 국가의 생존 가능성이 낮다는 점을 인정하면서,[113] 키리바시는 기후변화로 인해 소멸할 수도 있는 최초의 국가가 되었다.[114] 마셜제도 주민들 역시 암울한 선택의 기로에 서 있다. 이들은 조국을 떠나든지 더 높은 지대로 이동해야 한다. 정부는 바다의 간척 또는 해수면 상승을 견디기 위한 고지대 섬의 조성 방안을 필사적으로 찾고 있다.[115] 몰디브도 간척사업과 섬 보강 및 신설, 필요시 대피 등의 방법을 시도하고 있다.[116] 이 섬나라들은 '탄광의 카나리아'로, 앞으로 다가올 일들에 대한 조기 경고에 불과하다.

기후변화의 미래를 지도에 그려보기

기후변화는 이미 인류의 대문을 두들기고 있다. 산불, 가스 플레어링, 산업공해는 사망률과 이환율 급증에 기여하고 있다. 무려 200개 종의 동식물이 매일 사

미국의 청정에너지 전환 (1984, 2016)

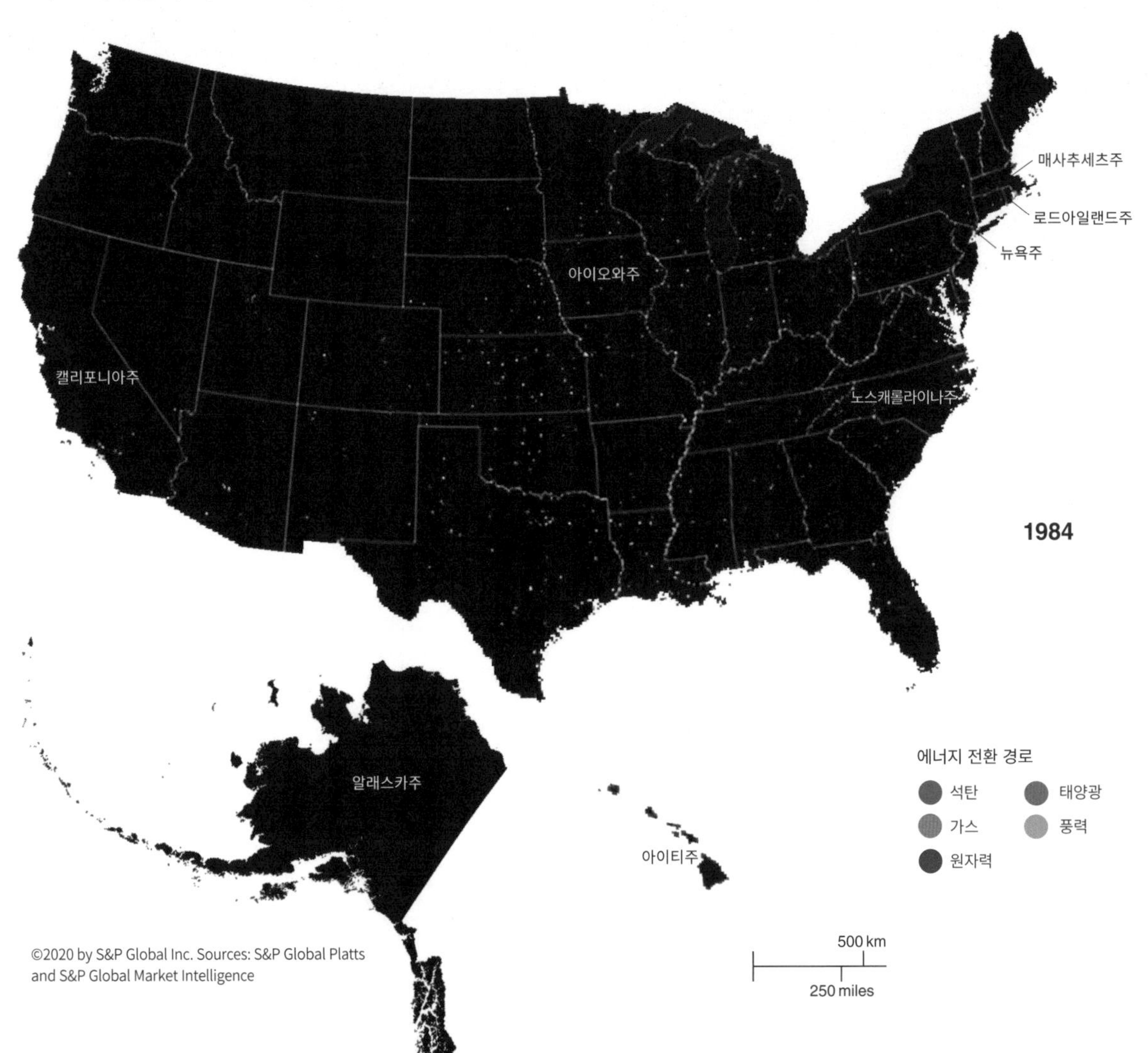

라지고 있는데, 기온이 지속적으로 상승하면 수백만 종이 멸종위기에 놓이게 된다. 1초마다 2에이커 규모의 지구 숲이 파괴되거나, 돌이킬 수 없는 수준으로 황폐해지고 있다.[117] 이로 인해 더 많은 가뭄과 홍수가 발생하고, 결국 식량 가격 상승, 식량 불안정 심화, 이주 증가를 야기하며 세계에서 가장 취약한 지역에서의[118] 집단 간 폭력[119]과 무력충돌을 심화시킨다.[120] 상황이 훨씬 더 악화될 것이라는 징후가 발견되기도 한다. 그러나 지금은 낙담하거나 무기력할 때가 아니다.

탄소제로 시대로의 과감한 전환 같은 급진적인 완화 노력이 필요하다. 이것은 화석연료에서 재생에너지로의 극적인 전환을 통해서만 이룰 수 있다. 정답은 이처럼 단순하다. 아래의 지도에서 보듯, 세계 최대의 오염 유발자는 지난 수십 년간 에너지 매트릭스를 다변화하고, 석탄과 가스에서 원자력, 풍력, 태양에너지로 전환하기 위한 조치를 취하고 있다. 2050년까지 미국 50개 주 전체의 에너지를 100퍼센트 재생에너지로 전환하는 것은 충분히 달성 가능한 목표이다.[121] 가장 큰 문

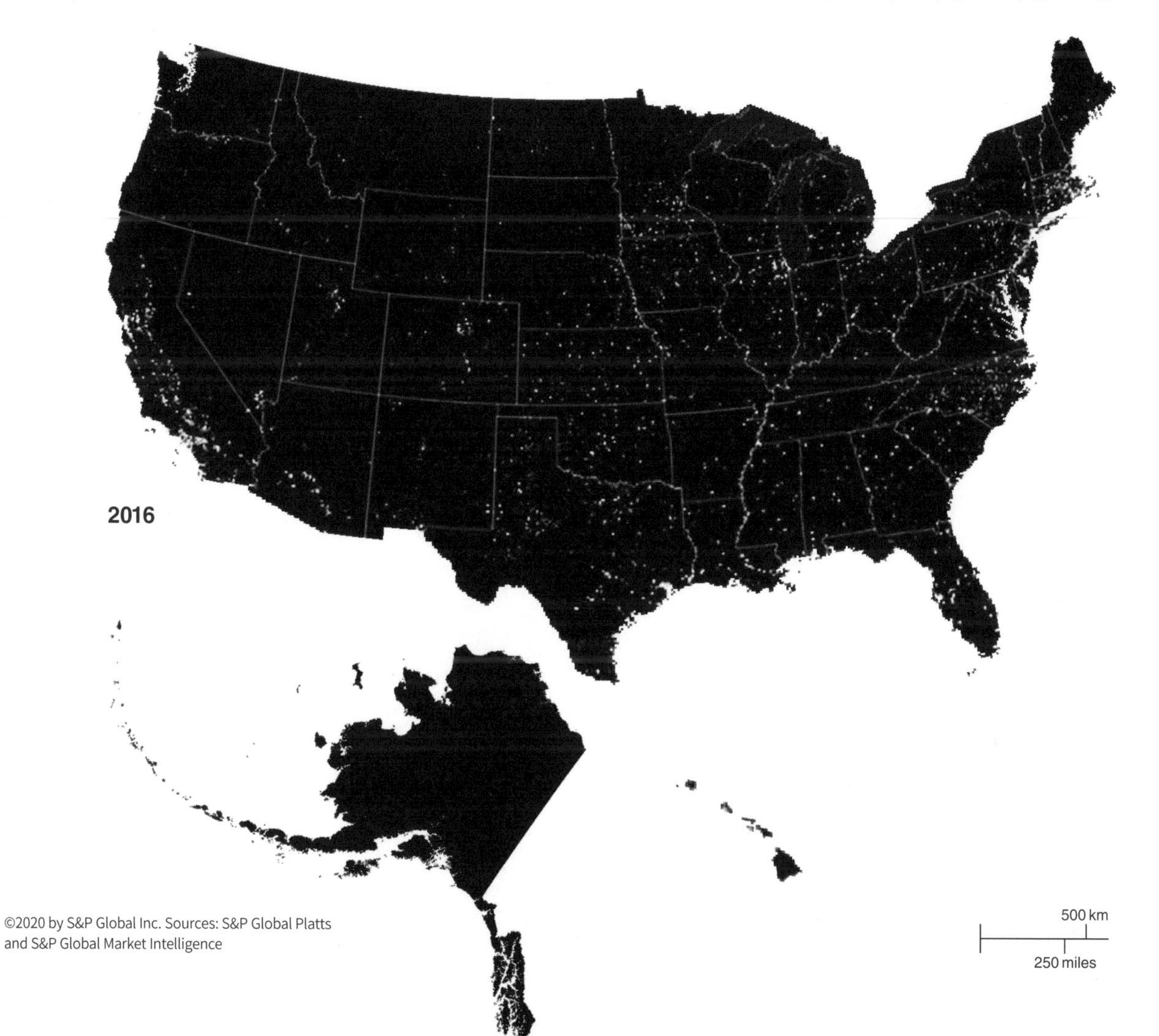

제는 달성 여부가 아니라, 적시 목표 달성을 위한 정치적 의지를 모을 수 있느냐는 것이다. 미국의 '그린뉴딜(기후변화와 경제 불평등을 해결하기 위한 일련의 법률 제정)' 정책 제안은 기념비적인 전환을 위한 첫걸음에 불과하다. 전기 자동차 보조금은 또 다른 문제이다. 전 지구적인 재생에너지 전환은 우리 모두의 생존에 필수적이다.

탄소발자국을 줄이기 위해서는 모든 주요 공급망에 걸쳐 선형경제에서 순환경제로의 전환이 이루어져야 한다. 순환경제는 유한한 자원을 소비하는 경제활동에서 벗어나 기존의 시스템 밖에서 폐기물 처리방법을 고안하는 것이다. 이는 우리의 소비습관에 급격한 변화를 주어, 많은 것을 다시 쓰고 고쳐 쓰며, 재활용하고 원료로 전환하는 것을 의미한다. 일부 지역은 순환경제로의 전환을 더욱 서두르고 있다. 캐나다, 덴마크, 독일, 일본 등은 이미 기업들에게 인센티브를 부여하고 시민들의 참여를 독려하고 있다. 중국 역시 2008년 순환경제 진흥법을 제정하고 시멘트나 알루미늄 등을 생산하는 대형 공장들에게 폐기물 발생을 최소화할 것을 요구하고 있다.

기후변화 완화와 적응을 위해서는 사고방식을 근본적으로 바꿀 필요가 있다. 제품 수명주기의 전 과정에 걸쳐 폐기물의 개념 자체를 재고해야 한다는 것이다. 이를 실천할 방법 중 하나는 산업공생으로, 기업 간 협력을 통해 순환경제 솔루션 개발을 촉진하는 것이다. 주로 기업들이 함께 협력해 한 기업의 폐기물을 다른 기업의 원재료로 전환하는 실용적인 방법을 찾는 과정이 해당된다. 예를 들어 덴마크 정부와 기업들은 파트너십을 맺어 조류algae 생산시설부터 바이오에탄올 생산에 이르는 과정에 새로운 접근을 시도하고 시범사업을 개시하거나, 스타트업에 재정을 지원한다.[122] 중국은 수백 개의 생태 산업단지를 조성하여 산업공생을 실천하고 있다. 비료공장은 인근 맥주 양조장에서 나오는 증류 찌꺼기를 사용하고, 제지 및 펄프 공장은 남는 목재를 사용하며, 건축현장에 석회 진흙을, 시멘트 공장에 백색 슬러지를 그리고 어류양식장에 폐온수를 제공한다.[123]

파리협정의 의무 이행을 위해서는 당근과 채찍을 적절히 활용해야 한다. 가장 먼저 할 일은 전 세계 2,425개의 석탄화력발전소에 대한 보조금과 세제 혜택을 점진적으로 폐지하는 것이다.[124] 탄소세 부과 및 상쇄배출권 거래제와 더불어 배출저감 목표와 기술 모두 해결책이 될 수 있다. 뒤에서 자세히 다룰 100대 '슈퍼 오염 유발자'를 중심으로 취해야 할 조치들을 살펴보자. 미국의 산업공해 유발자의 0.5퍼센트에 해당하는 100개 미만의 기업이 국내 대기오염의 3분의 1 이상, 전체 온실가스 배출의 5분의 1을 차지한다.[125] 또한 우리는 동물성 식품 중독에서 벗어나야 한다. 육식과 유제품을 피하는 것이 탄소발자국을 줄이는 가장 좋은 방법 중 하나이다.[126] 2050년까지 아르헨티나, 브라질, 캐나다, 중국, 유럽연합, 미국에 있는 35개의 육류 생산기업이 주요 화석연료 기업을 합친 것보다 더 많은 온실가스를 배출할 수도 있다.[127] 따라서 육류 대용 식품을 포함하여, 보다 의식 있는 소비를 해야만 한다. 식물plant 기반의 식사야말로 지구planet를 살리는 식사이다.

가장 다행인 점은 우리는 해야 할 일을 알고 있다는 것이다. 역대 가장 방대한 양의 기후변화 보고서에 따르면, 지구 온도가 1.5℃ 이상 상승하는 것을 막을 유일한 방법은 2030년 이전에 온실가스를 2010년의 45퍼센트 수준으로 줄이는 것이다.[128] 이것은 무리한 요구다. 파리협정을 통해 국가들이 지구 온도 상승폭을 2℃ 이하로 제한할 것을 약속했지만, 온실가스 배출은 계속 증가하고 있다. 2020년 세계경제포럼의 설문조사에 따르면 재계 지도자들이 사상 처음으로 기후변화를 최대 관심사로 선택했다고 한다. 그러나 이 같은 열정이 행동으로 이어질 수 있을까? 행동이 지연될수록 상황은 더욱 악화된다. 그렇기 때문에, 문제의 심각성을 이해하고 위급상황을 해결할 준비가 되어 있는 정치 지도자를 선출하고 기업을 지원하는 것이 그 어느 때보다 중요하다. 코로나19 팬데믹은 행동에 나서지 않으면 일어나게 될 미래의 혼란에 대한 준비 운동warm-up에 불과하다.

기후 완화 및 적응은 비주류가 아닌 주류mainstream로 끌어들여야 한다. 기업과 공공기관뿐 아니라 학교와 대학의 핵심 교육과정에 포함되어야 한다. 미디어 역시 기후 과학과 기후 변화 부정을 동일시하는 오류를 바로잡는 등 중요한 역할을 해야만 한다. 적어도 정계와 재계 지도자들과 활동가들은 이미 반박 불가한 증거를 두고 다툴 것이 아니라, 해결책 마련에 더욱 집중해야 한다. 일부 기업들이 화석연료에 대한 투자를 중단하기로 한 것은 적절한 조치이다. 추진 방법에 대해 많은 의견이 엇갈리는 것도 사실이다. 그러나 효과적인 완화와 적응을 위해서 국가, 기업, 시민들이 함께 기후변화 비용 분담을 위한 새로운 방법을 모색할 필요가 있다. 이를 위해 혁신적인 재원조성 모델과 강력한 파트너십이 필요하며, 무엇보다 온실 같은 지구를 구하기 위한 새로운 마음가짐이 필요하다. 코로나19 대참사는 더욱 복원력 있는 미래 기반을 조성하는 데 도움이 될 것이다.

세계 100대 오염 유발자: 1988년~2015년 총 배출량[131]

오염 유발자	위치
중국(석탄)	중국 베이징
사우디아라비아 석유회사(아람코)	사우디아라비아 다하란
가즈프롬	러시아 모스크바
이란 국영석유공사	이란 테헤란
엑손모빌	미국 텍사스 어빙
콜 인디아	인도 콜카타
멕시코 국영석유회사(페멕스)	멕시코 멕시코시티
러시아(석탄)	러시아 모스크바
로열 더치 쉘	네덜란드 헤이그
중국 국영석유공사(CNPC)	중국 베이징
BP	영국 런던
쉐브론	미국 샌라몬
베네수엘라 국영석유회사(PDVSA)	베네수엘라 카라카스
아부다비 국영석유회사	아랍에미리트 아부다비
폴란드의 석탄	폴란드
피바디 에너지	미국 미주리주 세인트루이스
소나트락	알제리 히드라
쿠웨이트 국영석유공사	쿠웨이트 쿠웨이트 시티
토탈	프랑스 쿠르브부아
BHP 빌리튼	오스트레일리아 멜버른
코노코필립스	미국 텍사스주 휴스턴
브라질 국영석유회사(Petrobras)	브라질 리우데자네이루
루코일	러시아 모스크바
리오 틴토	영국 런던
나이지리아 국영석유공사	나이지리아 아부자
말레이시아 국영석회사(Petronas)	말레이시아
로스네프트	러시아 모스크바
아크콜	미국 미주리주 세인트루이스
이라크 국영석유회사	이라크 바그다드

988년~2015년 전 세계 산업 온실가스
배출량 산출 영역scope 1+3, 퍼센트

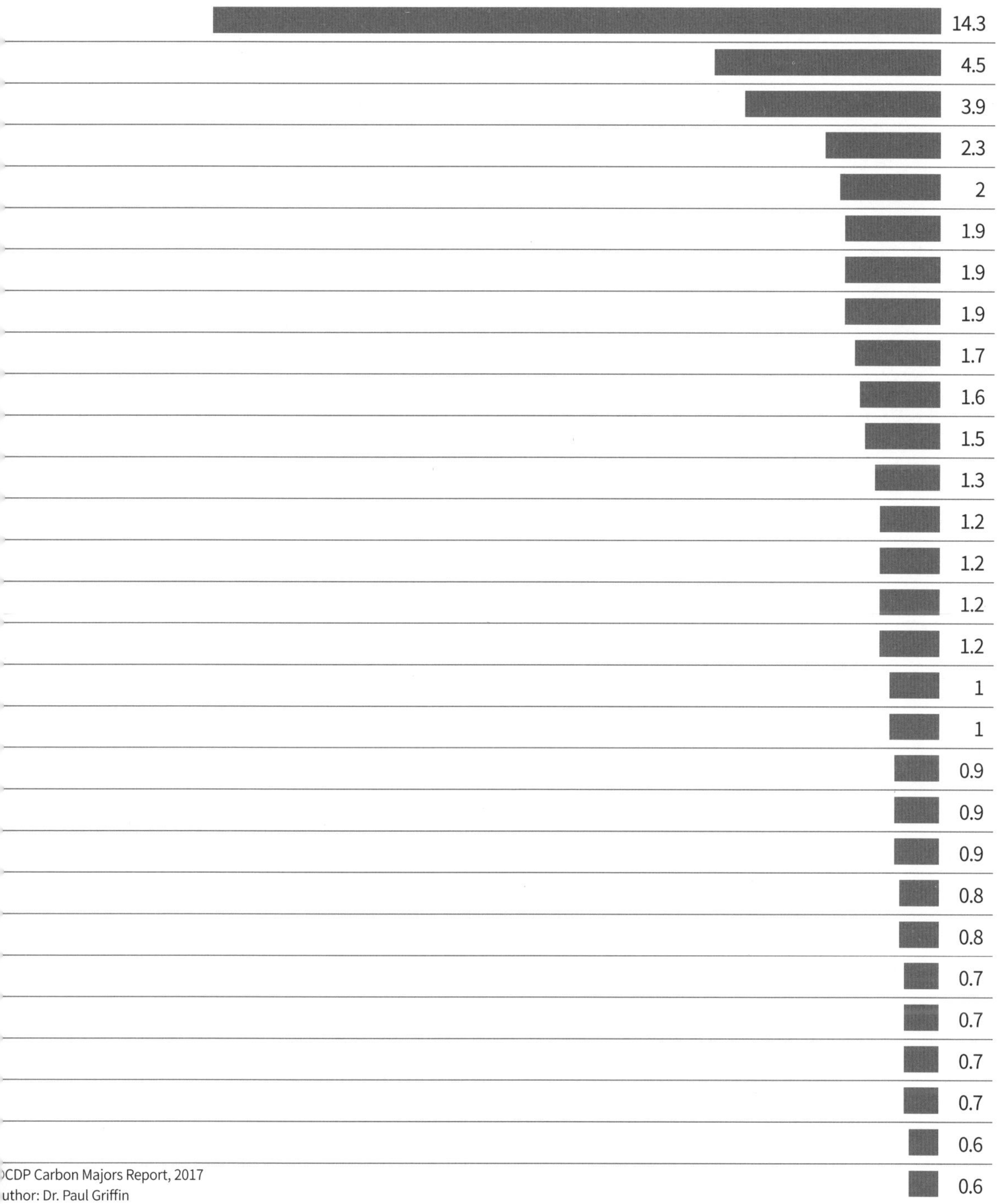

14.3
4.5
3.9
2.3
2
1.9
1.9
1.9
1.7
1.6
1.5
1.3
1.2
1.2
1.2
1.2
1
1
0.9
0.9
0.9
0.8
0.8
0.7
0.7
0.7
0.7
0.6
0.6

CDP Carbon Majors Report, 2017
uthor: Dr. Paul Griffin

세계 100대 오염 유발자: 1988년~2015년 총 배출량[131]

오염 유발자	위치
에니	이탈리아 로마
앵글로 아메리칸	영국 런던
수르구트네프테가스	러시아 수르구트
알파 내추럴 리소시즈	미국 테네시주 킹스포트
카타르 국영석유회사	카타르 도하
PT 페르타미나	인도네시아 센트럴 자카르타
카자흐스탄의 석탄	카자흐스탄
스타토일	노르웨이 스타방에르
리비아 국영석유공사	리비아 트리폴리
콘솔 에너지	미국 펜실베니아주 캐넌스버그
우크라이나의 석탄	우크라이나
RWG	독일 에센
ONGC	인도 델리 바산쿤즈
글렌코어	스위스 바르
투르멘가즈	투르크메니스탄 아시가바트
사솔	남아프리카공화국 요하네스버그
렙솔	스페인 마드리드
아나다코 페트롤리엄	미국 텍사스주 더 우드랜즈
이집트 국영석유공사	이집트 카이로
오만 국영석유회사	오만 무스카트
체코의 석탄	체코
나머지 50개의 오염 유발자	

지구의 생존을 위해서는 타협과 협력이 필요하다. 오늘날 가장 부유한 국가들은 자국의 산업 발전과 국가 성장을 위해 화석연료에 의존해 왔다. 이들은 기후변화를 일으키는 온실가스 배출량의 4분의 3을 차지한다. 이 국가들은 지금 당장 재생에너지로 전환해야 한다. 또한, 가난한 국가들이 재생에너지 전환을 신속히 추진할 수 있도록 지원해야 한다. 이들 국가는 에너지 전환과 동시에 에너지가 고갈된 국민들과, 특히 전기 없이 생활하는 10억 명 인구에게 에너지를 공급할 수 있어

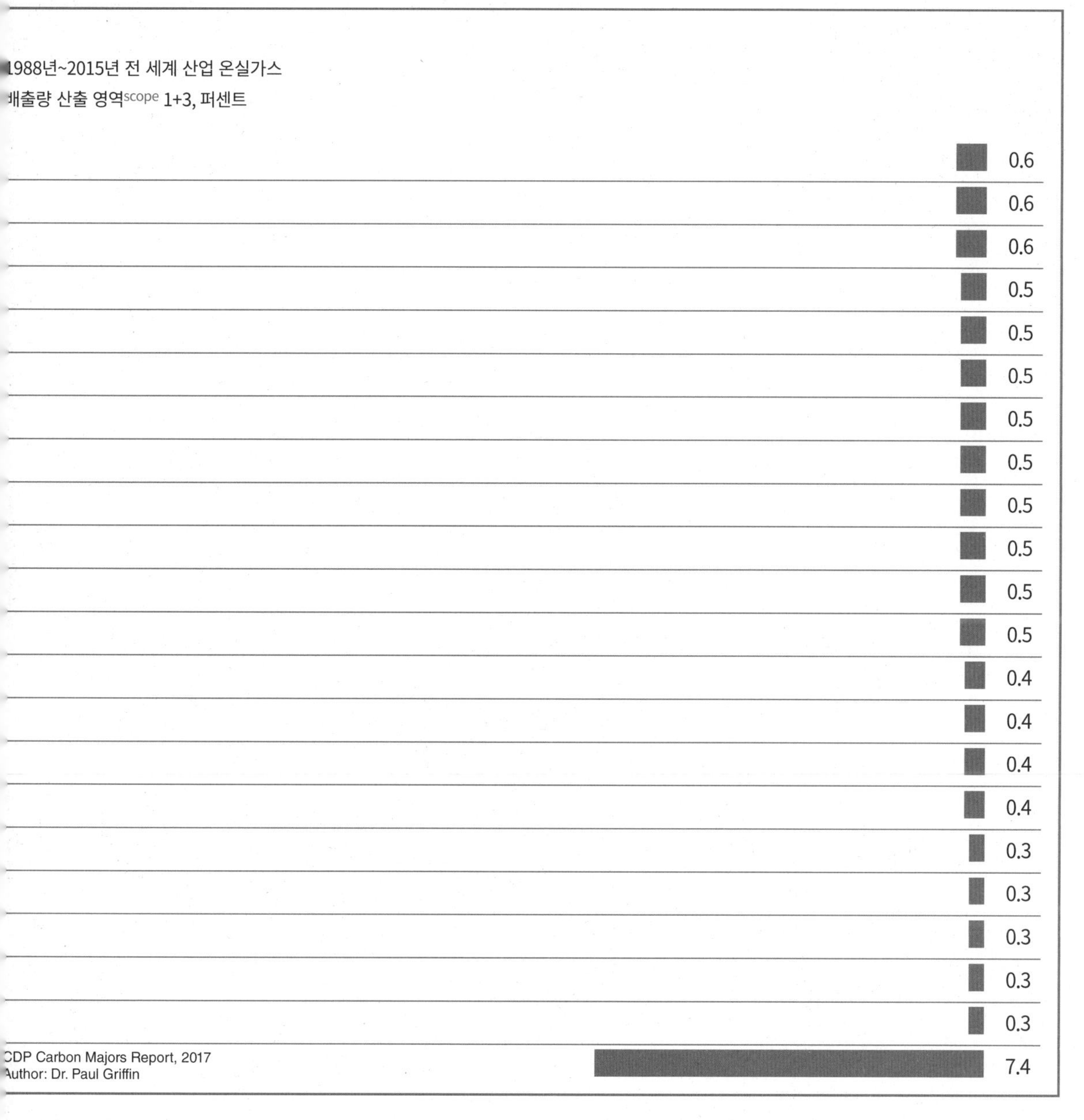

야 한다. 기술만으로는 우리를 지킬 수 없다. 최강의 탄소고정화 기술이라 하더라도, 그것만으로는 대기 중 배출을 충분한 규모나 속도로 없앨 수 없다. 기후변화의 속도를 늦추기 위해서는 탄소가 대기로 배출되는 것을 반드시 막아야 한다. 다시 말해, 탄소제로를 위한 해결책[129]을 모색하고 친환경 정책[130]을 추진하는 정부와 기업을 지원해야 한다. 이러한 도전에 수많은 기회가 있다. 지금 당장 올바른 결정을 내려야만 우리 모두의 생존을 지킬 수 있다.

25년 동안 누적된 중국 해안가 대도시를 밝힌
불빛의 모습을 담은 지도

도시화

전 세계적으로 유례없는 속도의 도시화가 진행 중이다

미래의 도시화는 아프리카와 아시아에서 대부분 이루어질 것이다

메가시티와 메가리전이 세계 경제를 주도하고 있다

아프리카와 아시아 중심으로 도시 취약성이 심각해지고 있다

도시 네트워크가 기후와 이주 문제에 적극적으로 대응하고 있다

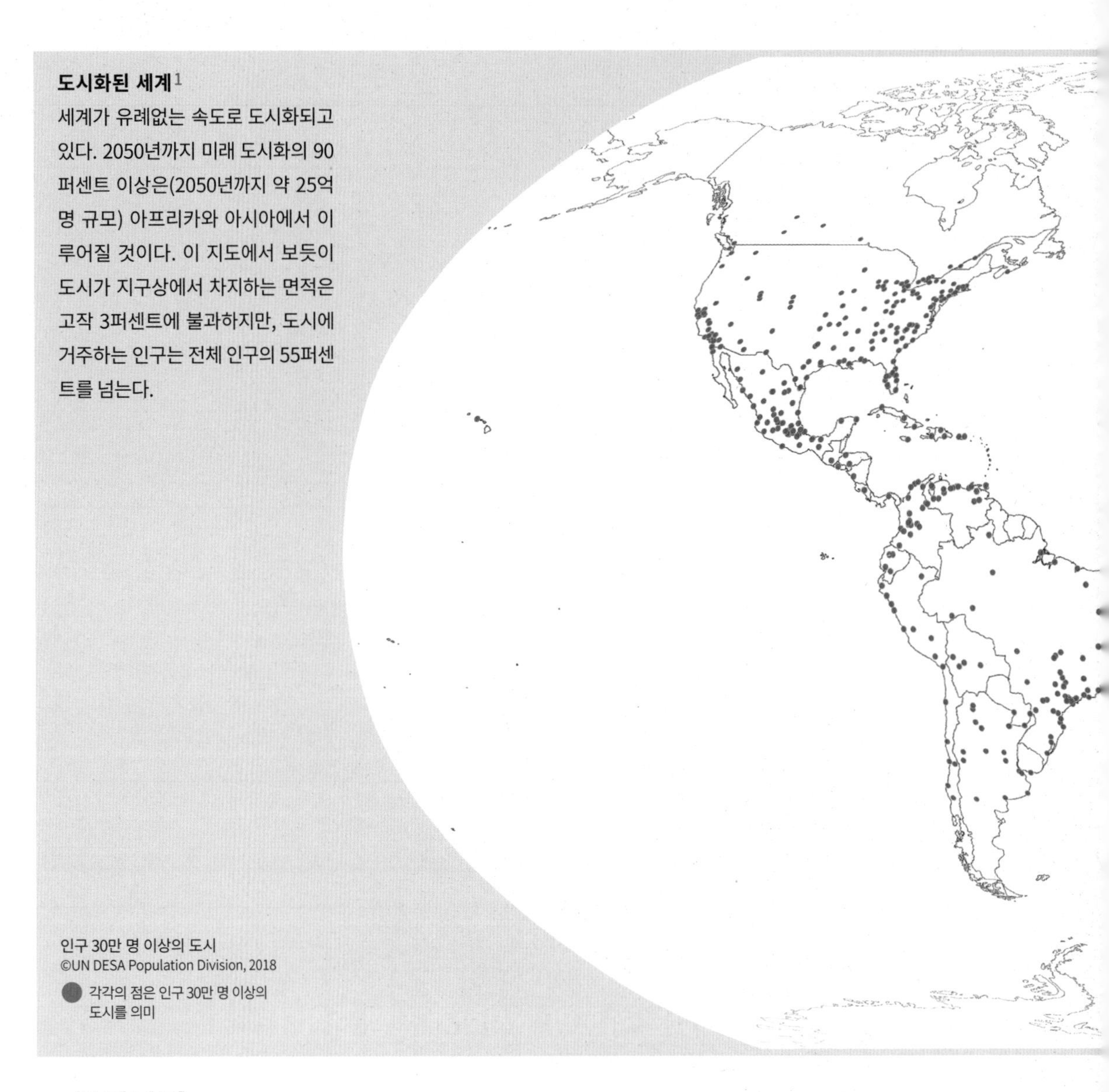

도시화된 세계[1]

세계가 유례없는 속도로 도시화되고 있다. 2050년까지 미래 도시화의 90퍼센트 이상은(2050년까지 약 25억 명 규모) 아프리카와 아시아에서 이루어질 것이다. 이 지도에서 보듯이 도시가 지구상에서 차지하는 면적은 고작 3퍼센트에 불과하지만, 도시에 거주하는 인구는 전체 인구의 55퍼센트를 넘는다.

인구 30만 명 이상의 도시
©UN DESA Population Division, 2018

각각의 점은 인구 30만 명 이상의 도시를 의미

들어가며

도시는 문명을 지탱하는 축이다. 수천 년 동안 사람들이 밀집한 거주지에는 권력, 자본, 아이디어가 집중되었다. 지난 몇 세기 동안 국제무대를 국가가 장악했지만, 국민국가nation states가 이 세상에 등장한 지 그리 오래되지 않았단 사실을 쉽게 잊곤 한다. 17세기 이후 국민국가가 부상하면서 한때 영향력 있던 도시들이 쇠락의 길을 걷고 황폐해졌다. 하지만 시대가 변하고 있다. 강력한 글로벌 도시들의 영향력 증대와 더불어 전 세계에서 유례없는 속도로 도시화가 진행되고 있

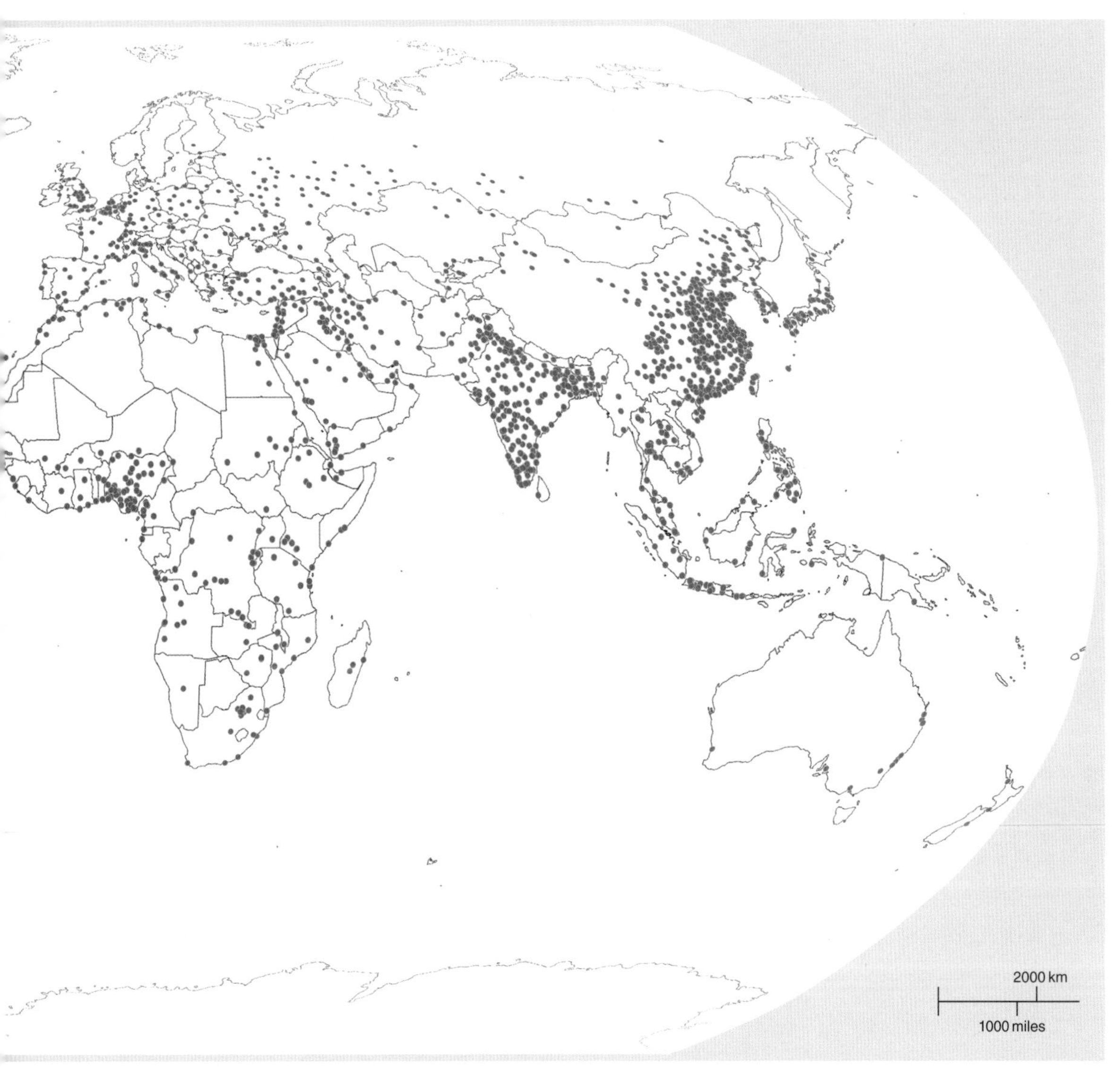

있다. 오늘날 사상 처음으로 농촌 지역보다 도시 지역에 더 많은 사람이 산다. 앞으로 수십 년 동안 사실상 모든 도시화가 아시아와 아프리카에서 진행될 것이다. 인구 규모도 엄청나서 10년 안에 20개 이상의 신생 도시에서 인구가 500만 명을 돌파할 것이다. 2050년이면 적어도 25억 명 이상이 도시로 이주할 것이고 이는 전례 없는 인구 변천이다.[2] 현재로서는 국민국가가 여전히 주도적인 역할을 하고 있으며 꽤 오랫동안 지위를 유지하겠지만, 앞으로는 강력한 도시들이 국제 이슈 중재에서 중심적인 역할을 할 것이다.

도시가 다시 부상하고 있는 합리적인 이유가 있다. 우선 도시에는 도시에 살

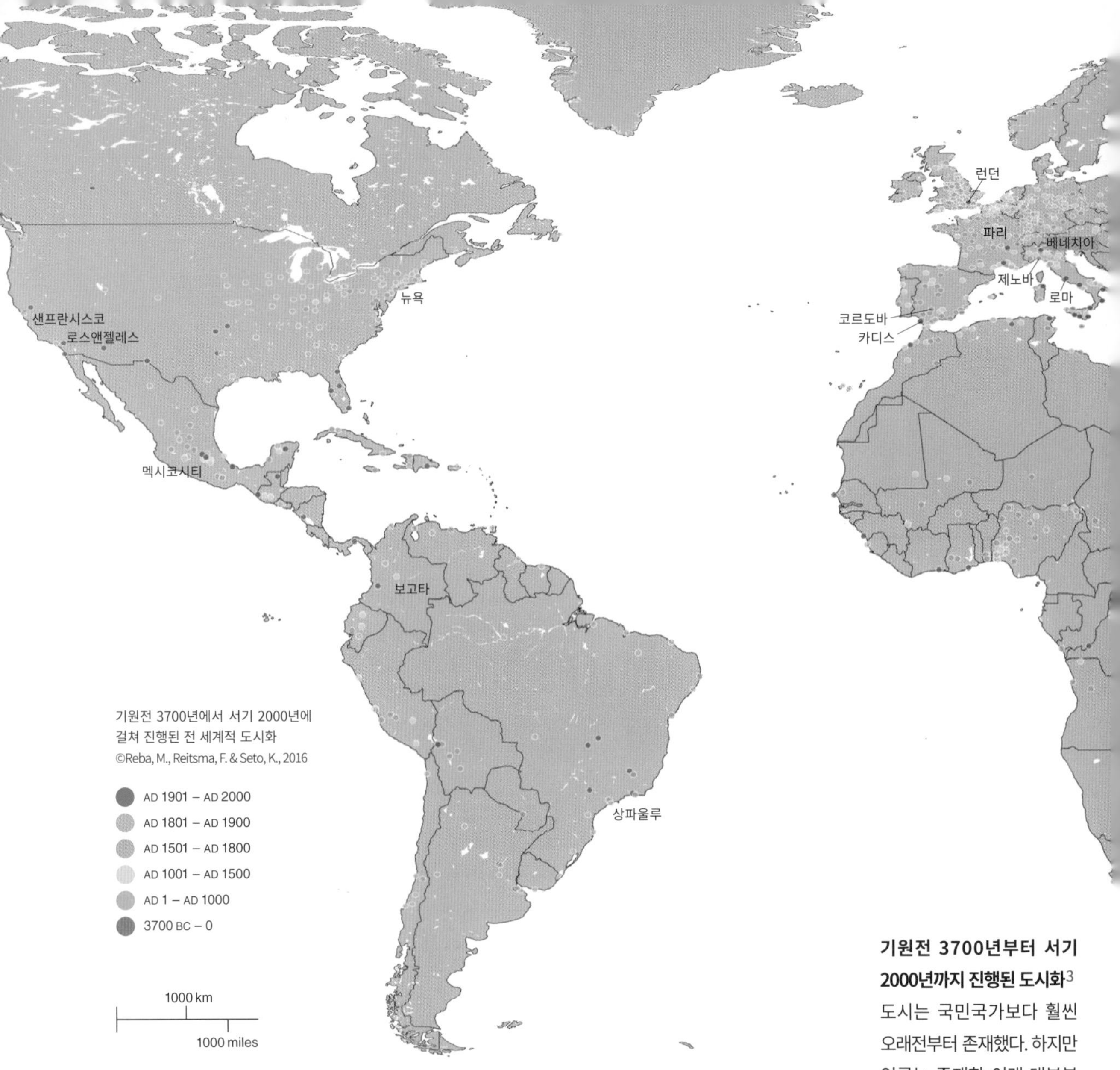

기원전 3700년부터 서기 2000년까지 진행된 도시화[3]
도시는 국민국가보다 훨씬 오래전부터 존재했다. 하지만 인류는 존재한 이래 대부분 유목 생활을 하였고 도시에 정착하지 않았다. 영구 정착은 1만 년에서 1만 2,000년 전이 되어서야 처음 등장하기 시작했다. 최초 기록에 따라 이 지도에서는 BC 3700년부터 도시 발전의 자취를 볼 수 있다.

수 있을 정도로 운 좋은 사람들이 누릴 수 있는 여러 혜택이 존재한다. 도시에 불평등, 혼잡, 오염과 같은 문제가 있기는 해도 도시 거주자가 농촌 거주자보다 전반적으로 더 건강하고 부유하며 더 오래 산다. 무려 1주일에 약 300만 명이라는 많은 사람이 도시로 이동하는 이유는 그만큼 도시에는 많은 이점이 있기 때문이다. 하지만 도시 생활은 도시와 농촌 거주자 간 생활 수준과 가치의 차이로 인한 갈등과 분열 조장 등의 문제를 발생시킨다. 많은 도시에서 가진 자와 못 가진 자 간 분열 역시 극명해지고 있다. 코로나19 팬데믹으로 전 세계의 도시를 계층화하는 확실한 경계와 불평등의 민낯이 드러났고, 특히 고령자, 이주민, 경제

적으로 어려운 사람들의 취약성도 여실히 드러났다. 그 결과 소수의 대도시 metropolis만 번성하고 많은 2차 도시와 3차 도시들은 번영하지 못하거나 연결 또는 조직화되지 못하고 있다. 급속하게 성장하는 수천 개의 도시가 아주 기본적인 서비스를 제공하는 데에도 어려움을 겪고 있으며 사회 계약이 제대로 이행되지 않는 취약한 상황에 처해 있다.[4]

이 챕터에서는 도시화의 양면적 특성을 살펴보고자 한다. 도시의 기원과 확산에 대해 고찰하고 20세기와 21세기에 나타난 메가시티megacity와 메가리전 megaregion의 부상 등 도시 집적urban agglomeration의 폭발적 성장에 대해 알아본다. 우리 모두 샌프란시스코, 스톡홀름, 싱가포르와 같은 몇몇 글로벌 도시의 매력에 흠뻑 빠져 있지만, 성장이 중단되고, 정체되고, 후퇴하고 있는 다른 수많은 도시에서 무슨 일이 벌어지는지는 거의 모른다. 어떤 도시가 쇠퇴하는 이유를 이해하려면 광속으로 도시화가 진행 중인 지역을 중심으로 도시가 취약해지는 원인과 그 결과를 검토해야 한다. 오늘날 도시의 회복 탄력성이 강해진 이유를 더 잘 이해한다면 미래의 도시 리더 양성과 권한 신장에 도움이 될 수 있을 것이다.

국민국가보다 먼저 탄생한 도시

도시는 국민국가보다 훨씬 오래전부터 존재했다. 국민국가가 정치·상업·문화를 아우르는 우리 삶 전반에 영향을 미치고 있다는 점만을 생각하다 보면, 국가가 탄생한 지 그리 오래되지 않았단 사실을 쉽게 잊곤 한다. 현대의 국제적 국가체계는 17세기 중반에 만들어졌다. 정확히 말하면 1648년 웨스트팔리아 조약이 그 시발점이다. 국민국가는 전쟁을 통해 형성되었고, 특히 30년 전쟁이 큰 역할을 했다. 유럽 전역에서 벌어진 수많은 유혈사태를 끝내고자 하는 열망으로, 유럽의 귀족과 사절단이 오스나브뤼크와 뮌스터 등의 도시에 모여 합의를 이루었다. 수천 년의 역사를 지닌 도시에서 '국가 주권'과 국내 사안에 대한 상호 '불간섭'과 같은 국제관계의 기본 원칙이 수립되었다. 이후 수 세기 동안 국제무대를 장악한 것은 도시가 아닌 국민국가였다.

도시는 사회공학에서 가장 성공적인 인류의 실험 중 하나로 꼽힌다. 도시는 국가보다 훨씬 오래전부터 존재하긴 했어도 비교적 새로운 사회 조직 형태이다. 역사상 '호모 사피엔스'는 대부분 유목 생활을 했다. 인류 최초의 대규모 정착은 1만 년에서 1만 2,000년 전 사이에 있었던 것으로 여겨진다. 정착 생활의 확대는 농업 생산량 증가와 밀접하게 관련되어 있다.[5] 자급 농민들이 식량 보관과 가축 수용 방법을 알게 된 후 노동을 분야별로 특화하고 이웃과 교역할 수 있는 정주 생활이 가능해졌다. 세계에서 가장 오래된 도시가 정확히 어디인지 합의되지는 않았지만, 약 9,000년 전 사람들이 정착했던 에리두, 우루크, 우르가 가장 오래된 도시들로 꼽힌다. 알레포, 다마스쿠스, 예리코와 같은 고대 도시에는 6,000년 동안 사람들이 계속 거주했다.[6] 사람, 교역, 지식의 확산으로 베이루트, 비블로스, 에르빌, 예루살렘 등의 도시가 중동지역을 지배했다.

도시는 산업과 혁신의 원동력이다.[7] 도시는 중국과 인더스 계곡, 지중해와 메소포타미아, 메소아메리카와 안데스산맥에서 발생한 문명의 경제적, 문화적 발전을 이룩했다. 알렉산드리아, 앙코르, 아테네, 카디스, 정저우, 코르도바, 파트나, 바라나시, 시안, 이스탄불과 같은 도시는 지금은 사라진 제국의 수도지만 오늘날에도 여전히 건재하다. 이들 도시 대다수가 세계화 초기에 주축이 되어 광범위한 지역까지 힘과 영향력을 행사했다. 예를 들어, 로마는 BC 1세기 말 100만 명을 기록한 최초의 도시였을 것이다. 당대 로마는 유럽과 페르시아에서 가공할 만한 교역 시스템을 구축했다. 약 2,000년이 지나고 나서야 당시 로마와 인구 규모가 동일한 도시가 등장한 사실은 실로 놀랍다. 런던은 1810년경, 뉴욕은 1875년에 인구 100만 명을 달성했다.

앙코르와트: 아시아 고대 도시의 압도적인 힘[8]
위성 영상과 원격 탐사 기술은 연구자들이 고대 도시를 이해하는 데 도움이 된다. 2012년부터 2015년까지 레이저 항공측량으로 캄보디아의 앙코르와트가 15제곱마일에 달하는 세계적으로 가장 넓은 고대 도시에 속한단 사실을 밝혀냈다.

세계적으로 가장 경외심을 불러일으키는 고대 도시로는 현재 캄보디아에 있으며, 과거 크메르 제국의 수도였던 앙코르와트가 있다. 그러나 최근까지 앙코르와트의 확실한 범위와 규모를 아는 사람은 거의 없었다. 수 세기 동안 해외의 고고학자들은 신성한 사원과 신전을 발굴하고 복원하는 데 총력을 기울였다. 그들은 한때 번성했던 이 도시가 종교적 건물을 떠받치고 있음을 전혀 눈치채지

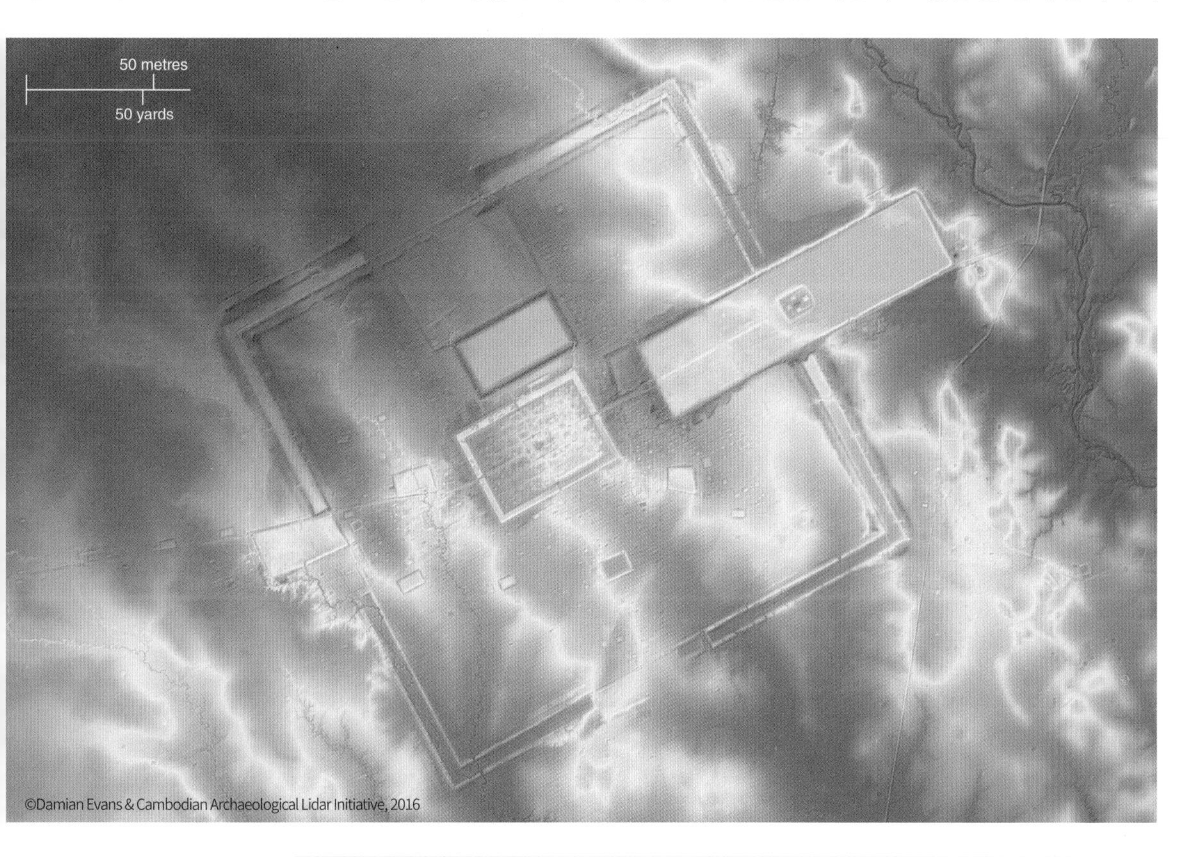

못했다. 현재의 파리, 시드니, 로스앤젤레스보다도 더 광범위하게 펼쳐진 도로망과 운하를 엿볼 수 있었던 것도 2012년부터 2015년까지 NASA에서 레이저 항공측량을 했기 때문이다.[9] 최고로 번성했던 12세기 앙코르에는 무려 75만 명이 거주했는데, 같은 시기의 런던 인구는 약 1만 8,000명이었다. 15제곱마일 규모의 앙코르 중심부는 인구 밀도가 매우 높았고, 오늘날 우리에게 익숙한 스프롤 현상sprawl(도시와 그 교외 지역의 가장자리가 농촌 지역으로 확장되어 나가는 현상)의 초기 형태인 광범위한 농촌-도시 배후지가 있었다.[10] 앙코르가 14세기부터 쇠퇴하기 시작한 이유에 대해서는 아무도 정확히 모른다. 어쩌면 앙코르의 급속한 확장으로 주변 분수계를 의도치 않게 파괴하여, 재앙적인 홍수가 발생하고 지역의 수계가 망가진 것일지도 모른다.

12세기부터 16세기까지 권력은 극소수의 도시에 집중되어 있었다. 동아시아와 남아시아에서 유럽과 남아메리카, 북아메리카에 이르기까지 도시는 주변 지역과 융합하고 통합하면서 몸집을 불렸다. 그 덕분에 일부 도시는 육상 및 해상 병력에 재정을 투입할 수 있었다. 끊임없는 전염병, 싸움, 전쟁의 고통 속에서도 베니스, 제노바 등 이탈리아 도시 국가들은 향신료, 실크, 섬유, 노예무역으로 어마어마한 부를 축적했다. 몇몇 도시들은 숫자의 힘을 깨달았다. 최초의 도시 간 네트워크 중 하나인 한자 동맹은 런던에서 노브고로드까지 100개 이상의 회원 도시를 보유하고 있었다. 이들은 고유의 법률 체계와 세법을 만들고 경찰을 조직했다.[11] 콘스탄티노플, 베이징, 비자야나가르 등 몇몇 대도시의 인구가 50만 명 이상으로 커지긴 했지만, 도시란 기본적으로 규모가 작았으며 인류 역사상 도시에 거주하는 것은 상대적으로 드문 일이었다. 16세기에 인구 10만 명 이상 도시는 약 20개였다.[12] 오늘날 인구 10만 명 이상의 도시는 최소한 4,000개 이상이다.[13]

초고속 도시화 시대(1950~2050)[14]

이 지도는 사회가 농촌 중심에서 도시 중심으로 전환되었음을 보여준다. 1950년에 사람들은 대부분 도시가 아닌 지역에서 살았다. 북아메리카, 대부분의 유럽 국가, 일부 걸프 지역 국가, 오스트레일리아, 아르헨티나, 일본, 뉴질랜드, 베네수엘라만 도시화가 진행되어 있었다. 2050년에는 아프리카와 아시아 일부 지역을 제외하고 사실상 전 세계 모든 국가에서 대부분 도시화가 이루어질 것이고, 역사상 가장 중대한 도시 전환이라 볼 수 있다.

1950

2050

농촌 중심 대 도시 중심
©UN DESA Population Division, 2018

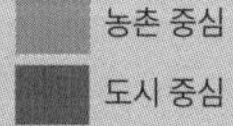

1
12
11
13
4
3
17
7
16
6
18
8
15
2
14
10
19
5
9
농촌 중심 국가
1 아프가니스탄
2 부룬디
3 캄보디아
4 차드
5 에스와티니
6 에티오피아
7 기아나
8 케냐
9 레소토
10 말라위
11 미얀마
12 네팔
13 니제르
14 파푸아뉴기니
15 르완다
16 남수단
17 스리랑카
18 우간다
19 짐바브웨
2000 km
1000 miles

도시화는 19세기 후반 이래로 계속 탄력을 받아 진행되었다. 산업혁명, 철도의 등장, 제조업의 발전으로 특히 유럽과 유럽 식민지 인구가 상당수 도시로 이주했다.[15] 예를 들어, 미국의 경우 1800년에는 도시로 이주한 인구가 2퍼센트에도 못 미쳤지만 1920년에는 미국인의 절반 이상이 도시로 이주했다.[16] 유럽과 북아메리카에서 일어난 대규모 도시 이주로 인해 일자리 기회가 창출되었고 경제 성장 또한 촉진된 반면에, 빈곤, 질병, 기타 사회 문제의 폭발적 증가라는 어두운 이면이 드러나기도 했다. 중앙아메리카와 남아메리카 국가의 경우 1950년부터 2000년까지 도시 거주자 비율이 2배 증가하는 등, 미국이나 유럽보다도 훨씬 더 빠른 속도로 도시화가 이루어졌다. 폭력 챕터에서 다시 이야기하겠지만, 전 세계적으로 불평등과 범죄율이 가장 높은 도시들이 중앙아메리카와 남아메리카에 존재한다.[17] 아시아에서는 50년 전부터 도시화가 태동했으나, 진행 속도는 더뎠다. 무려 4,500만 명을 사망에 이르게 한 중국의 대약진 운동(1958~1961)과 같이, 통제적이고 고압적인 도시화의 결과는 몹시 끔찍했다.[18] 그러나 1970년대 개혁과 1990년대 이후 지속적인 경제 발전은 도시화의 판도를 바꿨다. 1980년에는 중국인의 20퍼센트만이 도시에 거주했지만 2017년에는 50퍼센트로, 비율이 크게 달라졌다.[19]

도시가 집단 생존의 핵심일 수도 있다

오늘날 도시는 전 세계 GDP의 80퍼센트 이상을 차지하는 경제의 중심이다.[20] 또한 지식 경제의 핵심으로, 전체 특허의 90퍼센트 이상은 도시가 원천이다. 그러나 도시가 중요한 진정한 이유는 도시가 민주주의 회복, 불평등 해소, 전염병 대비와 대응, 탄소 제로 달성과 같은 기후변화 완화와 적응에 있어 인류의 가장 현실적인 희망이기 때문이다. 도시는 누군가의 허락을 기다리지 않고 이미 행동에 나서고 있다. 정체되고 분열된 국민국가와는 대조적으로, 도시는 부지런히 온실가스 배출 감소 목표를 수립하고 새로운 거버넌스 모델과 경제적 사고방식을 시험하고 있다.

전 세계가 빠르게 변하고 있지만, 국제 문제의 기본 요소는 전혀 변함이 없다. 여러 가지 이유로 우리는 193개의 국민국가 간 시스템에 매여 있다. 정부가

1960

2018

도시 지역에 거주하는 총인구 비율(1960, 2018)[21]
역사상 처음으로 도시 인구가 농촌 인구를 넘어섰다. 지도를 보면 1960년과 2018년 사이에 사실상 모든 국가에서 도시 거주 인구가 증가한 것을 알 수 있다. 아프리카와 아시아가 차기 도시화를 주도하게 될 것이다. 중국, 인도, 나이지리아 이 세 국가만으로도 2020년부터 2050년까지 총 도시 인구 성장의 40퍼센트를 차지할 것이다.

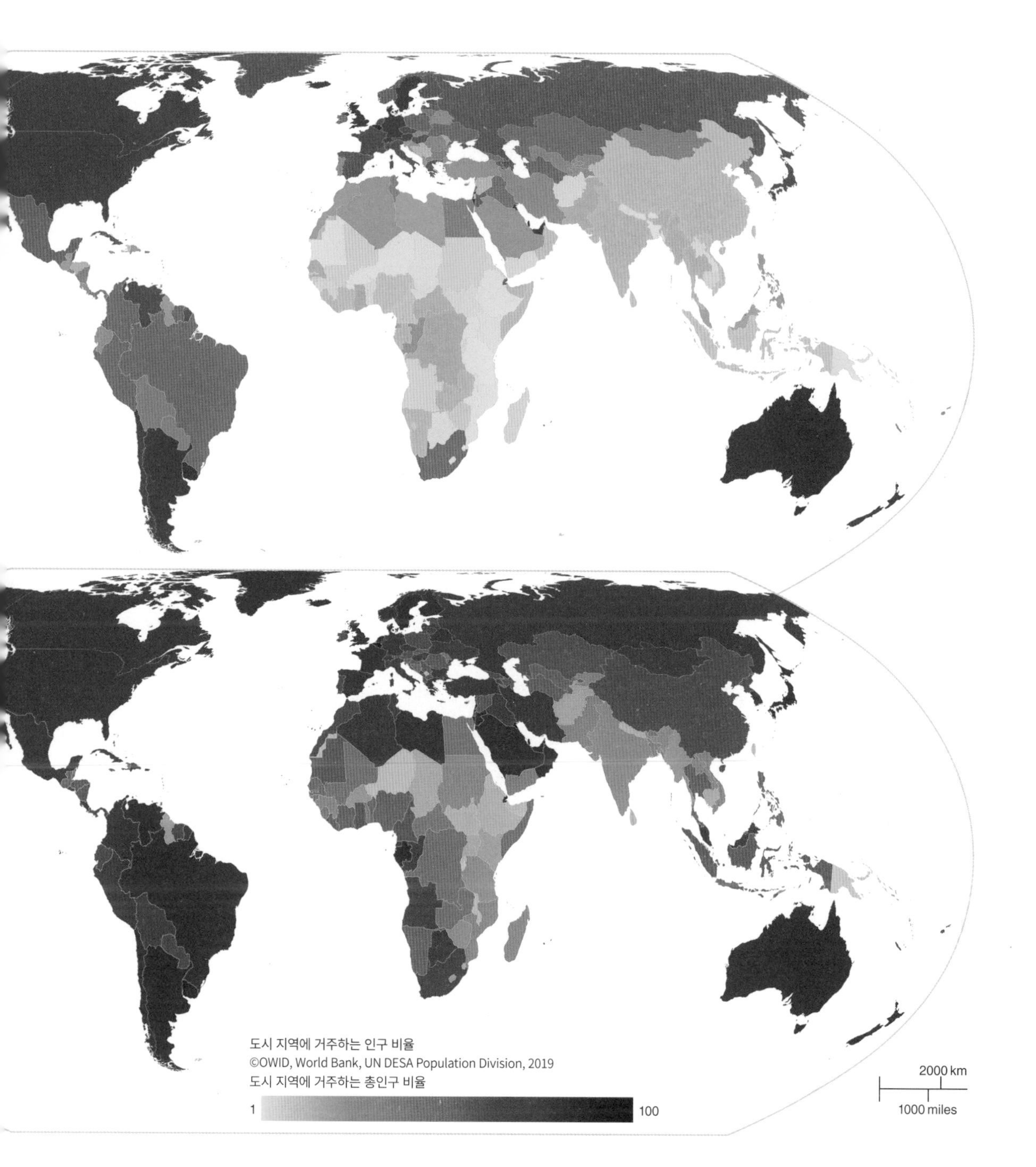

방위, 이주, 무역, 원조 등 국제적 사안을 다루는 방식은 여전히 국가 주권과 불간섭 원칙에 따른다. UN, 브레튼우즈 체제 등 글로벌 다자 체계가 국가의 필요와 관심에 부응하도록 설계되었기 때문이다. 국민국가가 필수 공공재 규모를 확대하는 데에는 성공했지만, 대규모 팬데믹, 기후변화, AI의 부상과 같은 인류의

실존을 위협하는 가장 시급한 문제에는 신속하게 대응하고 있지 못하다. 정말 당연하게도 우리에게는 도시를 중심으로 생각하는 새로운 정신 지도mental map가 필요하다. 경제학자 에드워드 글레이저Edward Glaeser의 표현에 따르면 우리는 '도시종urban species'이다.[22]

도시 인구가 우리가 생각하는 것보다 20억 명이나 더 많다고?

도시는 모두의 관심사이다. 지방정부, 기업, 서비스 제공자, 학자들은 더 행복하고, 창의적이며, 스마트한 도시를 만들고자 노력하고 있다. 수십 개에 달하는 도시 지수는 살기 좋은 도시와 개방성부터 비즈니스, 디지털 준비도, 안전, 안보에 이르기까지 다루지 않는 분야가 없다. 한편 도시에 관한 지식 격차가 매우 크기도 하다. 학자부터 투자자까지 모두 나서서 사회학자 사스키아 사센Saskia Sassen이 명명한 '글로벌 도시'를 열심히 연구하고 있지만, 전 세계 인구 대다수가 사는 대부분의 도시에서 어떤 일이 발생하고 있는지 거의 알지 못한다.[23] 복잡한 문제이기 때문에 도시화의 정의와 도시화를 정의하는 방식에 기본적인 입장 차이가 존재한다. 전 세계에 얼마나 많은 도시가 있는지조차 아직도 모른다는 사실은 놀랍기 그지없다.[24] 도시의 정의마다 다르겠지만 아마도 5만 개에서 100만 개 사이가 될 것이다.

보편적인 정의가 없으면 도심[25]과 스프롤 현상으로 확장된 지역[26]을 구분하기 어렵다. 이렇게 도심과 스프롤 지역을 합쳐 대도시권metropolitan이라 부른다.[27] 사실 도시라는 것은 사람과 건물이 빽빽하게 밀집된 공간 이상을 말한다. 도시는 물리적, 디지털 인프라의 복잡한 네트워크로 둘러싸인 행정 구역이다.[28] 도시는 사람들이 살고, 교류하고, 일하는 정치·사회·경제 공동체이다.[29] 그렇다면 도시가 단순히 큰 마을과 무엇이 다른 걸까?[30] 사실 크기가 (항상) 중요한 것은 아닌 것으로 밝혀졌다. 예를 들어, 영국에서는 도시가 군주의 의사에 의해 결정된다. 여왕은 어떤 거주 구역이라도 도시로 지정할 수 있다. 오늘날 영국에는 66개 도시가 있고, 그중에는 주민이 1,800명에 불과한 도시도 있다.[31]

이처럼 도시의 정의에 대한 의견이 분분하지만, 도시화가 가속화되고 있으며 도시 집적 수가 증가하고 있다는 것만은 아무도 부인하지 않는다.[32] UN의 〈세계 도시화 전망World Urbanization Prospects〉은 도시화 경향에 있어 단연 가장 권위 있는 자료이다.[33] 〈2018년 세계 도시화 전망〉에 따르면 전 세계 인구의 55퍼센트 즉, 42억 명 이상이 도시 지역에 살고 있고, 이는 1950년의 7억 5,100만 명에서 크게 상승한 수치이다. 북아메리카와 라틴아메리카 인구의 80퍼센트, 유럽 인구의 74퍼센트가 도시 지역에 사는 것에 반해 아시아와 아프리카의 경우 50퍼센트에 그쳤다. 도시 지역에 거주하는 전 세계 인구는 2050년이 되면 67억 명 이상인 68퍼센트로 증가할 것이고, 그중 아시아와 아프리카가 90퍼센트를 차지한다.[34] 한편 일부 지역에서는 도시를 포함하여 전체 인구가 감소하고 있다. 인구가 가장 많이 감소한 곳은 일본, 한국, 폴란드, 러시아, 우크라이나로 고령화, 소가족화가 원인이며 산업 쇠퇴가 원인인 경우도 있다.[35]

도시화의 급진적인 변화
도시 거주에 대한 새로운 추정치[36]

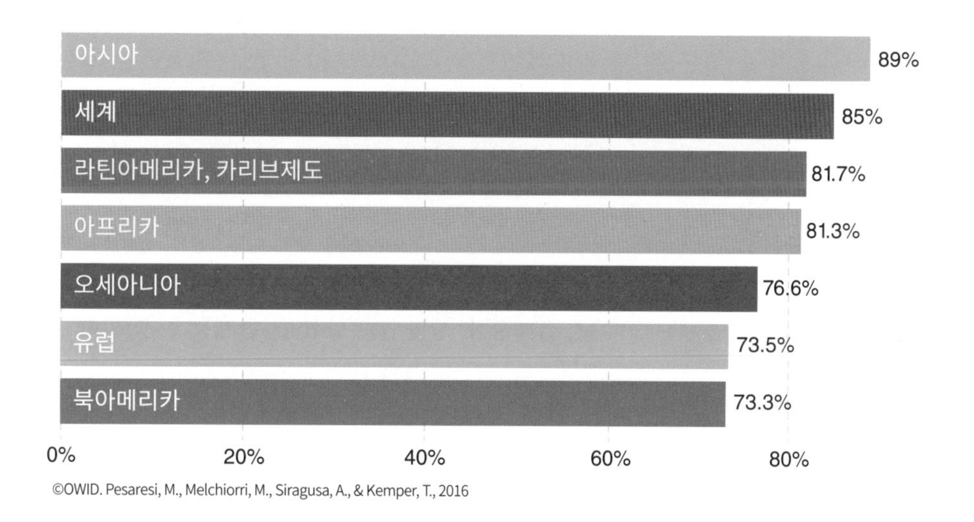

©OWID. Pesaresi, M., Melchiorri, M., Siragusa, A., & Kemper, T., 2016

새로 발견된 사실에 따라 도시화 경향에 대한 기존 인식이 바뀔 수도 있다. 2018년 EU 집행위원회[EC]의 지리학자들이 도시화를 측정하는 완전히 새로운 방법을 고안했다.[37] 고해상도 위성 영상을 이용하고, '도시 중심부'(5만 명 이상이고 1제곱킬로미터당 인구 밀도 최소 1,500명)와 '도시 클러스터'(5,000명 이상이고 1제곱킬로미터당 인구 밀도 최소 300명)로 밀집 지역을 구분하는 새로운 방식을 활용했다.[38] 이를 통해 전 세계 인구의 52퍼센트는 도시 중심부에, 33퍼센트는 도시 클러스터에 거주하고, 농촌 지역에는 불과 15퍼센트 인구가 거주한다는 결과가 나왔다. 이렇게 보면 지구의 85퍼센트가 이미 '도시화'된 셈이다. 지도를 보면 라틴아메리카가 아닌 아시아가 전 세계에서 가장 도시화된 지역이고, 유럽과 북아메리카가 도시화가 가장 적게 된 지역이라는 것을 알 수 있다. EC에 따르면 이미 64억 인구가 '도시 지역'에 살고 있다. 즉, UN의 추정치보다 20억 명이 더 많을 수 있다는 의미이다.[39] 이와 같은 추정은 (특히 UN으로부터) 비난을 받았지만,[40] 만약 이 추정치가 옳다면 엄청난 일이다. 세금 징수와 예산 배정부터 도시 계획, 서비스 제공에 이르기까지 모든 것을 결정하는 것은 결국 사람들의 거주지이기 때문이다. UN이 사실을 파악하고자 전문가 그룹을 조직한 것도 무리가 아니다.[41]

UN과 EC가 도시화를 정의하려고 최선을 다했지만, 정부들은 여전히 다양한 도시 계층 분류법을 활용한다.[42] '도시' 범위를 규정하는 기준은 적게는 아이슬란드의 200명, 포르투갈의 1만 명, 많게는 일본의 3만 명으로 다양하다.[43] 예를 들어, 오스트레일리아와 캐나다는 1,000명 이상 인구가 사는 지역을 도시로 지정할 수 있다.[44] 중국에서는 1제곱킬로미터당 최소 1,500명이 있는 지역만을 도시로 지정한다. 한편 서유럽의 도시 계획가들은 '도시 지역'과 '통근 지역'으로 구분한다.[45] 이처럼 엄격한 분류 체계를 적용하면 유럽의 도심 거주자는 UN 기준의 75퍼센트도 EC 기준의 85퍼센트도 아닌 40퍼센트에 불과하며, 20퍼센트는 통근 지역에 거주하는 셈이다. 이 챕터에서 이와 같은 분류상 난제를 풀어나가지는 않을 것이다.[46] 통제된 도시화, 경제성장, 생활수준 향상 간 관계는 논쟁의 여지가 거의 없는 주제이다. 전 세계 대부분의 지역에서 도시 지역이 농촌 지역보다 전기, 식수, 위생 등 서비스 접근성에 있어 더 많은 혜택을 누리는 경향이 있다.[47]

메가시티의 도래: 2030년, 도시 거주자의 20퍼센트는 중국인

오늘날의 도시는 크기와 정도 면에서 유례없는 수준이다.[48] 1900년에는 100만 명 이상의 인구를 가진 도시가 13개였지만 1950년에는 83개가 되었으며, 인구 1,000만 명이 넘는 메가시티는 3개였다(뉴욕, 파리, 도쿄). 현재는 인구 100만 명 이상의 도시가 500개가 넘으며 메가시티는 적어도 34개는 된다. 도쿄-요코하마의 인구는 3,800만 명으로 의심할 여지가 없는 거대 도시이다. 인구 2,800만 명의 델리와 2,400만 명의 상하이가 그 뒤를 바짝 뒤쫓고 있다. 또 다른 거대 도시로는 상파울루, 멕시코시티, 라고스, 우한이 있다.[49] 이 도시들은 국제 금융 네트워크와 글로벌 공급망의 핵심 연결고리이다. 이들 중 제조업 의존에서 벗어나

로스앤젤레

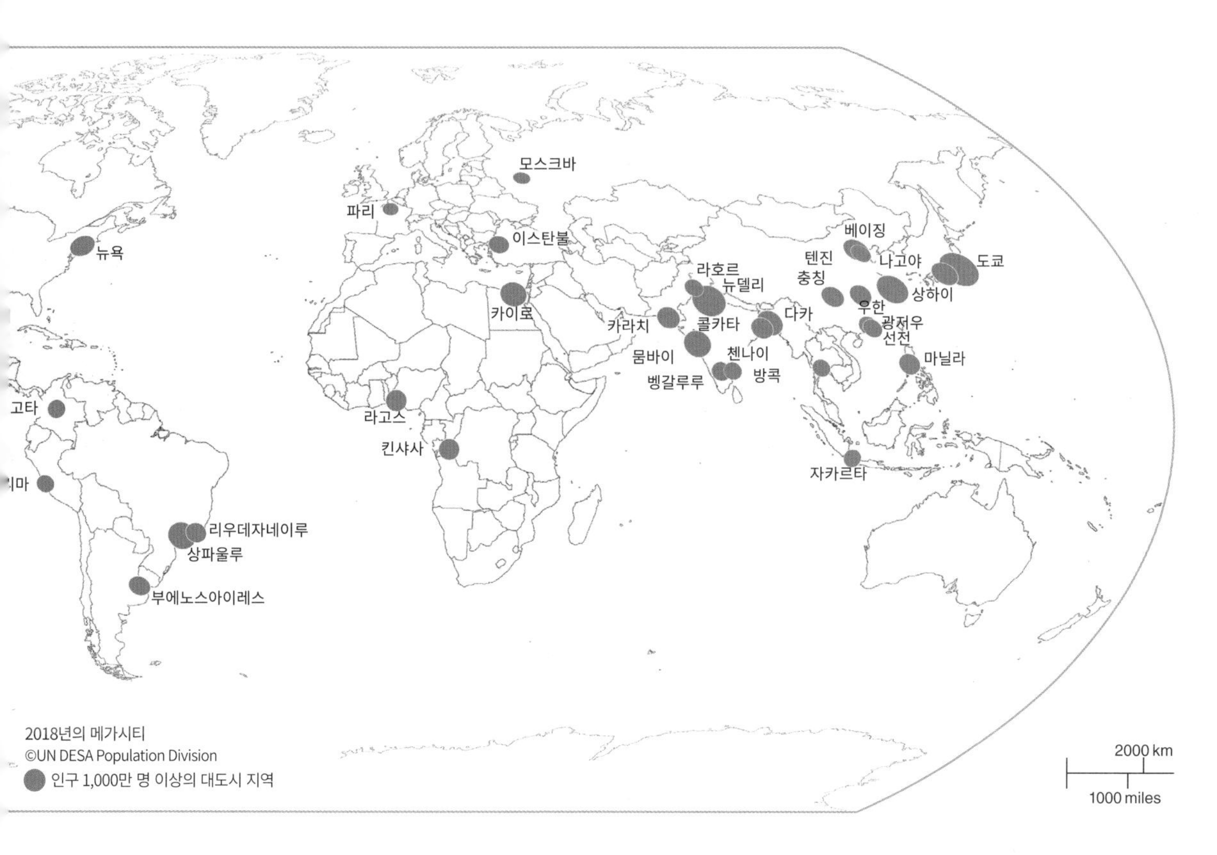

메가시티의 부상(2018)[50]
파란색 원의 크기가 전 세계 34개 메가시티에 거주하는 사람의 수를 나타내고, 각각은 1,000만 명 이상을 의미한다.

서비스와 첨단 기술 분야로 전환을 한 도시들이 가장 큰 성공을 거두었다. 산업혁명이 1800년대 유럽과 북아메리카에서 도시화를 주도했듯이 1970년대 이래 세계화의 급물살로 아시아, 아프리카에서 도시화가 촉진되었다.[51] 그렇다면 이런 차세대 도시들은 경쟁할 준비가 되어 있을까?

어떤 메가시티는 다른 메가시티보다 인구 밀도가 더욱더 높다. 마닐라 시내는 전 세계에서 인구 밀도가 가장 높다고 볼 수 있다. 마닐라 인구는 적어도 160만 명이고[52] 1제곱킬로미터당 인구 밀도가 4만 6,000명이다.[53] 하지만 마닐라의 대도시권을 포함하면 인구 밀도는 1제곱킬로미터당 '불과' 1만 3,600명으로 줄어든다. 다른 도시와 비교해 보겠다. 파리 시내에는 200만 명이 거주하고[54] 1제곱킬로미터당 인구 밀집도는 2만 1,000명이다. 뉴욕 인구는 860만 명이 넘고 인구 밀도가 1제곱킬로미터당 1만 명으로 미국에서 가장 높다. 반면 인구 440만 명의 시드니는 인구 밀도가 1제곱킬로미터당 1,900명으로, 낮은 편에 속한다.[55] 전 세계에서 인구 밀도가 가장 낮은 도시로는 1제곱킬로미터당 600명인 애틀랜타를 꼽을 수 있다.[56]

북아메리카에는 인구 밀도가 낮은 도시가 사방에 깔려 있다. 지도에 나와 있듯이 라스베이거스는 1제곱킬로미터당 인구 밀도가 1,875명으로, 대표적인 인구 밀도가 낮은 도시이다. 극한 사막의 열기와 물 공급 제한에도 불구하고 라스베이거스의 인구는 1984년 54만 명에서 2018년 220만 명으로, 미국의 대도시권 중에서도 가장 빠르게 성장한 지역에 속한다. 낮은 인구 밀도는 스프롤 현상으로 이어진다.[58] 라스베이거스는 지속 불가능한 지대 설정과 승용차 과다 의존 때문에 성장할 수 있었다 해도 과언이 아니다. 빠른 인구 성장, 지속적인 주택 수요, 기후변화라는 복합적인 요소로 인해 물이 부족해졌고, 현재는 위험한 수준에 도달했다.[59] 라스베이거스 근처에 있는 미국 최대 인공 저수지인 미드 호수의 수위가 낮아져 위험한 상태이다.[60] 20년 만에 미드 호수의 물 절반이 사라졌다. 라스베이거스는 어떻게 경제력이 있는 사람들이 에어컨으로 냉방이 되는 아늑한 실내로 달아나 기후변화에서 일시적으로 탈출할 수 있는지 잘 보여주는 예이다. 하지만 물과 시원한 공기를 제공하기 위해 화석연료에 의존하는 걸프 지역의 두바이나 도하 등 다른 사막 도시와 마찬가지로, 라스베이거스 또한 기후 위기의 피해자인 동시에 가해자이기도 하다.

폭발적 도시화의 중심에는 아시아와 아프리카가 있다. 2050년이 되면 약 2억

라스베이거스의 스프롤 현상 (1984, 2018)[57]
라스베이거스는 전 세계적으로 인구 밀도가 낮은 도시에 속한다. 불과 30년 만에 인구가 54만 명에서 220만 명으로 증가했다.

라스베이거스의 왕, 승용차 (2012~2016)
라스베이거스가 이처럼 빠르게 확장한 이유는 자가용에 대한 과도한 의존과 대중교통 인프라 부족 때문이다. 지도의 노란색 부분을 보면 알 수 있듯이 대부분이 사람들은 이동 수단으로 승용차에 의존한다. 라스베이거스에서 출근, 등교, 외출 시 대중교통이나 그 외에 다른 교통수단을 사용하는 인구는 5퍼센트 미만이다.

2018
노스라스베이거스
섬머린
라스베이거스
섬머린사우스
윈체스터
패러다이스
휘트니
미드 호수
엔터프라이즈
헨더슨
불더시티
2 km
2 miles
ogle / Google Earth Engine, USGS, NASA, ESA, 2019

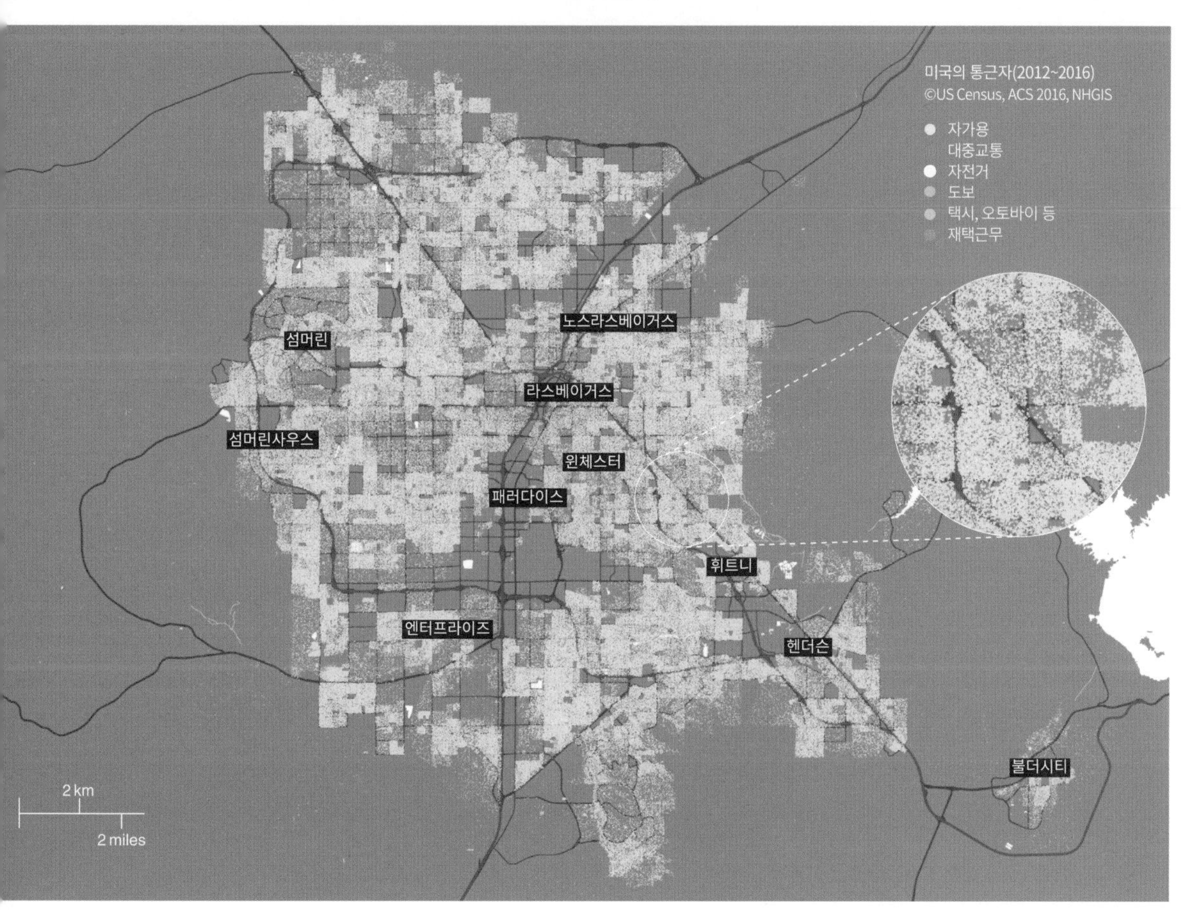
미국의 통근자(2012~2016)
©US Census, ACS 2016, NHGIS
자가용
대중교통
자전거
도보
택시, 오토바이 등
재택근무
노스라스베이거스
섬머린
라스베이거스
섬머린사우스
윈체스터
패러다이스
휘트니
엔터프라이즈
헨더슨
불더시티
2 km
2 miles

9,200만 명의 중국인, 4억 400만 명의 인도인, 2억 1,200만 명의 나이지리아인이 도시로 이주할 것이다. 세 국가를 모두 합치면 미래 글로벌 도시 성장의 40퍼센트나 차지한다. 중국의 도시 성장 궤적의 규모는 형언할 수 없을 정도이다. 현재 이미 인구의 58퍼센트 이상이 도시에 거주하고 있고 이는 1980년도에 불과 18퍼센트였던 것과 비교된다. 공식적으로 중국에는 662개의 도시가 있고 그중 160개에 100만 명 이상이 거주한다.[61] (인구 계산 방법에 따라 달라질 수 있지만) 인구 100만 명 이상의 도시가 10개에 불과한 미국이나 2개에 그치는 영국과는 비교가 안 된다.[62] 1980년대 이래로 중국은 특별한 도시 성장 클러스터 즉, 경제구역을 구축하는 데 집중했고 산터우, 선전, 샤먼, 주하이가 대표적 예이다. 도시가 클수록 생산성이 높고 성장이 빠르므로 중국 정부는 스프롤 현상으로 주변으로 확장된 도시를 통합하여 거대한 도시 클러스터 19곳을 열심히 구축하고 있다. 불빛이 가득한 야간 지도를 보면 홍콩 주변 주강 삼각주, 상하이를 둘러싼 양쯔강 삼각주, 베이징을 중심으로 한 징진지, 이 세 지역이 얼마나 발전했는지 알 수 있다.

도시화가 일어나는 속도와 방식은 다양하다.[63] 중국에서는 보통 도시 성장을 중앙에서 계획하여 사람들의 거주지와 공공 서비스에 접근 권한 부여를 엄격히 통제한다. 엄격한 규칙과 규제에도 불구하고 중국 정부도 스프롤 현상, 탄소배출 급증, 불평등 확대를 피해 갈 수는 없었다.[64] 현재 전 세계에서 인구가 가장 많은 인도의 도시화 과정은 한층 무질서하다.[65] 정치학자 루벤 아브라함Reuben Abraham에 따르면 인도 대부분의 도시는 '행정적 한계를 훨씬 초과한 상태로 확장하고 (…) 성장엔 규제가 없고 무계획적으로 이루어지며 좁은 도로로 인해 엉망진창이며 (…) 오픈 스페이스*(도시 계획에서, 사람들에게 레크리에이션 활동 목적이나 마음의 편안함을 줄 목적으로 설치한 공터나 녹지 따위의 공간)*가 부족하고 토지 구획도 무분별하게 되어 있다'.[66] 인도에서 도시의 폭발적 성장은 이제 막 진행 중이지만[67] 이미 2,500개의 도시가 존재하며 그중 40개 도시에는 100만 명 이상이 거주하고 있다.[68] 전 세계적으로 가장 빠르게 성장하는 도시(인구수 기준) 중 적어도 8개가 인도에 있고[69] 가장 오염이 심한 도시 20개 중 18개도 인도에 있다.[70] 인도 정부는 향후 20년 동안 도시로 이주할 수억 명의 사람들을 수용하는 데 최소한 1조 2,000억 달러가 필요할 것으로 내다본다.[71] 중국과 마찬가지로 인도 정부에서도 아예 처음부터 최첨단 도시 수십 곳을 구축할 계획을 제시했

중국의 도시화 붐[72]

우주에서 보이는 불빛을 보면 도시화가 어떻게 진행되었는지 파악할 수 있다. 이 지도는 25년 동안 중국, 대만, 한국, 일본과 베트남 일부 지역에서 축적된 불빛을 나타낸 것이다. 불빛 색에 따라 빨간색 또는 노란색 구역은 불빛이 증가, 초록색은 유지, 파란색은 감소한 지역이다.

다.[73] 2015년 연방 정부는 2020년까지 수십억 달러 규모로 100개의 '스마트 시티' 건설 계획을 밝혔으나 홍보에 비해 진척은 더딘 상황이다.[74]

아프리카에서 가장 인구가 많은 나이지리아의 도시화는 중국과 인도보다도 훨씬 더 무분별하다.[75] 나이지리아의 도시 거주 인구는 1990년도에 전체 인구의 3분의 1에 불과했으나 지금은 1억 5,000만 인구 중 절반 이상이 도시에 거주 중이다.[76] 나이지리아에는 인구 100만 명 이상의 도시 7개를 포함하여 총 248개의 도시가 있다.[77] 1960년에 라고스의 인구는 20만 명이었지만 오늘날 2,000만 명이 거주하는 것으로 추정한다(정확한 규모는 알 수 없다).[78] 인구학 연구자들은 라고스의 인구가 현재 속도로 계속 증가한다면 2100년에 1억 명을 돌파할 것으로 예측한다.[79] 라고스의 도시화 속도와 규모를 완전히 파악하기는 어렵지만, 지금부터 2030년까지 1시간마다 약 77명이 라고스로 이주할 것으로 예상한다.[80]

경이로운 라고스의 스프롤 현상(1984, 2019)[81]
나이지리아의 라고스는 전 세계에서 인구가 가장 빠르게 증가하는 도시에 속한다. 지도에서 보듯이 1984년에 비해 2019년에는 도시 범위가 극적으로 확장된 것을 알 수 있다. 1984년 라고스의 인구는 약 330만 명이었지만 오늘날 약 2,000만 명에 달한다. 지금부터 2030년까지 1시간마다 약 77명의 사람이 라고스로 이주해 갈 것이라고 예상된다.

전 세계의 대도시들은 대부분 국민국가보다도 경제적으로 더 많은 영향력을 발휘한다. 2016년 글로벌 컨설팅사 맥킨지는 가장 영향력 있는 대도시권 600곳(C600)을 선정했다. 이 지역들은 전 세계 경제의 60퍼센트를 책임지고 있다.[82] 이 도시들은 전 세계 인구의 20퍼센트를 차지하고 경제 생산성도 엄청나다. 도쿄와 뉴욕 대도시권의 명목 GDP는 각각 한국과 러시아와 동등한 수준이다.[83] 로스앤젤레스는 오스트레일리아보다 GDP가 높고 파리는 남아프리카공화국보다 경제 규모가 크며 런던, 모스크바, 상하이, 델리는 각각 네덜란드, 오스트리아, 노르웨이, 이스라엘보다 경제력이 높다.[84] 오늘날 C600 도시 대부분은 부유한 선진국의 도시이다. 하지만 2025년이면 136개의 신도시가 추가될 것이고 대다수는 동남아시아와 라틴아메리카 지역의 도시일 것이다. 대도시의 경제력이 증대됨에 따라 일부 도시들은 더 많은 정치적 권한과 자치권을 요구하고 있다.[85]

도시는 살아 있는 실험실이다. 전 세계적으로 감각적이고 지능적인 스마트 디지털 도시는 에너지 효율성 증대, 교통 흐름 개선, 기본 서비스의 맞춤형 제공을 위해 방대한 데이터의 보고를 활용한다.[86] 기회를 포착한 기술 공급업체와 경영 컨설팅사들은 지방 정부에 '솔루션'을 부지런히 판매하고 있다.[87] 기술 챕터에서 자세하게 다루는 5G 인프라와 사물인터넷(IoT)의 확산은 '네트워크로 연결된 도시 생활'을 가능하게 하며, 이로 인해 좋든 나쁘든 도시의 특징이 바뀌고

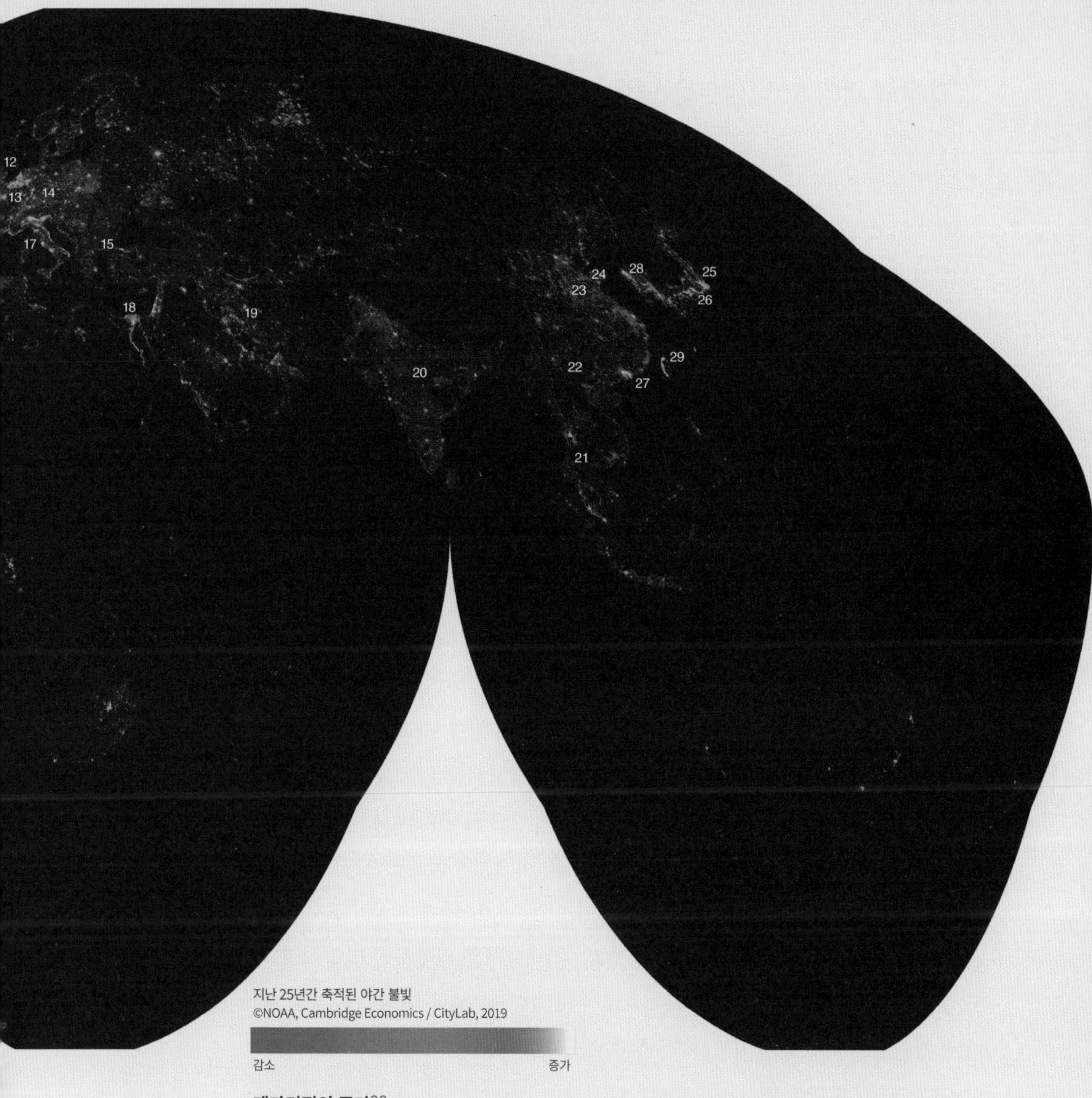

지난 25년간 축적된 야간 불빛
©NOAA, Cambridge Economics / CityLab, 2019

메가리전의 증가[88]
우주로 방출된 불빛을 통해 도시화를 새로운 시각으로 볼 수 있다. 이 지도는 지난 25년 동안 누적으로 방출된 불빛으로 메가리전의 확산을 잘 보여준다. 빨간색과 노란색으로 표시된 지역은 불빛 방출의 증가, 초록색은 유지, 파란색은 감소를 의미한다.

있다. 이를 통해 디지털 경제와 서비스의 디지털화에 가속도가 붙게 되겠지만 원자력발전소부터 가정용 보안기기까지 모든 것이 디지털로 연결되면서 랜섬웨어와 여러 사이버 위협에 이미 상당히 취약해지고 있다.[89]

세계 경제의 60퍼센트를 담당하는 29개의 도시 클러스터

21세기 들어 도시 생활에 전혀 새로운 일들이 벌어지고 있다. 우선 인구 4,000만 이상의 '슈퍼시티' 등장을 목격했다. 2,000만 명 이상이 거주하는 대도시권인 '하이퍼시티'와 최소 1,000만 인구의 '메가시티'를 뛰어넘는 규모이다. 눈이 부실 정도로 빠른 도시의 성장 속도는 전에 없던 새로운 경험이다.[90] 파키스탄의 최대 도시 카라치의 인구는 1950년에 약 100만 명이었지만 현재는 2,000만 명이 넘는다.[91] 카라치와 같이 급속도로 성장하는 도시는 주변 지방 도시까지 흡수하기 때문에 인구가 점점 늘어날 수밖에 없다. 중앙 통제 방식이나 자로 잰 듯 딱 떨어지는 계산으로는 이처럼 폭넓게 확산하는 대도시가 되기 어렵지만, 큰 규모 덕분에 세계 경제에서 경쟁 우위를 차지하기는 쉬울 것이다.

급속도로 성장하는 대도시권 중에는 그 크기가 거대하여 수백 마일에 달하는 예도 있다.[93] 1960년대에 지리학자 장 고트만Jean Gottmann은 이와 같은 상황을 예견하며 '메갈로폴리스megalopolis*(몇 개의 거대 도시巨大都市가 연속하여 다핵적 구조를 가지는 띠 모양의 도시 지대로, 거대 도시巨帶都市라고도 한다)*'라고 설명했다.[94] 오늘날 메갈로폴리스는 메가폴리스megapolis 또는 연담도시聯擔都市로도 불리며[95] 중국 양쯔강 삼각주나 미국의 보스턴·뉴욕 · 워싱턴 DC 회랑(BoWash) 등 전 세계 각지에 존재한다. 가장 돋보이는 장대한 메가리전*(교통과 물류 인프라를 공유하고 경제와 산업을 연계하며 사람과 자본이 모이는 인구 1,000만 명 이상의 도시 연합)*은 징진지로 베이징, 톈진, 허베이성 등 3개의 거대도시를 비롯하여 몇몇 대도시를 포함한 지역이다. 이 지역 전체적으로 무려 1억 3,000만 명이 거주하고 있다.[96] 징진지에 해당하는 지역은 경제 규모로 중국에서 10위이고, 연 생산량은 약 1조 2,000억 달러로 멕시코와 맞먹는다.[97]

중국의 비범한 메가시티 징진지의 25년 동안 축적된 야간 불빛[92]
이 지역에는 베이징, 톈진, 바오딩, 스자좡, 탕산, 창저우, 랑팡, 장자커우, 친황다오, 동인, 청더와 같은 대도시가 있으며 거주하는 인구는 총 1억 3,000만 명이다.

중국의 도시 계획가들은 징진지가 국내외에서 미래 도시와 농촌 지역 개발의 표본이 될 수 있다고 생각한다.[98] 이 지도에서 알 수 있듯이 메가리전은 너무 방대하여 그 규모와 범위를 헤아리기 어렵다. 3개의 메가시티를 '통합'하기 위해 정부는 1,000개가 넘는 주요 도시 간 고속도로, 버스 차로, 철도망을 구축했다. 2017년 수립된 중국의 '미래 도시'인 슝안신구雄安新区의 남쪽으로 약 60마일 떨어진 곳에 수천 개의 공공 및 상업용 사무실, 대학교, 병원 건물을 각 목적에 맞게 건설하고

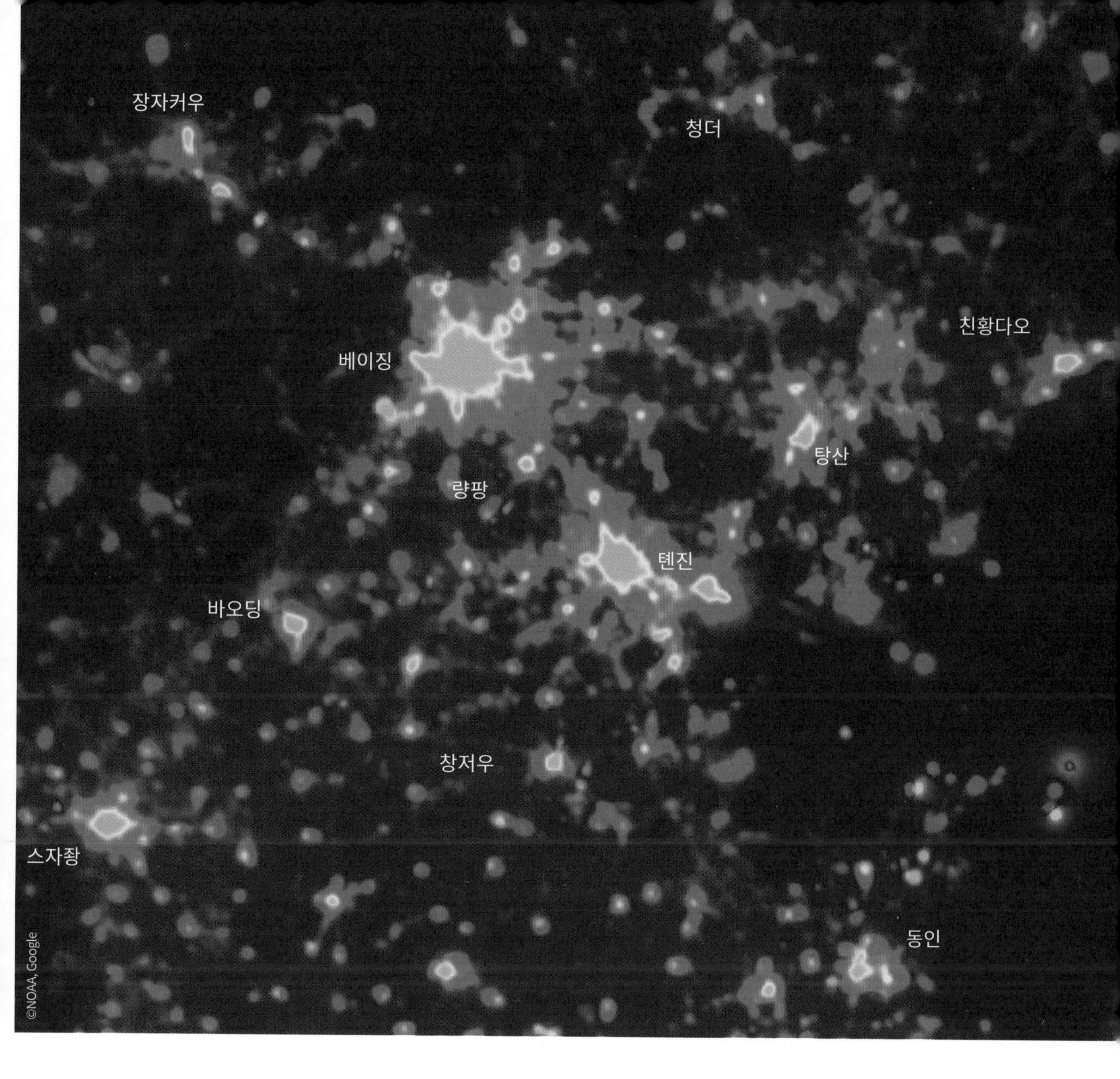

있다. 대기오염 감소를 위해 1,200개의 제조 및 물류 기업이 베이징에서 철수한 뒤 다른 도시로 빠르게 이전했다. 중국의 다른 도시들의 성장으로 나타난 환경 문제를 고려하여 새로운 메가리전의 지방 정부들은 민간에 수백만 그루의 나무를 심도록 압박했다. 이외에도 다양한 노력을 기울여 공기와 수질 오염을 개선하고, 2013년 이래 초미세먼지(PM2.5) 농도를 절반으로 줄인 것으로 알려져 있다.[99]

위성 지도를 보면 메가리전의 상호연결성이 잘 드러난다.[100] 도시 전문가 리처드 플로리다Richard Florida, 샬로타 멜란데르Charlotta Mellander, 팀 휠던Tim Gulden에 따르면 메가리전은 최소한 100만 명 이상의 인구의 대도시권이 2개 이상 인접해 있고, 경제 생산량을 합쳐 3,000억 달러 수준이 되어야 한다.

이 정의에 부합하는 메가리전이 적어도 29개가 있으며, 아시아에 11개, 북아메리카에 10개, 유럽에 6개, 라틴아메리카에 1개, 아프리카에 1개가 존재한다.[101] 이 중 가장 부유한 지역은 '보스턴·뉴욕·워싱턴 DC 회랑'으로 인구는 4,760만 명, 경제 생산량은 3조 6,000억 달러 이상이다. 이는 GDP 기준으로 미국, 중국, 일본, 독일에 이어 세계 5위 규모에 해당한다. 유럽의 최대 메가리전은 파리, 암스테르담, 브뤼셀, 뮌헨으로 구성된 Par-Am-Mun으로 총 생산량이 2조 5,000억 달러 규모이다. 또 다른 메가리전으로는 Seoul-San(서울과 부산), 텍사스 삼각지대(댈러스, 휴스턴, 샌안토니오, 오스틴), Lon-Leeds-Chester(런던, 리즈, 맨체스터)가 있다.[102] 메가리전이 광범위한 연결성을 통해 부를 창출하고 환경 스트레스를 감소시킬 수 있지만 모든 도시가 이와 같은 장점이 있는 것은 아니다. 인구가 급속도로 성장한 많은 도시들은 통제력을 잃어가고, 심하면 취약해지기도 한다.

2030년, 슬럼 인구 20억 명 도달 가능성

부와 인재 그리고 기회는 소수의 글로벌 도시에만 집중되어 있다. 한편 남아시아와 동남아시아, 북아프리카와 사하라 이남 아프리카, 중남미에서 빠른 속도로 성장하는 수천 개의 도시는 뒤처지고 있다. 미래에 도시 인구 성장이 대부분 발생할 것으로 예상되는 중저소득 국가의 도시보다는 총칭, 간디나가르, 송도처럼 최첨단 미래 도시로 이목이 쏠리게 된다.[103] 이름을 들어본 적조차 없을 이런 대다수의 도시들은 역사학자 마이크 데이비스Mike Davis가 저서 『슬럼, 지구를 뒤덮다Planet of Slum』에서 역설하듯, 투자 유치에 총력을 기울이고 극빈에 맞서 싸우며 범죄와 전쟁을 치르고 있다.[104] 북아메리카와 유럽과 달리 아프리카와 아시아의 도시는 산업화가 되기도 전에 도시화가 진행 중이다. 이런 도시에서 기존에 마련된 시스템을 뛰어넘어 신기술의 혜택을 누릴 수도 있지만, 대부분은 슬럼과 판자촌이 늘어나게 된다.

슬럼은 아시아, 아프리카, 남아메리카와 북아메리카 전반에 걸쳐 여전히 널리 퍼져 있다. 예를 들어, 인도와 브라질은 모든 도시 거주자 중 많게는 3분의 1이 슬럼에 거주하고, 일부 아프리카 도시의 경우 그 비율이 90퍼센트에 이르기도 한

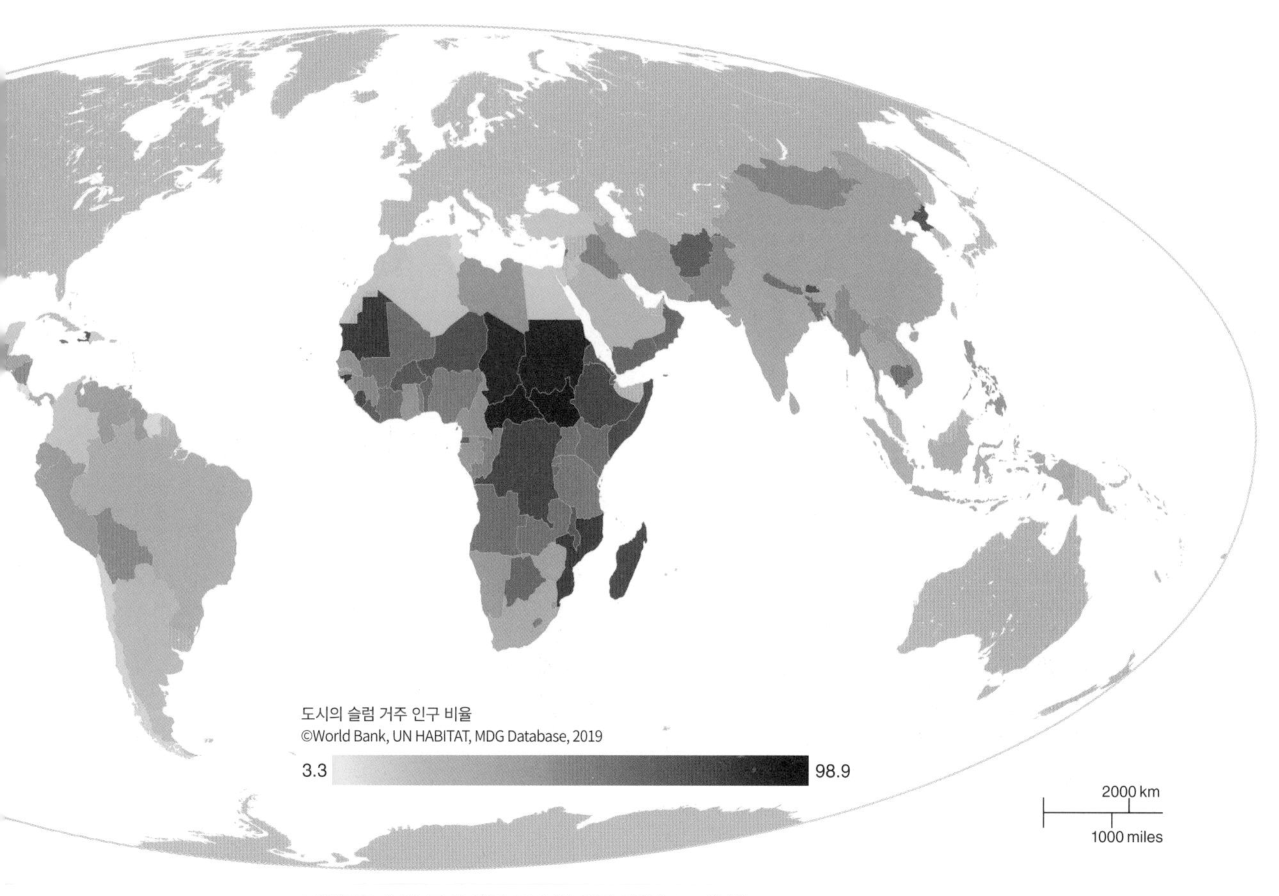

남반구의 슬럼: 도시 인구 중 슬럼 인구 비율(2014)[105]
전 세계 슬럼 거주 인구는 2014년 10억 명에서 2030년 20억 명으로 증가할 것이다. 이 지도는 사하라 이남 아프리카, 중앙아메리카와 남아메리카, 남아시아와 동남아시아 일부 지역에 특히 슬럼 인구가 집중된 것을 보여준다. 전체적으로 슬럼 거주자 수는 증가하고 있으나 총인구 증가로 인해 상대적으로 그 비율은 감소하고 있다.

다.[106] 현재 슬럼에 거주하는 인구는 약 10억 명이며 2030년이 되면 그 수가 2배 증가할 것으로 보인다.[107] 다라비(뭄바이), 카옐리샤(케이프타운), 오랑이타운(카라치), 네자(멕시코)와 같은 판자촌은 자치 권한을 가진 도시로 인구가 많게는 100만 명에 달한다. 페타레(베네수엘라), 호시냐(리우데자네이루), 키베라(나이로비)와 같은 고밀도 슬럼 지역은[108] 그야말로 우주에서도 확인할 수 있을 정도이다.[109] 각각 역사와 공간적 형태가 다르지만 수많은 무허가 주택, 불안정하고 부실한 전기 및 사회서비스, 쌓여 있는 폐기물과 쓰레기, 높은 전염병 노출 위험성은 모든 슬럼에서 공통으로 나타나는 특징이다.[110] 이런 상황에도 슬럼 거주자들은 문제 해결을 위해 직접 독창적인 해결책을 제시하고 있다. 많은 사람이 토지와 부동산 소

카라치 오랑이타운(2019)

오랑이타운, 네자, 다라비의 위성 이미지(2019)

유권, 합리적 가격의 주택, 인프라와 서비스 개선을 위해 부단히 노력하고 있다. 슬럼 거주자들은 수익을 창출하는 사업을 시작하고, 혁신적인 이동 수단을 제공하고, 독립형 전기 공급 방식을 사용하고 있다. 사실상 미래의 가장 심각한 도시 문제의 많은 해답이 전 세계 저소득층이 사는 무허가 거주지에 있을지 모른다.[111]

전체 슬럼 인구는 증가하고 있을지 몰라도 슬럼에 사는 인구 비율은 대부분 국가에서 감소 추세이다. 예를 들어, 중국에서 슬럼 주민으로 분류된 가구의 비율은 1990년부터 2014년 사이에 44퍼센트에서 25퍼센트로 크게 하락했다. 같은 기간 인도에서는 55퍼센트에서 24퍼센트로, 나이지리아는 77퍼센트에서 50퍼센트로 하락했다.[112] 하지만 도시 인구는 여전히 빠르게 증가하고 있고 도시가 새로운 거주자들을 흡수할 수 없기 때문에 슬럼에 거주하는 사람의 절대적 수는 계속 증가할 것이다.[113] 일부 연구자들은 슬럼이 경제 발전에 따른 안타깝지만 불가피한 결과로 본다. 슬럼은 중저소득 도시에서 '합리적 가격의 거주'의 한 형태인 것이다. 슬럼은 예방할 수 있지만 기본적인 공공재에 투자가 부족할 때 발생하며 자기 강화적인 빈곤의 덫이라고 주장하는 연구자들도 있다.[114] 어느 의견

멕시코 네자(2019)
©Google / Google Earth Engine, USGS, NASA, ESA

뭄바이 다라비(2019)
©Google / Google Earth Engine, USGS, NASA, ESA

이든 경제가 빠르게 성장하고 있는 국가들에서 슬럼 환경에서 사는 도시 거주자들의 비율이 상당히 줄어든 것은 사실이다.[115]

도시 취약성 심화: 아프리카 도시의 90퍼센트 이상은 취약하다

급속히 성장하는 도시가 모두 같은 양상을 보이는 것은 결코 아니다. 부국과 빈국들 모두 마찬가지로 일부 도시는 후기 산업화 단계에 진입한 반면, 여전히 제조와 사양 산업이 중심인 도시도 있다. 민주국가에서 고군분투하는 도시가 있다면 독재주의 속에서도 번성하는 도시도 있다.[116] 인도의 수라트, 중국의 쭌이 같은 도시는 두 자릿수 경제 성장률을 구가하고 있지만[117] 이라크의 모술과 소말리아 수도 모가디슈는 경제 성장의 최하위권에 머물러 있으며, 도움을 받아 겨우 연명하는 수준이다. 정치적 격변과 경제 불안으로 타격을 받은 도시에서는 지방 정부와 도시 거주자의 결속을 책임지는 사회 계약도 전부 붕괴하고 있다.[118]

왜 어떤 도시는 다른 도시에 비해 취약한 걸까? 코린트나 폼페이 같은 고대 도시는 살아남지 못했다. 이들 도시는 전쟁, 지진, 화산과 같은 대격변으로 인해 사라졌다. 아누라다푸라와 티칼처럼 인구 밀도가 낮은 도시의 경우 부실한 계획과 불운으로 인해 너무나 쉽게 자원이 고갈되고 말았다.[119] 도시 취약성의 원인은 한 가지로 귀결되지 않는다. 높은 불평등과 빈곤 수준, 통제 없이 늘어난 인구, 치솟는 실업률, 혼잡과 오염, 폭력 범죄, 자연재해 노출과 같은 다양한 스트레스 요인이 누적된 결과이다.[120] 도시 취약성은 불변 상태가 아니며 시간 경과에 따라 변동하지만 일부 위험 요인은 더 두드러지게 나타난다. 예를 들어, 인구가 매년 3퍼센트 이상 증가하는 도시에 심각한 소득 불평등이 나타나고 치안 및 형사 사법이 결핍되면 그 도시는 다른 도시보다 더 취약한 경향이 있다.[122] 가장 위험한 상태에 놓인 도시는

놀라울 정도로 확산한 전 세계 도시 취약성(2000, 2015)[121]

어떤 도시는 다른 도시보다 취약성이 더 높다. 이 지도는 2000년부터 2015년까지 인구 25만 명 이상의 2,100개 이상 도시에서 확인된 도시 취약성을 보여준다. 높은 수준의 불평등, 실업률, 범죄, 자연재해 노출 등 여러 위험요인이 복합적으로 작용하기 때문에 도시가 취약해진다. 전 세계 대부분 지역에서 취약성이 증가한다는 증거가 있으며 아프리카, 중동, 남아시아, 동남아시아 일부 지역이 특히 심각하다.

2000

2015

취약도
©Igarape Institute, 2015
낮은 취약성
높은 취약성

오슬로
코펜하겐
모스크바
런던
파리
오타와
앤아버
뉴욕
알레포
모술
쿤두즈
베이징
사카이
오사카
카불
파트나
쭌이
포트토프랭스
수랏
홍콩
산페드로술라
바마코
이브
무칼라
바도르
카라카스
아덴
마닐라
하르게이사
쿠쿠타
주바
다바오
칼리
포트하커트
모가디슈
싱가포르
부니아
키스마요
루붐바시
포트모르즈비
토아마시나
상파울루
케이프타운
시드니
2000 km
1000 miles

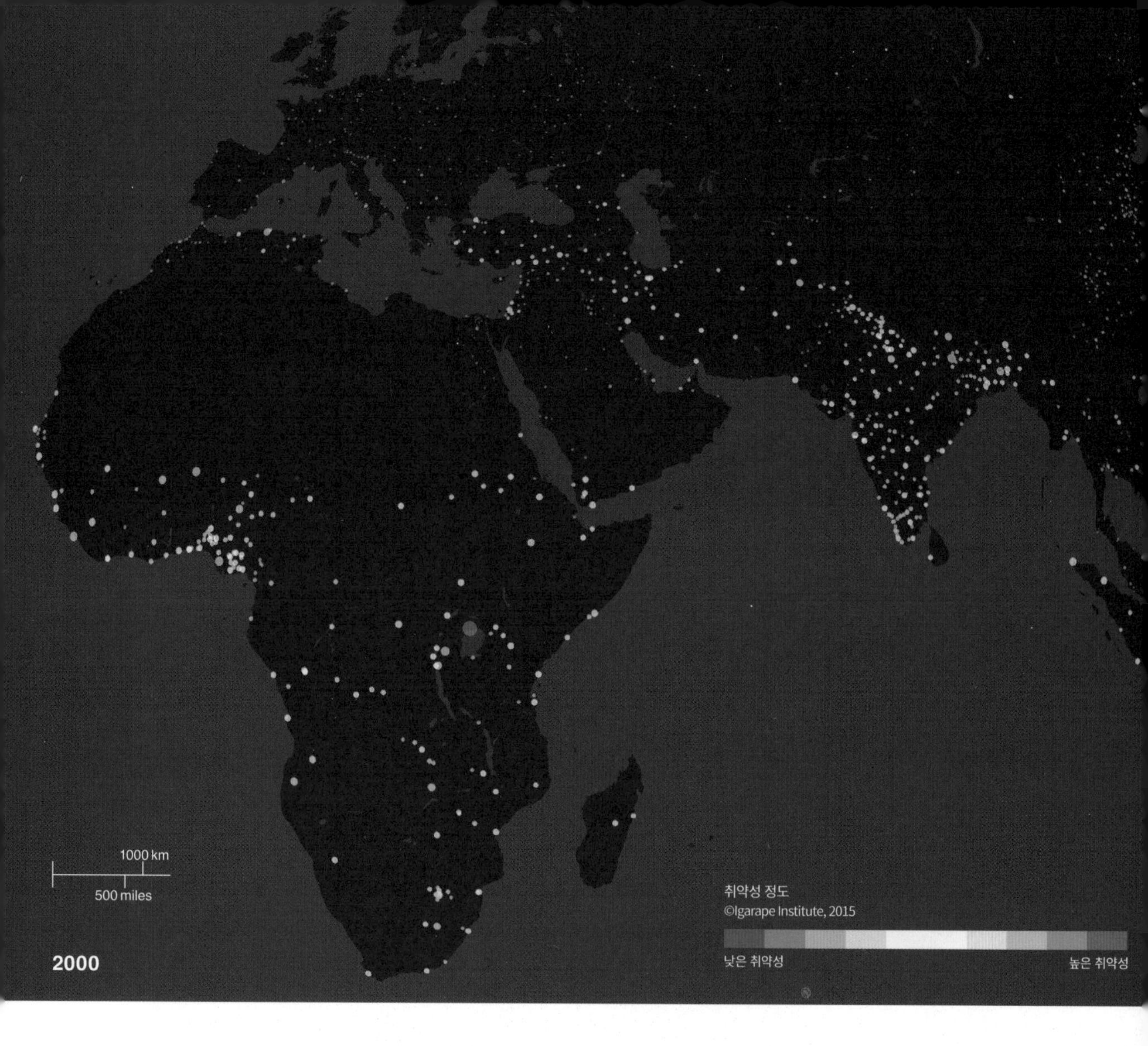

소말리아와 수단과 같이 빈곤한 국가에 있고, 시리아와 필리핀처럼 전쟁으로 피폐해진 중소득 국가에도 있다.

도시 취약성이 확산되고 있다. 이 지도에는 인구 25만 명 이상의 도시 2,100개 이상이 표시되어 있다. 원이 더 크고 붉을수록 취약성이 더 높으며 원이 더 작고 푸를수록 회복 탄력성이 높다. 전체적으로 10퍼센트가량의 도시가 '높은' 취약성에 해당하고 3분의 2 정도는 '중간' 취약성에 속한다. 놀랍게도 20퍼센트 미만의 도시만이 '낮은' 취약성을 보였다. 아프리카 도시의 약 90퍼센트는 높은 취약성과 중간 취약성 그룹에 속했다.[124] 높은 취약성 그룹에서도 가장 상위에 속하는 도시로는 소말리아의 모가디슈, 키스마요, 마르카가 있으며 뒤이어 최근

아프리카, 중동, 아시아의 도시 취약도(2000, 2015)[123]
아프리카와 아시아는 2000년부터 2015년까지 도시 취약성이 가장 심각해진 지역이다. 이 지도를 보면 사하라 이남 아프리카, 중동, 중앙 및 남아시아의 위험도가 특히 높다는 것을 알 수 있다.

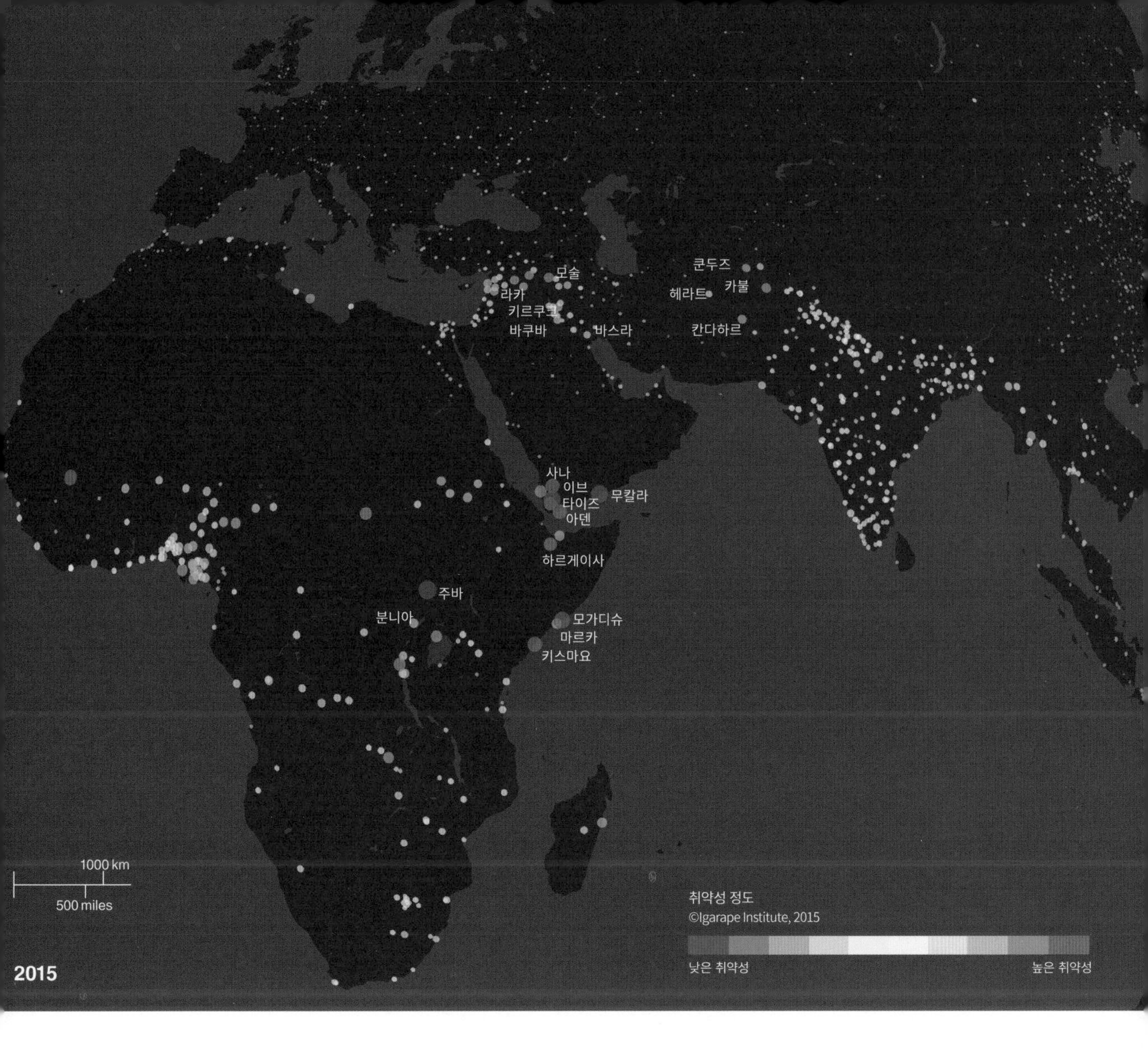

전쟁으로 황폐해진 아덴, 다마스쿠스, 카불, 주바, 모술이 있다. 반면 회복 탄력성이 가장 높은 도시로는 앤아버, 캔버라, 오슬로, 오타와, 사카이가 있다.

향후 가장 심각한 도시 안보와 개발 문제는 아프리카에서 발생할 것이다. 아프리카는 전 세계에서 가장 젊고 빠르게 성장하는 대륙이며 지구상 그 어느 곳과 비교해도 가장 빠르게 도시화되고 있다. 아프리카의 인구는 약 11억 명이고 2050년까지 2배 증가할 것이며 그중 80퍼센트는 도시와 도시의 슬럼에서 증가할 것이다.[125] 폭발적 속도로 진행되는 도시화와 급증하는 젊은 인구(이들은 대부분 제대로 된 직장을 구하지 못할 것이다)는 시한폭탄과 같다. 현재도 아프리카 인구의 약 70퍼센트는 30세 미만이다. 아프리카 도시가 직면한 가장 큰 문제는 수많은 젊은 인구를 통해 경제력을 높이는 방법을 찾는 것이다.

상당한 인프라 격차도 아프리카 도시가 해결해야 할 또 다른 과제이다. 인프라에 대한 연간 국가 공공 지출은 국제 기준으로 보면 극히 낮다. 지출 규모가 2009년부터 2015년까지 평균 GDP의 2퍼센트에 불과하여[126] 인도의 5.2퍼센트나 중국의 8.8퍼센트와 비교된다.[127] 도시 인프라의 적자는 실로 끔찍하다. 기본적인 도시 수요를 충족시키는 데만 매년 적어도 1,300억 달러를 인프라에 투자해야만 한다.[128] 하지만 아프리카 전체적으로 매년 680억 달러 이상의 재정 적자를 떠안고 있다.[129] 2050년까지 도시 인프라에 투자되어야 하는 금액의 3분의 2가량은 아직도 투자가 이루어지지 않은 상태이다.[130]

더욱더 우려가 되는 상황은 기후 스트레스가 높아지는 기간 동안 아프리카의 도시들이 팽창하고 있다는 사실이다. 아프리카의 도시 지역은 기후변화로 인해 불균형하게 고통받을 가능성이 크다. 아프리카 전체의 온도 상승이 지구 평균보다 1.5배 높기 때문이다.[131] 아프리카의 주요 해안 도시 100개 중 85개 이상에서 아직 기본적인 기후변화 완화 및 적응 전략을 마련하지 못했다. 케이프타운의 물 부족 위기가 잘 보여주었듯이 기본 서비스와 천연자원 부족은 점점 심해지기만 할 것이다. 2017년 케이프타운은 도시에 물을 공급하는 주요 댐들의 수위가 13.5퍼센트 미만인 데이 제로Day Zero에 근접하는 극한 위험에 직면했었다. 간신히 당장 최악의 상황은 모면했을지 몰라도 위기는 현재진행형이다.[132] 아프리카 사람들이 보다 지속 가능하고 살기 좋은 도시를 만들 수 있는 방법을 찾지 못한다면 도시가 더 취약해지는 일만 기대할 수밖에 없다.

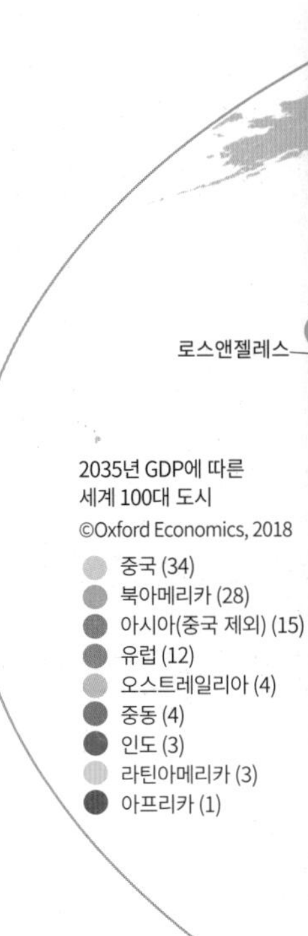

도시의 미래는 아시아에 있다: 매주 아시아 도시로 100만 명이 이동 중

초고속으로 성장한 아시아 도시의 장래는 밝아 보인다. 전 세계에서 가장 빠르게 성장하고 있는 도시 10개가 인도에 있고, 아그라, 하이데라바드, 첸나이와 같은 기술 허브 도시는 연 8퍼센트 성장률을 기록하고 있다. 베이징, 광저우, 항저우, 취안저우, 쑤저우와 같은 도시도 그에 못지않은 성장률을 보인다. 비록 코로나19 팬데믹이 경제에 끼친 악영향을 고려하면 이와 같은 성장 추세를 계속

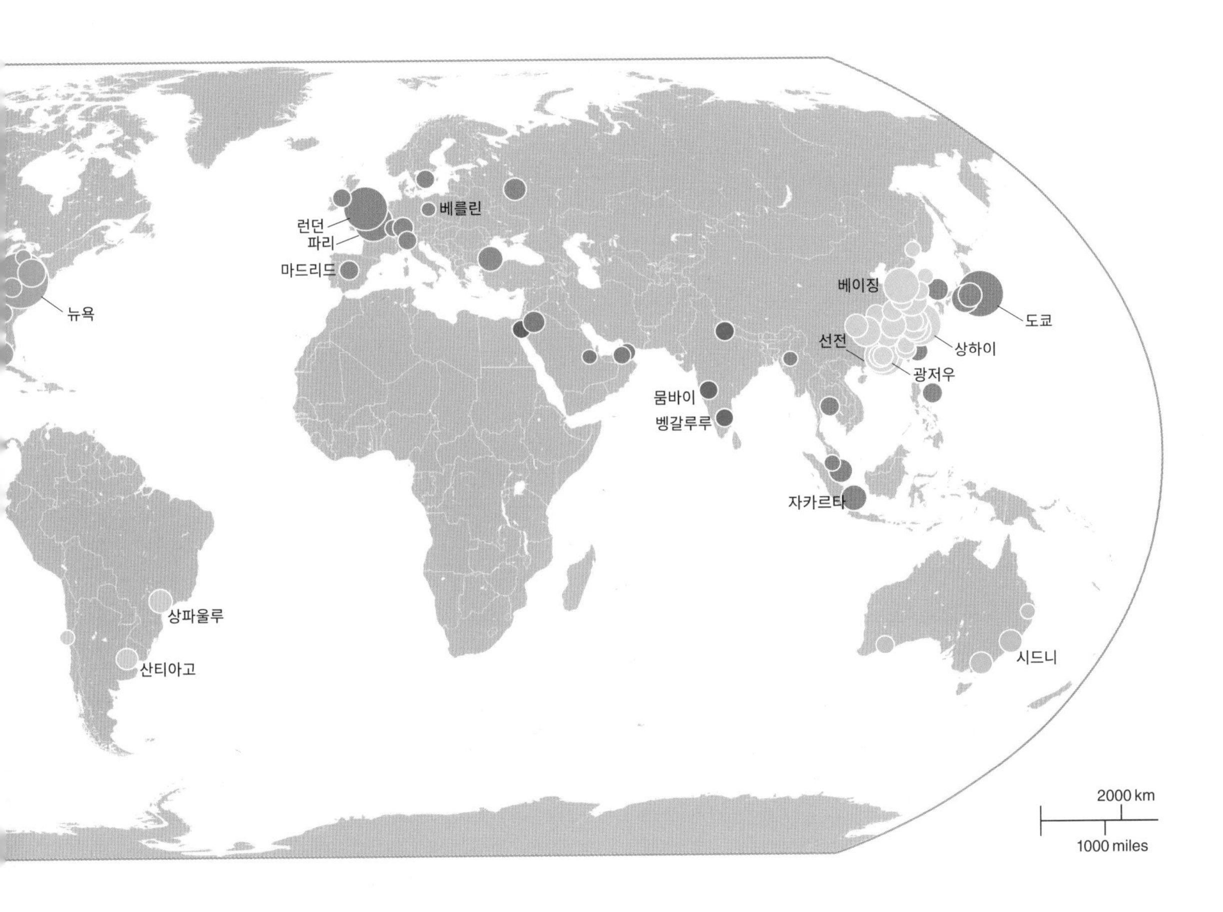

세계 100대 도시(2035년 GDP 기준)[133]
2035년까지 전 세계적으로 대부분 대도시(명목 GDP 기준)는 동아시아와 남아시아에 있을 것이다. 북아메리카와 유럽의 대도시는 그때가 되어도 경쟁력이 있겠지만 가장 빠르게 성장하는 도심은 다른 지역에 있을 것이다. 아프리카와 라틴아메리카를 합쳐도 세계 100대 도시 중 단 4개만이 이 지역에 있단 사실은 주목할 만하다.

유지하기 어려울 수 있으나, 이 추세가 지속한다면 아시아 대도시의 GDP 규모는 모든 북아메리카와 유럽의 도시를 합친 것보다 커질 것이다. 하지만 아시아의 도시 대부분은 메가시티가 되지 않을 것이라는 점은 강조할 필요가 있다. 한편 세계 최대 메가시티의 인구는 안정적이고, 일부는 감소하는 추세이다. 농촌에서 도시로 이주가 증가하고 있으나 대도시보다는 중대형 도시로 이동이 많다.[134]

아시아 도시의 눈부신 성장은 지난 수십 년 동안 일궈낸 성공 신화 중 하나이다. UN은 2026년이면 아시아의 45억 인구 중 절반 이상이 도시에 살고 전 세계 메가시티의 3분의 2가 아시아에 있을 것으로 예상한다.[135] 아시아의 대도시는 세계 경제의 새로운 주축으로 입지를 공고히 다지고 있다. 눈에 띄는 예외가 있긴 해도 아시아 도시 거주자들 대다수의 전반적인 삶의 질이 향상되고 있다. 특히 중국과 일본 같은 경우 도시화가 가속화되고 있는 이번 세기의 절반을 대처하기 위한 필수 재원과 역량을 축적했다. 정도는 다양하지만 훌륭한 인프라, 주택, 공공시설, 서비스가 잘 갖춰져 있는 것만 봐도 알 수 있다. 아시아 도시들이 코로나19 팬데믹에 기민하게 대응한 것도 이에 대한 증명이다.

물론 아시아의 모든 도시가 모두 성공적인 것은 아니다. 중국의 도시는 규모면에서 최대치에 빠르게 도달하고 있으며[136] 대부분의 일본 도시는 성장이 정체되었거나 꾸준히 감소하는 추세이다.[137] 상대적으로 나아지기는 했지만, 중국과 일본을 비롯하여 여러 국가에서 도시 거주자들은 대기오염, 물 부족, 극심하고 살인적인 폭염, 불안정한 서비스 제공, 사회 및 경제적 분열로 인한 심각한 문제에 직면하고 있다. 일부 대규모 도심에서 불만과 분열이 늘어나는 조짐이 있다. 한편 인도 전역, 인도네시아, 필리핀, 태국, 베트남의 2차 도시는 들썩이고 있다.

수라트: 전 세계에서 가장 빠른 경제 성장 속도(1984, 2019)[139]

수라트의 경제는 전 세계에서 가장 빠르게 성장하고 있다. 수라트의 GDP 성장률은 연 9퍼센트 수준으로, 향후 25년 동안 이 속도를 유지할 것으로 보인다. 21세기의 기술 허브로 부상하고 있는 수라트는 사실 1,000년이 넘는 유서 깊은 도시이다.

젊은 인구가 넘쳐나는 남아시아와 동남아시아에서 차기 성장 물결이 시작될 것이다. 이 지역에서 계속하여 인프라와 신기술에 전폭적으로 투자하고 있지만, 사회 및 환경적 위험은 점차 커지고 있다.[138]

수라트를 통해 도시화의 미래를 엿볼 수 있다. 인도의 항구 도시인 수라트는 다이아몬드 교역의 글로벌 허브로 전 세계에서 판매되는 다이아몬드의 80퍼센트는 이곳에서 세공한다. 이에 더해 수라트는 스마트 기술에서 청결도에 이르기까지, 각 분야의 수상 경력을 바탕으로 르네상스를 맞이하고 있다. 인도 바깥에는 거의 알려지지 않았지만 수라트의 경제 성장은 코로나19 발생 이전부터 대단했다. 수라트의 GDP 성장률은 예상을 훌쩍 뛰어넘는 수준으로 전 세계에서 가장 빠르게 성장하여 지난 몇 년 동안 9.1퍼센트를 기록했다. 경제 전망 기관 옥스퍼드 이코노믹스는 수라트의 경제가 2035년까지 계속 빠른 성장을 유지할 것

으로 예측한다.[140]

수라트가 이토록 흥미로운 이유는 역사가 수백 년이 넘는 도시이기 때문이다. 1,000년 전부터 수라트는 금과 직물로 유명한 도시였다. 15~16세기에는 도시로 유입되는 사람들에게 무료로 보건 서비스를 제공하는 종교단체들이 있었으며 심지어 소나 말 그리고 곤충까지도 환영하는, 전 세계에서 가장 '환대하는 도시'이기도 했다. 수라트의 명운은 18세기 봄베이(현재 뭄바이)가 부상하면서 쇠퇴하기 시작했다. 그러나 인도에 철도 시대가 열리며 회복하기 시작했고 19세기 들어 다시 부상했다. 2019년 명목 GDP 기준 약 570억 달러를 기록하며 인도에서 열 번째로 부유한 도시가 되었으며 이는 코스타리카나 레바논과 같은 수준이다.

도시 간 외교가 판도를 바꾸다

국민국가와 다르게 도시와 시장mayor은 21세기 글로벌 도전과제에 적극적으로 대응하고 있다. 대도시권을 포함하여 국가 산하 정부 기관은 코로나19 팬데믹에 가장 효과적으로 대처한 초동 대응자였다. 점점 더 많은 도시 지도자들이 탄소 발자국 감소, 이민자 흡수 및 보호, 불평등 감소에 나서고 있다. 그 과정에서 도시들은 국제 책략의 요소들을 빠르게 재정의하며 도시 외교에서 기업가 정신을 더욱 발휘하고 있다. 중국과 인도부터 나이지리아, 브라질에 이르기까지 도시들이 자본, 인력, 아이디어를 끌어모으기 위해 교역 및 투자 증진 사무소와 상업 벤처회사를 설립하고 있다. 도시는 문화와 과학 교류부터 난민 수용과 해외 인도주의적 구호 제공까지 모든 분야에서 도시 중심의 외교 정책을 수립하고, 양자 파트너십을 맺고, 도시 네트워크를 구축하고 있다.

도시에서도 자연스럽게 외교가 이루어진다. 시장들은 관광, 교역 등 각종 분야에서 기회를 강화하기 위해 오래전부터 전 세계에 외교 특사를 파견했다. 그 과정에서 도시는 자기가 속한 국가보다도 다른 도시들과 공통점이 더 많다는 사실을 발견했다. 가장 많이 공감하는 분야가 기후변화 완화와 적응 분야이다. 이 책이 출간되기로 예정되었을 때, 전 세계적으로 9억 명 이상이 거주하는 1만 개 이상 도시들이 글로벌 기후 및 에너지 협정에 참여하고 있었다.[141] 공통 가치와 시급성을 바탕으로 똘똘 뭉친 도시들의 지상 과제는 2015년 파리기후변화협정 목표를 충족시키기 위한 행동을 재촉하고 나아가 목표를 초과 달성하는 것이다.

많은 도시는 반동적 국수주의를 반대하고 민주 정치의 소생을 돕고 있다. 예를 들어, 2017년 1월 미국 대통령이 미등록 이민자를 보호하는 '성역 도시sanctuary city'에 자금 지원을 중단하는 행정명령에 서명했을 때 수백 개의 주, 국가, 지방 정부가 이 법안 발효에 반대했다. 백악관이 2017년 12월 이주를 관리하기 위한 새로운 글로벌 협정을 보이콧하기로 했지만 미국의 대도시들은 그 결정과 관계없이 뜻을 밀어붙였다. 비단 미국 도시만 정부와 정부 정책에 맞선 것이 아니었다. 런던 시장 사디크 칸Sadiq Khan은 임기 내내 계속해서 유럽의 반동적 정치인들을 비난했다.[142] 바르셀로나와 마드리드는 스페인의 난민 제한 정책을 공개 비난했다.[143] 일부 이탈리아 도시에서는 정부에서 시민권 부여를 반대한 이후에도 새로운 이민자들과 망명자들에게 '지역 시민권local citizenship'을 부여하기도 했다.[144]

더 많은 도시가 국제기구를 향해 도시 관련 이슈에 대해 더 진지하게 논의할 것을 요구하고 있다. 세계지방정부연합(UCLG)은 도시 간 네트워크 중 가장 규모가 크며 1913년에 설립되었다. 글로벌시장의회Global Parliament of Mayors는 신생 연합 조직으로, 2016년부터 지방 정부 회의 의석을 요구하는 도시에 대한 권리 운동을 벌이고 있다. 도시의 리더들은 이주민과 난민을 보호하고 보살피는 문제에 특히 집중하여 국제이주기구(IOM), UN 난민고등판무관사무소(UNHCR) 등 UN 기구에 직접 참여하고 있기도 하다. 도시들은 집중 로비를 통해 2015년 발표한 향후 15년을 위한 SDGs를 정할 때도 영향력을 발휘했다. SDGs는 국가와 함께 도시의 관심사를 확실히 명시한 최초의 국제적 합의이다. 이런 성취에 힘입어 도시 지지자들은 도시에 대한 권리를 증진하기 위한 새로운 도시 의제를 위해 G20, G7 등 다양한 국제기구에 호소하고 있다.

다자주의와 국제협력이 경색된 시점에 도시는 새로운 외교와 교류 형태를 촉진하고 있다. 오늘날 300개가 넘는 도시 간 연합이 있고, 이는 국민국가 간 연합보다 더 많다. 도시는 탄소 감축, 난민 수용, 급진주의와 극단주의 대응을 위한 협약을 맺고 기준을 세움으로써 도시가 지배하는 세상에서 자신의 힘과 영향력을 발휘하고 있다.

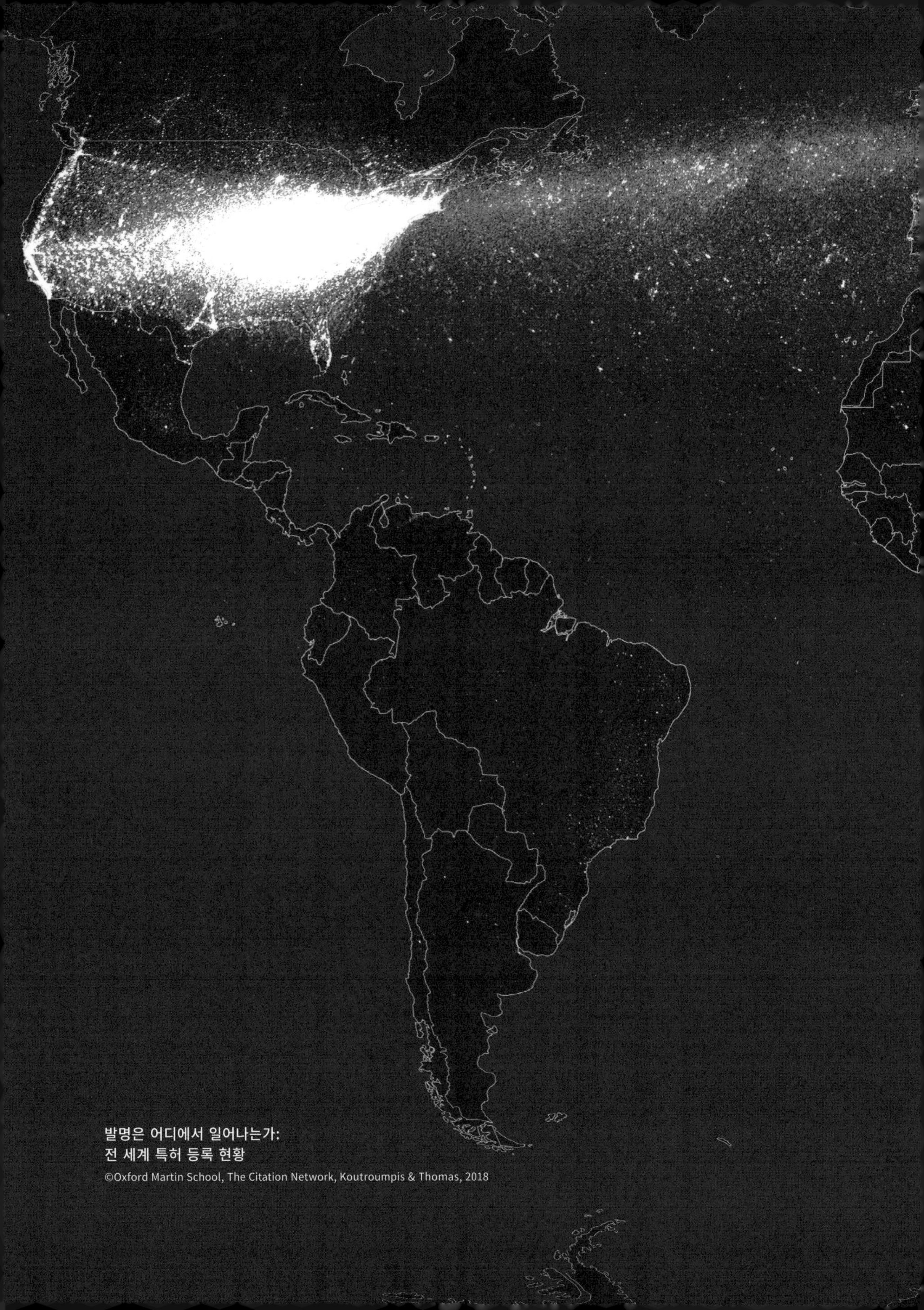

발명은 어디에서 일어나는가:
전 세계 특허 등록 현황

©Oxford Martin School, The Citation Network, Koutroumpis & Thomas, 2018

기술

기술 혁신은 진보를 뒷받침한다

의료 기술이 수명을 대폭 늘린다

기술은 약이 될 수도, 독이 될 수도 있다

AI와 로봇으로 인해 일자리가 사라질 것이다

발명은 어디에서 일어나는가: 전 세계 특허 등록 현황

흰색 점은 각각이 특허 1건을 의미하며, 대양과 대륙에 걸쳐진 여러 개의 점은 미국, 유럽, 중국, 일본, 대만 및 한국 등 서로 다른 지역에서 발생한 발명 간의 협력을 나타낸다.

들어가며

인간이 뛰어난 이유는 창의적인 방식으로 협력하기 때문이다. 상단의 세계 특허 열지도를 보면 발명가들이 서로 얼마나 협력하는지 알 수 있다. 지도의 각 점은 개별 특허를 의미하며, 특허의 등록 주소가 한 곳 이상인 경우에는 해당 장소들의 중간 지점에 표시했다. 가령 대서양에 표시된 점은 미국과 유럽 발명가들의 협력을 보여주며, 중앙아시아에 표시된 점은 중국과 유럽 발명가들의 협력

을 나타낸다. 중국, 대만, 일본 및 미국 간 협력 규모는 아시아와 지중해에 걸쳐 이어진 점에서 확인할 수 있다. 미국 내 동북부 회랑과 실리콘밸리 간 협력은 점이 결합되어 진한 흰색으로 표시되었다. 이와 유사한 패턴이 서유럽 전역과 중국 내에서 관찰되는데, 이는 다양한 국가 연구 시설에서 발명가들이 서로 협력하고 있음을 보여준다.

기술 변화가 가속화되는 이유는 단지 더 많은 사람이 다양한 배경에서 혁신을 일으키기 때문이 아니라, 이들이 디지털 연결과 강력한 슈퍼컴퓨터의 지원을 더 많이 받고 있기 때문이다. 마치 전 세계 모든 요리사가 커다란 주방에 모여 새로운 재료와 요리법, 조리 도구를 끊임없이 내놓는 상황이다. 이번 챕터에서 기술이 우리 삶을 어떻게 바꾸고 있는지 살펴보고 그 변화의 속도가 가속화되고 있는지 혹은 둔화되고 있는지에 대해 알아본다. 또한 기술로 인해 불평등이 심화되었는지 또는 완화되었는지, 새로운 혁신으로 우리가 현재와 미래에 직면할 주요한 문제를 해결할 수 있을지도 살펴본다. 물론, 기술은 양날의 검으로 진보를 앞당기기도 하지만 피해를 초래하기도 한다. 기술로 인해 프라이버시가 제한되고 기술이 인간의 일자리를 빼앗는 등 일부 심각한 우려도 제기되고 있다.

기술이란 무엇인가?

기술은 우리 일상과 상당히 매끄럽게 연결되어 있어서 평소에는 기술을 당연시하게 된다. 인터넷이 중단되거나 백신 생산이 지연되는 등 기술에 문제가 발생하면 그제야 우리가 기술에 얼마나 의존하고 있는지를 깨닫는다. 과학계의 석학 브라이언 아서Brian Arthur에 따르면, 기술은 '목적을 위한 수단'으로 문제에 대한 해결책을 찾아주는 도구이다.[1] 기술이라고 하면 많은 사람이 컴퓨터를 비롯해서 스마트폰, 스마트워치, 자율주행차 등 디지털 장치를 떠올린다. 사실은 우리가 일상에서 사용하는 거의 모든 것들이 기술 발전의 산물이다. 지금 읽고 있는 책, 이 글을 작성할 때 사용한 컴퓨터, 우리가 사용하는 펜, 종이, 옷, 수돗물, 변기 등 기술은 말 그대로 우리의 삶 모든 곳에 스며들어 있다.

감탄을 자아내는 최신의 혁신 기술을 포함하여 인간이 정교한 도구를 만들 수 있게 되면서 인간은 *(다른 종에 대하여)* 우위를 점하게 되었고, 그러한 능력이 모든 인간 성취의 기반을 형성한다. 인간의 웰빙에 가장 큰 영향을 미친 것은 혁신 기술로, 그 시작은 약 260만 년 전[2] 등장한 석기stone tools와 적어도 100만 년 전에 등장한 불이다.[3] 우리 조상들이 가축을 기르고 작물을 재배하기 시작했던 약 1만 년 전보다 훨씬 오래전부터 혁신이 시작된 것이다. 이와 관련해서는 건강 챕터에서 자세히 다루겠지만, 보다 최근에는 수질 정화, 위생 관리 및 백신 접종을 통해 질병을 통제하는 등 건강이 향상되면서 인간의 삶의 질과 수명이 개선되기도 했다.

인간은 가장 파괴적인 종이기도 하다. 활에서 탄약에 이르는 각종 무기가 수백만 명의 사람들을 상처 입히고 목숨을 앗아 갔다. 폭력 챕터에서 이야기하는 것처럼 이러한 무기 때문에 대량 살상이 발생하고 인간의 삶이 파괴될 수도 있다. 테러와 피해를 극대화하기 위해 고안된 무기뿐만 아니라, 평화적인 의도로 개발되었으나 의도와는 달리 부정적인 결과를 초래하는 기술도 많다. 화석연료와 에어로졸, 플라스틱, 비료, 제초제, 석면 등 다양한 혁신 기술이 결과적으로 인간의 건강과 생물 다양성 그리고 지구 생명을 유지해주는 생태계를 파괴한다는 사실을 인류는 나중에서야 깨달았다.

17세기 후반과 18세기 초에 비로소 대부분의 사람이 현대 기준 연간 400달러에서 1,000달러에 달하는 최저 생활 수준을 겨우 충족하는 수준의 삶을 살 수 있게 되었다.[4] 영국에서 1760년경에 시작된 산업혁명이 삶의 수준을 극적으로 개선하는 계기였다. 석탄 등의 화석연료는 추진력, 난방 및 전기화 발전의 수단을 제공했다. 250년이 지나고 나서야 마침내 인간은 화석연료가 전 세계 기후를 얼마나 망가뜨리는지, 인간의 미래 생존을 얼마나 위협하는지 깨닫고 있다. 다행스러운 점은 대체 에너지가 있어서 에너지 혁신을 위한 기반이 마련되고 있다는 것이다. 에너지 혁신은 현재 진행 중인 유전체학 및 AI 혁신과 함께, 이전의 혁신적 기술 변화 시대보다 더 강력할 것으로 보인다.

기술의 잠재력이 커지면서 이를 이해하고 관리할 필요성도 높아지고 있다. AI는 조지 오웰George Orwell이 제기한 것과 같이(*오웰은 소설 『1984』를 통해 전체주의적 디스토피아 사회의 전형을 제시했다*), 소셜 미디어와 결합하여 민주주의를 저해하고 인간의 행동과 생각을 통제하는 새로운 수단을 만들어 낼 잠재력 또한 가지고 있다. 우리가 '범용 기술general purpose technology' 이라고 일컫는 일부 형태의 혁신들은 진정으로 혁신적인 것들이었다. 이러한 혁신은 다양한 제품을 생산하는 새로운 방법을 제시하고, 적응과 발명을 위한 이전에는 몰랐던 기회를 만들었다. 인쇄기, 증기 기관, 전기, 내연 기관에서부터 최근에는 컴퓨팅과 정보기술에 이르는 기술 등이 그 대표적인 예이다.[5]

컴퓨터의 발전은 제2차 세계대전 이후 가장 중요한 기술 발전이다. 1965년 고든 무어Gordon Moore는 컴퓨터 집적회로의 집적도가 매년 2배씩 증가한다고 예측했다가, 이후 2년마다 2배씩 증가한다고 수정했다. 그의 예측은 '무어의 법칙Moore's Law'으로 불리며, 그후 50여 년간 지속된 역사적 추세를 내다보았다. 컴퓨팅

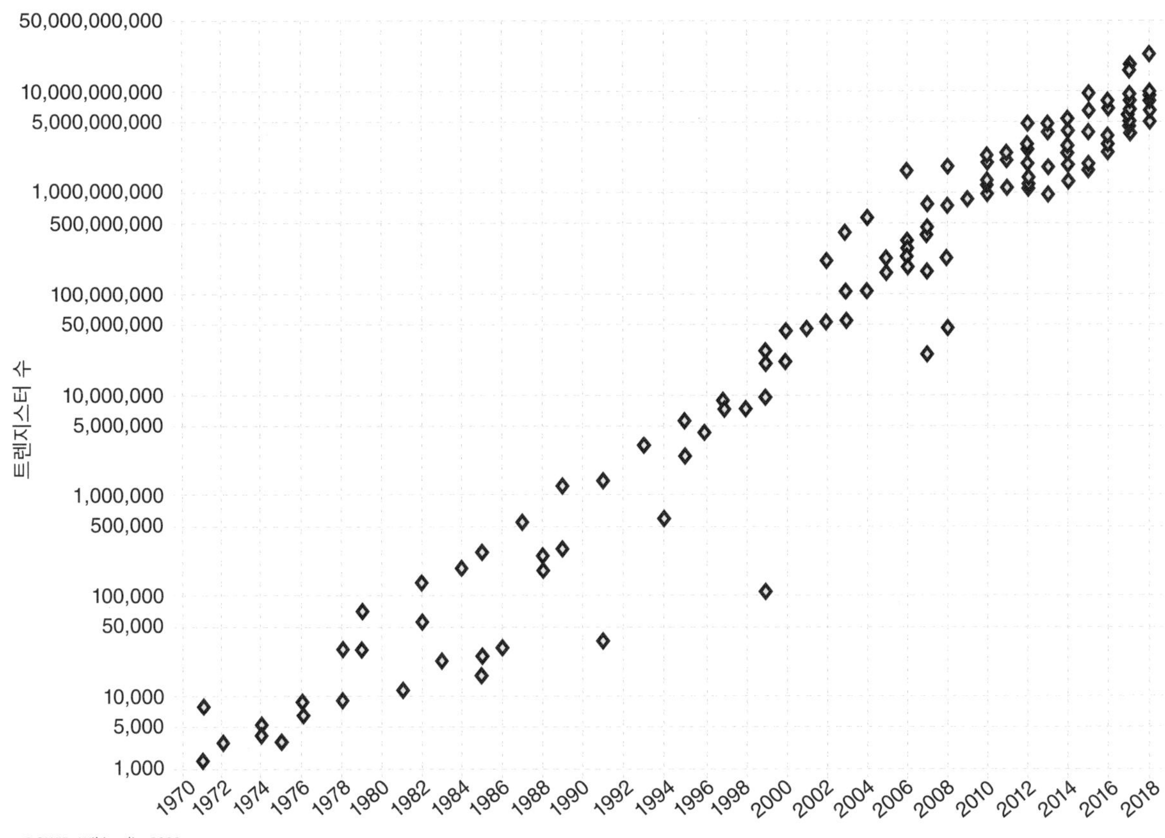

처리 성능의 지수적 향상 (1970~2018)

집적회로 반도체의 트랜지스터 수가 시간의 흐름에 따라 지수적으로 증가한다. 1965년 약 1,000개에서 오늘날 500억 개 이상으로 늘어났다.

성능의 지수적 증가는 지금도 그 영향력이 만연하다. 오늘날 스마트폰은 50여 년 전 아폴로11호를 달로 보냈던 컴퓨터와 비교했을 때 처리 능력은 10만 배 이상, 메모리는 700만 배 더 뛰어나다.[6] 20년 뒤엔 10만 배에서 100만 배 이상 더 강력해질 것이다. 무어의 법칙이 한계에 이르고 있다는 주장을 둘러싼 논쟁이 수십 년간 이어지고 있는데 이에 대한 낙관론과 비관론에 따라 추정치에 차이가 난다.[7]

컴퓨터 성능의 향상은 현재 기술 혁신의 원동력이다. 이제 우리는 처음으로 원자를 구성하는 입자에서 우주에 이르는 다양한 크기의 사물을 관찰할 수 있다. 생명공학기술, 유전체학, 퀀텀 컴퓨팅 등 완전히 새로운 학문과 접근법이 등장하면서, 이들 각각은 더 나은 과학 진보를 위한 새로운 발판을 제공하고 있다. 의학의 경우, 암 치료 등 다양한 분야에서 중대한 혁신이 나올 것으로 기대되는데, DNA 시퀀싱 및 관련 기술을 통해 여러 가지 심각한 유전병 등을 치료할 수 있다. 수술 시 로봇의 활용이 증가하면서 치료가 보다 정확해지고 회복 시간도 빨라지고 있다.

기술 변화의 가속화

컴퓨팅 성능은 변화를 가속화하는 하드웨어를 제공하고, 교육과 연결성은 소프트웨어를 제공한다. 기술 변화가 가속화하는 이유는 연결된 두뇌의 수가 늘면서 새로운 아이디어가 창출되기 때문이다. 1990년 전 세계 인구는 약 53억 명이었고, 이 중 약 40억 명이 글을 읽고 쓸 줄 알았다.[8] 오늘날 전 세계 인구 77억 명 중 약 67억 명이 글을 읽고 쓸 수 있다.[9] 단순히 글을 읽고 쓰는 인구가 27억 명 더 늘어난 것이 아니라 이들의 상호연결성 또한 증가되고 있으며, 이들은 새로운 아이디어를 찾으려 애쓰고, 50년 전에는 아예 상상하지도 못했던 방식으로 각자의 생각을 공유한다. 진보는 개인의 탁월함으로 인해 주기적으로 발생하기도 하지만, 협력의 결과로 발생하는 경우도 흔하다. 사람들은 서로에게 영감을 준다. 그래서 인구 밀도가 높은 도시가 창의성과 생산성의 중심지가 된다.

자유롭고 개방된, 지속적인 소통이 일반적으로 가능한 인터넷을 통해 새로운 아이디어와 혁신의 공유 속도가 급격히 빨라졌다. 물론 이러한 인터넷의 속성은 검열로 인해 저해되는 경우가 많고, 가짜 뉴스나 나쁜 아이디어가 인터넷을 통해 확산되기도 한다. 하지만 인터넷을 통해 아이디어를 교환하고 클라우드에 엄청난 양의 데이터를 저장할 수 있게 되면서, 서로 다른 대륙에 있는 멀리 떨어진 개인과 기업, 연구소 및 스타트업들이 아이디어를 공유하고 글로벌 기업을 설립하며 전 세계 곳곳에 아이디어를 내놓고 있다. 일반적으로 구성원의 국적, 성별, 인종, 나이 등이 다양할수록 해당 팀은 더 혁신적인 결과를 만든다.[10] 특히 이민자는 성취도가 높은 경우가 많은데, 특허의 인용이나 노벨상, 아카데미 시상식 등에 이민자가 상당히 많이 등장하는 것도 우연이 아니다.[11] 발명의 대명사로 불리는 알베르트 아인슈타인Albert Einstein은 구글의 공동 창립자 세르게이 브린Sergey Brin이나 애플의 창립자 스티브 잡스Steve Jobs의 아버지와 마찬가지로 난민 출신이었다.

더 많은 아이디어와 기술이 생산되고 있을 뿐 아니라 이러한 아이디어와 기술이 그 어느 때보다 빠르게, 더 많은 장소에서 도입되고 있다. 이는 빠른 의사소통, 그리고 디지털 형태를 포함하는 공급망의 세계화 때문이다. 또한 새로운 기술의 비용이 낮아지면서 예전보다 기술 도입이 더 쉬워졌기 때문이다. 인도네

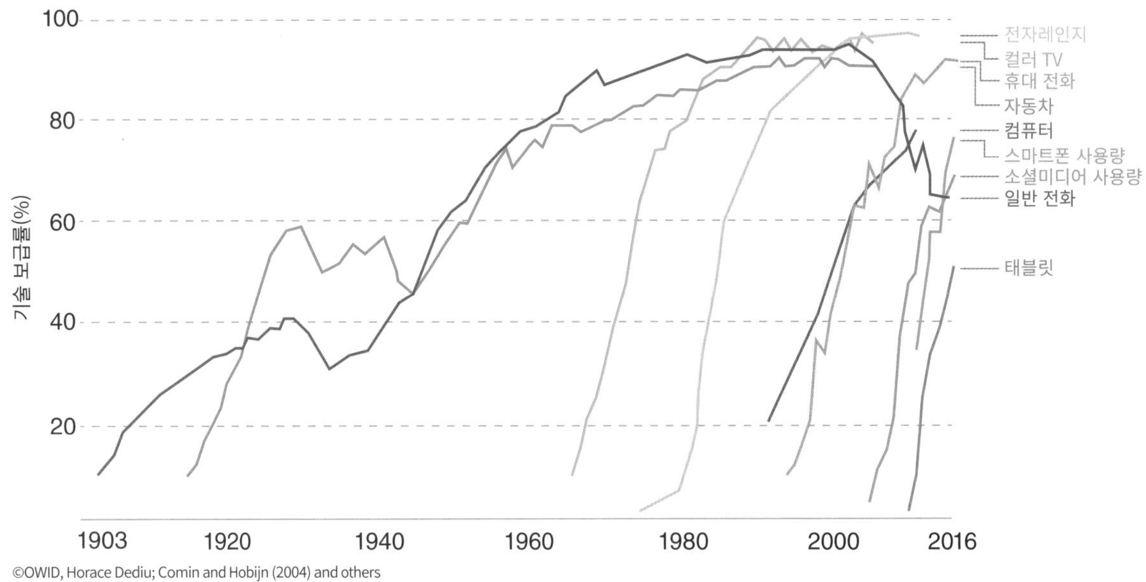

©OWID, Horace Dediu; Comin and Hobijn (2004) and others

가팔라지는 기울기: 1903년 이후 미국 가정의 기술 도입 현황

새로운 기술의 보급률이 지난 120년간 가속화되었다. 미국 가정에서 일반 전화를 사용하는 비율은 어느 해를 보더라도 더딘 증가를 보이고 있다. 1990년대 휴대전화의 보급률이 거의 수직으로 증가한 것과 대조적이다.

시아는 증기선이 처음 개발된 지 160년 만에 겨우 한 척의 증기선을 확보할 수 있었다.[12] 케냐에 전기가 보급되는 데에는 60년이 걸렸다.[13]

데스크톱 컴퓨터는 미국에서 개발되고 나서 50년 뒤에 베트남에 대중화되었다.[14] 최신 아이폰은 일주일 만에 100여 개국에서 판매됐고, 옥스퍼드와 리우데자네이루에 출시되기 전 중국에서 먼저 판매되었다.[15] 르완다는 드론을 이용해 다른 국가들보다 훨씬 빨리 혈액 제제와 생명을 구하는 백신을 나르고 있다.[16] 실제로 가장 도전적인 환경에서 해결책을 개발하는 오늘날 과학 기술 전문가들이 혁신을 이뤄낼 수 있다. 강력한 수요가 최신 기술을 만날 때, 극적인 혁신과 급격한 확대를 이끄는 더 나은 조건이 탄생한다.[17]

기술의 도입 속도가 빨라지는 일부 요인은 소득 증가 대비 기술 비용이 낮아지고 있기 때문이다. 또한 정보통신기술(ICT)의 혁신을 위해서는 철도나 전기가 보급될 때 수반되는 상당한 규모의 기반시설 투자와 서비스가 필요하지 않기 때문이기도 하다.

도약

기술전도사들은 아프리카와 아시아, 라틴아메리카의 저소득 국가들이 기술을 이용해 현재 이들 국가에서 실패로 간주되는 교육, 보건, 에너지 등의 분야에서 도약할 수 있다고 주장한다. 자본 집약적인 기반시설 대신 비용이 상대적으로 저렴하고 디지털 기반의 접근에 투자하면 도약이 가능하다.[18] 적어도 새로운 기술을 통해 일부 국가들은 값비싼 기존 시스템이 가진 제약을 극복하고 있다. 예를 들어 디지털 헬스, 모바일 뱅킹 및 원격 교육을 통해 저소득 국가의 수백만 명의 가난한 사람들이 굉장히 저렴한 비용으로 서비스를 이용할 수 있게 되었다. ICT 도약에 있어서 가장 많이 회자되는 곳이 케냐인데, 케냐에선 성인의 80퍼센트가 휴대전화로 은행 업무를 본다. 영국의 경우 모바일 뱅킹을 사용하는 비율이 인구의 40퍼센트, 미국은 30퍼센트에 가까운 수준이다.[19] 2007년 케냐에 엠페사[M-PESA](M=모바일, pesa=스와힐리어로 돈을 의미한다)라는 모바일 뱅킹 서비스가 도입됐다. 엠페사는 출시 이후 가장 많이 사용되는 결제 및 송금 서비스로 성장하여, 인구 5,000만 명의 가난한 나라인 케냐에서 3,300만 개 이상의 계정 수를 기록하고 있다.[20] 엠페사의 성공은 가입자들이 의료 서비스를 위한 자금을 따로 확보할 수 있도록 하는 엠티바[M-Tiba]와 모바일 헬스 등 다른 플랫폼에도 힘을 실어주었다. 엠티바에 적립된 자금은 의료 시설의 서비스 및 의약품 비용 지불에 사용된다. 산모와 영유아 돌봄에 특화된 제품이 특히 큰 인기를 얻고 있는데, 케냐의 키베라 빈민가에 있는 의료 시설들은 공공 병원 대비 접근성도 우수하고 훨씬 저렴한 비용으로 초음파 검사를 제공하고 있다.[21]

도약: 영국과 아프리카 감비아의 휴대전화 및 일반전화 가입자 수

1인당 소득이 716달러인 감비아[22]와 1인당 소득이 4만 2,962달러인 영국[23]의 휴대전화 보급률이 거의 같은 수준이다. 감비아에서 휴대전화 보급률은 일반 전화의 보급률을 뛰어넘었는데, 일반 전화는 거의 보급되지 않았다.

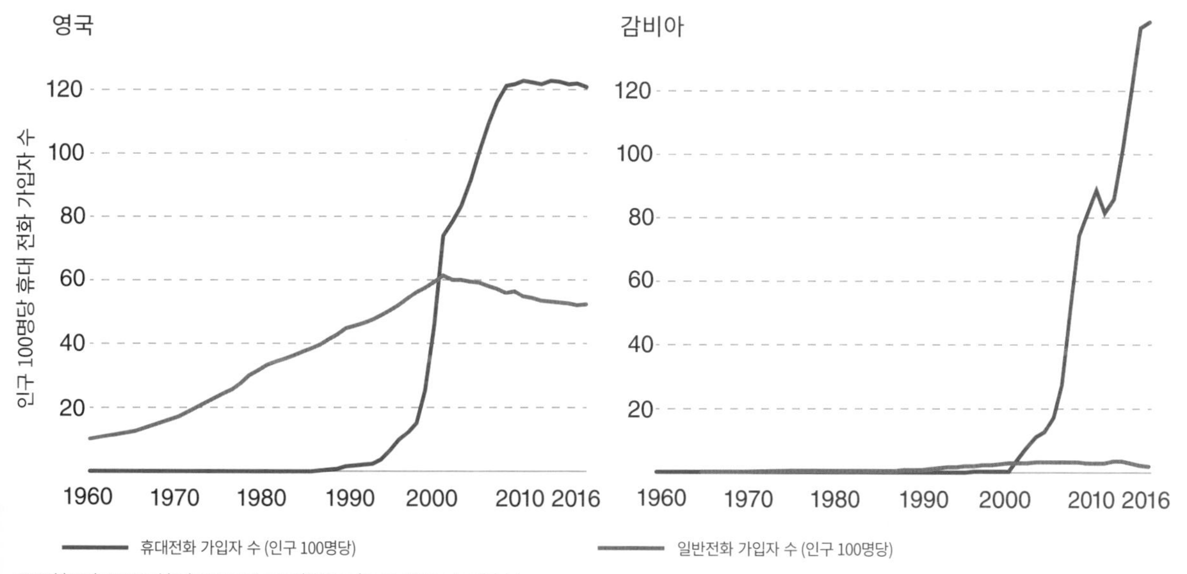

©World Bank, ITU World Telecommunication/ICT Development Report and database

케냐에서 모바일 뱅킹이 크게 확산될 수 있었던 이유는, 케냐의 휴대전화 보급률이 높았고 기존의 뱅킹 시스템이 상대적으로 열악해서 새로운 시장 참여자의 시장 점유가 가능했기 때문이다. 반면 영국과 유럽의 기존 은행 및 규제 당국은 이를 허용하지 않았다.[24] 최근까지 아프리카가 전 세계 모바일 은행 계좌의 절반 이상을 차지하다가, 지금은 중국이 가장 큰 모바일 뱅킹 시장으로 성장했다. 연간 100억 회 이상의 거래가 알리페이Alipay, 위챗WeChat 등의 플랫폼을 통해 이루어지고 있다.[25] 모바일 뱅킹이 발전하면서 은행 계좌가 거의 없던 수백만 명의 사람들이 안전하고 효율적이면서 저렴한 방식으로 신용 및 송금 서비스를 이용할 수 있게 되었다.

기술 '도약' 덕분에 새로운 시장 참여자들이 대규모 사전 투자 없이, 관련 타성에 영향을 받지 않고 성공할 수 있게 되었다. 후발 주자도 따라잡거나 앞서나갈 수 있다는 생각은 매력적이지만, 실제로 이러한 생각은 제도, 교육 또는 경제 환경과 관계없이 도입될 수 있는, 비교적 소수의 기술에만 적용된다.

환경을 오염시키는 에너지에서 청정에너지로

새로운 기술은 화석연료에 대한 지나친 의존도를 줄이는 등, 인류가 직면한 중대한 문제를 해결할 수 있는 가능성을 열어준다. 기후 챕터에서 언급한 것처럼 많은 국가가 2016년 파리에서 지구 평균 온도가 2℃ 이상 상승하지 않도록 협력하는 파리기후협정에 서명했다. 이는 곧, 2050년까지 화석연료 사용을 중단해야 하고 각국이 에너지원을 재생에너지 등 화석연료 기반이 아닌 에너지로 전환해야 한다는 의미이다. 풍력에너지 및 태양에너지 비용이 가파르게 하락한 것은 이 분야의 기술이 성공적으로 개선됐기 때문이다. 174~175쪽의 지도를 보면, 2010년에서 2018년 사이 재생 가능한 풍력에너지 및 태양에너지 용량이 기가와트(GWh)

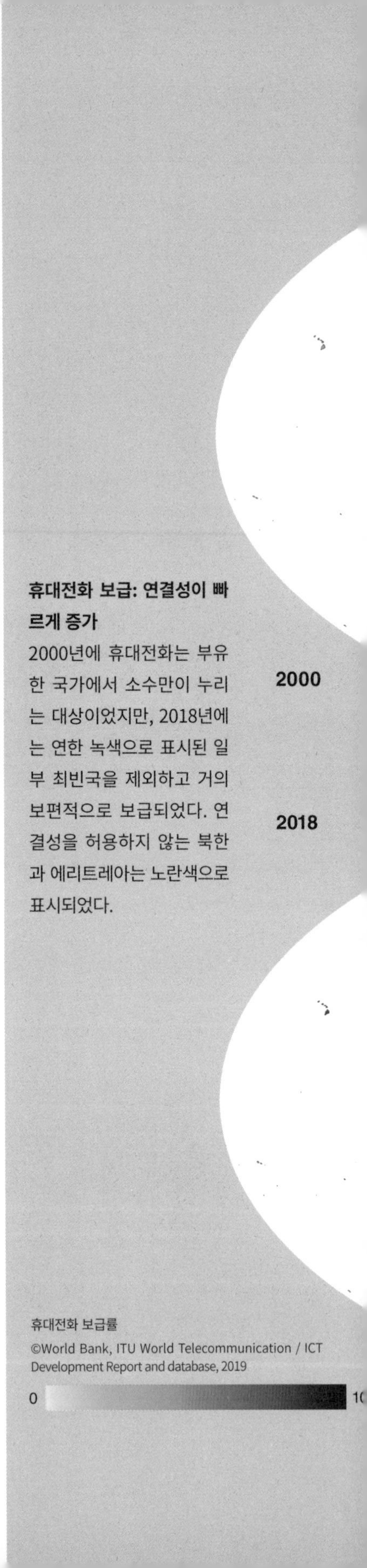

휴대전화 보급: 연결성이 빠르게 증가

2000년에 휴대전화는 부유한 국가에서 소수만이 누리는 대상이었지만, 2018년에는 연한 녹색으로 표시된 일부 최빈국을 제외하고 거의 보편적으로 보급되었다. 연결성을 허용하지 않는 북한과 에리트레아는 노란색으로 표시되었다.

2000

2018

휴대전화 보급률

©World Bank, ITU World Telecommunication / ICT Development Report and database, 2019

0 10

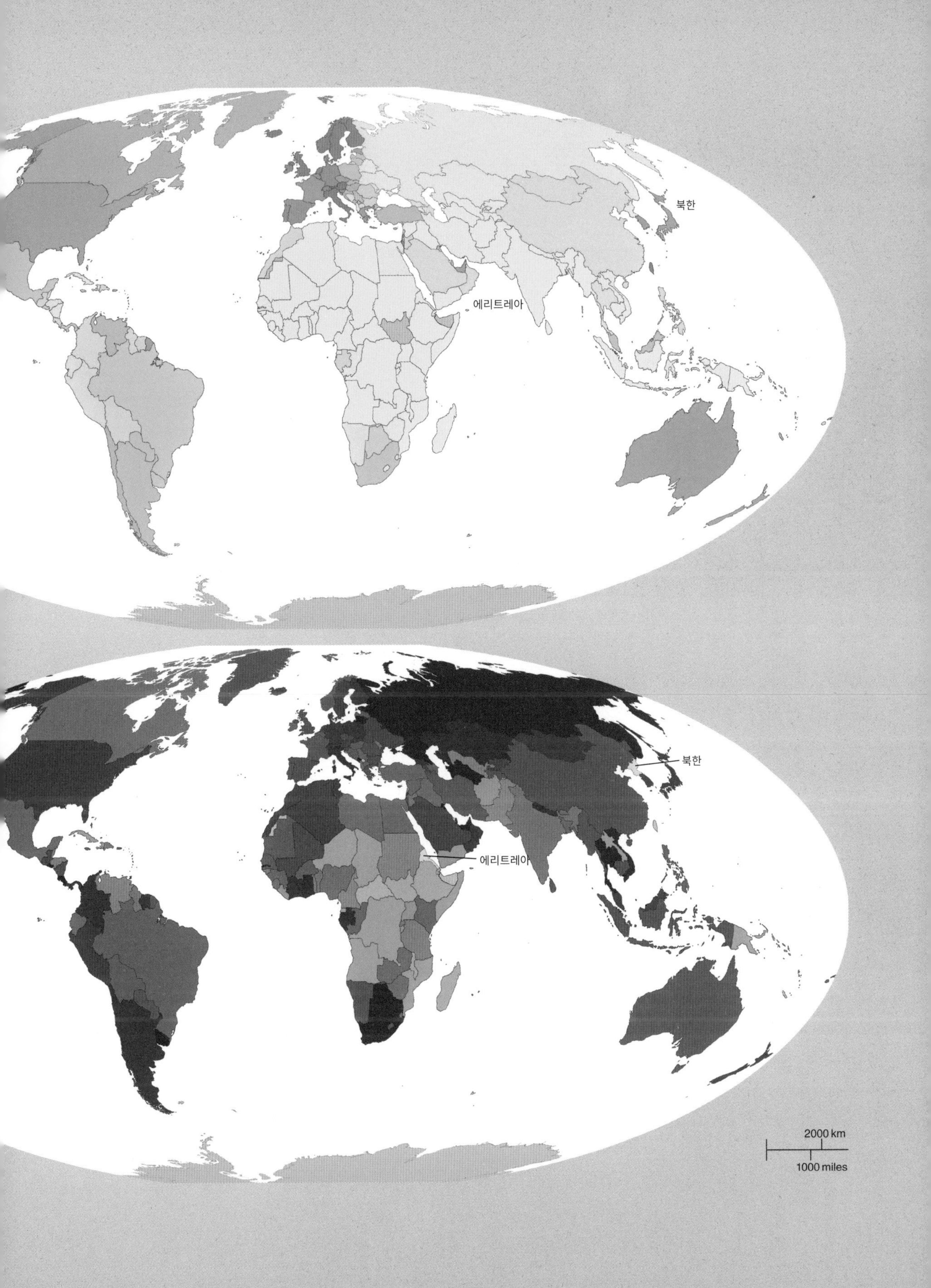
북한
에리트레아
북한
에리트레아
2000 km
1000 miles

덥고 바람이 많이 부는 날씨: 재생에너지 기반 전력 성장

2010년에서 2018년까지 재생 가능한 풍력에너지 및 태양에너지 용량이 (기가와트 기준) 많은 국가에서 급속도로 증가했다. 보라색은 풍력에너지를, 빨간색은 태양에너지 용량을 나타낸다. 2018년 중국의 재생에너지 용량이 다른 국가들보다 앞섰고, 유럽연합 회원국의 총 재생에너지 용량이 그 뒤를 이었다.

국가별 풍력에너지 및 태양에너지 기반 전력용량
©International Renewable Energy Agency (IRENA), 2020

- 풍력에너지
- 태양에너지

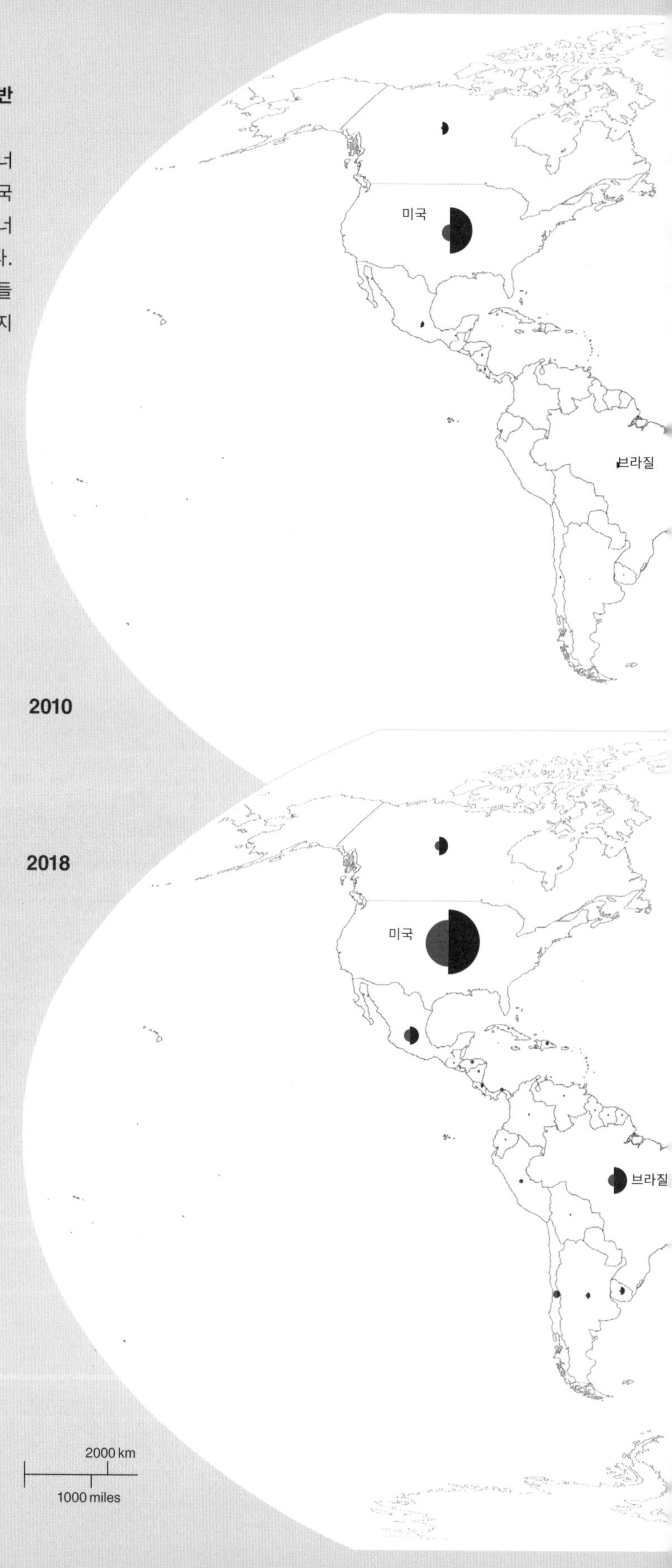

영국
독일
프랑스
터키
중국
일본
인도
영국
독일
프랑스
터키
중국
일본
인도

기준으로 여러 국가에서 현저히 늘어났다. 보라색은 풍력에너지를, 빨간색은 태양에너지 용량을 나타낸다. 2018년 중국의 재생에너지 용량이 다른 국가들보다 높았는데, 그중에서도 풍력에너지(211기가와트)가 태양에너지(175기가와트)보다 용량이 높았다.[26] EU에서는 풍력에너지(178기가와트)로 생산된 전력(보라색)이 태양에너지(115기가와트)를 이용한 전력(빨간색)보다 많았으며, 영국에서도 마찬가지로 풍력에너지(21기가와트)로 태양에너지(13기가와트)보다 더 많은 전력을 생산했다.[27] 미국에서도 풍력에너지(89기가와트) 용량이 태양에너지(62기가와트)보다 많았다. 일본의 경우, 태양에너지 기반 전력 생산이(55기가와트) 전 세계에서 네 번째로 많았고, 풍력에너지 기반 전력 용량(4기가와트)은 아홉 번째로 많았다. 빨간색 반원의 크기가 보라색 반원보다 훨씬 커 보이는 이유이다.[28]

아래의 지도에는 미국 전역에 분포된 태양광발전 시설이 잘 나타나 있다. 당연히 햇빛이 많이 들고 재생에너지 친화 정책을 펼치는 캘리포니아주에 시설이 집중되어 있다. 또한 네바다주와 애리조나주 간의 격차와 플로리다주에 태양광 시설이 거의 없다는 점, 미국 동북부 지역에 시설이 집중되어 있다는 점이 눈에

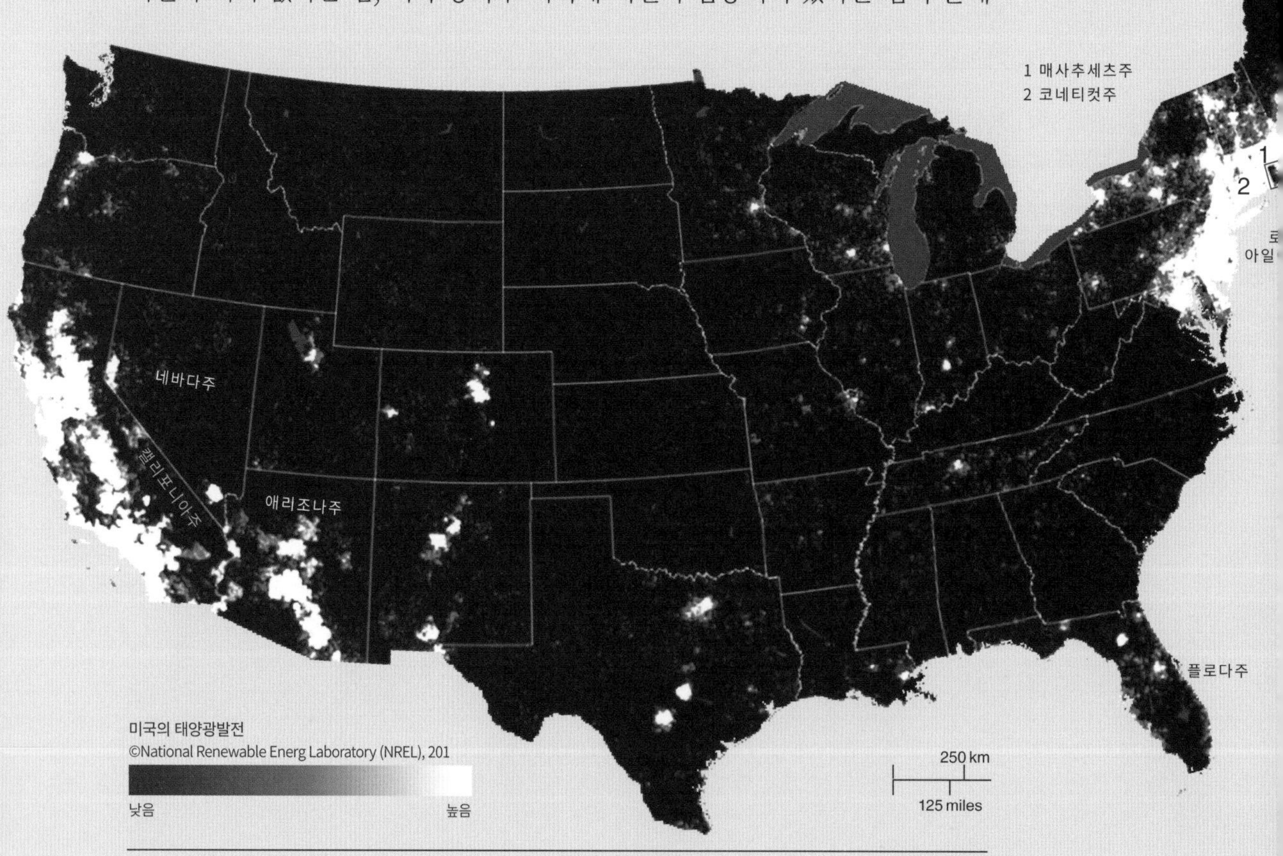

미국의 태양광발전
©National Renewable Energ Laboratory (NREL), 201

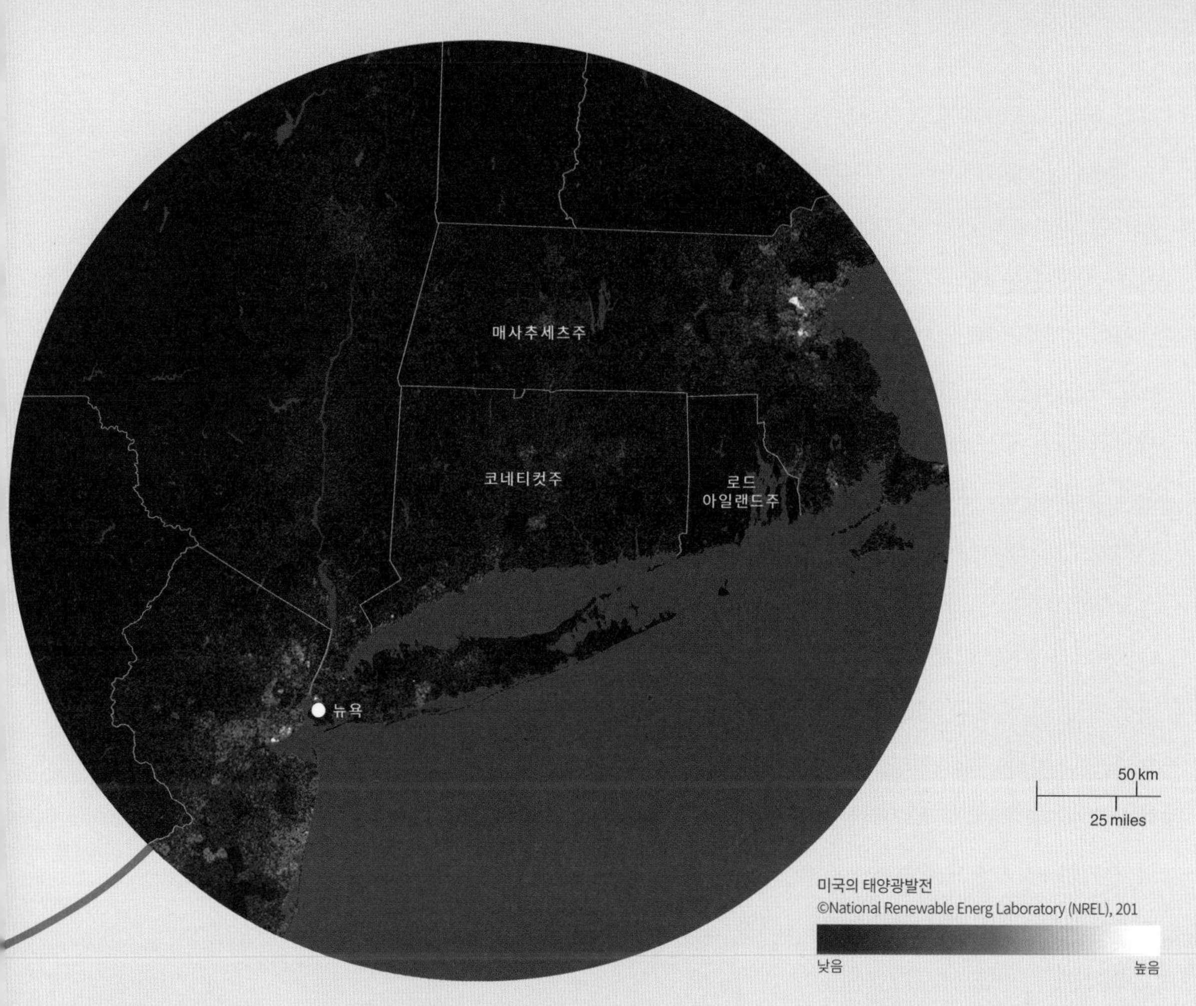

미국의 태양광발전이 빠르게 성장하고 있지만 규제가 핵심이다

흰색으로 표시된 태양광발전 시설 분포에서 차이가 나타나는 것은 규제 및 세제 환경에 따라 재생에너지 투자가 촉진되거나 저해되기 때문이다. 동북 지역을 확대해 보면 로드아일랜드주의 재생에너지 도입률이 상대적으로 매우 낮은데, 이는 태양광발전 기술에 대해 주 차원의 인센티브가 거의 없기 때문이다.

띈다. 여기에는 인구 밀도가 일부 반영되어 있다. 태양광 시설물 분포에서 차이가 나타나는 또 다른 이유는 규제 및 세제 환경에 따라 태양광발전이 촉진되거나 혹은 저해되는 정도가 달라지기 때문이다. 규제의 중요성은 미국 동북부 지역을 확대해 보면 더 명확히 드러난다. 태양광발전에 인센티브를 제공하지 않았던 로드아일랜드주의 태양광발전 도입률은 코네티컷주나 매사추세츠주와 같은 동북부 회랑 지역의 다른 주보다 훨씬 낮다.

속도가 그리 빠르진 않긴 해도 전 세계는 보다 재생 가능한 에너지 솔루션으로 점차 이행하고 있다. 에너지 전환은 빠른 속도로 진행되어야 하는데 그러기 위해서는 전기차가 광범위하게 보급되어야 한다. 주요 자동차 제조사들이 모두 대대적인 투자를 하고 있지만, 현재 전기차(EV) 보급률을 보면 2025년까지 전 세계 운영 차량 중 전기차의 비중이 10퍼센트를 넘기기 어려울 것으로 보인다.[29] 하지만 중국은 정부의 확고한 지지에 힘입어 전기차 비중 10퍼센트를 훌쩍 넘길 수도 있다. 중국 정부는 전기차에 대해 보조금을 지급하고 도시 내 내연기관차의 사용을 법적으로 제한하며 테슬라의 기가팩토리Gigafactory를 상하이에 설립하는 등, 전기차 제조사에 매우 가시적인 지원을 제공하고 있다. 노르웨이는 전기차로의 전환에 있어서 더 선진적인데, 현재 새로 출고되는 차량의 절반이 전기차이다.[30] 배터리 수명 개선과 충전 시설 보급과 마찬가지로, (스칸디나비아 국가들이 그러하듯이) 규제 변화와 보조금 지급으로 전 세계는 전기차로의 전환을 더 가속화할 수 있다. 중국에서는 환경오염에 대한 우려로 전기차 판매가 호황을 누리고 있다. 전기차 판매 지도를 보면 2019년 중국에서 120만 대 이상의 전기차가 판매되면서, 중국이 전 세계 전기차 수요의 약 절반을 차치했다. 2019년 중국에서 판매된 전체 차량 2,600만 대에서 차지하는 비율은 낮지만, 현재 중국의 전기차 시장은 미국보다 2배 빠르게 성장하고 있고 전 세계에서 판매되는 전기차 2대 중 1대가 중국에서 판매되고 있다.[31]

글로벌 디지털 신경계

인터넷은 전 세계의 신경계이다. 즉, 연결되지 않은 개인은 무슨 일이 벌어지는지 파악하기가 점점 어려워지고, 디지털 경제를 작동시키는 공공, 민간 서비스 등을 제대로 활용하지 못하게 된다. 인터넷을 사용하는 사람이 많아질수록 잘못된 정보의 위험도 커진다. 전 세계의 인터넷 사용을 보여주는 180~181쪽의 지도 두 장을 비교해보면 2010년에서 2018년 사이 연결성이 개선된 것을 바로 확인할 수 있다.

현재 선진국에서는 인구의 85퍼센트 이상이 인터넷을

전기차 판매가 중국에서 가장 빠르게 늘고 있다
중국은 전 세계 전기차 수요의 절반가량을 차지하며, 2019년 중국에서 120만 대 이상의 전기차가 팔렸다.

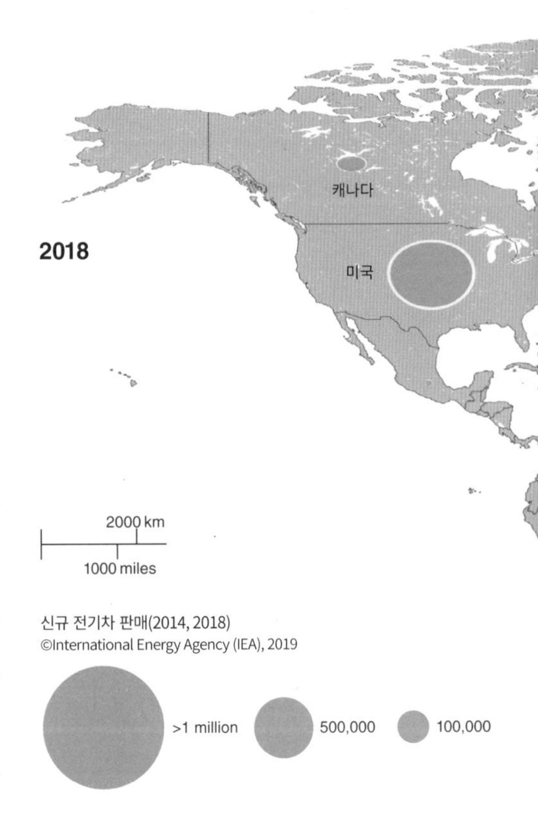

신규 전기차 판매(2014, 2018)
©International Energy Agency (IEA), 2019

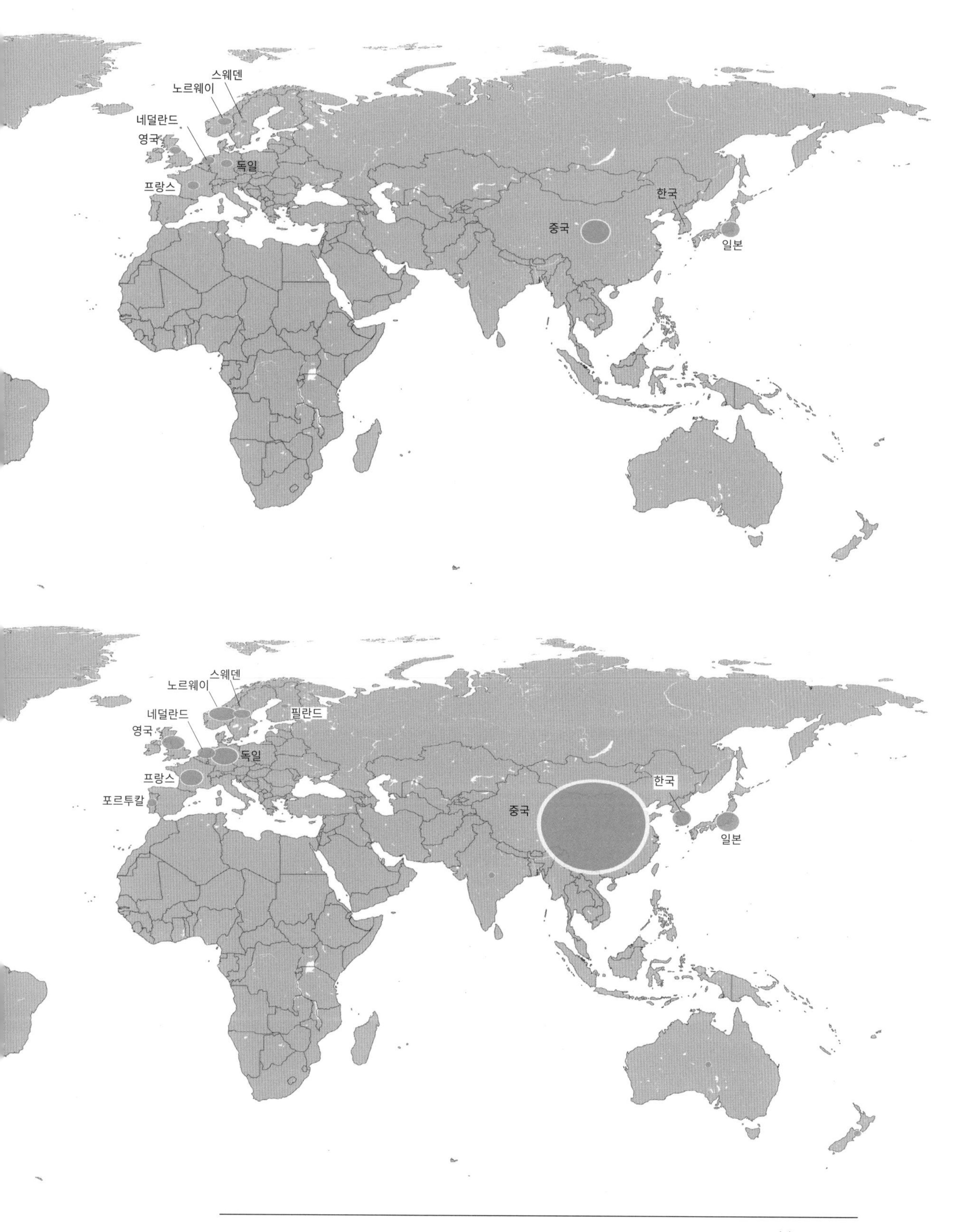
스웨덴
노르웨이
네덜란드
영국
독일
프랑스
한국
중국
일본
스웨덴
노르웨이
네덜란드
필란드
영국
독일
프랑스
포르투칼
한국
중국
일본

사용하고 있어서 보라색으로 표시했는데, 개발도상국의 인터넷 인구 비중은 평균 43퍼센트이며 아프리카는 35퍼센트에 불과하다. 인터넷 사용 인구가 전체 인구의 10퍼센트 미만인 국가는 노란색으로 표시했다. 라틴아메리카와 아시아에서 2018년에 인터넷 인구 비율이 현저하게 증가했는데, 중국의 경우 인터넷 사용 인구가 50~60퍼센트여서 분홍색으로 표시되었다. 연결성이 높은 유럽 및 오스트레일리아와 인구의 대부분이 인터넷을 사용하는 캐나다, 노르웨이 및 영국 일부 지역이 짙은 보라색으로 표시된 것과 비교하면 한참 낮은 수치이다. 중위소득 국가 중 라틴아메리카의 칠레와 동남아시아의 말레이시아가 연결성이 확연하게 높다.

인터넷이 신경계라면 서버는 모든 것들이 문제없이 작동하도록 해주는 근육이다. 182쪽의 지도에는 전 세계 인터넷 서버의 추정 분포가 나타나며, 2012년 대규모 봇네트botnet 공격 이후 일회성으로 출간된 분석 자료를 참조했다.[32] 점의 밀도는 서버 수를 나타낸다. 서버 수는 이 지도가 만들어진 이후로 크게 증가했지만, 전 세계 분포도는 이 지도에 나타난 것과 거의 유사하다. 아프리카의 인구는 남북 아메리카와 유럽을 합친 것보다 많지만, 인터넷 연결성은 지도에 명확히 표시된 것처럼 한참 낮다. 이러한 디지털 격차가 아프리카의 성장 잠재력을 저해하고, 아프리카의 수많은 젊은 비정규직 노동자들이 온라인 교육과 고용 기회를 누리지 못하도록 만든다.

1990년 초반 이후로 5년마다 다운로드 및 업로드 속도가 10배씩 빨라졌다.[33] 연령대가 높은 독자라면 모뎀을 통해 용량이 큰 문서나 노래 한 곡을 밤새 다운로드했던 기억이 있을 것이다. 2000년에 미국 가정에서 광대역 연결을 사용하는 비율은 4퍼센트에 불과했고, 약 40퍼센트

2000년에서 2018년 사이 글로벌 인터넷 사용이 늘었으나 편차가 크다

2000년 지도와 2018년 지도를 비교하면 인터넷 사용이 극적으로 늘었음을 쉽게 알 수 있다. 선진국은 현재 인구의 85퍼센트 이상이 인터넷을 사용하며(보라색 표시) 개발도상국은 평균 인구의 43퍼센트가, 아프리카는 35퍼센트가 인터넷을 사용한다. 인터넷 사용인구가 10퍼센트 미만인 국가는 노란색으로 표시하였다.

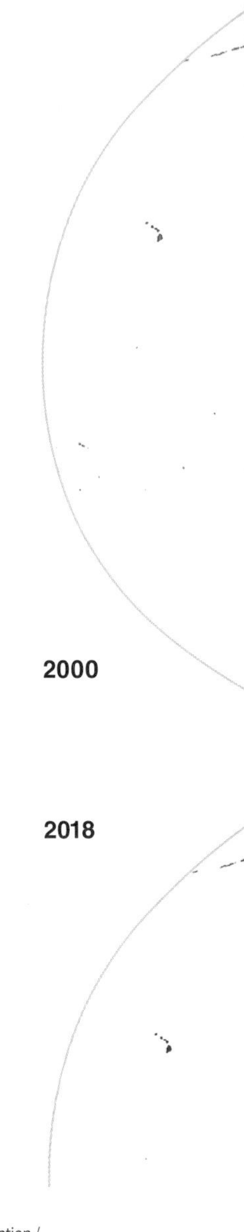

인터넷 사용 인구 비율
©World Bank, ITU World Telecommunication / ICT Development Report and database, 2019
지난 3개월간 인터넷을 사용한 인구 비율(퍼센트)
0–10 10–20 20–30 30–40 40–50 50–60 60–70 70–80 80–90 9

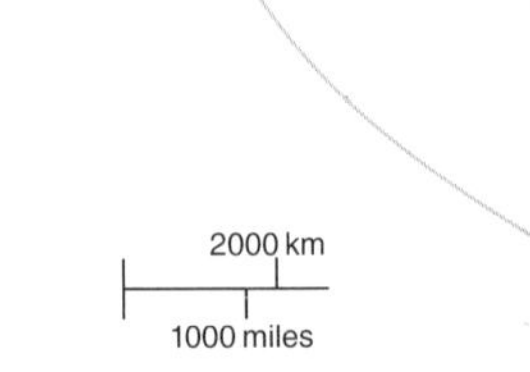

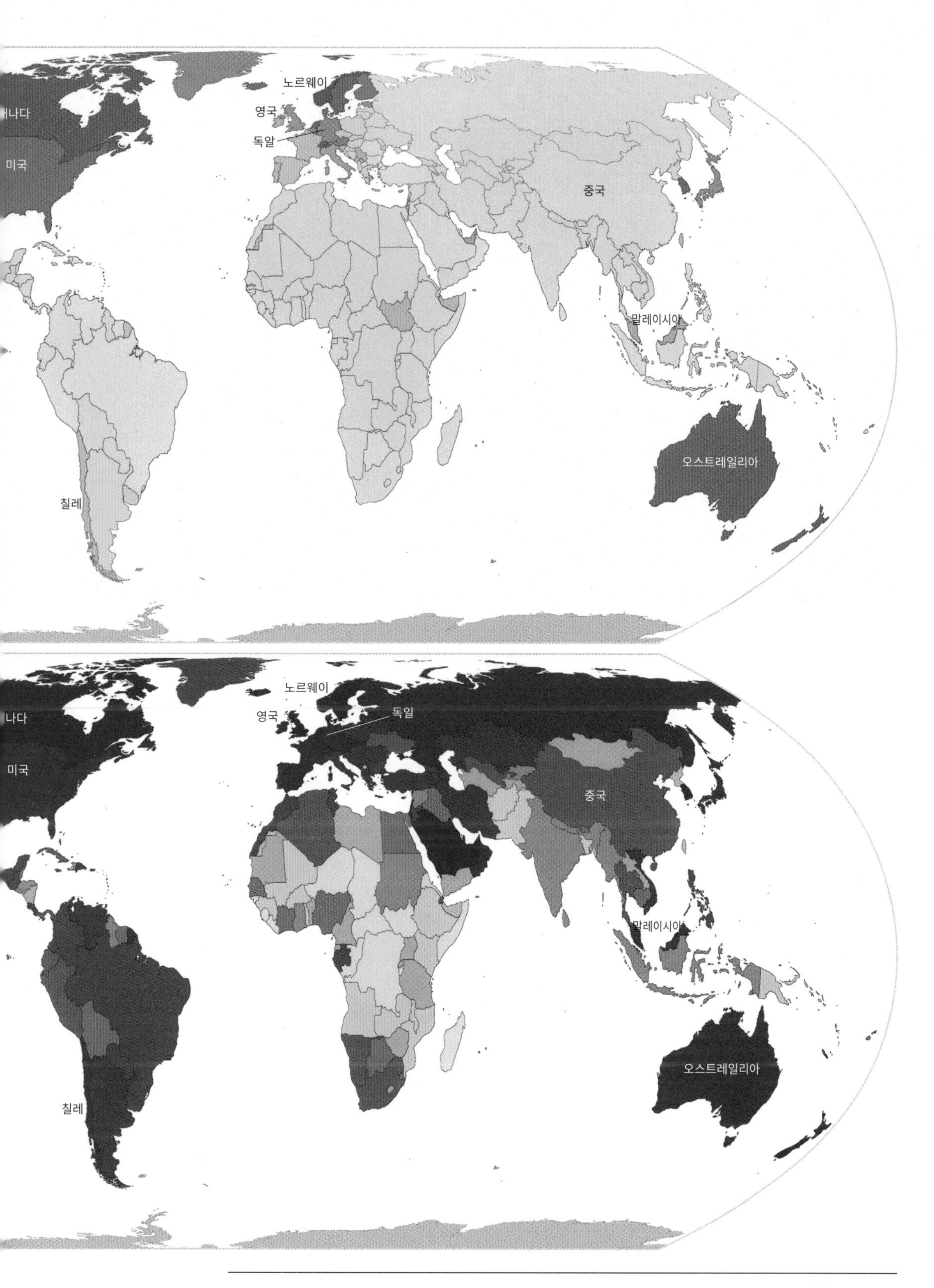
노르웨이
영국
독알
나다
미국
중국
말레이시아
오스트레일리아
칠레
노르웨이
영국
독일
나다
미국
중국
말레이시아
오스트레일리아
칠레

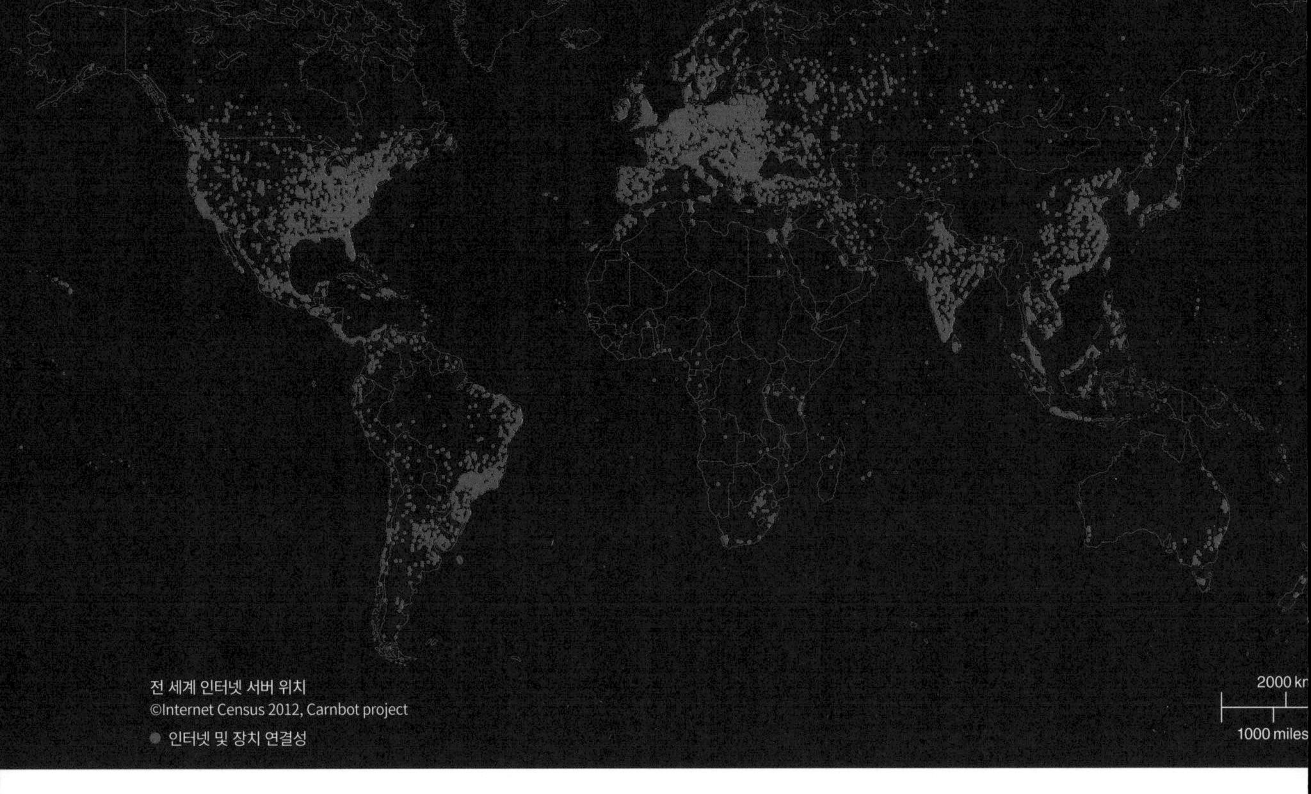

전 세계 인터넷 서버 위치
©Internet Census 2012, Carnbot project
● 인터넷 및 장치 연결성

가 연간 약 250달러를 내고 1Mbps 속도의 다이얼업dial-up 모뎀을 사용했다.[34] 2010년 미국의 평균 통신 속도는 10Mbps였고, 2019년에는 다운로드 속도가 약 34Mbps까지 빨라졌지만 평균 업로드 속도는 약 10Mbps 수준이었다. 전 세계 다운로드 속도에서 미국은 10위였고 업로드 속도는 94위로, 앙골라나 폴란드 수준으로 낮았다.[35] 전 세계 다운로드 속도는 연평균 15퍼센트씩 빨라지고 있다.[36] 이러한 속도 변화와 더불어 새로운 광섬유 케이블이 과거의 구리선 케이블보다 훨씬 우수하기 때문에, 최근에 인터넷을 도입한 곳이 선발주자보다 더 빠른 통신 속도를 누리는 경우가 많다. 싱가포르는 고정 다운로드 속도가 175Mbps로 현재 전 세계에서 가장 빠르며 미국은 34Mbps, 중국은 30Mbps이다.[37] 더 많은 장치가 사물인터넷(IoT)을 통해 서로 연결되고 더 많은 데이터가 클라우드에 저장되면서, 비즈니스 프로세스와 효율성 측면에서 빠른 속도의 인터넷이 점점 더 필요해질 것이다. 뒤처진 국가와 기업들은 아예 경쟁조차 할 수 없고 새로운 기술도 도입할 수 없다는 걸 깨닫게 될 것이다. 메시지를 보내거나 받을 때 발생하는 지연 시간을 측정하는 척도인 초저지연Extremely low latency은 클라우드 컴퓨팅 등을 도입하는 데 중요하며 안전한 자율주행차 운행에도 핵심적인 개념이다.

전 세계 인터넷 서버 위치
각 점은 인터넷과 장치의 연결을 나타낸다. 아프리카는 남아메리카 및 북아메리카와 유럽을 합친 것보다 인구는 많지만 인터넷 연결은 표시된 것처럼 한참 낮다.

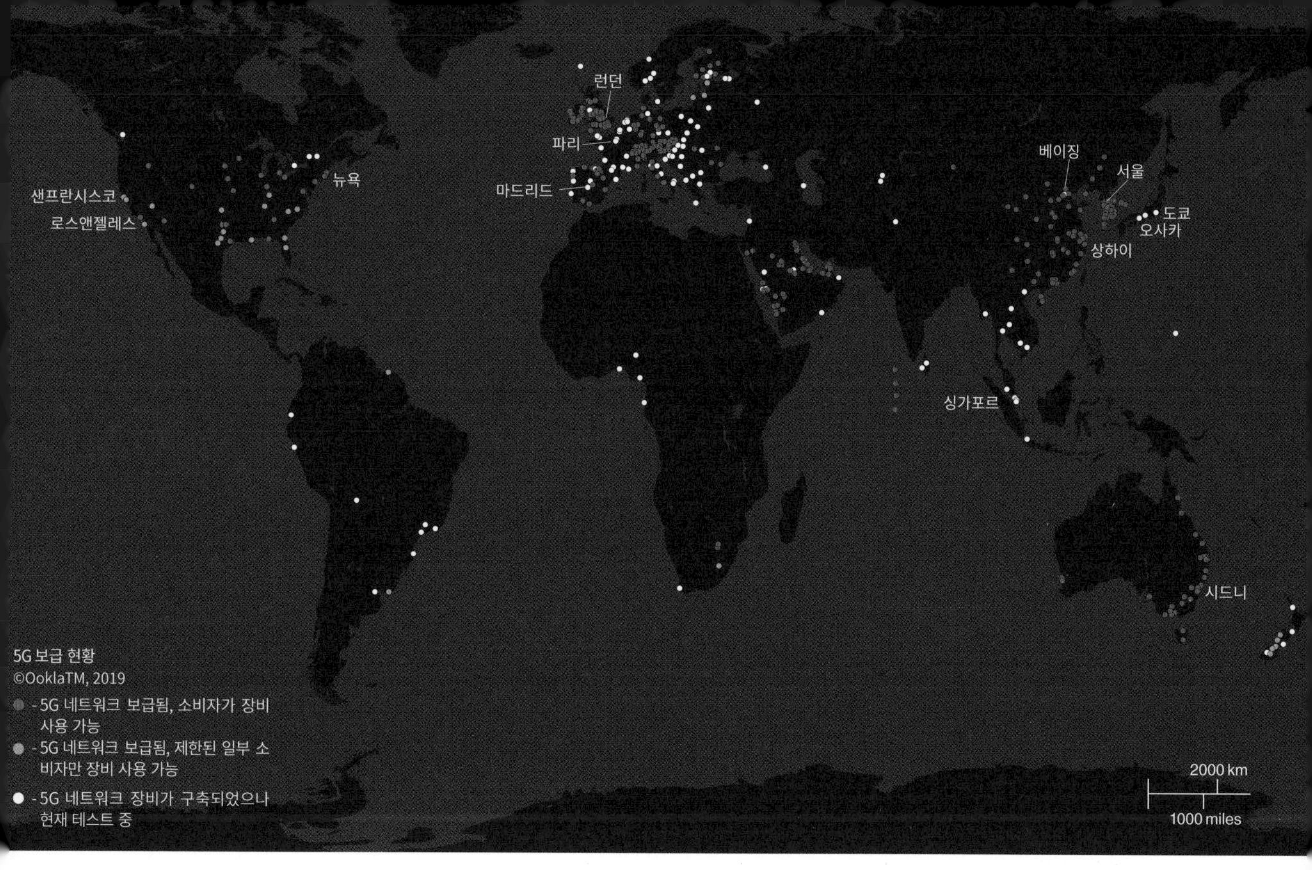

글로벌 5G 네트워크 보급
2019년 전 세계 5G 네트워크 보급 현황이 표시되어 있다. 현재 5G 보급이 중국, 오스트레일리아 동부 연안, 유럽 및 걸프협력회의 국가에 얼마나 집중되어 있는지 알 수 있다.

5G 네트워크 보급이 게임체인저가 될 것으로 보인다. 5G 네트워크의 평균 다운로드 속도는 1기가비피에스(Gbps)이며, 지도에 표시된 것처럼 90여 개국의 모바일 운영업체들이 5G 네트워크를 도입하고 있다. 5G 네트워크는 IoT, 로컬 네트워킹, 핵심 통신에 적용되는 사설망의 산업 표준이 될 것이다.[38] 크게 개선된 데이터 속도가 보급되면 현재보다 100배 빠르고 신뢰도가 높은 디지털 시스템을 개발할 수 있을 것이다. 지정학 챕터에서 다시 언급하겠지만, 중국의 화웨이가 핵심 하드웨어 개발을 장악하면서 화웨이가 중국 의존성에 대한 우려의 중심 사안으로 떠올랐다.[39]

미국과 일부 서방 국가들은 화웨이 장비 설치 및 사용을 금지하는 상당한 수준의 압력을 가하고 있다. 유럽이 화웨이 5G 사업 계약에서 거의 60퍼센트를 차지하고 있는데, 정부의 이 같은 압박으로 화웨이의 수익성에 타격이 가해질 뿐 아니라 글로벌 5G 보급 속도도 저하될 수 있다.[40] 미국과 중국의 기술 경쟁이 이 같은 지정학 갈등의 핵심이다. 화웨이를 둘러싼 갈등에는 미국과의 AI 경쟁에서 막을 수 없을 것 같은 중국의 역량에 대한 훨씬 더 큰 불안감이 반영되어 있다. 특히 중국은 대규모 정보에 제한 없이 접근할 수 있고 자국의 기술 대기업에 정

위키피디아 및 정보에 대한 접근이 영어 위주로 되어 있다

위키피디아의 엄청난 양의 정보는 상당히 편향적이다. 아프리카의 인구는 유럽의 거의 2배이지만, 위키피디아 문서에서 차지하는 비중이 15퍼센트에 불과하며 네덜란드보다도 편집 수가 적다.[41] 위키피디아는 300개 이상의 언어로 된 버전을 제공하며, 그중 60개 언어만이 보유한 문서 수가 10만 개를 넘는다. 600만 개 이상의 문서가 있는 영어가 위키피디아를 장악하고 있다.[42]

원 안쪽 지역 위키피디아 문서의 양이
원 바깥쪽 지역 문서 양의 합보다 많다

위키피디아 편집 수
©Wikimedia Traffic Analysis Report, 2014
전 세계에서 차지하는 비율(퍼센트)

0–0.05 0.05–01 0.1–0.25 0.25–0.5 0.5–1.0 1.0–2.5 2.5–5.0 >5.0 데이터 없음

2000 km
1000 miles

부가 개입하기 때문이다.[43] 러시아의 블라디미르 푸틴Vladimir Putin 대통령은 'AI 분야에서 리더가 되는 자가 세계를 지배할 것이다'라고 언급한 바 있다.[44]

현대의 전자장치는 인간이 만든 것 중 가장 복잡한 것에 속한다. 전자장치에 들어가는 부품들은 전 세계를 릴레이 경주처럼 오가는데, 바다와 국경을 여러 번 건넌 뒤에야 완제품이 만들어진다.[45] 한 국가가 어떤 글로벌 기업을 배척하면 전 세계로 그에 대한 영향이 퍼진다. 2019년 미국 정부가 미국 기업들이 화웨이와 화웨이의 자회사 70곳에 부품 공급을 금지하도록 하면서, 주요 공급사들은 3개월 만에 140억 달러의 손실을 입었다.[46] 화웨이는 반도체 자회사도 보유하고 있지만 매년 샌디에이고에 있는 퀄컴으로부터 110억 달러 규모의 반도체를 수입하고 전 세계 초고속 프로세서의 약 절반을 제조한다. 주요 반도체 제조사들이 대만과 한국에서 마이크로프로세서를 구매하고, 이때 각종 부품과 원자재는 10여 개 이상의 국가에서 조달한다.[47] 미국의 화웨이 금지가 중국의 AI 개발 속

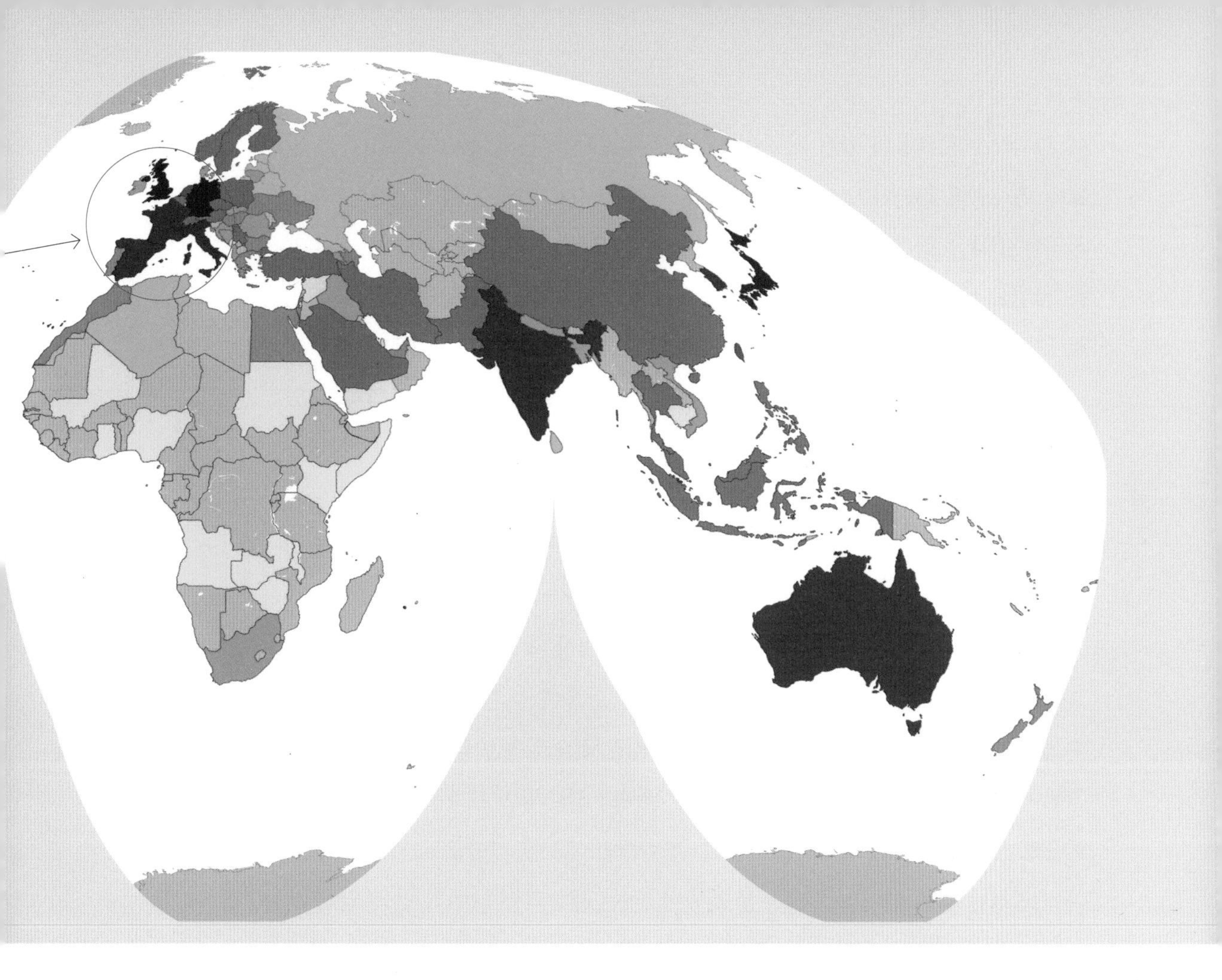

도를 둔화하려는 의도일 수 있으나, 공급망이 통합되어 있다는 특징 때문에 전 세계 5G 보급에 부정적인 영향을 미칠 것으로 보인다.

한편 인터넷은 서비스를 제공하는 플랫폼을 탄생시켰고, 생산을 본질적으로 바꾸고 있다. 예를 들어, 최대 차량 호출 서비스인 우버는 차량을 한 대도 소유하지 않고 있고, 글로벌 상위 5개 호텔 업체를 합친 것보다 단기 숙박을 더 많이 기록하고 있는 에어비앤비는 숙박 시설을 단 한 채도 보유하지 않았다. 『브리태니커백과사전』을 대체한 오픈 플랫폼 위키피디아도 등장했다. 『브리태니커백과사전』은 1768년부터 2012년까지 지속적으로 제작된 저명한 지식의 보고로, 약 100명의 전업 편집자가 이를 만들었다.[48] 사실을 말하자면 『브리태니커백과사전』에는 생존 가능성이 거의 없었다. 끊임없이 늘어나는 위키피디아 속 정보를 매일같이 자발적으로 수정하고 확산하는 수십만 명의 사람들을 상대해야 했기 때문이다. 전체 인터넷 사용자의 15퍼센트가 매일 위키피디아에 접속한다.

그 어느 때보다 더 많은 사람이 더 많은 정보에 접근하고 있지만 그러한 정보에 편향이나 격차가 없는 것은 아니다. 가용한 정보 기준 가장 최근인 2014년 각국에서 나온 월평균 위키피디아 편집 수가 지도에 표시되었다. 아프리카 전체를 합쳐도 네덜란드보다 편집 수가 적다.[49] 위키피디아에는 300개 이상의 언어로 된 문서가 기록되어 있지만, 이 중 10만 개 이상의 문서를 보유한 언어는 60개뿐이다. 600만 개 이상의 문서를 보유한 영어가 위키피디아를 장악하고 있다.[50] 아프리카의 인구는 유럽의 2배에 가깝지만 위키피디아 문서에서 차지하는 비중은 15퍼센트에 불과하다.[51] 또한 영구 거주자가 없는 남극에 대한 문서가 아프리카 대부분 국가와 라틴아메리카 및 아시아의 여러 국가에 대한 문서보다 더 많다.[52]

IoT^Internet of Things^는 인터넷이 물리적 장치와 일상 속의 사물로 확대된 것을 의미하며, 장치나 사물이 데이터를 주고받을 수 있도록 해준다. IoT를 통해 향후 수십 년간 인터넷에 대한 의존도가 훨씬 더 커질 것으로 보인다. 특히 장치의 연결성이 기하급수적으로 늘어나는 것만큼 센서와 와이파이 또는 블루투스 연결 비용도 빠르게 하락할 것이다. IoT는 수천억 개의 센서를 기반으로, 빠르게 늘어나는 엄청난 양의 데이터를 제공할 것이며, 매년 제공되는 데이터 양은 앞서 생성된 모든 데이터 양보다 많을 것이다. 이러한 데이터는 IoT를 사용할 수 있는 기업들에게 있어 귀중한 보물이자, 빠르게 발전하고 있는 AI의 정교성을 높여주는 원료 역할을 한다.

IoT는 향후 수년 동안 한 해 30퍼센트씩 성장할 것으로 예상되며, 2025년까지 750만 개가 넘는 자동화 장치들이 모든 사람과 장소, 기업에 가상으로 연결될 것으로 보인다.[53] 에너지 소비에서 보건, 웰빙 등 모든 부분에서 예상치 못한 상당한 혜택이 발생할 것이 틀림없다.[54] 하지만 상호 연결된 시스템상에서 더 광범위해지는 인간의 활동이 서로 의존함에 따라 새로운 위험이 발생하고 기존의 프라이버시 및 보안 우려가 심하게 증폭될 수 있다. 한 가지 우려는 하버드대학 쇼샤나 주보프^Shoshana Zuboff^ 교수가 언급한 '감시 자본주의'이다. 주보프 교수는 저서에서 유비쿼터스 시스템이 인간의 활동을 추적하고 조작할 수 있어서, 인간의 행위와 정치에 상당한 영향을 미친다고 설명했다. 또 다른 우려는 출입문 잠금장치, 차량 통제 시스템, 심박 조율기, 은행 계좌 등 모든 것들이 갑작스러운 시스템 장애는 물론 신원 도용과 해킹에 취약하다는 것이다. 전 세계 일부 스마트 도시에서 이미 해킹이 발생하고 있다. 지난 몇 년 동안 랜섬웨어 공격을 통해 더블린에서 시내 트램 시스템이 교란되고, 스톡홀름의 항공 교통 관제 및 철도 발권 시스템이 먹통이 되었으며, 요하네스버그에서 하이데라바드에 설치된 발전소가 작동 중단되기도 했다.[55]

비트코인 등 가상화폐가 개발되면서 컴퓨터 서버 수요가 폭증했다. 비트코인 '채굴'은 13조분의 1의 확률로 해결할 수 있는 문제, 즉 64자리 숫자를 무작위로 나열해서 정확한 순서를 맞추는 복잡한 수학 문제를 해결할 수 있는 고성능 컴퓨터로 진행된다.[56] 문제가 해결될 때마다 새로운 비트코인 하나가 발행되며, 이 고유한 해답이 곧 비트코인이 생성되었다는 증거가 된다. 검증된 비트코인은 '블록체인'이라는 공개 기록에 포함되고 체인을 구성하는 다양한 블록은 '노드'라는 각기 다른 컴퓨터 서버에 저장된다.[57] 에너지 집약적인 가상화폐 채굴을 위한 서버 수요 증가와 서버팜server farm의 확산으로 22메가톤(Mt) 이상의 온실가스가 매년 발생하고 있고, 이는 라스베이거스나 함부르크에서 발생되는 양에 해당한다. 최근에는 연간 발생양이 4배 늘어나 아일랜드의 연간 에너지 수요를 훨씬 앞서고 있다.[58]

인공지능이란 무엇인가?

AI라는 단어는 많이 사용되고 있지만, 그 의미에 대한 혼란도 있다. AI는 1970년대부터 나온 말로, 컴퓨터가 알고리즘이라는 수학 공식으로 설정되어 대량의 데이터 속에서 패턴을 파악하는 능력을 의미한다. 이벤트의 시퀀스를 코드에 작성한다는 것은 기계가 유사한 패턴을 찾았을 때 결론을 내리고 조치를 취할 수 있다는 뜻이다.[59] 컴퓨팅 성능이 발전하고 연결된 장치를 통해 데이터가 기하급수적으로 늘어나면서 AI의 역량이 굉장히 빠르게 성장하고 있다. 머신러닝Machine Learning은 AI를 기반으로 통계적 확률 함수를 사용하여 패턴을 감지하고 끊임없이 업데이트하여 더 나은 예측을 한다. 페이스북이 사용자의 뉴스피드에 넣는 광고 유형과 넷플릭스가 추천하는 영화에서부터 삼성이나 애플의 신규 휴대전화에 글자를 입력할 때 특정 단어의 철자법에 이르는 모든 것들이 여기에 해당한다.

스페이스엑스SpaceX의 창립자이자 테슬라의 CEO인 일론 머스크Elon Musk와 알리바바阿里巴巴의 공동 창립자 마윈马云이, AI의 긍정적인 영향과 위험 간의 균형에 대해서는 의견이 다를지 모르지만, 이들 역시 다른 많은 사람들처럼 AI가 우리 사회를 완전히 바꿔놓을 것이라고 생각한다.[60] AI 발전은 아직 초기 단계이다. 하지만 2017년 대표적인 AI 업체인 딥마인드가 세계 바둑 챔피언에서 승리하면서 AI 개발의 분수령으로 기록되었다. 바둑은 컴퓨터가 해결하기에 가장 복잡한 게임 중 하나이기 때문이다.[61] AI를 적용하는 가장 흥미로운 분야 중 하나가 바로 해당 시기에 가장 까다로운 문제를 해결할 수 있는 가상 실험을 해보는 것이다. 예를 들어, 의학에서 암을 비롯한 여러 질병에 대한 치료법을 찾기 위해 수백만 개의 서로 다른 분자 조합을 테스트 한다.[62] 딥마인드와 오픈AI 등, AI 분야를 선도하는 업체들은 프로그래밍 없이 스스로 문제를 해결할 수 있는 고도의 지능형 장치를 만드는 것을 목표로 하고 있다.

컴퓨팅 성능이 기하급수적으로 늘면서 기계는 완벽한 기억을 확보하고, 놀라운 방식으로 동시에 여러 가지 작업을 수행하며, 인간보다 더 똑똑해질 것이다. 옥스퍼드대학의 철학자 닉 보스트롬Nick Bostrom이 저서 『초지능』에서 말한 '초지능Superintelligence'을 얻게 될 것이다.[63] 이미 기계와 로봇은 연산이나 운항, 용접 등 여러 작업을 빠른 시간 내에 인간보다 더 효율적으로 해낼 수 있다. 하지만 적어도 향후 20~30년 내에 기계가 아기와 노인을 돌볼 때 필요한 능력이나 숙련된 작업 등 창의적이고 고도로 기능을 요하는 작업은 수행하지 못할 것으로 판단된다.

250만 개가 넘는 산업용 로봇이 전 세계에서 운영되고 있고, 이 중 자동차 부문이 약 30퍼센트, 전자기기 부문이 25퍼센트를 차지하고 나머지는 공장, 창고 등에서 사용되고 있다. 연간 40만 개 이상의 로봇이 추가되고 있고 전체 로봇의 4분의 3은 중국, 일본, 한국, 독일, 미국 등 5개국에 설치되어 있다.[64] 이들 국가에서 자동차 산업과 자동차 보험, 주유소 등 자동차 관련 산업의 일자리 절반 이상이 이미 로봇으로 대체되었다.[65] 지도를 보면 국가 간은 물론 국가 내에서도 로봇의 보급이 상당히 불균형하게 나타난다. 미국은 로봇 보급이 중서부 제조업 중심 지역에 집중되어 있는데, 이는 미시간주를 중심으로 로봇이 자동차 생

노동자 1만 명당 로봇 수
©International Federation for Robotics, 2
로봇 수/노동력
노동자 1만 명당

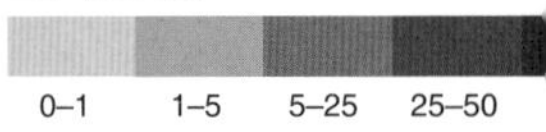

로봇이 일자리를 차지한다

국가 간, 국가 내 로봇 보급이 매우 불균형하다. 미국에서 중서부 제조업 중심 지역에 로봇이 집중 분포되어 있다. 이는 미시간주와 인디아나주를 중심으로 로봇이 자동차 생산 라인에서 핵심 역할을 수행하기 때문이다.

노동력으로 투입된 산업로봇-미국
©International Federation for Robotics, 2018
노동자 1,000명당 산업로봇 수

0–1 | 2–3 | 4–5 | 6–7 | >7

산 라인에서 핵심 역할을 수행하기 때문이다. 경제학자 칼 프레이Carl Frey는 자동화에 대한 불안감이 고조되면서 미국 노동자들이 2016년 대선에서 트럼프 대통령의 당선을 지지했다고 설명한다.[66]

강력한 로봇과 함께 AI가 노동에서 인간을 곧 대체할 것이란 우려가 커지고 있다. AI가 엄청난 속도로 발전하고 인간만이 할 수 있던 것들을 할 수 있는 능력이 개발되고 있는 건 사실이지만, 인간이 이제 곧 쓸모없는 존재가 된다는 것은 아니다. 칼 프레이는 기술의 두 가지 유형을 구분하는 게 중요하다고 강조한다. 하나는 활성화 기술enabling technology로 소프트웨어나 스마트 도구 등을 이용해서 숙련된 노동자의 생산성을 높여주는 기술이며, 다른 하나는 인간 대신 일을 하는 대체 기술replacing technology이다.[67] 활성화 기술은 임금과 고용, 그리고 소득에서 노동의 비중을 높인다. 기계가 현재 인간이 하는 다양한 일을 수행하도록 하는 기술은 정반대의 결과를 가져온다. AI는 규칙 기반의 반복되는, 민첩성과 공감을 요하지 않는 작업을 대체하고 있다.

제조업 일자리만 자동화의 위협을 받는 것은 아니다. 여러 선진국에서 서비스는 전체 고용의 80퍼센트 이상을 차지하고 있는데, 자동화된 콜센터가 전화 응대 경험을 갖춘 직원들로 구성된 콜센터보다 더 높은 고객 만족도를 받고 있다.[68] 금융, 법률, 회계 및 소매부문에서 보조 업무로 간주됐던 서류 작업의 대부분이 전산화된 시스템으로 이미 대체되었다. AI가 더 발전하면 번역가, 강사, 매장 점원, 안내 직원, 심지어 언론인과 배우, 음악가도 기계로 대체될 수 있다. 불평등 챕터에서 자세히 설명하겠지만, 어떤 일자리가 남아 있을지뿐만 아니라 새로운 일자리가 어디에서 나올지도 중요한 질문이다. 이 질문이 특히 중요한 이유는, 많은 국가에서 일자리를 잃은 노동자들이 어느 때보다 높은 고용과 소득 수준을 보이고 있는 역동적인 도시로 가서 일자리를 구하지 못하는 새로운 이중 경제가 부상하고 있기 때문이다.

최근의 기술 변화가 고용에 어떤 영향을 미치는지에 대해 여러 가지 의견이 있다. 칼 프레이와 마이클 오스본Michael Osborne이 공중에 발표한 연구에서, 향후 수십 년간 미국의 일자리의 47퍼센트가 AI를 통해 자동화될 것이라고 설명했다.[69] 이 연구를 기반으로 세계은행은 개발도상국의 일자리 3분의 2가 머지않아 자동화될 수 있다고 예측했다.[70] OECD는 보다 긍정적인 입장인데, OECD 회원

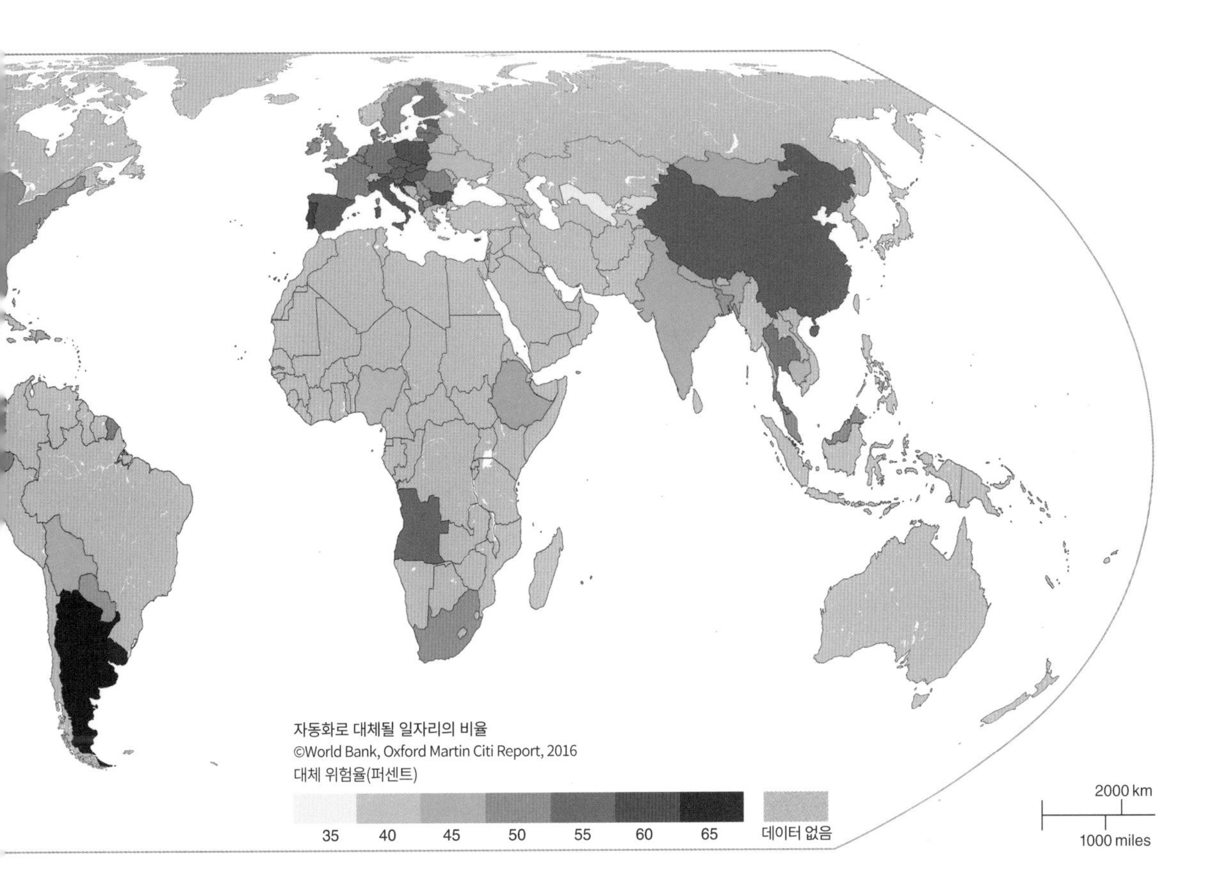

전 세계적으로 자동화로 인한 일자리 감소 위험이 높아지고 있다
전 세계 일자리의 3분의 1에서 3분의 2가 향후 수십 년 내로 자동화로 대체될 수 있다. 개발도상국은 상대적으로 임금이 낮고 기술 도입이 더뎌서 그 충격도 더디게 나타날 수 있지만, 미래에는 사람보다 기계가 대량 생산 제조 및 반복적인 서비스 업무를 더 많이 수행할 것으로 보인다.[73]

국의 일자리 14퍼센트만이 자동화될 것으로 보고 있다.[71] 컨설팅 업체 멕킨지는 이보다 더 낙관적인데, 모든 일자리의 10퍼센트 미만만이 자동화될 것이라고 예측했다.[72] 이처럼 예측에 차이가 나는 이유는 기술적 가능성뿐만 아니라 자동화를 도입하는 국가의 정치 및 규제 대응에 대해서 다양한 추정을 적용했기 때문이다. 새롭게 생겨나는 일자리나 기존의 일자리를 잃은 사람들이 새로운 일자리를 찾을 수 있을지에 대해 명확하게 설명하는 연구는 아직까지 나오지 않았다.

기술은 일자리의 수와 장소뿐 아니라 일자리의 질에도 영향을 미친다. 기술로 인해 지속되는 계약 기반의 책무에서 순전히 거래 기반의 상호작용으로 고용의 변화가 촉진되고 있고, 일자리의 안정성, 훈련, 업무 환경, 충성심은 더 이상 고용에서 고려되지 않는다. 아웃소싱과 노동자의 협상력 약화는 자본주의의 오래된 특징이지만, 일을 기계와 사람이 할 수 있는 각각의 작업으로 나누는 능력이 AI로 고도화된 자동화 시스템에 의해 새로운 차원으로 발전하고 있다. 경제학자 리처드 볼드윈Richard Baldwin은 저서 『글로보틱스 격변The Globotics Upheaval』에서 변호사, 건

축가, 회계사 등 전문가들이 필시 진행하던 전문적인 서비스를 훨씬 더 저렴한 비용으로 제공하는 새로운 단계의 아웃소싱을 설명했다. 업워크Upwork와 테스크래빗TaskRabbit과 같은 플랫폼을 통해 해외에 있는 프리랜서들이 재택근무 형태로 현지 직원들을 대체할 수 있게 되었다.

AI가 가난한 국가의 일자리를 위협한다

개발도상국에는 숙련된 노동력보다 저비용, 중간 단계 숙련도의 노동력이 풍부하다. 개발도상국들은 저소득 국가에서 중소득, 나아가 고소득 국가로 발전하기 위해 이러한 풍부한 노동력을 활용해서 빈곤을 극복하고 성장한 국가들의 선례를 따를 토대를 마련했다. 한국, 싱가포르, 홍콩 대만은 빈곤을 극복하고 동아시아의 호랑이로 불렸고 이후 중국, 대만, 베트남이 발전을 이루었다. 우려되는 점은 숙련도가 낮은 반복적인 일자리가 이전에는 개발 사다리를 오를 수 있게 했던 중간 단계 역할을 했는데, 지금은 이러한 일자리가 자동화 프로세스로 대체되면서 사라지고 있다는 점이다.[74] 인구 챕터에서 언급한 것처럼 아프리카에서 향후 10년간 1억 명의 젊은 인구가 노동 시장에 편입될 것으로 추정된다. AI와 로봇공학이 3D프린팅 등 다양한 새로운 기술과 결합하여 아프리카의 젊은 층은 양질의 일자리를 찾기가 더 어려워질 것으로 보인다.[75]

자동화와 3D프린팅 등의 새로운 산업 기술로 소비자들은 옷과 신발, 처방약 등의 제품을 맞춤형으로 주문하고 며칠 또는 몇 시간 내로 집으로 배송받을 수 있게 되었다. 제조 설비를 상대적으로 저렴한 노동력을 제공했던 멀리 떨어진 곳에 두는 것이 비용상 장점이 줄어들고 있고, 고객 서비스를 고객과 가까운 곳에서 제공하는 것의 장점이 늘면서, 개발도상국에 생산을 아웃소싱하는 시대가 빠르게 저물고 있다. 보호무역주의 정치가 이를 더 가속화한다. 제조 시설을 다시 자국 내로 가져오려는 선진국들의 수요가 그 어느 때보다 높은데, 물론 함께 들어오는 건 일자리가 아닌 자동화된, AI 기반의 로봇 프로세스이다.[76] '미국 우선주의'가 미국을 장악하고 있고, 중국과 유럽, 영국에서도 국수주의가 대두되고 있다. 여기에 기술을 이용해 제조업을 고객과 가까운 곳에 두고 고객의 니즈를 빠르고 더 저렴하게 충족할 수 있게 되면 글로벌 공급망의 파편화가 정점에 치닫게 될 수도 있다. 코로나19 팬데믹으로 글로벌 공급망의 취약성이 노출되었을 뿐 아니라 공급망의 해제를 앞당기고 있다. 20세기 기술 변화가 세계화와 공급망의 파편화를 촉진했다면, 21세기 기술 변화는 지역 생산의 수익성을 높이고 있다. 제품에 포함된 탄소 발자국을 고려해보면 현지화가 더 힘을 받을 수 있기 때문에, 개발도상국의 수출 관련 일자리의 미래에 더 심각한 고민이 제기될 것이다.

기술로 불평등이 심화될 수 있다

자동화는 단기적으로 임금 하락을 야기할 수 있어서 성장에는 좋을 수 있으나 평등 측면에서는 그렇지 않다.[77] 이는 자동화가 반복적인 공장 업무와 비서, 콜센터, 데이터 처리 등 서비스 업무와 같은 취약한 분야에 임금 하방 압력으로 작용하기 때문이다.[78] 한편, 자동화는 불평등을 심화시키는 기술 플랫폼과 기계를 소유한 사람들의 이익을 높여준다. 특히 고등 교육을 받은 노동자들의 소득도 높아진다. 경제학자들이 '숙련 편향적 기술 변화skill-biased technical change'라고 부르는 변화의 과정에서 그들이 가진 기술을 숙련도가 많이 요구되는 지식 기반 분야에 활용할 수 있기 때문이다. 이런 이유에서 교육에 대한 투자 수익률은 계속 증대되고 반숙련 노동자와 비숙련 노동자의 실질 임금은 계속 하락하고 있다.[79]

몇 년 전, 백악관 경제자문위원회가 미국에서 자동화로 저임금 노동자들이 가장 큰 피해를 입을 것이라고 보고했다. 위원회는 시급 20달러 이하를 지급하는 일자리의 83퍼센트가 2035년까지 피해를 볼 것이며, 일자리를 유지한 노동자들의 물가 상승을 감안한 실질 임금이 최소 4분의 1 하락할 것으로 추정했다.[80] 중기적으로 이들 노동자가 국민 소득에서 차지하는 비중이 현재의 약 3분의 1에서, 20~30년 내 20퍼센트 아래로 하락할 것으로 예측했다.[81] 한편, 숙련 노동자의 임금은 같은 기간 최소 56퍼센트 상승할 것으로 추정된다.[82]

기술로 성별에 따른 편견이 고조될 수 있다

기술 변화가 젠더에 미치는 영향은 제대로 인식되지 않는 경우가 많다. 전 세계에서 가장 강력한 기술 중 하나인 피임과 피임을 통해 여성이 자녀 계획을 어떻게 조절하는지 생각해 볼 수 있다. 인구 챕터에 설명했듯이, 피임으로 출생률이 전 세계적으로 현저하게 감소했다. 또는 의료 혁신과 의료 행위를 통해 지난 세기에 걸쳐 출산 중 사망 위험을 100배 감소시킨, 보건 챕터에서 다룬 주제를 생각해 볼 수도 있다. 냉장고에서 청소기에 이르기까지 첨단 가전제품이 개발되면서 집안일의 본질도 탈바꿈했다. 한편, 정보와 정보를 전달하는 수단에 대한 접근성이 좋아지면서 여성의 권리와 성 평등에 관한 인식이 제고되었다. 미투 운동MeToo에서 나타난 것처럼, 말랄라 유사프자이Malala Yousafzai와 그레타 툰베리 같은 젊은 여성들이 단독 행동을 통해서 처음으로 전 세계 사람들에게 영감을 준 것이다.

세계은행은 정보 기술이 실제로 발전하고 있음에도 불구하고, 성차별 극복에 있어서는 몇 가지 고질적인 장애 요소가 있다고 판단했다. 많은 국가에게 있어서 열악한 디지털 인프라와 정치적 통제가 주요 장애물이다. 예를 들어, 저소득 및 중위소득 국가의 여성은 남성보다 휴대전화 보유 비율이 평균 14퍼센트 낮다.[83] 이집트와 인도에서 여성의 12퍼센트는 '사회적 압박' 때문에 인터넷 사용을 자주 하지 않는다고 한다.[84] 여성은 전 세계적으로 기술 분야에서 일할 가능성이 낮은데, 이는 교육 챕터에서 다룰 주제인 여성의 스템(STEM) 교육, 즉 과학, 기술, 공학 및 수학 교육 참여율이 상대적으로 낮기 때문이다.[85] 전체는 아니지만 대부분의 개발도상국에서 숙련직에 접근할 수 있는 여성이 줄고 있기 때문에, 여성들이 자동화에 더 취약하며 임금이 낮은 저숙련 일자리에 집중되어 있다.[86]

기술을 위한 더 나은 관리가 필요하다

기술 변화가 이처럼 빠르게 진행되고 있다면, 기술 변화가 경제 생산량이나 효율성 증대에 미치는 영향을 확인할 수 없는 이유는 무엇일까? 생산성은 시간당 한 사람이 창출한 산출량을 나타낸다. 기계가 사람이 하는 일을 대신하거나 보강한다면 우리는 거기에 더 높은 생산성을 기대한다. 하지만 실제로 그렇지 못하다. 오히려 21세기가 시작된 이후 전 세계 생산성은 크게 하락했다.[87] 경제학자들에게 까다로운 퍼즐이 던져졌다. 로버트 솔로Robert Solow가 '컴퓨터 시대는 도처에서 확인되는데 생산성 통계에서만은 예외이다'라는 유명한 말을 남긴 지

30년이 지난 후에도, 여전히 그의 주장처럼 기술 진보가 생산성의 향상을 가져오지 않는다.[88]

가속화되는 기술 변화와 하락하는 생산성 간의 괴리에 대한 설명 중 아직까지 만족스러운 것은 없다. 가장 많이 나오는 설명은 측정 오류인데, 새로운 디지털 경제는 '비물질 경제dematerialising economy'를 반영한다는 주장이다.[89] 생산성 통계는 판매된 물질적 생산량과 서비스만을 추적하므로 무료 디지털 서비스는 여기서 제외된다. 이 방식은 경제 활동의 실제 규모를 점점 더 과소평가한다. 예를 들어, 휴대전화는 카메라, GPS, 음악, 전화 교환대 등의 생산에 전적으로 지장을 주었다. 휴대전화로 우리가 더 나은 삶을 살고 있지만 이러한 효율성이 생산량 감소로 반영되는 것이다.[90] 디지털 경제가 전체 경제 활동에서 차지하는 비중이 미미하기 때문에, 저렴하지만 소비자 만족도가 높은 일부 제품의 측정 오류가 의심의 여지 없이 크다고 하더라도 생산성 하락 규모를 모두 설명하기엔 부족하다.[91]

기술 변화로 인한 생산성 증대가 예상보다 낮은 이유를 설명하는 보다 그럴듯한 주장은 변화의 속도와 관련 있다. 기술 변화의 속도가 너무 빨라서 여기에 더 빠르게 적응해야 하는데 그렇지 않을 경우, 우리의 시스템은 더 빠른 속도로 뒤처지게 된다.[92] 시스템과 기반 시설 최신화를 위한 투자가 더 많이 필요하지만, 많은 국가에서 투자 속도가 둔화되고 있고 정치적 교착상태로 규정 및 규제 구조가 점점 더 시대에 뒤처지고 있다. 노동 구조가 빠르게 변하고 있어서 새로운 곳으로 일자리를 찾아가야 하지만 주택과 교통비용, 이주 제한 때문에 국가 내 그리고 국가 간 이동이 감소하고 있다. 암울하게 하락하고 있는 생산성은, 기술 변화에 발맞추기 위해 정부와 기업이 함께 혁신과 투자를 할 필요가 있음을 시사한다. 미래를 위한 의제 설정에 실패하고 구조 변화에 대한 고령 인구의 저항이 발생하면 더 빠른 속도로 뒤처지게 될 것이며, 그 결과로 성장세가 둔화되고 삶의 질이 하락한다.

신르네상스

세계경제포럼의 창립자 클라우스 슈밥Klaus Schwab은 우리가 4차 산업혁명(4IR) 시대를 살고 있다는 개념을 시사했다. 이전의 산업혁명으로 인간이 가축에 대한 의존에서 해방되고, 대량 생산이 가능해졌으며, 수십억 명이 정보 기술을 사용하게 되었다면, 현재의 기술 변화의 흐름은 그 범위와 영향 측면에서 근본적으로 다르다는 것이다.[93] 머신러닝 기능, 지능형 로봇 및 블록체인을 갖춘 유비쿼터스 모바일 슈퍼컴퓨팅과 자율주행차, 유전체 편집, 신경 기술 증강 등 현재 개발되고 있는 여러 경이로운 것들 대부분이 기하급수적인 속도로 개발되고 있다. 이러한 것들이 우리의 삶의 방식과 일하는 방식, 서로 관계를 맺는 방식을 근본적으로 바꾸고 있다.[94] 코로나19로 인해 전 세계 과학자들이 전례 없는 수준으로 디지털을 통해 협력하게 되었다. 이들은 바이러스의 유전자 배열 순서를 공유하고 공동으로 치료제와 백신 개발에 나서며, 어느 한 국가가 이룰 수 있었던 것보다 더 많은 것을 이루었다.

현재의 변화 속도와 규모는 인류가 그동안 겪었던 것들과는 다르다. 이전 산업혁명은 상대적으로 서서히 스며들었다. 아직도 1차 산업혁명이나 그 이후 혁명에 영향을 받지 않고 쟁기를 소 뒤로 끌어당긴 채 밭을 경작하는 사람들이 있다. 1차 산업혁명은 약 260년 전에 시작됐고 증기 엔진과 기계 동력이 등장했다. 20세기 초에 발생한 2차 산업혁명으로 현대 사회가 시작됐고, 내연기관, 항공기, 비료 등의 새로운 화학제품과 관련된 대량 생산 기술과 과학 혁신을 가져왔다. 3차 산업혁명으로 1950년대부터 반도체와 메인프레임 컴퓨팅이 등장했고, 1990년대부터 인터넷과 디지털 혁명이 시작됐다. 세계화 챕터에서 다룬 것처럼, 이 모든 것들이 생산과 무역의 국제화에 이바지했다.

현시대를 4차 산업혁명으로 보는 것은 낙관적인 시각이다. 이러한 시각은 이전의 산업혁명들처럼, 노동과 위험을 보다 청정하고 안전한 기술로 대체하면서 더 많은 양질의 일자리를 기대할 수 있음을 시사하기 때문이다. 거대한 혼란과 실업, 격변, 전쟁의 시기였던 1차 산업혁명은 이를 겪은 대부분 사람들에게 좋은 기억은 아니었다.[95] 1차 산업혁명은 새로운 생산법을 가져왔을 뿐 아니라 카를 마르크스Karl Marx와 공산주의 등 격렬한 반발과 프랑스 혁명, 미국 남북전쟁을 촉발하기도 했다. 장기적으로 우리가 더 나은 삶을 사는 것일 수도 있지만, 존 메이너드 케인스John Maynard Keynes의 말처럼 장기적으로 우리 모두는 죽는다.[96]

크리스 쿠타나Chris Kutarna와 이언은 저서 『발견의 시대』에서 현재의 기술혁명은 산업혁명보다 500년 전 발생한 르네상스와 더 비슷하다고 주장했다.[97] 르네상스는 인식의 근본적인 변화를 일으켰고 최초의 글로벌 상업시대를 열었다. 뒤처진 사람들은 상당한 불안을 느꼈고 인쇄기의 도움으로 변화에 도전하는 아이디어를 퍼뜨렸다. 선동가 사보나롤라Savonarola는 메디치 가문을 쫓아내고 책을 불태우면서 허영의 불꽃을 점화했다. 독재적이고 부패가 심했던 가톨릭 교회의 대응은, 역사에서 종교 재판으로 보는 공포 통치를 시행하는 것이었고 종교적 관용과 과학 전문가들을 불법화했다.

르네상스는 급속한 기술 변화와 과학 및 예술 발전을 촉진하는 정보 혁명의 힘을 보여주었다. 르네상스가 주는 교훈은 이러한 과정에서 권력이 도전받고 사회가 매우 불안정해질 수 있다는 점이다. 과거처럼 현재에도 변화가 급속도로 발생하면 뒤처지는 속도도 빨라져서, 포퓰리즘적인 반발이 발생하고 사회적 긴장도 고조된다. 변화가 가속화되는 시대에 포용적이고 관용적인 사회를 만드는 것이 중요하다. 불평등 챕터에서 다시 이야기하겠지만, 불평등 심화는 급속한 기술 변화의 필수적인 결과가 아니다. 하지만 이러한 변화로 사회 전체가 혜택을 볼 수 있도록 적극적인 정책이 필요하다. 기술은 적군이 아니더라도 변덕스러운 아군이다.

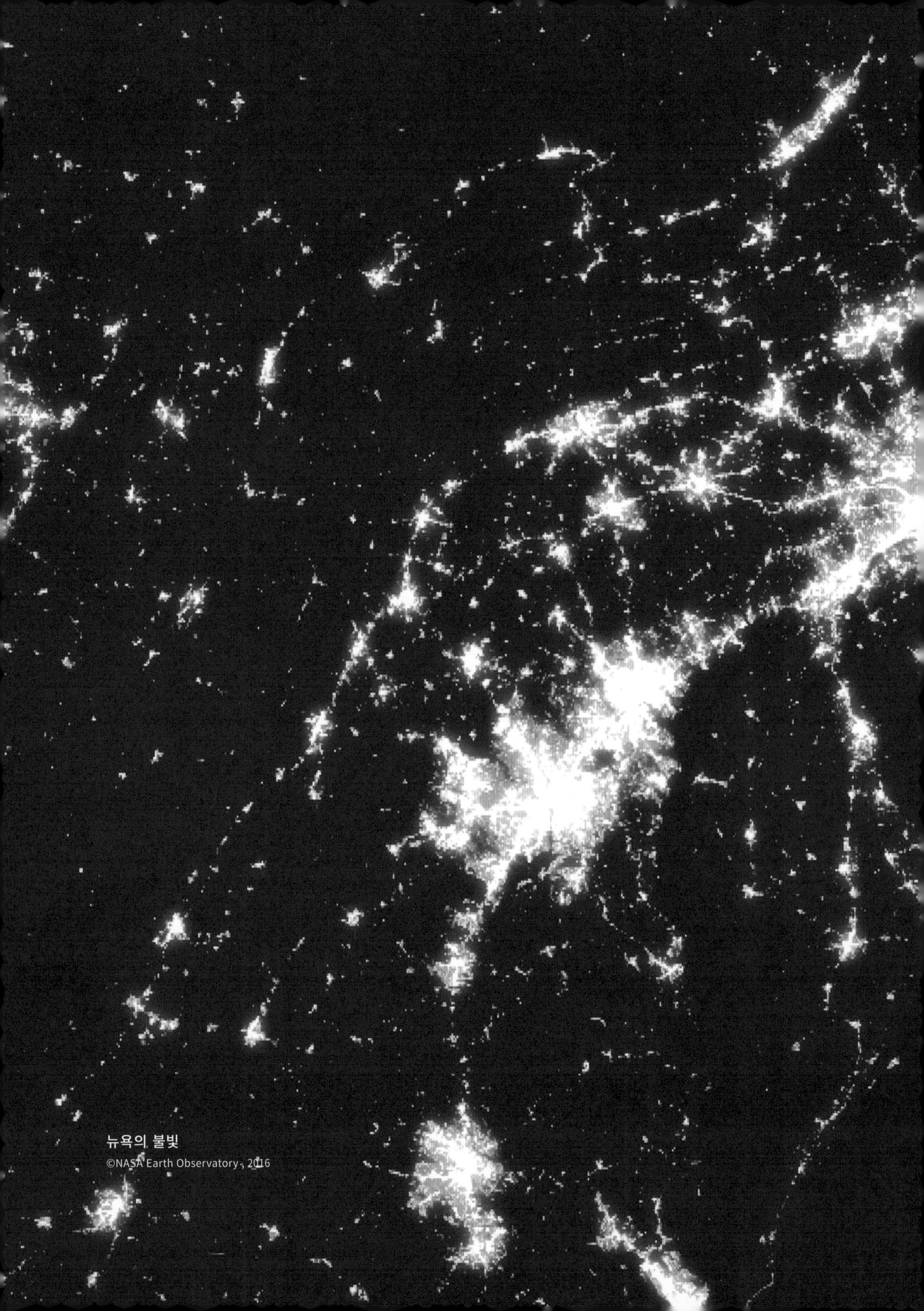

뉴욕의 불빛

©NASA Earth Observatory, 2016

불평등

국가 내 불평등은 심화되고 있다

국가 간 불평등은 감소하고 있다

어디에 사는지가 그 사람의 가능성을 결정한다

극단적 불평등이 늘어날수록 수혜를 받는 것은 최상위층이다

빛과 어둠
지구의 밤을 저속 촬영한 이 이미지에서 보이는 불빛은 에너지와 빛의 공급을 나타내며, 불평등을 극명하게 보여준다. 아프리카와 라틴아메리카의 경우, 아시아, 유럽, 북아메리카와 달리 대다수 지역이 칠흑같이 어두우며 상파울루, 요하네스버그, 라고스 같은 대도시만이 희미하게 빛나고 있다.

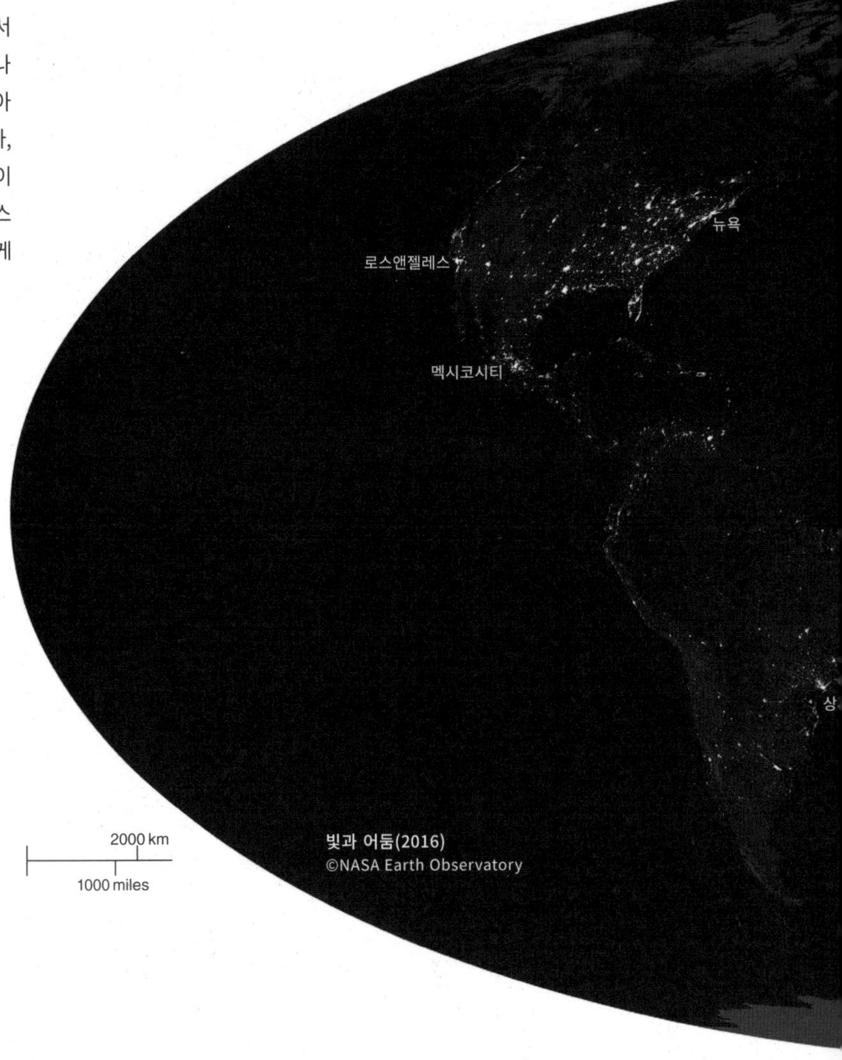

빛과 어둠(2016)
©NASA Earth Observatory

들어가며

불평등은 인류가 가장 오랫동안 골머리를 앓아온 경제·정치·사회 문제 중 하나이다. 또한 불평등은 사람들에게 가장 잘못 알려진 문제이기도 하다. 불평등에 관련한 논쟁은 주로 소득 분배 불균형에 치우쳐 있다. 불평등을 시각화할 수 있는 또 다른 방법은 밤에 비치는 불빛을 연구하는 것이다. 위 지도에서 볼 수 있듯, 북아메리카와 서유럽의 부유한 도시들과 인도, 중국, 동남아시아 도심 지역은 밝게 빛나고 있지만 남아메리카와 아프리카 대다수 지역은 어둠으로 뒤덮여, 극명한 차이를 볼 수 있다. 이 이미지는 극단적인 불평등이 전력 공급과 연관성이 있다는 것을 생생하게 보여준다. 전기와 전등은 가정, 기업, 도시가 생존하는 데 필수적인

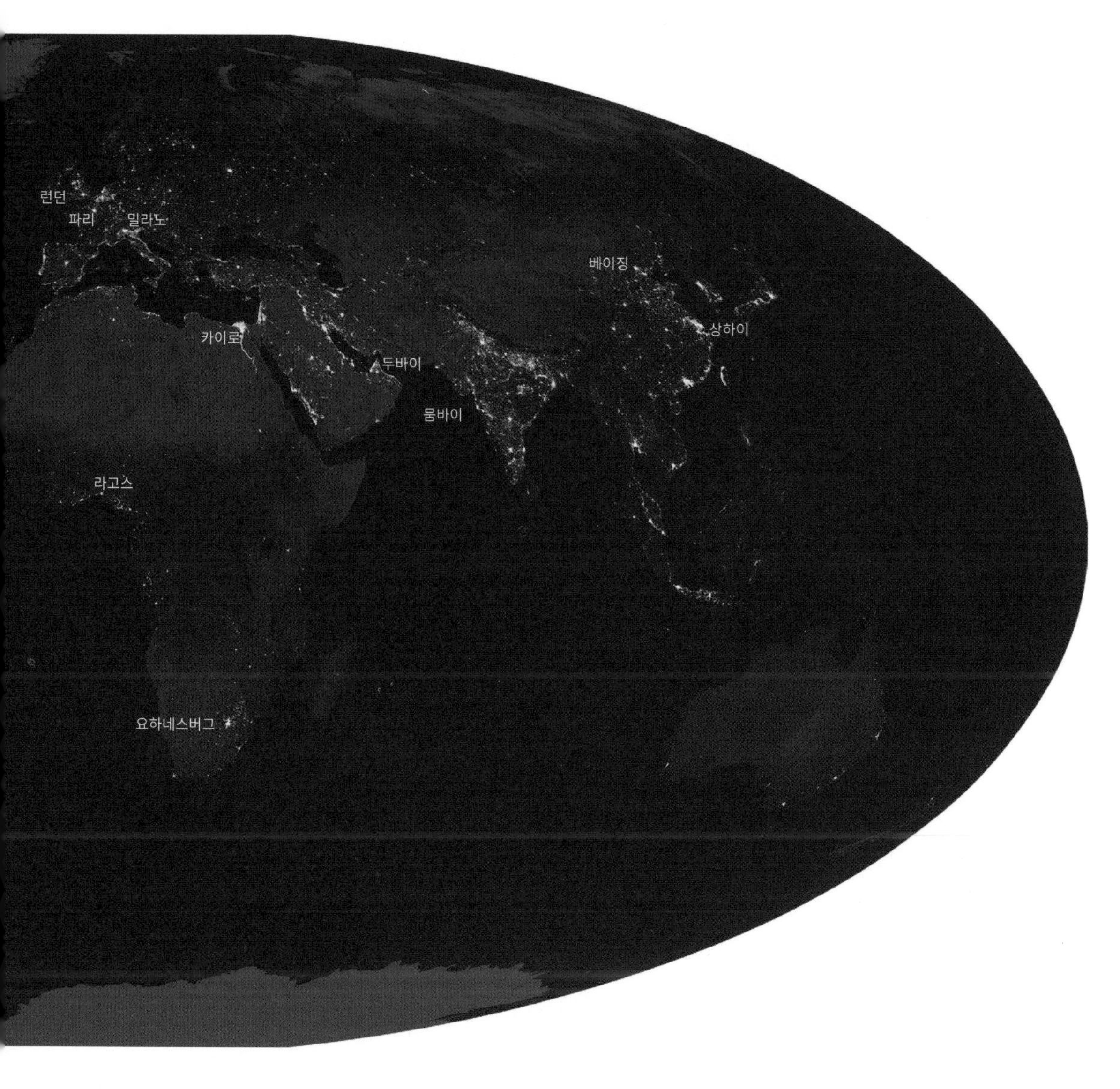

요소이다. 에너지 없이는 발전도 없다.

불평등을 연구하는 전통적인 방식은 소득과 부가 사회 전반에 걸쳐 어떻게 분배되는지 알아보는 것이다. 오늘날 소위 '상위 1퍼센트'라 불리는 세계 엘리트들은 따가운 눈총을 받고 있다. 그럴 만한 이유가 있다. 1,000만 달러 이상의 순자산을 보유한, 상위 1퍼센트의 약 4,200만 명이 세계의 부의 48퍼센트가량을 보유하고 있기 때문이다.[1] 더 심각한 것은, 이 추세가 앞으로 더 심화될 것으로 전망된다는 것이다.[2] 그렇다면 불평등이 왜 문제가 되는 것일까? 도대체 왜 우리가 아마존 창립자 제프 베조스Jeff Bezos의 자산이 아프리카와 카리브 국가 연합을 포함한 총 50개국의 자산을 다 합한 것보다 많다는 사실에 신경을 써야 할까?[3] 불평등이 심화되고 있다는 소식을 매일 듣지만, 이것은 실제로 일어나고 있는 것일까? 많은 논객이 주장하는 것처럼, 현재 대두되고 있는 포퓰리즘과 대중의 분노는 불평등에 의해 야기된 것일까? 도대체 불평등이란 우리에게 어떤 의미일까?

이 챕터에서 우리는 불평등이란 과연 무엇인지, 왜 이것이 중요한지 알아보고자 한다. 이를 위해 불평등에 대한 역사를 짧게 훑어본 뒤, 불평등이 국가 간 그리고 국가 내에서 어떻게 벌어지고 있는지 살펴볼 것이다. 여기에서는 불평등, 소득, 자산, 건강, 교육, 인종, 성별 등 다양한 요소를 다룰 것이다. 긍정적인 이야기도, 부정적인 이야기도 있을 것이다. 국가 간 불평등은 상당히 줄어들었지만, 국가 내 불평등은 심화되고 있다. 이 챕터에서 제시한 일련의 지도를 통해 불평등을 공간과 시간의 개념 중심으로 파악하여, 구체적인 해결책을 세세하게 살펴보고자 한다.

어둠 속의 불평등

라고스의 빛, 뉴욕주의 빛
라고스와 뉴욕주의 인구는 비슷하지만, 위성사진에서 볼 수 있듯, 뉴욕주 사람들이 훨씬 더 많은 양의 에너지와 전등을 사용 중이다. 실제로 뉴욕주는 사하라 이남 아프리카 전체보다 더 많은 에너지를 소비하고 있다.

불평등은 다양한 방식으로 설명할 수 있다. 경제학자들은 불평등을 설명하기 위해 주로 지니 계수Gini coefficient를 활용한다. 지구상의 모든 사람들이 동일한 소득을 얻는 완벽하게 평등한 세상의 경우, 지니 계수는 0이다. 만약 단 한 명이 모든 소득을 독차지한다면 1(또는 100퍼센트)로 나타낸다.[4] 지니 계수는 단순명쾌한 측정법이긴 하지만, 사실 그 누구도 다른 사람과 똑같은 방식으로 불평등을 경험하진 않는다. 불평등은 돈으로 환산할 수도 없다. 불평등을 괴롭힘·협박·권력을 통해 경험하는 사람도 있다. 또한 법 앞에서 혹은 성별·성적·나이·학력·출신·국적·방언·종교·직업·장애·신장·외모와 같이 타인이 우리에 대해 그리고 우리 삶의 가능성에 대해 판단하는 데 사용하는 요소들에서 불평등을 경험하기도 한다.

지구에서 발하는 빛을 우주에서 바라보면 지역별로 나타나는 불평등을 쉽게 이해할 수 있다. 우측 두 장의 이미지는 약 2,000만에 살짝 못 미치는 인구가 살고 있는 뉴욕주와, 2,000만 명이 넘는 인구가 살고 있는 나이지리아에서 가장 큰

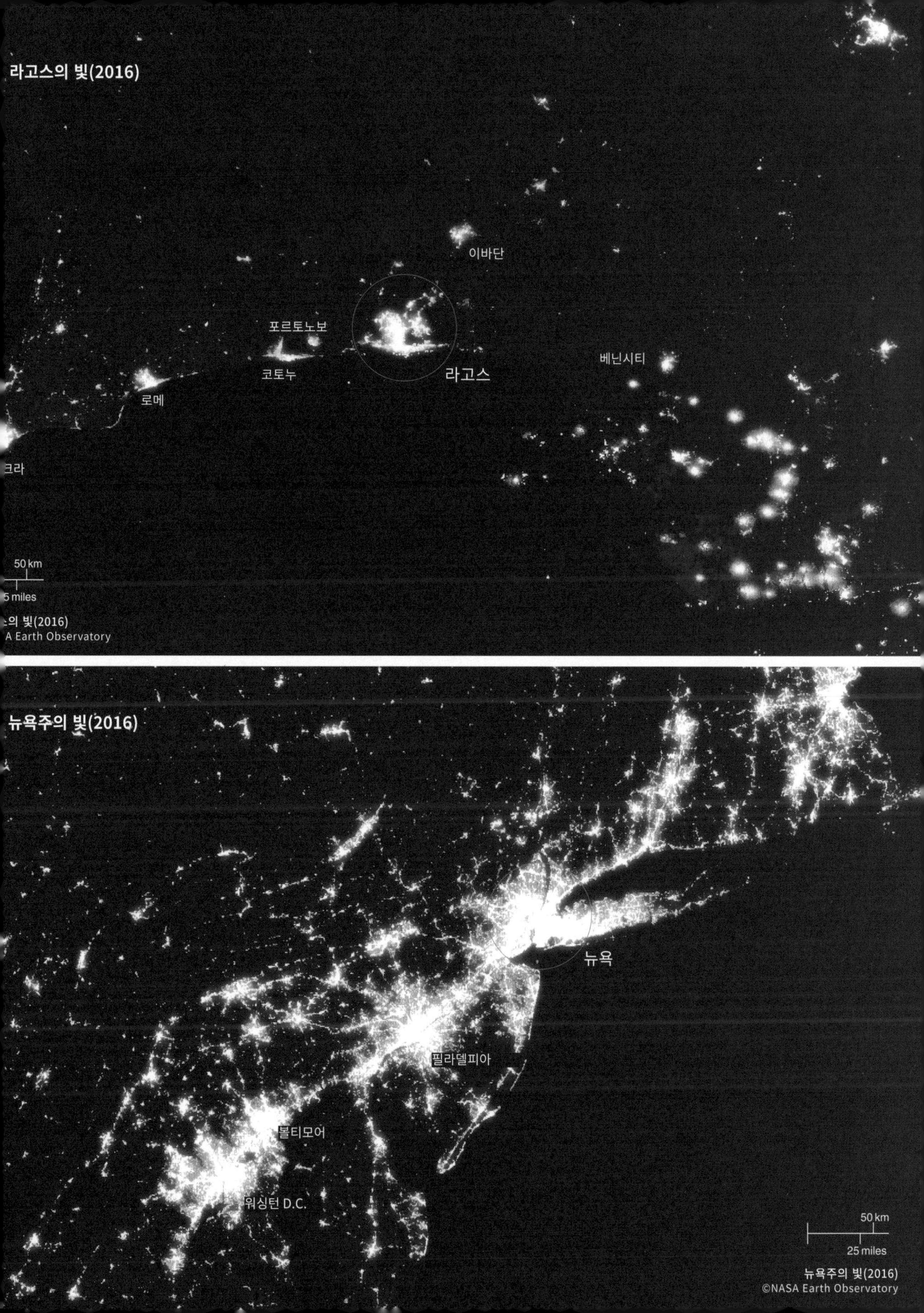
라고스의 빛(2016)
이바단
포르토노보
베닌시티
라고스
코토누
로메
크라
50 km
5 miles
의 빛(2016)
A Earth Observatory
뉴욕주의 빛(2016)
뉴욕
필라델피아
볼티모어
워싱턴 D.C.
50 km
25 miles
뉴욕주의 빛(2016)
©NASA Earth Observatory

도시인 라고스의 밤을 담은 사진이다. 두 곳 모두 비슷한 지리적 면적을 담았지만,[5] 충격적일 정도의 에너지 불평등이 존재한다는 것이 명확하게 드러난다. 나이지리아는 세계 주요 석유 수출국 중 하나이지만, 열악한 지배구조와 만성적 부실관리로 2억 명이 넘는 사람들이 평균 하루에 5기가와트 이하의 전력에 의존해 살고 있다. 반면에 뉴욕주 2,000만 명의 시민들은 평균 일일 392기가와트의 전기를 사용하고 있다.[6]

실제로 현지인들은 나이지리아 전력공사National Electric Power Authority(NEPA PLC)의 앞 글자를 따서 '전기는 기대도 하지 말자, 언제나 밝은 촛불이나 켜자Never Expect Power Always Please Light Candles'라고 조롱하곤 한다. 결국 나이지리아 국민 중 많은 수가 자가 발전기에 의존하게 되었다. 하지만 발전기를 돌리는 데 드는 비용이 상당하기 때문에 소상공인들은 '발전기를 켜면 그날 하루 공치는 것이다.'[7]라고 불만을 토로한다. 나이지리아에서는 텔레비전, 냉장고, 휴대전화를 충전하기 위해 소형 발전기를 돌릴 수 있는 집은 중산층으로 간주된다. 반면 극빈층은 전기세를 내지 못해 등유와 양초에 의존하고 있다. 즉, 요리와 청소할 시간도 부족하고, 공부도 더 많이 하지 못하며, 말 그대로 어둠 속에서 살고 있다는 뜻이다. 에너지를 균등하게 공급받지 못할 경우, 또 다른 형태의 불평등이 심화될 것이며, 결국 빈곤으로 이어지게 된다.

에너지 불평등은 해결 가능한 문제이다. *(저자 중 한 명인)* 이언이 남아프리카공화국개발은행(DBSA)에 재직했을 당시, 은행은 500개 이상의 마을과 100만 가구의 전기화 프로젝트에 1년간 자금을 지원했다. 이에 따른 순 효과는 실로 놀라울 정도였다. 가로등에 전기가 들어오자 교통상황이 개선되었고, 돈을 노린 범죄와 성범죄 또한 줄어들었다. 가정에 불이 들어오자 공부할 수 있는 시간이 늘어나 학업 성취도가 개선되었다. 전기가 공급되면서 음식을 냉장 보관할 수 있게 되었고, 물을 끓일 수 있게 되었으며, 결국 영양가 있는 음식을 더 많이 먹을 수 있게 되었고, 위생이 개선되어 수인성 질병이 줄어들었다. 이발사, 정육업자, 제빵사 등 수천 명의 각 분야 전문가들과 소매업자들이 전기를 사용하자, 가정도, 소매 판매처도 번창하기 시작했다. 당연히 소득과 고용률도 함께 극적으로 증가했다. 이처럼 전등은 매우 중요하다.

불평등에 대한 짤막한 역사

불평등이 어떻게 확산되었고, 왜 중요한지 정확히 파악하기 위해서는 시간을 거슬러 올라가야 한다. 아주 먼 옛날, 우리 조상들은 가족과 공동체의 생존을 위해 함께 피땀 흘려 일하며 고된 삶을 살았다. 도시를 다룬 챕터에서 볼 수 있듯, 농업이 등장하고 잉여 식량이 생기기 시작하면서 공동체는 사회·종교·정치·경제적 위계질서를 정교하게 잡아가기 시작했다. 불평등은 최근에 발생한 현상이 아니며, 최소 7,000년 전으로 거슬러 올라간 과거의 유적지에서도 발견된다. 고대 정착지와 도시를 살펴보면 토지와 재산의 상속이 존재했음을 알 수 있으며, 유골을 통해 신석기 공동체 간과 공동체 내에서 식습관과 건강 상태가 현저히 달랐다는 것도 확인할 수 있다.[8]

불평등은 고대 이집트 파라오, 마야의 통치자, 중국과 로마의 황제들이 막대한 부를 축적하면서 더 심화되기 시작했다. 그 후에 군주, 황제, 교황, 제국주의 무역업자들이 축적한 성과 값비싼 보석과 노예들을 보면 극소수의 권력자들이 얼마나 상상을 초월할 정도로 부유했는지, 그에 비해 대다수는 얼마나 극심한 빈곤에 시달리며 살아가야 했는지 알 수 있다. 더 나아가, 산업혁명이 일어나면서, 자산의 더욱더 빠른 속도로 집중되었다. 이 현상은 증기기관의 발명, 기계화 기술이 등장하면서 영국에서 시작되었고, 서유럽 국가를 거쳐 미국이 그 뒤를 이었다.[9] 산업혁명의 수혜는 소득이나 기대수명이 개선될 여지가 제한적이었던 도시나 지방의 빈민층이 아닌, 중산층에게로만 돌아갔다.[10]

1789년 프랑스 혁명이 일어날 때쯤, 세계에서 인구가 가장 많은 상위 5개국의 소득이 하위 5개국보다 약 3배 이상 많아졌다.[11] 영국에서 시작된 기술 발전 덕분에, 신기술을 적용한 국가의 성장 전망은 밝아졌고 소득은 늘어났다. 예를 들어, 1800년 미국인의 평균구매력(소비자가 현지의 재화와 용역을 구매할 수 있는 능력)은 중국인의 약 2배였다. 하지만 미국이 신기술을 대대적으로 적용하면서 미국인이 누리는 혜택은 더 커졌지만, 중국은 산업혁명 이전의 영세 기술에서 벗어나지 못하고 이에 의존하면서 양국의 격차가 더욱 뚜렷하게 벌어졌다. 1975년이 되자, 미국의 구매력은 중국의 30배에 달하게 되었다.[12]

19세기 하반기부터 제1차 세계대전이 발발하기까지, 무역과 이민이 급속히 성장하면서 유럽과 북아메리카 사람들의 생활 수준이 서로 비슷해졌다. 같은 기간 동안, 5,000만 명 이상의 유럽인들이 '신세계'로 이주했다. 이전부터 북아메리카 지역 사람들보다 훨씬 더 높은 소득을 누리고 있던 유럽인들이 이주하면서 제도·기술·자본을 함께 가져감으로써, 캐나다와 미국의 발전을 촉진했다. 결과적으로, 유럽인과 미국 내 자원이 풍부한 지역의 주민 간의 임금 격차가 100퍼센트에서 25퍼센트까지 좁혀졌다.[13]

19세기 중반에 들어, 모두는 아니지만 많은 국가에서 자국 내 불평등이 해소되는 양상이 나타났다. 그 이유 중 하나가 대규모 이주이다. 하지만 앞서 들어가며에서 분명히 말했듯, 국가 내의 불평등은 계속해서 늘어나고 있다. 국제 상업의 발달과 산업화의 수혜를 누리는 것은 주로 최상위 계층이기 때문이다.[14] 하지만 항상 그렇지만은 않았다. 그간 서서히 진행된 불평등을 해소하기 위해 1930년대부터 1970년대까지 정부가 부자들을 대상으로 증세 정책을 실시하면서, 불평등이 현저히 감소했다. 정부 세수가 늘자 사회복지와 공중보건 및 교육에 대한 투자가 늘어났다. 즉, 공공정책을 통해 불평등은 크게 감소하였고, 그 어느 때보다도 모든 국민이 풍성한 복지를 누릴 수 있었다.[15]

하지만 불평등의 감소세는 오래가지 못했다. 1980년대 이후, 누진과세와 정부개입에 반대하는 쪽으로 추세가 변하기 시작했다. 1979년부터 1990년까지 영국 수상직을 재임했던 마가렛 대처Margaret Thatcher와 1981년부터 1989년까지 미국 대통령직을 연임한 로널드 레이건Ronald Reagan은 상황을 과거로 돌려놓았고, 노조의 힘을 빼앗아 버렸으며, 지금까지 이어지고 있는 세금에 대한 '바닥을 향한 경주Race to the bottom'를 시작했다.[16] 결국 지정학 챕터에서 다루게 될 주제인 '신자유주의' 모델을 채택한 영국 · 미국 및 다른 국가들 내에서는 불평등이 심화되었다. 동시에 세계화에 가속도가 붙으면서, 개발도상국이 전례 없는 기회를 누리게 되어 아시아 국가 간 소득 격차가 줄어들게 되었다.[17]

오늘날의 큰 그림

우측 그래프는 1800년부터 2019년까지 세계의 소득 분포가 어떻게 변했는지 보여준다. 1800년에는 대다수 사람들이 극심한 빈곤층이었다. 비교적 부유했던

세계 소득 분포도(1800, 1975, 2019)

좌에서 우로 하루 임금(최소 20센트에서 최대 200달러)을 나타내고 있으며, 맨 왼쪽의 1.90달러는 세계은행이 정의한 극빈층의 표준 임금(2011년 고정가 기준)이다. 아시아는 빨간색, 유럽은 초록색, 아프리카는 파란색, 아메리카는 노란색이며 각각 높이로 인구수를 표현했다. 1800년의 경우, 87퍼센트의 인구가 빈곤층에 속했으며, 아시아 및 유럽에 살고 있었다. 2019년에는 세계 인구 중 오직 10퍼센트만이 빈곤층이며 대부분이 아프리카에 살고 있다.

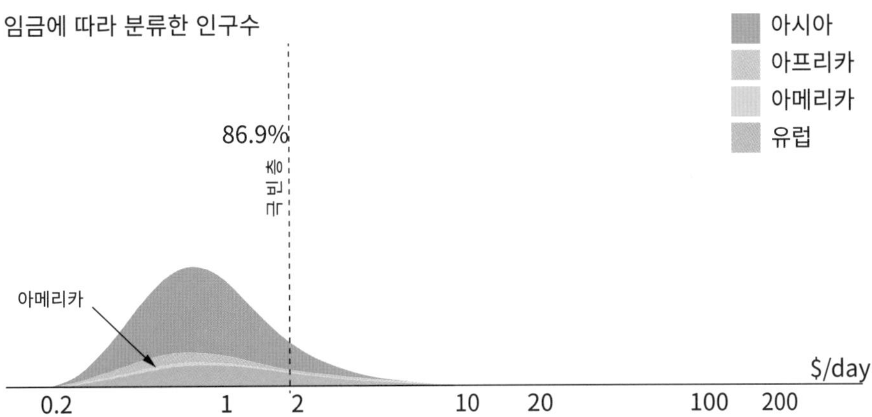

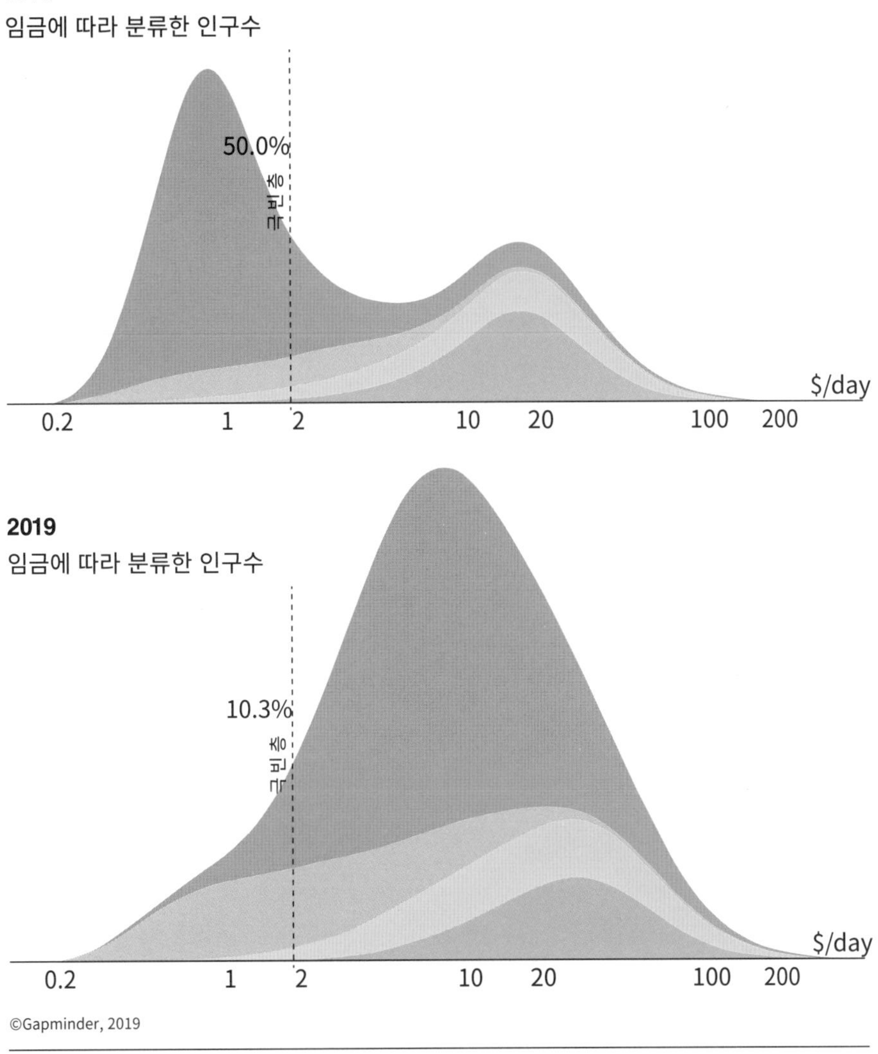

©Gapminder, 2019

유럽(노란색)의 경우에도 소수의 부유층만이 살 만한 집과 영양가 있는 음식을 구할 수 있었을 뿐, 대다수는 기준선 좌측인 극빈층에 포함되어 있었다. 하지만 1975년의 그래프를 보면, 소득 수준이 극적으로 개선되었을 뿐만 아니라, 일부 부국 국민들의 경우에는 평균 임금이 빈국 대비 10배에 달하게 되었다.[18] 우측의 낙타 혹 모양에 해당하는 부분의 대다수는 부국이며, 좌측 혹 부분은 그 외의 국가를 뜻한다. 마지막으로 1975년과 2019년의 소득분포 차이는 놀라울 정도로 변했다. 주로 아시아의 약진에 힘입어 40년 만에 불평등이 줄어든 것을 볼 수 있다.

현재 국가 내 불평등은 증가하고 있는 반면, 그래프들을 통해 알 수 있듯이 국가 간 격차는 줄어들고 있다. 이는 개발도상국이 부국보다 훨씬 더 빠른 속도로 성장하면서 상당수의 최빈국들이 자국과 비교했을 때 훨씬 잘살았던 나라의 소득 수준을 따라잡을 수 있게 되었기 때문이다.[19] 부국 내 불평등의 경우, 세금이 낮아지고 부의 재분배가 줄어들면서 더욱 심화되고 있으며, 전 세계적으로는 레이건과 대처 시절의 복지 긴축정책과 노조 약화 노선을 따라가고 있다. 무역장벽이 완화되고 컨테이너 수송이 발달하면서 중국과 동아시아 국가들이 세계 공급망에 편입됨에 따라 반복적이며 비숙련 업무를 담당하던 노동자들이 특히 강한 압박을 받고 있다. 동시에 사업주나 주주, 기술 분야의 고숙련 전문직에 종사하는 사람들은 낮은 세금과 보다 수익성 높은 국제 비즈니스 세계에서 혜택을 누리고 있다. 프랑스 경제학자 토마 필리퐁Thomas Philippon은 미국에서 특히 나타나는 기득권층 이해 도모와 소득 재분배를 막기 위한 로비활동의 증가도 이 현상과 관련이 있다고 밝혔다.[20]

소수의 국가들이 세계 불평등에 큰 영향을 미치고 있는 것으로 나타났다. 중국, 인도, 인도네시아의 인구를 합치면 30억 명이 넘는다. 이 국가들은 전 세계의 빈곤 퇴치에 큰 역할을 했으며, 그중에서도 중국은 역사적으로 그 어떤 나라도 달성하지 못한 수준으로 빈곤층을 줄이는 데 성공했다.[21] 중국의 성장세가 2020년 들어 최저치를 기록하긴 했지만, 그럼에도 불구하고 지난 40년간 거의 매년 10퍼센트대의 성장률을 보였다.[22] 중국의 평균 소득 또한 10년마다 2배씩 상승하여, 8,000만 명 이상이 절대적 빈곤층에서 벗어날 수 있었다.[23] 동아시아의 경우, 1988년 세계 극빈층 20억 명중 약 절반을 차지했지만, 오늘날에는 전 세계 8억 명의 극빈층 중 단 9퍼센트만이 동아시아에 거주하고 있다.[24]

이렇게 빈곤 퇴치 노력에 상당한 진전이 있었음에도 불구하고, 여전히 많은 빈곤층이 남아 있다. 1988년에는 세계 인구의 약 3분의 1이 빈곤에 시달렸으며, 이 중 대부분은 인도와 중국에 살고 있었다.[25] 그 이후로, 세계 인구는 약 25억 명으로 증가했으며, 약 12억 명의 사람들이 최빈곤층에서 탈출했다. 2019년에는 여전히 최빈곤층으로 남아 있는 사람들은 세계 인구의 10퍼센트 정도밖에 되지 않았다. 최빈곤층이란 세계은행이 독자적으로 정의한 기준으로, 하루에 1.90달러 이하의 생계비로 생활하는 사람들을 말한다.[26] 그럼에도 불구하고 여전히 4억 명에 달하는 아프리카인들은 매우 가난하다. 세계에서 가장 가난한 사람들의 절반 이상이 아프리카에 살고 있는 가운데, 2020년에 발발한 코로나19 팬데믹으로 인해 상황은 더욱 악화되었다.[27] 예멘과 아프가니스탄, 미얀마와 같은 지역의 경우 전쟁과 분쟁이 빈곤과 연관되어 있으며, 남아시아와 라틴아메리카, 카리브 국가 연합과 특히 세계 최빈국 중 하나인 아이티에서는 극심한 빈곤이 여전히 계속되고 있다. 하지만 다른 많은 지역의 경우 빈곤 감축을 위한 상당한 진전이 이루어지고 있기 때문에, 2030년이 되면 세계 극빈층 10명 중 9명은 아프리카에 살고 있을 것으로 예상된다.[28]

불평등의 과거와 현재

시간의 흐름에 따른 불평등을 나타낸 205페이지의 그래프는 전 세계 인류의 소득 분포를 보여주는, 장기적이고 비교 가능한 데이터가 없다는 것을 극복하기 위해 갭마인더Gapminder사가 시도한 영웅적 행보로 탄생한 결과물이다. 가로축은 하루 소득을 달러로 표시하며, 최소 20센트에서 최대 200달러까지를 나타난다. 아시아는 빨간색, 유럽은 초록색, 아프리카는 파란색 그리고 남북 아메리카는 노란색으로, 대륙별로 다른 색을 사용했다. 각 그래프의 높이는 인구수를 나타내며, 수직선으로 하루 1.90달러(2011년 고정가 기준)를 버는 최빈곤층의 기준을 표시했다. 1800년에는 인구의 87퍼센트가 빈곤층에 속했으며, 주로 아시아와 유럽에 살고 있었다. 1975년에는 그래프에 두 개의 혹이 등장했는데, 세계 최빈곤층의 약 절반이 아시아에 살고 있었으며, 아프리카에서도 점진적으로 늘어나고 있는 반면 유럽에서는 더 이상 나타나지 않았다는 것을 알 수 있다. 2019년까지 놀라운 성장을 보여, 세계 인구 중 오직 10퍼센트만이 최빈곤층으로, 주로 아프리카에 집중되어 있다.

하지만 코로나19 팬데믹 이후 빈곤층 감소를 향한 진전이 예전보다 불확실해졌다. 우선, 빈곤층 중 80퍼센트 이상이 여전히 시골 지역에 밀집되어 있다. 균형 있는 도시화, 교육, 보건에 지속적으로 투자함으로써 빈곤을 퇴치해야 한다. 하지만 이와 동시에 7억 명 이상의 최빈곤층 문제를 해결하기 위해서는 폭력 챕터에서 상세히 다루게 될 부패, 분쟁, 범죄 또한 해결해야 한다.[29] 분쟁은 발전을 저해하고, 퇴보시키며, 사회를 극심한 가난의 구렁텅이에 빠트린다. 전쟁으로 피폐해진 시리아, 예멘, 소말리아, 남수단의 경우를 보면 일목요연하다.[30] 부패는 분쟁처럼 눈으로 확인하긴 어렵지만 내부적으로 미치는 파괴력이 크기 때문에, 발견하지 못할 경우, 사회 전체에 암처럼 퍼져 정부를 마비시키고 민간 분야를 어지럽히며 일반 시민들에게 필요한 서비스의 비용을 계속해서 높이게 된다.

파쿤도 알바레도Facundo Alvaredo는 공저자들과 함께 1980년부터 2016년까지 전 세계 다양한 소득군의 소득이 어떻게 증가했는가를 보여주기 위해 수치를 재구성했다.[31] 이 그래프의 특징은 크게 세 가지이다. 주로 개발도상국에 살고 있는 사람들로 구성되어 있는 세계 최빈곤층을 나타내는 그래프 산과, 선진국의 노동자 계층과 중산층 그리고 개발도상국의 상류층이 포함된 그래프 골짜기, 그리고 세계

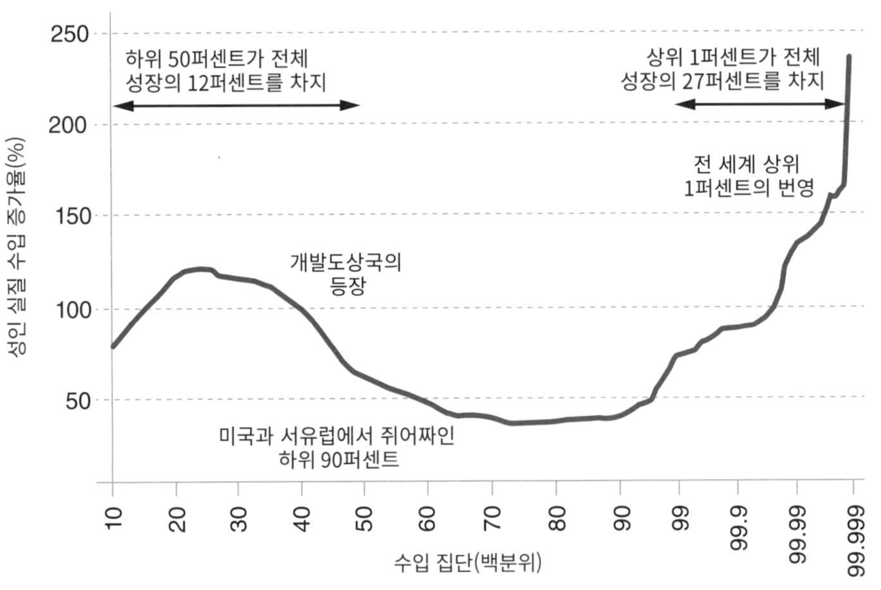

©Alvaredo, Facundo, Lucas Chancel, Thomas Piketty, Emmanuel Saez, and Gabriel Zucman, 2018

네스호의 괴물 형상을 한 세계 불평등
이 그래프는 1980년부터 2016년까지 소득 변화가 어떻게 나타났는지를 나타내고 있다. 괴물의 긴 목 부분에 해당하는 인구 상위 1퍼센트가 총 소득 성장의 27퍼센트를 차지하고 있는 반면, 하위 50퍼센트는 총 소득 성장의 혜택을 12퍼센트밖에 누리지 못했음을 보여준다.

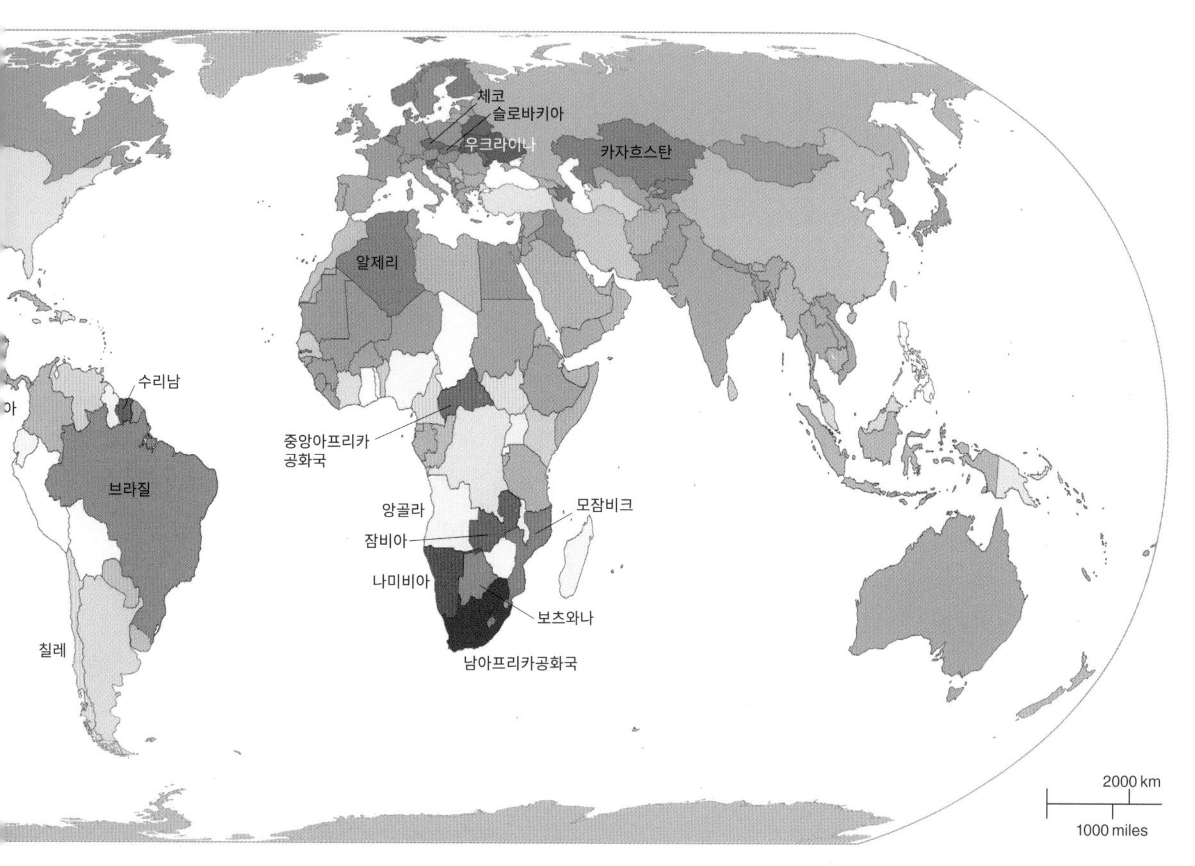

지니 계수

지도상의 붉은색은 불평등이 심한 것을, 파란색은 불평등 정도가 낮은 것을 나타낸다. 불평등이 가장 심한 국가는 남아공이며, 인근 아프리카 국가와 브라질이 그 뒤를 따르고 있다. 불평등이 가장 균등하게 개선되고 있는 지역은 아시아이며, 전 세계에서 가장 평등한 지역은 유럽이다.

불평등 지니 계수

©World Bank, Development Research Group, 2018

엘리트로 구성된 코끼리 코 그래프이다. 연구 결과, 가장 부유한 1퍼센트가 세계에서 가장 가난한 50퍼센트의 사람들보다 2배 이상의 소득 성장률을 보이고 있다는 것을 알아냈다. 이는 원래 크리스 라크너Chris Lackner와 브랑코 밀라노비치Branko Milanovic가 '코끼리 곡선'으로 설명했던 것으로, 상위 백분위 집단이 거둔 소득이 코끼리 코와 같은 모양으로 나타낸다. 하지만 상위 1퍼센트 집단의 성장률이 더 높아지면서, 이 그래프는 '네스호Loch Ness의 괴물'과 같은 모습으로 변해버렸다.

세계의 중하위 계층은 놀라운 성장을 경험했으며, 특히 중국은 무시무시할 정도였다. 네스호의 괴물 모양 그래프의 뒷부분이 올라간 모습에서 분명히 알 수 있다. 최빈곤층이 속한 하위 10퍼센트는 미비한 성장세를 보였으며, 네스호의 괴물의 축 늘어진 꼬리로 묘사된 것처럼, 빈곤과 폭력의 악순환에 빠져 있다.[32] 세계화와 지정학 챕터에서 다루는 2008년 금융 위기는 실업률 증가와 임금 정체를 야기했고, 이후 고용이 개선되었음에도 불구하고 노동자 계층의 회복은 더딘 상태이다. 반면, 단순 업무의 자동화와 비정규직 업무를 효율적으로 처리하는 플랫폼이 부상하면서, 생활 수준이 예측 불가능해졌고, 고용 안전성 또한 불안정해졌다. 이러한 요인들은 빈곤층과 중산층이 느끼는 환멸과 좌절을 설명하는 데 도움이 된다.[33]

문제는 국내에 있다

앞의 지도는 지니 계수를 통해 국가 내 소득 불평등의 정도를 강조한다. 경제적으로 가장 불평등한 국가는 빨간색으로, 가장 평등한 나라는 파란색으로 표시

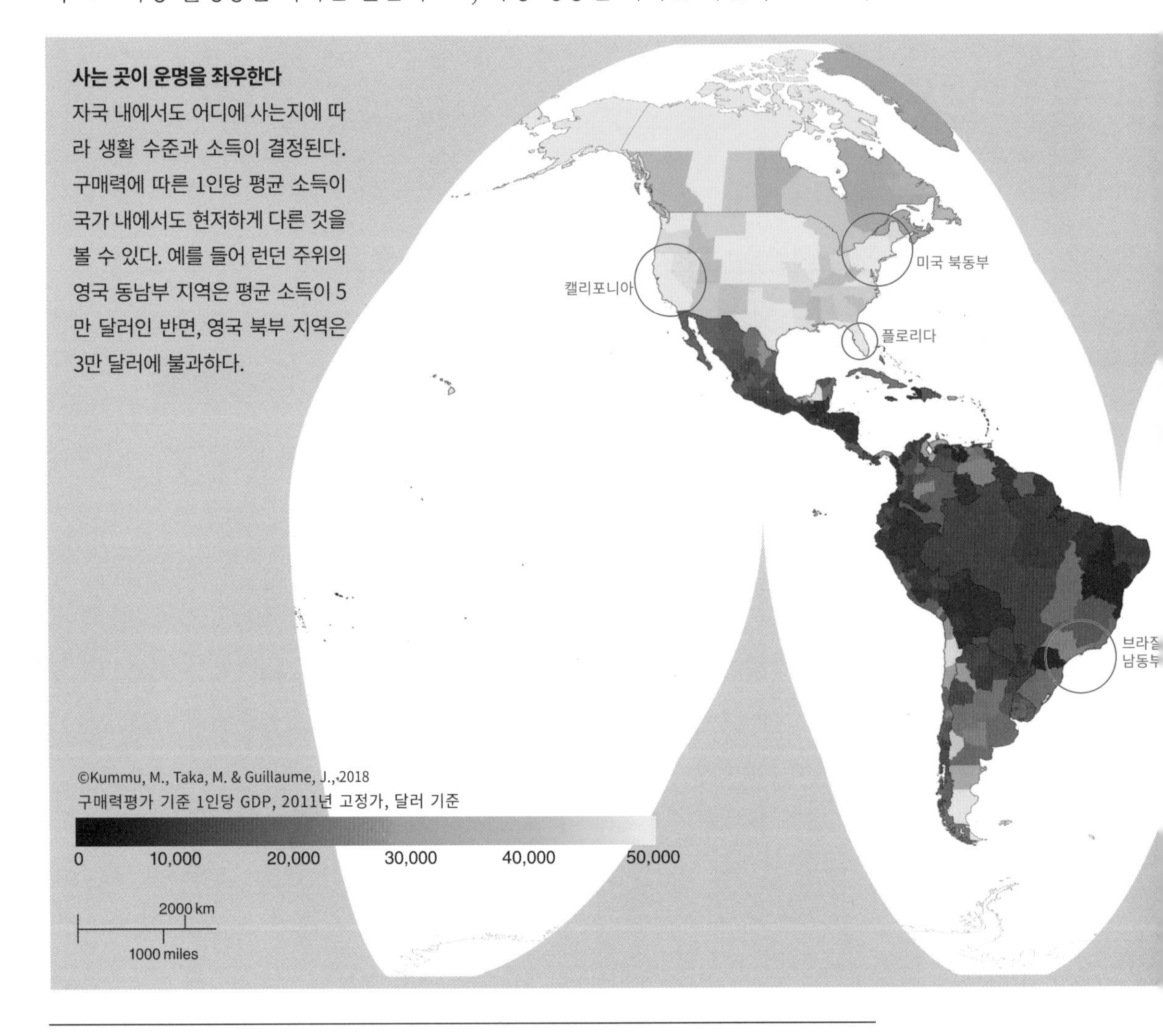

사는 곳이 운명을 좌우한다
자국 내에서도 어디에 사는지에 따라 생활 수준과 소득이 결정된다. 구매력에 따른 1인당 평균 소득이 국가 내에서도 현저하게 다른 것을 볼 수 있다. 예를 들어 런던 주위의 영국 동남부 지역은 평균 소득이 5만 달러인 반면, 영국 북부 지역은 3만 달러에 불과하다.

되어 있다. 최근 데이터에 따르면 남아프리카공화국이 세계에서 가장 불평등한 국가로 지난 수백 년간의 인종차별과 체계적인 분리주의로 인구의 10퍼센트에 불과한 백인들이 모든 특권을 독차지하고 있었다. 반면, 나머지 90퍼센트의 흑인들은 국토의 단 10퍼센트만을 차지했으며, 전문직이나 대학 교육에도 배제되었고 '백인 전용' 도시에서 살 수조차 없었다. 1994년, 최초의 자유 선거로 선출된 만델라 대통령은 남아공을 인종차별 없는 민주주의 국가로 만들겠다고 공언했지만, 인종차별정책이 남겨놓은 끔찍한 경제적 유산은 아직도 극복해야 할 과제로 남아 있다.[34]

이웃에 위치한 보츠와나와 나미비아는 다이아몬드 광산이 밀집된 곳으로, 막대한 부가 어디에 집중되어 있는지 보면 불평등이 얼마나 심한지 확인할 수 있

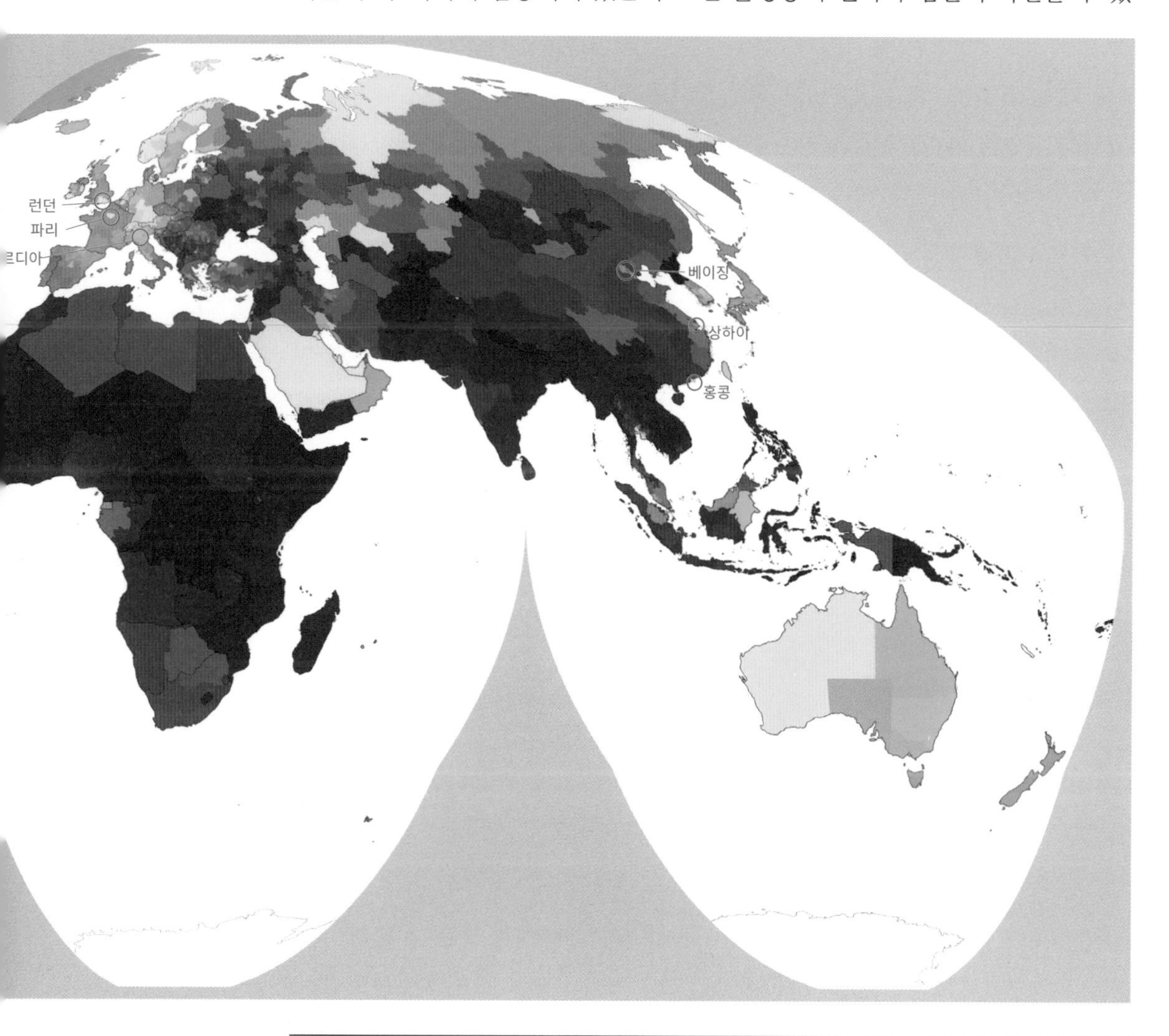

다. 또 다른 이웃국인 앙골라와 중앙아프리카공화국에서도 자국민들에게 필요한 의료, 교육, 인프라 부분의 투자를 부패한 엘리트 집단이 착복해 사리사욕을 채우고 부를 축적했다. 브라질 또한 세계에서 가장 불평등한 나라 중 하나로, 1,500만 명이 넘는 인구가 극빈층에 속한다. 2019년 이 국가들을 휩쓸었던 시위에서도 알 수 있듯, 콜롬비아나 멕시코 그리고 칠레 또한 불평등을 극복하려다 실패한 대표적인 나라이다. 이와 대조적으로, 스칸디나비아 국가와 전 사회주의 국가 중에서 눈에 띄는 우크라이나, 카자흐스탄, 체코, 슬로바키아, 알제리 같은 국가들은 낮은 불평등 정도를 기록했다.

불평등은 살고 있는 지리에 큰 영향을 받아 형성되며, 누가 이웃인지 여부가 우리의 건강, 교육, 소득 및 미래 직업을 예측하는 데 좋은 지표가 된다. 거주지는 늘 운명을 결정하는 데 중요한 영향력을 발휘한다. 같은 나라 안에서도 빈민가에 살다가 일자리와 기회가 많은 역동적인 도시로 이주했을 때, 이전보다 나은 삶을 살 수 있는 기회가 생긴다는 것은 오랜 경험에서 증명된 사실이다. 하지만 이제는 이조차 힘들어졌다. 집값이 폭등하면서, 몇몇 도시의 경우 거주지를 구하는 것이 감당할 수 없을 정도로 비싸졌고, 인구 밀도도 높아졌으며, 대중교통비가 오르면서 장거리 통근의 장점 또한 사라져 버렸다. 결국 국가와 도시 내 지역별 차이가 점점 심해지면서, 불평등의 기준이 거주지가 되어버렸다.[35] 앞의 지도는 국가 및 지방 단위로 소득의 공간적 분포를 고려한 것으로, 2015년 1인당 소득을 기준으로 하며, 서로 상이한 생활비, 물가 상승률을 고려해 조정하여 '2011년 고정가'를 만들었다. 오스트레일리아처럼, 중국도 부가 동부 해안지방에 집중되어 있다는 점, 브라질 남동부 지역이 북서부와 북동부 지역보다 잘 산다는 점, 그리고 이탈리아 북부에 부가 집중되어 있다는 점 등이 잘 드러난다.

초부유층

소득 상위 1퍼센트의 부자들은 세계화를 통해 놀라울 정도로 대성공을 거두었다. 극소수의 개인이 세계화의 혜택을 매우 불균형적으로 많이 누리게 된 것이다.[36] 가장 극단적으로 보자면, 코로나19 팬데믹 직전에 제프 베조스, 빌 게이츠, 워런 버핏Warren Buffett, 이 3명이 1억 6,000만 명에 달하는 미국 빈곤층의 부를 모두

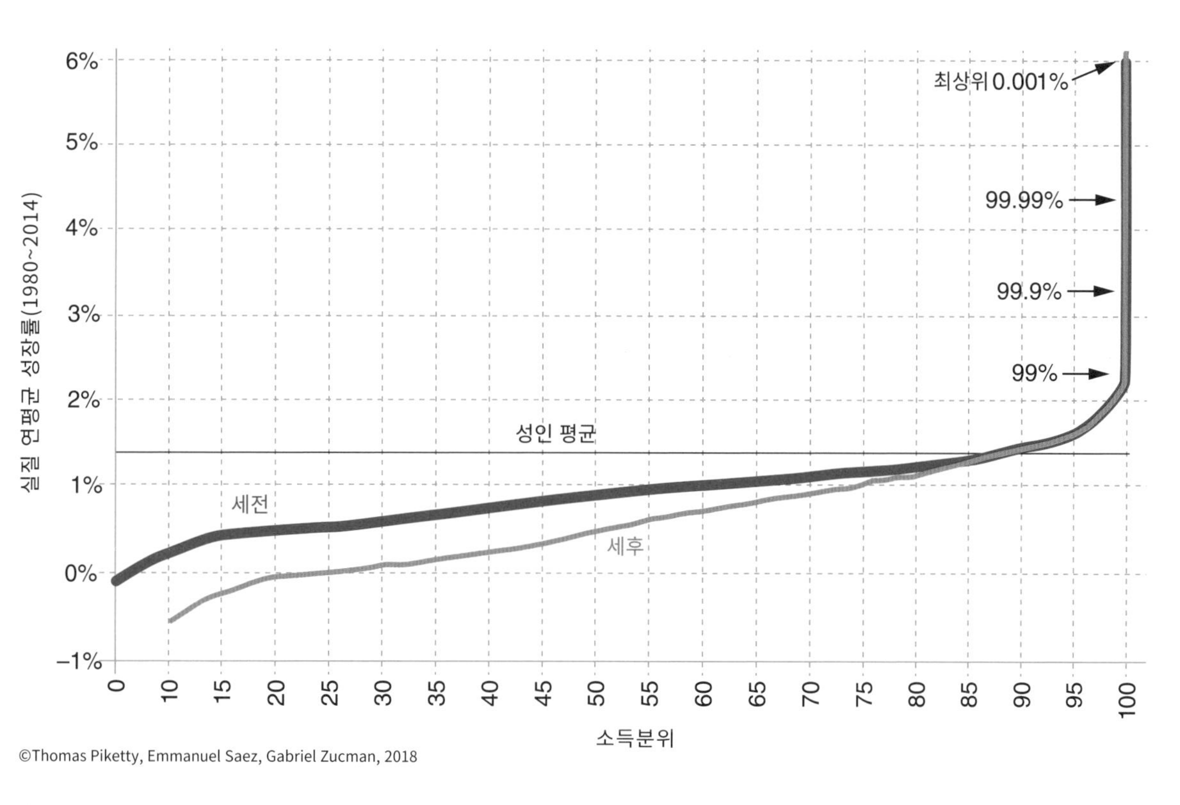

©Thomas Piketty, Emmanuel Saez, Gabriel Zucman, 2018

치솟는 불평등: 미국 백분위에 따른 연평균 실질 소득 성장률(1980~2014)
1980년부터 2014년까지 극소수의 엘리트층, 즉 상위 0.001퍼센트(100,000명 중 1명)의 소득은 물가상승률을 감안하여 조정했을 때 매년 6퍼센트씩 증가했으나, 하위 20퍼센트의 세전 소득은 감소했다.

합친 것만큼 많은 부를 소유했다.[37] 그뿐만 아니라, 미국에서 연 소득이 75만 달러 이상인 사람들인 상위 1퍼센트가 국가 소득에서 차지하는 비율이 지난 50년 동안 2배로 증가했다.[38] 이들의 소득은 하위 20퍼센트의 소득보다 7배 빠르게 증가했다. 상위 1퍼센트는 하위 90퍼센트보다 평균적으로 소득이 40배 이상 높았다.[39] 그리고 연간 소득이 300만 달러 이상인 초부유층 0.1퍼센트는 하위 90퍼센트보다 소득이 188배 더 높다.[40] 경제학자 토마 피케티Thomas Piketty와 동료 연구진은 위의 그래프를 통해 미국 내 소득 성장세가 극소수에게만 집중되어 있다는 것을 보여주었다.[41]

이러한 추세는 영국을 포함해 다른 선진국에서도 명백히 드러난다. 영국의 경우, 단 5개의 부유한 가문이 전체 인구의 20퍼센트를 차지하는 1,300만 극빈층보다 더 많은 자산을 가지고 있다.[42] 영국 전체 부의 상위 0.01퍼센트를 차지하는 5,000여 명의 영국인(이 중 90퍼센트는 남성이다)이 각각 1년에 평균 220만 파운드(270만 달러)의 소득을 올린다. 이들의 부동산 및 기타 투자 수입은 근로소득이 아닌 '불로소득'으로 분류되며, 총소득의 40퍼센트를 차지한다.[43] 지난 수십 년간 영국의 노동계층의 임금은 거의 제자리였고, 2008년 금융 위기로 상황이 더 악화되었음에도

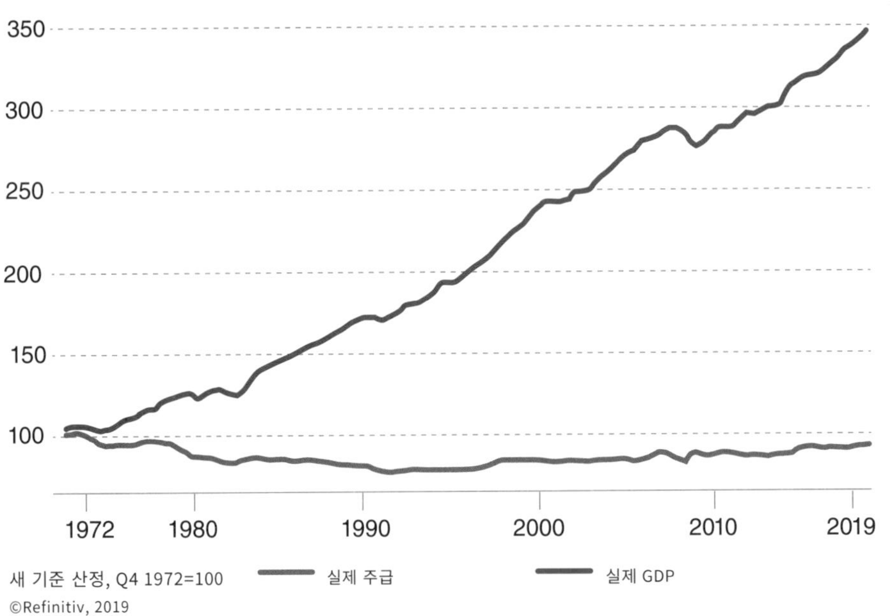

임금 둔화: 경제 성장에도 불구하고 1970년 수준 아래에 머물고 있는 미국 임금
물가 상승률을 감안하여 조정한 실질 임금은 1970년대 이래로 정체 중이며, 지난 50여 년간 1970년대 수준 이하에서 머물고 있다. 반면 미국 경제는 350퍼센트 성장했는데, 이는 성장으로 야기된 이득이 일반 임금 근로자가 아닌 소수의 엘리트에게 돌아갔다는 것을 의미한다.

불구하고, 1만 명 중 1명에 속하는 극소수 영국 엘리트들의 소득은 지난 20여 년간 277퍼센트 상승했다.

세계 500대 부자들의 자산은 2019년 25퍼센트 증가했다.[44] 전 세계 2,153명의 최상위 부자들은 하위 60퍼센트를 이루고 있는 46억 명보다 더 많은 재산을 보유하고 있는 것으로 추정된다.[45] 2019년 이들의 총 자산은 8조 7,000억 달러였으며, 이는 150개 최빈국의 국민 소득을 다 합한 것과 같은 액수이다.[46] 또한 지구상에서 가장 부유한 남성 22명의 부를 다 합하면 아프리카 여성 전체가 가진 부를 합한 것보다 더 많다. 2020년 4월, 코로나19 팬데믹이 세계 노동자 절반 이상의 생계를 위협하고 2억 6000만 명을 굶주림으로 몰아넣을 때에도, 억만장자 10명의 자산은 총 1,260억 달러 상승했다.[47]

경제성장이 임금 상승에 반영되지 못한 현상은 위의 그래프에 나타나 있다. 이 그래프는 지난 50여 년간, 지속적인 경제성장에도 불구하고 미국의 실제 임금이 정체되어 있다는 것을 보여준다. 이는 경제 성장이 부자에게는 득이 되었지만 일반 임금 근로자의 소득을 개선하는 데 간절히 필요했던 동력이 되지 못했다는 것을 분명히 보여준다. 반면, 영국의 경우, 상위 0.01퍼센트 소득은 1995년에서 2015년까지 총 20년간 거의 3배 성장했다.[48] 이들은 대부분 런던에 집중적으로 거주하고 있는 것으로 나타났다.[49] 이는 왜 수많은 미국과 영국의 중하층 시민들이 좌절감을 느끼는지 그리고 왜 엘리트 계층을 '초현실적인' 존재로 인식하는지 설명하는 데 도움이 된다. 이 중 많은 사람들이 현 상황의 타파를 촉구하며, 이를 위한 공약을 내세우는 포퓰리즘 지도자에게 표를 던지는 것은 당연한 일이다.

견고하게 굳어진 부

많은 불평등은 복잡하며 깊게 뿌리박혀 있기 때문에 이를 극복하기 매우 어렵다. 우리의 소득과 부의 가장 큰 예측 변수는 놀랍게도 우리의 개인적 결정의 영향을 거의 받지 않는다. 그보다 부모님과 내가 성장한 동네의 환경에 크게 좌우된다.[50] 이번 그래프는 스콧 피츠제럴드F. Scott Fitzgerald의 유명한 소설을 차용했다. '위대한' 제이 개츠비는 상류사회에 뛰어 올라타기 위해 하층계급에서 달아난 밀주업자였다.[51] 이 그래프는 자녀가 부모와 동일한 사회 계층에 남아 있을 가능성에 대해 설명하며, 각기 다른 수준의 불평등과 다양한 신분 변동의 가능성을 잘 나타낸다. 여기서 사용된 불평등 척도는 지니 계수이며, 부동성을 위한 척도는 세

위대한 탈출: 불평등과 신분 이동 간의 '개츠비' 관계
덴마크는 불평등이 낮고, 신분상승이 비교적 쉽다. 그에 반해 브라질, 칠레, 중국, 미국은 불평등이 매우 심하며 신분 탈출 가능성이 매우 낮다. 세계에서 불평등이 가장 낮은 동시에 신분 상승의 가능성이 높은 출생지는 오스트레일리아, 캐나다, 뉴질랜드, 유럽이다.

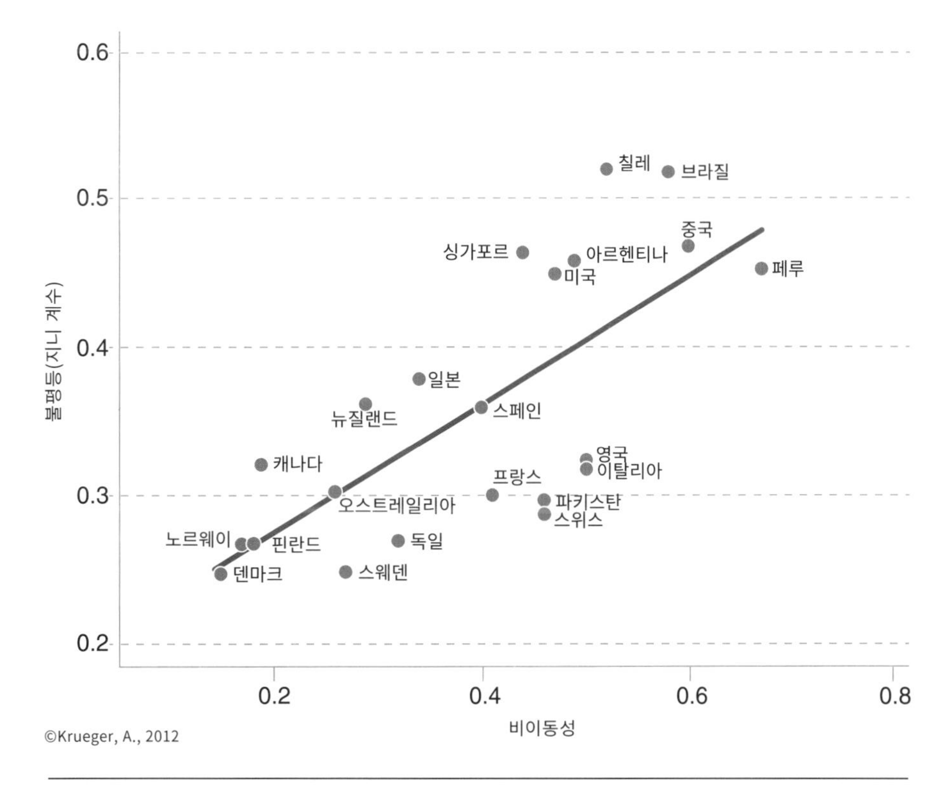

대 간 소득 이동성이다. 여기서 세대 간 소득 이동성이란 부모와 자녀 간 소득의 지속성을 경제학적 관점에서 표현한 것으로, 한 세대와 다음 세대 간 소득 관계를 나타낸다. 이를 통해 한 가정 안에서 세대에 걸쳐 시간이 지나면서 사회적 신분이 상승하거나 하락할 수 있는 가능성과 불가능성을 보여준다.

덴마크는 불평등 수준이 낮은 곳으로, 사회 신분 상승이 비교적 쉽다. 반면 브라질, 칠레, 중국, 미국은 불평등 수준이 매우 높으며, 기존의 신분에서 벗어날 수 있는 가능성이 아주 적다. 전 세계에서 불평등 수준이 낮으면서 동시에 신분 상승 가능성이 높아 태어나기 가장 좋은 나라는 오스트레일리아, 캐나다, 뉴질랜드, 그리고 유럽이다.

이 그래프는 미국이 지니 계수상으로 불평등 수준이 높다는 것을 보여줄 뿐만 아니라 개인이 사회적 신분을 상승하기에도 비교적 힘든 곳이라는 점을 잘 보여준다. 스스로 노력하면 성공할 수 있다는 자수성가의 신화는 다른 많은 나라와 달리 미국에서는 현실이 아닌 정말 신화일 뿐이다. 이 그래프를 보면, 덴마크는 불평등 수준도 매우 낮을 뿐만 아니라, 다른 어떤 나라보다도 출생지의 단점을 쉽게 극복할 수 있는 곳이다. 스칸디나비아 국가들은 부모의 신분과 집 주소에 운명이 결정되는 브라질이나 칠레와 달리, 불평등을 훨씬 더 쉽게 극복하는 것으로 나타났다.

불평등 타파

불평등을 극복하기 위해서는 어떤 불평등이 중요하고, 왜 중요한지 결정해야 한다. 사람들은 다 독특하고 저마다 할 수 있는 능력이 다르다. 운동이나 연기를 잘하는 사람이 있는가 하면, 수학이나 음악에 뛰어난 사람도 있다. 이런 잠재력을 떠나서, 우리 인생의 가능성은 사실 우리의 출생지, 부모의 소득과 교육 수준, 우리의 학력뿐만 아니라, 우리가 통제할 수 없는 여러 요인들에 의해 만들어진다. 열악한 지역 출신의 가난한 소수 계층의 남성에게 양질의 교육을 받을 수 있는 기회를 보장하는 것처럼, 기회의 불평등을 줄이고, 모두가 성공할 수 있도록 똑같은 기회를 보장받을 수 있도록 하는 데 집중하는 것은 중요하다. 하지만 불평등을 타파하기 위해 중요한 또 다른 요인은, 결과에 집중하는 것이다. 인종, 성별, 종교 등 여러 요소들을 이유로 사회에 깊게 뿌리내린 차별을 겪는 상태에서는, 아무리 동일한 기회가 주어진다 하더라도, 더 많은 혜택을 받는 사람들과 비교했을 때 매우 다른 결과가 나타날 수 있기 때문이다.

지속 가능한 수준으로 불평등을 줄여나가기 위해서는 모두에게 동일한 기회가 주어져야 한다. 하지만 모두가 동일 선상에서 시작하는 것만으로는 부족하다.[52] 불평등 연구의 대가인 토니 앳킨슨Tony Atkinson이 주장한 바와 같이, 인생이라는 경주는 불공평하기 때문이다. 한 손이 등 뒤에 묶인 채 달리다 길 위에 놓인 장애물에 걸려 넘어질 수도 있는가 하면, 홀가분하게 전력 질주할 수도 있다. 승자는 (상과 경쟁의 기회를 포함해) 모든 것을 독차지하는 반면, 패자는 빈손으로 남겨지면서, 불평등이 공고하게 쌓여간다.[53] 부의 격차가 벌어지면 다음 세대를 위한 기회가 점점 줄어든다. 성공한 부모들이 자녀를 위해 대비하고, 더 나은 교육과 영양가 있는 식단을 제공하는 등 훨씬 준비성이 철저하기 때문이다. 이런 현상이 지속될수록, 불평등의 악순환은 계속된다.

교육은 불평등을 극복할 수 있는 강력한 수단이다. 차후 언급하겠지만, 국가 간, 국가 내 교육 수준에는 상당한 격차가 존재한다. 부유한 부모가 자녀에게 취학 전에 교육을 받을 수 있도록 할 가능성은 가난한 부모가 그렇게 할 가능성보다 5배 이상 높다.[54] 초등 교육 때의 불평등은 향후 수년 뒤에도 영향을 미친다. 영국 케임브리지대학과 옥스퍼드대학 학생 중 80퍼센트가 상위 2개 사회 계층 출신이다.[55] 기회의 불평등은 심지어 더 심하다. 영국 성인 중 1퍼센트 미만이 옥스퍼드대학 또는 케임브리지대학 출신이지만, 영국 내 100개 남짓한 대학 중 이 두 대학에서만 총리, 원로 법관, 고위공무원 중 절반 이상을 배출했다.[56]

기회를 위한 공정한 경쟁의 장을 마련하는 것은 형평성 차원에서 더 공평할 뿐만 아니라, 개개인의 잠재력을 최대한 끌어낼 수 있는 기회를 가지기 위해 반드시 필요하다. 이는 특정 개인뿐만 아니라 사회 전체에 도움이 된다. 이렇게 하지 못했을 때 따르게 될 대가는 위험할 정도로 분명하다. 관련 연구에서는 극심한 불평등은 경제 성장률 침체, 범죄율 증가, 질병 및 우울증을 포함한 사회, 경제적 문제의 증가와 관련이 있다는 점을 강조한다.[57] 불평등의 심화는 포퓰리즘과 경제 보호무역주의의 부상과도 밀접한 관련이 있으며, 이것은 추후에 다루기로 한다.[58]

불평등의 감소가 필요한 윤리적 이유도 충분하다. 아마르티아 센Amartya Sen과 토

전 세계적으로 대두되는 성차별 문제

세계경제포럼의 2020 성 격차 지수World Economic Forum 2020 Gender Index에서는 성 불평등의 다양한 측면을 고려해 153개국의 순위를 매겼다. 아이슬란드, 노르웨이, 핀란드, 스웨덴, 니카라과, 뉴질랜드, 아일랜드, 스페인, 르완다는 최상위권에 속하며, 초록색으로 표시되어 있다. 반면 파키스탄, 이라크, 시리아, 콩고, 이란, 사우디아라비아, 모로코는 빨간색으로 최하위권이다.

니 앳킨슨은 선구적 철학자 존 롤스John Rawls의 『정의론』을 활용해 공정성과 정의를 바탕으로 불평등이라는 문제의 본질적 이유를 밝혔다.[59] 아마르티아 센에게 불평등이란, 역량의 불평등이다.[60] 센은 사람들이 보람 있는 삶을 살아가기 위한 기회를 누리려면 교육이 필수이며, 성별과 인권의 평등 또한 중요하다고 주장했다. 그는 저서 『자유로서의 발전Development as Freedom』에서 모두가 개인적으로 보람차면서도 동시에 공동의 선을 도모할 수 있는 충만한 삶을 살기 위해서 불평등은 극복되어야 한다고 강조했다. 센은 저서를 통해 '인간 발전human development'이라는 강력한 개념을 탄생시켰는데, 이는 소득이나 경제 성장과 같은 미시적 척도를 뛰어넘

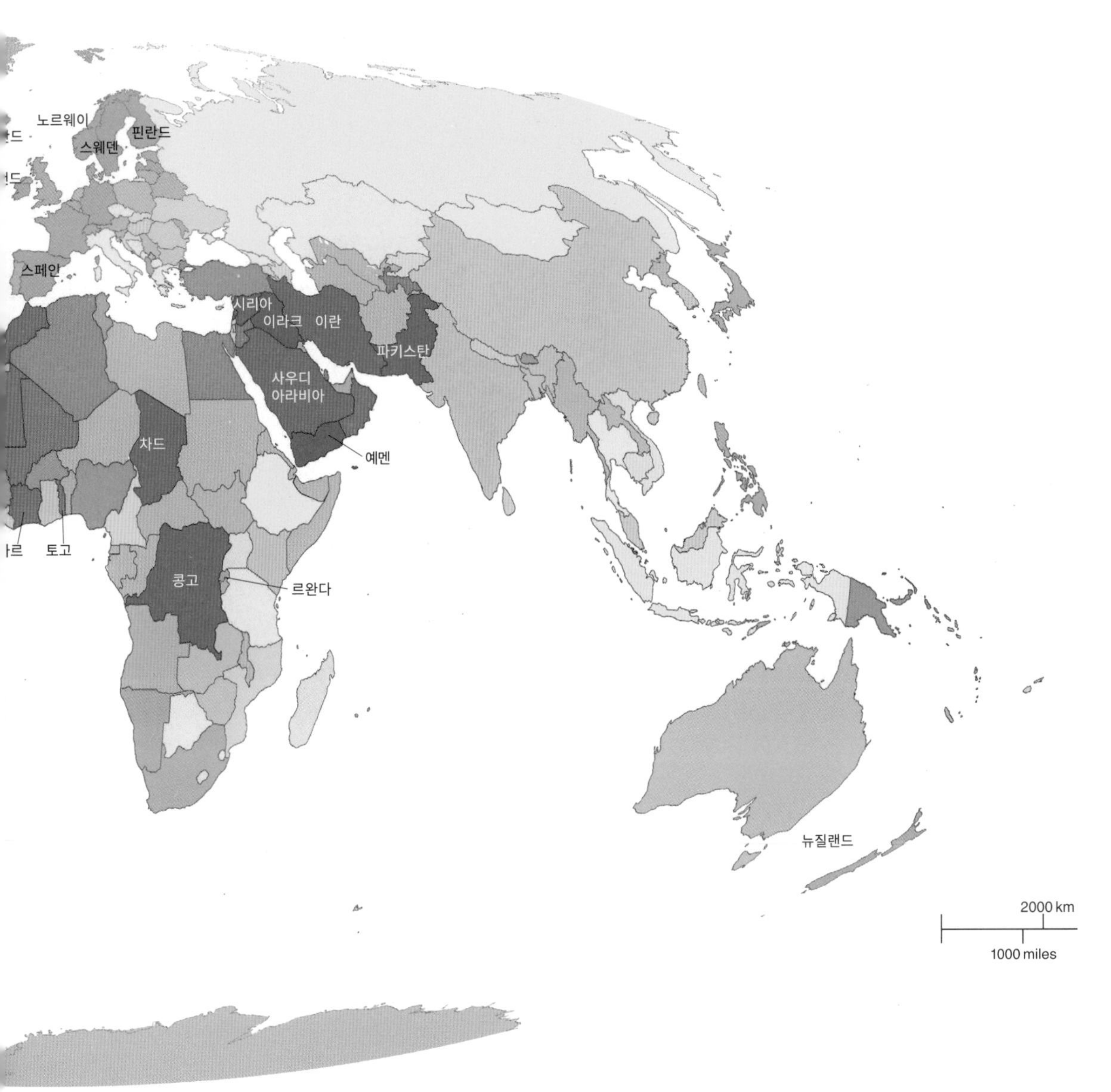

어 모든 측면에서 인류가 번영할 수 있도록 노력해야 한다는 내용을 담고 있다.[61]

성 불평등과 불평등한 권력 관계는 인간 발전을 저해할 수 있다. 사회 내 거대한 집단이 공평한 대우를 받지 못한다면, 그 국가는 잠재력을 충분히 발휘하지 못할 것이다.[62] 성차별 문제의 경우 여성 및 여아의 인권에 대해 상당한 진전이 있었음에도 불구하고, 아직도 여전히 모든 나라에서 해소되지는 못하고 있다. 전 세계 여성들은 아직도 같은 업무에 종사하면서 더 낮은 임금을 받고 있으며, 강한 권한을 가진 직위에 올라 있는 것은 극소수에 불과하다. 여성이 받는 불평등한 대우는 그 정도 역시 상이하다. 대다수의 빈국에서는 여성이 돈을 벌 수 있는 직업이 가사

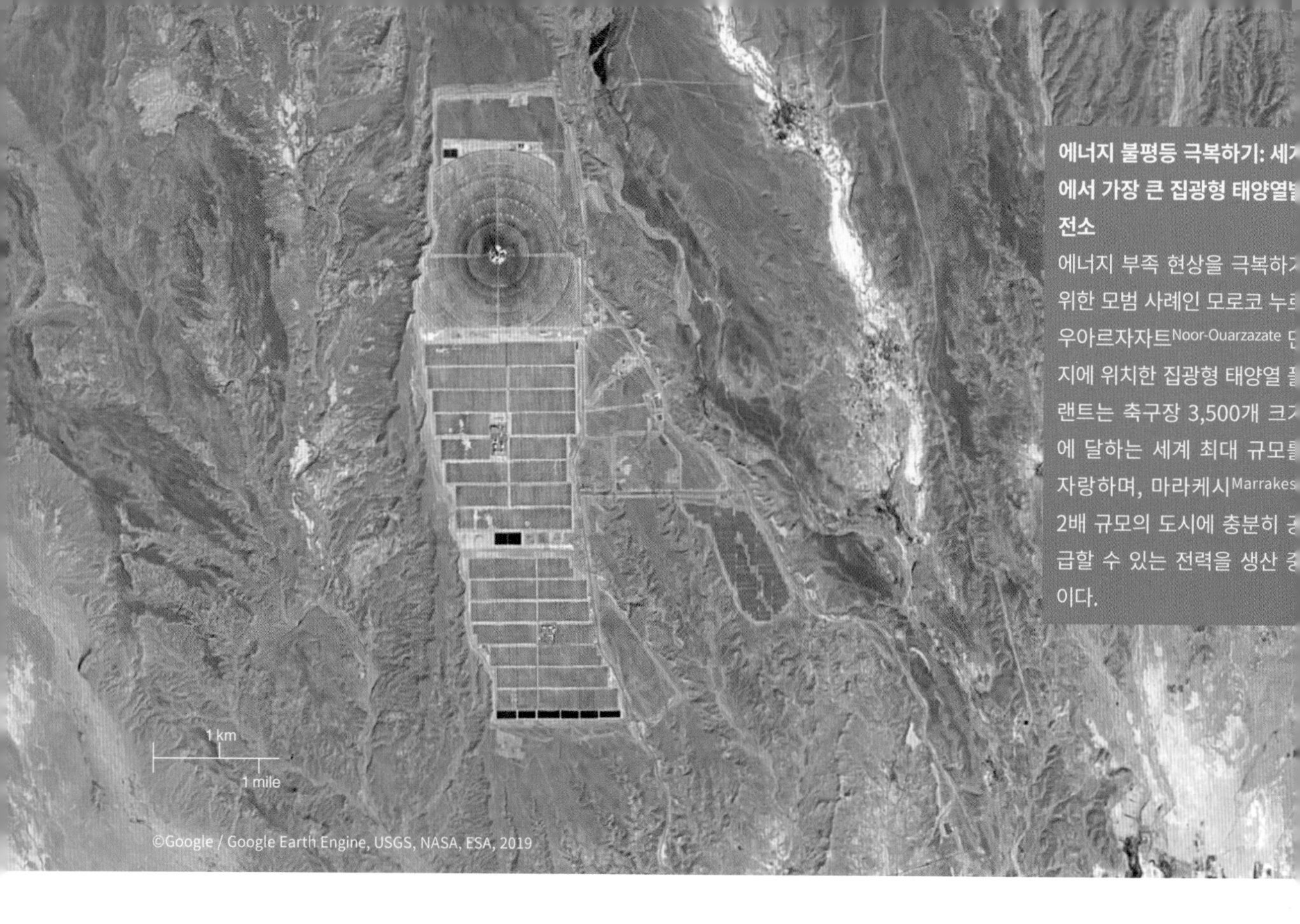

©Google / Google Earth Engine, USGS, NASA, ESA, 2019

에너지 불평등 극복하기: 세계에서 가장 큰 집광형 태양열발전소
에너지 부족 현상을 극복하기 위한 모범 사례인 모로코 누르 우아르자자트Noor-Ouarzazate 단지에 위치한 집광형 태양열 플랜트는 축구장 3,500개 크기에 달하는 세계 최대 규모를 자랑하며, 마라케시Marrakesh 2배 규모의 도시에 충분히 공급할 수 있는 전력을 생산 중이다.

노동이나 영세 농업에 국한되어 있으며, 여성은 토지 소유권 대상에서 배제된다. 일부 산유국을 포함한 부국에서도 여성의 일은 가내 수공업에만 제한되거나, 또는 소득이 낮고 근무 여건도 열악한 비공식 경제에서 일하도록 강요받는다. 일반적으로 전 세계 여성들은 상대적으로 박봉의 직업, 요리 및 청소 등 무급 가사 노동, 그리고 소득을 올릴 수 없는 출산과 양육이라는 삼중고를 견뎌내고 있다.[63]

세계경제포럼World Economic Forum(WEF)의 〈2020 성 격차 보고서2020 report on the global gender gap〉는 성차별을 극복하기 위해 넘어야 할 과제들을 제시한다. 성 평등을 향한 네 가지 측면에서의 진전 사항을 확인하기 위해 성 격차 지수를 활용했다. 이 네 가지란 경제 참여 및 기회, 교육적 성취, 건강 그리고 정치적 권한 부여이다. 초록색으로 표시된 상위권 국가들의 경우에도 불평등이 꼭 없는 것은 아니다. WEF는 이런 최상위 국가들에서도 성 불평등이 향후 50년간 지속될 것이라 전망하고 있으며, 최하위 국가의 경우 향후 100년 이상 지속될 것으로 예측한다.

실제로 유의미한 데이터가 존재한 거의 모든 국가에서 여성은 남성과 동일한 업무를 수행함에도 불구하고 약 4분의 1 정도 적은 임금을 받고 있다.[64] 1960년대 여성의 임금 수준은 남성 대비 약 60퍼센트 정도였으나, 2000년에 들어서면서 약 75퍼센트 수준으로 개선되었다.[65] 그 후 이탈리아를 포함한 일부 선진국에서 임금 격차가 다시 벌어졌다.[66] 이제 여성을 대상으로 한 체계적인 차별은 사람들의 주목을 어느 정도 받고 있긴 하지만, 아직 더 많은 관심이 필요하다. 이뿐만 아니라 노년층과 장애인이 일상에서 겪는 어려움과 같이 다른 종류의 불평등 문제들도 여전히 숨어 있다. 성적 취향 때문에, 제3의 성을 선택했다는 이유로 받는 차별, 인종, 카스트, 종교 등 다른 다양한 이유로 겪는 불평등이 많은 곳에서 존재하고 있다. 이주민과 피난민들이 겪는 차별과 기술의 불평등한 접근성에 관해서는 다른 챕터에서 별도로 다루겠다.

정책이 불러온 차이: 1900년 이래 최상위 1퍼센트가 차지해온 소득 비중

아래의 두 그래프는 1900년부터 국가 정책의 변경으로 상위 1퍼센트가 총소득에서 차지하는 비율이 어떻게 변하게 되었는지 보여준다. 왼쪽은 불평등이 급격히 심화된 영국과 미국 등 영어권 국가를, 오른쪽은 불평등 상승이 억제되어 있는 유럽 대륙 및 일본의 모습이다.

불평등 극복하기

앞서 지구의 밤을 밝히는 불빛에 주목했던 우리의 탐구를 통해, 완전한 평등을 달성하려면 아직 갈 길이 멀다는 사실을 알 수 있었다. 뉴욕주는 사하라 이남 아프리카 전 지역보다 더 많은 에너지를 소비하고 있다. 하지만 희망을 가질 수 있는 이유가 있다. 아프리카는 화석 연료에 의존하는 비중에 제한적이고, 태양열 관련 기술 비용이 낮아지고 있으며, 아프리카 대륙 특성상 일조량이 풍부하다. 이를 감안

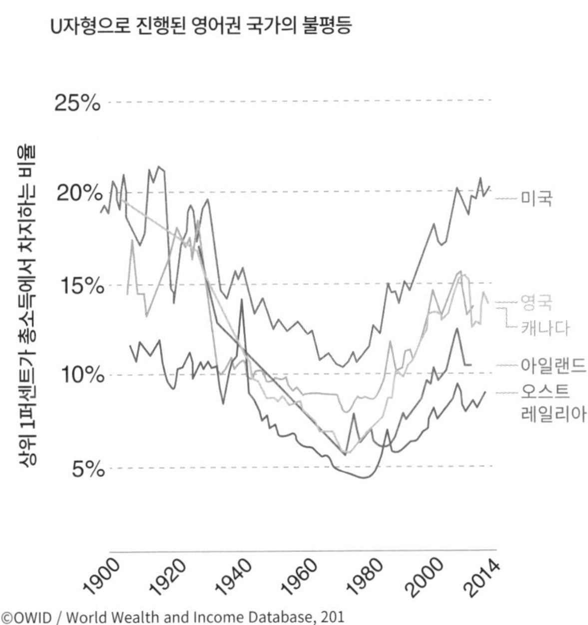

하면 아프리카에는 보다 선진화된 경제로 도약할 수 있는 기회가 있다. 전력화 부족이라는 지금의 결점을 극복하기 위해서는 국제 사회의 지원을 받아 재생에너지 기반시설 구축을 위한 대규모 투자를 받아야 할 것이다.

정부는 불평등을 극복하는 데 중추적인 역할을 한다. 불평등을 줄이는 것은 단순히 소득 증가나 경제 성장률 상승보다 훨씬 큰 범주의 문제이긴 하지만, 여전히 핵심적인 사안이다. 교육, 보건, 에너지, 인터넷 및 기타 서비스에 평등하게 접근 가능한 것과, 최저 기준을 보장하는 것은 똑같이 중요하다. 국가마다 불평등 수준이 서로 상이하고, 나라별로 불평등이 감소한 분야가 다른 이유는 대부분 정부 정책 때문이다. 이는 불평등은 당연한 현상이 아니며, 현명한 정책을 통해 큰 변화를 가져올 수 있음을 보여준다.

두 그래프는 1900년부터 국가 정책의 변경으로 상위 1퍼센트가 총소득에서 차지하는 비율이 어떻게 변하게 되었는지 보여준다. 영어를 모국어로 사용하는 영국과 미국은 유럽 대륙과 일본을 비교했을 때와 달리 극명한 차이를 보여준다. 유럽과 일본은 제2차 세계대전 이래로 불평등이 그리 심화되지 않았다. 반면, 영어권 국가에서는 불평등이 급격히 상승했다. 그 이유는 정부 정책이 달랐기 때문이다. 유럽과 일본은 불평등을 줄이기 위해 증세 정책에 더 많은 힘을 실었다.

사회 보장 형태의 세금과 지원, 주거, 아동, 장애 및 기타 수당은 모두 불평등을 극복하는 데 큰 도움이 된다. 프랑스의 세전 불평등은 지니 계수 0.45 또는 45퍼센트로 거의 영국만큼이나 높으며, 아일랜드는 이보다 훨씬 더 높다(아일랜드의 지니 계수는 50퍼센트로, 이는 재분배 없이는 34개 최부국 중 소득 분배가 가장 불공평한 국가라는 것을 의미한다).[67] 하지만 아일랜드와 프랑스의 과세 및 재분배 정책으로 아일랜드의 불평등지수는 30퍼센트로 내려갔으며, 영국 또한 35퍼센트로 떨어졌다. 반면, 미국의 경우, 정부가 세금과 지출을 통해 불평등을 극복하기를 주저하면서, 결국 부국 중에서 가장 불평등한 나라가 되었다.[68]

(저자 중 한 명인) 로버트가 살고 있는 브라질은 불평등 현상이 심각해 고통을 받고 있으며, 이언의 모국인 남아프리카공화국은 심지어 더 처참한 상황이다. 브라질은 비록 최근 몇 년간 불평등 수준이 다시 높아졌지만, 이전 정권의 결연한 노력을 통해 브라질 내 불평등이 부분적으로나마 감소했다. 특히 볼사 파밀리아Bolsa Familia 정책을 실행했는데, 이는 브라질의 부모가 자녀를 학교에 보내고 건강검진

을 정기적으로 받는 조건으로 매달 약 35달러의 현금을 지급하는 정책이다.[69] 어머니들은 이 돈으로 보통 식료품, 학교 준비물, 의복을 구입했다. 이 선구적인 '조건부 현금 지원' 구상안은 가장 많을 때는 5,000만여 명의 저소득층 브라질 사람들, 즉 인구의 4분의 1에게 지원금을 제공했으며, 극빈층을 절반으로 감축하는 데 기여했다.[70]

볼사 파밀리아 정책은 지원이 절실했으나 사회 복지의 혜택을 받지 못했던 사람들에게 지원금을 지급했다는 점에서 의미가 크다. 이 정책이 전면 시행되었을 당시에는 총 자금의 94퍼센트가 전체 인구 중 최하의 40퍼센트에게 지급되었다.[71] 주거 지원금과 최저임금 상승과 함께, 볼사 파밀리아는 브라질의 불평등을 뚜렷하게 감소시키는 데 큰 역할을 했다. 1996년 브라질에서 가장 먼저 운영된 후, 1997년에는 멕시코에서(정책 이름은 프로그레사Progresa), 2002년에는 칠레에서 이와 같은 정책을 시행했으며, 이들의 성공 사례를 바탕으로 인도네시아, 남아프리카공화국, 터키, 모로코를 포함해 20개국이 이와 유사한 조건부 현금 지원 모델을 채택했다.[72] 이 정책은 심지어 '기회 NYCOpportunity NYC'라는 프로그램으로 뉴욕에서도 시행되었다. 세계가 코로나19 팬데믹의 여파에 적응해 가고 있는 지금, 이와 같은 구상안과 시범사업은 그 어느 때보다도 절실하다.

하지만 좋은 정책에는 좋은 정부와 이를 지속할 수 있는 힘이 필요하다. 브라질에서는 정권 교체, 긴축 정책, 극심한 사회정책의 변경 등으로 인해 불평등 감소 노력이 짓밟히고 있다. 효과적인 정책은 2000년대 브라질 경제를 견인했던 원자재 호황과 편승해서 운 좋게 도움을 받기도 했다. 하지만 최근 들어 정책 태만과 경기 침체로 인해 400만 명의 브라질 사람들이 빈곤선 아래로 추락했다. 더 심각한 문제는, 지니 계수가 세계 최하위 수준인 53퍼센트로 다시 올라갔다는 것이다.[73] 게다가 남아프리카공화국의 지니 계수는 무려 63퍼센트에 육박한다.[74]

희소식은 브라질을 비롯해 프랑스, 덴마크, 볼리비아, 태국, 캄보디아와 한국이 성과를 보이며 불평등이 극복 가능하다는 것을 증명했다는 점이다.[75] 불평등을 반드시 해소해야 하는 이유에는 여러 가지가 있다. 2015년, 당시 국제통화기금(IMF)의 수장이었던 크리스틴 라가르드Christine Lagarde는 어떻게 '극심한 불평등을 해소하는 것이 도덕적으로, 정치적으로 옳을 뿐만 아니라 경제에도 좋은지' 설명했다.[76] 근본적인 이유는 단순명쾌하다. 소수가 로비와 부정부패를 통해 자기 입맛대로 법을 비틀어 이득을 취하고 정당한 납세를 회피하면, 경제 잠재력이 떨어지고 사회 결속력이 해체되기 때문이다.[77] 일반적으로 불평등이 심해질 경우, 도시의 엘리트 계층과 정부를 향한 분노 또한 치솟기 마련이다.[78]

불평등이 사회 결속력을 느슨하게 만들었을 때 필연적으로 나타나는 현상이 바로 포퓰리즘과 국수주의의 부상이다.[79] 영국의 브렉시트 투표, 미국의 도널드 트럼프 대통령 당선, 그리고 유럽 전역에 퍼진 포퓰리즘 정당과 반동단체 모두 폭발 직전인 불평등과 밀접하게 관련되어 있다.[80] 남아프리카공화국의 주마Zuma 대통령(2009~2018년 남아프리카공화국 대통령 재임)과 보우소나루Bolsonaro 대통령(2018년 10월 브라질 대통령으로 선출) 당선도 이와 같은 맥락의 결과이다. 비극적인 사실은 이와 같이 대중의 인기에 영합한 지도자들이 시행하는 정책이 다수가 아닌 소수에게 혜택을 주어 불평등을 심화시키고 지속시킨다는 것이다. 희망이 있다면 포퓰리즘에 입각한 이 지도자들이 무능하고, 그래서 임기가 줄어들 수 있다는 것 정도이다.

허울뿐인 공약만으로는 불평등을 해소할 수 없다. 소위 말하는 아메리칸 드림은 아무리 가난하더라도 열심히 일하면 성공할 수 있다고 말한다. 하지만 이는 장밋빛 환상일 뿐이다. 한 사람의 지성, 교육, 혹은 직장에서의 근면성실함보다, 미래의 성공을 훨씬 분명히 예측하게 하는 요소는 바로 그 사람 부모의 재산이다.[81] 역경을 이겨낸 놀라운 성공담은 축하받아 마땅하나, 사실 이는 극소수에 해당한다. 불평등을 극복하려면 근본 원인을 해결해야 하며, 빈곤층과 취약 계층이 그들 앞에 놓인 터무니없이 높은 장애물을 넘어야 하도록 방치해서는 안 된다. 코로나19 팬데믹으로 빈곤과 불평등이 전례 없이 심각해졌다.[82] 불평등은 저 멀리 있는, 추상적인 위협이 아니다. 이는 현실이며 실질적인 위험이다. 인류와 지구의 행복을 우선시한다면, 반드시 불평등을 극복해야 한다.

세계는 해저에 깔린 광섬유 케이블과, 철도망, 파이프라인으로 전례 없이 촘촘하게 연결되어 있다.

©Parag Khanna, Jeff Blossom, Harvard World Map,2007

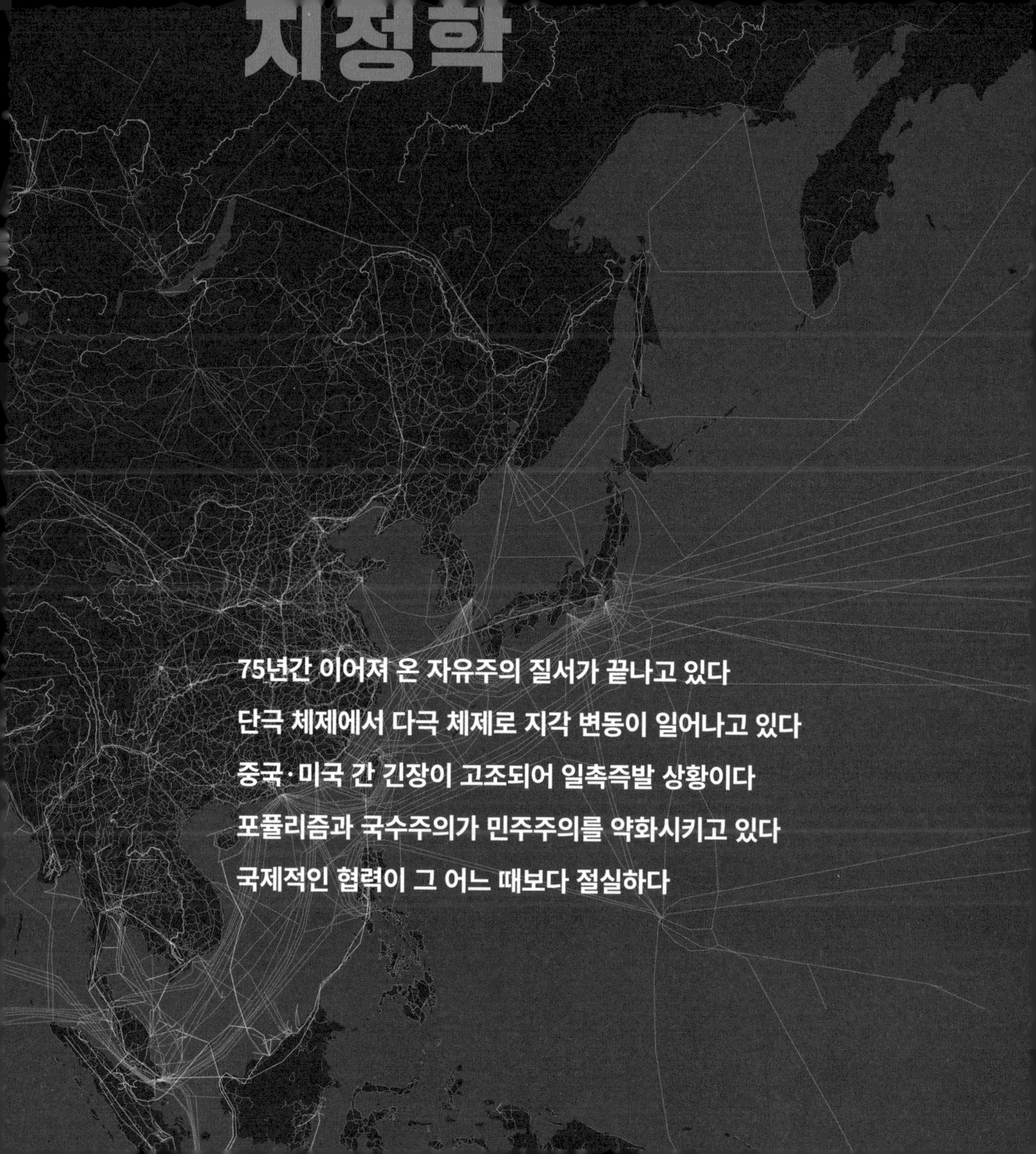

지정학

75년간 이어져 온 자유주의 질서가 끝나고 있다

단극 체제에서 다극 체제로 지각 변동이 일어나고 있다

중국·미국 간 긴장이 고조되어 일촉즉발 상황이다

포퓰리즘과 국수주의가 민주주의를 약화시키고 있다

국제적인 협력이 그 어느 때보다 절실하다

서로 연결된 (그리고 단절된) 세계[1]
오늘날 세계는 사람과 무역, 인프라망을 통해 그 어느 때보다 촘촘히 연결되어 있다. 이 지도에서는 광섬유 케이블, 철도망, 파이프라인이 서로 교차하며 전 세계로 얽혀서 뻗어 있는 모습을 보여준다. 이렇게 물리적으로는 서로 연결되어 있지만, 국수주의와 보호무역주의가 대두하면서, 국가와 사람들을 서로 단절시키고 있다.

들어가며

코로나19 팬데믹이 시작되기 전인 2020년 초부터, 세계는 이미 지정학적 후퇴의 불안정한 기류 속으로 빠져들기 시작했다. 코로나19 발생은 이미 시작된 현상을 눈에 띄게 그리고 더 빠르게 진행되도록 만들었을 뿐이다. 제2차 세계대전 이후 형성된 국제 질서가 이제 새로운 것에 자리를 내어주고 있다. 지난 75년간 세계 질서를 지탱해 온 많은 동맹과 제도가 점점 더 빠른 속도로 붕괴하고 있다. 국제 관계는 미국 주도의 단극 체제 질서에서 다극 체제로 전환하고 있는 중이다.[2] 그렇다

우리의 연결된 (그리고 단절된) 세계
©Parag Khanna and Jeff Blossom. Harvard World Map

면 이런 고통스러운 변화를 어떻게 설명할 수 있을까? 우선 세계의 초강대국인 미국이 중국이라는 새로운 강력한 경쟁자를 맞게 된 것이 변화의 주요 원인 중 하나이다. 거기다 흔들림 없이 우뚝 솟은 강호였던 서유럽이 내부적 혼란을 겪고 있는 반면, 독일, 인도, 인도네시아, 이란, 러시아, 사우디아라비아와 터키는 서서히 몸을 풀며 위력을 나타내기 시작한 것도 원인으로 볼 수 있다. 코로나19 위기에 보여준 국제 사회의 미온적 대응에서 알 수 있듯, 아직도 국제 공조는 한참 부족하다. 새롭게 등장하는 질서(혹은 질서들)가 세계를 더 안정적인 곳으로 만들지, 불안한 곳으로 만들지는 아무도 모른다. 게다가 이런 변화를 주도하는 것이 정확하게 무엇인지에 대해서도 세계 경제의 '동방화', 군사력 과잉 팽창, 임금 정체, 깊어가는 불평등과 힘을 잃고 있는 정치적 양극화 등 다양한 의견이 제시되고 있다. 2020년, 코로나19 팬데믹이 엄청난 경제적 충격을 야기한 가운데, 집단행동에 참여하고자 하는 의지와 능력은 지난 75년간 본 적 없는 새로운 방식으로 평가받게 될 것이다.

서반구 국가들의 머리 위에는 먹구름이 잔뜩 드리워져 있다. (공동 안보 협약, 개방 시장, 민주주의에 대한 헌신 등) 국제 사회의 자유주의 질서를 지탱하는 중요한 기둥이 공격받고 있다. 심지어 자유주의 질서의 설계자인 미국에서조차도 민주주의에 대한 공격이 자행되고 있다.[3] 성숙한 민주주의가 이미 꽃피어 있는 국가의 지도자들이, 자유주의 질서에서 결코 양보할 수 없는 원칙(자유와 공정 선거, 인권 수호, 공동 국가 자주권과 자유롭고 독립적인 언론 등)에 대해 의심을 품기 시작했다.[4] 1980년대부터 나타나기 시작한 금융 시장 관리 실패와 느슨해진 사회 안전망 때문에 한쪽에만 비정상적으로 부가 집중되면서 포퓰리즘이 부활했고, 반동적 국수주의, 보호무역주의가 심화되었으며, 위험한 무역 전쟁에 불을 지폈다.[5] 기존의 질서가 다극 체제 시대에서 살아남을 수 있을지도 불투명하다.[6] 만약 살아남지 못한다면, 무엇이 이를 대체할 수 있을까? 서방 사회에서는 이 질문에 대한 해답을 찾을 수 없었다. 하지만 동방에서라면 해답을 찾을 수 있지 않을까?

코로나19 발발 전만 하더라도, 동방의 국가에는 더 밝고 환한 빛이 내리쬐고 있었다. 아시아인들이 대부분 과거를 후회하기보다 미래지향적 태도를 가지고 있고, 낙관적인 태도를 유지할 만한 이유도 충분했기 때문이다. 코로나19가 파티를 망쳐버리지만 않았다면 아마 아시아의 세기가 도래했을지도 모른다.[7] 아시아의 많은 국가는 1997년 경제 위기의 아픔을 훌훌 떨쳐냈고, 세계 경제를 거의 전멸하게 만들었던 2008년 금융 위기에서 살아남은 후, 경제 호황기를 누리고 있다.[8] 아시아에는 현재 세계 중산층의 절반이 살고 있으며, 세계 경제 생산량의 50퍼센트 이상을 창출하고 있다.[9] 남아시아와 동남아시아에 위치한 나라의 경우, 앞으로 향후 10년간 가장 빠른 경제 성장을 달성할 준비 태세를 갖추고 있다.[10] 인도와 필리핀을 제외한 아시아 국가의 정치인들은 유럽과 아메리카 대륙을 휩쓸고 있는 치명적인 변종 포퓰리즘에 저항해 왔다.[11] 아시아 지도자들은 후발주자라는 이점을 최대한 활용해 서구사회가 저질렀던 실수를 피하기 위해 혼신의 힘을 다해왔고, 또 앞으로도 그렇게 할 것이다.[12] 최근 중국에서 시작된 코로나19 감염병이 발발하기 훨씬 이전부터, 아시아 국가는 유럽 식민주의와 미국의 패권주의가 아시아에 개입하기 전, 문화가 꽃피고 무역 교류가 활발했던 시절을 다시 되살리기 위한 노력을 시작했다.[13] 이들을 이끄는 것이 바로 부활한 중국이다. 중국은 지금까지 그 누구도 본 적 없는 기념비적인 해양 및 육지 무역 경로를 구축하겠다고 나섰다.

21세기 지정학은 어떤 각도에서 보더라도 불안정하다. 캐나다, 독일, 프랑스 같은 나라들이 나서서 최선을 다해 살려보려 애쓰고 있지만, 1990년대와 2000년대를 대표하는 자유주의적 다자주의에 대한 믿음은 점점 사라지고 있다. 원칙과 가치를 공유하고 그 위에 쌓아 올렸던 오랜 확신과 안정적인 동맹이 이제 의심을 받고 있다. 냉전 이후 협력의 기반을 흔들었던 강대국 간 경쟁이 다시 귀환하고 있다. 이제는 미래 동향에 영리하게 베팅하고, 시대에 뒤떨어지는 억측을 버리고, 공통의 관심사를 바탕으로 역동적 전략적 파트너십을 구축해 함께 협업할 수 있는 방법을 찾아내는 국가, 기업, 조직이 성공할 것이다. 이 챕터에서 우리는 힘의 균형이 어떻게 변하고 있는지, 동쪽으로 치우치고 있는 세계 경제 호황이 근본적으로 국제 사회를 어떻게 바꾸게 될지 지도를 통해 예측해 보려 한다. 혼란에 빠진 국제 정세와 너덜너덜해진 세계 경제 속에서, 미래는 그 어느 때보다도 예측하기 힘들어졌다.

지정학적 지진인가 아니면 그저 약간의 흔들림인가

우리는 불확실의 시대를 살아가고 있다. 세계는 전례 없이 상호 연결되어 있지만 동시에 분열로 몸서리치고 있기도 하다. 도대체 왜, 역사상 가장 상호의존적인 시대임에도 불구하고 국제 협력이 위협받고 있는 것일까? 모든 국제 사회의 지도자들은 팬데믹과 기후변화가 실질적으로 존재하는 위협이라는 것은 인정하고 있지만, 집단행동을 구축해 문제에 대응하는 데에는 어려움을 겪고 있다. 가장 큰 원인은 선출된 국가 지도자들의 머릿속에 단기적인 이익을 우선시하는 사고방식이 팽배하다는 것이다. 또 현상 유지에만 혈안이 되어 있는 막강한 기득권층의 영향력도 문제이다. 그 결과, 다자주의의 배당금을 두고 냉소적인 비판이 점점 커지고 있다. 저널리스트 조지 몽비오George Monbiot는 서로 협업하기 위해 필요한 공통의 이야기나 서사가 부족해 동기부여가 되지 않는 것이 원인이라고 주장한다.[14] 점점 더 많은 사람이 기존의 엘리트 집단, 특히 정치인들에게 분개하고 있다는 점이 상황을 더욱 나쁜 쪽으로 몰고 갔다. 2008년 금융 위기를 겪으면서 사람들은 공공기관과 전문가에 대한 신뢰를 완전히 잃었고 불신은 점점 커졌다. 코로나19 팬데믹은 이런 반감을 더욱 심화시킬 수 있다. 더 강력한 다자 관계를 조성하기 위해 필요한 자국 내 지지를 강화하는 것도 점점 더 힘들어지고 있다는 것을 진보 정치인들이 깨닫기 시작한 것도 당연한 수순이다.

다자 협력이 왜 점점 더 힘들어지는지 구조적 설명을 통해 살펴보자. 우선 다양한 국제 규범, 규칙, 협업을 위해 설계된 의사결정기구들이 급변하는 세계에 비해 너무 더디게 변하고 있다.[15] UN이나 세계무역기구(WTO)와 같은 20세기 조직은 21세기에 들어서면서 과도한 업무 부담과 자금 부족 문제를 겪고 있으며, 점점 무시당하고 있다. 다 예상된 결과이다. 결국 지정학적 권력의 성격과 분배를 크게 바꾸기 위해서는 개선된 국제기관이 반드시 필요하다. UN 안보리를 살펴보자. 미국, 중국, 러시아, 프랑스, 영국, 이 5개의 상임이사국만 포함할 뿐 독일, 인도, 브라질 등 중요국은 아직도 배제하고 있으며, 심지어 아프리카 국가는 전혀 대표하지 못한다. 그 결과 UN 안보리는 절망적일 정도로 제 기능을 하지 못하고 있다. 코로나19 팬데믹을 논의하기 위해 회원국을 모으는 데에만 100일 이상이 소요되었으며, 심지어 모인 후에는 공동 성명서에 합의하지도 못했다. UN 안보리보다 좀 더 희망적인 예시로는 G20이 있다. 세계에서 가장 강력한 국가의 지도자, 외교부 장관, 중앙은행장으로 구성된 조직으로, 1997년 아시아 경제 위기를 겪은 후 국제 금융 안전성을 강화하고자 1999년 설립되었다. G20은 영향력이 있다. 19개의 G20 회원국과 EU를 합하면 세계 총생산의 90퍼센트를 차지한다. G20은 2008년 금융 위기의 낙진落塵을 최소화하는 데 기여했을 뿐 아니라[16] 바로 지금 이 시대에 긴장 완화를 끊임없이 촉구하고 있다.[17]

당연하게도, 점점 다극화되는 세계를 반영하는 보다 새로운 형태의 다자주의가 등장하고 있다. G7이나 북대서양조약기구(NATO)와 같은 전통적인 서구동맹 옆에, 브라질, 러시아, 인도, 중국 그리고 남아프리카공화국 연합인 브릭스(BRICS)가 등장했다. 중국과 러시아가 주축이 된 상해연합기구(SCO)와 44개 이상의 국가와 17개의 국제 및 지역 단체를 한데 모은 중국·아프리카협력포럼(FCAC)도 있다. 중국이 지원하고 BRICS가 주도하는 신개발은행(NDB)과 긴급외환보유기금(CRA) 그리고 아시아인프라투자은행(AIIB)이 세계은행의 경쟁자로

다극 체제, 양극 체제, 단극 체제[18]

다극 체제

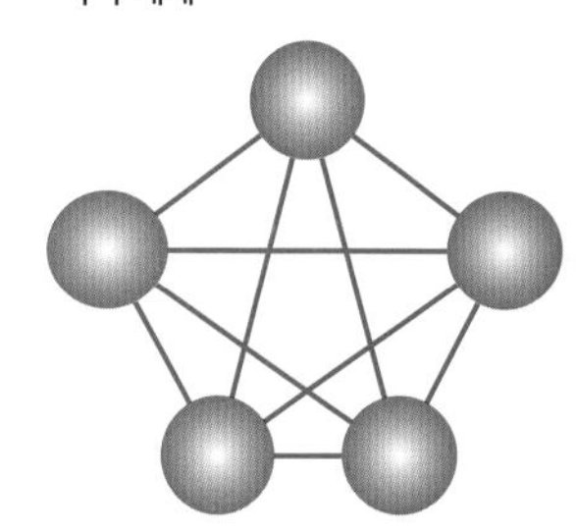

양극 체제

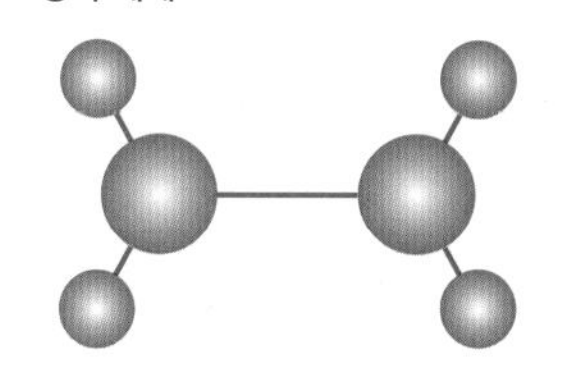

단극 체제(헤게모니)

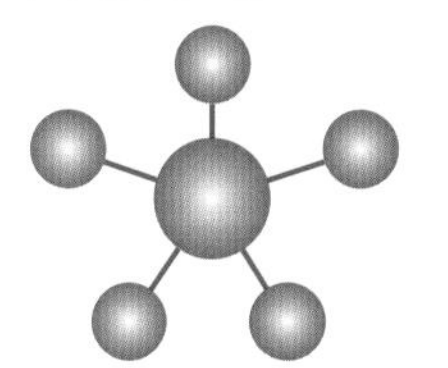

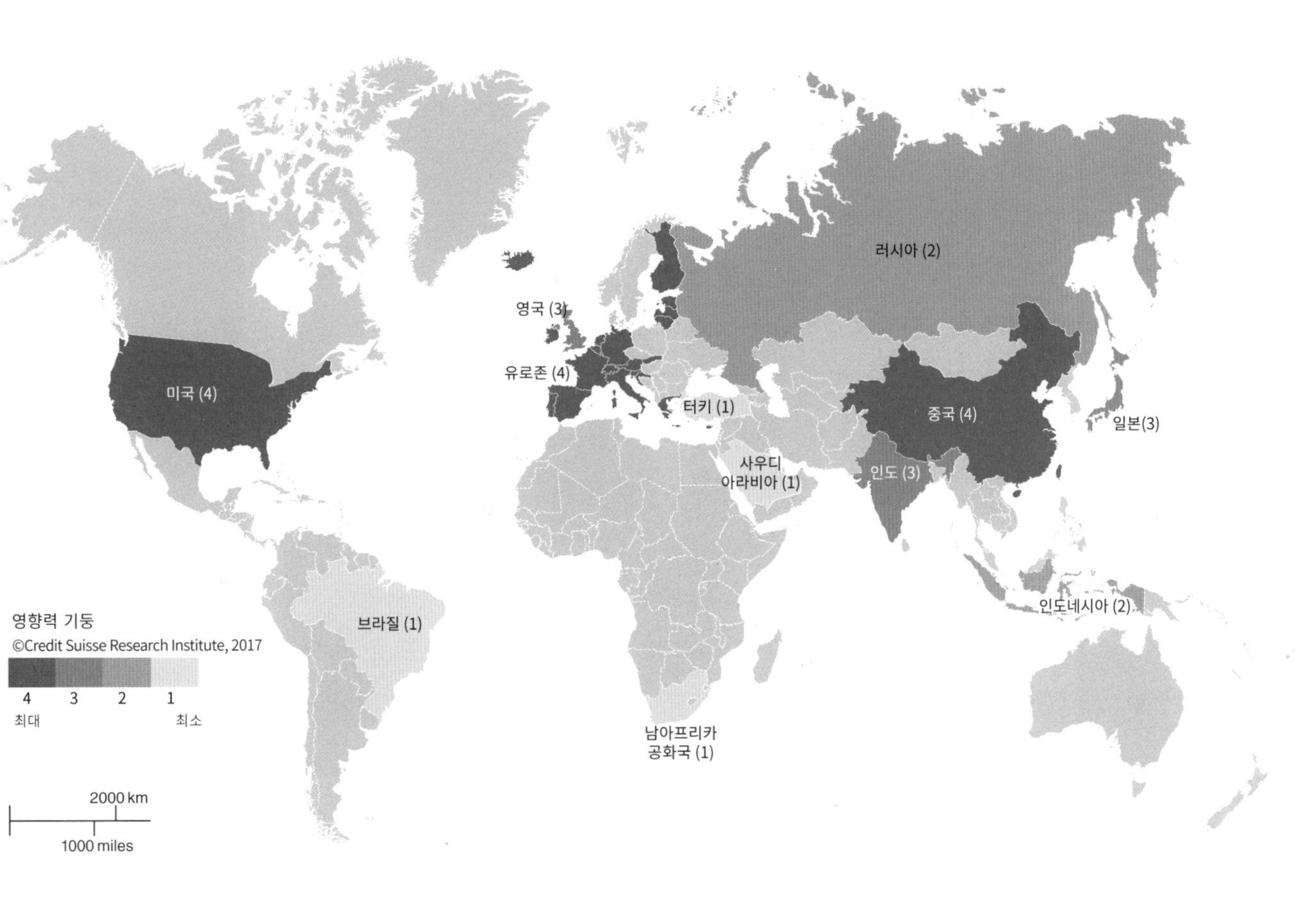

영향력 기둥[19]

세계는 미국과 유럽이 패권을 잡고 있던 시절을 지나 권력 분산과 지역 중심의 시대로 이동하고 있다. 이 변화에는 경제적·정치적 측면이 모두 포함된다. 미국, 유럽, 중국 중심의 아시아가 핵심적인 세 기둥이며, 정통 강호였던 일본과 영국이 힘을 잃어가는 가운데 브라질, 인도, 러시아, 남아프리카공화국 같은 신흥 시장은 아직 실력을 다 보여주지 않았다.

등장했다. AIIB는 베이징에 소재해 있으며 57개의 국가가 출자했다. 일부 정치과학자들은 이런 네트워크 및 기타 여러 네트워크는 다자주의 종말의 전조가 되기보다는 새로운 시작을 알리는 역할을 할 것이라고 말하며, 아시아를 중심으로 새로운 포스트 서구 질서가 생길 것임을 시사한다. (서구의 부국들과 대조적으로) 많은 아시아 정부가 코로나19 위기에 빠르게 대처하는 방식을 보면, 아시아는 앞으로도 계속해서 번영할 가능성이 높다.

해결책을 찾아가는 과정에서, 지정학적 위협은 상당하다. 팬데믹뿐만 아니라, 지구온난화, 핵전쟁, 인공지능도 국가 간 긴장과 관련해 중요한 사안이다. 중국의 눈부신 경제적 성장이 일으키는 흔들림이 세계가 감당할 수 있을 정도일지, 아니면 재앙 수준의 지진이 될지 여부가 가장 중요하다. 국제관계학자들은 이 질문에 대해 수년 동안 심도 있게 연구하면서 보다 정확한 예측을 위해 이론적 모델을 활용했다. 이론적 모델은 단극 체제, 양극 체제, 다극 체제에서 힘의 균형이 각기 어떻게 다른지 구분한다. 그래프에서 알 수 있듯, 단극 체제는 정치적·경제적·문화적 영향력을 행사하는 국가가 하나인 경우(혹은 국가 그룹 하나인 경우)에 나타난다. 양극 체제는 두 개의 국가(혹은 두 개의 국가 그룹)가 지배적 강대국으로 등장한 경우이다. 다극 체제는 세 개 이상의 국가, 혹은 국가 집단이나 지역에 힘이 어느 정도 균등하게 분배되었을 때 나타난다. 우리가 속해 있는(또는 우리가 가게 될) 지역의 상태를 이해한다면, 그 나라가 무역 분쟁부터 전쟁, 평화에 대한 의문점을 어떻게 해석할지 설명하는 데 도움이 될 수 있다.

다른 국제 질서와 비교했을 때 좀 더 안정적인 체제도 있다. 예를 들어, 단극 체제에서는 소수의 작은 분쟁이나 주장은 몇 년만 지나면 잊히기 마련이다. 하지만 양극 체제 혹은 다극 체제에서는 소수의 분쟁이 더 큰 전략적 게임으로 확대되어 정치적, 경제적, 심지어는 군사적 대응으로 이어질 수도 있다.[20] 그렇다면 지금 우리가 서 있는 이 세계는 어떤 곳일까? 우리는 지금 1989년 이후 찰나로 끝난 미국 주도의 단극 체제 시대를 지나, 미국, EU, 중국이 패권을 잡고 지역 강대국들이 세력 다툼을 벌이고 있는 다극 체제 시대로 나아가고 있는 것으로 보인다.[21] 이 지도에서는 경제 산출량, 하드파워 계획능력, 소프트파워, 그리고 거버넌스 품질 및 인식 가능한 문화적 특수성이라는 5개의 기준을 바탕으로 몇 가지 뚜렷한 영향력 기둥을 설명한다.[22] 전통적 강국인 미국, 유럽지역 국가, 일본, 영국은 여전히 높은 점수를 보이고 있으며, 신흥 강대국인 중국, 인도, 러시아 및 기타 선진국 그룹이 빠르게 입지를 다지고 있다.

새로운 다극 체제 시나리오가 앞으로 어떻게 전개될지 아무도 알 수 없다. 하지만 한 개의 지배적 주체보다는 일부는 준제국주의 성향을 가지고 있는 소수의 지역 강대국들이 나타날 것이라고 예측해 볼 수 있다.[23] 정치적 · 경제적 영향력은 점점 퍼져 여러 국가의 지역 그룹과 적극적인 비국가적 네트워크로 확산될 수 있다. 코로나19 위기가 닥치기 훨씬 전부터, 다국적 기업과 대도시 그룹은 이미 예전보다 더 강력한 영향력을 국제 사회에서 펼쳐왔다. 정치학자 이언 브레머Ian Bremmer는 'G0 세계'처럼 새롭게 나타나고 있는 시나리오에 대해 UN 안보리가 유명무실해지고, G7은 한물간 조직이 되며, G20은 경쟁상대에 의해 무능력해질 것이라고 설명한다.[24] 점점 힘을 잃어가는 다자간 협력이 결국엔 중대한 고비에서 국제적 협력을 저해할 수 있다는 가능성을 두려워하는 사람들이 많이 있다. 거기엔 이 책의 저자 또한 포함된다.[25] 하지만 포스트 글로벌 자유주의 질서를 두고, 현대 역사에서 진정한 다극 체제가 등장한 것이라고 환영하는 사람들도 있다.

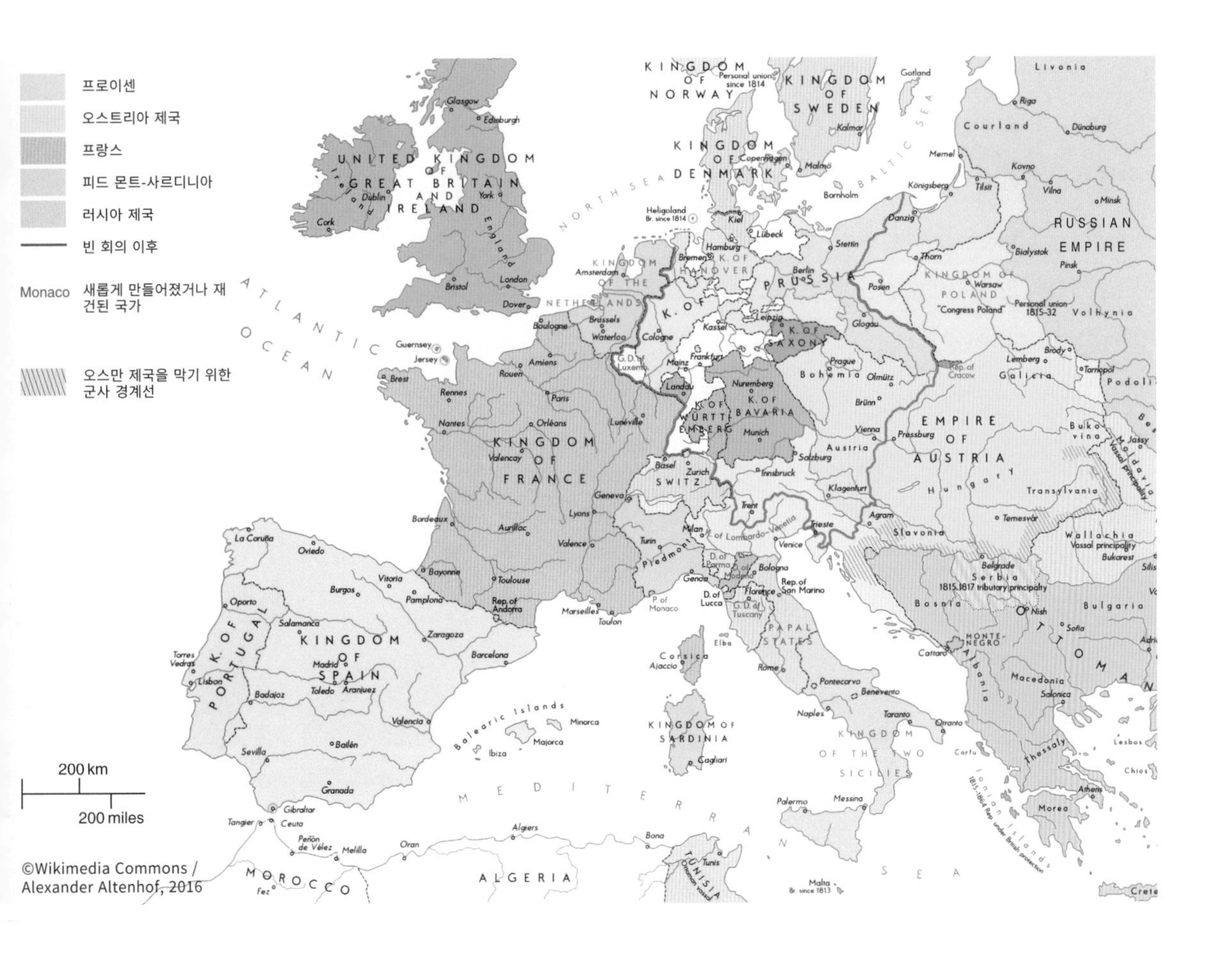

©Wikimedia Commons / Alexander Altenhof, 2016

유럽 협조(1815~1914)[26]
유럽 협조는 이 지역 강대국들이 자신의 권한은 강화하고 안정은 유지하기 위해 조직한 분쟁해결 체제였다. 첫 번째 국면은 1815년에서 1840년대까지, 두 번째 국면은 1880년대에서 1914년까지 지속되었다. 이는 잠시나마 안정적인 다극 체제 시대에 기여했다고 받아들여지고 있다.

적어도 이론적으로 봤을 때는 다극 체제가 안정적일 수 있다. 주어진 시스템 안에 더 많은 강대국이 포함될 수 있도록 동맹의 거미줄을 촘촘히 엮어가면서 서로 힘을 견제하며 균형을 맞출 수 있다고 생각할 수 있다.[27] 하지만 19세기와 20세기에 벌어진 끔찍한 전쟁에서 목도했듯이, 다극 체제 질서는 무너질 때 그 여파가 심각할 정도로 크다. 단극 체제 또한 평화로운 힘의 균형을 유지하는 데 도움이 될 수 있지만,[28] 문제가 하나 있다. 단극 체제는 오래가지 못하며 불안전성을 야기하는 경향이 있다.[29] 양극 체제는 힘의 균형과 같은 분명한 장점이 있긴 하지만,[30] 지배국이 경쟁자의 등장을 두려워할 땐 불안정이 야기될 수 있다. 사실 이 중에서 가장 불안정한 단계는 한 상태에서 다른 상태로 넘어가는 과도기로, 정확하게 바로 지금 우리가 서 있는 상황이라고 할 수 있다.

그리스 역사가이자 장군인 투키디데스Thucydides는[31] 강력한 힘의 전환에 대해서 가장 먼저 기록으로 남겨둔 사람이다. 투키디데스는 기원전 400년에 그 당시 최강자였던 스파르타가 아테네의 부흥에 어떻게 대응했고, 이것이 어떻게 펠로폰네소스 전쟁Peloponnesian War까지 이어지게 되었는지 설명했다. 아테네의 강해진 군사력과 경제적 성장은 스파르타를 위협했다. 패권자가 떠오르는 신흥세력에 보복할 수 있다는 이 기본적인 생각을 우리는 '투키디데스의 함정'[32]이라고 부른다. 투키디데스는 하나의 사례만 보고 글을 쓰긴 했지만, 뭔가 파악하고 있었던 것은 분명하다. 하버드대학 연구진에 따르면, 신흥세력이 지배세력을 갈아 치우겠다고 위협했던 16건의 사례 중 12건은 전쟁으로 이어졌다.[33] 하지만 투키디데스의 혜안으로도 오늘날 중국이나 미국의 정치인들을 이해하는 데는 역부족이다. 예를 들어 2017년에 중국의 《신화통신》은 《뉴욕타임스》에 전면광고를 실어, 중국과 미국 대통령 모두 투키디데스의 함정에 빠지지 않도록 경계해야 하며, 무력 충돌을 일으키지 않아야 한다고 촉구했다.[34]

최근 몇 세기 동안, 세계의 많은 국가가 다극 체제와 양극 체제 사이에서 불안하게 흔들리고 있었다. 어떤 체제도 평화나 안보와 특별한 상관관계는 없다.[35] 폭력 챕터에서 설명하겠지만, 인류의 역사상 평화로웠던 시기보다 전쟁을 하고 있었던 시기가 훨씬 길다. 하지만 소위 '유럽 협조'와 같은 주목할 만한 예외들이 있다. 이 지도에서는 당시 유럽의 5대 강대국이었던 오스트리아, 영국, 프랑스, 프로이센 그리고 러시아 사이에 '세계' 평화가 최초로 기록된 시기(1815~1847)를 중점적으로 볼 수 있다. 독일의 수상이었던 오토 폰 비스마르크Otto von Bismarck는 비극적인 제1차 세계대전이 발발하기 전까지 오스트리아, 영국, 이탈리아, 프랑스와 러시아 간의 합의를 중재하며, 또 다른 안정기(1871~1914)를 이끌어 내는 데 일조했다. 1920년 세계 평화를 보장하기 위한 목적으로 설립된 첫 정부 간 조직인 국제연맹the League of Nations은 다극 체제에 평화를 가져오기 위한 또 다른 시도였다. 하지만 연맹은 1930년대에 주축국의 침략을 억제하는 데 실패하면서 결국 무너졌다. 제2차 세계대전을 계기로 무력 갈등을 막고 무력 갈등을 일으킬 수 있는 경제적 쇄국주의를 예방하기 위해 UN과 브레튼 우즈 체제라는 새로운 국제기구가 탄생했다.[36]

역사상 가장 긴장감이 팽팽하게 고조되었던 시기는 바로 냉전 시대이다. 지도에서 나타나듯이, 1947년에서 1991년 사이 미국과 소련(USSR)은 세계를 두 개의 연합으로 나누어 경쟁했다. 크게 살펴보면 서반구 지역의 자본주의 국가들은 미국 진영에 선 반면, 공산주의와 사회주의 국가들은 소련과 함께했다.[37] 아프리카

냉전(1947-1991)[38]
세계를 양분한 냉전 시대는 1947년부터 1991년까지 지속되었다. 미국이 주도한 자본주의 국가가 한 블록을 형성하고, 수십 개의 공산주의 국가와 사회주의 국가를 아우른 소련이 다른 한 블록을 형성했다. 아프리카와 아시아에는 동맹에 참여하지 않은 국가도 있고, 진영을 바꾸는 국가도 있었다.

핵탄두 재고 추정치 (2019)[39]
전 세계 각국에서 보관 중인 핵탄두는 1만 4,500개인 것으로 알려져 있다. 총 9개국에서 핵탄두를 보유하고 있다.

국가별 핵무기 재고 추정치
©Federation of American Scientists
총 핵무기 재고
(해체된 것은 제외)

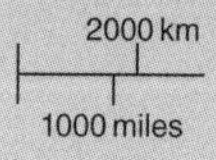

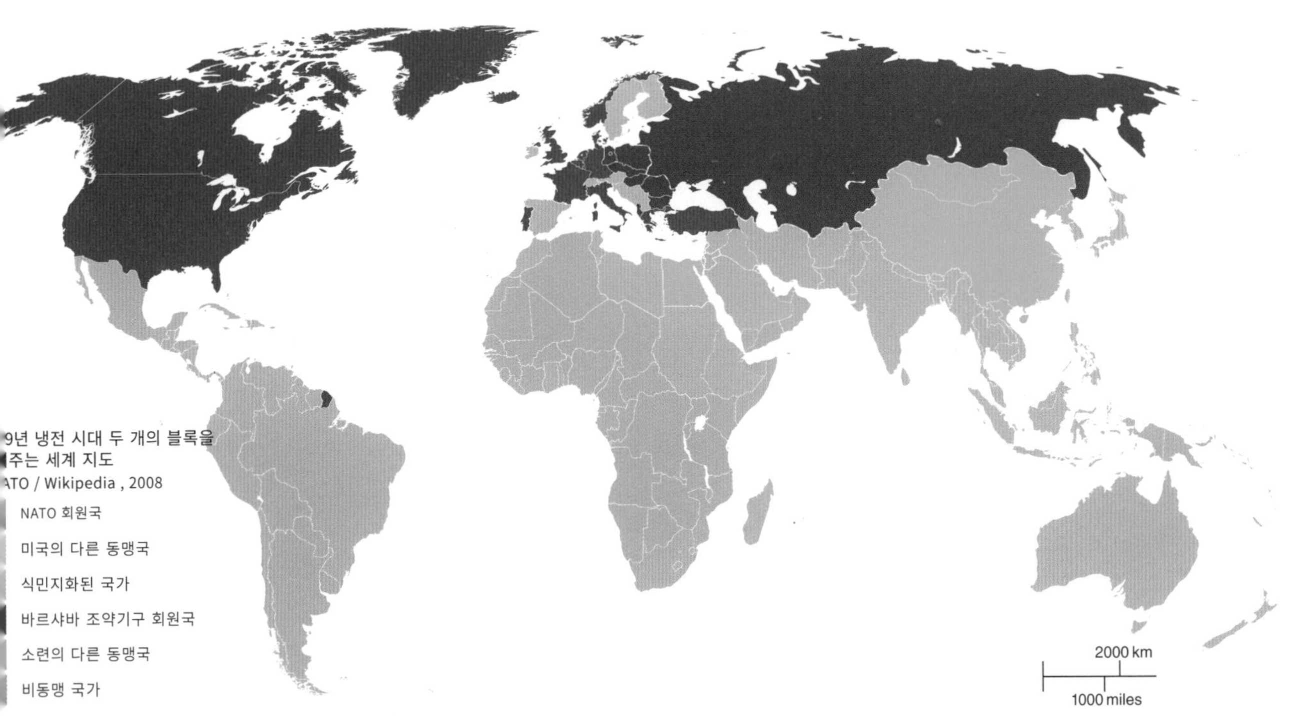

9년 냉전 시대 두 개의 블록을
주는 세계 지도
ATO / Wikipedia , 2008

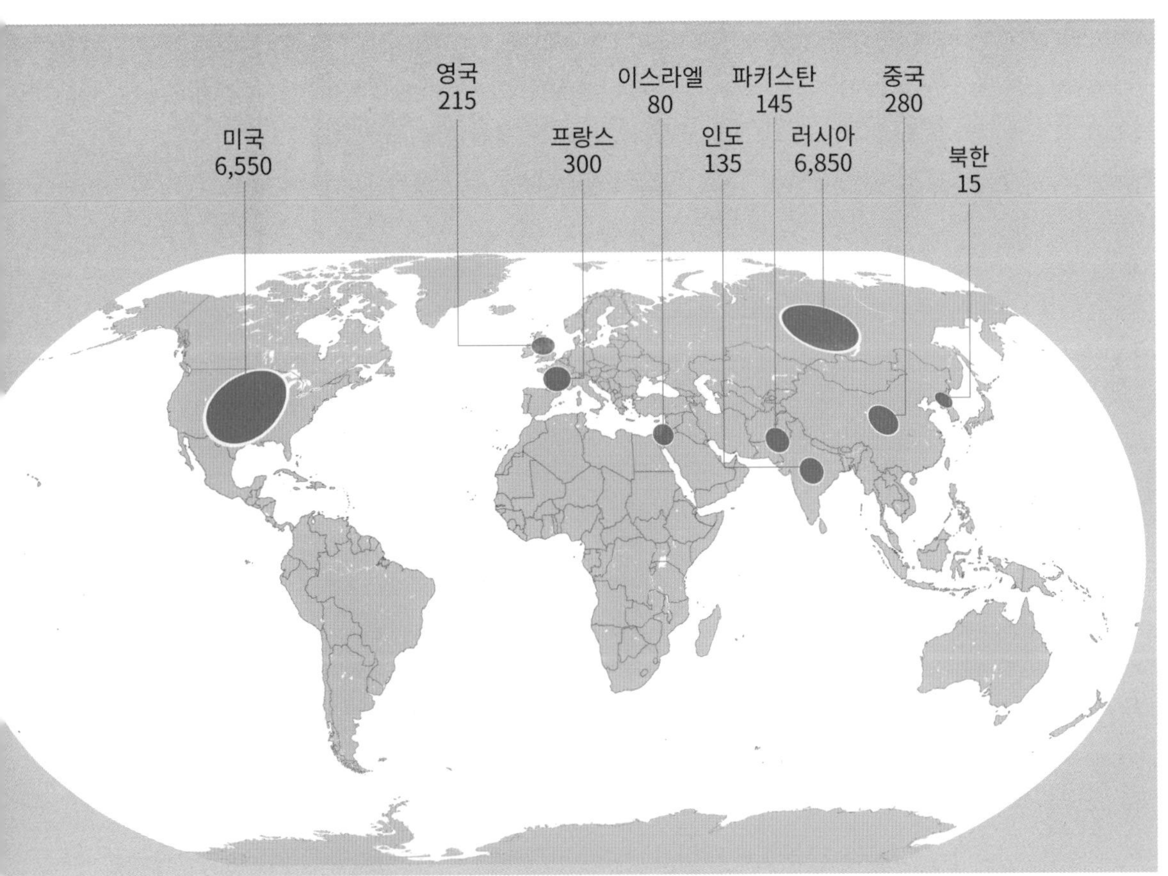

와 아시아에 있는 많은 다른 나라들은 미국과 소련 사이에서 비동맹을 유지하거나 혹은 양쪽 진영을 왔다 갔다 했다. 두 라이벌은 피비린내 나는 수많은 대리 전쟁을[40] 일으키면서도 동시에 양국이 모두 사라져 버릴 수 있다는 불안감을 바탕으로 미묘한 힘의 균형을 유지해 갔다. 핵 억지력도 냉전이 큰 전쟁으로 이어지지 않도록 막은 핵심 요소 중 하나이다. 일촉즉발의 상황이 수차례 있었지만, 두 강대국은 핵전쟁으로 야기될 세계 종말의 상황은 피해 갔다. 경기 침체와 아프가니스탄에서의 전쟁으로 피로감이 쌓인 데다 미국의 압박이 계속해서 커지면서, 새로운 소련 지도자 미하일 고르바초프Mikhail Gorbachev는 1980년대, 페레스트로이카perestroika(재편)와 글라스노스트glasnost(개방)라고 칭하는 일련의 자유화 개혁을 시작했다. 이 과정에서 사람들의 항의가 물결쳤고, 국수주자들의 시위가 이어지면서 모두에게 충격적이게도 소련이 멸망했다.

해외 주재 미군
©David Vine, American University Digital Archive, 2020

기지
릴리 패드(200명 미만의 병력이 주둔하는 소규모 기지)
해군 함대

단기간의 단극 체제

1989년 세계는 순식간에 변했다. 미국은 하루아침에 유일한 강대국이 되어버렸고, 세계는 단극 체제 시대로 접어들었다.[41] 1990년대 초반의 미국을 두고, 분석가들은 미국의 군사력과 경제 규모를 과거 페르시아, 로마, 몽골, 스페인 제국과 비교했다.[42] 프랑스의 전 외무부 장관 중 한 명은 미국을 역사상 처음으로 등장한 '초강대국'이라며 인상적인 발언을 하기도 했다. 미국은 세계에서 가장 큰 경제 대국이며, 세계 군비의 절반 이상을 지출하며, 역사상 가장 큰 규모의 해군을 지휘하고, 위압적인 핵무기를 보유하고 있다.[43] 앞의 지도에서 볼 수 있듯, 현존하는 1만 4,500개 핵탄두는 미국과 러시아가 나눠 가지고 있으며, 중국·프랑스·인도·이스라엘·북한·파키스탄·영국이 좀 더 적은 수의 핵무기를 보유하고 있다.[44] 이 수는 1986년[45]에 존재했던 핵탄두 약 7만 300개보다 줄어든 것이다. 핵무기 재고를 줄이기 위해 미국과 러시아 협상단이 내린 결정은 이타주의나 연대에 고무되어 이루어진 것이 아니다. 차세대 극초음파 무기가 등장하면서, 많은 비용을 들여 대량으로 무기를 비축할 필요가 사라진 데다, 계속해서 변하는 전략적 계산과 일련의 조약들이 등장하면서 나타난 결과이다.

잠깐 동안이지만, 단극 체제는 장점도 있었다. 19세기나 20세기와 비교해 보면,

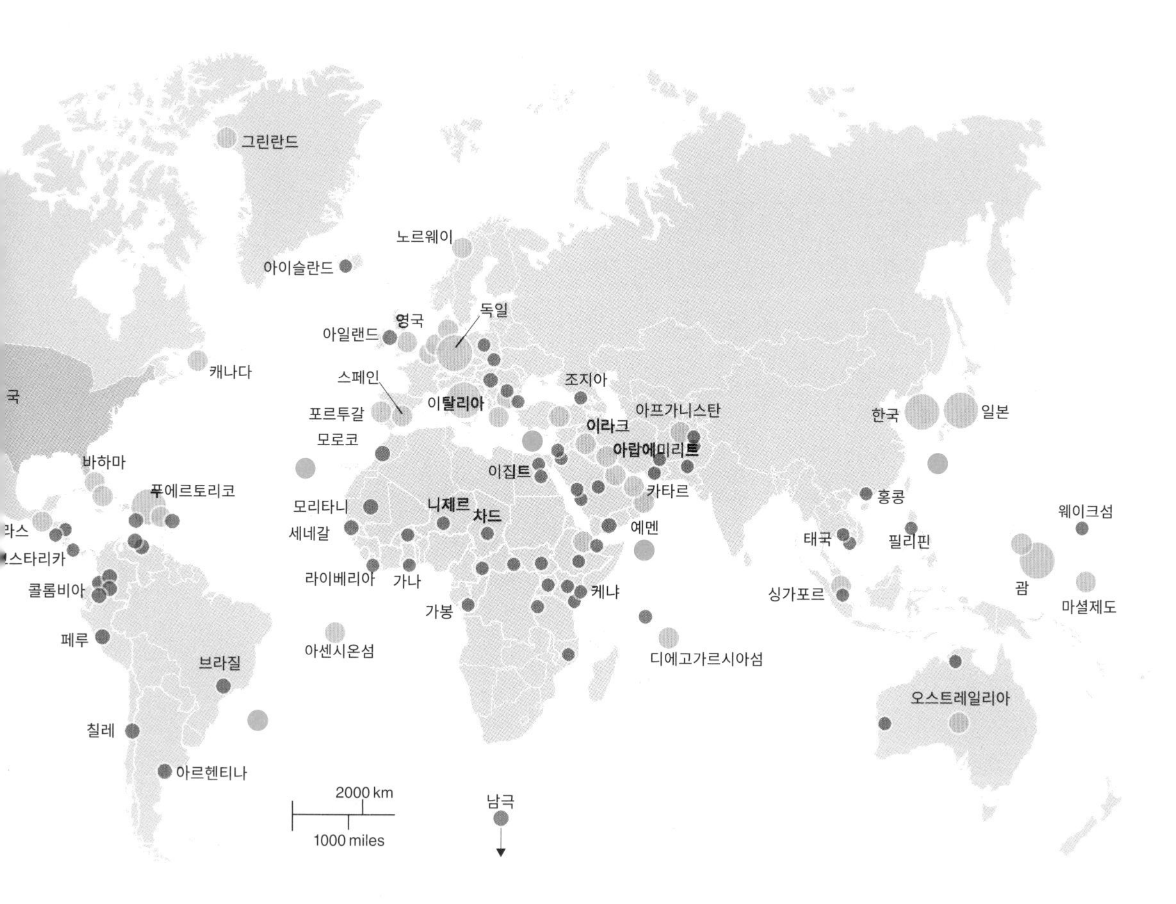

미국 국제 군사력이 미치는 범위[47]

미국은 냉전 종식 후 자국의 군대를 놀라울 정도로 전 세계 각지에 퍼뜨렸다. 2015년 기준, 177개 국가 및 영토에 20만 명의 현역 병력을 배치했으며, 800개 이상의 기지 구축을 지원했다.

지난 30년은 이례적으로 평화가 유지된 시기였다. 냉전 중에 겪었던 적의 방해 없이, 미국은 단극 체제 속에서 자국의 문화, 경제, 군사력을 자유롭게 확장해 나갔다. 이라크를 향한 무력 간섭과 전 유고슬라비아 연방 사태 이후, 미국은 1990년대 들어 전 세계에 자국의 방대한 군사력을 모두가 똑똑히 볼 수 있도록 선보였다. 미국의 군사력은 2001년 9월 테러 공격 직후 극적으로 커졌으며, 그 이후 아프가니스탄, 이라크, 리비아 그리고 시리아 전쟁으로 이어졌다. 지도에서 볼 수 있듯이, 미국은 지원을 명목으로 177개 국가 및 영토에 800개 이상의 군사 기지를 세우고 20만 명의 현역 병력을 배치해 두었다. 하지만 이 병력은 코로나19 팬데믹의 여파로 줄어들 수도 있다. 소위 '짧은 평화short peace'라고 불리는, 이 전례 없는 단극 체제 순간은 2020년 코로나바이러스 발생 이전부터 이미 끝을 향해 달리고 있었다. 국제관계학자들이 잘 알고 있듯, 단극 체제는 수익 감소와 비용 상승, 힘의 분산 및 반대로 균형을 유지하려 하는 경쟁자의 끊임없는 시도 때문에 유지되기 어렵다.[46]

짧은 평화가 끝을 향해 가고 있는 이유 중 하나는 바로 미국의 과도한 팽창 때문이다. 소위 테러와의 전쟁을 위해 소요된 비용이 수 조 달러에 달한다.[48] 전 세계

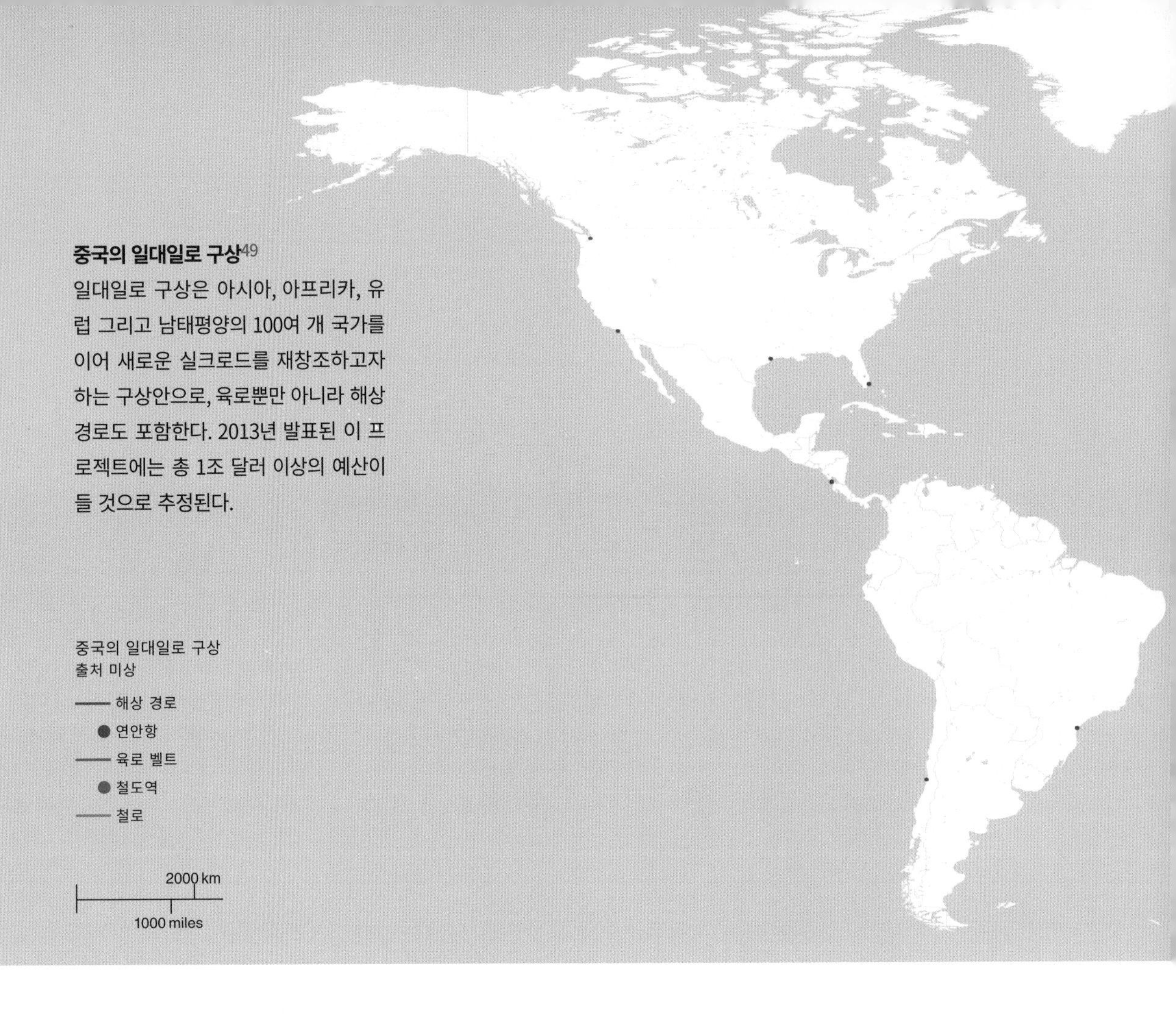

중국의 일대일로 구상[49]
일대일로 구상은 아시아, 아프리카, 유럽 그리고 남태평양의 100여 개 국가를 이어 새로운 실크로드를 재창조하고자 하는 구상안으로, 육로뿐만 아니라 해상 경로도 포함한다. 2013년 발표된 이 프로젝트에는 총 1조 달러 이상의 예산이 들 것으로 추정된다.

에 퍼져 있는 미군 베이스캠프를 유지하는 데 드는 연간 비용은 최소 1,000억 달러 정도일 것으로 추정된다.[50] 미국은 지난 30년 동안 이런저런 무력 충돌에 휘말리며 많은 유권자들의 우려를 샀다.[51] 미국의 지배력을 약화시킨 것이 비단 전쟁만은 아니다. 2008년 금융 위기 또한 미국의 영향력과 정통성을 흔들어 놓았다. 2008년의 금융 위기 충격은 고삐 풀린 시장 자본주의 사이클 종말에 신호탄을 쏘았다. 그동안 자본주의는 불평등을 심화하고, 조직화된 노동력을 해체했으며, 소득이 더 높아진 사회에서 중산층을 힘들게 만들었던 장본인이었다. 코로나19 팬데믹에 대한 미국 정부의 지지부진한 대응과, 코로나 사태가 자국 경제에 미칠 부정적인 영향을 미처 막지 못한 정부의 무능함을 앞으로 수년 동안 계속해서 온몸으로 체감하게 될 것이다. 미국과 서유럽 국가에 힘이 집중되는 것에 분개했던 중국과 러시아 같은 경쟁국들은 미국의 지배력 쇠퇴를 두 손 들어 반기고 있다.[52] 이들은 수십 년 동안 더 큰 규모의 다극 체제를 주창해 왔다. 이들뿐만이 아니다. UN 내에서도

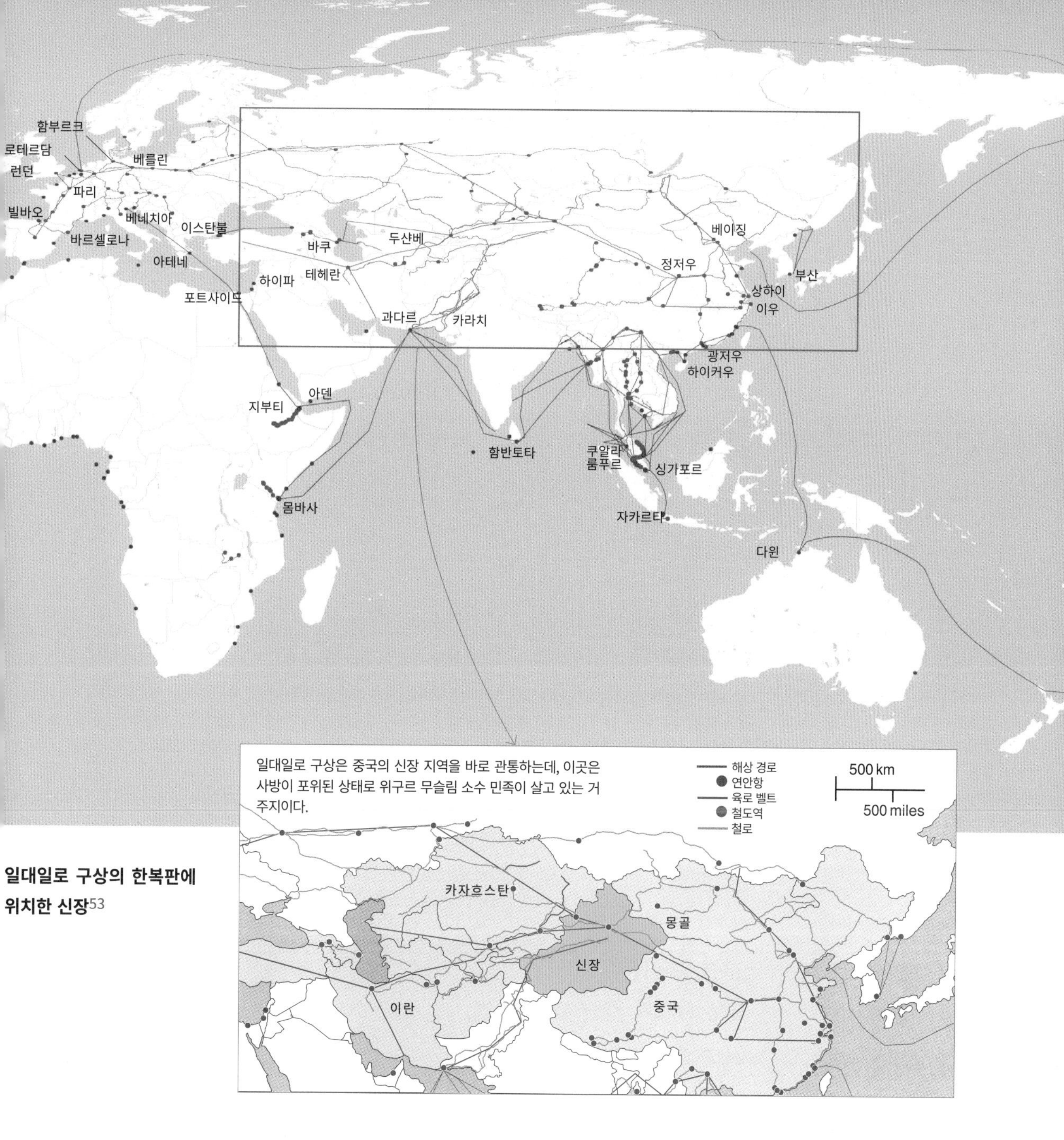

일대일로 구상의 한복판에 위치한 신장[53]

브라질, 독일, 인도, 남아프리카공화국이 더 공정한 무역 규칙과 더 강한 대표성을 띠고 있는 국제기구의 창설을 오랫동안 요구해 왔다.[54]

미국과 서유럽 중심의 지배력이 차츰 쇠퇴하면서, 그 자리를 부상하는 중국이 채우고 있다. 지난 30년 동안 괄목할 만한 경제 성장을 달성한 중국은 이제 구매력 평가 지수(PPP) 기준 가장 큰 경제대국이며, 명목 GDP로는 세계 2위이다.[55] 미국의 강한 압박을 받고 있고 코로나19로 인한 경제 위축에도 불구하고, 중국

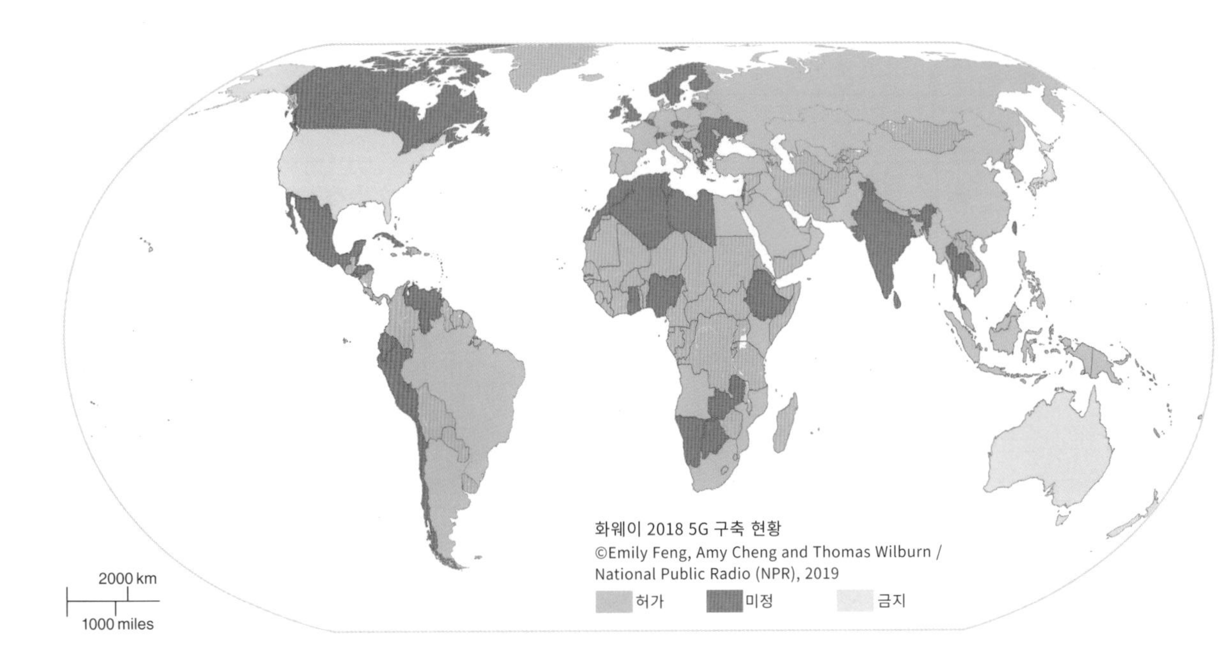

화웨이 2018 5G 구축 현황
©Emily Feng, Amy Cheng and Thomas Wilburn / National Public Radio (NPR), 2019

은 자국 위주로 숨 가쁘게 세계 무역을 재편하고 있다. 중국이 경제적으로만 비대한 강국은 아니다. 군사비 지출 또한 2005년에서 2018년 사이에 520퍼센트 이상 크게 상승했다(세계의 평균 군비 지출이 약 14퍼센트 정도 되는데 반해, 미국의 군비 지출은 36퍼센트를 상회한다).[56] 중국은 이제 지구상에서 가장 큰 재화 수출국이자 두 번째로 큰 제품 수입국이며, 가장 빠르게 성장하고 있는 소비자 시장일 뿐만 아니라, 미국의 최대 해외 채권국으로서 일본과[57] 거의 어깨를 나란히 하고 있다.[58] 중국은 자국의 영향력을 이웃 국가를 넘어 더 멀리까지 굳히고자 장기적으로 승부수를 띄우는 중이다. 그 방법 중 하나가 소위 '일대일로' 구상이다. 일대일로 구상은 중국의 재화와 용역을 위한 해외 시장 확장에서 멈추지 않고, 정치적 영향력과 군사적 관계까지 강화하고자 하는 프로젝트이다. 2013년 중국 주석 시진핑习近平이 발표한 이 구상은 아시아, 아프리카, 유럽 그리고 아메리카 대륙을 관통해 최소 70개국을 연결하고자 하는 계획이다. 앞의 지도에서 알 수 있듯, 촘촘히 격자로 연결된 파이프라인과 도로, 철도, 항구와 베이징과 경제적 관계(그리고 상호의존성)를 강화하기 위해 설계된 신도시까지 포함되어 구성되어 있다.[59] 이 구상은 '실크로드 경제 벨트'라고 하는 육로 6개와 '해상 실크로드'라고 부르는 해상 경로 1개로 구성된다. 최소 1조 달러의[60] 비용이 소요될 일대일로 구상은 아마 인류 역사상 가장 크고 가장 야심만만한 개발 프로젝

중국의 디지털 범위[61]
5G 무선망 설치를 위한 중국과 미국의 글로벌 경쟁은 지금도 진행 중이다. 40여 개의 국가가 이미 5G를 위한 준비를 갖춘 가운데, 중국의 화웨이는 세계 곳곳에서 적극적으로 사업을 추진하고 있다. 오스트레일리아, 일본, 뉴질랜드, 미국은 화웨이가 중국 당국에 민감한 정보에 접근할 수 있도록 해준다고 주장하면서 화웨이를 금지했다.

트가 될 것이다. 전체적인 관점에서 보면, 1948년부터 1951년 사이 전후 유럽 재건을 위해서 미국이 주도했던 마셜 플랜보다 적어도 4배는 큰 규모이다.[62] 소요되는 전체 비용을 합하면 전 세계 GDP의 3분의 1에 달할 정도로 어마어마하다.[63]

중국이 일대일로 구상을 위해 중국 및 해외에 기반시설 구축에 반드시 필요한 신용과 차관을 제공하고 있는 가운데, 해당 국가 내에서의 반발도 거세다. 예를 들어, 중국 내에서 파이프라인과 철도망은 위구르족 무슬림들이 살고 있는 신장 지역을 관통한다.[64] 앞의 지도에서 볼 수 있듯, 중국 정부는 신장 지역을 국가 경제개발을 위한 '핵심 지역'으로 바꾸는 중이다. 우리가 폭력 챕터에서 다시 확인하겠지만, 현대화를 향한 야망을 이루기 위해서는 그 지역 현지인을 소위 '재교육'하기 위한 수많은 감시 체계와 감금 시설 건설이 동시에 이루어진다.

일대일로 구상은 대규모 자금을 지역에 투입하기 때문에 이에 대한 우려의 목소리가 여러 나라에서 나오고 있다. 캄보디아의 경우, 수십억 달러의 투자금이 빠르게 자국으로 유입되면서 국방과 같은 민감한 사안에조차 중국이 영향력을 과시하기 시작했다.[65] 많은 정부가 자국에 간절히 필요한 중국의 투자를 환영하고 있긴 하지만, 동시에 아시아와 아프리카의 많은 국가가 중국의 조악한 기반시설 품질과 중국 노동자로 인해 현지 노동자의 일자리 박탈 문제, 중국의 환경보호 부족에 대해 불만을 토로하고 있다.[66] 일부 중국 원조 수혜자들은 이들이 받고 있는 차관을 결코 상환할 수 없을 것이라 걱정하며 '부채 함정 외교'에 휘말릴 것을 두려워하고 있다.[67] 중국은 서로를 위해 좋은 협력이라 안심시키며 더 많은 투자를 해주겠다고 계속해서 요청하고 있지만, 모두가 이를 믿는 것은 아니다. 스리랑카 정부는 항구 운영을 위한 99년 기간의 출자 전환에 동의하라는 압박을 받았다. 말레이시아는 중국이 자금을 지원한 230억 달러 가치의 거래를 중단하면서, 불평등한 무역 합의에 따른 계약이라고 주장했다. 인도 역시 일대일로 구상 회의에 불참했다.[68] 구상안이 인도의 자국 내 영향력을 약화시킬 수 있다는 것이 불안하다는 이유였다.[69]

중국은 세계 질서를 재편하고 있으며, 그 안에서 더 지배적인 역할을 할 수 있도록 입지를 다지고 있다.[70] 코로나19로 인해 중국의 성장세가 대폭 감소하긴 했지만 다른 곳은 더 심각한 영향을 받았기 때문에, 중국은 2030년까지 세계에서 가장 큰 경제 대국이 될 준비 태세를 이미 갖췄다. 그렇게 되면 (계산법에 따라 다를 수 있지만) 세계 GDP의 4분의 1을 생산하게 된다.[71]

사실 코로나19에서 어떻게 회복하느냐에 따라 인도가 2030년까지 세계에서 두 번째로 큰 경제 대국이 될 수도 있으며, 미국이 인도 뒤를 따르게 될 것이다.[72] 하지만 미래의 성장은 확실히 보장된 것이 아니다. 코로나19의 타격을 입기 전, 중국의 GDP는 미국과의 무역 전쟁의 결과로 2019년 27년 만에 최저치를 기록했다.[73] 그리고 2020년, 코로나19로 인해 경제가 흔들리면서 44년 만에 최저치로 떨어질 것으로 전망된다. 그뿐 아니라, 다른 선진 부국과 마찬가지로 고령화 문제를 직면하고 있다. 중국의 총인구는 2030년 최고치를 찍은 후 감소하기 시작할 것이다.[74]

이 모든 상황은 왜 중국 정부가 무역 연계성을 확장하고, 기술 분야 전반에 투자를 크게 확대하려 하는지 부분적으로 설명한다. 중국의 과감한 베팅 중 일부는 아마 좋은 성과를 거둘 수 있을 것이다. AI에 대한 투자에 가속도가 붙었다. 태양열, 풍력과 같은 청정에너지에 총 투자액의 40퍼센트를 쏟아부으며 녹색에너지 강국으로 거듭나고 있다. 비록 미국이 화웨이와 같은 중국 대기업을 금지하긴 했지만, 다른 중국 기업들이 발 빠르게 5G 보급에 나서면서,[75] 수십여 개의 다른 국가에 5G 상용화 서비스나 시범 사업을 출시했다. 중국형 모델에 제한사항이 있긴 하지만, 미래로 도약하고자 하는 빈국과 중진국으로서는 거부할 수 없는 거래이다. 중국은 또한 코로나19 팬데믹을 오히려 자국에 도움이 될 수 있는 기회로 활용하여 자국의 적극적이면서도 기술 주도형 대응을 다른 국가가 본받을 수 있도록 널리 알리고 있다.

다극 체제로의 회귀

미래는 우리 의지와 상관없이 다극 체제 양상을 띨 것이다.[76] 쉽지 않을 것임을 보여주는 이유도 다양하게 존재하며, 다극 체제가 안전성을 담보한다는 확신도 없다. 하지만 빈 회의Congress of Vienna와 유럽 협조의 경험을 통해 우리는 낙관적인 미래를 그려볼 수 있는 초석을 마련했다.[77] 그럼에도 불구하고 불편한 진실은 오늘날 세계는 전보다 훨씬 더 복잡하고 붐빈다는 것이다.[78] 초강대국들(과 일부 준강대국)은 핵, 생물, 화학, 사이버 무기로 단단히 무장하고 있으며, 자칫 계산을 잘못해 인류 종말로 이어지는 시나리오도 배제할 수 없다.[79] 많은 국가와 기업의 이해가 상충하는 세상에서 국제적 화합을 이끌어 내기란 쉽지 않다. 특히 국민 국가

세계 희토류원소 및 매장량
(2018, 단위: 미터톤)
©United States Geological Survey (US
January 2020

	생산량	매장량
오스트레일리아	21,000	3,300
브라질	1,000	22,000,0
브룬디	600	
캐나다	—	830,0
중국	132,000	44,000,0
그린란드	—	1,500,0
인도	3,000	6,900,0
마다가스카르	2,000	
미얀마	22,000	
러시아	2,700	12,000,0
남아프리카공화국	—	790,0
탄자니아	—	890,0
태국	1,800	
미국	26,000	1,400,0
베트남	900	22,000,0

희토류 원소 산출 및 매장량[80]
세계가 주요 에너지원의 전환을 시작하면서 희토류 원소 수요가 높아지고 있다. 현재 세계 최대 공급국은 중국이며, 다른 국가(브라질과 베트남)는 풍부한 비축량을 가지고 있거나, 혹은 중간 생산자(오스트레일리아와 미국)이다. 짙은 파란색은 수백만 톤을 생산하는 지역이며, 연한 하늘색은 매장량을 뜻한다.

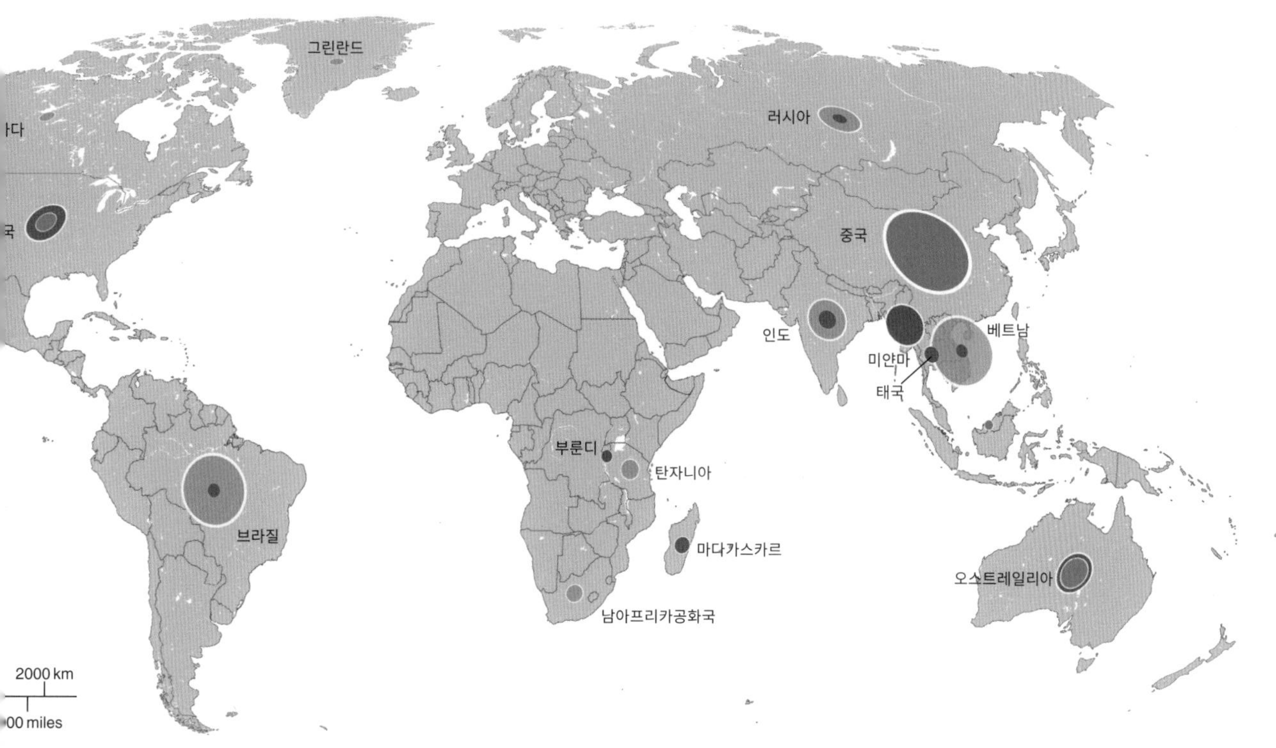

볼리비아 우유니 사막 리튬(Li) 광산
1만 제곱킬로미터 이상의 면적을 자랑하는 세계 최대의 염전이며 동시에 해발 1만 2,000 미터에 위치한 지구 최고最高의 염전이기도 하다. 현재 볼리비아에는 세계 리튬 공급량의 15퍼센트가 매장되어 있는 것으로 알려져 있다.

metres
yards
Earth Observatory, 2019

들이 가장 중요하고 유일무이한 단독 플레이어가 아니라 다수 존재한다는 점을 고려하면 상황은 더욱더 복잡해진다. 타계한 사회학자 벤저민 바버Benjamin Barber는 1990년대 중반, 중앙정부보다 대기업과 대도시가 국제 정세의 방향을 잡는 데 더 중추적인 역할을 했을 것이라고 주장했다.[81] 그 이유는 새로운 기술이 급속하게 발전했기 때문이다. 소통과 교류를 촉진한 새로운 기술은 효율성을 강화하긴 했지만, 동시에 국가 통치를 더 복잡하게 만들었다. 이 책의 후반부에서 볼 수 있듯, 새로운 기술은 정부, 기업, 자선단체, 비정부기구로 구성된 초국가적 동맹을 형성할 뿐만 아니라, 조직범죄단, 폭력적 극단주의자 네트워크, 악질적 해커 집단을 조직하는 데에도 일조했다.

초강대국 간의 경쟁 구도가 치열해지면서 지

정학적 불안감이 커지고 있다. 중국과 미국 간 정치·무역 관계는 바닥을 친 상태이다. 예를 들어 2018년, 미국은 "장기적인 전략적 경쟁"의 새로운 시대를 선포하고 중국을 "중국만의 독재 정부 모델에 부합하는 세계"를 만드는 데 열중하고 있는 "수정주의 국가"라고 표현했다. 2019년 미군은 중국이 5G 통신망에서 우위를 점하게 되면 엄청난 군사적 강점을 가질 뿐 아니라 도시를 무기화하는 결과로 이어질 수 있다고 경고했다.[82] 같은 해, 미국은 화웨이를 블랙리스트에 올렸을 뿐만 아니라[83] 거의 20년 만에 처음으로 세이프가드Safeguard*(긴급 수입 제한)*관세를 실행했다. 중국의 부상을 환영하던 미국이 이제 태세를 바꿔 중국을 전략적으로 억압

쇠락하고 있는 전 세계의 자유주의[84]
프리덤하우스에 따르면 민주주의는 10여 년간 계속해서 쇠락하고 있다. 프리덤하우스는 오랫동안 민주주의를 수호해 온 미국과 같은 국가뿐만 아니라 중국이나 러시아 등, 보다 전체주의적 국가에서도 자유가 쇠락하고 있다고 밝혔다.

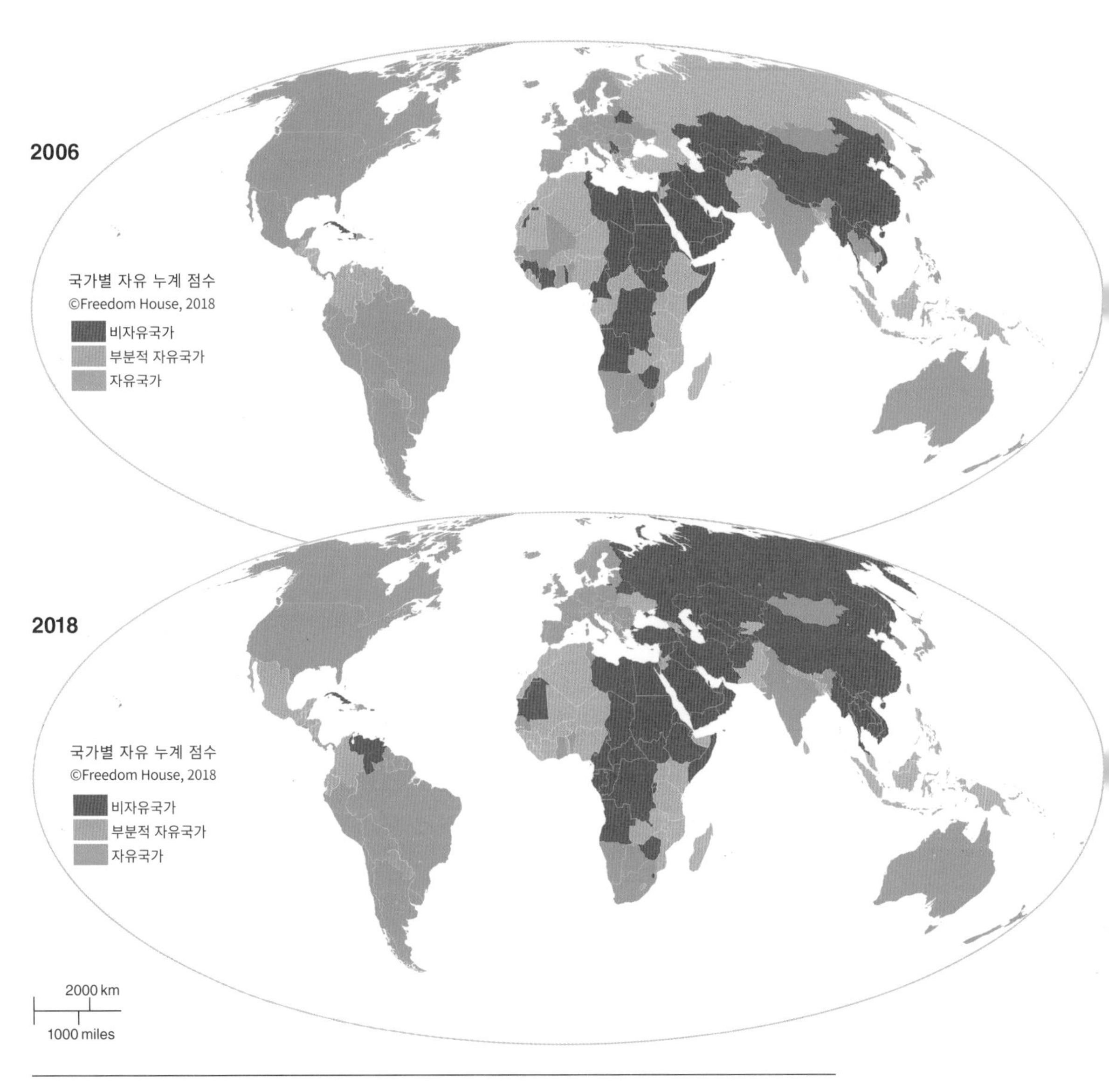

하는 모습은 낯설다. 그리고 동시에 위험을 수반하기도 한다. 국제적으로 합의된 보호 정책이 없다면, 폭발 직전의 무역 전쟁이 군사 대립으로 이어져 전 세계를 끌어들이고 결국 국제 무역 시스템을 무너트리게 될 것이다.

지정학적 긴장을 유발할 수 있는 또 다른 요소는 천연자원을 둘러싼 통제권 다툼이다. 현재 전 세계는 신경제New economy에서 우위를 점하기 위해 주요 광물 매장량을 확보하고 세계 공급망을 통제하려는 경쟁이 한창이다. 정부와 기업들은 북극에 매장되어 있는 미개척 석유, 가스, 광물뿐만 아니라, 전기자동차나 휴대전화용 컴퓨터 칩과 배터리 제조에 필요한 인듐(Id), 몰리브덴(Mb), 네오디뮴(Nd)과 같은 희토류 원소에도 눈독을 들이고 있다.[85] 245쪽의 지도에서 볼 수 있듯이 극소수의 국가들이 세계에서 가장 수요가 높은 자원을 통제하고 있다.[86] 예를 들어 중국이 세계 생산의 대부분을 통제하고 있으며,[87] 지금까지 파악된 코발트(Cb) 매장량의 절반은 콩고민주공화국에 매장되어 있으며, 볼리비아는 세계 리튬 공급량의 최대 15퍼센트를 차지한다.[88]

남아메리카 국가는 세계에서 리튬이 두 번째로 많이 매장되어 있는 곳이긴 하지만, 새하얗고 방대한 염전 아래 진흙과 뒤섞여 묻혀 있다.[89] 위성 이미지를 통해, 세계에서 가장 큰 매장지는 해발 1만 2,000미터에 위치한 우유니 사막의 광산인 것으로 확인되었다.

세계 안전성을 위협하는 또 다른 요소는 소위 말하는 국제 자유주의 질서의 쇠퇴이다.[90] 자유주의 국제 질서의 75년 역사는 서로 얽혀 있는 정치, 경제, 군사, 관련 협정 및 동맹으로 구성되어 있었다. 그 중심에는 UN과 IMF 그리고 세계은행이 있으며(모두 1945년에 설립되었다), 이후에 세계무역기구(WTO)의 전신인 된 관세무역일반협정(GATT, 1995년 설립)과 NATO(1949년에 체결)가 있다.[91] 자유주의 질서를 가장 심각하게 저해하는 위험 요인 중 하나가 자유주의 질서의 핵심 참여자인 미국과 일부 유럽국가에서 나타나고 있다. 미국이 미온적 태도를 취하며 사태를 주도해서 해결하려는 태도를 보이지 않자 리더십에 공백이 발생했다. 미국의 의지 부족은 코로나19 팬데믹 초기에 여실히 드러났다. 유럽 또한 영국이 EU 탈퇴를 결정하고, 정치적, 경제적 분열이 곳곳에서 발생하면서, 주도적으로 나설 위치에 있지 않다. 많은 미국 및 유럽 전문가들이 반신반의하긴 하지만, 중국은 곧 미국이나 유럽을 제치고 글로벌 공공재를 더 안정적으로 제공하는 국가로 부상할 수도 있다.[92]

국제 자유주의 질서의 쇠락은 러시아의 선거 개입이나 코로나19 팬데믹의 공포로 시작된 것이 아니며, 트럼프 대통령의 당선이나 2016년 브렉시트 투표가 있기 훨씬 전부터 시작되었다. 1970년대 초, 미국 닉슨 대통령이 달러화의 금 태환을 정지하면서 브레튼 우즈 체제는 큰 타격을 입었다. 곧 제4차 중동전쟁Yom Kippur War에서 이스라엘을 지원한 미국에 앙심을 품은 몇몇 아랍 국가들이 석유를 비축하면서 원유가가 4배로 폭등했다. 이에 따라 식료품 가격이 상승했고, 미국은 경기 침체에 빠졌다. 물가 상승, 경기 침체, 실업률 상승이 동반된 스태그플레이션에 직면한 미국은 금리를 올리고 현금 흐름을 억제하고 있었던 규제를 완화하기 시작했다. 1980년대에 들어 소위 '신자유주의 신조'는 자본 통제 중단과, 예산 균형, 과세 제한 및 사회비용 지출 삭감을 촉구하는 열렬한 지지자들을 등에 업고 최고조에 올랐다. 이 조치들은 향후 후진국 및 중진국에서도 따라서 도입하게 된다. 금융업자와 투자자들에 대한 규제를 완화하고 가혹한 긴축 정책이 시작되면서, 부자는 더 부자가 되고, 소득 불평등이 심화되었다. 전 세계가 이 여파를 체감할 수 있었다. 예를 들어 현재 실질 평균 임금을 받는 사람의 구매력이 40년 전과 동일하다.[93] 2019년 현재, 미국 국민 중 75퍼센트는 근근이 먹고살고 있다.

양극화로 나아가는 세계

자유주의 국제 질서가 힘을 잃어가는 이유는 자유주의를 수호하는 국내의 지지가 하락하고 있기 때문이기도 하다. 실제로 전 세계에서 민주주의를 지지하는 사람들이 줄어들고 있다.[94] 지지율 하락은 신생 민주주의 국가뿐만 아니라 이미 민주주의가 성숙한 사회에서도 나타나고 있다. 1990년에서 2020년 사이, 154개국을 대상으로 3,500회의 설문조사를 실시한 결과, 민주주의에 대한 세계인의 불만이 2019년에 최고치를 기록한 것을 알 수 있었다. 선출된 지도자들에 대한 신뢰 또한 최저치를 기록했으며, 사회의 양극화는 이미 한계를 넘어섰다. 심화되는 불평등과 정치에 대한 실망감이 상황을 더 악화시키고 있는 실정이다.[95] 많은 사람이 자신이 직접 뽑은 정부가 국민을 위해 일하지 않는다는 느낌을 받고 있다. 카이로와 홍콩, 바르셀로나와 라파스에서 번진 시위와 소요사태는 치솟고 있는 분노를 보여주는 징후이다. 세계 정치는 점점 더 격양되고, 급진적인 양상으로 변해가고

세계적으로 치솟고 있는 분노
세계 일부 지역에서 부정적인 감정이 커지고 있는 징후가 보인다. 갤럽은 걱정, 스트레스, 분노의 증가세를 포착하는 부정적 경험 지수를 조사하는데, 부정적 감정은 북아메리카, 중앙아메리카와 남아메리카, 사하라 이남 아프리카, 중동, 그리고 일부 남유럽과 남아시아 지역에서 두드러지게 나타나고 있다.

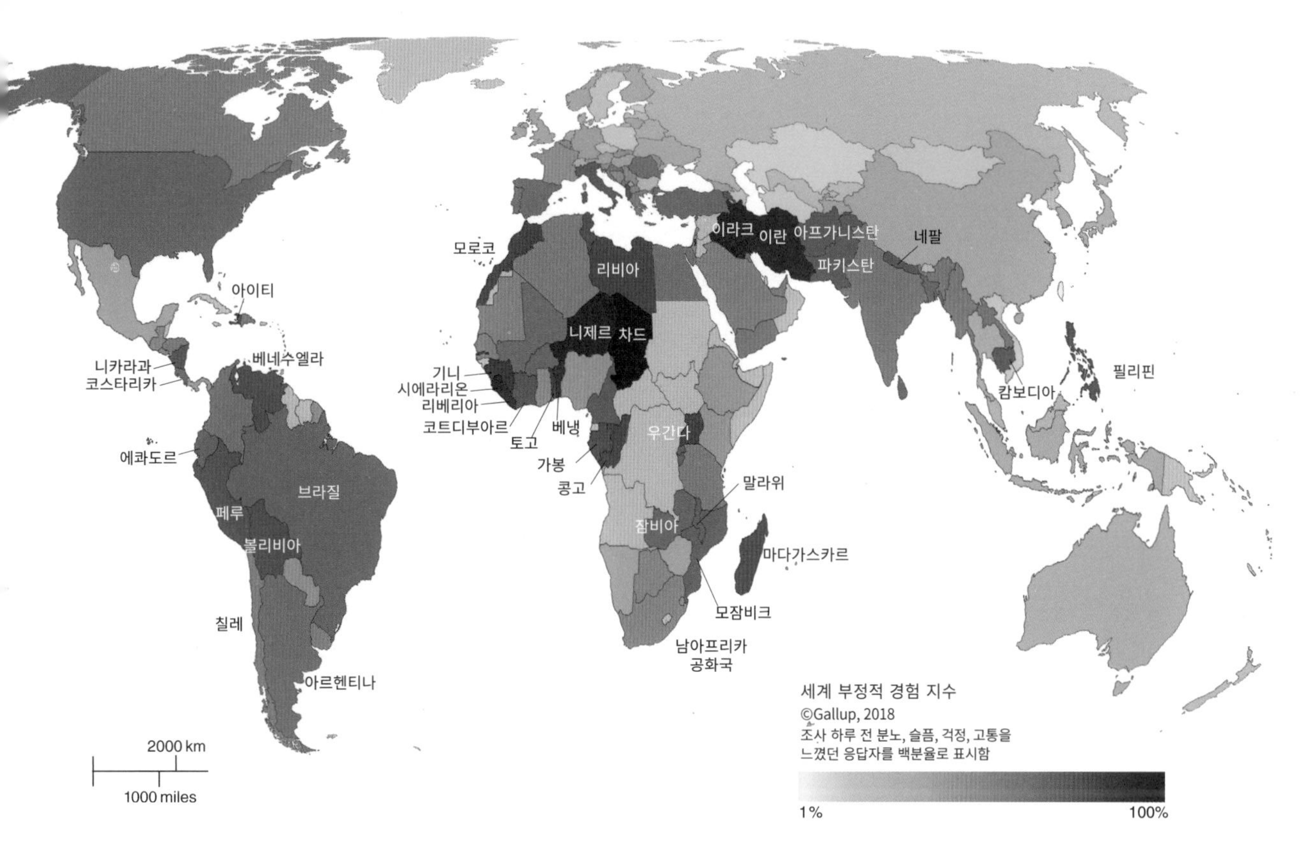

있으며, 극우 정당과 포퓰리즘 정권의 등장을 부채질했다. 전 세계 정치계 담론은 민족, 인종, 종교, 성별로 점철된 정체성 정치가 되고 있다.[96] 정부가 코로나19 시대에 어떻게 대응하느냐에 따라 이러한 추세가 급속하게 진전될 수도 있다.

문화 챕터에서 다시 이야기하겠지만, 현재 SNS 플랫폼과 정치적 성향을 띠고 있는 매체들이 이런 분열을 부채질하고 있다. 트위터, 페이스북, 유튜브, 와츠앱을 몇 분만 들여다보면, 현재 상황이 어떤지 정확하게 알 수 있다. 위의 지도는 지난 50여 년간 145개국 이상에서 부정적인 감정이 어떻게 증가했는지 보여준다.[97] 갤럽 조사에 응한 응답자 중 약 40퍼센트가 작년 한 해 큰 걱정이나 스트레스를 경험했다고 대답했으며, 상당수 응답자가 육체적 고통과 분노를 느꼈다고 말했다. 코로나19 팬데믹으로 많은 사람이 큰 슬픔과 심각한 스트레스를 겪었던 2020년 이전에도 이미 최소 5명 중 1명은 높은 수준의 슬픔과 분노를 느꼈던 것이다.[98] 이러한 감정은 특히 아프리카, 중동, 라틴아메리카, 북아메리카에서 두드러지게 나타났다. 코로나19가 세계를 강타하기 전, 에세이스트이자 작가 판카지 미슈라Pankaj Mishra는 우리 시대를 분열에 의한, 동시에 분열을 조장하는 '분노의 시대'라고 표현했다.[99]

그렇다면 왜 전 세계적으로 불안과 좌절, 분노가 커지는 것일까? 가장 큰 원인은 사회·경제적 지위 하락으로 볼 수 있다. 높아지는 불평등은 사회를 하나로 결속시키는 단단한 접착제인 사회 응집력과 개인 자율성에 대한 감정과 통제를 악화시킨다. 다른 요인은 정신건강, 특히 1990년대 청년들 사이에서 급속하게 증가한 우울증과 불안장애를 들 수 있다. 이에 관해서는 건강 챕터에서 다시 이야기하겠다. 퍼즐의 마지막 조각은 집단 정체성 강화이다. 사람들은 위협을 느끼거나 취약해지면 안으로 기울게 되어 이민자를 배척하고 자기 민족 중심으로 변하게 된다. 이러한 현상으로 인해 집단 간 정치, 문화, 경제적 차이를 좁히는 것이 더 어려워졌다. 이주 챕터에서 설명하겠지만, 남들보다 뒤처졌다고 생각하는 다수는 엘리트와 소수 집단을 대상으로 분노를 표출한다. 이를 기회로 삼는 기회주의자 정치인들은 '오물을 쓸어버리자'라는 공약을 내걸고 선거에서 낙승하며, 지지자들을 규합한다. 필요에 따라 이방인을 거부하거나 추방하기도 한다.

점점 더 많은 정치인들이 지지율 추락을 걱정하고, 자신의 메시지를 제대로 전달할 줄 모르며, 역풍을 두려워해 방어적인 태세로 전환하고 있다. 다자간 협력(일각에서 말하는 '세계주의globalism')을 지지하는 목소리가 점점 줄어들고 있다. 다자간 협력 지지자 중 많은 사람은 필연적으로 따라올 반反엘리트주의자들의 반발을 피하고 싶어 하기 때문이다. 다자주의 체제에 대한 약속이 무너지게 되면, 다자주의에서 벗어나 독자적으로 행동하고픈 유혹에 빠지는 나라가 나올 수도 있다. 팬데믹 대응이나 기후변화, 살인 로봇 규제에 이르는 모든 문제에서 협력이 힘들어질 수 있다는 뜻이다.[100] 또한 오판의 위험이 상상할 수 없을 정도로 커지면서, 사고가 일어나거나 위험한 긴장 상태로 이어질 가능성이 높아진다.

벼랑 끝의 민주주의: 카운트다운은 아직 이르다

지금 민주주의는 전 세계적으로 참패를 당하고 있다.[101] 소규모로 시작된 민주주의 비관론이 민주주의 '저류'[102], '역행'[103], '후퇴'[104], '침체'[105]를 주제로 한 심각한 담론과 함께 커지고 있다. 민주주의가 '부분적이고'[106], '힘이 약하고'[107], '텅 비어 있고'[108], '반자유주의적'[109]인 방향으로 나아가고 있다는 불안감도 존재한다. 민주주의의 열성적 지지자들은 자신들이 배척당하는 것에 대해 우려하고 있다.

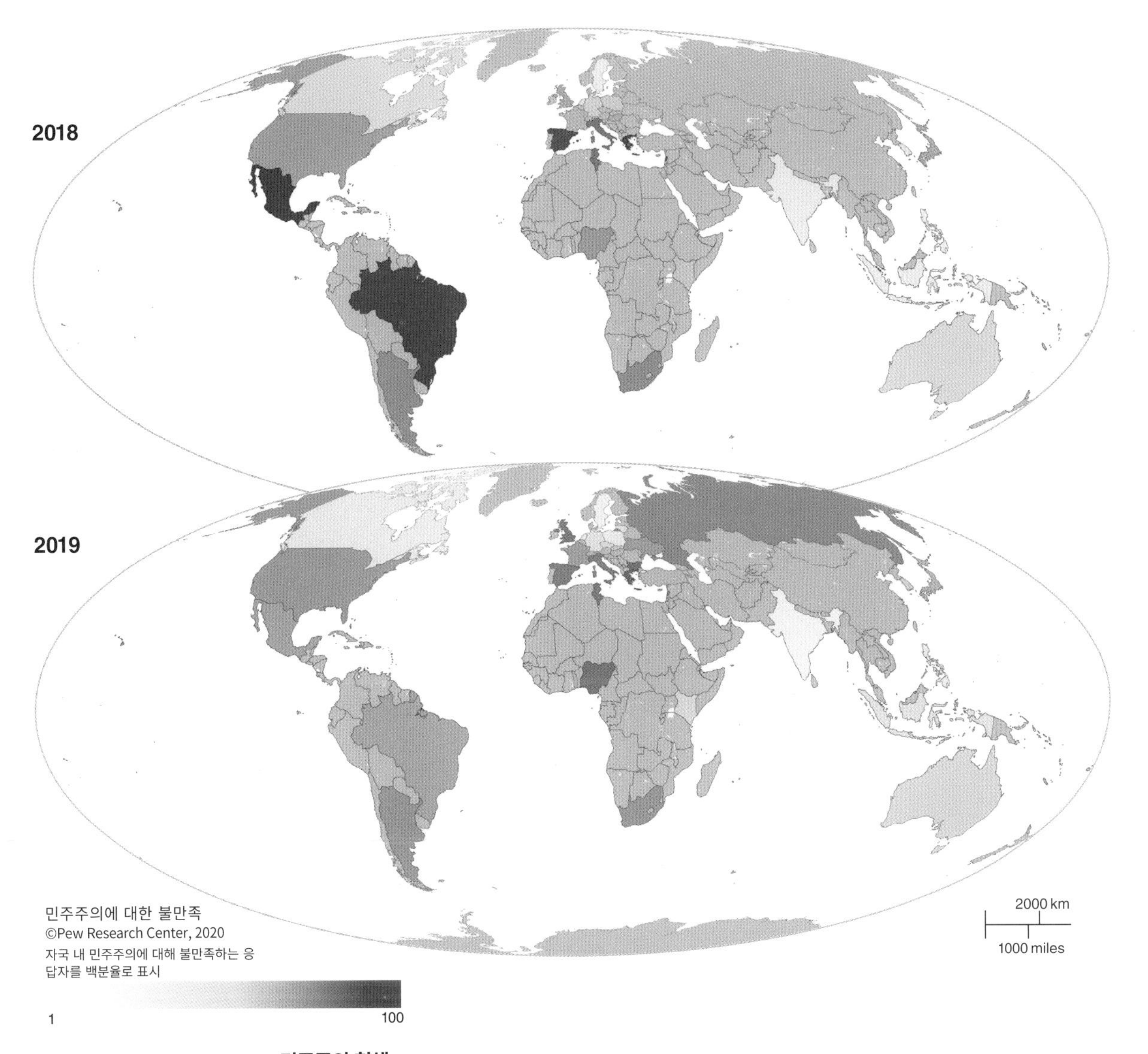

민주주의 침체

새로운 민주주의의 확산은 비교적 최근의 성과이다.[110] 하지만 미래의 민주주의는 보장할 수 없다. 이 지도는 2018년에서 2019년 동안 34개국에서 조사된 민주주의에 대한 불만족 정도를 보여준다. 자국 민주주의의 기능에 만족하는 사람보다 불만족을 표출하는 사람들이 더 많은 것을 볼 수 있다. 불만은 일반적으로, 경제가 제대로 돌아가지 않는다고 생각하는 사람들 또는 저소득층에서 더 많이 나타난다.

선거는 여전히 치러지고 있지만, 시민의 자유와 권력에 대한 견제는 무시되었다. 2003년에서 2005년 사이 그루지야, 우크라이나, 키르기스스탄에서 일어났던 '색깔 혁명'의 몰락, 이집트, 리비아, 시리아, 튀니지 및 기타 중동 및 북아프리카 지역에서 2010년에서 2012년 동안에 일어났던 '아랍의 봄' 시위 이후 나타난 폭력적인 후폭풍 등을 생각해 보자. 미국 시민 중 상당수가 국제 사회에서 미국의 역할에 대해 부정하기 시작하면서, 미국의 지원이나 영감을 받을 수 있을 것이라는 기대가 점점 더 줄어들고 있다.

국수주의자, 이민 반대론자, 포퓰리즘 정당들 모두 세계 곳곳에서 지지를 받으며 힘을 키웠다. 비교적 최근 민주주의로 전환했던 체코, 헝가리, 폴란드 그리고 가장 최근에 전환한 슬로바키아로 구성된 '비세그라드 그룹Visegrád Group' 안에서 끔찍한 독재주의가 다시 고개를 들고 있다.[111] 또한, 터키의 레제프 타이이프 에르도안Recep Tayyip Erdoğan,[112] 이탈리아의 마테오 살비니Matteo Salvini, 러시아의 블라디미르 푸틴[113] 등의 철권 통치자들이 등장하고 있다. 브라질 국민들 또한 전 육군 대위 출신의 자이르 보우소나루Jair Bolsonaro를 뽑았다. 보우소나루는 공개적으로 브라질의 독재주의를 찬양하며, 분열을 바탕으로 번창했고, 경찰의 강경진압을 옹호한다.[114] 반면, 필리핀의 로드리고 두테르테Rodrigo Duterte 대통령은 범죄자들을 무자비하게 소탕하고 행정 당국에 대한 감시 기능을 점진적으로 해체했다.[115] 인도의 나렌드라 모디Narendra Modi 총리는 반대세력을 억누르기 위해 인터넷을 주기적으로 차단하는 등의 독재주의 전술을 도입했다. 민주주의 건전성을 모니터하는 감시 단체들은 세계가 점점 더 반민주적이며 자유를 억압하는 곳으로 변하고 있다는 사실에 불안감을 표하고 있다.[116] 앞의 지도에서 알 수 있듯이, 점점 더 많은 국가가 민주주의의 결점을 드러내고 있다고 《이코노미스트 인텔리전스 유닛Economist Intelligence Unit(EIU)》은 밝혔다.

많은 베스트셀러에서는 민주주의가 파탄 직전이라는 의견에 힘을 싣는다. 정치학자 스티븐 레비츠키Steven Levitsky와 대니얼 지블랫Daniel Ziblatt이 공동 저술한 『어떻게 민주주의는 무너지는가』에서 두 저자는 민주주의는 '쾅' 하는 큰 소리가 아닌 훌쩍이는 작은 소리로 끝나기 마련이라고 주장한다.[117] 미국의 트럼프 대통령이나 헝가리의 오르반 총리와 같은 선동 정치가들이 견제와 균형을 무너트리고 민주주의가 쇠락의 길로 들어서는 속도를 높일 순 있지만, 두 저자는 민주주의의 진정한 위협은 내부에서 시작한다고 말한다. 또 다른 사회과학자 야스차 뭉크Yascha Mounk는 자유민주주의가 '비민주적 자유주의undemocratic liberalism'와 '반자유주의적 민주주의illiberal democracy'에 굴복할 수도 있다는 점을 경고한다.[118] 비민주적 자유주의는 인간의 기본권은 수호하나 유럽 위원회(EC)와 같은 초국가적 단체에 실질적인 권력을 위임하여, 포퓰리즘 정당이나 우파 및 좌파의 극단주의 정당의 공격 대상

세 차례에 걸친 민주주의의 물결(1800~2017)[119]

새뮤얼 헌팅턴을 필두로 한 정치학자들은 19세기 이후 세 차례의 민주주의 물결이 있었다고 주장한다. 첫 번째 물결은 1800년대 후반에 나타난 천천히 움직이는 물결이었다. 두 번째는 제2차 세계대전 이후 나타났으며, 세 번째는 1970년대 중반에 등장해 1989년 이후 급속하게 확산되었다. 이 그래프는 1800년대 이후 독재 국가, 과도기적 정부, 민주주의 국가로 간주된 국가의 수를 나타낸다.

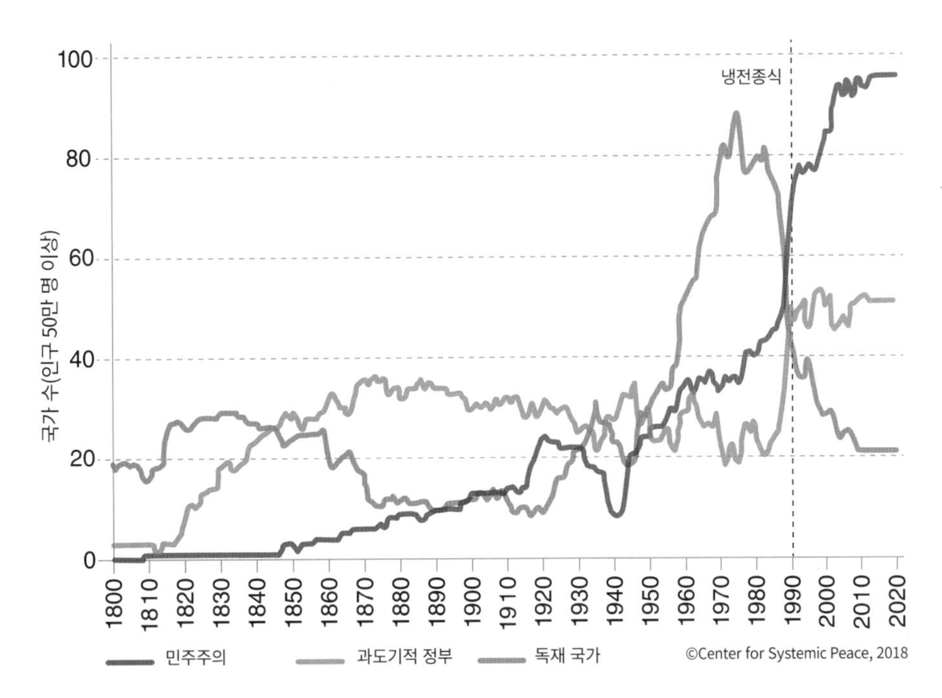

이 된다. 점점 더 많은 정당과 민주주의 방식으로 선출된 지도자들이 소수의 권리를 제한하고 정부의 집행권에 대한 통제를 완화하자는 주장을 옹호하고 있다.

다원주의, 정치적 참여, 시민의 자유에 대한 존중의 수준으로 구분해 볼 때, 몇몇 민주주의 국가는 틀림없이 후퇴의 징후를 보이고 있다.[120] 《EIU》의 민주주의 지수에 따르면, (전체의 13퍼센트에 해당하는) 단 22개 국가만을 '결함 있는 민주주의,' '혼성 정권' 또는 '전체주의'가 아닌 '완전한 민주주의'로 설명할 수 있으며, 이 중 대부분은 서유럽에 위치해 있다.[121] 지표에 등장하는 160개 이상의 국가 중, 89개국에서 민주주의가 퇴보하는 징후가 나타났다. 세계의 3분의 1에 영향을 미치는 것으로 추정되는 독재화 확산에 대한 우려가 점점 커지고 있다.[122] 지난 75년간, 복수 정당이 참여하는 선거와 법치주의가 세계 곳곳에 확산되었지만, 지금처럼 언론의 자율성과 표현의 자유에 대한 압박이 커지고, 지구 곳곳에서 나타나는 정치적 배제를 고려했을 때, 이런 이념이 의미를 잃을 수 있다는 위험이 존재한다.

가장 큰 문제는 아마 많은 사람들이 민주주의에 불만을 품고 있다는 사실이다.[123] 앞서 언급한 바와 같이, 불만족은 경제적 어려움과 정치 엘리트들이 부패하고 현실에 무지한 상황에서 오는 분노와 밀접하게 연결되어 있는 것으로 보인다.[124] 이런 불만은 특히 젊은 세대에게서 많이 나타난다. 예를 들어 미국 및 서유럽에 사는 사람 중 민주주의 국가에서 사는 것이 '필수적이다'라고 생각하는 사람의 비율은 고령층에서 젊은 층으로 내려갈수록 급격하게 떨어진다. 시민권 보호, 자유 선거 수호, 민주주의 정치에 대한 일반적인 이해 부분에서도 비슷한 양상이 나타난다.[125] 오스트레일리아, 영국, 미국의 1980년대생 시민 중 3분의 1 정도만이 민주주의는 중요하며 꼭 필요하다고 응답했다. 반면 1930년대생에서는 응답자의 4분의 3이 민주주의가 필수적이라고 응답했다.

밀레니얼 세대가 민주주의에 대해 회의적이며, 반자유주의적 대안에 열린 태도로 임하는 이유는 지극히 개인적이다. 많은 청년들은 학자금 대출, 장기화된 실업, 제한된 사회 이동성, 그리고 경직된 시스템과 제 기능을 하지 못하는 체제에 불만을 느끼고 좌절하고 있다. 이들은 민주주의 원칙을 일부 희생하는 한이 있더라도 경제적 안정을 보장할 수 있는 조치를 간절히 바란다.[126] 이미 정치는 나와 상관없는 일이라고 생각하는 상황에서, 대의 민주주의에 대한 대중의 지지는 낮을 수밖에 없다.[127] 승자만이 모든 것을 독식하는, 지극히 양극화된 사회에서 선거는 분열을 심화시키고 기득권의 입지를 공고히 하는 수단이 되어버렸다. 여전히 민주주의는 전 세계에서 선호하는 거버넌스 모델이지만,[128] 유일무이한 존재는 아니다.

민주주의의 재도약

민주주의가 하락세를 걷고 있긴 하나, 완전히 끝난 것은 아니다.[129] 민주주의가 작동하는 방식에는 불만을 품을지라도 민주주의의 이상ideals에 대한 지지는 여전히 탄탄하며, 민주주의 절차에 대한 참여도 또한 거의 역대 최고를 달리고 있다. 최소 인구 50만 명 이상인 167개국 중 96개국이 민주주의 국가라는 것은 새겨둘 만하다. 현재 세계에서 단 21개국만이 독재 국가이며(한 명 또는 한 개의 정당이 절대 권력을 휘두르는 체제), 46개국은 과도기적 정부 형태를 띤 국가(민주주의와 독재가 혼용된 체제)이다.[130] 오늘날 민주주의에 대한 냉소와 실망감에도 불구하고, 민주화는 지난 50년간 틀림없는 상승세를 달려왔다. 전문가, 강력한 지도자, 군부에 의한 지배같이 반자유주의적이고 비민주적인 접근방식을 지지하는 사람들이 점점 더 많아지고 있긴 하지만, 여전히 민주주의 국가에 살고 있는 많은 사람이 여전히 대의정치를 추구하는 정부가 현재 가용한 가장 좋은 형태라고 생각한다.[131]

민주주의의 전진[132]

민주주의는 1970년대 이래로 놀라운 속도로 퍼져나갔다. 오늘날 민주주의 국가는 독재나 혼합 형태의 국가보다 더 많다. 특히 라틴아메리카, 아프리카, 동남아시아에서 나타난 극적인 변화는 주목할 만하다.

민주주의에 대한 개인의 지지도는 그 사람의 경제적 상황과도 밀접한 상관관계가 있는 것으로 나타났다. 당장 경제 사정이 나쁘거나 생활비를 대기도 버거운 사람들은 경제 사정이 좋은 사람들보다 민주주의에 대한 불만이 더 크다.[133] 그래서 유럽 내에서도 네덜란드, 스웨덴 국민들은 자국의 민주주의가 국민을 위해 일한다고 생각하는 반면, 그리스·이탈리아·스페인 사람들 대부분은 그렇지 않다고 답한다. 반면, 지구상에서 가장 많은 사람이 민주주의 국가에서 살고 있는 곳인 아시아 지역의 경우, 민주주의를 향한 지지가 아직도 증가하는 중이다. 또 다른 요인은 정당에 대한 지지(혹은 반대)의 정도이다. 정당과 국민이 서로 동떨어져 있는 국가일

수록, 대의 민주주의에 대한 지지 또한 낮기 마련이다.[134] 결국 최근 급증하고 있는 독재 국가의 등장을 무시해도 된다는 뜻은 아니지만, 그렇다고 해서 민주주의의 종말에 대한 추모사를 마치는 것은 아직 시기상조이다.[135] 하지만 지금 민주주의는 코로나19 팬데믹이 야기한 상상을 초월하는 경제적 타격과, 독재 국가가 팬데믹을 관리하고 대응하는데 더 뛰어나다는 편견 때문에 전례 없는 위기에 봉착해 있다.

그래서 민주주의에 대한 지지도가 하락하고 있다는 것을 보여주는 여론 조사 결과를 해석할 때 신중을 기해야 한다.[136] 우선 전체주의 국가에 사는 사람들이 민주주의에 대해 어떻게 생각하는지 파악하는 것은 쉽지 않다. 해당 국가의 응답자들은 개인의 견해를 밝히는 것을 불안해하기 때문이다. 〈체계적 평화의 폴리티 프로젝트Systemic Peace's Polity Project[137] 센터〉의 연구 결과에서도 마찬가지로, 민주화의 거대한 제3의 물결은 후퇴하는 것이 아니라, 결과적으로 제4의 물결에 자리를 내어주는 것이라고 주장한다.[138] 물론, 정권의 형태를 판단하는 방식은 다양하긴 하지만, (다양한 형태의) 민주주의 국가에 살고 있는 사람들이 세계 인구의 거의 3분의 2에 달한다. 비교해 보자면, 1800년대 초반만 해도 민주주의 국가에 살고 있는 사람은 전체 인구의 1퍼센트 정도에 불과했다.

줄어드는 노조, 떨어지는 교회 출석률

민주주의를 재정립하기 위해서는 정당에 대해 재고하고 활성화하는 것이 필요하다. 많은 국가에서 정당들은 당원을 모으고, 유권자에게 투표를 독려하고, 비선거 기간 동안 유권자가 마음을 돌리지 않게 하느라 고군분투하고 있기 때문이다. 연구자들은 1989년부터 줄어드는 당원 수, 유권자 투표 참여율 하락, 흔들리는 당 안전성에 대해 기록해 왔다. 정당에 대한 불만족은 서유럽의 중심 국가를 포함해 어디에서든 나타난다.[139] 스웨덴에서는, 반체제 성향의 포퓰리즘 정당인 스웨덴 민주당Sweden Democrats이 2018년 선거에서 스웨덴 유권자 20퍼센트의 표를 얻으며 제3당으로 등장했다. 독일의 경우, 2017년 선거에서 유권자들이 극우파 정당인 〈독일을 위한 대안Alternative für Deutschland(AfD)〉 정당의 손을 들어주면서 전통적으로 강세였던 중도좌파와 중도파 정당의 지지율이 급격하게 하락했다. 브라질에서 사실상 무명 정당이었던 사회자유당Social Liberal Party의 경우, 한 극우 포퓰리즘 정치인이 입당한 후 1년 뒤 선거에서 승리했지만, 그 후 다시 내팽개쳐졌다. 중도파가 극우 세력에 의해 설 자리를 잃어가고 있다.

문제는 많은 성숙기 민주주의 국가에서도 정당들이 힘을 잃어가고 있다는 사실이다. 이런 경향은 수십 년 전부터 시작되었다. 유럽에서는 정당에 가입하는 당원의 수가 1960년대 성인 인구의 15퍼센트에서 2000대 말 5퍼센트 미만으로 줄어들었고,[141] 이는 결국 투표율 급감으로 이어졌다. 지난 50년간 경선이 치러지는 국가에서 총선 투표율은 71퍼센트에서 65퍼센트로 떨어졌다. 유럽에서는 심지어 83퍼센트에서 65퍼센트로 급락했다. 일부 분석가는 하락세의 원인을 노조의 약세와 교회 출석률 저하로 보았다.[142] 탈산업화와 반노조 운동으로 인해 서구 국가에서 1970년대 이후로 노조원의 수가 급감했다. 이 그래프는 다양한 수준의 선진국들에서 노조 조합원의 수가 어떻게 감소해 왔는지 보여준다. 2017년 프랑스 사회주의당의 몰락을 통해 드러났듯, 중도좌파 정당에 대한 선거 지지율 또한 흔들리고 있다. 한편, 가톨릭과 개신교 신자 수가 줄어들면서 중도우파 기독교 민주정당에도 영향을 미쳤다. 이는 집단의 정체성을 나타내는 주춧돌의 역할을 했던 계급과 종교가 더 큰 위기에 직면했다는 것을 시사한다.

정당의 쇠퇴는 사회적 소요와 관련이 있다. 정당이 없다면 시위자들이 투표

노조 가입률 추세(2000, 2018)[140]
총 직원 수 대비 노조 가입률(선별된 국가)

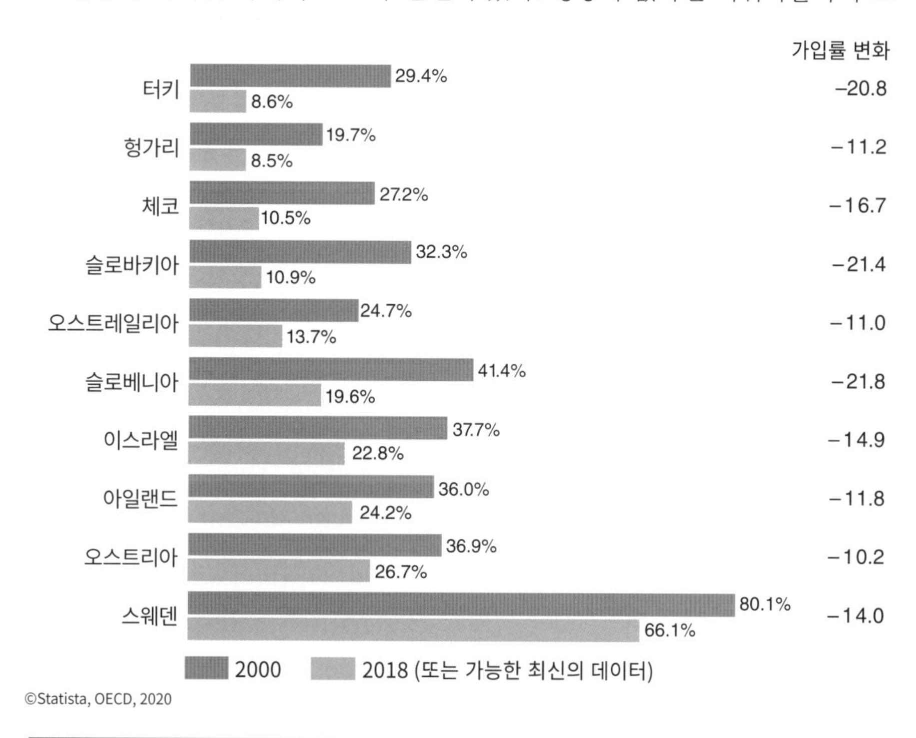

©Statista, OECD, 2020

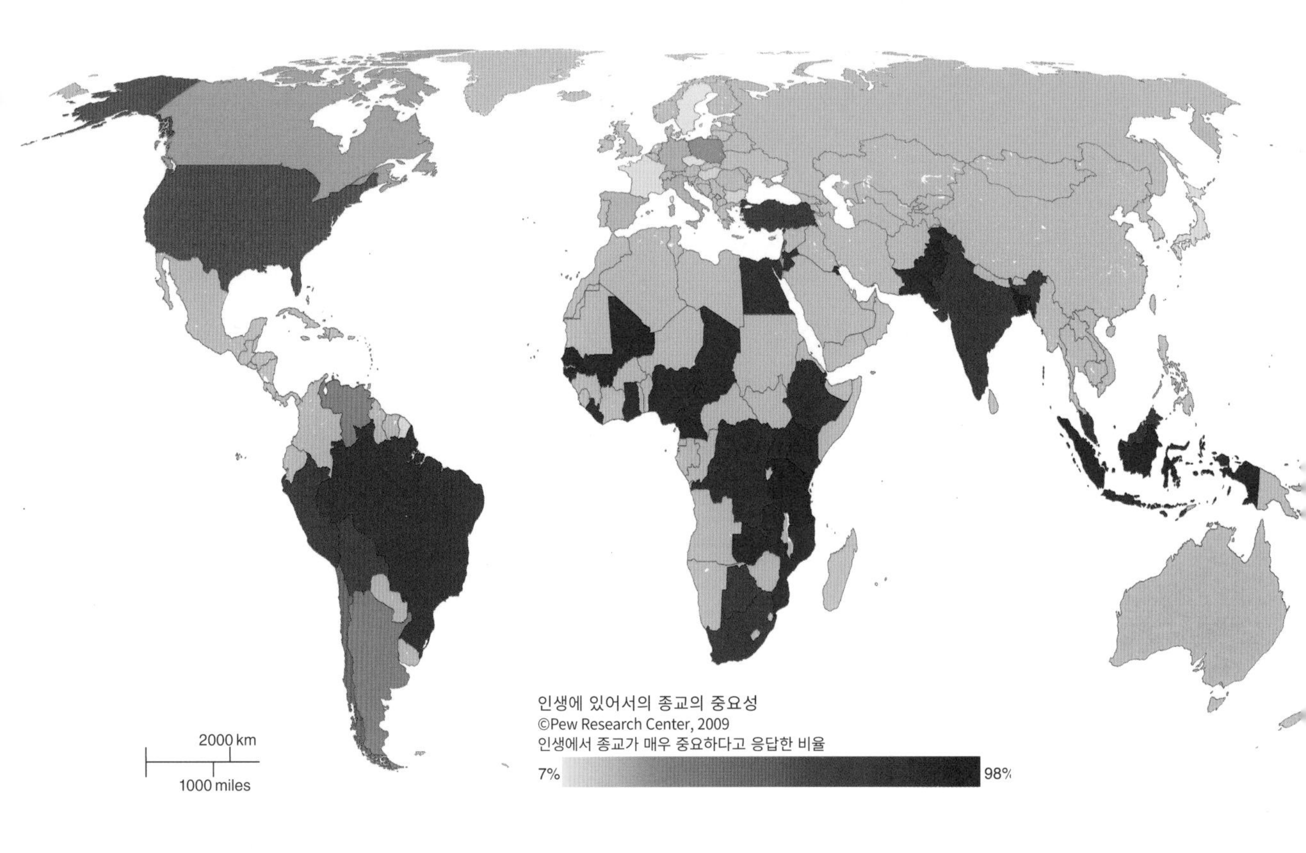

일상생활에서의 종교의 중요성
가톨릭 및 기독교 교회 신자 수 하락이 중도우파 기독교 민주정당에 영향을 미쳤다.

를 통해 불만을 정책 제안과 측정 가능한 변화로 전환하는 것이 어렵다. 2010년~2012년에 일어난 아랍의 봄 시위를 예로 들어보자. 대부분의 시위에서 강한 회원 기반의 조직이 부족했고, 그래서 신속하게 제압당하고 말았다. 이러한 운동을 통해 부패를 종식하고, 정치적 참여를 증진하고, 경제적 포용성을 만들어 내자는 희망이 짓밟혀 버린 것이다. 지도자를 제대로 배출하지도 못했고, 행동을 위해 필요한 신뢰할 수 있는 프로그램도 제한됐으며, 새로운 아이디어도 거의 나오지 않았다.[143] 이 지도에서 볼 수 있듯, 오히려 민주주의 자유와 시민 자유에 대한 단속이 더 심해졌고, 심지어 내전이 전면적으로 벌어지기까지 했다. 전국노동조합의 중재 노력을 통해 민주주의의 터를 닦은 나라는 튀니지뿐이다. 또 다른 사례로는 월가 점령 시위Occupy Wall Street가 있다. 2011년에서 2012년 사이, 90여 개국으로 확산되었던 시위이다.[144] 탈중심적인 온라인을 통해 결집한 수백만 명의 사람들이 거리로 나와 시위에 참여했지만, 가시적인 입법적 결과를 내지 못하고 곧 사그라졌다. 또 다른 사례로 2018년에 시작해 약 24개국으로 퍼져 나갔던 프랑스의 노란 조끼 운동Yellow Vest movement이 있다.

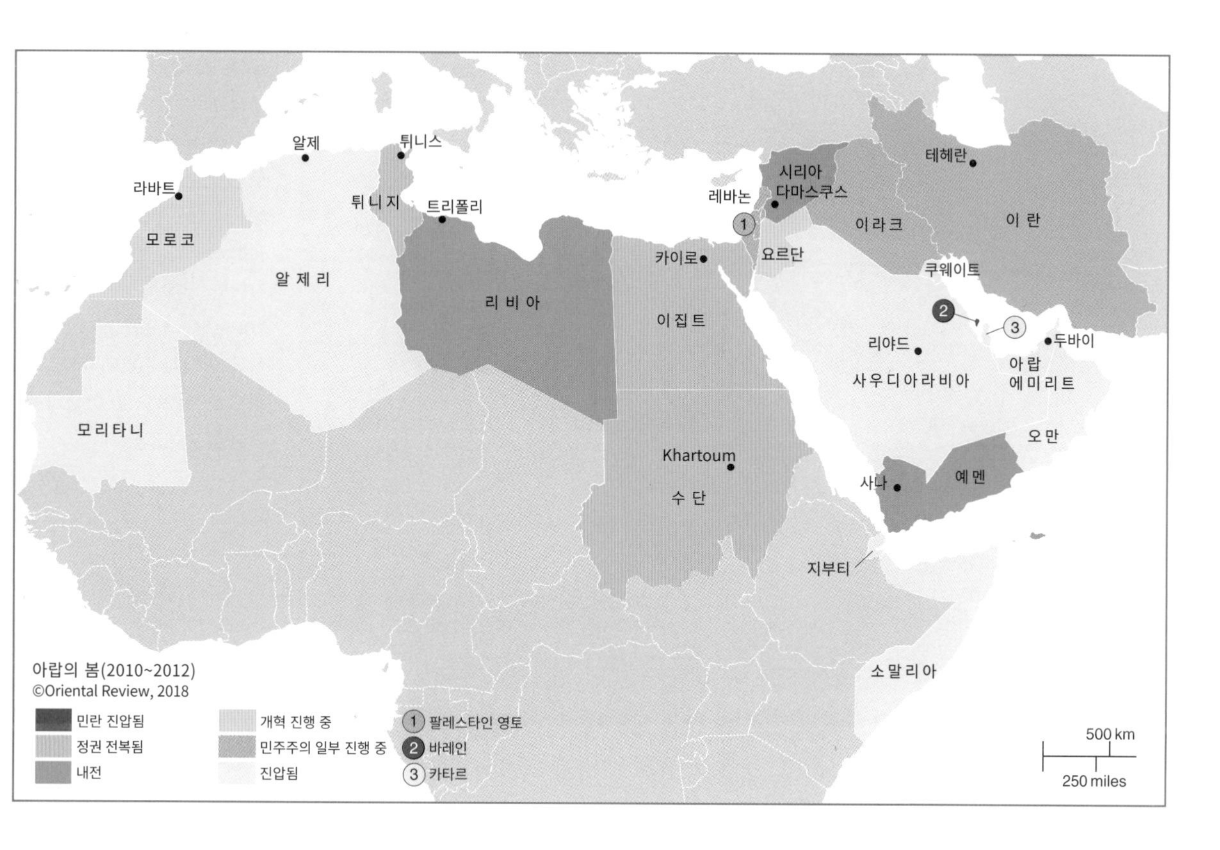

아랍의 봄145
아랍의 봄은 2010년부터 2012년까지 북아프리카와 중동국가 다수 지역에 번진 운동으로, 친민주주의 및 반정부 시위와 민란, 무장봉기가 일어났다.

장기적으로 보면, 정당의 쇠락은 민주주의를 좀먹는다. 약한 정당은 정부의 책임을 물을 수 있는 시민의 조직력을 약화시킬 뿐만 아니라, 책임감 자체가 흔들리기 때문이다. 전 세계를 살펴보면, 포퓰리즘 정치인들은 SNS나 폐쇄된 창구를 통해 유권자에게 직접 호소함으로써 전통적인 정당을 피해 우회적으로 접근한다. 아웃사이더이기 때문에, 그리고 경험이 부족하기 때문에 그래도 된다는 '허용'을 누리고 있다. 많은 포퓰리스트와 전체주의 정권이 무능의 무게에 짓눌려 몰락하기도 하지만, 무너지는 과정에서도 큰 피해를 입힐 수 있다.

국제 협력이 다시 회복될 수 있을까?

지정학적 변화가 크게 일어나면 이는 반드시 눈에 띄기 마련이다. 지금 전체 국제 시스템이 재편되고 있다. 중국이 영향력을 넓히고 있고, 미국은 세계의 지도자 역할에서 한발 물러나고 있으며, 유럽은 분열에 대응하느라 난관을 겪고 있다. 코로나19 팬데믹은 이런 경향을 더욱 가속화시켰다. 다양한 세계 경제 양상이 세계

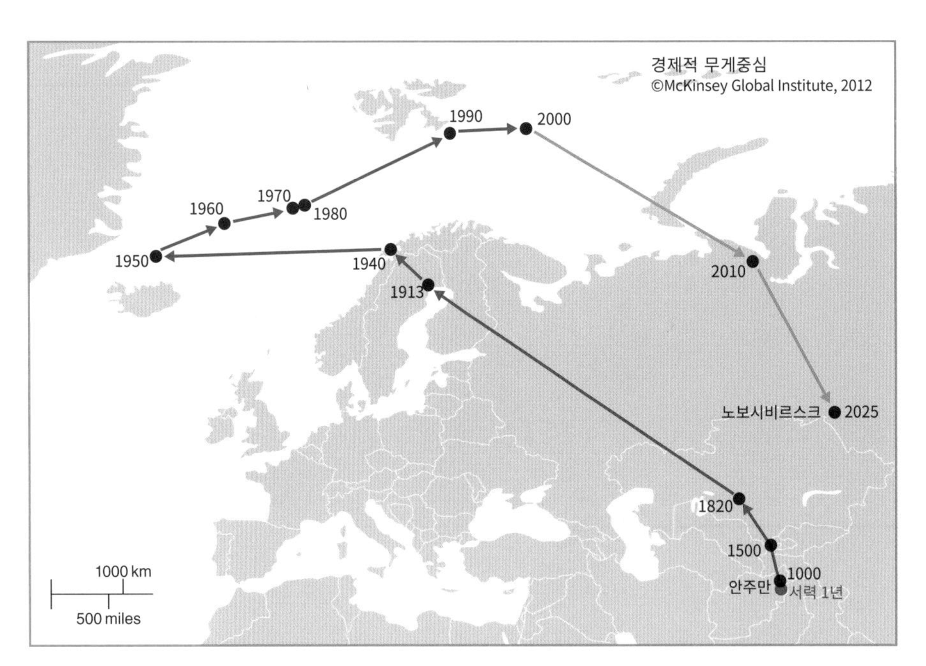

동쪽으로 쏠리는 경제적 무게중심146

경제적 무게중심은 3차원으로 GDP 기준 가중치를 반영해 지표면의 가장 가까운 지점에 투영하는 방식으로 추정한다. 무게중심이 처음에는 1000년에서 1950년까지 서쪽에 있다가 2025년까지 극적으로 동쪽으로 이동하는 것을 볼 수 있다.

자유 질서 종말에 따라 각기 다르게 적응해 가는 중이다. 다른 체계적 변화가 국제 정세에 더 큰 여파를 미칠 수도 있다. 새로운 기술은 이미 에너지 생산 일면과 미래의 직업을 바꾸어 나가고 있다. 기후 변화로 인해 자원을 둘러싼 갈등이 증폭되고 있다. 코로나19 팬데믹과 이에 대한 국가의 대응 방식, 혹은 대응하지 않는 태도가 앞으로 향후 수십 년 동안 국제 정세를 형성하는 데 주요 역할을 할 것임에는 의심의 여지가 없다.

미래를 헤쳐나가기 위해 가장 먼저 필요한 것은 앞서 언급한 구조적 장애물들이 동시다발적으로 발생하고 있다는 사실을 인지하는 것이다. 앞으로 새롭게 등장하는 국제 질서는 소수의 강력한 국민 국가에 의해 독자적으로 조정되는 것이 아니라 보다 자율적으로 구성되고, 탈중심적이며, 지역적으로 갈 가능성이 높다. 물론 국가들은 항상 협력의 필요성과 그 방식에 대해 논의해 왔지만, 정작 자국의 국정에 간섭할 수도 있는 행위일 경우에는 강하게 반대하곤 했다. 하지만 오늘날 세계가 직면한 심각한 위협들은 한 나라의 정부가, 사업체 연합이, 혹은 박애주의자 연합이 독자적으로 해결할 수 있는 문제가 결코 아니다. 향후 새롭게 등장할 세계 질서가 협력하는 방법을 찾지 못하고, 다양한 이해관계자들로 구성된 연합체에 힘을 실어주지도 못한다면 인류는 이번 세기를 넘기지 못할 수도 있다.

그럼 우리는 뭘 해야 할까? 당연히 대규모 타협과 희생이 필요하다. 최소한,

국제조직은 앞으로 급변하는 정치, 경제, 보건 및 인구학적 현실에 구조적으로 적응해야 한다. 예를 들어 UN 안보리는 외교적으로 불가능한 일처럼 보일지라도, 반드시 변화하는 세상을 반영할 수 있도록 확장되어야 한다. G20 같은 새로운 조직 구조를 신설하여 국가 · 기업 · 시민 사회가 빠르고 역동적인 변화를 더 효과적으로 헤쳐나갈 수 있도록 협력에 필요한 최소한의 규칙을 만드는 데 도움을 주어야 한다. 정부 간 기구와 투자 단체를 포함한 지역 기구는 앞으로 더 중요한 역할을 하게 될 것이다. 결국 국제 정세를 보면, 매일 일어나는 사건은 지역 단위로 이루어지며 점점 더 권력의 중추와의 연결성은 낮아지고 있다. 하지만 시간은 우리 편이 아니다. 보다 다원화된 세계 질서가 이상적일지는 모르지만, 이를 어떻게 달성할지에 대한 합의도 부족한 상황이다.

글로벌 리더가 부재할 경우, 자연스럽게 여러 조각으로 구성된 임시방편의 국제 질서가 부상할 가능성이 높다. 우리는 규칙에 입각한 질서에서 초국가적, 거래 기반의 체제로 이동하는 위험한 길을 걸어가고 있다. 시장은 불확실성과 변동성을 싫어한다. 어떻게 기업이 불확실한 규제의 바다를 무사히 항해하고, 기업의 명성을 지키며, 이들이 부상했을 때 나타날 분쟁을 해결할 것인가? 언제든 재앙으로 이어질 수 있는 오판의 위험이 도사리고 있다. 2014년 러시아의 크림반도 합병, 시리아의 계속되는 화학 무기 사용, 국민 국가의 지지를 받는 최첨단 사이버 테러집단 등, 규범을 지키지 않는 일방주의의 위험 또한 실재한다. 분열된 세상에서 서로 지켜야 할 규칙은 누가 세울 것이며, 그 규칙이 계속해서 무시될 경우 어떤 일이 발생할 것인가?

전 세계적으로, 국민 국가들은 위험을 분산하는 중이다. 우선 불안정하긴 하지만, UN에 대한 지지는 유지하고 있다. 그러면서도 동시에 새로운 정치, 경제, 안보 협약이 부상하고 있다. 이 중 일부는 이전 세기에 만들어진 기존의 구조에서 벗어나는 형태를 띤다. 세계 무역 거래를 위한 만장일치를 확보하기 위해 안간힘을 쓰고 있는 가운데, 일부 국가가 이를 완전히 무시할 위험도 있다. 그렇기 때문에 보안을 규제하고, 거버넌스를 개선하며, 더 공정한 무역 규칙을 촉진하기 위해 국제기구를 다각화해야 한다. 이런 제도적 진화는 이전에 비해 다각화된 세계와, 지도에 나타난 것처럼 서쪽에서 아시아로 이동하고 있는 무게중심의 변화를 반영한다. 하지만 공통의 규범, 윤리, 이해라는 '동력'이 없다면, 앞으로 엄청난 위험이 도사리고 있을 것이다. 서로 대립되는 가치를 지닌 새로운 기구가 끝없이 늘어나게 되면, 세력 범위에 대한 경쟁이 약해지기는커녕 오히려 강해질 수 있기 때문이다. 여기에 반동 국수주의와 경제 보호무역주의까지 겹친다면, 지정학적 격변의 확대에 힘을 실어버릴 수 있다.

국제 협력이 조만간 개선되리라고 낙관하기는 힘든 상황이다. 하지만 미래의 팬데믹을 예방하고, 기후 변화 문제를 종합적으로 해결하는 것이 지금 우리의 최우선 과제라는 점은 분명하다. 지구가 기후변화 '임계점'에 도달했다는 것에 점점 더 많은 국가가 동의하고 있지만, 2015 파리 협정의 이행 정도는 부진하기만 하다. 코로나19 팬데믹으로 온실가스 배출량이 현저히 떨어지기 이전, 탄소 배출량은 300만 년 이래 사상 최고치를 달성했다.[147] 기후 챕터에서 살펴본 것처럼, 문명이 끝날 수도 있다는 잠재적 위기에 직면해 있는데도 불구하고 세계 최강대국이 파리 협정에서 빠지기로 결정한 것은 거래 기반의 국가 중심 세계의 치명적 위험이 무엇인지 보여준 완벽한 예시이다.[148] 국민 국가들이 팬데믹과 기후변화에 대한 공동조치를 취하는 데 어려움을 겪고 있는 가운데, 이들이 곧 다가올 또 다른 문제들은 과연 어떻게 대처할지 미지수이다. 과연 극초음속 무기, 생명공학, AI를 규제하기 위한 공통된 대의명분을 세울 수 있을까?

민주주의의 약속

지금 우리에게 절실히 필요한 것은 강력하고 포용적이며, 도덕적인 리더십이다. 그러나 정치의 극단적인 흐름을 감안하면 능력 있고, 윤리적이며, 실행력 있는 정치인은 보이지 않는다. 현재 강력한 지도자가 없다는 말은 아니다. 시진핑과 푸틴 같은 절대 권력자들은 명확한 방향을 제시하고 공약을 지키고 있다. 지금 세계적인 위상을 가진 유럽의 지도자들이 세계 무대에서 퇴장하고 나면, 이러한 현상은 더욱 날카롭게 모습을 드러낼 것이다. 현재 캐나다, 미국, 유럽 일부 지역, 뉴질랜드에서 사회 진보적인 젊은 신인들이 대거 등장했음에도 불구하고 여전히 포퓰리스트들에 맞서 강력한 대안을 제시할 수 있는 설득력 있는 인물이 비교적 부족하다.

이런 모든 실존적 위협 앞에서도, 민주주의의 약속을 잊지 않는 것이 무엇보다 중요하다. 많은 결점에도 불구하고, 결국 민주주의가 다른 대안보다 나은 것이 분명하다는 승리를 확신하는 발상으로 돌아간다. 민주주의는 국민들이 유혈사태 없이 국가의 대표를 바꿀 수 있는 제도이다. 지도자가 잘 다스리는 민주주의 국가에서는 사람들이 구금되거나 고문당하거나 혹은 더 나쁜 짓을 당하지 않고, 자유롭게 불만을 표하거나 글을 출판하거나 단체를 조직하거나 시위를 하거나 파업하거나 조합을 탈퇴하겠다고 협박할 수도 있고, 자유롭게 자신의 돈을 옮길 수도 있다. 반대로 국가는 국민의 탄원에 항상 응답한다. 비폭력적 시민 불복종을 전제로 하고 있는 국제 환경단체 '멸종 저항Extinction Rebellion'의 사례를 생각해 보자. 이것이 민주주의가 발전하거나 개선될 수 없다거나, 발전하거나 개선되어서는 안 된다는 의미는 아니다. 가장 성숙한 자유민주주의 국가는 언제나 지속적인 정비와 개선 작업을 끊임없이 실행하고 있다.

하지만 민주주의가 꽃피기 위해서는 (특히 젊은 층의) 시민들이 반드시 민주주의가 신정주의, 왕권신수설, 식민지 온정주의나 전체주의 통치보다 더 나은 대안이라고 확신해야 한다. 지난 몇 세기에 걸쳐 전 세계 사람들은 이를 인지하기 시작했고, 자유민주주의 사상이 사람들에게 스며들었다. 민주주의에도 한계는 있지만, 그럼에도 불구하고 정부의 사악한 본능을 억제하는 데 놀라울 정도로 효과적인 것이 증명되었다. 이런 심오한 변화는 왜 우리가 자유롭고 공정한 선거, 소수자의 권리, 언론의 자유와 법치주의를 위해 싸우는 것이 중요한지 일깨워 준다. 많은 민주주의 국가가 최근 몇 년간 신뢰의 위기에 직면했지만, 그럼에도 불구하고 민주주의가 승리한다는 것, 계속해서 다른 대안보다 우위를 점하고 있다는 것은 어느 정도 희망이 있다는 증거이다.

2018년 아프리카·중동·남아시아에서 발생한
모든 치명적·비치명적 폭력 사건
©ACLED, 2019

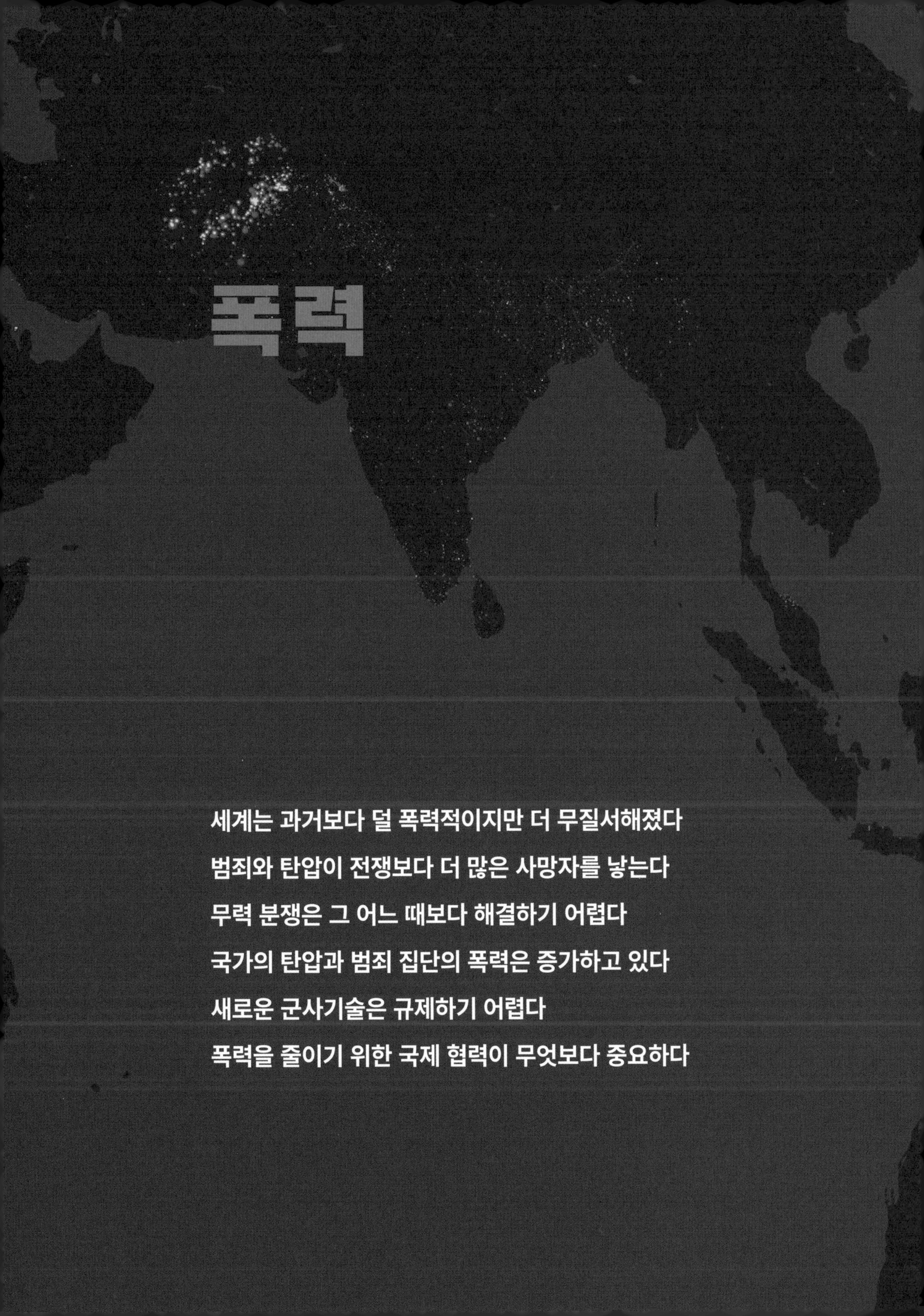

폭력

세계는 과거보다 덜 폭력적이지만 더 무질서해졌다
범죄와 탄압이 전쟁보다 더 많은 사망자를 낳는다
무력 분쟁은 그 어느 때보다 해결하기 어렵다
국가의 탄압과 범죄 집단의 폭력은 증가하고 있다
새로운 군사기술은 규제하기 어렵다
폭력을 줄이기 위한 국제 협력이 무엇보다 중요하다

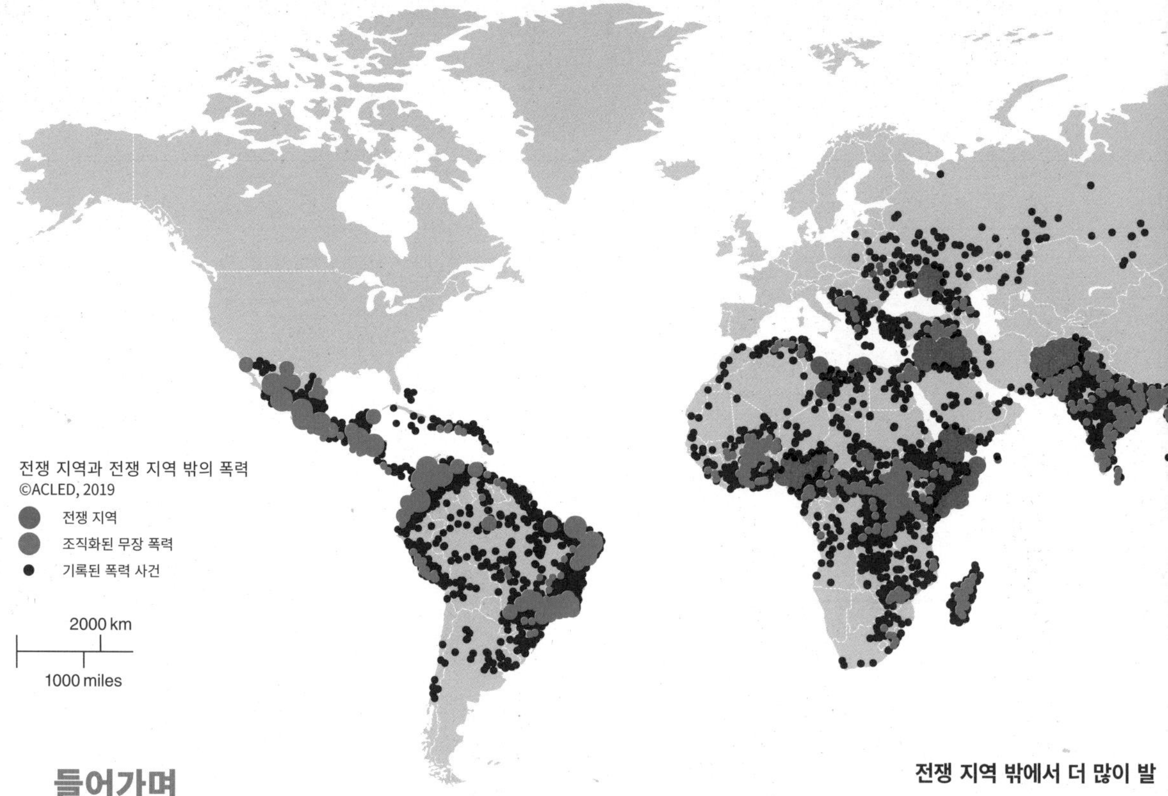

전쟁 지역 밖에서 더 많이 발생하는 폭력(2019)

대다수의 조직화된 폭력은 세계적으로 전쟁 지역 밖에서 발생한다. 지도에서 붉은색 점은 전쟁으로 발생한 치명적·비치명적 폭력 사건의 분포를, 파란색 점은 라틴아메리카와 카리브 제도·아프리카·중동·동유럽·중앙아시아·남아시아·동남아시아에서 전쟁 이외의 형태로 일어나는 조직화된 무장 폭력의 분포를 나타낸다. 비전투 폭력은 생각보다 훨씬 더 광범위하게 분포되어 있음을 알 수 있다.

들어가며

인간은 타고난 킬러이다. 전쟁으로 희생된 사망자 추정치는 몇억 명에서 10억 명 이상까지 다양하다.[1] 지도는 2019년 전쟁 지역과 전쟁 지역 밖의 폭력으로 인한 사상자 분포를 나타낸다. 전쟁으로 짓밟힌 국가들(붉은색으로 표시)에서 발생한 사상자가 두드러진다. 아프가니스탄에서는 지난 10년 동안 민간인 3만 2,000명이 목숨을 잃었고 6만 명 이상이 다쳤다.[2] 시리아에서는 2011년 내전이 시작된 이후 폭력으로 50만 명이 사망한 것으로 보인다.[3] 예멘에서는 2015년 무력 분쟁 발생 후 최소 10만 명의 민간인이 살해당한 것으로 보고됐다.[4] 이런 통계는 모두 어림잡아 산출한 수치이다. '실제로' 얼마나 많은 희생자가 발생했는지는 알기 어렵다. 왜냐면 종종 사망자 신고 시스템이 망가지고 군대와 무장단체들은 숫자를 조작하며, 사망자 수를 조사하는 학자와 활동가들은 추정치를 절대 그대로 받아들이지 않기 때문이다. 우리가 아무리 사망자 수를 집계하려고 해도 진실은 전쟁의 첫 희생자로 묻힌다.

폭력이 이 세계에 얼마나 무거운 부담을 지우는지 가늠하고자 할 때 무력 분쟁은 그저 일부분에 불과하다는 사실을 위의 지도를 통해 알 수 있다. 놀랍게도 매년 분쟁 지역 밖에서 살해당하는 사람이 분쟁 지역 내에서 죽는 사람보다 훨씬 더 많다. 폭력적인 극단주의와 조직범죄, 국가의 탄압으로 매년 수십만 명이 목숨을 잃는다. 2019년에 브라질·콜롬비아·멕시코·필리핀·남아프리카에서 폭력조직(갱단)·민병대·경찰에게 살해당한 사람은 사실상 모든 전쟁 지역 내 사망자를 합친 것보다 많았다. 다른 형태의 조직화된 폭력, 특히 이민자·소수 민족·여성·아동을 대상으로 한 폭력은 제대로 보고되지 않기 때문에 잘 드러나지 않는다. 매년 얼마나 많은 사람이 폭력으로 사망하는지 정확히 말할 수는 없으나, 지난 10년 동안 전 세계 인구의 약 절반의 사람이 어떤 형태로든 폭력을 경험한 것으로 추정된다.

세계는 확실히 더 위험하고 불안한 것처럼 보인다. 텔레비전과 컴퓨터, 휴대전화 화면에 유혈사태 장면이 넘쳐나기 때문이다. 오늘날 살인과 상해에 사용되는 무기는 대부분 비교적 낮은 기술력으로 만든 권총과 소총, 지뢰 등이다. 미래의 기술들은 (극초음속 활공 미사일, 레이저, 생물병기 또는 자기 조직화 군집 드론과 나노봇 중 어떤 것이든) 훨씬 더 파괴적일 수 있다.[5] 그렇다면 과연 지금의 세계는 과거보다 더 폭력적일까? 상식적으로 이해되지 않겠지만, 현재 전체 인구 대비 폭력으로 인한 사망자 수는 역사상 그 어느 때보다 적다.[6] 국가 간 전쟁과 내전으로 죽어가는 이들의 비율은 이전 세기들에 비하면 훨씬 낮다. 게다가 전쟁 관련 사망자 수만 감소하고 있는 게 아니다. 테러리스트 관련 사망자 수도 대부분 국가에서 감소하고 있다. 살인으로 이어지는 폭력도 사실상 세계 모든 곳에서 급격하게 줄었다.

최근 세계가 더 안전해졌다고 해서 미래도 안정적일 것이라는 뜻은 아니다. 실제로 코로나19 팬데믹의 여파로 실업률이 증가하고 식량 불안정이 심화하여 사회 불안의 위험은 더 커졌다. 그래도 실제로 폭력이 감소하고 있다는 사실은, 우리가 세계를 좀 더 안전하게 만들기 위해 뭔가 옳은 일을 하고 있다는 신호일 것이다. 이 챕터에서의 가장 중요한 교훈은 여러 가지 형태의 의도적 폭력이 지난 반세기 동안 감소했다는 사실이다. 또 다른 메시지는 대다수의 폭력은 특정 국가와 도시, 지역에 매우 집중되어 발생한다는 점이다. 우리는 별개로 보이는 폭력 방식들이 (폭력의 가해자가 군 지도자든 갱단원 또는 경찰이든) 종종 불평등과 불처벌 등 유사한 위험 요소들 때문에 일어난다는 사실을 알게 되었다. 폭력의 역사는 어둡고 충격적이지만, 이런 상식적인 관찰을 바탕으로 폭력을 더 예방하고 막을 수 있다는 희망을 품을 수 있다.

과거는 결코 평화롭지 않았다

전쟁은 인류가 가장 오랜 시간 즐긴 유희에 속한다. 아래 도표는 지난 600년 동안 발생한 3,700건 이상의 무력 분쟁을 정리한 피터 브레키Peter Brecke의 분쟁 목록을 재현한 것이다.[8] 붉은색 점은 개별적으로 기록된 사건들을 나타낸다(크기가 클수록 사망자 수가 더 많은 것으로 추정되는 사건이다). 붉은색 선은 교전으로 인한 사망자 비율로 10만 명당 희생자 수를 나타낸다. 전반적으로, 보고된 무력 분쟁에서 대부분 10만 명당 1명에서 10명이 사망했다.[9] 단기간에 벌어졌던 일부 전쟁에서는 사망률이 10만 명당 200명까지 치솟았다. 이해하기 쉽게 예를 들면, 교통사고 평균 사망률은 10만 명당 약 17명이고[10] 비전염성 질병으로 인한 평균 사망률은 10만 명당 약 536명이다.[11] 도표를 보면 평균 분쟁 사망률은 오랫동안 오르락내리락했으나 지난 세기를 거치면서 감소하기 시작했다.

관련 문제를 연구한 고고학자들은 인간 존재가 대부분 끊임없는 습격과 집단 학살, 잔혹 행위의 지배를 받아 왔다고 확신한다.[12] 이런 고대의 '원시적 전쟁'은 현대의 전쟁보다 더 치명적인 대규모 전쟁이었을 것이다.[13] 많은 전근대 사회에는 무

15세기부터 21세기까지의 분쟁 사망자 기록[7]
인류의 역사에는 수천 건의 전쟁이 있었다. 도표를 보면 3,700건 이상의 전쟁과 각 전쟁의 10만 명당 대략적인 사망률을 확인할 수 있다. 붉은색 선은 이동평균(15년 이상 증가)이며 푸른색 선은 1900년 이후의 연간 추세를 나타낸다.

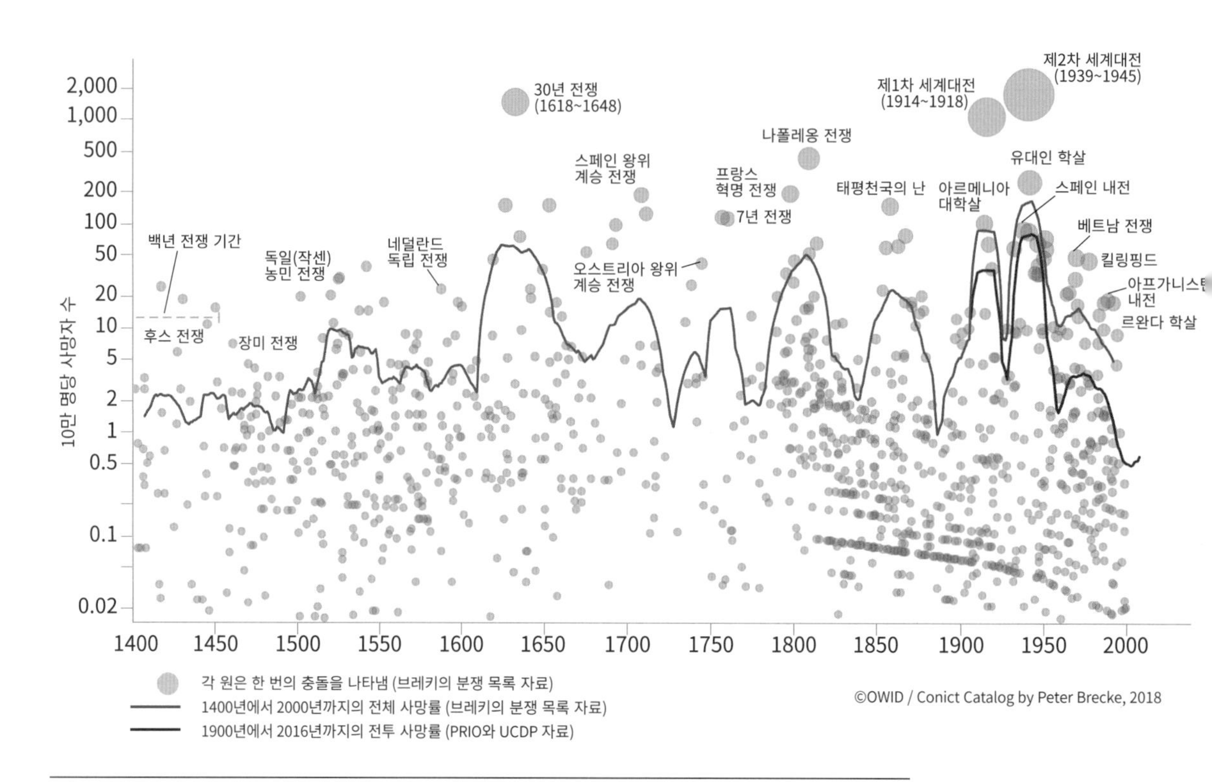

고한 시민을 학살하지 못하도록 제한하는 기본적인 도덕 규범이 없었기 때문이다. 또 부상자들을 치료할 의료기술과 항생제가 없었기 때문이기도 하다. 인류가 서로 협력했다는 증거는 차고 넘치지만, 폭력을 자제하기보다는 폭력을 행사했던 기간이 훨씬 더 길다. 인류의 오랜 과거는 장 자크 루소Jean-Jacques Rousseau의 '인간의 본성은 평화적'이라는 말보다 토머스 홉스Thomas Hobbes의 '만인의 만인에 대한 투쟁'이 더 잘 들어맞는다. 그렇다면 인간은 왜 그렇게 오랜 시간 서로 싸웠을까? 충돌이 일어난 동기는 대부분 결핍이었다. 간단히 말하면, 사람들은 (물론 거의 한 번도 그런 적 없었지만) 좋은 시절에는 방망이와 창 그리고 화살을 멀리 치워두었다. 하지만 상황이 힘들어지면 무기를 들었다.[14]

하버드대학의 고고학자 스티븐 르블랑Steven LeBlanc은 저서 『끊임없는 전투: 우리는 왜 싸우는가Constant Battles: Why We Fight』에서 식량, 물, 땅의 만성적인 부족이 어떻게 폭력적인 습격을 일으키는지 설명한다.[15] 르블랑은 가뭄과 홍수, 태풍이 어떤 방식으로 식량 고갈, 이주, 잦은 폭력으로 이어졌는지 보여주는 화석화된 증거들(잘 보전된 꽃가루와 식물, 사람의 유골)을 공개했다.

인류가 유목 생활을 줄이고 정착해서 살기 시작한 후, 원시 전쟁의 발생 빈도는 줄어들고 강도도 약해지기 시작했다. 유목민들은 정착 생활을 하게 되면서 (식량을 더 많이 생산하고 저장할 때도 있고 복잡한 통치체제를 만들기도 했으며) 불화에 대한 관대함이 사라지기 시작했다. 시간이 지나면서 용병과 직업 군인으로 구성된 군대의 확산과 국가 간 국경의 확장, 무역과 공유 가치들의 증가로 인해, (비록 모든 곳에서는 아니라도) 제로섬 게임식 사고방식은 줄어들었다(이에 대해서는 곧 다시 살펴볼 것이다).[16]

호모 사피엔스는 지난 몇천 년 동안 살인 기술을 완성했다. 인류 역사에서 대부분 인간은 주로 뭉툭하고 날이 있는 물건을 조합하여 적을 죽이고 상처 입혔다. 그러다가 화약의 발명으로 모든 것이 변했다. 서기 850년 무렵 중국의 연단술사들이 유황과 초석saltpetre으로 실험을 하던 중 우연히 획기적인 물질을 발견했다. 알려진 역사에서 가장 아이러니한 부분은 연단술사들이 불로장생의 묘약을 만들려다가 화약을 발명했다는 사실이다.[17] 전투에서 화약이 미치는 영향은 실로 엄청났다. 물론 총과 탄약은 그 어떤 무기 체계보다 많은 사람을 죽였다. 그런데 총포류와 폭탄으로 치명상을 입은 사람의 숫자 자체는 지난 몇 세기 동안 증가했지만, 그에 비해 치사율은 비교적 변동이 없었다(따라서 사망률이 증가한 것은 꾸준한 인구 증가 때문이며, 인간의 폭력 성향이 변해서가 아니다).

20세기의 전쟁은 유례없는 학살을 초래했으나, 인구수로 비교했을 때 사망률이 가장 높았던 것은 아니었다. 오스트리아 왕위 계승 전쟁(1740~1748)에서는 10만 명당 평균 약 50명이 폭력으로 사망하여 베트남 전쟁(1955~1975)과 비슷한 사망률을 보였다. 그렇다 하더라도 20세기의 전쟁은 사망자의 절대 수로 따져볼 때 가장 살인적인 전쟁이었다. 역사상 가장 폭력적인 세 번의 전쟁은 지난 100년 동안에 일어났다. 제2차 세계대전에서는 무려 8,500만 명이 목숨을 잃었고 제1차 세계대전에서는 2,200만 명 그리고 러시아 내전(1917~1922)에서는 900만 명이 사망했다. 그러다가 1950년대에 이상한 일이 일어나기 시작했다. 모든 형태의 무력 분쟁에서 충돌의 강도가 약해지기 시작한 것이다.

오랜 평화: 처음으로 평화로운 시기가 전쟁보다 오래 지속되다

20세기 중반 이후 전쟁 관련 사망자가 감소했다는 사실은 인류가 예상하지 못한 커다란 성과이다. 그래프에 나타난 것처럼 대다수의 전쟁(내전, 국제 분쟁, 제국주의 정복 전쟁)으로 인한 사망자 수는 1950년대 이후 급격하게 감소했다. 1960년대와 1970년대, 1980년대에 치러진 대리 전쟁에서도 점점 폭력의 수위가

1946년 이후의 전쟁 관련 사망자 감소 추세[18]
무력 분쟁으로 인한 군인과 시민의 전체 사망자 수는 1940년대 중반 이후 급격하게 감소했다. 현재 국가 간 분쟁은 비교적 드문 일이다.

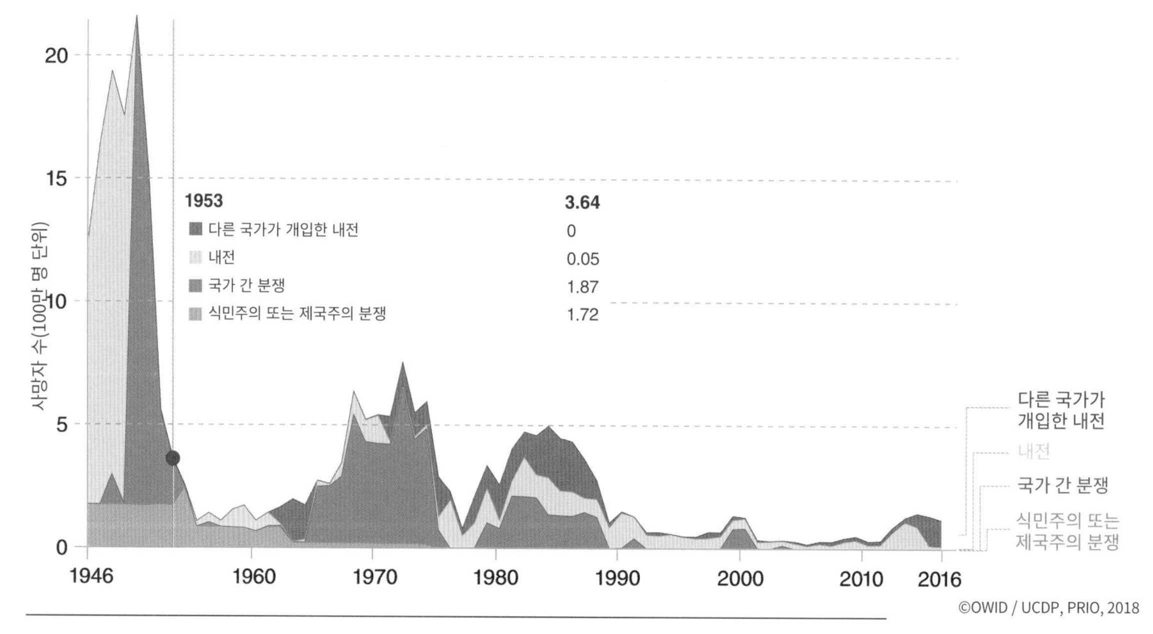

©OWID / UCDP, PRIO, 2018

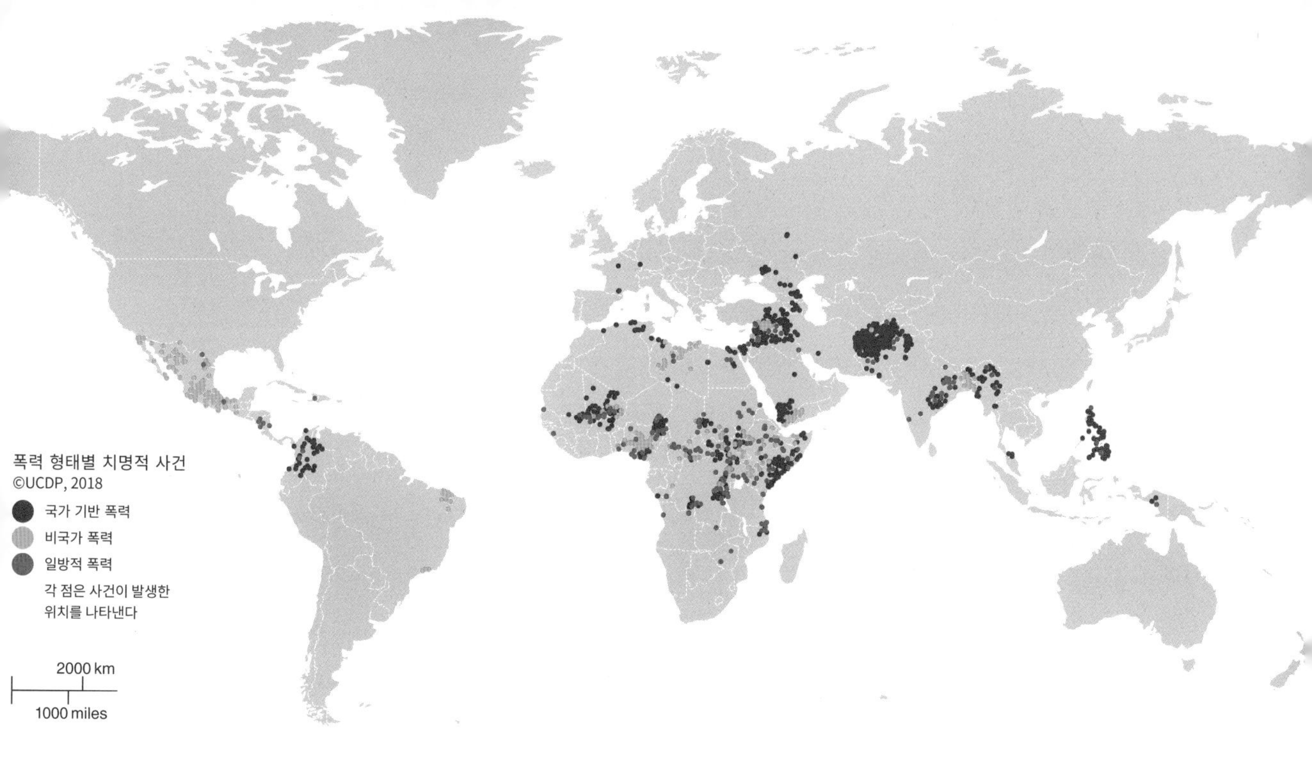

다양한 형태의 분쟁 사망자 (2018)[19]

지도는 2018년 국가 기반 폭력, 비국가 폭력, 일방적 폭력이 초래한 치명적인 사건들을 나타낸다. 특히 사헬 지역과 중앙아프리카, 동아프리카, 중동, 중앙아시아, 남아시아, 동남아시아에 사망자가 집중되어 있다. 놀랍게도 멕시코, 중앙아메리카, 남아메리카에서는 비국가 폭력 사건도 두드러진다.

낮아졌다. 전쟁 관련 사망자 수는 1989년 냉전 시대가 종식된 이후 더 줄어들었다. 이 시기는 흔히 '오랜 평화'로 알려진 기간으로 미국과 구소련이 경쟁 관계를 유지하면서 서로 핵무기를 견제할 수 있는 규범과 제도(그리고 약간의 행운)가 있었기에 평화가 유지될 수 있었다. 전쟁 재발을 막기 위해 UN이 정치 사절단과 평화유지군을 파견해야 한다는 요구가 꾸준히 있었다. 세계화 챕터에서 설명한 것처럼, 선진국들은 빈국과 약소국을 돕기 위해 개발 원조를 확대했다. 이런 노력과 기타 활동들은 국가 간 전쟁 발발을 방지하고 전쟁 발생률을 줄일뿐만 아니라 내전을 해결할 때도 있다.

끝나버린 짧은 평화, 증가하는 범죄 전쟁

'짧은 평화'라고 불리는 안정된 황금기가 1990년부터 2010년까지 이어졌다. 하지만 이는 얼마 가지 못하고 비참하게 끝났다. 지난 10년 동안 전 세계적으로 무력 분쟁 발생률이 증가했다는 사실을 보면 알 수 있다. 가장 최근 집계에서 무력 분쟁은 약 50건을 기록했으며, 이는 불과 20년 전과 비교했을 때 2배 증가한 것이다.[20] 역사적 기준으로 볼 때 사망자 수는 아직 비교적 적은 편이지만 이런 분쟁들은 심각한 골칫거리이다. 분쟁을 일으키는 세력들은 혹독한 훈련을 받은 군대와 무시무시한 현대식 무기를 갖춘 비국가 무장단체들이다. 앞의 지도에서 원은 2018년 발생한 분쟁 관련 사망자의 분포를 나타낸다. 폭력의 흔적이 가장 뚜렷한 곳은 (현재 종종 분쟁 지역으로 분류되는) 콜롬비아와 멕시코 일부 지역과 사하라 이남 아프리카 전역, 중동, 중앙아시아, 남아시아, 동남아시아 지역이다. 분쟁 사망자는 지리적으로 광범위하게 분포되어 있지만, 전 세계적으로 보면 몇 안 되는 소수의 국가에서(주로 아프가니스탄, 나이지리아, 소말리아, 시리아, 예멘) 대다수의 분쟁 사망자가 발생한다.

오늘날 무력 분쟁을 끝내기가 특히 어려운 이유는 전투에 참여하는 무장단체의 수가 너무 많기 때문이다. 전쟁에 짓밟힌 리비아와 시리아 같은 국가에는 주요 도시와 석유 매장지, 항구를 장악하려는 반란군과 민병대가 수십 개에서 수백 개에 이른다. 중앙아프리카공화국[21], 콩고민주공화국[22], 말리[23]에서는 청년 실업자들이 쉽사리 용병 부대와 테러리스트 조직에 가담한다.[24] 전쟁터에 무장단체의 수가 많을수록 지속적인 평화를 위한 협상은 더 어려워진다. 게다가 고조되는 분쟁을 멈추기 어려운 또 다른 이유는 무장단체들이 종종 고가의 자원을 두고 전쟁을 벌이기 때문이다. 무장단체가 콜롬비아의 코카인 밀수 루트를 두고 싸우든 콩고민주공화국의 콜탄 광산을 두고 싸우든, 물자를 장악하고 유통하려는 세계의 끊임없는 욕심이 전 세계적으로 폭력을 부추긴다.

동시대의 전쟁을 바라보는 외부 관찰자들은 혼란스러울 수 있다. 마약 카르텔과 마피아 조직, 갱단, 극단주의 단체들이 일반 군대와 조직화된 반란군, 사설 보안업체들과 맞서거나 결탁하는 일이 흔하기 때문이다.[25] 아프가니스탄의 탈레반Taliban만 보더라도 정치적 통제권과 영토 장악을 목적으로 싸우는 반란군 단체일 뿐만 아니라 (연간 수억 달러 가치의) 세계 헤로인 시장과 유럽으로 가는 밀수 루트를 장악한 잘나가는 마약 카르텔이기도 하다.[26] 미국은 거의 20년 동안 탈레반의 마약 생산을 막으려고 노력했지만 아무런 성과를 거두지 못하자 탈레반의 마약 연구소를 파괴하고 양귀비밭을 제거하려던 작전을 조용히 종료했다.[27] 오히려, 2001년 이후 헤로인 생산량과 보급률은 사실상 증가했다.

분쟁, 범죄조직 폭력, 극단주의적 폭력이 한꺼번에 발생하는 상황에서 UN 평화유지군이 '평화를 유지'하기 어려워졌다.[28] 1950년대 이후 UN의 명령으로 이루어진 평화유지 임무는 최소 70여 건이었으며[29] 대부분 심각한 자금난 속에서 평화유지

활동을 진행했다. 블루 헬멧blue helmets*(UN 평화유지군이 사용하는 연청색 베레모나 헬멧에서 유래한 통칭)*은 너무 소극적이라는 비판을 받으면서 여러 가지 제약하에 활동하고 있다. 왜냐면 평화유지군의 활동은 UN 안보리가 정한 보수적인 의무에 한정되며, 파견된 국가의 주권을 침해하지 않도록 주의해야 하기 때문이다. 이런 종류의 제약은 평화유지군의 임무가 휴전을 감독하고 정규 군인과 반란군 간의 평화협정 이행을 강제하는 일이었을 때는 설득력이 있었다. 그런데 유지할 평화가 없고 조직화된 폭력이 지역 권력 집단과 세계화된 전시 경제의 이익과 밀접하게 연결되어 있다면, 이런 제약에는 설득력이 없어진다.[30]

기후분쟁: 폭력을 부추기는 기온 상승

기온 상승과 장기 가뭄, 대규모 홍수, 토양 퇴화는 모두 폭력을 배가시키는 요인이다. 이런 요인들 간의 상호관계가 항상 일목요연하거나 명확하지는 않지만, 기후변화는 잦은 흉작과 가축 폐사, 식량 가격 상승과 기아 인구 증가, 사회적 불안과 조직화된 폭력의 증가로 이어진다. 대표적인 예는 아프리카의 사헬 지역으

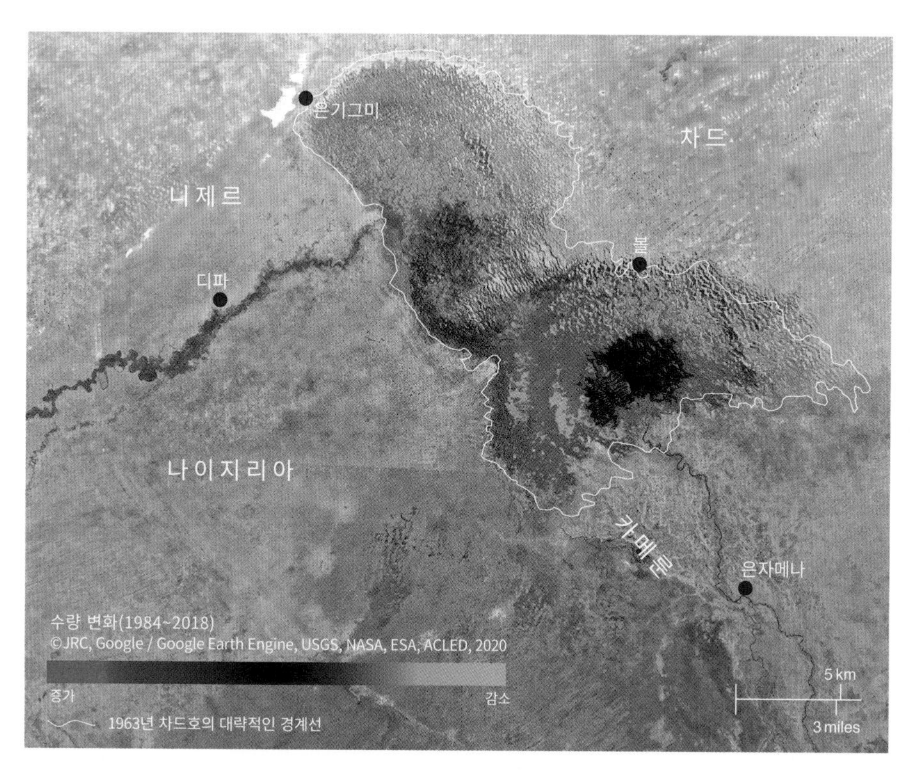

사헬 지역 차드호 유역의 물 부족과 분쟁[31]

기후변화는 분쟁을 더욱 배가시키는 요인이다. 지도를 보면 사헬 지역의 핵심 자원이자 아프리카의 최대 수원지인 차드호 유역에서 수량이 얼마나 급격하게 변했는지 알 수 있다. 일부 연구자들의 추정에 따르면 차드호의 면적은 지난 반세기 동안 1만 제곱마일에서 580제곱마일로 줄었고 그 영향으로 식량 불안정이 심화하고 부족한 식량 공급을 둘러싼 긴장이 급격하게 고조되고 있다. 지도를 보면 일부 지역에서는 수원이 증가하여 홍수가 발생하기도 했다.

로 이곳에서는 경작 가능한 토지가 줄어들고 있어 유목민들과 생계형 농민들이 땅 문제로 싸우는 일이 점점 늘고 있다. 수 세기 동안 말리와 부르키나파소, 니제르, 나이지리아 북부의 유목민들은 건기에 소와 양이 풀을 뜯기 좋은 남쪽의 비옥한 지역으로 이동했다. 대체로 농부들은 황폐해진 경작지가 유목민이 몰고 온 가축의 거름 덕분에 비옥해졌으므로 그들을 반갑게 맞이했다. 일반적으로 존경받는 우두머리들이 나서서 성미 급한 사람들을 중재하여 폭력을 피할 수 있었다. 그런데 건기가 길어지고 우기가 짧아지면서 물 공급이 급속하게 줄자 모든 것이 변하기 시작했다. 특히 심각한 지역은 아프리카 최대의 저수지인 차드호 유역Lake Chad Basin이다. 차드호 유역은 8개국(아프리카 대륙의 약 8퍼센트)이 인접해 있으며, 3,000만 명이 물 공급원으로 의지하는 곳이다. 일부 연구자들에 따르면 (모두가 동의하는 건 아니지만) 차드호의 면적은 1960년대 이후 기온 상승과 폭발적인 인구 증가, 집중적인 관개 때문에 90퍼센트 감소했다.[32] 당연히 이 지역에서는 물 부족으로 지역 사회 간 폭력이 증가하고 있다.[33] 현재 이곳은 지구상 최악의 물 부족 사태를 겪고 있으며 가장 불안정한 지역이다.[34]

사헬 지역은 기후분쟁과 관련하여 위험을 알려주는 탄광의 카나리아 같은 곳이다. 이 지역의 상황은 훨씬 더 나빠질 것이다. 사헬 지역 국가들은 이미 세계적으로 월별 기온이 치솟고 있는 곳으로 2050년까지 기온이 3~5℃ 상승할 수 있다.[35] 사헬에서 경작 가능한 토지 중 약 80퍼센트는 세계 평균보다 훨씬 빨리 높아지는 기온 때문에 이미 심각하게 퇴화했다.[36] 기상 이변은 이제 일상이 되었고, 인구 증가는 이미 한계를 넘은 물 공급과 식량 공급에 부담을 지우고 있다. 유목민들은 어쩔 수 없이 더 일찍 와서 더 오래 머물게 되었고 그러다 보니 유목민과 농민 간 갈등은 점점 심각해지고 있다. 어려운 상황에 놓인 지역은 사헬뿐만이 아니다. 비슷한 현상들이 아프리카[37]는 물론이고 중앙아메리카[38], 중동[39], 남아시아 곳곳에서 뚜렷하게 나타난다. 정치학자 조슈아 버스비Joshua Busby와 니나 폰 우엑스퀼Nina von Uexkull에 따르면 최근 분쟁을 겪은 역사가 있고 농업에 의존하는 인구 비중이 높으며 많은 시민이 정치 권력에서 배제된 국가들은 기후분쟁에 가장 취약하다.[40] 278쪽의 지도에 표시된 것처럼 이 모든 사항에 해당하는 국가는 무려 40개국에 이를 수 있다.[41]

전쟁으로 폐허가 된 시리아는 기후변화가 어떻게 폭력적인 분쟁의 위험을 가

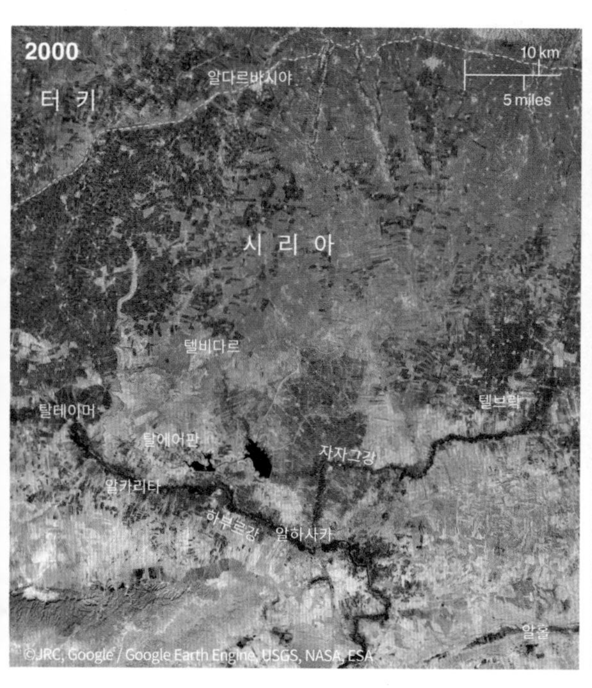

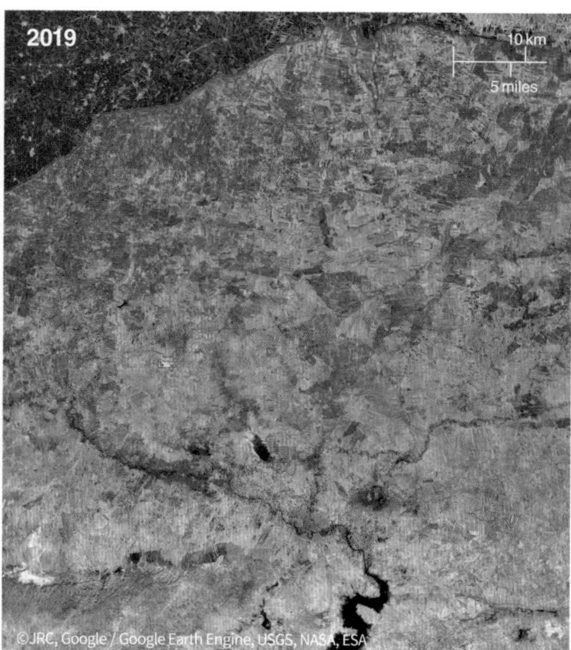

시리아의 가뭄과 분쟁의 관계 (2000, 2019)[42]
시리아는 수 세기 동안 심각한 물 부족을 겪었다. 하지만 시리아 최악의 가뭄은 2006년과 2011년 사이에 발생했고, 그 결과로 농지의 75퍼센트가 파괴되고 가축의 85퍼센트가 폐사했다. 최악의 가뭄 때문에 시리아 국민 150만 명이 다마스쿠스와 홈스 같은 도시로 이주할 수밖에 없었고, 오래지 않아 시리아 내전이 터졌다.

중하는지 보여주는 또 다른 사례이다. 시리아의 국토 면적은 스페인과 거의 비슷하지만 시리아의 대부분 지역은 사람이 살 수 없는 사막이다. 그래서 시리아인들은 스페인 면적의 13분의 1이고 스위스와 비슷한 크기인 과밀 지역에 모여 산다. 2011년에 내전이 발발하기 훨씬 전에 시리아는 또 다른 위기로 타격을 입었다. 2001년부터 2005년까지 연이어 닥친 모진 사막 폭풍으로 고생했던 시리아 국민은 2006년부터 2011년까지 계속된 사상 최악의 가뭄을 겪었다.[43] 기록적인 더위와 엄청나게 줄어든 강수량 때문에 표토층이 파괴되고 국내 식량 생산은 대부분 실패로 돌아갔다. 적어도 농민 80만 명이 일자리를 잃었고 그들 중 20만 명은 땅을 완전히 포기했다.[44] 농작물 중 75퍼센트 이상을 수확하지 못했고 가축의 85퍼센트가 굶어 죽었다. 설상가상으로 시리아 정부는 2006년 가뭄이 닥치기 직전에 국가 전략 곡물 비축분을 팔아치웠기 때문에 국민을 먹여 살리려면 밀을 수입할 수밖에 없었다.

식품 가격이 오르면서 150만 명이 넘는 국민이 존재하지 않는 일자리를 찾아 도시로 떠났다. 예상대로 시리아인들은 사회경제적 상황이 전국적으로 악화되자 거리로 나와 시위를 벌였다. 시리아 내전에 불을 붙인 사건은 2011년에 일어났다. 시리아 남부 도시 다라에서 정치적 메시지가 담긴 그래피티를 남긴 10대 학생 한 무리가 체포되었다. 군중이 그들의 석방을 요구하자 정부군은 폭력적으로 시민들

물 부족으로 화약고가 된 지역[46]

전 세계적으로 가뭄이 심각해지면서 담수 공급 통제권을 둘러싼 폭력 분쟁의 위험이 현실화되고 있다. 지도에 표시된 지역은 나일강, 유프라테스강, 인더스강, 메콩강 등 특히 분쟁에 취약한 지역으로, 별개의 하천 유역 다수를 나타내고 있다. 과거 일어난 분쟁과 협력을 근거로 앞으로 있을 긴장 상황을 예측한 모델을 바탕으로 화약고 지역을 표시했다. 역사적으로 볼 때, 분쟁이 있었던 것만큼 협력할 때도 있었지만 기후변화 때문에 갈등상황의 위험은 증가할 것이다.

을 진압했다. 사회 불안정이 확산할까 봐 두려웠던 아사드Bashar Hafez al-Assad 대통령은 전국적인 단속을 허가했다. 물 부족과 식량 위기에서 출발한 위기 상황은 빠르게 전이되어 여러 종파와 민족의 산발적인 정치적, 종교적 봉기로 이어졌다. 뒤이어 일어난 내전은 현기증이 날 정도로 복잡한 양상을 보인다. 지금까지 시리아인 50만 명 이상이 싸우다가 목숨을 잃었고 국민의 절반은 삶의 터전을 잃었다.[45]

여러 국가가 수자원을 두고 싸우게 되면서 기후분쟁은 더 흔하게 일어날 것이다. 앞서 설명한 차드호의 사례처럼 물 부족을 겪는 지역사회들의 인구가 급증하고 공동의 자원 관리에 어려움을 겪게 된다면 긴장은 폭발할 것이다.[47] 폭력적 분쟁은 담수에 대한 접근성을 둘러싸고 폭발할 수도 있고 노골적으로 급수 시설을 표적으로 삼으면 폭발할 수도 있다.[48] 물을 둘러싼 분쟁이 딱히 새로운 현상인 것도 아니다. 연구자들은 지난 몇천 년 동안 일어난 수백 건의 물 분쟁을 상세하게 보고했다.[49] 하지만 지구온난화로 인해 물 분쟁은 더 자주 일어날 수 있다. 지난 10년 동안 적어도 45개국에서 물과 관련하여 공개적인 충돌이 있었으며, 특히 알제리·소말리아·수단 같은 중동 국가와 북아프리카의 매우 건조한 지역에서 분쟁이 발생했다.[50] 앞의 지도에 붉은색으로 표시된 지역은 남아메리카 및 북아메리카, 동유럽, 유라시아의 잠재적인 물 분쟁 위험 지역을 나타낸다. 특별히 위험에 처한(남아시아의 갠지스·브라마푸트라강과 인더스강, 중동의 티그리스·유프라테스강, 아프리카의 나일강) 지역에서는 이미 지역 주민들이 담수를 구하는 데 어려움을 겪고 있다.[51]

강수량이 감소하고 있으며 2개국 이상이 공유 수원지에 크게 의존하는 곳에서는 폭력적 분쟁의 위협이 증가한다.[52] 에티오피아의 경우 정부가 대규모의 그랜드르네상스 댐Grand Renaissance Dam을 건설하고 있다. 댐 건설로 에티오피아의 농업 생산량은 현저하게 증가할 수 있으나 앞으로 주변국들의 산업형 농업과 생계형 농업을 파괴할 수도 있다. 아프리카 국가 중 적어도 11개국은 나일강을 관개용수로 사용하고 있고 에티오피아는 인접국 이집트와 수단으로 흘러드는 물의 대부분을 통제한다.[53] 어떤 이유로든 이집트나 수단에서 사용할 수 있는 물이 부족해지면 국내 식량 생산에 악영향을 미칠 것이다. 그렇게 되면 두 국가는 외교적 해결책을 찾거나 군사 행동을 취하거나, 이 두 가지 중 하나를 선택하게 될 것이다.[54] 이런 도전과제들은 앞으로 더 늘어날 것이다. 기온 상승과 인구 증가가 겹쳐지면서 향후 50년에서 100년 사이에 소위 '물 전쟁'이 일어날 확률이 75~90퍼센트 높아질 것으로 전망하는 연구자들도 있다.[55]

새로운 군비 경쟁: 소화기부터 최첨단 드론 스웜 기술까지

아프리카의 사헬 지역이나 중동 지역에서 전쟁이 매우 치명적인 이유는 돌격소총, 로켓추진유탄(RPG), 박격포, 지뢰와 같은 고성능 저기술 무기류를 사용할 수 있기 때문이다.[56] 오늘날 대다수의 분쟁 현장에서 AK-47 소총, M16 소총, AR-15 소총이 그야말로 대량살상무기로 사용되고 있다. 이런 무기는 사용하기 매우 쉽고 견고하며, 휴대할 수 있고 값이 저렴할뿐만 아니라 광범위하게 사용할 수 있다는 단순한 이유 때문이다. 스몰암스서베이Small Arms Survey(SAS) 같은 곳에서는 적어도 1,000개 업체가 100개 국가에서 총포류와 탄약, 총기 부품과 액세서리 제조에 관여하고 있다고 보고했다.[57] 거의 10억 정에 가까운 소화기小火器와 경화기輕火器가 이

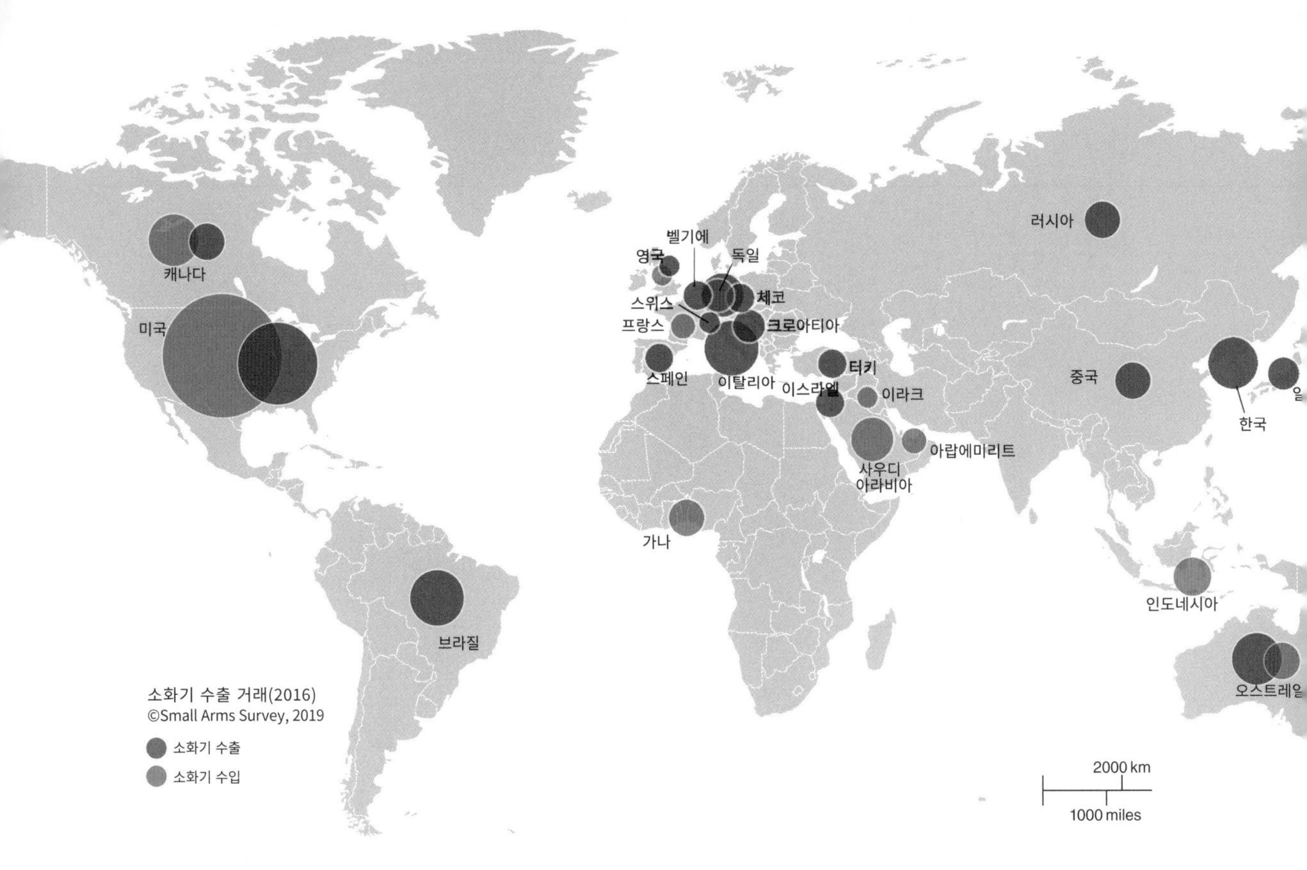

소화기, 경화기, 탄약의 유통 경로(2016)[59]

전 세계적으로 유통 중인 소화기는 10억 정으로 추정되며 그중 대다수는 민간인이 소유하고 있다. 지도는 연간 약 100억 달러에 가까운 가치를 지닌 소화기, 경화기, 탄약의 국제 거래 현황을 보여준다. 소화기, 경화기, 탄약의 최대 수출국은 오스트리아, 벨기에, 브라질, 독일, 이탈리아, 러시아, 한국, 스위스, 미국이다. 최대 수입국은 오스트레일리아, 캐나다, 프랑스, 독일, 사우디아라비아, 영국, 미국이다.

원은 소화기의 국제거래액을 나타냄

주요 수출국 (단위: 100만 달러):

미국	1100
이탈리아	618
브라질	600
독일	498
오스트레일리아	480
한국	405
크로아티아	225
체코	218
터키	192
러시아	182
이스라엘	165
벨기에	164
중국	121
스페인	116
캐나다	115
일본	108
스위스	106
영국	101

주요 수입국 (단위: 100만 달러)

미국	2510
사우디아라비아	333
인도네시아	281
캐나다	249
독일	203
가나	197
오스트레일리아	174
프랑스	137
아랍 에미리트	136
이라크	121
영국	120

미 유통 중이며 매년 수천만 정의 무기가 생산되어 세계 무기 비축량에 더해진다.[58] 이런 무기의 상당수는 불법무기이며, 냉전 종식 이후 군대 규모가 축소되자 엄청나게 남아돌던 무기가 암시장으로 흘러 들어간 것이다. 소화기는 막대한 인명 손실을 일으키지만 허가받은 (합법적인) 소화기 시장의 총 가치는 연간 100억 달러에 못 미칠 정도로 (비교적) 크지 않다.[60] 불법 시장의 규모는 연간 10억 달러에 가까울 것이다. 넷플릭스Netflix와 견주어 보자면, 2019년 말 넷플릭스의 평가액은 2,580억 달러였다.[61]

세계 무기 산업은 글로벌 불안정으로 그야말로 엄청난 수익을 올렸다. 모든 종류의 무기(소화기, 경화기, 탄약)에 지출하는 군비는 전 세계적으로 2018년 1조 8,000억 달러를 넘어서면서 냉전 종식 이후 최고 수준을 기록했다.[62] 이 수치는 세계 GDP의 2.1퍼센트 또는 지구상 인구 1명당 1년에 약 239달러에 해당한다. 원그래프

재래식 무기 주요 수출국(2014~2018)[63]

미국의 수출 규모는 2014년 30퍼센트에서 2018년 36퍼센트까지 증가하여 미국이 세계 주요 무기 거래국이 되었다. 같은 기간 미국은 97개국 이상의 국가에 무기를 수출했다. 그 외 수출 상위 5개국에 속하는 나라는 러시아, 프랑스, 독일, 중국이다.

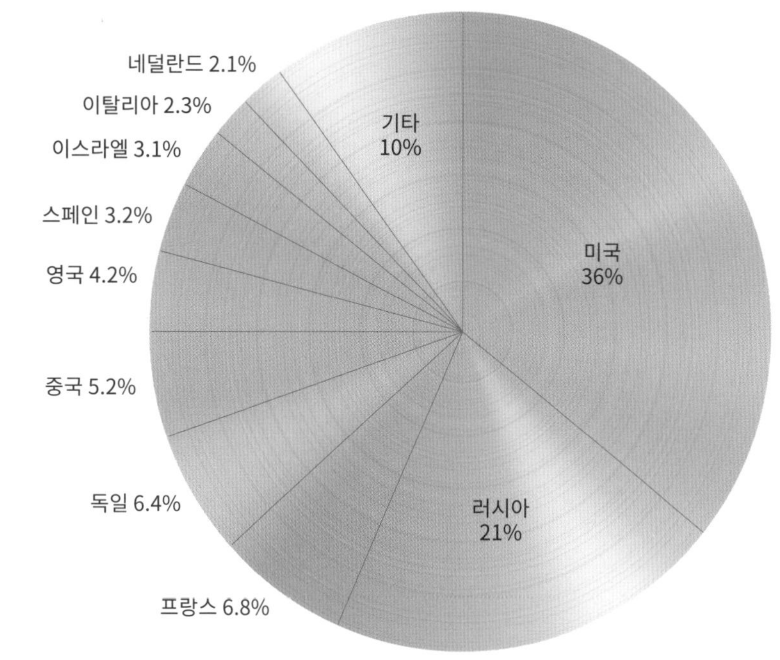

©SIPRI, 2018

판매금액으로 본 주요 무기 생산업체(2017)

세계 주요 무기 생산업체는 북아메리카와 유럽, 아시아 업체들이다. 미국과 중국은 주요 생산국이며 프랑스와 독일, 영국, 이스라엘, 러시아도 중요한 생산국이다. 스톡홀름평화연구소(SIPRI)가 작성한 이 표를 살펴보면 무기를 생산하는 국가와 업체의 규모를 알 수 있다.

를 보면 미국은 세계 최대 무기 수출국으로 전 세계 거래량의 3분의 1 이상을 차지하며, 이는 서유럽 국가 전체의 거래량을 합친 것보다 많다. 그런가 하면, 사우디아라비아, 인도, 이집트, 오스트레일리아, 알제리는 2014년부터 2018년까지 전체 무기 수입의 3분의 1 이상을 차지하며 세계 최대 무기 수입국 명단에 이름을 올렸다. 그렇다고는 해도 가장 오랫동안 가장 대규모로 군비 증강에 나선 국가는 중국과 인도, 파키스탄, 한국이다. 유럽의 불가리아, 라트비아, 폴란드, 우크라이나는 2018년 러시아의 침략을 우려하여 군비 지출을 늘렸다. 그런데 국가 경제 규모와 비교해

SIPRI, 2018

핵비확산조약(NPT) 가입국[65]
핵보유를 선언한 5개국을 포함하여 총 191개국이 NPT에 가입했다. 다른 어떤 무기 조약보다 NPT를 비준한 국가가 많다. 지도를 보면 공인된 핵보유국이면서 비준국(연한 파란색), 기타 모든 비준국(연한 초록색), 인도, 이스라엘, 파키스탄처럼 핵보유국으로 알려진 비서명국(붉은색)이 표시되어 있다. 핵무기를 보유한 북한은 2003년에 NPT를 탈퇴했다.

가장 많은 군비를 지출하는 국가는 사우디아라비아, 오만, 쿠웨이트, 레바논 등 중동 국가들이다.[64]

거의 사용되지 않지만 대량살상무기(핵무기, 화학무기, 생물무기)는 현존하는 가장 섬뜩한 위협이다. 지정학 챕터에서 설명한 것처럼 핵보유국들은 지난 30년 동안 핵탄두 보유량을 현저히 줄였다. 하지만 여전히 수천 개의 핵무기를 소수의 국가가 보유하고 있다. 8개국(이스라엘을 제외한 미국, 러시아, 영국, 프랑스, 중국, 인도, 파키스탄, 북한)이 핵보유를 선언했지만 5개국만 NPT에 서명했다.[66] 화학무기도 여전히 위협이 되고 있다. 2012년부터 2018년까지 시리아에서 사린가스, 염소, 겨자가스 같은 금지된 무기가 여러 번 사용되어 세계를 충격에 빠뜨렸다.[67] UN 주도하에 실시한 진상조사 결과, 시리아에서 적어도 28회에 걸친 화학무기 사용이 확인되

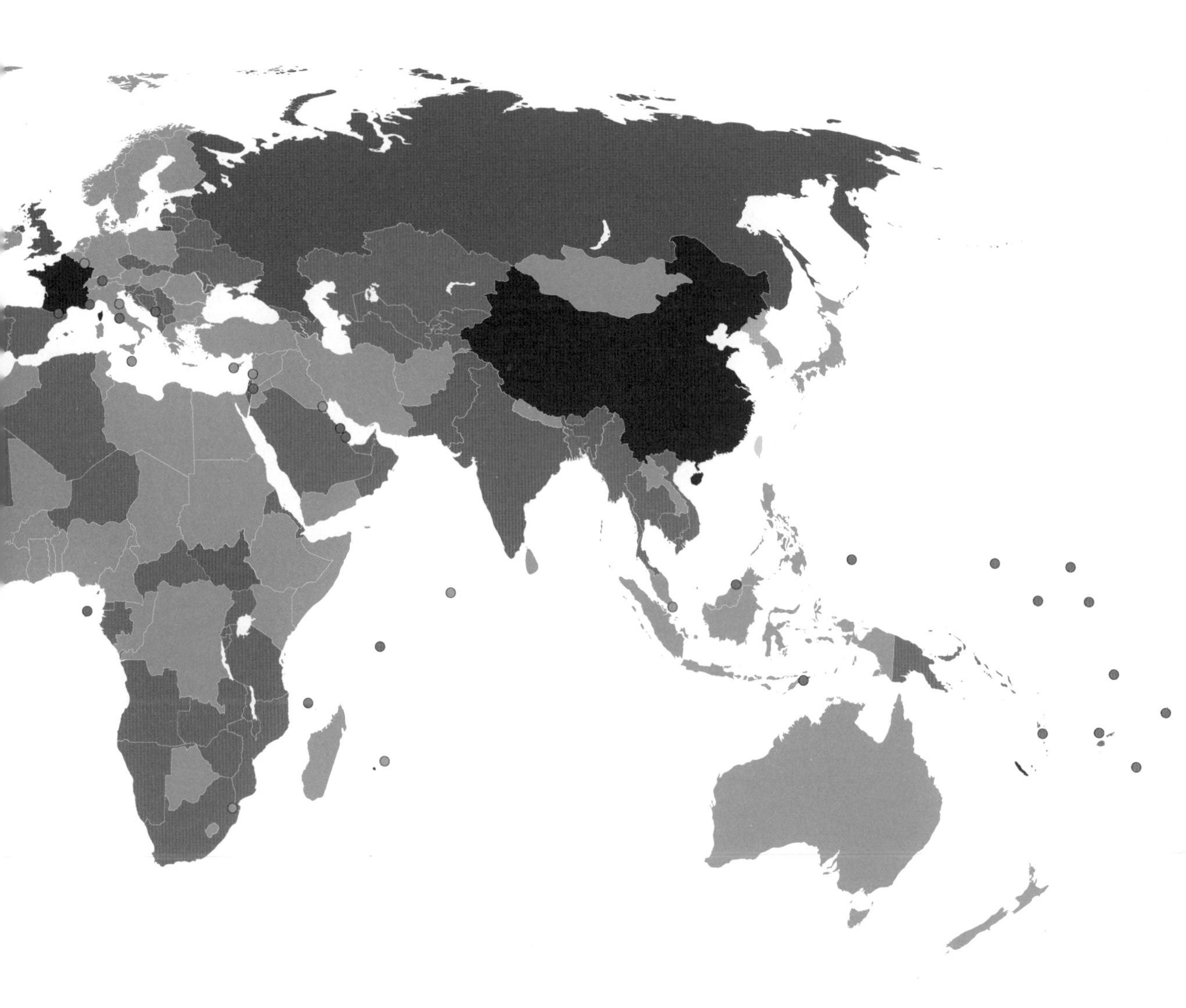

었지만[68], 시리아의 화학무기 사용이 무려 336회에 달한다고 믿는 인권 단체들도 있다.[69] 제네바 의정서Geneva Protocol(1925)와 화학무기금지협약Chemical Weapons Convention(1997)을 명백히 위반하는 화학무기의 반복적인 사용을 전 세계의 독재자, 폭군, 극단주의자들이 본다면, 이들은 더 대담해질 수도 있다.

엎친 데 덮친 격으로 AI 군비 경쟁도 가열되고 있다.[70] 이제 자동화된 감시 드론을 흔하게 볼 수 있고,[71] 자율형 무기체계 또는 '킬러 로봇'은 이미 BAE 시스템스, 다쏘Dassault, 미그MiG, 레이시언Raytheon사가 시장에서 거래하고 있다.[72] 무인 선박, 무인 항공기, 무인 차량, 자율비행 드론 스웜drone swarms[73], 자동 탐지·공격형 파이어 앤 포겟fire-and-forget 미사일이 인간의 실수를 줄이고 민간인 사상자를 줄일 것으로 확신하는 군사 전문가들도 있다. 하지만 모든 사람이 이런 차세대 무기 덕분에 전

치명적인 자율형 무기 관련 규제 강화를 요구하는 국가들[75]
무력 사용 시 인간의 통제를 없앨 수 있다는 전망이 나오자 윤리적, 법적, 운영적 문제와 기타 관련 사안을 둘러싼 우려의 목소리가 커지고 있다. 적어도 6개국(붉은색 점으로 표시)은 목표물 설정과 교전이라는 중요한 기능에서 인간의 통제를 줄이는 무기 체계를 개발 중이라고 한다. 하지만 현재 많은 국가가 무력사용에서 적절한 인간의 통제를 유지하게 하는 새로운 국제조약의 필요성을 인식하고 있으며 30개국(초록색 표시)은 완전자율형 무기를 금지하는 방안을 찾고 있다.

쟁이 문명화되어 폭력성이 순화되리라고 확신하지는 않는다. 기업가 일론 머스크Elon Musk와 구글 딥마인드Google DeepMind 공동 창업자 무스타파 술래이만Mustafa Suleyman을 포함한 수백 명의 공학자와 로봇공학자, 연구자들은 자율형 무기를 훨씬 더 엄격하게 규제해야 한다고 주장하고 있다.[74] 몇몇 국가는 자율형 무기의 개발과 배치도 엄격하게 규제해야 한다고 강력하게 주장하고 있다. 지도를 보면 20개국 이상은 자율형 살상무기시스템을 완전히 금지해야 한다고 촉구하고 있다.[76] 그런데 오스트레일리아, 중국, 이스라엘, 한국, 러시아, 영국, 미국은 여기에 동조하지 않았다. 이들 국가는 전쟁의 자동화 경쟁에서 뒤처질까 우려해 국제조약 성립을 위한 노력을 방해했다.

감소하는 테러의 위험

테러가 어제오늘의 일은 아니지만 글로벌 우선 과제로는 비교적 새롭게 주목을 받고 있다. 공식적으로 테러리스트 전술을 처음 사용한 것은 아마 1세기 시카리Sicarii 혹은 열심당Zealots이라고 불렸던 유대인 저항 집단일 것이다. 열심당원들은

테러의 분포(1970~2017)[77]
테러는 흔히 생각하는 것만큼 그렇게 광범위하게 확산하고 있지는 않다. 지도는 거의 50년 동안 일어난 테러 사건의 심각성을 보여준다. 보고된 대다수의 테러 사건은 아프가니스탄, 콜롬비아, 인도, 이라크, 이스라엘, 레바논, 파키스탄, 페루, 필리핀, 나이지리아, 소말리아, 스리랑카, 시리아, 예맨 등 한정된 소수의 국가에서 일어난다. 게다가 알려진 테러는 대다수가 알샤바브Al-Shabaab, 보코하람Boko Haram, ISIS, 탈레반, 이렇게 네 단체의 소행이다.

로마의 전제 군주들을 조용히 효율적으로 처리하는 것으로 유명해졌다.[78] 알카에다al-Qaeda나 ISIS가 등장하기 훨씬 전에는 하사신Hashshashin(*'users of hashish', 해시시를 피우는 사람*)이라 불리는 시아파 이스마일리Ismaili 비밀 암살단이 있었다. 하사신은 10세기부터 12세기까지 이란, 시리아, 터키 전역에서 전문적인 암살 활동을 펼쳤다.[79] 유럽에서 발생한 가장 초기의 테러 사건 중에는 17세기 초 영국 국회의사당을 폭파하려고 한 '화약 음모 사건Gunpowder Plot'이 있었다.[80] 그 외 유명한 유럽의 테러 집단에는 아일랜드공화국군(IRA)[81]의 전신인 페니언 형제단Fenian Brotherhood과 러시아 전제 군주제Tsarism의 종식을 목적으로 사회주의 혁명가들이 만든 인민의 의지Narodnaya Volya, 'People's Will'가 있다.[82] 한때 이런 단체들은 모두 압제자로부터 해방되기 위해 싸운다고 주장했다. 하지만 압제자라고 비난받던 이들은 그 단체들을 '테러리스트'라고 불렀을 것이다.

국제 의제에서 테러는 20세기 말까지 별다른 주목을 받지 못했다. 그때까지 테러리스트 활동은 대부분 한 국가의 성가신 국내문제로 취급되었고 대체로 사법당국이 그 문제를 처리했다. 2001년 9·11 테러가 발생하기 전 미국 역사에서 단일 테러 행위로 가장 많은 사상자를 낸 사건(1995년 오클라호마 폭탄테러)[83]은 미국 시민 한 명이 연방 정부를 없애려고 저지른 일이었다. 한편 런던, 마드리드, 로마에 사는

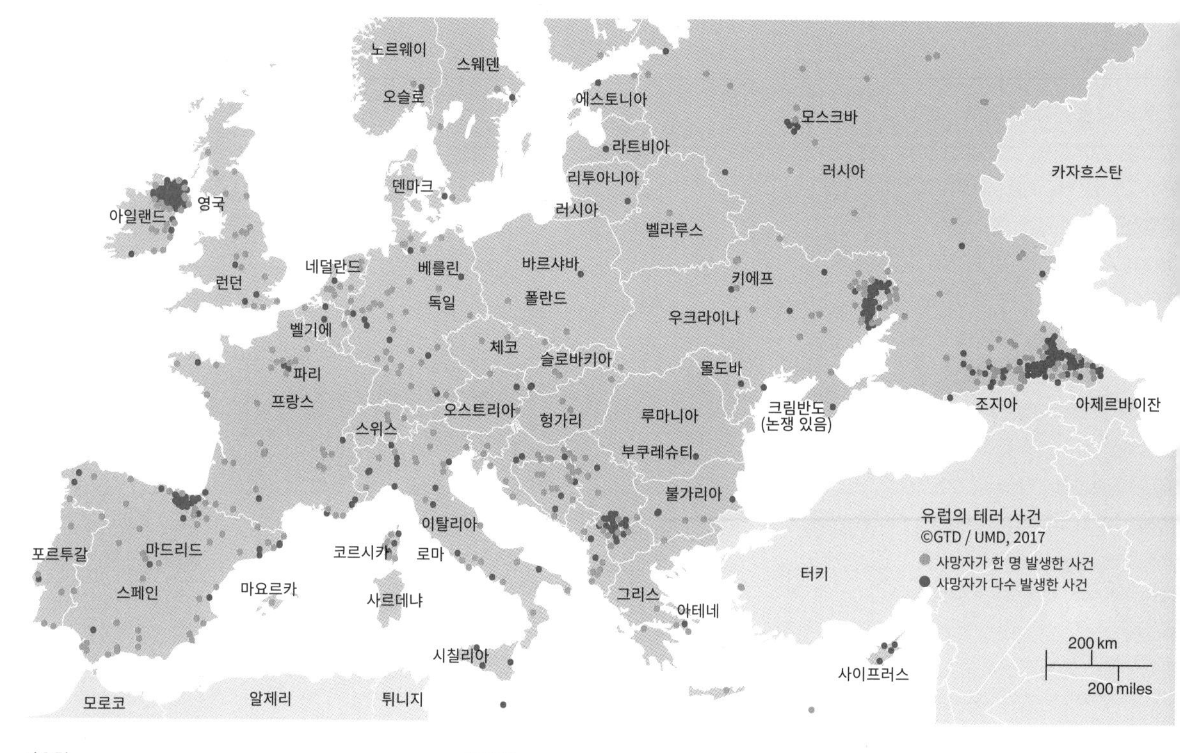

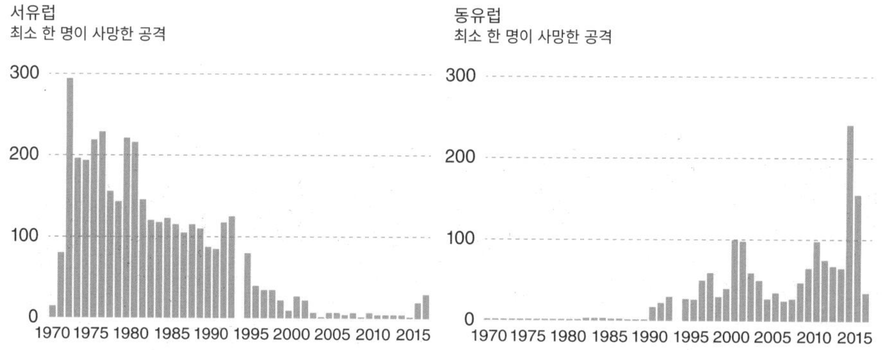

누적 보고된 서유럽과 동유럽의 테러 사건(1970~2015)[85]
유럽인들은 수십 년 동안 테러 공격에 시달렸다. 지도는 1970년부터 2015년까지 발생한 테러의 지리적 분포를 보여준다. 자료를 자세히 들여다보면 영국, 스페인, 발칸반도, 우크라이나, 러시아의 특정 지역에서 대다수의 테러가 집중적으로 발생했음을 알 수 있다. 흥미롭게도 1990년대부터 줄곧 서유럽에서는 테러 사건이 현저하게 감소했고 그와 동시에 동유럽에서는 테러 공격이 급격하게 증가한 것으로 보고되었다.

주민들은 IRA, 자유조국바스크(ETA), 이탈리아의 붉은 군대Red Brigade 같은 분리주의 단체들 때문에 불안에 떨었다. 지난 반세기 동안 유럽에서 보고된 테러리스트 공격 약 1만 6,000건 중 대다수는 1990년대 이전에 발생했다.[84] 알카에다가 주도한 9·11 테러 공격, 뒤이은 미국의 아프가니스탄 침공(2001)과 이라크 침공(2003)은 모든 것을 바꿔놓았다.

그렇다면 실제로 북아메리카와 유럽 사회는 테러리스트 폭력의 직격탄을 맞고 있는 것일까? 북아일랜드와 스페인의 바스크 지방에서 극단주의가 폭발하기 일보 직전이었던 1970년대와 80년대보다 현재 극단주의가 더 확산하고 있는 것일까? 그래프에 보이는 것처럼 테러리스트 공격은 지난 10년 동안 조금 증가하긴 했으나 서유럽에서의 테러 공격은 비교적 보기 드문 일이 되었다. 이에 비해 동유럽에서는 특히 우크라이나 동부, 러시아 남부, 북캅카스 체첸공화국, 다게스탄, 인구셰티야, 카바르디노발카르공화국에서 공식적인 테러 사건이 급격하게 증가했다. 그런데 문제는 테러를 어떻게 정의하느냐에 따라 테러리스트 사건의 집계 결과가 달라진다는 점이다. 극단주의자들이 정치적, 종교적, 이념적 변화를 이루고자 민간인들을 대상으로 행하는 무차별적인 폭력행위에 국한하여 테러라고 정의하는가 하면, 군인과 경찰이 저지르는 행위까지 범위를 확대하여 테러라고 정의하기도 한다. 당연히 대다수 정부는 국가가 테러 행위로 기소될 수 있다는 생각은 물론이고 국가가 테러 행위를 저지를 수 있다는 생각에 강력히 반대한다. 바로 그런 이유로 외교관들은 국제 협약은 물론이고 테러의 정의에 번번이 합의하지 못했다.[86] 우리에게는 테러리스트인 사람이 그들에게는 자유의 투사라는 오래된 문제에서 협상가들은 아직도 헤어 나오지 못하고 있다.

사실 테러 행위의 최대 피해 지역은 북아메리카도, 유럽도 아니다. 현재 공식 보고된 전체 테러 공격 중 북아메리카와 유럽에서 발생한 테러는 채 2퍼센트도 되지 않는다.[87] 유럽에서 한 차례 테러 공격으로 사망할 확률은 10만 명당 약 0.02명으로 벼락 맞아 죽을 확률과 같고, 위험도는 욕조에 빠져 죽는 것보다 훨씬

아프리카, 아시아, 중동에서 발생한 누적 공식 테러 사건 (1970~2015)

지난 10년 동안 북아메리카와 서유럽이 테러에 보였던 우려는 실제 위협보다 과장됐다. 최근 유럽에서 비극적으로 죽은 사망자의 수는 중동, 북아프리카, 사하라 이남 아프리카, 남아시아, 중앙아시아, 동남아시아, 동유럽에서 극단주의자에게 살해당한 사망자 수에 비하면 적은 편이다. 지도에 표시된 것은 지난 45년 동안 누적된 테러 사건들이다.

낮다.[88] 이에 비해 지난 수십 년 동안 일어난 모든 테러 공격 관련 사망 사건의 90퍼센트 이상은 중앙아시아, 중동, 아프리카의 소수 국가에서 발생했고 특히 아프가니스탄, 이라크, 나이지리아, 파키스탄, 소말리아, 시리아, 예멘이 가장 큰 피해를 입었다.[89] 지도를 보면 테러 공격이 집중된 지역은 서아프리카와 북아프리카에서부터 중동을 거쳐 남아시아와 동남아시아에 이르기까지 아치 모양을 그린다. 테러는 현재 무력 충돌이 일어나고 있는 지역에서 활개를 치는 경향이 있으며 이는 테러와 무력 충돌이 점점 더 밀접하게 연결되고 있다는 뜻이다.

소수의 테러 집단이 대부분의 극단적 폭력을 저지른다. 여러 국가의 정부는 200개 이상의 조직을 테러리스트로 지정했다.[90] 그중에는 국경을 넘어 활동하는 조직이 있는가 하면 특정 지역에서만 활동하는 집단도 있다. 최근 테러로 분류된 전체 폭력 사건 중 절반 가까이는 단 네 곳의 테러 집단이 저질렀다고 할 수 있다. 세계테러지수(GTI)에 따르면 2018년 보고된 약 1만 9,000건의 테러 살인 중 1만 건 이상은 ISIS나 탈레반, 알샤바브 또는 보코하람이 저지른 사건들이다.[91] 오늘날 북아메리카인들과 서유럽인들이 직면한 가장 심각한 '테러리스트' 위협은 정치적 이

미국 내 증오 단체의 확산 (2018)[92]

SPLC가 작성한 증오 지도는 인종, 종교, 민족, 성적 지향 또는 성 정체성을 이유로 사람들을 비방하는 특정 단체들의 대략적인 위치를 보여준다. 이런 단체들에는 신나치주의 단체와 백인 민족주의자 단체에서부터 흑인 민족주의자, 반이민주의, 성소수자 혐오, 반이슬람 단체에 이르기까지, 다양한 종류가 있다.

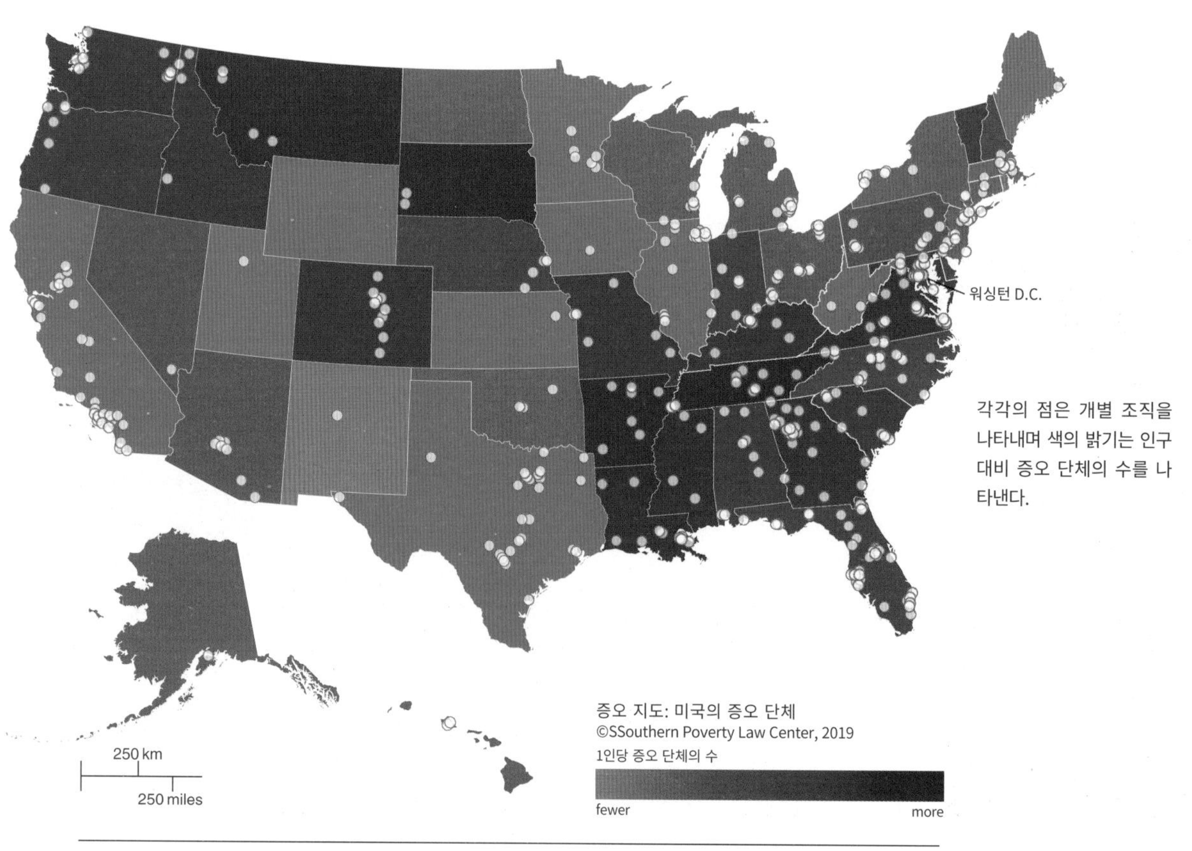

각각의 점은 개별 조직을 나타내며 색의 밝기는 인구 대비 증오 단체의 수를 나타낸다.

슬람교[93]를 신봉하는 집단이 아니라 백인 민족주의자들과 백인 우월주의 운동일 것이다. 남부빈곤법률센터(SPLC)는 미국 내 1,000개 이상의 증오 단체를 추적했고 법률 집행 단체들은 해외의 테러리스트보다 국내 테러리스트를 훨씬 더 걱정해야 한다고 주장한다.[94] 지도는 나치 단체와 백인 우월주의자 단체뿐만 아니라 반이민, 성소수자 혐오, 반이슬람 단체들의 분포를 보여준다.

좀 더 긍정적인 면을 보면, 최근 테러리스트 관련 사망과 부상은 감소했다. 미국이 주도한 아프가니스탄 개입과 이라크 개입의 여파로 테러는 급격히 증가했고 그러다가 2014년 이후 살해행위는 40퍼센트 이상 감소했다.[95] 이것이 일시적인 현상인지 이어지는 추세인지는 아직 알 수 없다. 어느 쪽이든 개입 전술을 중심으로 국제 안보와 국내 안보 계획을 수립한다는 건 어불성설이다. 그보다는 광범위한 해를 끼칠 수 있는 공격을 막는 데 초점을 맞춰야 한다. 특히 전통적인 폭발 방식을 이용하는 추잡한 핵폭탄과 생물무기[96], 시리아 내전으로 재조명된 화학무기를 사용한 공격에 주의해야 한다.[97] 테러를 저지하려면 단순히 군 자산을 동원하는 것만으로 충분하지 않다. 무엇보다 테러 행위를 와해시키고 줄이기 위해서는 치안 정보를 수집하고 잠재적 표적을 특정하고 교도소 내 급진화를 방지하는 데 투자해야 하며, 애초에 테러를 발생시키는 근본적인 사회적 · 경제적 요인들을 최소화하려는 일치된 노력이 필요하다. 국가가 탄압을 강화하는 방식으로 접근하면 사람들은 테러리스트의 대의에 동조하게 되므로 강압적 방식은 효과를 거둘 수 없다.

급증하는 국가의 탄압

지난 반세기 동안 민주주의는 놀라운 속도로 확산되었으나, 민주주의 국가와 비민주주의 국가를 불문하고 사람들이 가장 기본적인 인권과 시민의 권리를 행사하려고 할 때마다 아직도 여전히 국가의 탄압에 직면하고 있다. 탄압이 가장 심한 독재국가에서는 집회나 결사를 감행하는 시민은 괴롭힘, 고문, 기소, 감금을 당하거나 사형을 당하기까지 한다.[98] 혐오스럽긴 하지만 그런 탄압이 한때 전 세계적으로 일상처럼 일어났다는 사실은 되새겨 볼 만하다. 폭군과 독재자들은 수 세기 동안 국민을 감언이설로 속이며 통제해 왔다. 국가의 그런 강압 행위는 여전히 만연

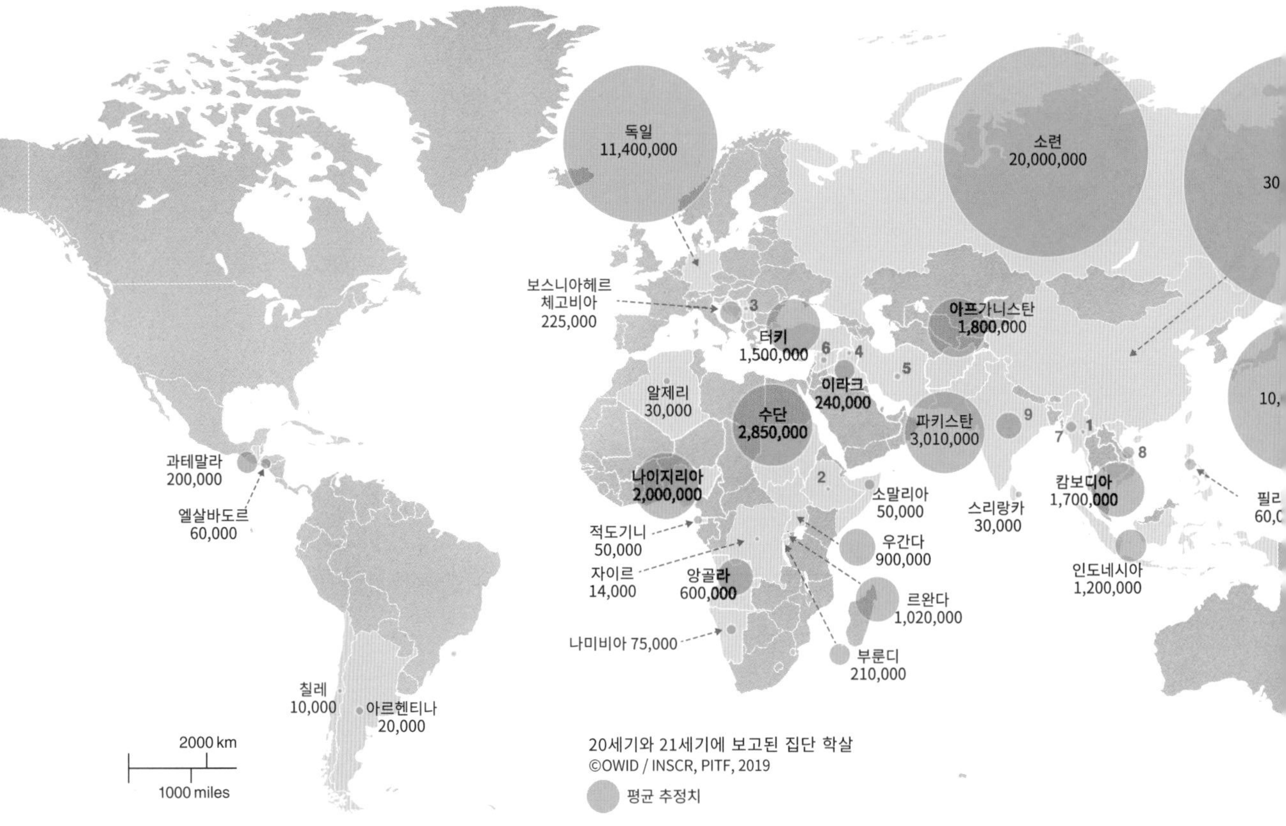

20세기와 21세기에 보고된 집단 학살[99]

집단 학살은 1946년에 국제범죄로 공식 인정되고 1948년에 비로소 국제법에 성문화되었으나, 사실 수천 년 동안 존재했던 폭력이다. 이는 국가·민족·인종 또는 종교 집단을 전체 또는 부분적으로 파괴하려는 의도로 저지르는 행위이다. 예를 들면 살해, 심각한 신체적·정신적 상해를 입히는 행위, 특정 집단 내 출산 억제 조치, 아이들을 집단에서 강제 분리하는 행위 등이 포함된다. 지도에 표시된 내용은 일부 논란의 여지는 있지만 1900년 이후 일어난 대표적인 '집단 학살 사건'들이다. 종합적으로 모든 내용이 포함된 건 아니며 사망자 추정치에 대해서는 다른 견해도 많다.

하다. 프리덤하우스Freedom House의 2019년 조사에 따르면 최소 50개국은 군인, 경찰, 준군사조직이 주민들에게 수시로 과도한 무력을 행사하는, '자유롭지 않은' 국가로 분류된다.[100] 물론 브라질, 필리핀, 남아프리카처럼 '자유로운' 국가들도 있다. 그런데 이들 국가에서는 시민 수천 명이 매년 국가 세력과 그 대리인들의 손에 '합법적으로' 목숨을 잃는다.

정부는 법 규정을 정부에 유리하게 악용할 수 있다면 살인을 저지르고도 아무런 처벌을 받지 않는다. 한 국가의 보안군이 시민들의 권리를 악랄하게 짓밟고 있을 때조차도 다른 국가들은 선뜻 개입하지 않을 것이다. 지정학 챕터에서 다뤘던 국가 주권 원칙과 비개입 원칙이라는 두 가지 개념이 기본적인 인권보다 우선할 때가 많기 때문이다. 다른 국가의 내정에 간섭하지 않아야 한다는 인식은 오래전부터 있었다. 1648년 처음 확립된 이 기준을 재고하고 재설정하려는 노력이 있긴 하지만 많은 국가가 그런 시도에 강하게 반발하고 있다. 이 문제는 잠시 후 다시 살펴보도록 하자.

국가가 지속적인 전쟁을 하지 못하도록 막기 위해 마련된 주권 원칙과 비개입 원칙은 자국 내에서 국민을 탄압할 자유도 주었다. 이 두 가지 원칙은 실제로 국가가 집단 학살genocide 폭력을 저지를 수 있는 면허가 되었다.[101] 지도에 표시한 것처럼 지난 세기에 일어난 가장 심각한 집단 학살 사건들은 외국 군대, 반란군 또는 테러리스트가 저지른 것이 아니라 정부 세력과 준군사조직이 저질렀다. 중국의 문화대혁명, 러시아의 굴라크*(구소련 시절의 정치범수용소이자 노동교화소)*, 홀로코스트, 캄보디아, 르완드, 스레브레니차, 다르푸르 사태 등이 그러했다. 정치학자인 고 루돌프 럼멜Rudolph Rummel은 '집단 학살'이라는 용어를 처음 사용하면서 지난 20세기에 일어난 모든 전쟁의 희생자를 합친 수보다 몇 배 더 많은 약 2억 6,000만 명의 사람들이 같은 기간 정부에 의해 살해당한 사건을 집단 학살로 설명했다.[102] 구소련과 중국, 캄보디아만 놓고 봐도 지난 20세기에만 8,500만에서 1억 1,000만 명이 처형되거나 노동수용소에서 목숨을 잃었고 굶주림으로 죽어갔으며 인종 청소의 희생양이 되었다.

1 버마 5,000
2 에티오피아 10,000
3 유고슬라비아 10,000
4 이라크(야지디) 10,000
5 이란 20,000
6 시리아 30,000
7 미얀마(로힝야족) 40,000
8 베트남 500,000
9 인도 1,000,000

외교관, 법률가, 학자, 활동가들로 구성된 한 단체는 21세기 초에 국가 주권원칙의 한계를 제기하기 시작했다. 이들은 1990년대의 르완다 집단 학살과 전前 유고슬라비아가 자행한 대량학살 사건 후 문제 제기가 시급하다고 보았다. 그런 잔혹 행위를 막지 못한 무능한 국가들을 보고 섬뜩해진 그들은 주권이란 집단 폭력으로부터 모든 사람을 보호할 '책임'이라고 재정의했다. 소위 '보호책임Responsibility to Protect' 원칙은 UN에서 지지를 받아 2005년에 공식 채택되었다. 보호책임 원칙은 국가가 자국민을 보호할 능력 또는 의지가 없을 때 해당 국가는 주권에 대한 권리를 상실한다고 명시한다. 논란의 여지가 있는 이 원칙은 케냐(2007~2008)에서 선거 폭력의 악화를 막고 중앙아프리카공화국(2013)에서 대규모 폭력 사태 발생을 줄이기 위해 (복합적인 영향을 미치며) 동원되었다. 그런데 보호책임 원칙은 북아메리카와 서유럽 국가들이 리비아(2011)[103]와 시리아(2011)[104]에 군사 개입한 사실을 정당화하는 근거로 인용되기도 했다. 특히 중국과 러시아는 미국과 동맹국들이 보호책임 원칙을 도구로 삼아, 시민들을 보호하는 게 아니라 정권 교체를 꾀한다고 비난했다.

국가의 탄압 사례들은 대부분 집단 학살이나 대량학살로 치닫지는 않는다. 범죄 및 마약과의 '전쟁'을 추진하는 군인과 경찰, 준군사조직이 사법적 관할을 벗어나서 저지르는 자의적 살인을 예로 들어보자.[105] 정부의 조치로 불법적으로 살해되었거나 '사라진' 시민이 몇 명인지 판단할 수 있는 체계적인 집계 자료는 거의 없다. 보고와 조사는 종종 산발적으로 이루어지고 정확하지 않다. 예를 들면 브라질에서 2018년에 발생한 살인 사건 중 6,100건 이상이 군대와 주 민간경찰과 관련 있었고 2019년에는 그보다 훨씬 더 많았다.[106] 엘살바도르에서는 2017년에 발생한 약 4,000건의 국내 살인 사건 중 경찰이 연루된 사건은 400건이었다.[107] 필리핀에서는 2016년 이후 (인권 활동가들은 희생자 수가 4배 더 많을 것이라고 주장하지만) 시민 5,000명이 공식적으로 경찰과 민병대의 손에 목숨을 잃었다.[108] 미국에서는 1년에 최소 1,000명의 사망 사건에 경찰이 연루되어 있으며 이는 실제로 OECD 회원국의 사례를 모두 합한 것보다 많다.[109] 이런 지역 중 몇몇 곳에서는 경찰의 만행이 너무 광범위하게 자주 일어나서 법률단체와 인권 단체들은 헤이그 국제형사재판소(ICC)에 반인도적 범죄 가능성을 조사해달라고 촉구하기도 했다.[110]

수감 인원의 폭발적인 증가

국가의 탄압을 알 수 있는 또 다른 지표는 대규모 수감이다. 현재 전 세계적으로 최소 1,100만 명이 구금되거나 교도소에 수감되어 있다.[111] 수감 인원이 가장 많은 나라는 220만 명 이상을 수용 중인 미국이며, 중국 · 브라질 · 러시아가 그 뒤를 쫓고 있다. 일단 사법 · 형벌 시스템 안에 갇히면 벗어나기가 매우 어렵다. 수감 인원을 줄이고 있는 국가도 있지만[112] 전체 재소자 수는 매년 약 3.7퍼센트씩 증가하고 있다.[113] 수감 인원이 급증하는 이유는 경범죄와 마약 관련 범죄를 해결하는 전략으로 수감이 인기를 얻고 있기 때문이다. 교도소 운영은 큰 사업이기도 해서 민간업체가 운영하는 곳도 많다.[114] 미국에서 교도소 유지에 지출하는 비용만 해도 매년 800억 달러(시민 한 명당 연간 약 260달러)가 넘는다.[115]

재판 전 구금과 끝없이 늘고 있는 상습범행으로 교도소는 이미 적정 수용 가능 인원을 훨씬 초과하고 있다. 예를 들면 2000년 이후 남아메리카의 재소자 수는 175퍼센트 이상, 동남아시아의 재소자 수는 122퍼센트 이상 증가했다. 브라질, 엘

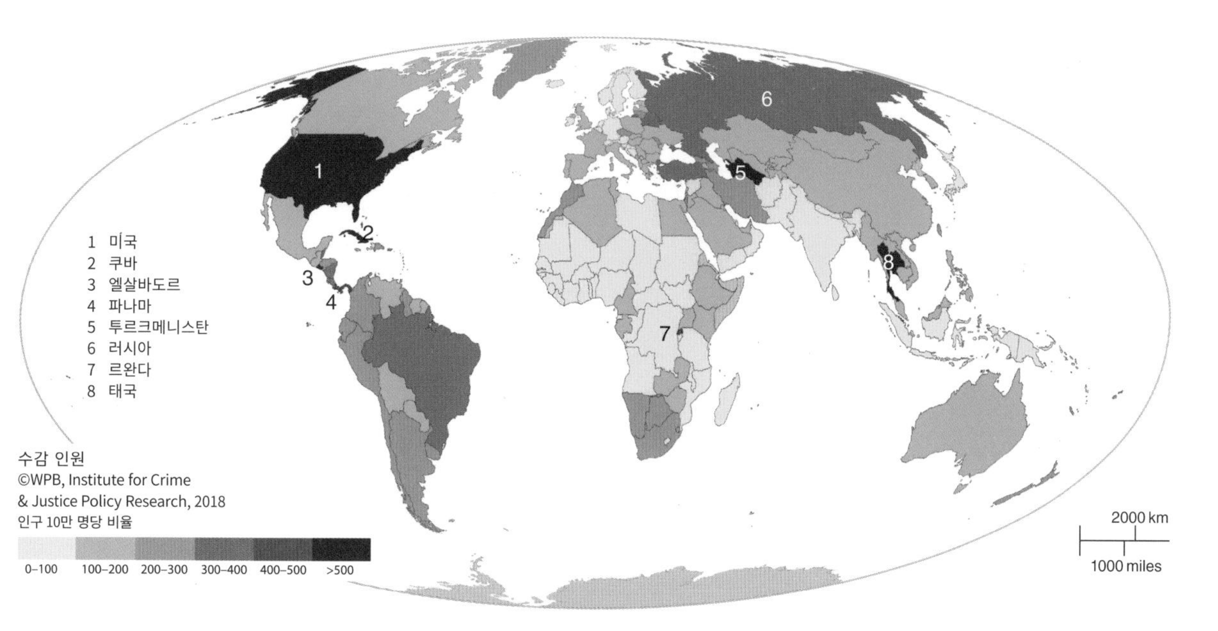

세계의 수감률[116]
대규모 수감은 보통 법과 질서를 유지하기 위한 수단일 뿐만 아니라 반체제 인사와 반대파를 탄압하기 위한 수단이기도 하다. 지도에 표시된 수는 (재소자의 절대 수가 아니라) 수감률을 나타낸다. 미국, 중국, 브라질, 러시아, 인도는 총재소자 수가 가장 많다. 그에 비해 쿠바, 엘살바도르, 파나마, 투르크메니스탄, 러시아, 르완다, 태국은 인구 대비 수감률이 미국 못지않게 높다.

살바도르, 파나마, 캄보디아, 이집트, 인도네시아, 요르단, 니카라과, 투르크메니스탄, 르완다, 필리핀, 터키 모두 최근 수감 인원이 급증했다. 대중의 눈에 띄지는 않지만 교도소는 보통 가난한 사람, 교육수준이 낮은 사람, 사회적 소수자로 가득하고 그중 상당수는 형을 선고받기 전에 몇 년씩 감방에서 비참한 시간을 보낸다. 비폭력적 사건의 가해자들은 교도소에서 종종 유죄 판결을 받은 살인자와 성범죄자 바로 옆에서 함께 지낸다. 여러 인권 단체와 인도주의 단체들은 교도소에 출입하며 상황을 감독하고 교도소 내 학대를 공론화하려고 노력하고 있지만 과잉 수용과 질병, 재소자 혹사는 일상다반사이다.[117]

세계 대부분 지역의 교도소 상황은 중세 시대와 흡사하다. 폭력을 억제하고 재소자를 잘 관리하기 위한 여러 조치는 보란 듯이 무시당했다.[118] 브라질을 예로 들면, 교도소에서 폭동이 일어나 재소자가 참수당하는 일이 놀랍게도 주기적으로 일어난다.[119] 멕시코에서는 재소자 중 75퍼센트가 수감 중 고문을 받았으며 구타, 질식, 전기 충격, 성희롱을 당했다고 주장한다.[120] 시리아에서는 정치범 처형은 늘 일어나는 일이며 수천 명이 구금 중에 장기간 독방에 갇히고 극한 기온에 노출되는

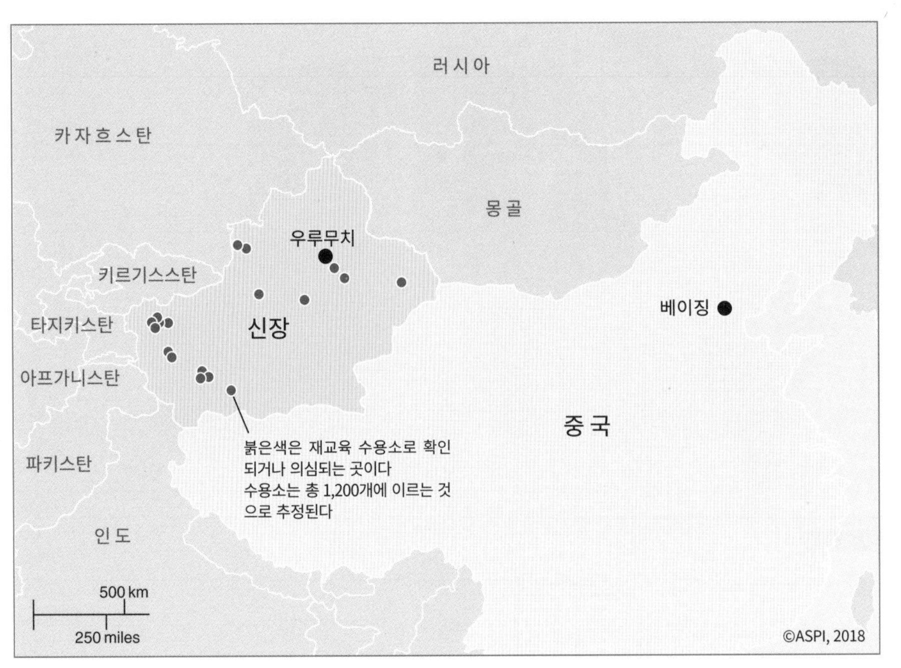

신장에 있는 것으로 의심되는 수용소[125]
중국은 신장 서부 지역에 위구르인과 무슬림 집단 200만 명 이상을 감금한 것으로 알려졌다. 지도에 표시된 곳은 위성 이미지로 확인된 '재교육 캠프' 18개소이다. 연구자들은 수용소가 총 1,200개에 이를 것으로 본다.

가 하면 굶거나 치료를 받지 못해 사망했다.[121] 한편, 나이지리아에서는 수천 명이 정부의 구금 센터에 갇히거나 군대와 준군사 집단에 잡혀 감금되어 있다가 사망했다.[122] 북한에서는 무려 주민 13만 명이 나치 독일에 비견되는 집단 노동수용소에 갇혀 참혹하게 지내고 있다고 한다.[123]

중국도 대규모 인구 집단을 구금하고 감시하기 위한 캠페인에 착수했다. 인권 감시인들은 적어도 170만 명이 중국 감옥에 갇혀 있다고 주장한다.[124] 중국 신장 지역에서는 무려 200만 명의 위구르인과 소수민족 무슬림이 '재교육'과 '사상·종교 순화 교육'을 담당하는 수용소에 감금되거나 정치범 수용소에서 장기수로 복역하고 있다.[126] 지도에는 확인된 '재교육 센터' 18개소만 표시되어 있으나 해외 연구자들은 최대 1,200개가 더 있을 것으로 본다.[127] 중국 당국은 부인했으나 위성 이미지에는 대표적인 수용소의 모습이 보인다.[128] 이런 구금 프로그램은 중국 주석이 '3대 악'이라고 말한 문제(테러, 종교적 극단주의, 분리주의)를 해결하기 위해 마련되었다.[129] 중국 당국은 1990년대에 시작된 여러 건의 폭격에 이어 소위 '엄중 단속'과 '인민 전쟁'이라 불리는 캠페인을 강화했으며 2014년에는 윈난성의 쿤밍을 공격하여 35명 이상이 사망하고 140명이 부상을 입었다.[130] 그 후 중국 정부는 소셜미디어 통제와 도청, 안면인식, 생체인식 기술에 이르기까지 모든 조치를 획기적으로 강화했다.[131]

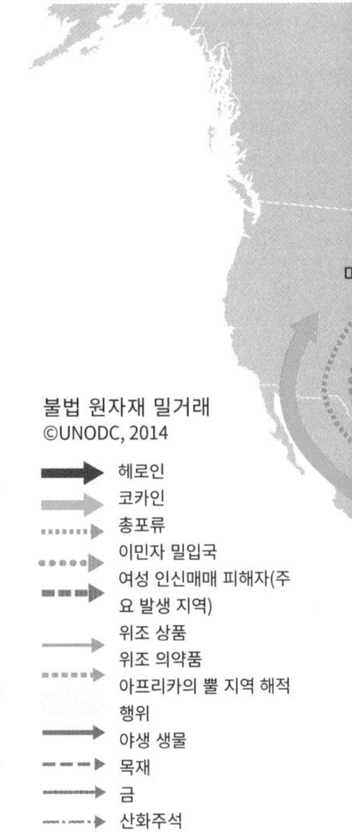

불법 원자재 밀거래
©UNODC, 2014

세계 불법 원자재 밀거래[136]
불법 원자재의 국제거래는 세계 모든 국가에 영향을 미친다. 지도에는 광범위한 불법 원자재의 출발지와 목적지로 의심되는 경로가 표시되어 있다. 구체적으로 보면 콜롬비아에서 출발한 코카인이 어떻게 미국과 유럽으로 밀반입되는지, 헤로인이 아프가니스탄에서 유럽과 러시아로 어떤 경로로 흘러 들어 가는지 알 수 있다. 한편, 불법 야생 생물은 아프리카에서 아시아로 이동하고 있고 브라질과 러시아 사이, 유럽으로의 성매매가 성행하고 있다.

중국의 감시 체계는 범죄를 막고 정치적 반대를 억제하기 위한 것이다. 현재 중국에는 국민 7명당 한 대꼴인 최소 2억 대의 감시카메라(CCTV)가 도시의 거리와 상점, 버스정류장, 국경 통과 지점을 샅샅이 감시하고 있다.[132] 중국 정부는 시민들의 공과금 납부, 블로그 포스팅, 일상적인 구매를 추적하여 신뢰도를 파악하는 사회 신용 제도를 시작했다. 시민들의 신용 점수는 기본적인 사회서비스 이용 여부와 신용등급 측정, 대학교를 포함한 학교 배정에 활용된다.[133] 중국 당국은 은행, 병원, 쇼핑센터, 공원을 드나드는 사람들을 감시하려고 신장 지역에 AI 감시시스템을 배치했다.[134] 중국은 2020년 초 코로나19 발생 후 사람 간 접촉 경로를 추적하고 격리조치를 시행하는 데 이와 유사한 기술을 이용하기도 했다. 중국 정부는 전문적인 감시 기술을 현재 다른 국가에 수출하기도 한다.[135]

조직범죄의 불길한 확산: 연간 2조 2,000억 달러 규모의 사업

범죄로 먹고사는 이들은 아주 오래전부터 있었다. 역사적으로 보면 해적, 산적, 노상강도처럼 종종 왕이나 국가의 권한이 미치지 못하는 곳에서 활동하는 조직화된 범죄자들이 있었다. 수천 년 동안 범죄 조직들(마피아, 범죄조직연합, 갱단)도 돈

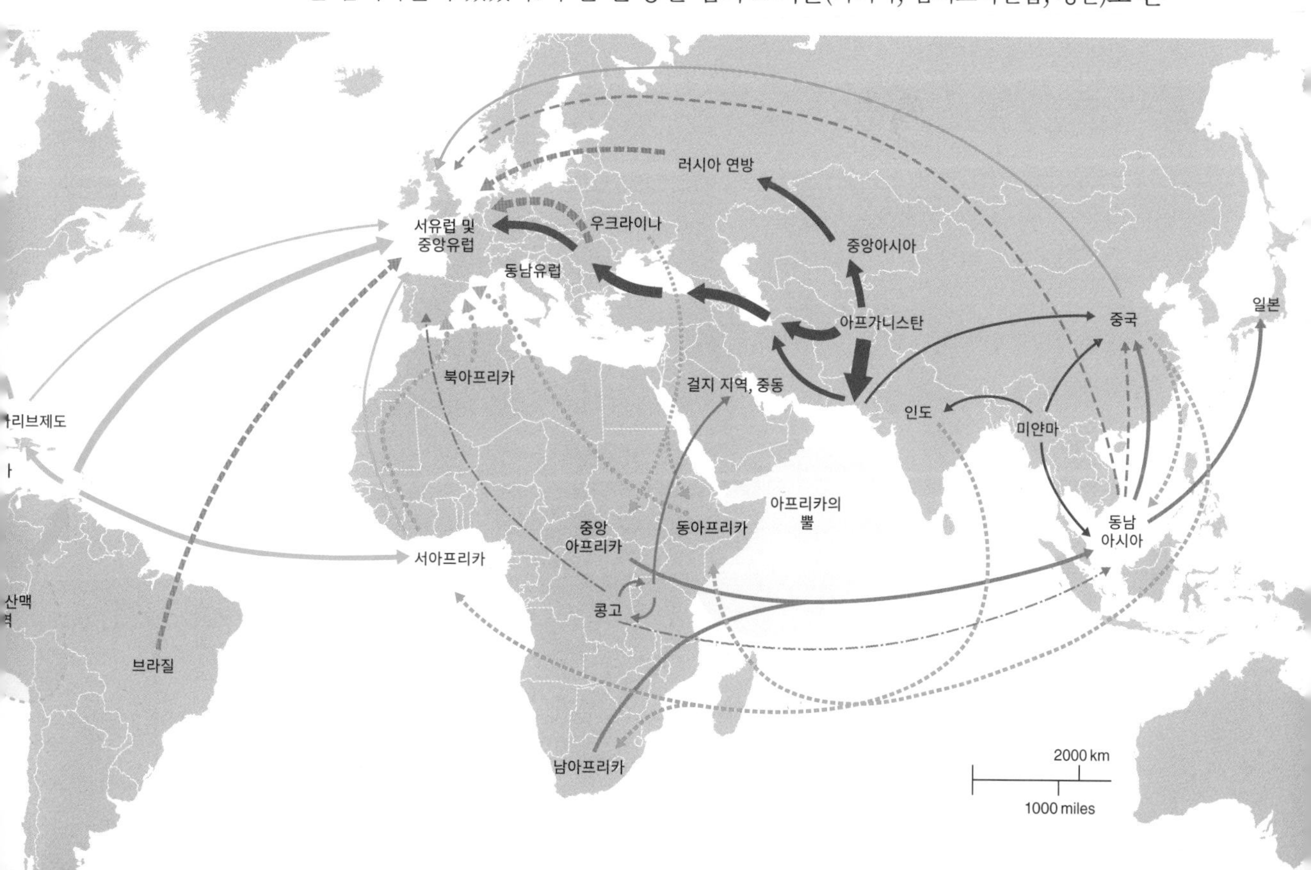

을 받는 조건이긴 했지만 사람들을 보호하기도 했다. 사회학자 디에고 감베타Diego Gambetta는 역사상 가장 무시무시한 범죄 네트워크(이탈리아 시칠리아의 마피아)가 어떻게 지금 우리가 공공안전이라고 부르는 시장의 수요를 성공적으로 충족시켰는지 설명한 바 있다.[137] 세계적으로(중국[138]과 일본[139]에서부터 미국[140]과 러시아[141]까지) 조직범죄 집단들은 서비스를 제공하고 상품을 팔며 종종 금전적 이익을 취하기 위해 위협하고 폭력을 행사한다. 앞의 지도는 조직범죄가 어떻게 어마어마한 수익을 내는 진정한 글로벌 비즈니스가 되었는지 보여준다. 콜롬비아, 볼리비아, 페루에서 생산되어 북아메리카와 서유럽에서 판매되는 코카인은 연간 시장 규모가 6,500억 달러인 불법 마약 산업의 일부이다. 하지만 마약은 확산 중인 조직범죄 생태계의 일부분일 뿐이다. 한 연구에 따르면 조직범죄 집단들은 1년에 무려 2조 2,000억 달러를 벌어들이는 것으로 추정된다.[142]

조직 범죄자들은 독립적으로 활동하지 않는다(일반적으로 선출직 정치인 및 공무원과 결탁하고 공모한다). 조직 범죄자들이 하는 사업은 경찰, 사법 시스템, 세관 등 국가 기관과 긴밀하게 얽혀 있다. 조직범죄 집단들은 보통 시장의 신호에 잘 대처하는 사업체로 활동한다. 미국 정부는 1920년부터 1933년까지 주류 판매와 수입을 금지한 후 이런 사실을 알게 되었다. 금주법이 시행되기 전, 갱단은 거물 정치인에게 '고용된 청부업자'가 되어 추가적인 압력을 넣고 정치인들을 협박하는가 하면 선호하는 후보에게 표를 몰아주었다. 그 결과, 정치인들과 법 집행관들은 도박단과 매춘업자 사이에 갱단원이 있어도 눈감아 주었다. 금주법이 시행된 후 갱단은 행패를 부리지 않는 대가로 돈을 뜯어냈고 불법적인 사업을 유지하기 위해 정치인들을 매수했다. 돈이 쏟아져 들어오자 갱단원들은 변호사와 회계사를 모집하고 국내외 파트너십을 맺었으며 불법적으로 벌어들인 수익금을 세탁하기 위해 합법적인 사업체를 설립했다.[143]

정부가 자국 영토를 통제할 수 없거나 기본적인 서비스를 국민에게 제공할 수 없거나 그럴 의지가 없을 때, 조직범죄는 활개를 친다.[144] 그런데 정부 당국도 종종 마피아, 카르텔, 갱단으로부터 돈을 받는다. 바로 그런 이유로 일부 선출직 공무원들은 자신의 보안 서비스를 정치적 이슈로 삼거나 훼손시킬 수 있다. 예를 들어 리우데자네이루에서는 중무장한 경찰이 치안 회복을 위해서뿐만 아니라 마약, 갈취, 불법 서비스가 판치는 불법 시장을 장악하고 통제하기 위해 갱단과 민병대를 상대

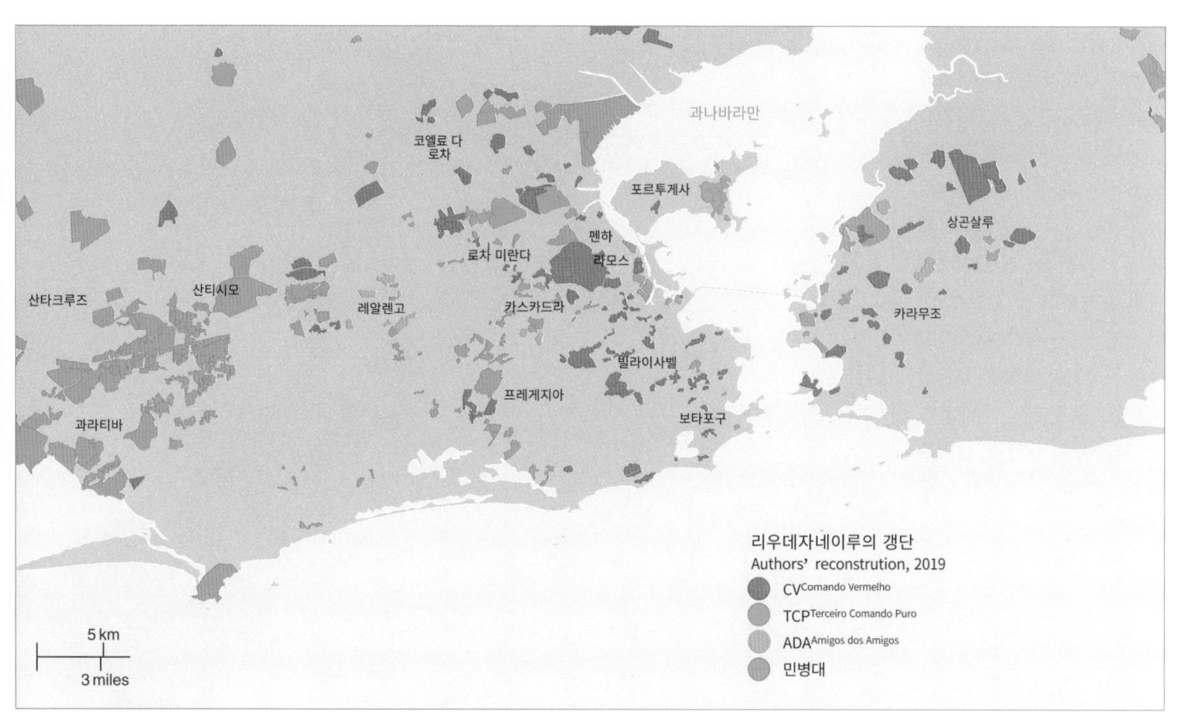

리우데자네이루의 갱단
리우데자네이루에서는 마약 밀매 갱단과 민병대가 따로 활동하기도, 마주치기도 한다. 붉은색, 노란색, 초록색 지역은 해당 구역의 마약 밀매 갱단이 장악한 곳이다. 파란색으로 표시한 지역은 민병대가 장악한 곳이다. 좁은 지역에 갱단과 민병대가 과도하게 몰려들면 중대한 폭력 사태를 낳는다.

로 싸우고 있다. 지도를 보면 일부 범죄 집단이 어떻게 국가 당국과 맞서기도 하고 공모하기도 하면서 대도시 지역들을 장악할 수 있는지 알 수 있다. 붉은색, 노란색, 초록색으로 표시된 지역들은 중무장한 마약 밀매 갱단이 장악한 곳이다. 파란색 지대는 무시무시한 민병대(토지 장악부터 표적암살에 이르기까지 깊이 관여하는 전·현직 경찰관, 소방관, 군인들로 구성된 집단)가 통제하는 지역이다. 자력으로 살아남아야 하고 경찰의 보호도 제한적인 상황에서 가엾은 지역사회들은 안전을 확보하기 위해 방범대, 자경단, 마피아에게 거금을 주고 보호 서비스를 제공받는다.[145]

조직범죄는 민주주의를 갉아먹는다. 사람들이 범죄를 두려워하거나 범죄의 피해자가 되면 민주주의 제도에 대한 사람들의 믿음은 약해진다.[146] 통계적으로 볼 때, 그렇게 되면 사람들은 질서 회복을 위해 민주적인 해법보다는 독재주의 해법을 지지할 가능성이 크다. 범죄 집단은 부패와 특혜, 연줄로 얻는 수혜가 정치 시스템에 만연하도록 하는 데 도가 텄다. 이런 일을 겪을 만큼 겪은 콜롬비아인들은 자국의 정치를 '마약 정치narco-politics'라고 부른다. 1990년대와 2000년대에 선출직 정치인들과 지역 사업가들은 마약 거래가 원활하게 계속 운영되기만 하면 살아남을 수 있었다. 비슷한 역학 관계가 지금 멕시코에서 나타나고 있다. 멕시코의 자치 단체 수백 개는 범죄 집단의 정치·관료 시스템인 후원과 보호로 이루어진 '그림자 정

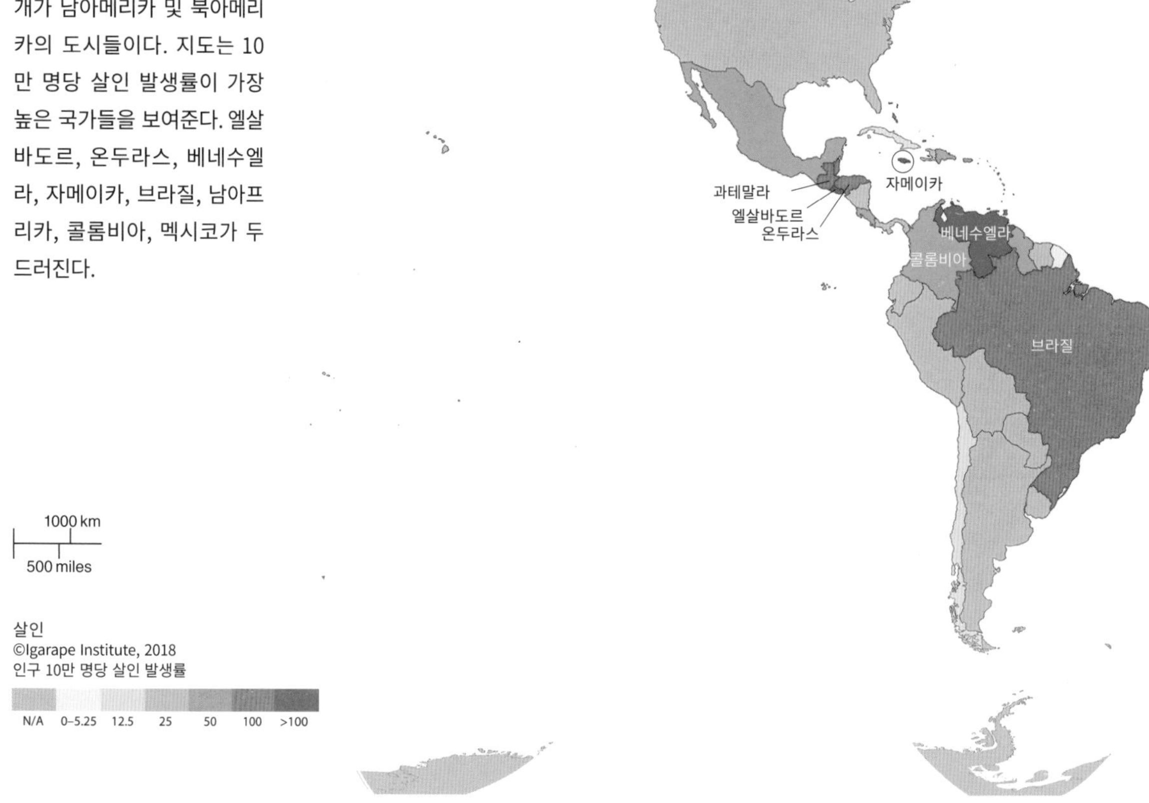

세계의 살인 분포(2018)[147]
살인은 특히 라틴아메리카와 카리브 제도, 중앙아프리카와 남아프리카에서 집중적으로 발생한다. 세계에서 살인율이 가장 높은 도시 50개 중 약 43개가 남아메리카 및 북아메리카의 도시들이다. 지도는 10만 명당 살인 발생률이 가장 높은 국가들을 보여준다. 엘살바도르, 온두라스, 베네수엘라, 자메이카, 브라질, 남아프리카, 콜롬비아, 멕시코가 두드러진다.

부들'의 감독을 받고 있다.[148] 브라질의 여러 도시와 마을도 마약 밀매단, 민병대, 부패한 공무원들의 통제를 받는다.[149] 그들 중 일부는 지역 전체의 '표'를 경매에 부쳐 가장 높은 가격을 부르는 입후보자에게 팔고 있다.[150]

정부는 조직범죄의 위협을 핑계로 공공안보를 군사화할 수도 있다.[151] 여기에는 그럴 만한 충분한 이유가 있다. 전형적으로 범죄와 맞설 의지가 약해 보이는 정치인은 선거에서 고전하는 반면[152] 평소에 강경한 태도를 보이면 선거에서 이기는 데 도움이 된다.[153] 역설적이게도 대규모 체포로 이어지는 소위 철권제재 또는 **'마노 두라**mano dura**'** 치안 전략 때문에 범죄 집단은 사실상 더욱 강력해질 수 있다.[154] 왜냐면 수감 중인 청년들이 교도소 내에서 범죄 기술을 연마하기 때

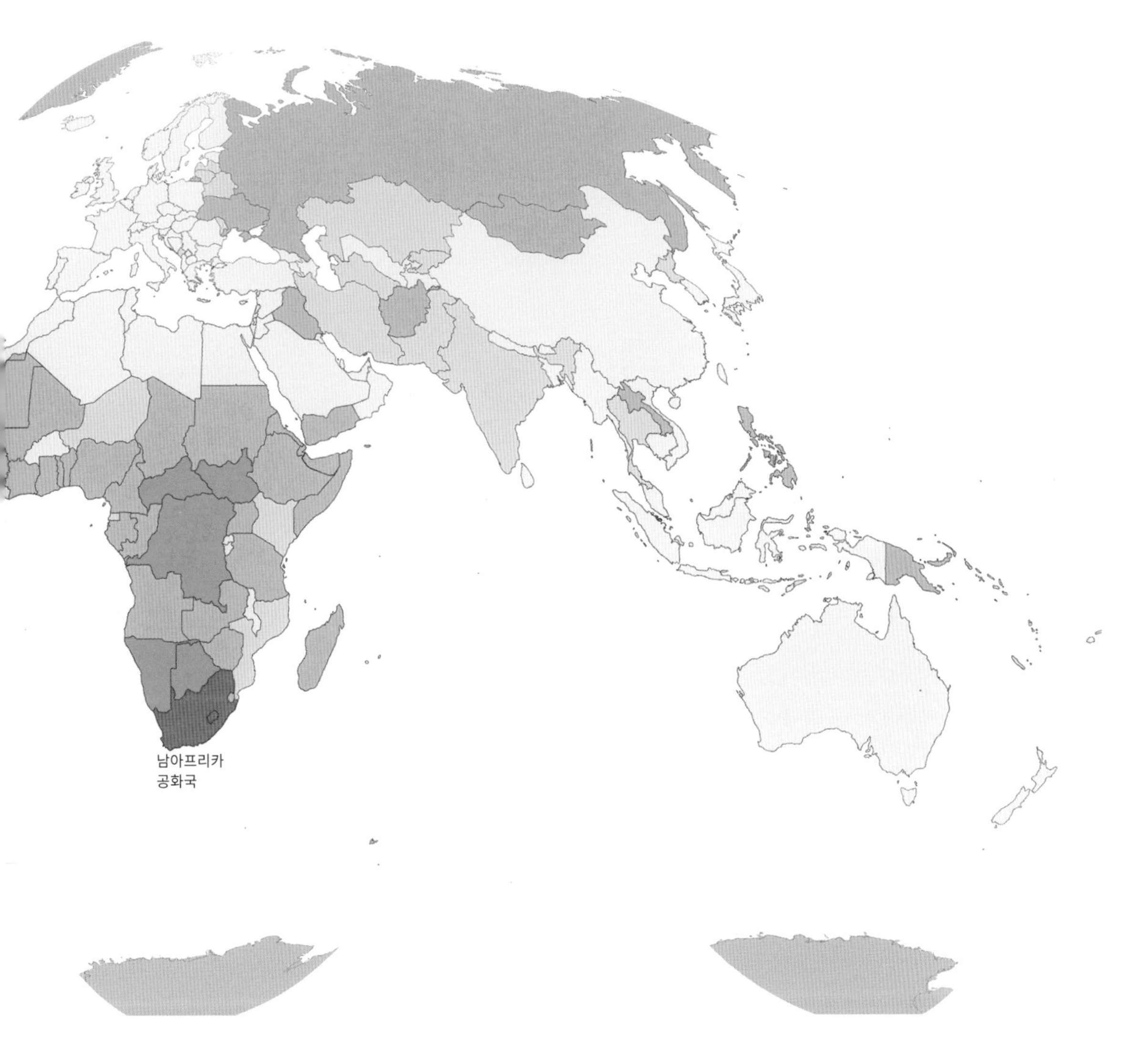

문이다.[155] 예를 들면 중앙아메리카와 남아메리카에서는 마라 살바트루차(MS-13)와 제1수도사령부Primeiro Comando da Capital 같은 갱단이 기본적으로 사법 제도와 교도소 시스템의 상당수를 (판사, 배심원, 사형 집행인으로서) 운영한다.[156] 탄압적인 치안 유지는 조직범죄를 저지하지 못할뿐더러, 엎친 데 덮친 격으로 범죄 집단의 폭력을 심화시킬 수 있다. 특히 갱단이 장악한 지역의 시민들은 어쩔 수 없이 한쪽 편을 들어야 한다. 갱단원들의 보복성 폭력을 두려워하는 사람들이 있는가 하면 경찰관들이 일삼는 착취와 범죄를 걱정하는 사람들도 있다.[157]

세계에서 이 모든 요인이 집중되고 있는 곳은 라틴아메리카와 카리브 제도이다. 2000년 이후 이 지역에서 적어도 250만 명이 살해당했다. 라틴아메리카 또는 카리브 제도에서는 15분마다 시민 한 명(주로 가난한 흑인 성인 남성)이 총격으로 사망한다. 일부 국가에서 총기 관련 살인은 성인 남성의 사망원인 1위이며 사고, 암, 자살, 질병으로 인한 사망을 뛰어넘는다.[158] 지도를 보면 지구상 살인이 가장 많이 일어나는 20개국 중 17개국은 라틴아메리카와 카리브 제도에 있다. 브라질, 콜롬비아, 멕시코, 베네수엘라에서 발생하는 살인만 해도 전 세계 살인의 약 25퍼센트에 달한다. 이 4개국에서 매일 평균 약 340명이 살해당한다. 이에 비해 남아프리카인은 매일 57명이 살해된다.

브라질과 남아프리카 같은 곳에서 범죄가 치솟는 원인은 종종 불평등과 고질적인 청년실업, 놀랄만한 불처벌이다. 두 나라 모두 세계에서 가장 불평등하고 범죄 불처벌이 가장 심각한 국가로 이름을 올렸다. 예를 들면 브라질에서는 모든 공식 살인 사건 중 유죄 확정으로 이어지는 경우는 8퍼센트에 미치지 못한다. 이에 비해 일본에서는 전체 살인자 중 98퍼센트가 징역형을 받는다. 그렇다고 모든 곳의 상황이 끔찍한 것은 아니다. 아르헨티나, 코스타리카, 에콰도르, 페루, 우루과이, (특히 살인 발생률이 10만 명당 2.7명인) 칠레는 엘살바도르, 온두라스, 트리니다드 토바고 또는 베네수엘라보다 훨씬 더 안전하다. 그렇다고 하더라도 이 지역에서 가장 덜 폭력적인 국가들의 평균 살인 발생률(10만 명당 약 6.5명)은 여전히 북아메리카보다 2배 더 높다. 이런 모든 범죄 집단 폭력에 전체 지역 국내총생산(GDP)의 약 3.5퍼센트, 즉 1인당 300달러의 세금에 해당하는 엄청난 비용이 든다.

전쟁 억제하기

이런 이야기는 암울하긴 하지만 조직화된 폭력을 효과적으로 막고 줄일 수 있는 검증된 방법이 있다.[159] 일단 도전과제를 파악하고 정치지도자들이 해당 사안에 관해 의지를 보인다면 정부와 기업, 시민단체가 힘을 모아 폭력이 집중되는 특정 지역에 초점을 맞춰야 한다. 치안 유지에만 집중해서는 안 되며 폭력 유발 요인을 해소하는 포괄적인 예방프로그램에도 중점을 둬야 한다. 결국 무력 충돌과 테러, 조직범죄의 기세를 꺾으려면 증상과 원인을 함께 치료하는 신중한 투자가 필요하다. 나아가 평화를 유지하고 극단주의를 와해시키며 마약을 합법화하고 규제하면서 범죄와 싸우기 위해서는 더 많은 협력이 필요하다.[160] 포퓰리즘

분쟁 방지를 위한 '블루 헬멧' 파견(1954~2019)

UN 평화유지군은 반세기가 넘는 기간 동안 전 세계로 파견됐다. 1954년 이후 평화유지군은 70건이 넘는 평화유지 작전을 수행했고 120개국의 군인, 경찰, 기타 시민 수백만 명이 참여했다. 지도에 표시된 노란색은 진행 중인 작전 지역 13곳, 초록색은 작전이 완료된 지역들을 나타낸다. 붉은색 표시는 진행 중인 작전을 관리하는 본부들이다.

정부와 민족주의 정부들이 '세계주의'를 비난하고 다자주의의 효과를 의심할 때 협력은 어려워진다.

비판도 받지만, UN이 폭력을 저지하고 되돌리는 데 성공한 적도 있다.[161] 전쟁이나 집단 학살 폭력이 일어나지 않을 때 그 사실을 알아차리는 사람은 거의 없으므로 UN의 공적은 크게 인정받는 일이 드물다. UN과 다른 기관들의 도움으로 내전과 관련 사망자의 수가 줄었을 뿐만 아니라 매우 적은 비용만을 들여서 이러한 성과를 냈다.[162]

좋든 나쁘든 여전히 UN은 세계에서 단 하나뿐인 진정한 글로벌 메커니즘으로서, 국가 간 전쟁과 내전이 통제 불능으로 치닫지 않게 하려고 만든 조직이다. 하지만 까다로운 문제를 해결하는 데 UN을 활용하고 싶어 하는 국가는 줄어들고, 중국 · 러시아 등의 국가들과 미국의 갈등으로 UN 안보리의 기능은 마비됐다. 지정학 챕터에서 이야기한 대로 안보리 개혁은 꼭 필요하다. 하지만 지금은 조직에서 실질적으로 효과 있는 부문을 내칠 때가 아니다.

분쟁, 테러, 범죄, 국가적 탄압의 성격이 바뀌고 있으므로 평화를 증진하는 새로운 방법이 필요하다. 무질서와 불안정을 조장하는 불법 수익의 원천을 목표로 삼고 폐쇄하기 위해서 새로운 형태의 정책 대응과 민관협력이 시급하다.[163] 오늘날의 저항세력, 테러리스트, 마피아는 생존을 위해 (금융기관들과 상품 무역업자들에서 생산자, 공급자, 유통업자, 배송 업체에 이르기까지) 글로벌 공급망에 의존한다. 예를 들면 2015년 영향력이 최고조에 이른 ISIS는 석유판매, 호텔과 병원 세금, 자동차 판매대리점 운영, 금 거래를 통해 1년에 60억 달러 이상(몬테네그로의 경제 산출량과 맞먹는 수준)을 벌어들였다.[164] 이런 의존성은 개입할 만한 진입점을 제공한다. 이를테면 금융거래의 투명성 강화, 자금세탁 근절 작전, 불법 온라인 판매자들이 이용하는 다크웹dark web 규제, 민간회사와 조세회피처에 불법행위를 청산하라는 압력 넣기 등을 통해 개입을 시작할 수 있다.

장기적으로 분쟁과 테러, 범죄를 막는 가장 효과적인 방법은 처음부터 근본적인 구조적 요인들을 해결하는 것이다. 포용적 경제 성장과 사회 불평등 해소는 매우 중요하다. 왜냐면 이 두 가지가 이뤄지지 않으면 반드시 폭력이 일어나기 때문이다. 특히 불이익이 집중되고 정치적으로 배제된, 위험에 처한 지역 사회를 돕기 위한 표적 지원이 꼭 필요하다.[165] 분열된 사회에서 의사결정 과정에 더 많은 참여가 이루어지도록 길을 내는 것이 지역 사회의 해체를 막는 데 중요하다. 이 모든 것은 정치적, 경제적 권력 집단과 그들이 종종 폭력적 현상 유지를 위해 맺는 협약에 보다 직접적으로 관여한다는 의미이다.[166] 또한 종교 및 종교 간 단체를 포함하여 평소보다 다양한 집단이 해결책을 찾는 과정에 참여한다는 의미이다.[167] 확실히 여성과 청년의 정치적, 경제적 참여를 확대하고 사회적 이동을 장려하는 사회는 그렇지 않은 사회보다 폭력이 적게 발생하는 편이다.[168] 조사에서 알 수 있듯이 높은 비율로 발생하는 성 불평등과 젠더 기반 폭력을 되돌리면 내전과 국가 간 전쟁의 가능성을 줄일 수 있다.[169] 이 모든 해결책은 이전 시대에서 중요했던 만큼 코로나19 시대에도 매우 중요하다.

국가적 폭력·범죄와 싸우기

결국 여러 가지 형태의 폭력을 예방하려면 시민들과 국가 기관의 돈독한 관계가 무엇보다 중요하다. 조직화된 폭력은 분열되고 갈라진 사회에서 (특히 국가가 정통성과 신뢰를 잃을 때) 성행한다. 사회 계약이 무너지면 필연적으로 폭력이 발생한다. 평화를 해치는 가장 큰 위협은 언론의 자유와 집회의 권리를 탄압하고 반대의 목소리를 침묵시키며 의도적으로 사회를 양극화시키는 것이다. 평화로운 변화의 추동력은 외부에서 주어지는 것이 아니라 사회 내부에서 나온다. 장기적으로 시민들은 정부가 더 적극적이고 책임 있게 행동하도록 만들어야 할 것이다.

무엇보다 정부와 기업 엘리트들이 무슨 일을 하고 있는지 국민에게 제대로 알리는 자유롭고 독립적인 미디어를 지원해야 한다. 당파적으로 치우치지 않게 정보를 수집·배포할 수 있고 분열되고 양극화된 지역 사회의 시민들을 통합할 수 있는 지역 단체와 시민 의회에도 투자해야 한다. 해외 원조의 목표를 단순히 '경제 성장'에만 두기보다는 독립적이고 활력이 넘치는 중산층 구축에 둬야 한다. 정부의 공여자와 민간 투자자들은 부패 정치인들이 스스로 폭력과 싸우고 있다고 주장하면서 오히려 폭력을 부채질하는 지역에는 원조와 투자를 보류해야 한다. 민간 분야도 중요한 역할을 해야 한다. 금융 허브와 해외 조세회피처를 단속하여 범죄자와 정치인들이 부정하게 얻은 수익을 세탁할 수 없게 해야 한다.[170] 전 세계 소비자와 기업들은 범죄 활동과 관련하여 불매운동을 할 수 있고 공급망과 제품이 범죄 활동으로 얼룩지지 않게 하고 억압적인 환경에서 제품이 생산되지 않도록 할 수 있다.

우리가 지금까지 암울한 이야기를 했지만 그 와중에 좋은 소식을 하나 전하자면, 폭력의 수위가 역사적인 수준으로 내려간 것 같다는 것이다. 부분적으로는 법치가 꾸준히 확산하고 점차 전체적인 생활 여건들이 개선되고 있다는 게 그 이유일 것이다. 나쁜 소식을 전하자면, 폭력은 카멜레온처럼 번번이 새로운 형태로 나타나기 때문에 완전히 제거하기 쉽지 않다. 전쟁을 줄이기 위해 20세기에 들인 지적 노력과 정치적 자본은 지금 21세기에 조직범죄와 국가의 탄압을 줄이는 데 활용되어야 한다. 우리는 우리가 해야 할 일을 잘 알고 있다. 그 첫발을 떼기 위해서는 정치적 수단이 필요하다. 전 세계에서 글로벌 폭력으로 피해 본 여섯 명 중 한 명(그리고 유혈사태를 피해 밀려오는 이민자들에게 시달리는 나라들)에게 보상하는 일은 충분히 그 값어치를 할 것이다.

우주에서 본 베이징과 톈진의 야경

인구

인구 성장 속도는 급속히 감소하고 있다

전 세계 인구는 2100년 약 110억 명으로 정점을 찍을 것이다

전 세계적으로 인구 고령화는 빠르게 진행되고 있으며,

오직 아프리카만이 젊은 대륙이다

대부분 국가의 출생률은 인구대체율보다 낮다

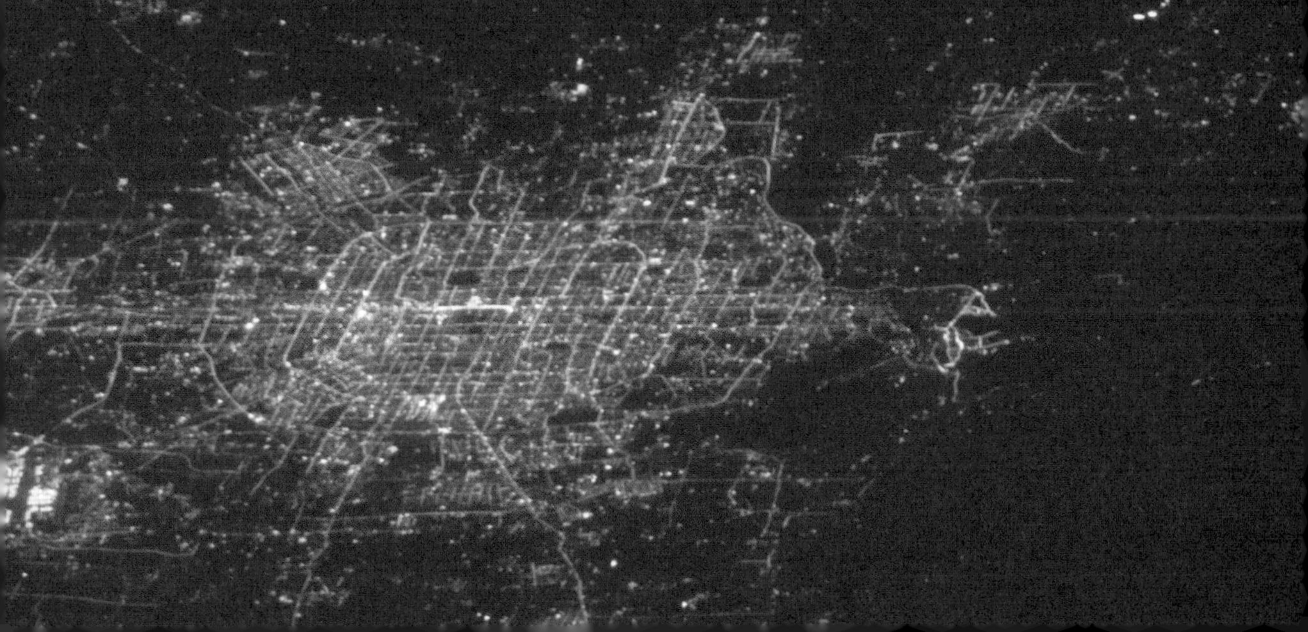

우주에서 본 도쿄
NASA 우주비행사가 찍은 도쿄의 야경이 메가시티의 인구 밀집도를 보여준다. 65세 이상의 인구가 21퍼센트 이상을 차지하는 일본은 UN이 정의한 '초고령' 사회이다. 출생 인구보다 사망 인구가 많고, 일본으로의 이민자 수는 매우 적은 환경에서 도쿄와 일본의 인구는 이미 정점을 찍었다.

들어가며

세계 인구 성장은 너무 빠른가? 혹은 너무 느린가? 쉽게 답하기 어려운 문제이다. 확실한 것은 세계가 매우 빠른 속도로 나이 들고 있다는 사실이다. 인류 역사상 처음으로 지구에 5세 이하의 인구보다 64세 이상의 인구가 많다.[1] 2040년이 되면 60세 이상 인구는 20억 명에 달할 것으로 예상되며, 이는 현재의 2배에 달하는 수치이다.[2] 앞으로 50년 안에 지구상에는 젊은이들의 수가 (너무 많은 것이 아니라)

너무 적게 될 것이다.[3] 이번 챕터에서 설명할 여러 가지 이유 때문에 세계 인구는 매우 치우친 모양의 성별 인구 구조를 갖게 될 것이며, 노년 남성보다는 노년 여성의 숫자가, 여아보다는 남아의 수가 많아질 것이다.[4]

인류의 절반은 이 원 안에 살고 있다

지도에 표시된 원 안에 살고 있는 사람들이 밖에 살고 있는 사람보다 많다. 원으로 둘러싸인 아시아 국가들에는 38억 명 이상이 살고 있다.[6] 그중 가장 많은 사람이 사는 중국의 인구는 14억 2,000명으로 정점을 찍은 바 있고, 현재 인도가 13억 5,000만 명으로 추월을 눈앞에 두고 있으며, 인도네시아가 2억 7,400만 명으로 그 뒤를 쫓고 있다.

세계가 인구 과잉이라는 생각은 아주 예전부터 있었다. 기원을 거슬러 올라가 보면 지구 인구가 2억 명이 안 되던 2세기에 초기 신학자 테르툴리아누스Quintus Septimius Florence Tertyllianus는 지구가 감당할 수 있는 수준보다 인구가 늘어날 것이라고 주장한 바 있다. 인구 증가를 가장 비관적으로 전망한 사람 중에 제일 유명한 사람은 아마 토머스 로버트 맬서스Thomas Robert Malthus일 것이다. 1798년에 멜서스는 과도한 인구 증가는 발전을 저해한다고 주장한 바 있다. 이보다 최근인 1968년에 파울 에를리히Paul R. Ehrlich는 『인구 폭탄The Population Bomb』이라는 그의 저서에서 멜서스의 주장을 현대 사회에 적용해, 인구의 증가는 식량 부족을 야기하고 많은 인구가 기아에 허덕일 것이라고 주장했다. 가장 최근에 인구 증가에 대해 우려를 표한 학자는 『100억 명, 어느 날』을 쓴 스티븐 에모트Stephen Emmott이다.[5] 사람들은

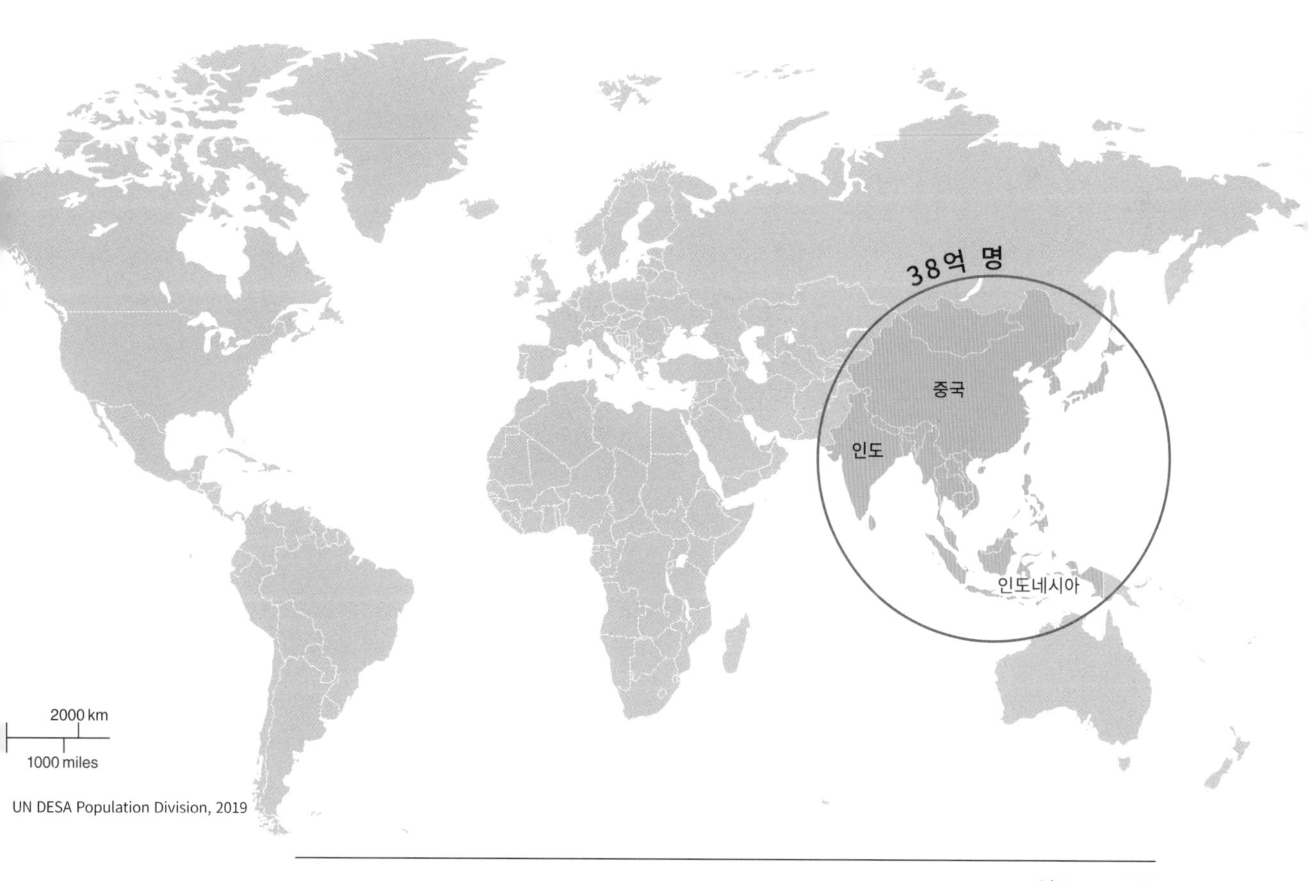

UN DESA Population Division, 2019

인구 과잉을 논할 때, '우리'의 인구가 과잉되는 현상을 언급하지 않고 '그들'의 인구가 많아지는 것에 대해서 우려한다. 즉, 우리가 아닌 다른 국가의 사람들이 많아지는 것을 가리킨다. 그러나 과잉 인구라는 것이 상상하는 것처럼 아시아와 아프리카의 인구 과잉 문제만 말하는 것일까?[7]

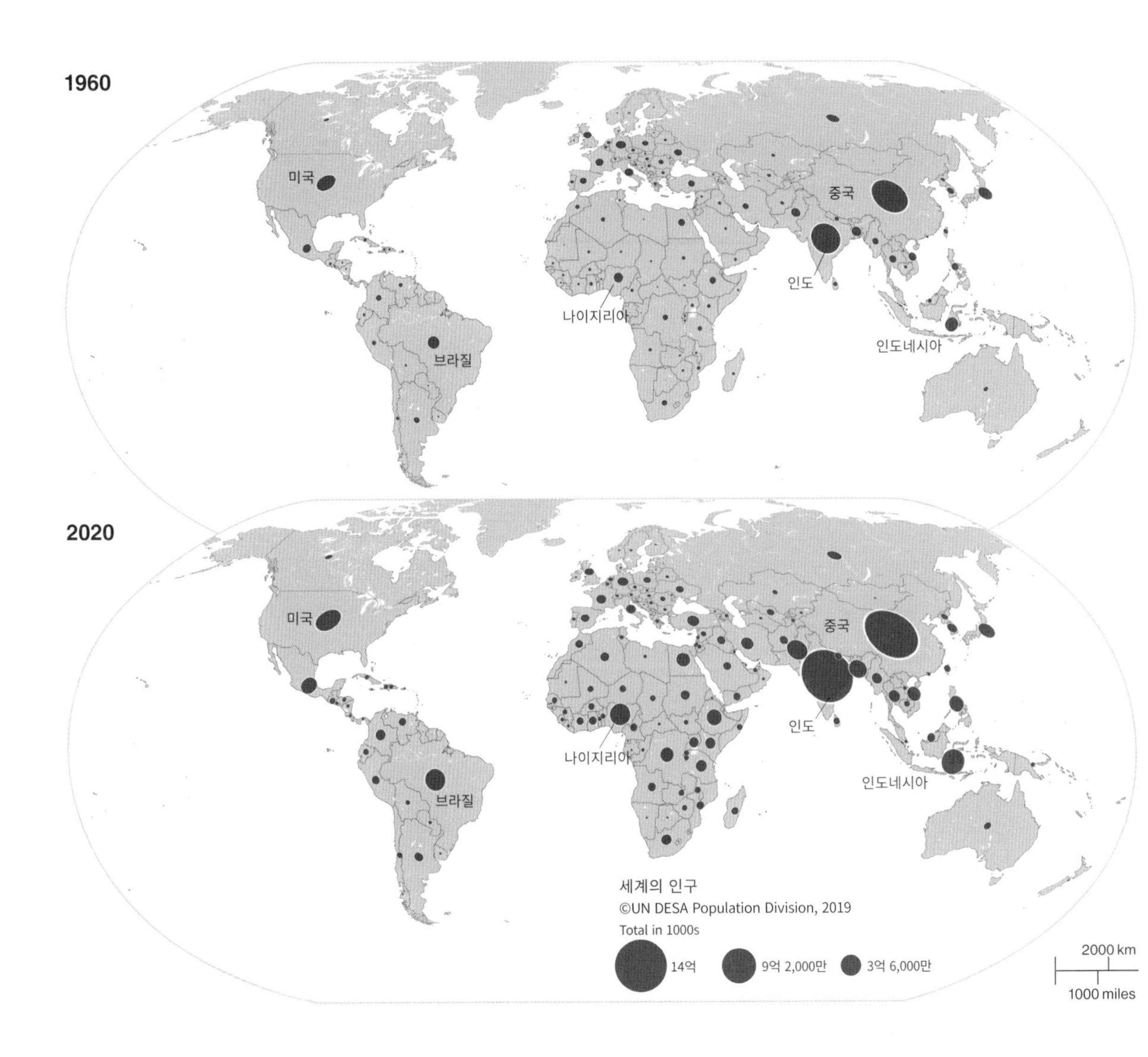

세계의 인구(1960~2020)

인구 규모를 결정하는 요소가 두 가지 있다. 몇 명이 태어나는지를 나타내는 출생률과, 인간의 수명을 뜻하는 기대수명 또는 사망률이다. 지도에 표시된 원은 각기 다른 국가에 사는 사람들을 의미한다. 모든 지역에서 인구가 늘어났지만 1960년과 2020년의 지도를 비교해 보면, 특히 인도와 중국 그리고 아프리카 국가들의 인구 성장은 눈에 띄게 놀라운 수준이다.

세계 인구 성장의 역사

가장 최근 빙하기가 끝난 무렵인 약 2만 년 전에 지구에는 약 100만 명의 인구가 아프리카, 아시아와 유럽에 분포해서 살고 있었다.[8] BC 5000년에는 세계 인구가 약 500만 명을 기록했으며, 모든 대륙에 사람들이 살았다.[9] 이후 거의 7,000년이 걸려 1800년경에 세계 인구는 10억 명을 넘어섰다.[10] 그림에서 볼 수 있듯이, 1925년에 인구는 2배가 되어 20억 명을 기록했고, 1975년에는 다시 그 2배인 40억 명을 기록했다. 불과 50년 만에 일어난 일이다. 2000년에는 60억 명, 2020년에는 78억 명이 되었으며 2050년에는 100억 명에 살짝 못 미치는 수준까지 인구가 증가할 것으로 예측된다. 이는 100년 만에 3배가 증가한다는 의미이다.[11] 그다음, 인구 증가는 극적으로 둔화될 것이며, 장기적인 인구 수축기에 진입하기 전 약 110억 명이라는 최고 인구에 도달하는 데 50년 정도가 더 걸릴 것이다. 인구통계학자들 다수가 한 세기 안에 세계 인구가 다시 현재 수준인 80억

세계의 인구 성장(1700~2100)

그림을 보면 인구 성장의 장기적인 흐름을 뚜렷하게 알 수 있는데, 인구 증가 속도는 베이비붐 시대 후기인 1970년대 이후 둔화되었으며, 계속해서 둔화할 것이다. 이와 같은 예측을 바탕으로 할 때, 2100년이 되면 세계 인구는 산업혁명 당시 인구의 10배 이상인 110억 명 정도를 기록하고 점진적으로 하락할 것이다.[13]

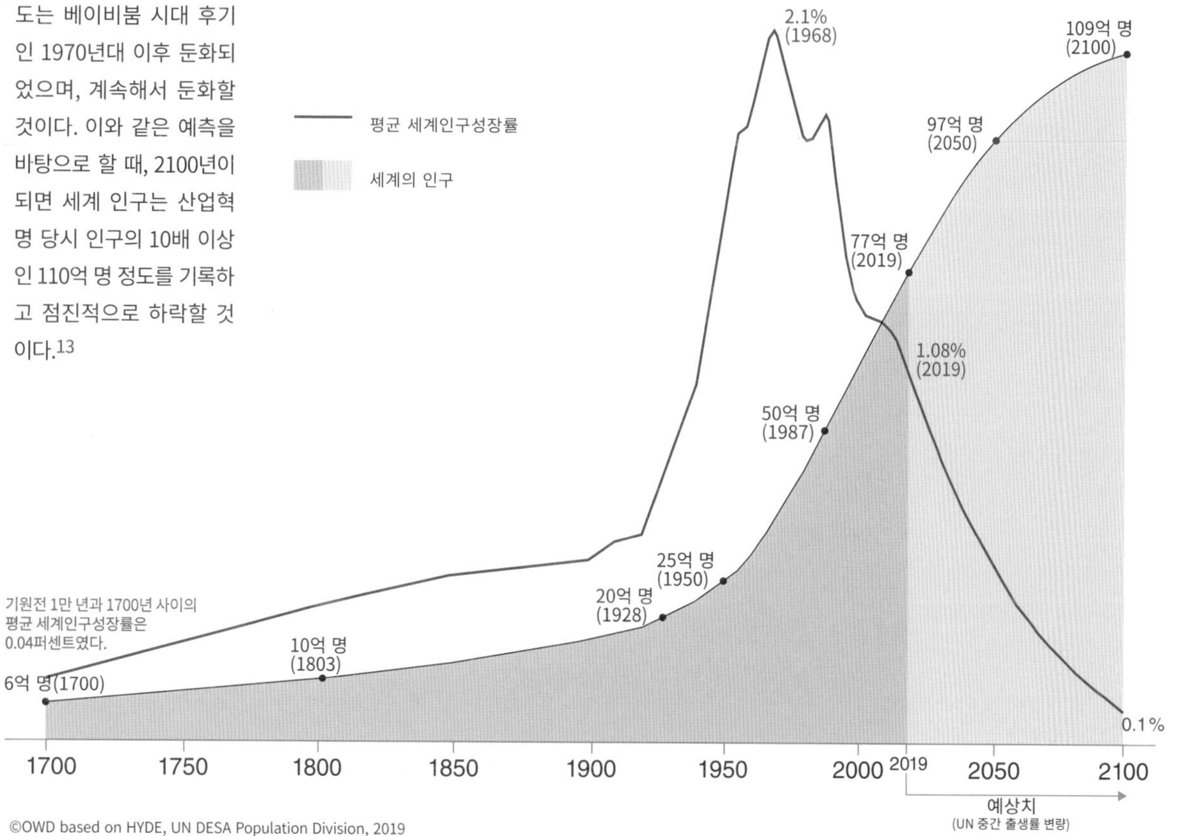

©OWD based on HYDE, UN DESA Population Division, 2019

명 아래로 떨어질 수도 있다고 예측한다.[12]

가장 놀라운 부분은 얼마나 빨리 세계 인구가 늘었는지가 아니라 얼마나 빨리 출생률이 떨어졌는가이다. 지구의 반 이상의 국가는 인구대체율 이하의 출생률을 기록하고 있다. 인구대체율이란 현세대와 다음 세대 사이에 현재의 인구를 유지하기 위해 필요한 출생률을 말한다.[14] 모든 여아가 건강한 여성으로 성장하는 건 아니고 모든 여성이 아이를 낳는 건 아니므로, 이런 점을 고려한 적정 인구대체율은 2명을 약간 넘는 2.1명으로 보고 있다.[15] 전 세계적으로 출생률이 뚜렷하게 감소하고 있는데, 이는 정치적·사회적·경제적 원인 때문이다. 간단히 말해서 전 세계적으로 여성들의 교육 수준이 높아지고, 일하는 여성의 수와 도시에 거주하는 여성의 수가 늘어나고 있으며, 몇 명의 아이를 언제 낳을 것인지 결정하는 여성들이 많아지고 있다. 많은 여성이 출산을 미루거나 작은 가족을 계획한다.

출생률 저하는 빠르게 일어날 수 있다. 전체 공동체는 한 세대 안에서 문화적 · 종교적 · 민족적인 특성 때문이라고 볼 수 없는 방식으로 출생률이 급감하는 것을 확인할 수 있다.[16] 이란, 아일랜드, 이탈리아에서는 6명 내지는 7명의 형제자매와 같이 자란 여성들이 1명의 아이만을 낳는다. 그 결과 바로 이전 세대에서 빠른 인구 성장을 경험했던 이 3개국의 현재 출생률은 인구대체율에 한참 못 미치는 1.6명(이란), 1.9명(아일랜드), 1.3명(이탈리아)을 기록하고 있다. 이들 국가 내에서 사회를 주도하는 문화적 신념이나 종교적 가치의 변화가 일어났던 것도 아니다. 그 대신 영아 사망률 급감, 소득 증가, 여성의 교육 수준 향상, 여성 고용률 증가, 노년층에 대한 사회보장제도 마련, 피임 보급이라는 공통점을 갖고 있다. 정치인, 종교 지도자, 교육자들의 리더십 또한, 여아들이 성장하여 어머니가 되는 것 이상의 역할을 구상하도록 큰 변화를 이끌었다.[17]

건강 챕터에서 자세히 이야기하겠지만, 아동의 건강 증진과 교육은 출생률을 하락시키는 데 주요한 부분이다. 첫 번째 이유는 영아의 사망이 줄어들수록 엄마들은 이상적인 규모의 가족을 구성하기 위해서 출산을 적게 할 수 있다. 어린 여아들을 교육하는 것은 성장 후 유의미한 직업을 가질 가능성을 높이고 출산을 늦추며 더 적은 출산으로 이어질 수 있다. 피임에 대한 인식이 향상되고 피임을 자유롭게 할 수 있다면, 여성들은 몇 명의 아이를 출산할지 수월하게 계획할 수 있다. 교육은 또한 개개인의 지평을 넓혀주며 자녀 양육 이외에 다른 삶의 방식을 그려볼 수 있게 한다.[18] 그 외에 다양한 긍정적인 외부 요인이 있다. 문맹 퇴치와 교육은 소득만 향상시키는 것이 아니라 영양 수준과 위생 그리고 건강한 삶의 가능성을 높이는 데 기여한다. 사실 모친의 교육 수준은 아이의 삶과 죽음을 예측하는 데 가장 중요한 지표이다. 이런 점에서 여전히 1억 명 이상의 아이들이 학교에 다니지 못하고, 아프리카 여아 중 절반 이상이 초등 교육을 마치지 못한다는 사실은 매우 우려스럽다.[19] 이런 비극적인 실패는 출생률의 문제를 훨씬 뛰어넘어, 여러 가지 이유에서 바뀌어야 한다.

인구 성장의 둔화는 부유한 국가에서만 나타나는 현상이 아니다. 많은 개발도상국이 선진국보다 낮은 인구성장률을 보이고 있다. 태국의 출생률은 영국보다 낮고, 베트남 여성들은 스웨덴 여성들보다 아이를 덜 낳는다. 방글라데시, 칠레, 이집트, 인도네시아, 이란, 튀니지의 출생률은 인구대체율 정도인데 머지않아 하락할 것으로 보인다.[20] 인도의 출생률은 1980년의 절반 수준인 2.3명을 기록하고 있으며 향후 10년 이내에 인구대체율 이하로 하락할 것으로 보인다. 인도가 전 세계에서 가장 많은 인구를 가진 국가가 될 것이라는 점을 감안하면 인도의 출생률 하락은 세계 인구에 상당한 영향을 미칠 것으로 보인다.[21]

스페인, 대만, 홍콩은 전 세계에서 가장 낮은 출생률을 기록하고 있는 나라들이다.[22] 독일과 이탈리아의 낮은 출생률은 바베이도스, 베트남, 모리셔스, 칠레, 튀니지, 미국, 미얀마와 비슷한 수준이다.[23] 싱가포르와 한국의 출생률은 1명보다 약간 높은 수준이다.[24] 중국의 한 자녀 정책 폐지는 현재 1.6명인 출생률을 올리기에는 역부족으로 보인다.[25] 이탈리아는 1861년 국가 수립 이후 한 번도 경험해 보지 못한 수준으로 출생률이 하락했다. 이로 인해 이탈리아는 일본에 이어 세계에서 두 번째로 고령화된 국가가 되었다. 이탈리아와 일본 모두 인구의 약 4분의 1 이상이 65세 이상이다.[26] 미국도 지난 10년 동안 급격한 출생률의 하락을 경험했다. 2007년 2.1명이던 출생률은 2018년에 1.7명까지 하락했는데, 인구대체율을 한참 밑도는 수치이다.[27]

전 세계 약 45개국(대부분 사하라 이남 아프리카)은 여성 1명이 4명 이상의 아이를 낳는 여전히 높은 출생률을 유지하고 있다.[28] 가장 중요한 질문은, 과연 인구도 많고 출생률도 가장 높은 3개국(니제르, 나이지리아, 탄자니아)이 소득의 증가, 여성 교육 확대, 피임의 확대, 도시화 등의 요인과 함께 다른 국가들이 겪고 있는 인구의

급격히 감소하는 출생률

이 지도는 1960년과 2017년 사이에 전 세계적으로 빠르게 감소한 출생률을 보여주고 있다. 1960년에는 노란색으로 표시한 몇몇 국가들(스웨덴, 스위스, 일본)만 인구대체율보다 낮은 수준의 출생률을 기록했다. 2017년의 세계는 과거와 완전히 다른 양상을 보인다. 노란색으로 표시한 대다수 국가의 출생률이 인구대체율을 밑돌고 있다. 아프리카만 유일하게 높은 출생률을 기록하고 있는데, 아프리카 안에서도 위의 두 지도에서 비교한 것만큼 높은 비율의 출생률을 기록하는 국가는 매우 예외적이다.

변화 양상을 따라갈 것인지 여부이다.[29] 예를 들어 에티오피아와 케냐는 지난 40년 동안 출생률이 절반으로 하락했으며, 아프리카 국가들 또한 다른 지역들처럼 출생률이 급감하게 되리라는 낙관적인 전망을 뒷받침했다.[30] 2050년까지 대부분 아프리카 국가들의 출생률은 인구대체율 수준 혹은 그 이하까지 하락할 것으로 예측된다.[31] 아프리카 대륙에서 출생률이 얼마나 빨리 하락하는지에 따라서 21세기 말에 아프리카의 인구는 27억 명 이상이 될 수 있으며, 그 시점에서 아프리카 54개국의 총인구는 중국과 인도의 인구 총합과 비슷한 수준이 될 것이다.[32] 아프리카는 21세기 후반에 유일하게 인구가 증가하는 대륙이 될 가능성이 있다.[33]

인구 피라미드는 연령과 성별을 기준으로 시간에 따른 인구의 변화를 그래프로 보여준다. 그러나 인구 피라미드라는 명칭은 잘못 붙여진 것이다. 이 명칭은 청년층의 인구가 노년층의 인구보다 많고, 연령 구분 단계에서 나이가 많은 인구 그룹이 그 전 단계의 인구 그룹보다 적은 시기에 붙여졌다. 나이지리아는 그래프 아래쪽이 매우 크고 위로 갈수록 좁아지는 모양을 보이며, 이는 여성 1명당 출생률이 5.5명이며 평균 기대

인구 피라미드에서 관 모양까지

인구 피라미드는 각 국가 인구의 나이와 성별 구성을 한눈에 보여준다. 아래 피라미드에서 볼 수 있듯이, 세로축은 출생부터 100세까지 5세 단위로 구분되며, 각 단계의 가로 폭은 각 단위별로 포함된 인구의 비율을 나타낸다. 나이지리아, 한국, 미국은 각기 매우 다른 유형의 인구 피라미드를 통해, 연령 구조가 얼마나 급격하게 변할 수 있는지 보여준다.

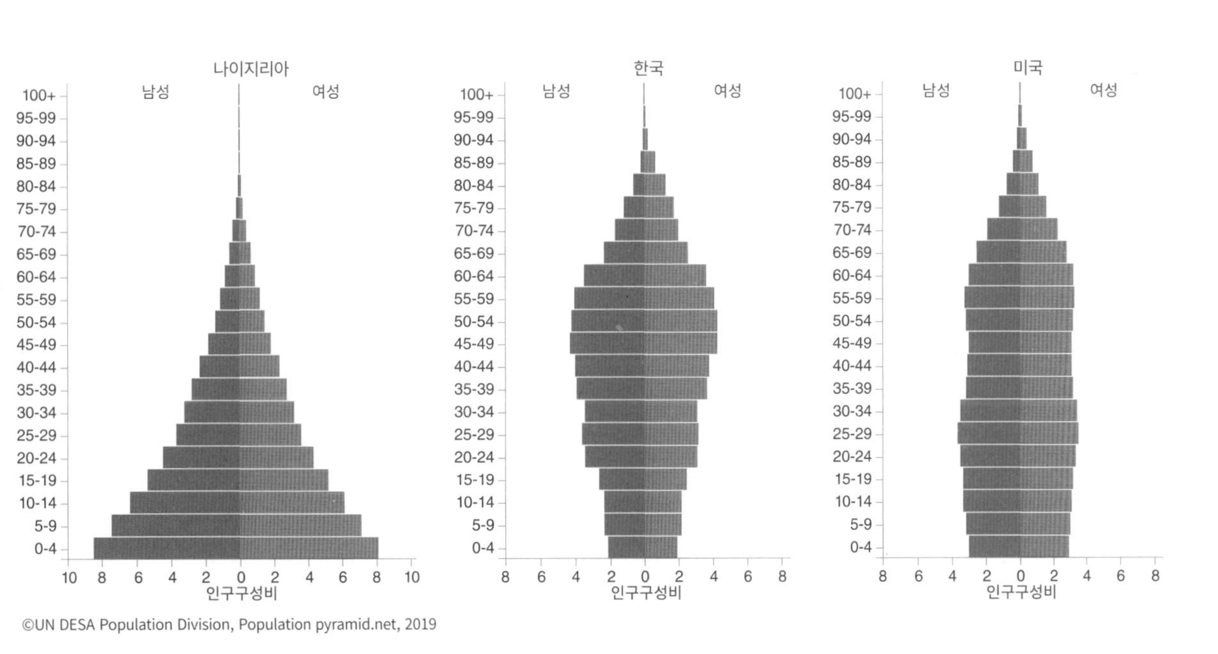

©UN DESA Population Division, Population pyramid.net, 2019

수명이 약 54세로 매우 짧기 때문이다.[34] 그 결과 놀랍게도 인구의 44퍼센트는 15세 이하로 매우 젊고 54퍼센트는 20세 이하이다.[35] 나이지리아의 인구 피라미드 모델은 세계에서 인구 고령화가 가장 빠르게 진행 중인 한국과 정반대이다. 팽이 모양을 한 한국의 인구 피라미드 모델을 보면, 상대적으로 적은 젊은 층 인구가 늘어나는 노인층 인구를 부양하게 된다. 한편, 미국의 인구 피라미드는 출생률의 점진적인 감소와 늘어나는 수명을 반영하며, 세워놓은 관 모양을 하고 있다.[36] 그 결과, 미국의 신생아 수는 인구가 지금의 3억 3,000만 명보다 8,000만 명 적었던 1987년보다 감소했다.[37]

출생률의 감소가 즉시 인구 감소로 이어지는 것은 아니다. 전체 인구 규모는 낮은 출생률과 길어진 수명 사이의 관계로 결정된다. 고령화에 더하여 출생률이 높았을 때 태어난 여아도 세월이 지나 엄마가 되려면 약 20여 년의 시간이 걸릴 것이다. 2030년이 되면 대부분 국가가 마이너스 출생률을 기록하겠지만, 세계 인구는 아프리카와 아시아 인구의 합계가 전체 인구의 75퍼센트를 차지하는 2050년에 최대치를 기록할 것으로 예상된다.[38] 2030년이 되면 전 세계 출생아 3명 중 1명은 아프리카 대륙에서 태어나게 될 것이다.[39]

매순간… 나이 들고 있다

여러분의 기대수명은 앞으로 1시간 뒤 10분 늘어나고 1년 뒤에는 2개월 늘어날 것이다.[40] 이 사실은 흥미로운 질문으로 이어진다. 만약 여러분이 100세 이상까지 살 수 있다면, 그때까지 살고 싶은가? 신체적으로 운 좋게 90세 이상까지 충분히 살 수 있다고 해도 파킨슨병, 알츠하이머, 기타 치매를 유발하는 요인들 때문에 정신이 멀쩡하지 않을 수 있다.[41] 몇십 년 안에 퇴행성 뇌질환을 정복하고, (앞으로 건강 챕터에서 살펴볼 것처럼) 100세 이상 사는 것이 행복한 삶이자 사회에 부담이 되지 않는 삶이 되어야 한다.

시간에 따른 사회의 변화를 보여주는 그래프에서 알 수 있듯이, 총 출생률의 증가 추세는 멈추었다고 할지라도 인구는 계속 증가하고 있으며, 앞으로도 그럴 것이다. 고령화 때문이다. 파란색은 1950년, 연한 초록색은 2018년을 나타내며 노란색은 2100년까지의 예측치를 보여주고 있다. 앞으로 몇십 년 안에 사실상 모든 인구 성장의 발판은 출생률의 증가가 아닌 고령화가 될 것이며, 고령화로 인해 그래프의 아래

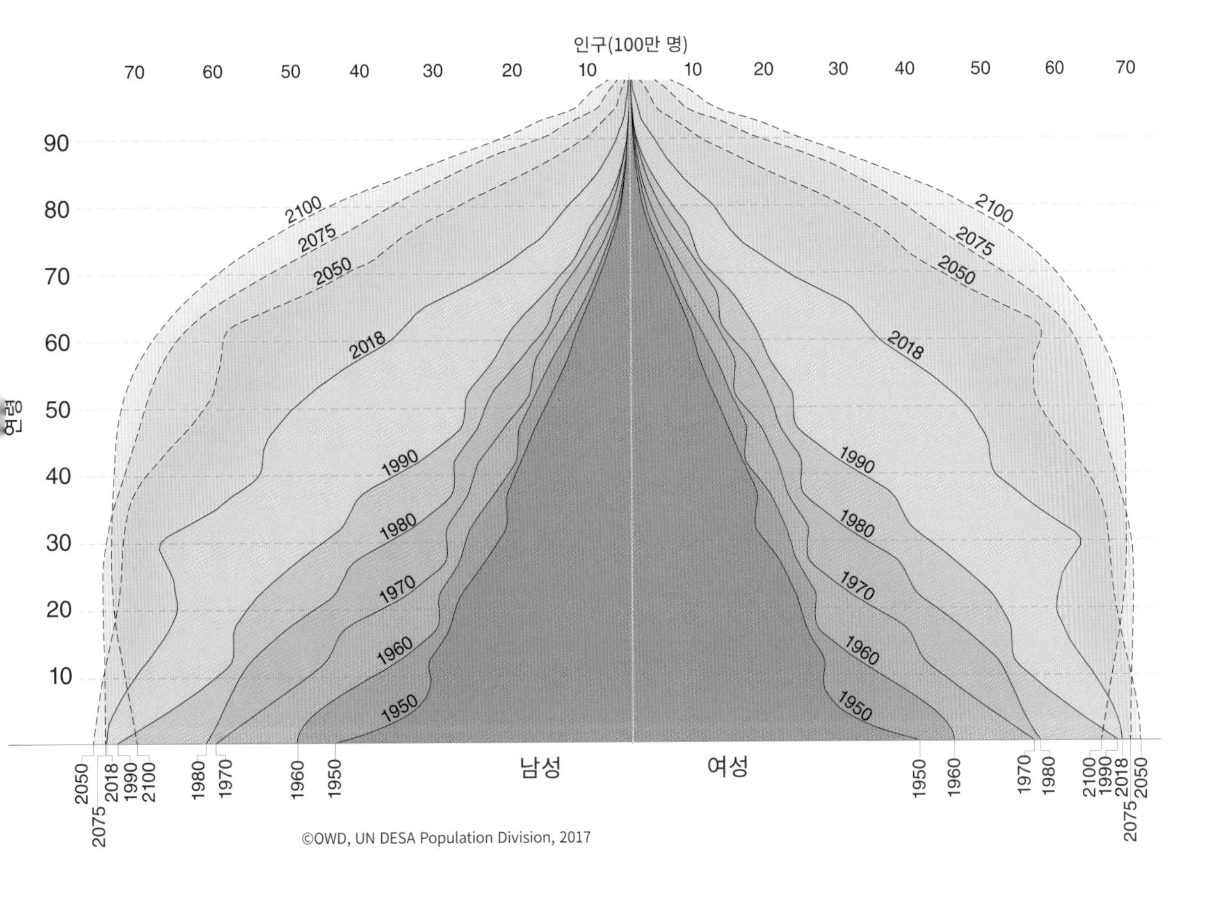

나이가 들고 출생률이 감소하면서 변화하는 사회의 모습
인구 변화는 여러 겹의 텐트 모양을 통해서 알 수 있다. 가장 안쪽에 있는 파란색 텐트 모양 그래프는 1950년대 인구 분포를 나타내며, 2100년까지 10년마다 인구의 모습이 어떻게 변화하는지 알 수 있다.

쪽이 아닌 위쪽의 폭이 커지는 흐름을 보일 것이다. 2018년 무렵부터 전 세계적으로 10세 이하 아동의 인구는 거의 증가하지 않았고 아프리카의 높은 출생률은 다른 국가의 급격한 출생률 감소로 상쇄된다. 사실상 전 세계 인구 증가는 모두 고령화에서 비롯된다고 볼 수 있다.

사라지는 노동 인구

부유한 OECD 국가에서는 앞으로 30년 동안 생산가능인구가 8억 명에서 6억 명으로 감소할 것으로 예측되며, 유럽의 경우 3분의 1로 줄어들 것으로 전망되고 있다.[42] 젊은 인구 대비 세금으로 부양해야 하는 고령인구 증가로 과감한 정책적 변화가 필요할 것이다. 이런 정책의 변화는 사람들의 환영을 받지 못할 것이다. 정년 연장 혹은 폐지, 확정급여형 퇴직연금의 폐지를 포함한 연금 시스템 개혁 등 변화가 불가피할 것이며, 연금은 확정된 금액이 아닌 퇴직 시 급여에 기반을 둔 기여 수준과 평가 결과에 따라 결정될 것이다.

점점 늘어나는 고령인구는 70대와 80대까지도 일을 계속하게 될 것이다. 가장 큰 이유는 개인 소득을 유지하고 가족을 부양하기 위해서이다. 오늘날 정년 인구는 이미 저축이 줄어들 것이라는 두려운 예측과 점점 부채가 늘어나는 기업 및 정부의 연금 시스템에 의존해야 한다는 암울한 전망을 마주하고 있다. 빠르게 고령화되고 있는 인구와 낮은 투자 수익은 현재의 연금 시스템이 고갈될 가능성이 있다는 의미이며, 고령화와 저금리로 인해 연기금 가치가 하락하는 한편 연기금이 장수하는 고령인구에 진 부채가 늘어나면서 상황은 악화될 것이다.[43]

정년이 연장되고 사회적으로 고위직을 유지하는 사람이 많다는 사실은, 젊은 사람들의 사회적 승진 등이 제한될 수 있다는 의미이다. 젊은 연령층은 사회적으로 좌절하는 일이 잦아지고 꿈을 갖지 못하게 될 것이다. 프랑스에서는 고령인구 1명이 3명의 젊은 생산가능인구에게 의존하고 있다.[44] 일본에서는 2명의 근로자가 연금 수급자 한 명을 부양한다.[45] 2050년이 되면 유럽 국가의 절반이 현재 일본과 같은 상황에 직면할 것이라고 한다. 젊은 세대에 부담을 주는 힘든 상황을 피하기 위해 고령인구는 더 오래 일하고 능동적이고 독립적으로 변화해야 한다.[46] 단기적으로는 고령인구에게 더 위험한 코로나19 바이러스로 인해서 독립적이고 능동적인 삶을 살아가는 것이 어려워질 수도 있다.

수십 년 동안 일본은 세계에서 가장 빠르게 인구 고령화를 겪은 나라였다. 출생률이 급감했기 때문에 일본의 인구는 매년 43만 명씩 감소하고 있으며, 이 수치는 중간 규모 도시의 인구와 비슷하다.[47] 일본 북쪽에 있는 아오모리현과 아키타현의 인구는 매년 1퍼센트 이상씩 줄고 있으며, 70세 이상의 인구만 거주하던 마을이 사라지고 있다.[48] 정점에는 1억 2,600만 명에 달했던 인구는 이미 200만 명이 감소했다. 앞으로도 30년 동안 매년 100만 명씩 줄 것으로 예상되며, 이 수치는 글래스고나 오스틴주의 인구와 같다.[49] 이민 정책에 큰 변화가 없다면 21세기 말에 일본의 인구는 5,000만 명 정도까지 감소할 수 있다.[50] 64세 이하의 인구는 줄고 65세 이상의 인구가 매년 지속해서 2.5퍼센트씩 늘어나게 되면, 고령인구 부양은 각 가정과 지역 사회, 공적 기금에 큰 부담을 주게 된다.[51]

이러한 곤경에 대한 일본의 대응은 다른 국가들처럼 이민자를 받아들이는 것이 아니라 기술적인 해결책을 찾는 것이었다. 가장 빠르게 고령화 사회에 진입한 일본이 로봇을 가장 많이 활용하는 나라가 된 것은 결코 우연이 아니다. 일본은 로봇 투자에 대한 매력적인 감가상각을 제공할 뿐만 아니라 로봇 및 자동화 시스템 사용 홍보 및 마케팅 캠페인을 포함하여, 선제적인 기술 정책을 펼쳤다. 한편 이탈리아, 불가리아, 폴란드, 루마니아 등을 포함한 유럽의 여러 국가는 일본보다 훨씬 빠른 속도로 인구 고령화가 진행되고 있으며, 그 원인은 매우 낮은 출생률과 높은 이주율이다.[52] 2017년부터 2019년까지 이탈리아 정부의 이민 정책에 반감을 느껴 이탈리아를 떠나는 인구가 유입인구보다 15만 명 많아지면서, 이탈리아 인구는 급감했다.[53]

출생률의 하락과 수명 연장으로 중위 연령은 높아지고 있다. 아래 그래프에서 보는 것처럼 2050년까지 중위 연령은 2배로 상승할 것으로 예측된다. 일본의 경우 1950년대 22세에서 2050년에는 약 55세가 될 것으로 보인다. 선진국만 그런 것은 아니다. 중국도 1975년 20세였던 중위 연령이 2050년에는 47세가 될 것으로 예측된다. 멕시코의 중위 연령은 1965년 17세에서 2019년에는 30세를 넘겼고, 2050년에는 40세를 넘길 것으로 예상된다.

다음의 지도에서 보는 바와 같이 1970년의 세계는 젊었다. 지도는 크게 두 부분으로 나누어 볼 수 있다. 64세 이상의 고령인구를 부양하는 생산가능인구의 부담이 매우 적고 근로자 100명당 퇴직자가 11명 미만인 국가(노란색 표시)와, 3명의 생산가능인구가 1명의 퇴직자를 부양하는 부양 비율 11~30퍼센트의 국가(분홍색 표시)이다. 1970

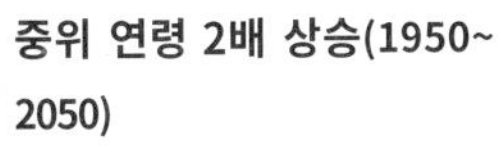
중위 연령 2배 상승(1950~2050)

2050년까지 중위 연령은 2배 상승할 것으로 전망된다. 일본은 1950년에 22세였던 중위 연령이 2050년에는 55세가 될 것이며, 중국은 20세를 약간 웃돌던 중위 연령이 47세까지 상승할 것이다. 이탈리아의 중위 연령은 30세 이하에서 50세 이상으로, 영국은 34세에서 44세로 상승할 것으로 예측된다.

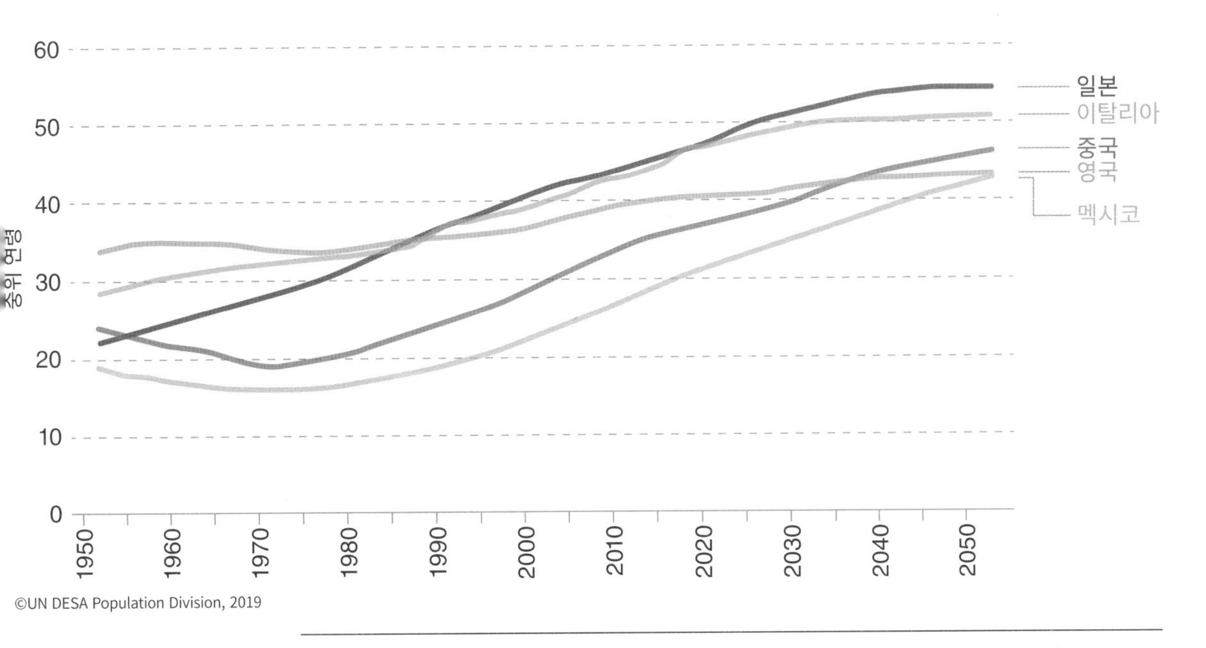

©UN DESA Population Division, 2019

부양 비율: 더 많은 고령인구가 줄어드는 생산가능인구에 의존(1970, 2020)

1970년에 세계 인구는 젊었다. 지도의 노란색에서 볼 수 있듯이, 근로자 1명이 부양하는 고령인구도 적었다. 1970년 이후 프랑스, 이탈리아, 그리스, 독일, 스웨덴, 일본에서는 기대수명이 상당히 증가하고 출생률이 감소하면서, 부양 비율이 큰 폭으로 늘어났다.

년 이후 전 세계 평균 기대수명은 59세에서 72세로 증가했다.[54] 이와 동시에 출생률은 상당히 하락해서 1970년 4.7명이었던 여성 1명당 출생률은 2.4명까지 줄었다.[55] 이러한 요소들이 복합적으로 작용하면서 부양이 필요한 유소년인구(15세 미만)와 고령인구(65세 이상)의 합을 생산가능인구(15세에서 64세)로 나눠서 계산하는 부양 비율이 빠르게 증가하고 있다. 프랑스, 이탈리아, 그리스, 독일, 스웨덴과 같은 유럽 국가들과 일본은 부양 비율이 30퍼센트를 넘는다. 또한 중국, 칠레, 브라질의 부양 비율도 큰 폭으로 증가한 것을 알 수 있다.

심화되는 고령화 사회

인구통계학은 뚜렷한 사회, 경제적인 흐름을 보여준다. 전 세계적으로 남성 고령인구보다 여성 고령인구가 많다. 그 이유는 평균적으로 여성보다 남성이 더 자주 담배를 피우고 술을 마시거나 폭력에 의해 사망하기 때문이다. 한편 산전 성별 검사를 통해서 임신 중절을 할 수 있는 가부장적인 사회에서는 여아보다 남아가 더 많이 태어난다. 젊은 남성보다 젊은 여성의 수가 적은 것이 전 세계적 현상인 출생률 감소에 한몫했다.[56]

인구가 더 늘지 않으면 국민소득의 상승분을 고정 인구수로 나누게 되기 때문에 평균 소득은 경제 성장과 나란히 증가한다. 사실상 중국은 인구는 증가하지 않으면서 경제는 인도와 비슷한 수준으로 성장하고 있으므로, 중국인들은 평균적으로 인도인들보다 더 빨리 부자가 될 수 있다. 인도의 경제성장률이 중국을 앞지른다고 해도, 점점 늘어나는 인구가 그 이익을 나눠 가져야 한다. 고도의 경제 성장과 낮은 인구성장률로 힘입어, 현재 중국인들은 35년 전 중국인들보다 평균적으로 22배 더 부유하다.[57] 인도의 빠른 경제 성장과 급감하는 출생률은 앞으로 몇십 년 동안 더 큰 평균 소득 성장으로 이어질 것이다. 앞에서 언급한 것처럼, 인도의 출생률은 1979년의 5.5명에서 오늘날 2.3명으로, 거의 반토막이 났다. 2030년이 되면 인구대체율 아래로 떨어질 것으로 보인다.[58]

정치에 영향을 미치는 인구 변동

인구의 변화는 국가 정치에 큰 영향을 준다. 대표적인 예시가 바로 투표인데, 젊은 층과 기성세대는 서로 투표 성향이 다르다. 중위 연령이 상승할수록 노인 복지 및 연금에 돈이 더 필요하고, 이는 공공 재정에 부담을 준다. 즉, 젊은 세대들이 더 많은 세금을 부담하게 되는 것이다. 중장년층이 (인구수의 증가로) 정치적으로 영향을 더 많이 미치게 되면 젊은 세대의 이익보다는 자신들 위주의 정치 담론을 형성하게 될 것이다. 세계적인 고령화 추세가 어떤 결과를 불러올지 우리는 충분히 예상할 수 있다.

현재 유럽과 미국에서 운용 중인 연금 및 퇴직금 시스템이 1970년대 초에 만들어졌을 때, 평균 기대수명은 정년인 65세 이후부터 약 5년이었고, 인플레이션을 감안한 수익률은 4퍼센트였다.[59] 이제 평균 정년은 더 낮아진 60세이지만, 정년 이후의 기대수명은 남성이 약 19년, 여성이 20년 이상이다.[60] 인플레이션을 감안한 (실질) 수익률은 0.5퍼센트 아래로 떨어졌다.[61] 즉, 이전과 비슷한 생활 수준을 유지 하기 위해서 사람들은 40년 전보다 100배 이상 저축해야 한다는 뜻이다. 저축의 비중을 늘리면 소비가 줄어들 것이다. 대신 저축한 비용은 건강과 집안 관리에 사용할 것이고 여유가 있다면 여행이나 레저에 충당하게 될 것이다. 상대적으로 집, 자동차, 의류, 엔터테인먼트 등 소비재에 사용하는 비용이 줄어들 것이다.

고령인구는 이후의 노년 시기를 위해서 돈과 자산을 가지고 있어야 한다. 즉, 자손들에게 물려줄 돈이 줄어들고 중·고등학교 학비와 대학교 학비에 적게 쓰게 될 것이다. 또, 집을 더 오래 보유하고 있을 필요가 있다. 운 좋게 집을 소유할 수 있었던 고령인구의 자녀들은, 70대 혹은 90대인 부모가 사망한 후 집이나 기타 자산을 상속받을 수 있을 것이다. 이와 같은 상황은 젊은 층을 희생시키면서 고령인구가 유리해지는 방향으로, 부가 극적인 이동을 거치게 된다는 것을 의미한다.

이러한 인구 변동은 개인과 가구 그리고 국가 경제에 상당한 영향을 끼친다. 부유한 국가의 개인 및 정부 재정 상황에 나타나는 양상은 중위 소득 국가와 개발도상국에도 그대로 나타난다(젊은 층이 많은 아프리카가 직면한 경제적 도전과제는 다르므로 아프리카 국가는 제외이다). 노동인구가 줄어드는 와중에 점차 늘어나는 고령인구를 부양해야 한다는 것은 공공 재정에 부담을 지우고, 보건 및 복지 비용에 투입하기 위해서는 세금이 높아질 수밖에 없다. 중국은 매년 노동인구가 300만 명 이상씩 줄어들고 있다. 미처 부유해지기도 전에 먼저 고령화가 진행되고 있는 중국과 여타 국가들이 마주한 도전과제는 특히나 심각하다.

전 세계적으로 증가하는 저축은 금리에 추가적인 하방 압력을 가할 것이다. 금리가 낮다는 것은 것은 은퇴 후에도 생활비를 얻기 위해서는 훨씬 더 많은 저축을 해야 한다는 것을 의미한다. 2008년 금융 위기 이후 도입된 규제들은 연금 수급자들의 문제를 악화시키는 왜곡된 결과를 낳고 있다. 정부는 연금과 장기 보험 가입자들이 국채나 안전 상품 같은 '저위험' 자산에 투자해야 한다고 주장해 왔다. 안전 자산에 투자하는 사람들이 많을수록 이자율은 더욱 하락하고, 이로 인해 이자를 통한 수익은 더 줄어들게 된다. 즉, 저축을 더 많이 하게 될수록 이자 수익이 줄어들고, 사람들은 그로 인해 더 많은 돈을 저축해야 하는 악순환이 형성된다.

연금 위기는 도래하고 있는 재앙이며 미래의 글로벌 금융 붕괴를 촉발할 수 있다.[62] 연금 의무를 고려하면 많은 대기업이 사실상 파산하게 되기 때문에 사적 연금의 위기로 이어질 수 있으며, 정부는 자격을 갖춘 퇴직자들의 기대를 충족시킬 능력이 없거나 그럴 의지가 없으므로 공적 연금 또한 위기이다. 2008년 금융 위기 이후 그리스 연금 수급자들의 연금은 절반으로 줄어들었는데, 이런 경우가 세계적으로 흔해질 것이다.

고령화가 심해질수록 보건의료에 들어가는 비용 또한 올라간다. 많은 국가에서 사용하는 고령인구 복지비는 다른 모든 나이대의 인구 복지비를 합한 금액보다 높다. 신체 기대수명이 10년마다 최소 2년씩 증가하고 있는 상황에서 향후 10년 동안 정신 수명을 늘릴 획기적인 돌파구가 없다면, 완전히 의료보조금에 의존하는 사람들이 수억 명에 달할 것이라는 전망은 선진국과 개발도상국 모두에게 큰 위협이 되고 있다.[63]

100세 시대를 맞이하여 무엇을 할 수 있을까?

정부가 직면한 도전과제는 두 가지이다. 100세 시대 사회에 어떻게 대처할 것인가? 어떻게 고령인구가 삶을 충만하게, 또 오래 누리게 할 것인가? 매우 어려운 문제이지만, 인류 발전의 두 가지 지속적인 목표인 인구 증가 억제와 수명 연장 노력의 성공을 반영하는 것이므로 환영할 만한 일이기도 하다. 고령화 사회에서 인구 변동을 잘 관리하는 방법은, 부양해야 할 노동 인구가 생산적으로 일하는 것이다.[64] 바로 최근까지도 미국이 기대왔던 이민 그리고 일본의 신기술 설계 및 배치는, 앞으로도 추구해야 할 두 방향의 대안이다.

인구 고령화에 대응하기 위해서 사회는 무엇을 해야 하는가? 우선, 더 오래 적극적으로 근로 시장에 남아야 할 노동자들의 교육 수준과 생산성을 높여야 한다. 무엇보다 더 많은 여성이 사회의 노동 시장에 참여하게 해야 한다. 정부는 퇴직 연령을 높이고 아이가 있는 부모나 돌봐야 할 가족이 있는 사람들을 위해 시간제 근무part-time와 유연 근무제를 확대해야 한다. 능력 있는 고령인구가 일하고 수입을 얻으며 멘토, 자원봉사자, 시간제 근로자로 기여하면서 성취감을 느낄 기회를 많이 만들어야 한다. 마지막으로 지역 사회로부터 적극적인 보살핌을 받는 환경, 신체적 활동, 건강한 식습관과 기타 공중 보건의 지원을 포함한 고령인구의 신체와 건강을 강화하는 것이 매우 중요하다.

고령화 사회라고 해서 노쇠한 사회가 될 필요는 없다. 그러나 고령인구의 정치적 · 경제적 비중이 커지면서 정책에 과도한 영향력을 행사하는 것을 방지하는 것은 중요하다. 왜냐면 고령인구의 즉각적인 관심사에 과도한 우선순위를 부여함으로써 미래에 대한 투자를 저해할 수 있기 때문이다. 또한 고령인구가 정치에 더 많은 영향력을 행사함으로써, 젊은 층의 좌절과 분노가 커지게 될 가능성이 있다. 부양 비율이 높아지고 고령인구 부양을 위한 예산 압박이 증가함에 따라 급속한 고령화를 겪고 있는 국가의 정치인들과 전문가들은, 결국에 젊은 층 인구의 부족을 한탄하며 이민자들을 더욱 환영하게 될 것이다. 가장 그럴 법한 결말은 이것이다. 21세기 말까지 대부분의 국가의 인구가 줄어들고 고령화된 인구에 적응하게 될 것이며, '인구 폭발'에 대한 두려움은 역사의 몫이 될 것이다.

2015년 난민의 흐름으로, 각 점이 난민 17명을 나타낸다.

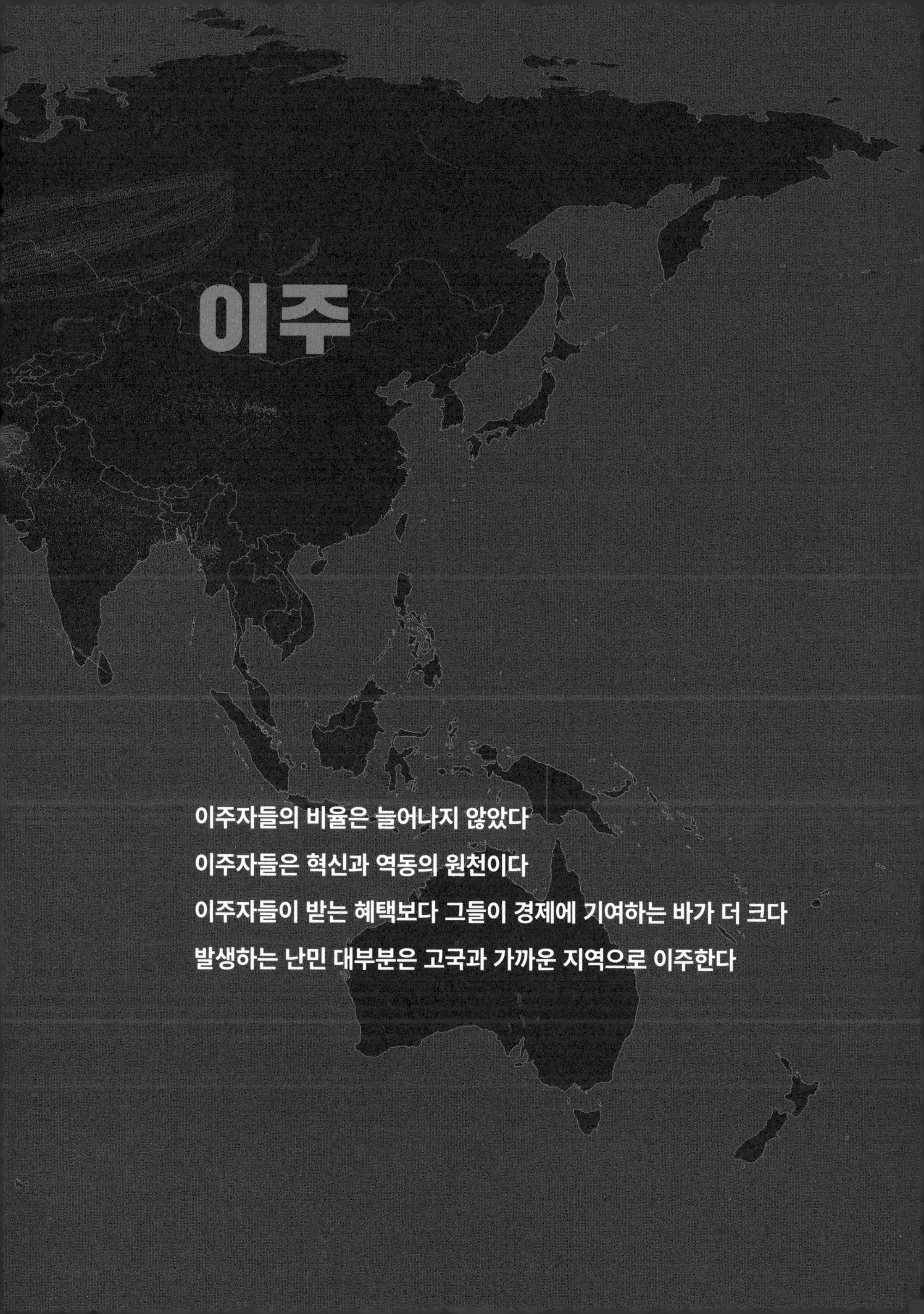

이주

이주자들의 비율은 늘어나지 않았다

이주자들은 혁신과 역동의 원천이다

이주자들이 받는 혜택보다 그들이 경제에 기여하는 바가 더 크다

발생하는 난민 대부분은 고국과 가까운 지역으로 이주한다

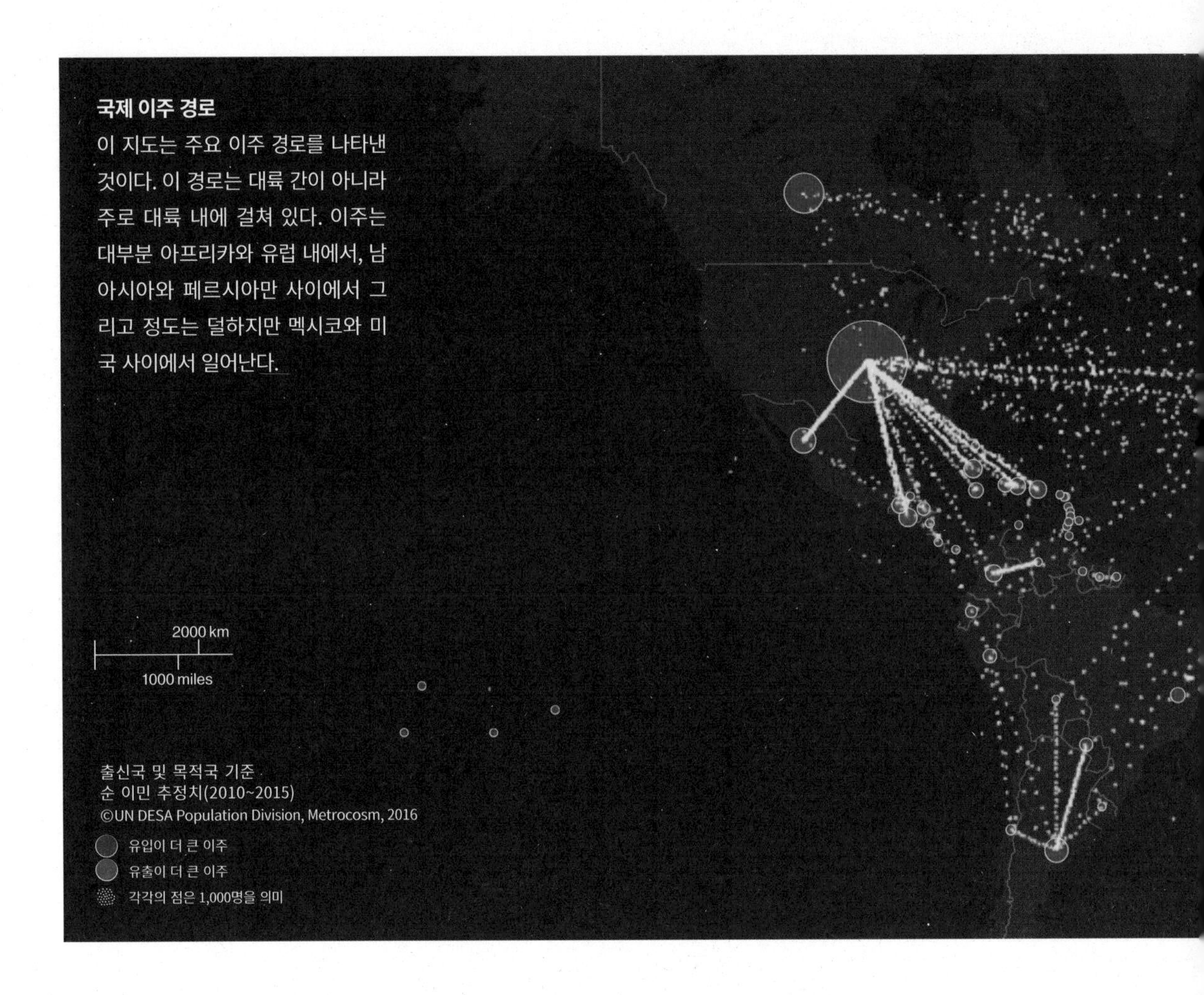

들어가며

코로나19 팬데믹으로 인해 일시적으로 국경이 닫히기 전 이주와 난민은 많은 관심을 받는 뜨거운 화제였으나, 현상과 정치가 분리되어 성과는 미미했다. 이 지도는 아프리카, 유럽 내, 남아시아와 아랍 국가 간 인구 이동이 다른 대륙 간 이주를 크게 앞섰음을 보여준다. 이주는 반대론자들이 소리 높여 공언하는 것처럼 서부 유럽이나 북아메리카 지역으로 넘어간 것이 아니라, 아시아와 아프리카 내에서 가장 빠르게 증가했다.[1] 아프리카 이주자 10명 중 9명은 결코 자신들의 대륙을 떠나지 않는다. 80퍼센트가 넘는 동아시아 및 라틴아메리카와 카리브 제도 사람들도, 60퍼센트가 넘는 중앙아시아와 남아시아인들도 마찬가지이다. 유럽 내에서 코로나19 때문에 일시적으로 중지된 것 같은 예외적 상황만 아

니라면, 유럽인들은 솅겐 지역Schengen Area*(유럽 내에서 공통의 출입국 관리 정책을 사용하여 제한 없이 통행할 수 있는 영역)* 26개 국가 간 이동에 어떠한 제한도 받지 않는다. 이는 타 지역과 강력하게 연결된, 밀집된 별 모양의 이주 경로 네트워크를 형성한다.

이주자와 난민은 언제나 많은 국가에서 수위에 꼽히는 정치적 의제 중 하나이다. 사실 *(이주가)* 정치와 동떨어진 적은 결코 없었다. 이 챕터에서는 이주를 장기적인 관점에서 살펴보면서 이것이 인류만큼이나 오래된 주제임을 보여줄 것이다. 역사적 관점에서 보면, 최근의 이주 수준이 특별히 드문 일은 아니다. 특히 지난 100년간 100여 개의 신생 국가가 생겨났다는 점을 감안하면 더욱 그렇다. 이들 국경은 그 어느 때보다 강력한 감시와 통제를 받고 있다. 선정적이고 외국인 혐오적인 미디어의 헤드라인이 쏟아져 나오면서, 이제는 많은 이들이 이주를 문젯거리이자 방지해야 할 위협으로 간주한다. 이는 오해이다. 모든 지역은 아닐지라도, 많은 국가에서 더 많은 이주자를 필요로 한다.

이주자와 난민이라는 두 범주는 빈번하게 혼동되기 때문에 두 가지를 구별하면서 이 챕터를 시작하면 좋을 것 같다. 이주자는 한 국가에서 태어나 경제적인 동기나 가족과의 상봉 또는 학업을 목적으로, 자발적으로 국내외로 이동한다. 난민은 삶에 대한 위협 때문에 어쩔 수 없이 이주한다. 국가는 이주자 입국을 거부할 권리가 있지만, 난민의 경우에는 피난처를 제공하는 것이 도덕적이고 윤리적인 의무이다. 더욱이 정부가 중대한 삶의 위협을 맞닥뜨린 사람들을 수용하고 보호할 의무가 있다고 법적으로 명시된 조약도 있다. 법적 용어로 난민은 인종, 종교, 국적, 사회적 유대 또는 정치적 의견 때문에 박해받을 수 있다는 충분히 근거 있는 두려움을 느끼는 사람을 의미한다.[2] 난민들이 진정으로 보호받고 보살핌을 받으려면 우리 모두가 부담을 나누어 짐으로써 이들이 새로운 공동체에 통합되도록 돕고 탈출의 근본적인 원인을 해결해야 한다.[3]

세계화로 인해 교통 및 통신의 비용이 빠르게 감소했고 이주의 장벽이 낮아졌다. 이주자들이 접근할 수 있는 정보도 많아져서 가능한 선택 범위와 여러 도착지의 장단점에 대한 지식도 확장되었다. 그럼에도 불구하고 국경의 확대와 국경을 넘는 이들에 대한 통제 강화로, 특히 코로나19 시국에는 대부분 사람들이 과거보다 이주하기 어려워졌다. 재정, 무역 및 여타 이동 촉진을 위해 국제 협약이 맺어졌지만, 이주는 여전히 세계화 및 국제 거버넌스 시대의 고아나 마찬가지이다.[4] 난민, 국내 실향민 그리고 무국적자들 앞에 놓인 과제는 2배로 복잡하다.

이주는 지금의 세상을 만들어 냈고 미래를 근본적으로 정의할 것이다. 위험을 감수하고, 혁신하고, 또한 적응함으로써 이주자와 난민은 많은 경우 자신의 삶과 수용 사회 전반의 긍정적 여건들을 향상시킨다. 세계에서 가장 역동적인 도시와 국가들의 이주자 비율이 상대적으로 높은 것은 결코 우연이 아니다. 반면 국경을 봉쇄한 단일민족 국가들은 뒤처지는 경향이 있다. 세계에서 가장 살기 좋은 도시 명단에 정기적으로 이름을 올리는 토론토의 사례를 보자. 인구의 약 50퍼센트가 외국 출신이다.[5] 런던, 뉴욕 그리고 시드니와 같은 도시는 전체의 3분의 1이 넘는 인구가 외국에서 왔으며, 다양성을 미덕으로 삼고 새로운 사람들과 생각을 활발하게 화합시키고 있다.

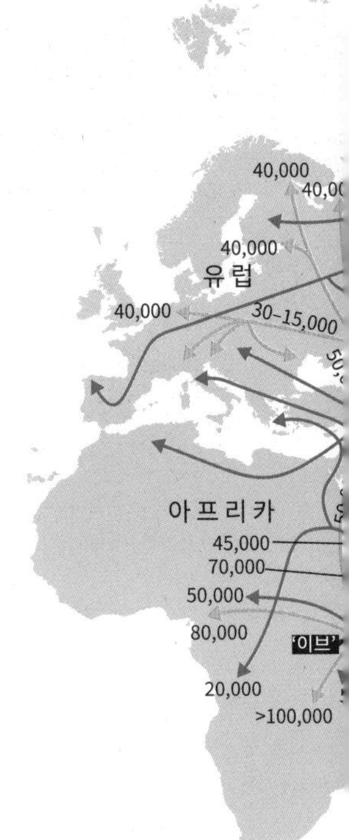

우리 조상의 이동 경로
인간은 10만여 년 전에 동아프리카에서 긴 여정을 시작했다. 이 지도는 가장 초창기 조상들의 이주 패턴을 보여준다. 유전자 마커 분석에 기반하여 인간이 어떻게 처음 아프리카를 횡단하여 중앙아시아, 유럽, 아시아, 마지막으로 남아메리카 및 북아메리카로 이동했는지 알 수 있다. 지도의 숫자는 대략 몇천 년 전에 특정 이주가 이루어졌는지 설명한다.

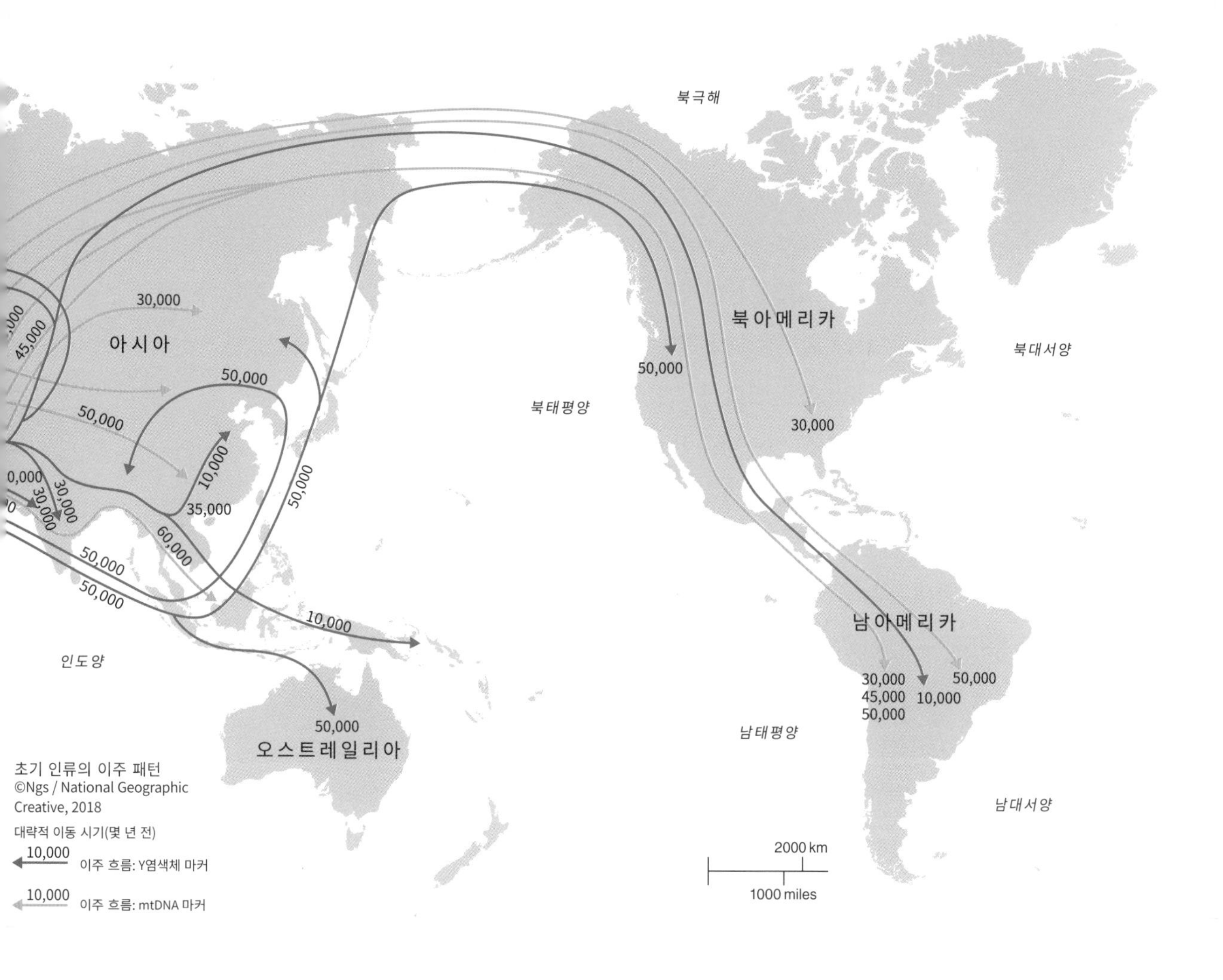

초기 인류의 이주 패턴
©Ngs / National Geographic Creative, 2018

이주는 어떻게 인류를 만들었는가

인간은 10만 년보다 훨씬 오래전부터 이주를 해왔다. 이 지도는 개별적인 역사적 계통과 변이를 추적하는 데 쓰이는 DNA 염기서열인 유전자 마커 분석을 바탕으로 우리 조상의 이주 패턴을 보여준다. 우리 유전자 풀에 남아 있는 흔적은 우리 모두의 기원이 아프리카라는, 살아 있는 증거이다.[6] 이주에 대한 열망과 능력으로 우리 조상들은 기근, 가뭄, 대유행병, 전쟁, 그리고 다른 여러 재난을 피할 수 있었다. 조상들은 새로운 기회를 탐험하고 지구 곳곳으로 이동하고 거주하며 지구 전체의 번영을 이루었다. 지도에 나타난 것과 같이, 인류는 다른 대륙에 앞서 동아프리카 지역에서부터 여정을 시작했다.

5만여 년 전, 인간은 중앙아시아의 비옥한 초승달 지대를 건너 유럽과 아시아를 향해 긴 여정을 시작했다. 아시아를 횡단하며 조상들은 홍적세 가장 후반기에 오스트레일리아에 도착했다. 당시에는 해수면 높이가 지금보다 아마 300피트 정도 낮아서 오스트레일리아와 뉴기니 사이를 연결하는 지협(*두 개의 육지를 연결하는 좁고 잘록한 땅*)이 드러나 있었을 것이다. 이윽고 그들은 유럽을 횡단하고 시베리아를 건너 약 10만 년 전 막을 내린 가장 최근의 빙하기에 베링 지협을 건넜다. 결과적으로 여러 번의 이주를 통해 북아메리카와 남아메리카에 도달한 것이다. 캐나다 서부 유콘 지역에서 발견된 블루피시 동굴에서 사람이 살았던 증거는 2만 4,000년 전의 것이다. 1만 8,000년 전, 인간은 남아메리카 및 북아메리카를 종단했으며, 칠레 남부의 몬테 베르데 지역에 초기 인류의 정착지가 있었다는 점이 그 증거이다.[7]

과거와 비교해 오늘날 이주가 예외적으로 대규모인 것은 아니다. 적어도 인구에서 차지하는 비율에 있어서는 그렇다. '대규모 이주의 시대'는 약 1840년경에 시작되어 70년간 지속되었고, 지금보다 훨씬 높은 수준과 비율로 국내외 이주가 이루어졌다.[8] 산업혁명으로 인한 실업을 포함한 정치적·경제적 위기는 수백만 명의 유럽인들이 빠르게 식량 부족, 학살, 전쟁, 가난을 피해 이동하게끔 했다. 이들 중 다수는 상대적으로 저렴하고 빠르며 안전했던, 새롭게 등장한 증기선 덕분에 남아메리카 및 북아메리카, 오스트레일리아로 이동할 수 있었다. 1850년대 무렵에는 매년 약 30만 명의 유럽인들이 국외로 이주했고 이 수치는 1914년 제1차 세계대전으로 4,000만 명 이상의 유럽인이 대서양을 건넜던 대규

미국 인구 중 외국 출생자의 비율(1820~2015)

1820년에서 2015년 사이 외국 출생 이주자가 매년 미국 인구에서 차지하는 비율을 추적한 수치이다. 미국으로의 이민은 19세기 중반에 1.6퍼센트로 최고치를 기록했고, 그 후 계속 뚜렷하게 감소하다가 지난 10년간 약 0.3퍼센트에서 안정되었다.

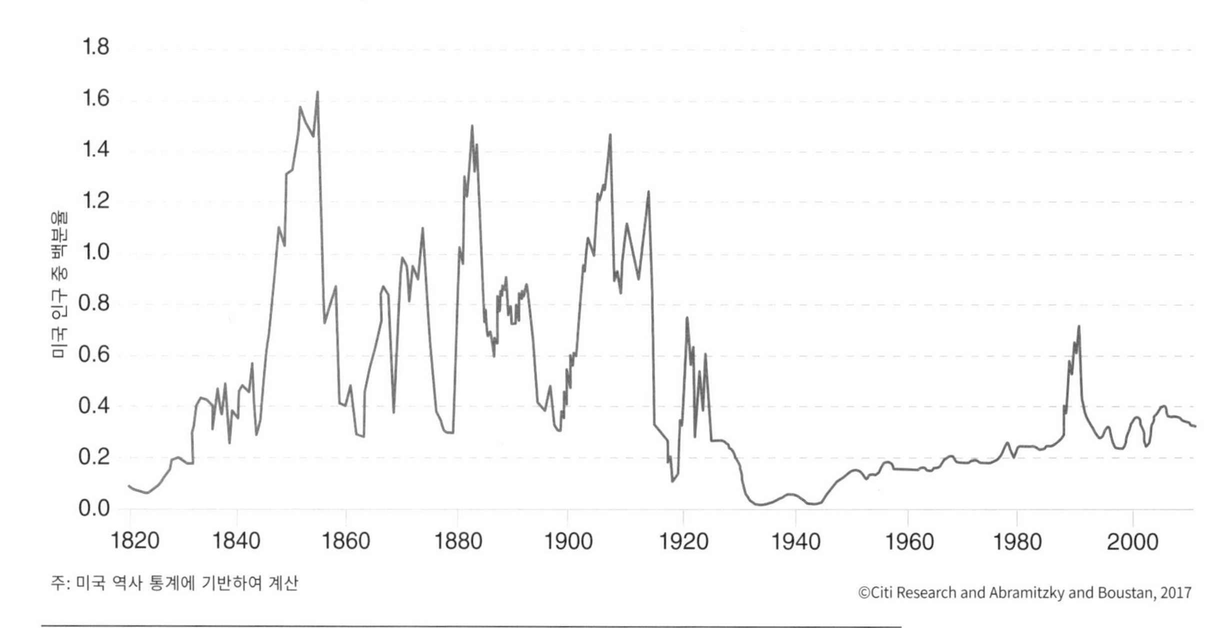

주: 미국 역사 통계에 기반하여 계산

©Citi Research and Abramitzky and Boustan, 2017

모 이주가 끝날 때까지 매년 증가하여 연간 300만 명이 넘게 되었다.[9]

이전 세기에 이루어졌던 거대한 이주 규모는 코로나19, 반이민자 정서의 고조, 국경 봉쇄 등의 배경에서 보면 완전히 이해하기 어렵다. 예를 들어 19세기 중반과 20세기 초반에 유럽인 5명 중 1명은 이주를 했다. 아일랜드, 이탈리아, 스칸디나비아 일부 지역에서는 인구의 3분의 1 이상이 자신이 태어난 지역을 떠났다.[10] 1800년부터 1850년까지의 기간에 일어난 첫 번째 이주 물결의 주인공은 주로 산업혁명으로 인한 경제적 이유로 재정착해야 했던 영국과 독일 노동자들이었다.[11] 그러나 곧 아일랜드, 이탈리아, 스페인, 스칸디나비아 그리고 동유럽 이주자의 수가 빠르게 이들을 앞질렀다. 사실, 유럽 이주자가 북아메리카와 오스트레일리아 인구의 적어도 3분의 1을 차지했다. 영국에서 이주자의 비율은 아일랜드에서 기근을 피해서 온 인구와 동유럽에서 학살을 피해서 온 인구를 포함하면 오늘날보다도 훨씬 높았다.[12]

모든 점을 감안해 보자면, 상당한 비율의 이주자가 상황이 개선되었을 때 고향으로 돌아갔다. 오늘날과 마찬가지로 19세기 이주자의 움직임은 일방통행이 아니었다. 약 절반은 결과적으로는 고향으로 돌아갔지만, 출신국에 따라서 그 비율은 매우 다르다.[13] 이탈리아와 스페인 이주자는 대략 절반이 어느 순간 고향으로 향했지만, 러시아 이주자 중 고향으로 돌아간 사람의 비율은 채 5퍼센트도 되지 않았다.[14] 제1차 세계대전이 발발하고 민족주의가 고조되자 신분증명서류와 관련된 국경 통제가 광범위하게 도입되어 실행되었다. 이전에는 외모와 출신에 기반하여 특정 민족 집단에게만 주로 차별 목적으로 선별적 통제를 했었다. 한 예로, 1882년에 미국 당국이 중국인배척법Chinese Exclusion Act이라는 법령을 도입하여, 중국인 이주자 출입을 통제하고 귀화 자격을 주지 않았다.[15]

오늘날 우리가 일반적이라고 여기는 엄격한 입국 및 통관 통제는 최근에야 고안되었다. 20세기 초반 여권이 처음 도입된 이래 130여 개의 신생국이 나타났고 불가피하게 많은 국경과 검문소가 생겨났다.[16] 이런 국경은 점차 명확해지고 불가침이 되었다. 세계화의 가장 최근 국면에서 많은 이들이 기대했던 것 같은 자유로운 이동 시대의 서막은 열리지 않았다. 오히려 여러 국가에서 여행 제한이 강화되었다. 구소련의 공화국들이 자체적으로 결정하여 15개 신생국이 탄생했고, 각자의 입국 체계가 생겼다. 각각의 신생국들이 새로운 국경 통제를 하여

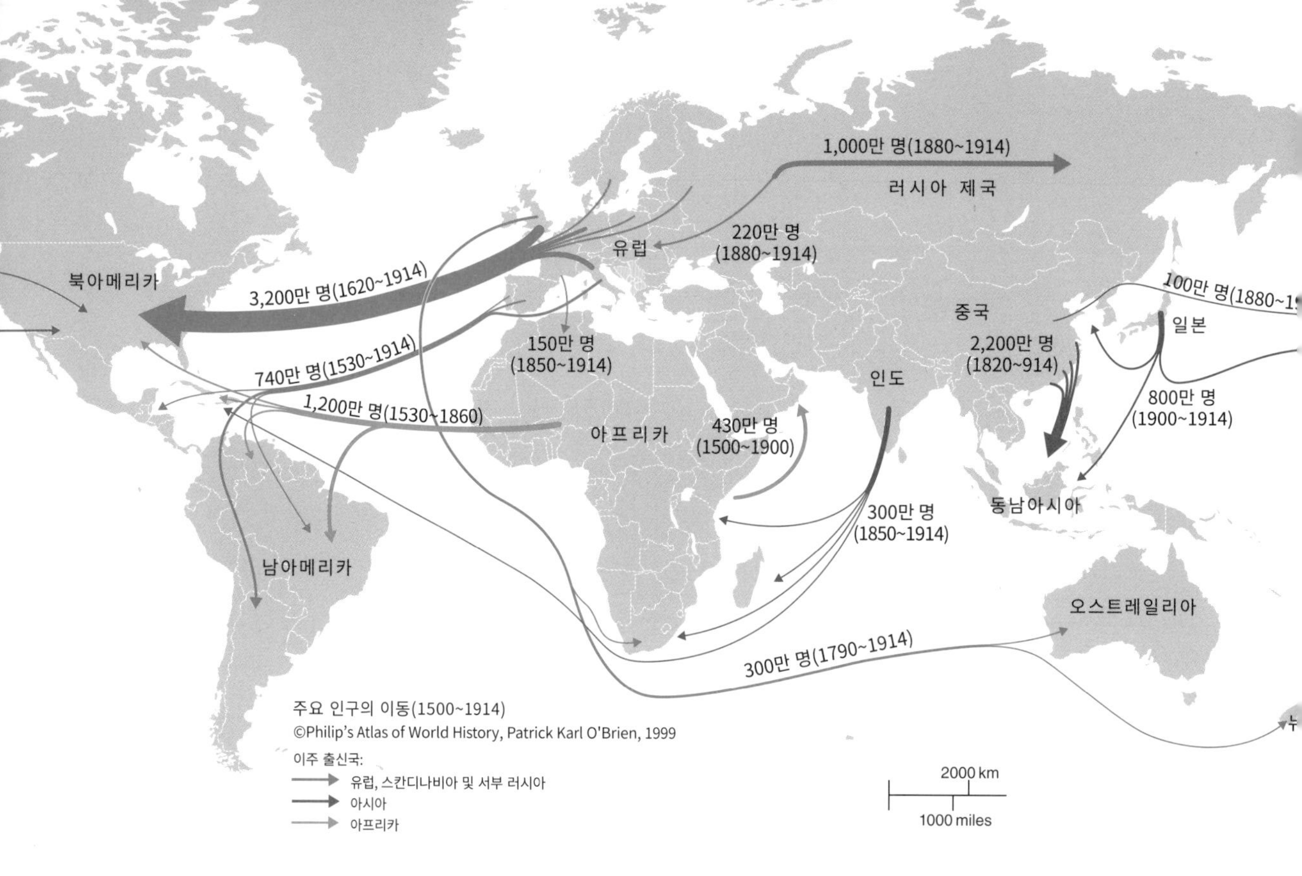

주요 인구의 이동(1500~1914)
©Philip's Atlas of World History, Patrick Karl O'Brien, 1999

수 세기에 걸친 이주(1500~1914)
수천만 명의 유럽인들이 1815년에서 1914년 사이에 아메리카 대륙을 향해 떠났다. 증기를 이용한 교통수단이 나타나면서 이주 속도는 가속화되었다. 유럽인들은 남아프리카, 오스트레일리아, 뉴질랜드에도 정착했다. 한편, 수백만 명의 중국인과 일본인은 일자리를 찾아 이주했고 그중 많은 이들이 동시기에 동남아시아와 북아메리카의 서부 해안으로 향했다. 노예무역으로 인해 아프리카인들은 비자발적으로 남아메리카, 북아메리카, 중동으로 대규모 이동하여 재정착해야 했다.

이전에 자유롭게 이동하던 사람들은 이제 비자, 입국 심사 등 여러 가지를 만족시켜야 한다.[17]

이동에 대한 여러 정치적 행정적 제한에도 불구하고 이주의 경로는 그 어느 때보다 풍부하다. 2019년 후반 코로나바이러스가 출현하기 전, 이동 비용은 급락했고 가용한 교통수단의 선택 범위는 극적으로 확대되었다. 특히 고속철도가 확산됐고 저가 항공 그리고 경쟁하는 공항 허브들이 있었다. 지난 45년간 세계 인구는 2배로 증가했고, 이주자의 절대적인 숫자 자체는 2019년 2억 7,200만으로 현저히 늘었다.[18] 그러나 국경의 증가, 인구 증가, 선택 가능한 교통수단의 증가, 도착지 관련 정보의 향상에도 불구하고 세계 인구에서 이주자들이 차지하는 비율은 대단히 안정적이었다.

1850년경 증기선이 발명된 이후부터 제1차 세계대전으로 해상 운송이 어려워진 1914년까지 대략 세계 인구의 3퍼센트는 이주자였다.[19] 전쟁 직후 1918년에 지독한 스페인독감 팬데믹이 발생하자 이주를 통제하려는 열망이 거세졌고 많은 국가에서 국경 통제 강화가 일반화되었다. 상대적으로 국경이 자유롭게 열려 있던 시대는 끝나고 통제 강화의 시대가 도래했다. 이주 인구 비율은 2퍼센트를 약간 상회하는 수준이 뉴노멀이 되었다.[20] 제2차 세계대전 이전의 대공황과 민족주의의 부활로 이런 현상은 강해졌고 이어진 냉전 시대로 국가 간 국경은 그 어느 때보다 요새화되었다. 1990년대 냉전 종결 후, 보다 열린 글로벌 경제가 구축되면서 유럽 통합이 이루어지고 중국이 개방되었다. 당시에는 19세기 후반에 가까운 이주 수준을 보였다.

많은 이들의 기대와 달리 이주가 폭발적으로 증가하지는 않았다. 1970년 이후 국제 소득이 평균 10배 증가하고 항공·해양·육로 여행이 훨씬 저렴해졌으며, (특히 최근까지 오직 예외적인 상황에서만 해외여행이 가능했던 동유럽과 중국에서 외부로) 이동할 기회가 증가했음에도 불구하고, 세계적으로 과거보다 이주의 정도가 눈에 띄게 증가하지는 않았다.[21] 수치를 보면 이동하는 사람의 수는 (그래프에서 볼 수 있듯이) 절대적으로 증가했지만 세계 인구에서 이주자가 차지하는 비율은 19세기와 다르지 않게 3퍼센트를 조금 넘는 수준이다. 코로나19로 이주는 극단적으로 감소했지만 장기적인 추세가 바뀌지는 않을 것이다.

오늘날의 세계에서 30명 중 1명은 이주자이다. 언론의 자극적인 헤드라인보다는 확실한 사실을 살펴보는 것이 중요하다. 분명 엄격한 통제로 인해 이주자, 망명 신청인, 난민들이 이동하지 못하고 있다. 그러나 셍겐 협정에 서명했던 유

이주자의 수는 증가하였으나 세계 인구에서 차지하는 비율은 약 3퍼센트에서 뉴노멀로 안정되었다

1970년 이후 이주자 수는, 좌측에 백만 명 단위로 표시된 막대그래프에서 볼 수 있듯이 급격하게 증가했다. 그러나 세계 인구에서 차지하는 비율은 우측에 백분율로 단위가 표시된 꺾은선그래프에서 보듯이 약 3퍼센트 수준에 머무르고 있다.

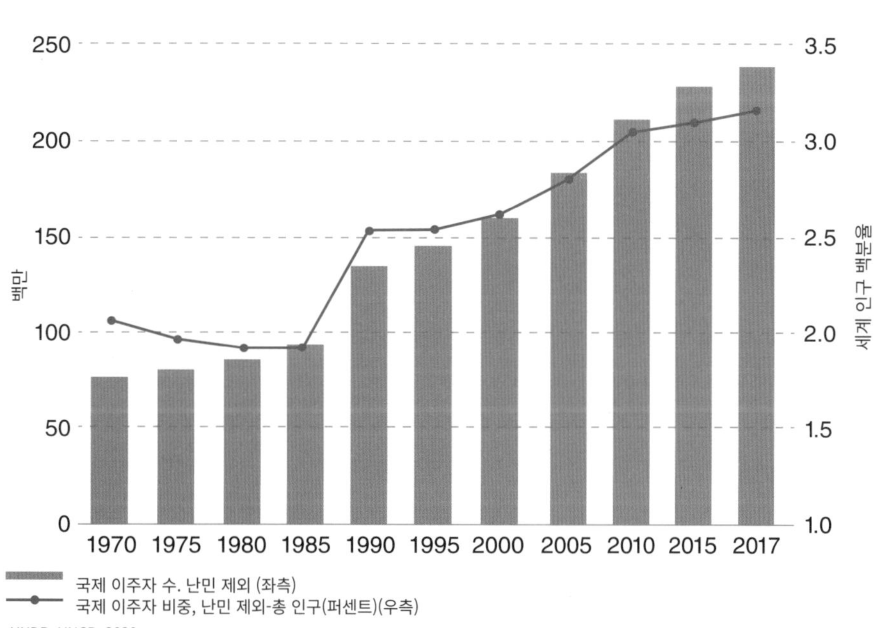

UNDP, UNCR, 2020

럽 국가들을 고려해 보자. 국경 통제가 전혀 없지만 고용 수준과 소득이 서로 큰 차이가 남에도 불구하고 대부분 이동하지 않았다. 심지어 2008년 금융위기 이후 이런 차이가 극명하게 커졌던 시기에도 유럽 내에서 눈에 띄는 이주 증가는 실질적으로 없었다. 간단히 말하면 사람들은 대부분 가능하면 고향에 남기를 선호한다.[22] 이주자들은 여러 측면에서 '예외적인 사람들'이다.

이주자들은 누구인가?

대다수 사람은 전 세계적인 이주의 거대한 규모와 영향을 정확히 알 수 없다. 미국에는 *(국내 이주와 국가 간 이주를 합하여)* 약 5,100만 명의 이주자가 있으며 국가 전체 인구의 약 15퍼센트를 차지한다. 사우디아라비아에는 비율상 그 2배로, 약 1,300만 명의 이주자가 인구의 3분의 1 이상을 구성한다.[23] 아랍에미리트연합(UAE)과 같은 다른 걸프만 국가들은 2019년에 인구의 88퍼센트가 이주자였다. 싱가포르와 같은 성공적인 작은 국가들은 거의 40퍼센트가 이민자들이다. 룩셈부르크는 47퍼센트가 외국 출생이고 스위스는 거주자의 30퍼센트가 이민자이다. 세계에서 가장 인구가 많기로 유명한 중국은 이민자 인구가 0.07퍼센트, 인도는 0.4퍼센트로 매우 적다. 유학생들은 국제 이주자의 상당한 비율을 차지한다. 500만 명 이상이 외국 대학의 학위나 졸업장을 따기 위해 학교에 등록했다. 코로나19 전에는 이 수치가 매년 약 10퍼센트씩 증가하고 있었다. 해외에서 기회를 찾고 있는 여러 국가 출신의 학생 수가 점차 증가하고 있지만, 대다수가 아시아의 두 국가 출신이다. 바로 중국과 인도인데 이는 교육 챕터에서 다루겠다. 영어가 국제 공용어인 세상에서, 미국에는 100만 명이 넘는 대학생 유학생들이 있다. 영국에는 50만 명 정도가 있다. 이 국가들은 역사적으로 가장 많은 외국인 학생들을 모집했다. 그런데 오스트레일리아와 캐나다도 만만치 않다. 양국 모두에 영국보다 많은 75만 명 이상의 외국인 학생이 있다.

전 세계 이주자의 60퍼센트를 넘어서는 정도만 아시아(약 8,300만 명)와 유럽(약 8,200만 명)에 살고 있다. 미국은 단일 국가로서 이주자가 가장 많은 국가이며 이는 미국에서 국내로의 이주에 대한 논의가 왜 그렇게 활발한지 설명해 준다.[24] UN은 아프리카에 2,700만 명의 이주자가 있다고 추정하는데 이는 아프리

이주의 유입과 유출(2016~2019)

파란색 원은 미국, 터키, 독일, 사우디아라비아 등 순 유입 이민이 가장 많은 국가를 포함하여 유출 인구보다 유입 인구가 많은 국가를 나타낸다. 빨간색 원은 유입보다 유출이 많은 국가를 나타낸다. 시리아, 베네수엘라, 인도가 순 유출 이민이 많은 주요 국가이다. 원의 크기는 2016년부터 2019년까지 이주의 순 유입이나 순 유출의 규모를 보여준다.

카 대륙 54개 국가 간의 소위 '불법 체류' 이민을 과소평가한 수치이다. 국경이 허술하고 등록 시스템이 취약하다는 것은 아프리카 이민 통계가 상당한 결함이 있다는 의미이다.[25] 그렇다고 하더라도 개발도상국 간 이주 흐름이 빈국과 부국 간의 이주보다 빠르게 증가하고 있다는 증거도 있다. 지도의 빨간색 원은 2016년부터 2019년 사이에 시리아가 겪었던 200만 명의 이주자 순손실을 보여준다(이에 더해 이전 5년간 600만 명 이상이 시리아를 떠났다). 또 베네수엘라에서 국외로 나가는 순 이주자 수는 190만 명이었으며 이들은 사실상 모두 난민이었다. 동기간 동안 인도로 들어간 이주자보다 170만 명 이상 많은 이주자가 인도를 떠났는데 대부분 걸프 지역에서 일하기 위해서였다. 독일은 최대의 순 이주자 수용국이며 파란색 원은 260만 명 이상이(그중 약 절반은 난민이었고 나머지 반은 취업을 위한 것이었다) 입국 후 다시 떠났음을 보여준다. 사우디아라비아가 그 뒤를 잇고(220만 명 수용), 다음은 미국(국내로의 순 이민 210만 명)이다. 터키는 125만 명의 난민을 수용했으며 이전 5년 동안에도 250만 명의 난민을 수용한 바 있다.

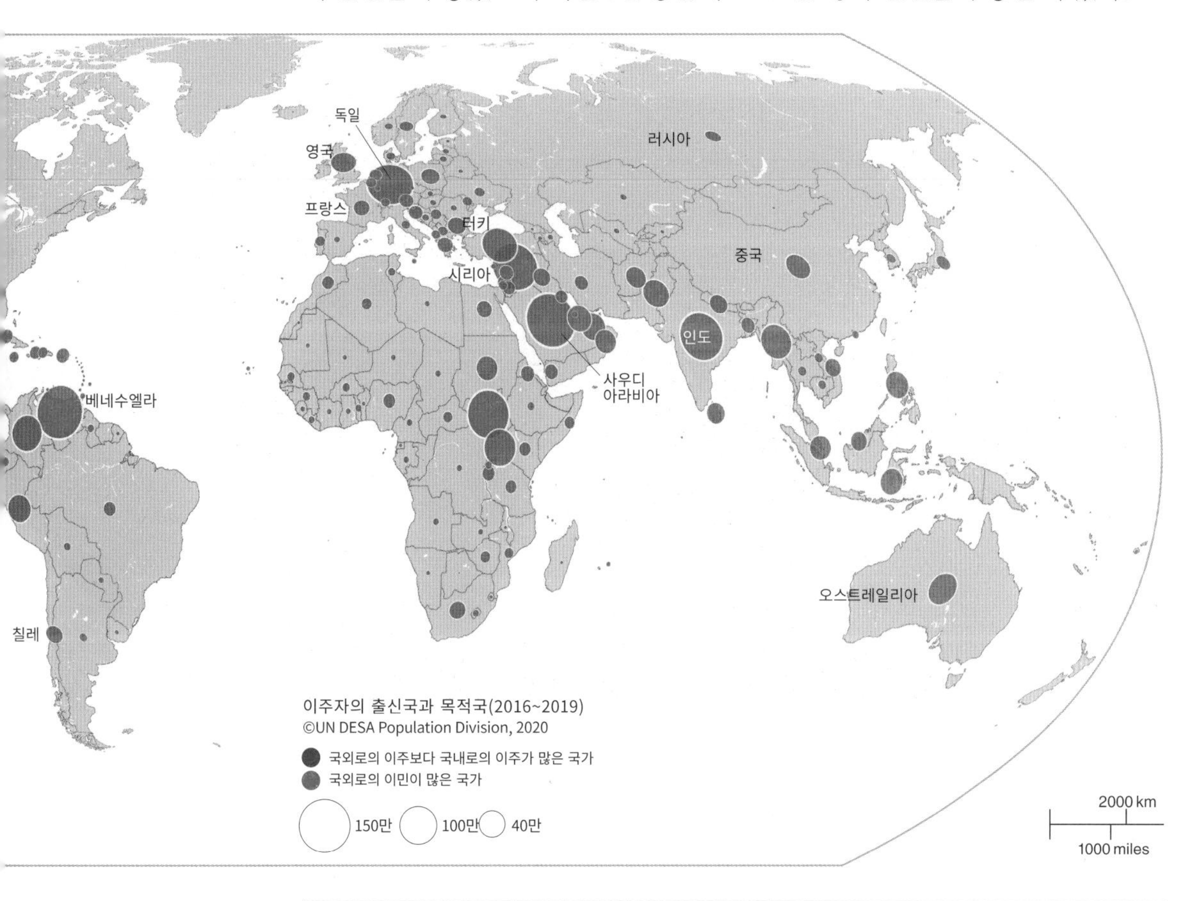

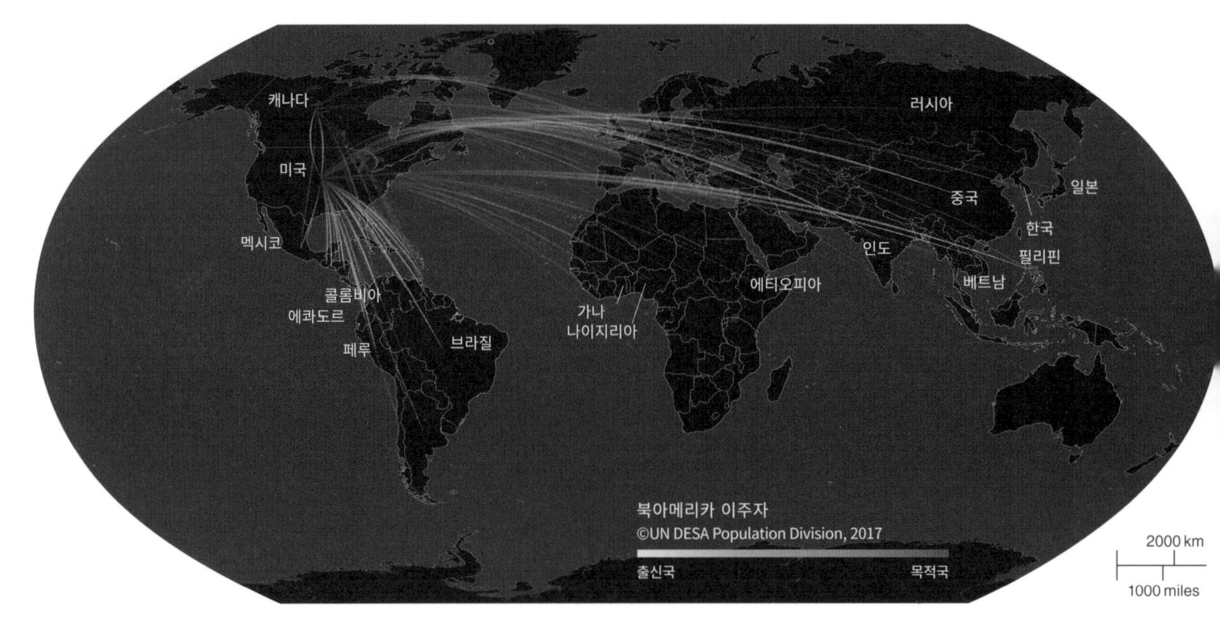

이주자에게 매력적인 북아메리카(2017)

이 일련의 지도는 2017년에 있었던 지역 간 사람의 역동적인 이동 흐름을 잘 보여준다. 첫 번째 지도는 캐나다와 미국이 남아메리카 및 북아메리카, 유럽, 아시아, 아프리카 전역에서 오는 이주자들에게 매력적인 국가임을 보여준다. 보라색 선은 도착지를, 노란색 선은 이주자 출신국을 나타낸다.

유럽인은 유럽을 선호한다(2017)

이 지도는 유럽으로의 또는 유럽 내의 이주를 보여준다. EU 국가들과 그 중심부 독일 간의 2017년 이동 흐름 네트워크가 밀집되고 얽혀 있음을 알 수 있다.[26] 유럽은 미국 다음으로 인기 있는 이주 목적지로 최근 몇 년 동안 약 400만 명이 입국했고 약 200만 명이 해당 지역을 벗어났다.[27]

아시아의 삼각형(2017)
2017년 아시아에서 대륙 내 이주의 패턴 또한 명확하다. 일본, 싱가포르, 한국과 같은 더 부유한 국가가 주변 국가 출신의 저임금 노동자를 끌어들인 정도가 뚜렷하다. 이웃 필리핀과 인도네시아 간의 이주도 마찬가지이다. 중국, 일본, 필리핀, 한국에서 북아메리카와 오스트레일리아로 향하는 이주도 상당하다.

아프리카의 장거리 이주(2017)
아프리카 서부의 부르키나파소, 기니, 말리, 니제르와 같은 국가 간의 밀집 이주도 2017년 대륙 내 이주 패턴을 보여주는 이 그림에 명확히 나타난다. 그중 일부는 유목 목축인들이 차지한다. 구직을 목적으로 남아프리카로 이동하는 장거리 이주는 100여 년 전에 만들어진 패턴이다. 당시 남아프리카의 금광과 다이아몬드 광산을 위해 억압적인 이주 노동 시스템이 개발되었다.[28]

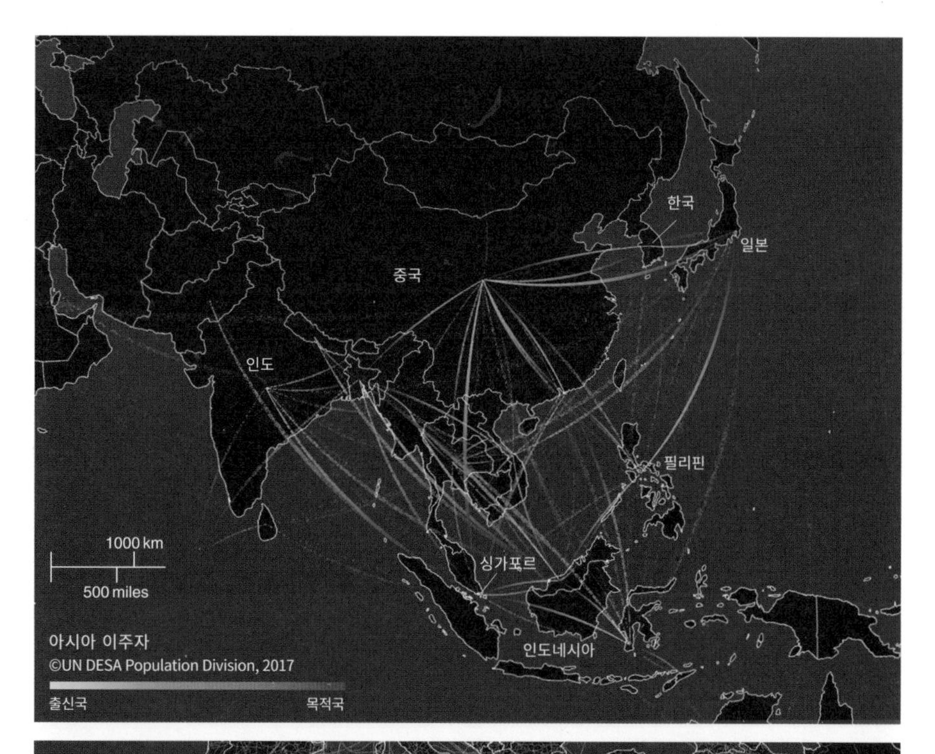

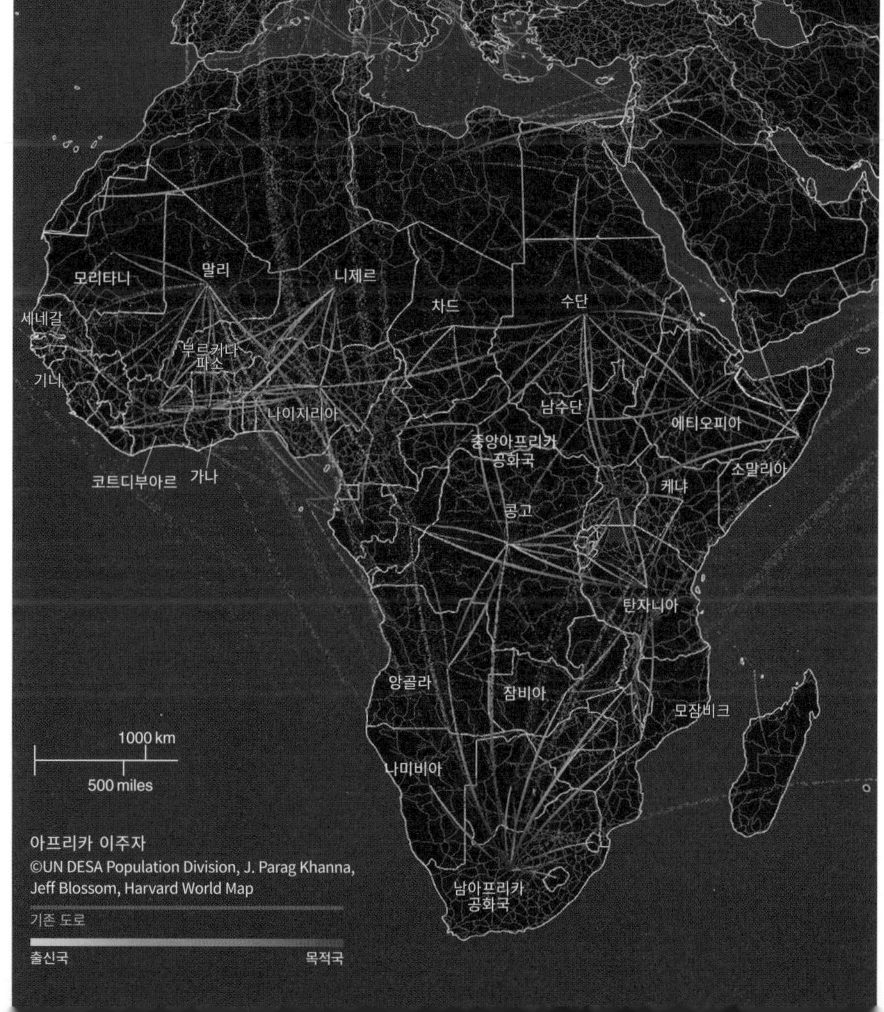

이주자들은 경제성장을 촉진한다

이민 즉, 한 사회에 유입되는 이주자들은 대부분 국가와 도시에서 경제적 번영을 일으키는 강력한 동력이다. 이런 종류의 이주는 전체 국민 기준으로나 노동 인구 기준으로나 가리지 않고, 종합적으로 더 큰 번영을 창출한다. 현재 부국에서 이주자들은 노동 인구의 10~30퍼센트를 구성하는 반면, 1960년에는 5퍼센트를 차지했다. 세계적으로 이주자는 현대 세계 인구의 3.3퍼센트에 해당하고 노동력에서 이들이 차지하는 비율은 인구 전반에서 차지하는 비율보다 훨씬 높다.[29] 2000년 이후 부국에서는 이주자의 총 숫자가 20퍼센트 증가했으며 주된 이유는 기술을 가진 이민자 수가 70퍼센트 치솟은 것이다.[30] 이주자는 보통 일하기 위해 국가 간 이동을 하고 대부분 일이 끝나면 떠난다. 이런 이유로 이주자가 노동 인구에서 차지하는 비율보다 학령기나 고령인구에서 차지하는 비율이 훨씬 낮다.[31]

이 책의 다른 챕터에서 설명한 지정학적, 환경적 그리고 팬데믹 전망의 악화는 이주에 부정적인 의미를 가진다. 또한 이주의 동력, 증가 및 영향을 이해하는 것은 그 어느 때보다 절박하고 시급하다. 많은 국가에서 이주는 공공서비스를 '미어터지게' 하고 공공 예산을 '잡아먹는' 원인으로 비난받는다. 그러나 사실은 그 반대라는 것을 보여주는 압도적으로 많은 증거가 있다. 즉, 이주는 일반적으로 수용국의 인구 소득을 증대시킨다. 실제로 만약 1990년에 이민이 중단되었다면 2014년 독일의 경제는 약 1,550억 유로(1,320억 파운드 혹은 1,600억 달러), 영국의 경제는 약 1,750억 파운드(2,120억 달러) 더 규모가 작았을 것이다.[32] 이주가 없었다면 금융위기 이후 미국의 경제 회복도 훨씬 미약했을 것이다.[33]

이주자들의 생산성을 설명해 주는 한 가지 근거는 이들이 일반적으로 생산가능인구에 해당하는 연령대라는 점이다. 수치가 보여주듯이 이주자 중에는 25세에서 45세의 비중이 지역 인구에 비해 훨씬 높아, 일반적으로 원주민 인구보다 젊고 더 많이 일한다. 일하지 않는 피부양 이주자는 더 적기 때문에 거주하는 대부분 지역에서 평균 생활 수준에 매우 긍정적 영향을 미친다. 이는 세금에도 더 많은 기여를 한다는 점을 뒷받침하며 이주자는 교육, 연금, 보건 및 고령 돌봄 등의 정부지출에 의존하기보다 기여하는 바가 더 크다.[34]

대부분의 이주자는 생산가능 인구이다(2017)

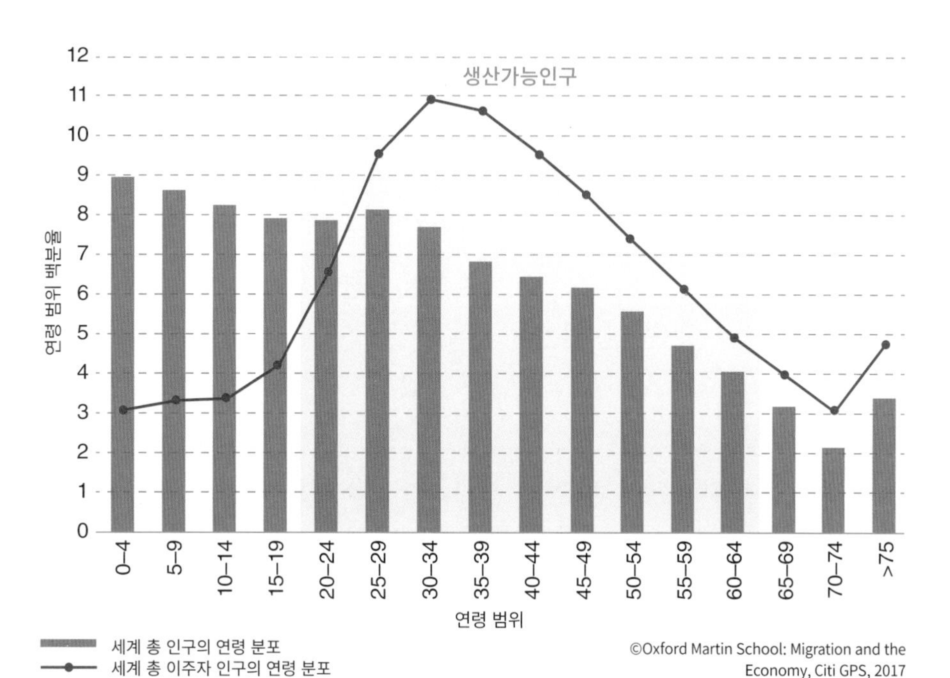

©Oxford Martin School: Migration and the Economy, Citi GPS, 2017

40세 미만의 이주자를 더 받아들일 때 이들이 재정에 주는 평생 순 기여도는 대부분 국가에 긍정적이다.[35] 새로운 이주자들을 흡수하고자 특히 정부, 기업, 사회가 더불어 통합과 권리를 위한 포괄적 접근 방식을 취할 때, 이주는 더 큰 이득을 가져오는 경향이 있다. 예를 들어, 미국과 유럽에서 세금과 지출 면에서 이주자로 인한 직접 비용 대 이익은 단기적으로 매년 비슷한 수준으로 추정된다.[36] 그러나 장기적으로는 긍정적인 효과가 훨씬 강력하다.[37] 프랑스에서 만약 순 이주가 절반으로 떨어지면 이주자 기여도 손실을 메우기 위해 정부는 지출을 최소 2퍼센트 늘려야 한다.[38] 영국에서 이주가 줄면 공공 재정이 악화하여 부정적인 결과가 현저하게 나타날 것으로 예상된다.[39] 미국에서는 베이비붐 세대의 고령화로 납세자들이 져야 할 추가 부담을 연간 160만 명이라는 이민자 순 유입으로 상쇄할 수 있다.[40] 이주자 증가는 대부분 국가에 경제적으로 이득이 되는데도 대규모 이민자가 빠르게 증가하면 정치적으로는 달갑게 여겨지지 않는다.

이주자는 일반적으로 원주민보다 오래 근무한다.[41] 또 간접적으로 원주민 인구의 고용률을 증가시킨다.[42] 우선 이주자는 아동 및 다른 돌봄 서비스 비율에 하방 압력을 가한다.[43] 예를 들면 유럽 인구의 약 23퍼센트는 다른 사람을 돌보느라 일을 하지 못한다.[44] 이는 돌봄을 담당할 확률이 높은 여성에게 쏠린 차별이다. 아일랜드에서는 55퍼센트가 넘는 여성이 돌봄 책임 때문에 일을 할 수 없다고 말하지만, 10퍼센트 미만의 남성만이 돌봄이 일을 하지 못하게 하는 요소라고 말한다.[45] 영국에서는 약 40퍼센트의 여성이 일은 하고 싶지만 돌봄 책임 때문에 일을 할 수 없다고 하는 반면 남성은 5퍼센트 미만만 그렇게 대답한다.[46] 감당 가능한 가격에 돌봄 일을 맡아주는 이주자들은 여성이 노동력에 진입할 수 있도록 장려할 수 있다.[47] 보육과 가사도우미 서비스 비용이 더 저렴해지면 여성의 참여는 늘어날 것이다.[48] 출산율도 마찬가지이다. 더 많은 여성이 아이를 낳고 일터로 복귀할 수 있다.[49]

가사와 돌봄 관련 일에 종사하는 이주자가 감소하면 여성의 노동참여 기회가 크게 줄어든다.[50] 여성의 노동력 참여 증대에 이주가 미치는 영향은 고숙련 노동자 사이에서 가장 두드러지고 이는 더 큰 경제적 영향을 미치게 된다.[51] 영국 국립보건서비스(NHS)에서 브렉시트가 이주 감소와 관련 있는 만큼 돌봄 노동자의 부족으로 영국 근로자들(대부분 여성)이 아이들이나 피부양자를 돌보기 위해 일을 그만둬야 할 수도 있다고 경고했다는 사실은 놀라울 것도 없다.[52] 이주 감소로 이미 영국의 보건 서비스 비용이 증가했고 NHS 대기 시간은 늘어났다. 보건 서비스를 제공하는 데 필수적인 외국인 간호사와 의사 및 청소, 주방 및 여타 직원들의 고용이 제한되기 때문이다.[53] 의사 및 간호사 부족과 외국인 직원에 대한 NHS의 의존도는 코로나19 기간에 무서울 만큼 명확해졌다.

창의적인 이주자

이주가 지역 및 국가 경제 생산성에 장기적으로 큰 변화를 가져오는 효과가 있다는 것은 대학의 학자 및 싱크탱크 분석가들에 의해 널리 인정받고 있다. 그러나 실질적인 위험은 즉각적인 비용에만 집중한 나머지 정치인들이 이주를 줄여 단기적인 정치적 목적을 달성하려 한다는 점이다. 이는 장기적으로 사회적·경제적으로 매우 부정적인 의미를 지닌다. 혁신과 기업가 정신은 역동적인 경제의 원동력이다. 역동성과 혁신을 경제에 불어넣는 두 가지 믿을 만한 방법은 고등교육을 받은 근로자의 수를 늘리고 일터에 다양성을 도입하는 것이다. 이민은 이 두 가지를 모두 제공한다.

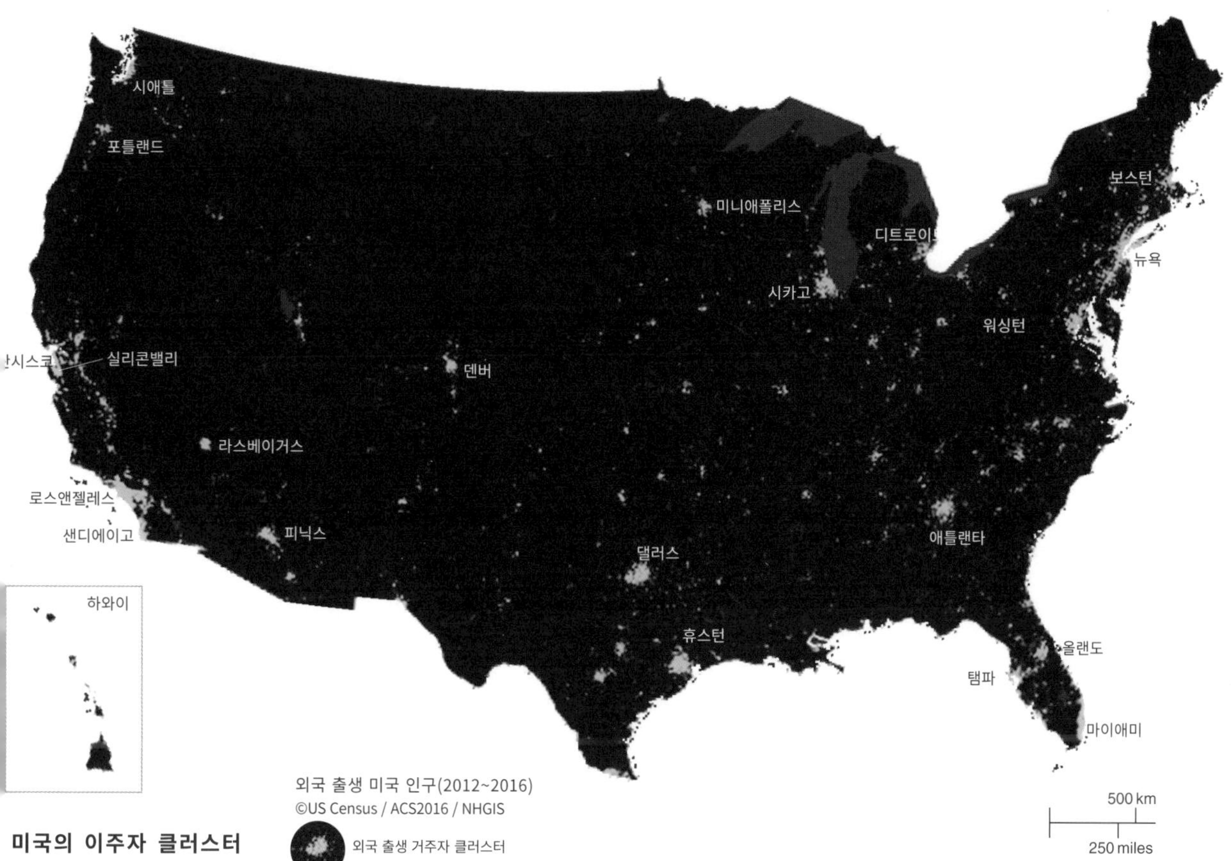

미국의 이주자 클러스터 (2012~2016)

지도에서 밝은 파란색으로 표시한 지역은 미국에서 이주자가 밀집된 곳이다. 2012년부터 2016년까지 외국 출생 인구의 수로 측정했다. 당연히 이들 지역은 역동적인 대도시들로 이주자들은 일자리를 찾아왔다. 이들은 중심지를 형성하고 부의 증대에 기여하며 일자리를 더 많이 창출한다. 실리콘밸리에서는 엔지니어의 3분의 2가 외국 태생이다.[54]

이주자는 분명히 더 많은 위험을 감수하려 하고 수용국에 보장된 커리어 진로가 없기 때문에 기업가가 되거나 창업하는 경향이 높다. 미국에서 이주자들은 원주민보다 특허 신청할 확률이 3배 더 높고 국제 특허 신청의 약 40퍼센트를 제출한다.[55] 앞서가는 과학 기업이 제출하는 특허 대부분은 이주자가 차지하고 있다. 퀄컴Qualcomm이 제출한 총 특허의 72퍼센트, 머크Merck의 65퍼센트, 제너럴 일렉트릭General Electric의 64퍼센트, 시스코Cisco의 60퍼센트는 이주자가 신청한 것이다.[56] 실리콘밸리에서 벤처 자금을 지원받은 모든 회사 중 절반 그리고 상장 회사의 30퍼센트는 최소 한 명의 설립자가 이주자이다.[57] 미상장된 10억 달러 이상의 가치가 있는 미국 스타트업의 절반 이상(성장 잠재력이 높은 소위 유니콘 기업)을 이주자가 이끌고 있다.[58]

당연하게도 글로벌 경제에서 가장 역동적이고 생산적이며 높은 이윤을 내는 산업과 지역은 이주자의 집약도가 높은 특징이 있다. 이주자인 노벨상 수상자, 미국과학아카데미 회원, 오스카 수상 영화감독 수는, 인구에서 이주자가 차지하는 비율에 비하여 3배 더 많다.[59] 수학 분야에서도 필즈상 수상자의 3분의 1은 이주자이다. 상장 기업을 연구한 맥킨지 연구에 따르면 이주자는 매우 성공적인 기업을 창업할 확률이 원주민보다 3배 더 높다.[60] 이를 반영하듯, 《포천Fortune》이 선정한 500대 기업 중 40퍼센트는 이민자 1세대나 혹은 2세대가 설립하였고 이들은 구글, 인텔, 페이팔, 이베이, 야후, 테슬라와 같은 지구상에서 가장 유명한 기업의 창업자이다.[61]

하버드 연구원인 윌리엄 커William Kerr와 윌리엄 링컨William Lincoln은 기술 근로자에게 개방적인 미국의 이민정책이 지난 30년간의 정보기술 혁신과 직접적 연관성이 있다는 사실을 도출했다.[62] 고숙련자 임시 입국허가(높은 레벨인 H-1B 비자) 비율이 높으면 발명의 비율이(등록된 특허의 개수로 측정) '현저하게 증가'한다는 것을 알아냈다.[63] 특히, 기술을 가진 이주자 수가 증가하면 자신들의 일을 통해 혁신에 높은 기여를 할뿐만 아니라 원주민과 협업하고 생태계의 역동성을 향상시켜 원주민들의 기여도까지 높아졌다.[64] 이주자들이 기술과 과학에 긍정적으로 기여하는 것은 미국에만 국한된 이야기가 아니다. 영국에서는 전체 부커상 수상 작가의 3분의 1이 이주자였다.[65] 로버트 와인더Robert Winder는 저서『대단한 그들: 브리튼의 이민 이야기Bloody Foreigners: The Story of Immigration to Britain』에서 이민자는 정치, 금융, 산업, 제약 분야에서 일어난 연속적 혁신의 물결에 기여했다고 언급했다.[66] 또한 로버트 게스트Robert Guest는 저서『국경 없는 경제학Borderless Economics』에서 이주자가 중국을 포함한 많은 국가에서 역동적 역할을 했다는 사실을 강조했다.[67]

이주자가 혁신의 원천이 되는 몇 가지 이유가 있다. 우선 이들은 일반적인 다른 인구집단보다 혁신적 분야에 더 끌린다.[68] 이민자들은 가장 혁신적인 도시에 모여들고 경제의 지지부진한 분야보다는 기술 수요가 빠르게 증가하는 분야에 압도적으로 많이 참여한다.[69] 더욱이 이주자들은 심각한 기술 부족을 메우고 빠른 속도로 생산성 향상을 이끈다. 2015년 이민자들은 과학 및 공학 분야 박사 학위가 있는 미국 노동력의 45퍼센트를 차지했다.[70] 과학 및 공학 분야 직업에서 높은 수준의 기술이 더 요구될수록 이주자들의 기여도는 높다.[71] 컴퓨터 및 수학·과학 분야에 종사하는 미국 근로자의 60퍼센트는 외국 태생이며 공학 분야에서는 이민자 비율이 전국적으로 약 55퍼센트에 달한다.[72]

이주의 경제, 이주의 정치

이주가 그렇게 많은 이득을 가져다준다면 왜 많은 이들이 반대하는 것일까? 미국, 유럽 그리고 남아시아 내 선거에서 민족주의자 후보들은 강력한 반이민 정책을 선언하여 표를 얻었다. 수십 년 만에 처음으로 이주의 정치적 생존력이 압박을 받고 있다. 단순한 이유는 포퓰리스트 정치인들이 (특히 선거 기간 동안) 반이민 정서를 조장하고 유권자는 불안과 두려움을 느껴 반이민 정서가 고조된다는 점이다. 오스트리아와 이탈리아에서부터 인도, 러시아에 이르기까지 정치인들이 이주에 반대하는 정치적 수사를 이용해 권력 쟁취에 성공함으로써 강력한 대중선동 내러티브를 탄생시키기도 했다. 이는 이주자와 난민에게 누가 더 가혹한지 경쟁하는 정치인들 사이에서 밑바닥을 향한 경주로 이어졌다.

2008년 금융 위기 이래로, 특히 2020년 코로나19 팬데믹 이후 지역적 불평등이 눈에 띄게 심해졌다. 이는 침체된 마을보다 역동적인 도시에서 두드러지는 특징이다. 도시와 농촌 간 소득과 고용 격차는 (주로) 진보적인 국제도시로 신기술 기업과 고소득이 집중되면서 더 심화되었다. 이런 도시가 다양한 위기에 책임이 있다고 여겨지는 '엘리트'의 거주지라는 사실 때문에 일부 유권자는 '기존의 일반적인 정치'를 붕괴하겠다는 정당으로 기울어진다. 그렇다고 주민들이 엄청난 고통을 느끼지 않는다는 뜻은 아니다. 긴축과 인프라 지출 삭감은 운송, 학교 교육, 보건 및 기타 서비스의 양과 질을 떨어뜨리고 있다. 이런 추세는 코로나19 팬데믹 여파로 더욱 악화됐고, 이는 불만을 품은 정치인과 지역 주민들이 혼잡과 대기행렬을 이주자의 탓으로 돌릴 기회를 주었다.

이주에 대한 저항은 부족, 불안, 반동적 민족주의가 충돌할 때 강화된다. 이는 전통적인 반이주주의 정당의 정치 슬로건에 반영된다. 프랑스 국민전선Front National*(현재의 정당명은 국민연합)*의 1978년 슬로건은 '200만 실업인, 200만 이주자, 너무 많다!'였다.[73] 만약 자원과 서비스가 지금과 같이 쇠퇴하는 듯 보이면 새로운 이주자에 대한 적개심은 커진다. 이런 환경에서는 이주자 때문에 서비스가 과부하하고 있다는 입증되지 않은 이야기만으로도 반대당을 위협할 수 있다. 지정학 챕터와 문화 챕터에서 설명하고 있지만, 보수 가치 정당에 대한 지지는 2010년 이후 현저히 증가했다.[74] 소셜미디어는 흩어져 있던 유권자들이 극우주의 원칙과 개념, 잘못된 정보를 중심으로 연합하게 하고 그들에게 힘을 실어 주었다. 그 결과 이주에 대한 저항은 연합을 구축하는 기반이 되어 세계적으로 많은 민주주의 국가에서 소요를 일으키고 있다.

2008년 금융 위기로 심각한 고통을 받았던 그리스, 스페인과 코로나19로 특히 피해가 컸던 이탈리아 같은 특정 국가들은 그동안 이주자들에게 비교적 관대했다. 금융 위기의 실제 영향이 덜했고 실업이 감소한 헝가리와 폴란드 같은 다른 국가들에서는 반이민 정서가 고조되어 왔다. 한편, 전례 없이 많은 이민자와 난민이 시리아 부근의 훨씬 빈곤한 국가로 들어왔으나 그중 일부 국가에서는 이들을 통합시키려고 했다. 분명히 정치인들은 반이민 정서를 줄이거나 부채질하는 데 강력한 리더십을 발휘할 수 있다. 이탈리아의 급진 정당들은 이주를 이용해 유권자를 모았고 프랑스와 독일, 네덜란드와 영국에서도 마찬가지였다. 반면 그리스와 스페인에서는 그런 방식으로 반이민 정서가 정치적으로 무기화되어 이용되지 않았다.[75]

이주자 반대 운동은 사회적 태도의 큰 변화보다는 정당 정치의 변화로부터 일어나고 있다. 이주자를 희생양으로 삼는 양상은 다른 무엇보다 정당들이 경쟁하는 방식의 변화를 반영한다. 이주와 연관된 순 긍정적net positive 경제 요인들은 거짓 정치 내러티브를 상쇄하는 데 도움이 될 수 있고, 이주 정책 자체도 더 지속 가능한 기반을 가질 수 있다. 그러나 이주로 인한 총이익에 관한 증거는 이주자에 대한 태도를 개선할 정도로 충분하지 않다. 보다 구체적으로는 성장의 혜택을 공유하는 데 집중하는 것이 필수적이다. 국가 전체로서는 이주로 이득을 보지만 특정 공동체와 집단, 특히 농촌이 단기적으로 비용을 치러야 하는 경향이 있다. 정부는 공공서비스에 가해지는 부담을 완화하는 등 이주로 발생하는 비용을 부담하는 공동체들을 더 많이 지원해야 한다.

정치인보다 대중이 더 좋아하는 이주자

전 세계적으로 대중은 보통 자국에 실제보다 이주자가 더 많다고 믿는다. 우파성향 정치인들과 언론 매체는 이주자가 '넘쳐난다'라거나 '범람했다'라고 불평하며 이주자에 대한 반발을 자극한다. 그런 전략은 효과가 있어 보인다. 이주자

이주의 정치: 과대평가 된 수치(2017)

2017년 조사를 바탕으로 한 그래프를 보면 국민이 생각하는 이주자 수와 실제 이주자 수에 괴리가 있음을 알 수 있다. 이민자를 수용하고 난민을 환영한다고 자부하는 진보적 성향의 스웨덴에서조차 현실과 인식은 크게 다르다.[77]

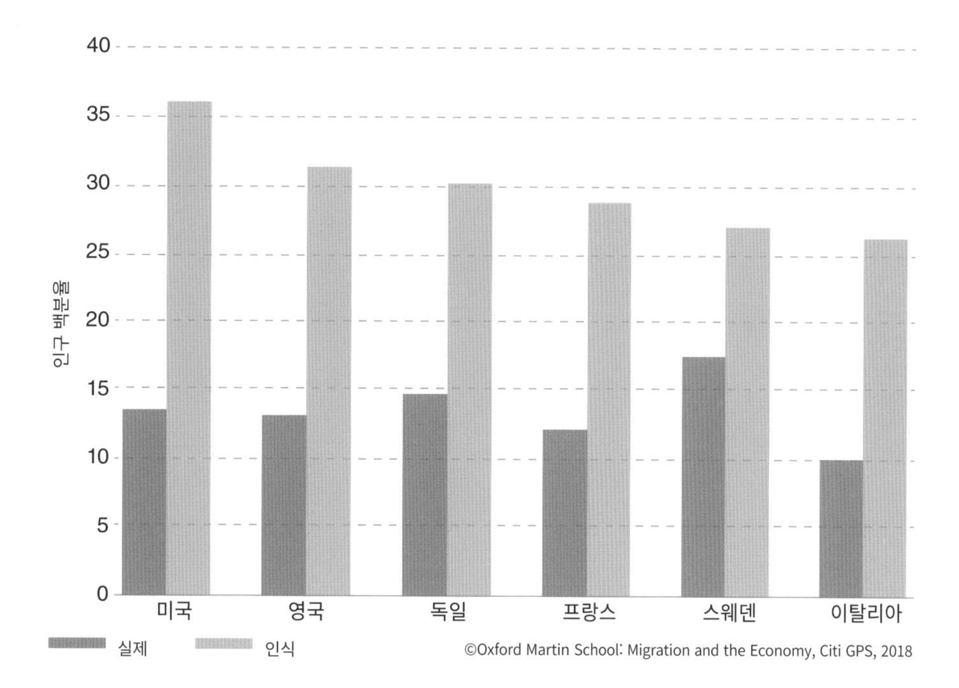

의 기술, 소득, 그리고 취업률 저평가를 고려하면 (원주민의 경우와 비교했을 때) 이주자가 누린다고 생각되는 혜택은 과대평가되었다.[76]

지역마다 이주자를 수용하는 정도는 다르다. 예를 들어 여러 유럽 국가에서 이주자 증가를 지지하는 비율은 낮다. 세계에서 가장 낮은 출산율을 보이는 두 국가인 폴란드(여성 1명당 약 1.4명)와 헝가리(1.5명)는 이주를 가장 반대하는 국가에 속한다. 반면 스페인(1.2명)과 독일(1.5명)같은 다른 저출산 국가들은 이주를 더 환영하는 편이다.[78] 독일의 경우 이주자가 가져다주는 혜택을 공개하고 두려움을 줄여 대중의 인식을 바로 잡고자, 정부가 실질적인 조치를 취하기 때문일 것이다. 하지만 많은 국가에서 이주자가 경제적으로 이익이라는 증거와 이들은 자원을 고갈시킨다는 반박 사이의 간극이 커지고 있다. 조사에 따르면 응답자들은 가장 교육 수준이 낮거나 저소득층인 이주자 비율을 극단적으로 3~4배 높게 평가한다.[79] 또 다른 일반적 오해는 이주자가 지역민보다 실업자일 확률이 높다는 것이다[80](실제 추정치보다 4배 더 높게 보고 있다[81]). 이주에 대한 논의가 뜨거워지면서 경제적 논거가 정치적 편의주의와 대중의 부정적 성향에 밀려나 버렸다. 이 악순환의 고리를 끊는 것이 그 어느 때보다 중요하다.

강제 이주자들의 고통

이주자들은 분명 상당한 난관을 직면하고 있지만, 난민과 실향민보다 더 취약한 처지에 놓인 이들은 거의 없을 것이다. 난민과 실향민의 수는 증가하는 중이며 2초마다 1명의 강제 실향민이 생긴다. 난민은 이주자와 다르다. 지도를 보면 2012년에 있었던 난민 이동의 거대한 규모가 잘 나타나 있다. 당시 500만 명이 넘는 시리아인이 요르단, 레바논, 터키로 이동했고 2015년에는 최소한 100만 명이 피난처를 찾아 주로 독일, 스웨덴 및 다른 국가로 떠났다. 이들 각각의 고난과 생존기는 한 장의 지도로는 설명할 수 없다. 각 점은 17명을 나타내고, 보다시피 실제로 거대한 흐름이 아프리카, 중동, 중앙아시아, 유럽 일부 지역에 걸쳐 나타나 있다. 미국으로 향한 난민은 현저하게 적다.

세계적으로 전례 없이 난민의 수는 급증하고 있다. 2005년 세계의 난민은 1980년 이후 최소인 840만 명에 불과했다. UNHCR에 따르면 2020년에 2,600만 명의 난민이 발생했고 그중 절반은 여성이거나 18세 미만이었다.[82] 난민 지위를 인정받지 못한 망명 신청자도 350만 명이 더 있고 4,100만 명이 넘는 이들은 국내 실향민으로 난민과 같은 국제적인 법적 보호를 받지 못하고 있다.[83] 이 수치를 넓은 시각으로 보면, 매일 3만 7,000명 이상이 분쟁, 폭력, 박해 때문에 고향을 떠난다는 뜻이다. 이 책을 쓰는 시점에 난민과 실향민의 수는 제2차 세계대전이 끝난 이후 최고치이다.

난민과 실향민을 수용하는 부담은 국가 간에 불균등하게 지고 있다. 80퍼센트가 넘는 난민과 망명 신청자는 모두 북아메리카, 유럽, 오스트레일리아가 아니라 출신국의 인접국에 산다.[84] 결과적으로, 도망쳐 온 난민을 돌보는 것은 터키(370만 명), 파키스탄(140만 명), 우간다(120만 명) 등 중·저소득 국가들에 특히 부담이다. 이들 국가에는 시리아, 아프가니스탄, 남수단, 콩고민주공화국에서 분쟁을 피해서 온 가족들이 거주한다. 많은 경우 난민은 가시적인 해결책이 거의 없이 '장기화된 상황'에서 (캠프에서 5년 이상) 살 수 있다.

1,300만 명이 훌쩍 넘는 이들이 그런 정착지에 수용되어 있고 그중 절반 이상은 수십 년 동안 빈곤에 허덕이고 있다. 이들 중 최소 540만 명이 시리아인으로 비공식 정착지나 캠프에서 또는 이집트, 이라크, 레바논, 터키, 요르단에서 친

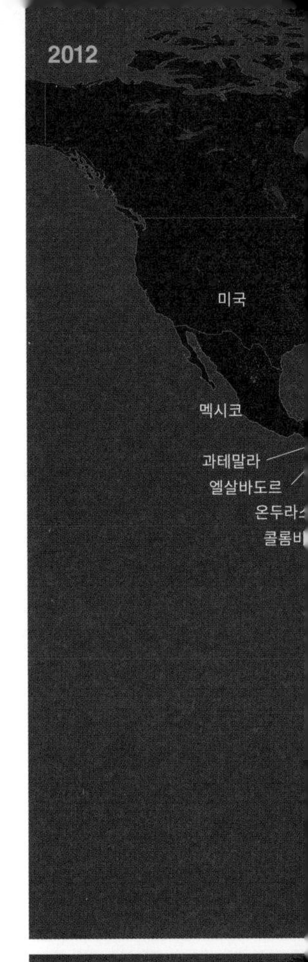

세계 난민(2012, 2015)
이 두 지도는 2012년과 2015년의 난민 데이터를 보여준다. 각 점은 난민 17명을 나타낸다. 아프리카와 아시아에 흐름이 집중되어 있음을 알 수 있다.

스웨덴
독일
터키
아프가니스탄
레바논
시리아
요르단
이티
말리
파키스탄
남수단
콩고
우간다
국제 난민 흐름
©UNHCR, 2016
각 점은 난민 17명을 의미
출발
도착
2000 km
1000 miles
국제 난민 흐름
©UNHCR, 2016
각 점은 난민 17명을 의미
출발
도착
대규모 난민의 흐름
시리아에서 유럽 - 독일, 스웨덴
중앙아메리카에서 미국
동유럽에서 러시아
2000 km
1000 miles

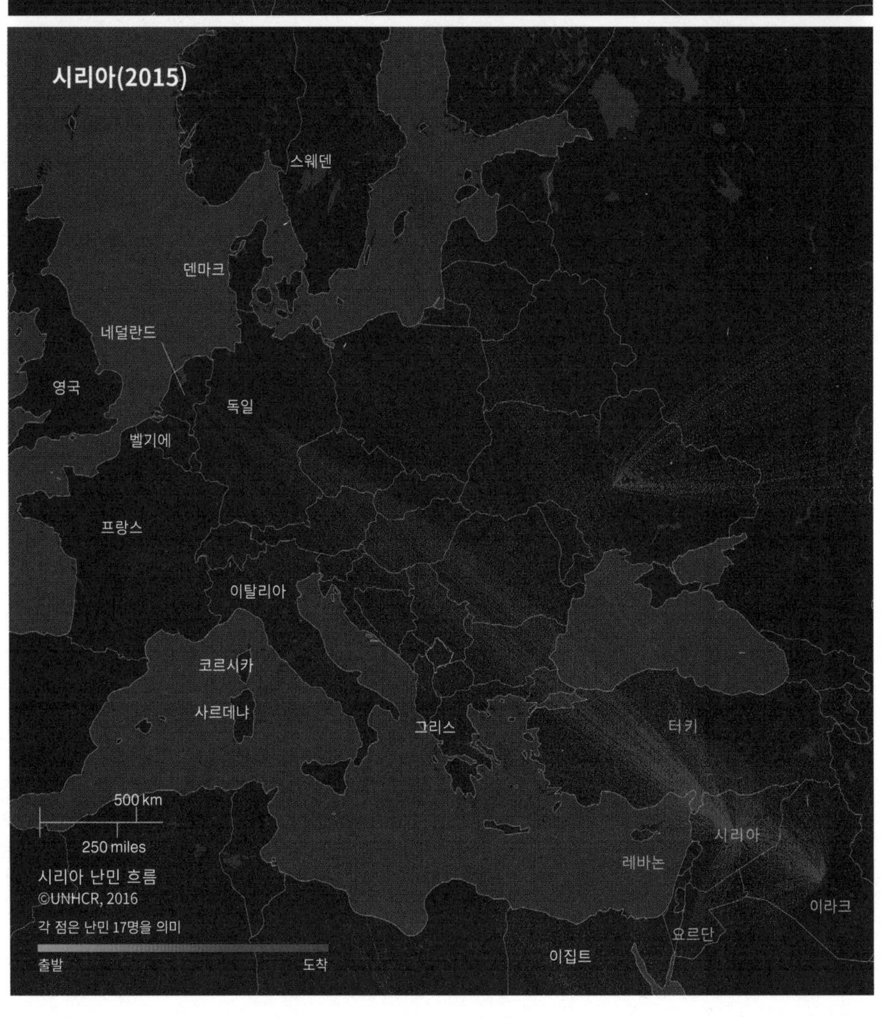

시리아 난민(2012, 2015)

2015년 시리아 난민 이동의 영향을 볼 수 있다. 당시 많은 이들이 국경을 넘어 인접국과 서부 유럽으로 탈출했다.

우주에서 촬영한 자타리 난민 캠프(2013)[85]
자타리 난민 캠프는 2012년에 조성되어 지금까지 유지되고 있는 세계 최대 규모의 시리아 난민 캠프이다. 8만여 명이 이곳에서 지내고 있고 천막은 대부분 반영구적인 구조물로 교체되었다.[86]

구나 가족과 함께 살고 있다.

내전을 피해 탈출한 시리아 난민들의 경우를 보자. 이들 중에는 2012년에 지어진 최대 규모의 요르단 자타리 난민 캠프로 오게 된 이들도 있다. 그곳은 시리아 국경에서 몇 마일 떨어진, 메마르고 척박한 불모지이다. 지역 인구는 최대 15만 명까지 늘었다가 현재 8만 명 정도로 안정되었으며 요르단 최대 규모의 도시 중 하나가 되었다. 세계에서 가장 빈궁한 사람들이 사는 곳이지만 캠프는 엄청난 혁신을 이뤘다. 예를 들면 지역 당국이 거대한 태양열발전소를 설치하여 하루에 12~14시간 동안 난민들에게 전기를 공급할 뿐만 아니라(이는 다른 난민 캠프와 비교하면 호사에 가깝다) 연간 탄소 배출량을 1만 3,000톤 줄이기도 했다. 이는 원유 3만 배럴에 맞먹는 수준이다. 현재 블록체인 기술을 기반으로 국제 구호 기관들이 운영하는 캐시포푸드cash-for-food 프로그램까지 도입되었다. 임시 피난처로 출발했지만 영구 정착지와 같은 모습으로 빠르게 변모하고 있다.

난민 반대 신화에 대한 의심

자원이 아주 풍부한 정부 당국이라 할지라도 최근 중동이나 서부 유럽 도시로 들어온 대규모 난민의 경우처럼 갑자기 다수의 난민이 들어오면 압도될 수 있다. 무질서와 다름은 (서비스에 대한 실질적·인식적인 경쟁과 함께) 두려움과 분노를 부추길 수 있다. 2015년에서 2016년으로 넘어가는 새해맞이 행사 기간에 독일 쾰른, 도르트문트, 함부르크 도시에서 발생한, '아랍과 북아프리카계' 남성들이 연루됐다고 알려진 성폭력 사건이 그런 사례이다. 그런 긴장은 얼버무릴 수 없다(실제로 이들은 민족주의자와 반동적 정치인, 정당들에 이용당할 수 있고 나아가 국가의 난민·이주 정책을 저해할 수 있다).[87]

난민을 환영하는 환경을 조성해야 할 이유는 많다. 난민과 망명 신청자들은 이주자의 경우에서 보듯이, 일반적으로 정착하는 사회에 긍정적 순 기여를 한다. 난민 공동체, 더 일반적으로 이주자 복합 공동체는 통상 수용 지역의 평균 공동체에 비해 범죄를 저지를 가능성이 낮다.[88] 난민 네트워크는 지역의 법률과 관습을 위배하지 않기 위해 주로 사회적 통제와 자제력을 철저하게 발휘하는 경향이 있다.[89] 실제로 2006년과 2015년 사이에 많은 난민을 수용했던 미국 10개 도시 중 9개 도시에서 범죄가 줄었다. 일부 경우에는 현저하게 감소했다.[90] 정기적으로 발생하는(그리고 광범위하게 보도되는) 사건에도 불구하고 시리아와 이라크 난민들은 다른 거주자들보다 범죄를 훨씬 적게 저지른다고 한다. 이는 특히 법적인 신분을 위태롭게 하고 싶지 않기 때문이다. 그래도 알제리, 모로코, 튀니지 출신으로 망명 요청이 거부된 일부는 지역민들보다 범죄 가담률이 약간 더 높았다.[91] 네덜란드부터 스웨덴까지 난민 센터가 범죄 증가에 가담했다는 끈질긴 주장이 나오는 것과는 달리 구체적 증거는 전혀 없다.[92]

또 다른 잘못된 가정은 난민들이 극단주의자와 테러리스트 폭력의 확대와 연루되기 더 쉽다는 것이다. 다시 한번 강조하지만 이런 주장은 입증되지 않았다. 예를 들면 미국에서 테러 관련 혐의로 체포된 난민의 수는 2015년 1월 이후 한 자릿수라는 낮은 수준이다. 더욱이 미국 행정부가 이동 금지를 시행하려고 했던 것과는 달리 1975년부터 2015년 사이에 미국에서 7개 국가(이란, 리비아, 북한, 소말리아, 시리아, 베네수엘라, 예멘) 출신 난민에게 살해당한 사람은 단 한 사

아프가니스탄, 2007

카불
잘랄라바드
아프가니스탄
페샤와르
호스트
칸다하르
퀘타
폭력을 피해 탈출한 난민
©UNHCR, GTD, 2016
각 점은 난민 17명을 의미
100 km
50 miles
파키스탄
출발
도착
테러리스트 관련 사망자 수

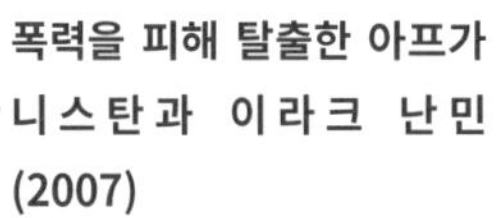

폭력을 피해 탈출한 아프가니스탄과 이라크 난민 (2007)

아프가니스탄과 이라크는 2001년, 2003년 미국이 주도했던 개입의 여파로 폭력이 폭발적으로 증가했다. 이 지도는 몇 년 후에 테러리스트 관련 사망이 확산하고 이웃 국가로 탈출한 난민이 급증한 것을 보여준다.

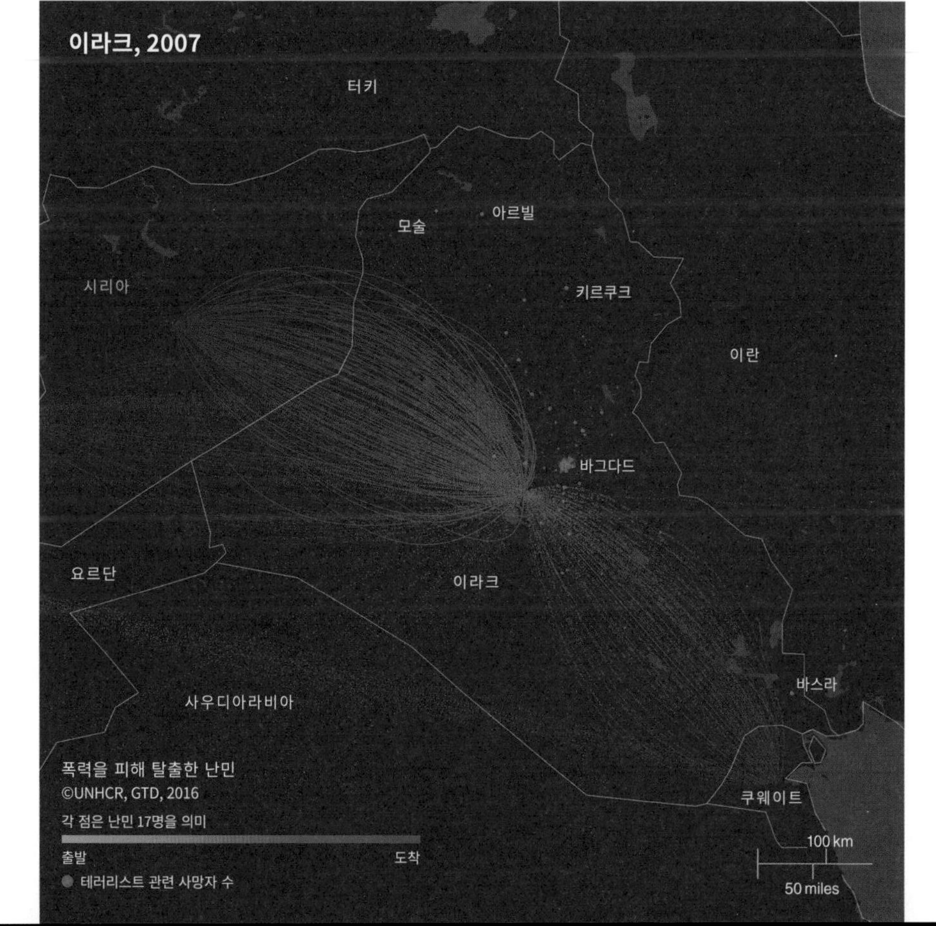

람도 없었다.[93] 간단히 말하면 난민은 테러를 일으키기보다는 피해서 도망치는 경우가 훨씬 더 많다.[94] 351쪽의 지도를 보면 아프가니스탄과 이라크 난민 수가 테러의 영향을 가장 심각하게 받은 국가들에서 급증하고 있다. 주황색 점들은 얼마나 많은 이들이 탈출하는지 보여주며, 연한 붉은색 부분은 테러리스트 폭력 관련 보고된 사망자 수이다.

적절한 계획만 있다면 난민과 망명 신청자는 위협이나 부담이 되기는커녕 지역 경제에 이바지할 수 있다. 갑작스러운 유입으로 인한 단기적인 부정적 영향들은 종종 희석되고 많은 경우 뒤집힌다. 미국으로 들어온 난민들을 연구한 결과, 세금을 내고 사업가 활동을 함으로써 노동시장에 그 어떤 장기적인 역효과도 주지 않았다.[95] 시리아 난민이 요르단, 레바논, 터키 같은 이웃 국가의 노동시장에 미친 영향을 살펴보면 실업률이나 노동시장 참여도 등에 거의 지장을 주지 않았다.[96]

도시로 향하는 실향민

탈출하는 대다수 개인과 가족들은 도심으로 이동한다. 대부분의 난민이 농촌 지역 캠프에 '억류'되었던 과거와는 상반된다. UN에 따르면 대략 총 난민의 60퍼센트, 그리고 모든 국내 실향민의 80퍼센트가 도시에 살고 있다고 한다. 참고로 전체 난민의 30퍼센트만이 보통 정부나 국제기관이 관리하는 자카리 등의 계획적으로 운영되는 캠프에 산다. 도시는 수천 년간 폭력을 피해서 온 이들의 피난처가 되어주었다. 이런 관행은 초기 기독교, 이슬람교, 유대교, 불교, 시크교, 힌두교 사회에서 보편적이고 뚜렷하다. 역사적으로 도시의 지도자들은 피난처를 찾아온 이들의 권리를 강압적으로 억압하려는 (왕에서 대통령에 이르기까지) 당국의 요구를 거부해 왔다.[97]

모든 도시는 사회적·경제적 분열로 고통받는다. 이런 틈은 인종차별주의, 배척, 소외로 바뀐다. 정치적 격동, 경제적 혼란, 불평등 심화를 경험하는 도시에서 난민과 여타 실향민들은 종종 도시로의 진입이 제한되고, 농촌에서는 훨씬 심각한 차별을 겪는다. 상황을 더 복잡하게 하는 것은, 많은 도시 당국이 (어쨌든 난민과 실향민들이 받아들여졌다는 가정하에) 불충분한 자원으로 이런 난제들을 해

대부분의 아프리카 난민들은 인접국으로 향한다(2012, 2014)
세계 도시 난민의 절대적 다수는 북아메리카나 서부 유럽 선진국으로 가지 않는다. 대신 그들은 지도에 표시된 것처럼 이웃 국가로 향한다. 아프리카, 아시아, 중동의 빈곤하고 낙후된 도시나 빈민가로 가는 경우가 많다. 오늘날 아프리카는 세계 총 난민의 대략 26퍼센트인 1,800만 명이 넘는 난민을 수용하고 있다.

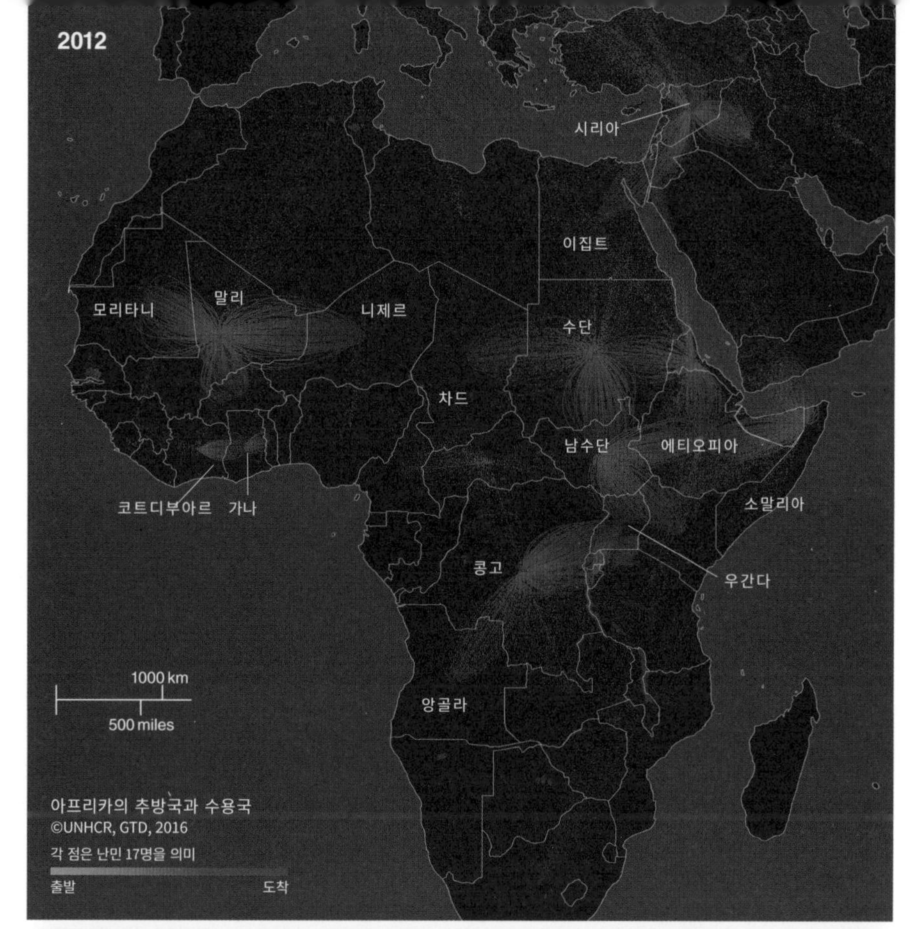

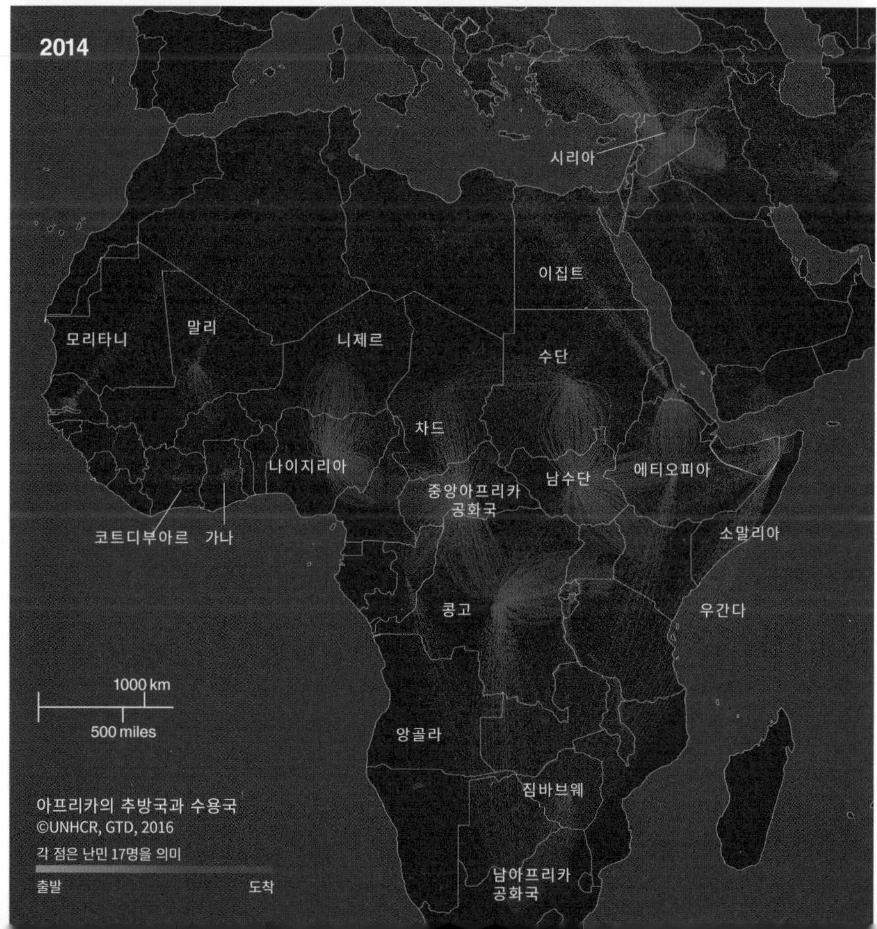

결하려고 분투한다는 점이다. 그들은 난민의 삶을 개선하고자 의연하게 일하면서도, 효과적인 서비스를 제공하는 데 필요한 자율성·결정권·역량이 부족한 경우가 자주 있다. 특히 갑자기 신규 유입이 많아졌을 때가 그렇고, 이 경우 지역 불만은 더 커진다.

이주자의 경우와 마찬가지로, 난민에 대한 반발도 전 세계적인 현상이다. 오스트레일리아, 독일, 헝가리, 이탈리아, 폴란드, 세르비아, 영국, 미국에서 이주자와 난민에 반대하는 정치인들이 그들을 막는 벽을 세우는 데 집착한다. 미국의 난민 승인 건수는 1980년 난민법Refugee Act이 도입된 이후 최저치이다. 2017년에는 3만 3,000건의 난민 신청만이 승인되었고 트럼프 대통령은 2020년에 그 상한을 1만 8,000건으로 줄였다.[98] 또 2015년 유럽으로 100만 명이 넘는 난민이 들어온 이후, 유럽 정부들은 울타리와 철조망으로 국경을 강화하고 지원 예산을 삭감하였으며 국외 추방을 단계적으로 늘렸다. 세계 대부분의 실향민을 수용하는 아프리카, 라틴아메리카, 중동, 동남아시아 도시에서도 난민과 이주자를 향한 유사한 정서가 나타난다. 지난 10년에 걸쳐 더반과 요하네스버그에서 사법 절차도 없이 집행된 외국인 처형은 남아프리카 포퓰리스트들이 선동했다. 이들은 이민자와 난민을 범죄자라고 낙인찍는다. 나이로비에서 소말리아 난민들은 일상적으로 경찰의 표적이 되며 주로 난민들이 국가 안보에 위협이라고 비난하는 케냐 정치인의 명령에 따른 것이다. 한편, 방글라데시 국경 도시들은 미얀마에서 들어오는 70만 명이 넘는 로힝야족 난민들이 식량 부족, 물가 상승, 임금 삭감을 야기한다는 불평이 나오는 가운데 이들을 수용하느라 어려움을 겪었다.

UN, 일부 회원국 그리고 점차 더 많은 도시에서 단순히 국경을 막는 것이 아닌 개선된 새로운 난민 대응 방법을 모색하고 있다. 예를 들어 2018년 176개국이 새로운 난민글로벌콤팩트Global Compact on Refugees를 승인했다(미국이 유일하게 반대했다). 이 계획은 국제적인 난민 이동에 관하여 더 강력하고 공정한 대응을 제시한다. 특히, 대규모 난민을 수용하고 난민들이 자립하도록 돕는 방안을 찾는 국가들의 부담을 완화하는 것이 목적이다. 마찬가지로 2017년 UN 국제이주기구(IOM)는 도시 네트워크인 UCLG와 함께 150개 도시를 소집하여 의사 결정권을 요구하는 메헬렌 선언Mechelen Declaration에 서명하도록 했다. 2015년에는 140여 개 도시와 45개 도심 정부를 대표하는 유럽 주요 도시 네트워크가 중동과 북아프리카 이주자들의 유입에 대응하고자 연대도시Solidarity Cities를 발족했다.

도시들은 난민을 환영하고 보호, 돌봄, 지원을 촉진하기 위한 법적·정책적 프레임워크도 개발하고 있다. 미국에는 100개가 넘는 '환영의 도시'가 제도적 포용 전략을 개발하겠다고 약속하고 새로 유입된 이들 중에서 리더십을 구축하고 난민을 지원한다.[99] 또 다른 500개의 미국 관할지는 스스로 '피난처 도시'라고 설명하면서 지자체 지원금 삭감 위협에도 불구하고 이민법을 집행하려는 연방 정부의 노력에 저항하며 불법 이주자와 난민을 지원하는 최전선에 서 있다.[100] 한편, 영국에서는 최소한 8개의 '피난처 도시'가 난민, 망명 신청자 등 안전을 찾아온 이들을 환영하겠다고 약속했다. 유럽 전역의 도시들도 1986년 설립된 도시 간 네트워크인 유로시티Eurocities와 협력하여 유사한 전략을 채택하고 있다.[101] 현재 거버넌스와 기후변화부터 치안 및 이주에 이르기까지, 도시의 우선 과제를 전담하는 300개가 넘는 도시 간 네트워크가 있다.[102] 시장단 이주문제 협의회Mayors Migration Council를 포함한 몇몇 네트워크는 도시들이 난민과 실향민들을 보호하고 돌보는 것을 돕는 특별 지침을 만들었다.[103]

효과적으로 난민을 사회·경제적으로 통합하려면 결국 스마트한 계획이 중요하다. 새로운 사람이 들어오면 주거, 보건, 교육, 복지 서비스 수요가 급증하는 것은 사실이다. 그러나 적절한 준비와 분산 정책을 통해 부분적으로 부담이 완화될 수 있다. 현실적으로 난민들은 종종 기존 거주민들보다 열악한 숙소, 취약한 사회복지 지원, 노동권에 대한 제한적 접근, 고르지 못한 사회 장애 돌봄 서비스를 제공받는다. 이런 부족은 난민들에게 필요한 것이 많아서가 아니라 자격을 갖춘 직원과 적절한 자원이 현장에 충분하지 않기 때문이다. 궁극적으로는 난민들이 고령화 인구 도시의 정부 재정에 기여하는 방식으로 세수와 연금 시스템에 긍정적 순 영향을 가져올 수 있다.

이주 및 난민 정책에 대한 재고

이민과 난민들의 이동 흐름은 최근 언론과 정당의 의제에서 두드러진다. 경제적 이주와 난민이 복합적으로 발생하여 자주 혼란을 일으키고 역효과를 부르는 정책 대응을 낳는다. 실향민들의 경우을 포함하여 이주는 호모 사피엔스의 진화와 성공을 정의하고 지구에 인구를 채워나가도록 하며 인류의 기원부터 역사를 함께해 왔다. 그러나 이주자와 난민이 제공하는 엄청난 긍정적인 경제적 기여와 그들에 대한 부정적 인식 및 그들을 내쫓으려는 정치 사이에는 커다란 괴리가 있다. 이주자와 난민들은 역부족인 서비스, 임금 감소, 복합적 공공서비스 부족을 야기했다는 잘못된 지적을 받고 있다. 더 심각한 것은, 범죄자나 테러리스트로 부당하게 매도된다는 점이다.

절실하게 요구되는 정치적 리더십과 더불어, 이주를 증진하기 위해 취해야 할 다양한 조치들이 있다.[104] 이주가 초래하는 비용은 학교, 주거, 보건, 교통 시스템이 과중해지는 등 지역 공동체 차원에서 부담하는 경향이 있다. 반면에 이주가 가져다주는 혜택은 이윤 증대와 세수 증가, 시민 비용 감소 및 서비스 향상처럼 회사와 사회에 돌아간다. 불균등한 지리적 영향은 중앙 및 지방정부가 지역사회의 이주자 통합을 지원하고 지역사회의 필요를 충족시키는 데 특별히 관심을 기울여야 한다는 점을 시사한다. 이주자들이 모여 사는 것은 이주자들 자신에게 이롭지만 동시에 빈민가를 만들 위험이 있고 분리를 강화하며 통합을 늦춘다. 이주자와 실향민의 필요에 맞춰 세심한 도시를 설계하는 것이 코로나19 시대에 무엇보다 중요하다.

난민을 관리하는 국제 프레임워크는 새로운 변화가 필요하지만, 경제 이주자, 여타 이주자를 위해 만들어진 프레임워크는 전무하다. 2016년에 IOM이 완전한 UN 산하기관으로 진화하여 마침내 국제적인 법적 기틀이 만들어졌다. 그러나 여전히 다루는 범위가 좁고 집행력은 미미하다. 국가들은 국제기구가 자국의 이민정책 선택 범위를 제한할 수 있다는 점에서 달가워하지 않는다. 그 결과 이주자들이 학대 관행으로부터 자신을 보호할 수 있는 국제법은 거의 없다. 이주자의 이주권리, 안전한 통과 및 도착국에서 받는 처우와 관련하여 더 확실한 보장이 필요하다. 법적으로 불확실한 상황은 많은 실질적 분야로 확장되어 이주자에게 큰 위해가 된다. 명확성이 요구되는 분야 중 하나는 연금의 이전 가능 여부이다. 이주자들이 일하면서 부은 연금, 국가 보험 및 기타 분담금을 그들이 떠날 때 신청할 수 있도록 보장해야 한다. 정치적 권리와 직업적 자격의 연장도 서로 다른 국가 규정의 적용을 받는다. 그 결과 수백만 명의 이주자들이 정치적 목소리나 대표성을 가질 수 없다.

이주가 늘어나면 수용국은 물론 이주자에게도 매우 이롭다. 이를 위해 이주자의 권리와 책임이 명확해지고 보장되어야 한다. 그런 권리에는 고용 및 인권을 포함한 법치주의에 따른 완전한 보호 및 자유의 권리처럼 시민이 누리는 권리들이 다수 포함된다. 책임으로는 합법적인 체류, 세금 납부, 해당 국가의 법준수 등이 있다. 더 많은 책임을 이주자가 받아들이고 불법 입국과 위험한 통행을 보다 엄격하게 통제하는 대신 이주자의 권리 향상과 더불어 그들을 더 많이 수용하는 일괄 타결은 긍정적 선순환으로 이행하는 데 도움이 된다. 국가와 사회 전체가 이민자를 기회로 보고 받아들이게 될 것이다. 이민은 국가, 도시, 사회 전체 역동성의 핵심이다. 이민정책에서 경제적 요소들은 가장 우선되어야 하지만 난민을 대상으로 한 정책 관리에는 윤리적 면과 법적인 사항이 충분히 고려되어야 한다. 우리가 제시한 지도에는 이주와 난민들에 관한 증거가 잘 드러난다. 이 책의 내용이 이주자와 난민의 이익을 위해, 그리고 우리 모두를 위해 좀 더 명확한 인식과 정책을 갖는 토대가 되기를 바란다.

팜유는 인도네시아와 말레이시아 두 국가에서 대부분 생산되는데, 이 두 국가에서는 팜유 플랜테이션으로 열대삼림이 파괴되고 있다.
©UN Comtrade, OEC, 2017

식량

식량이 부족해질 것이라는 예측은 틀렸다

기아보다 과식으로 인한 사망자가 더 많다

지속 가능하지 않은 농업이 기후변화를 야기한다

육류 섭취를 줄이는 식단의 변화가 필요하다

들어가며

팜유palm oil는 지구상에서 가장 널리 소비되는 식물성 기름이다. 빵, 초콜릿, 땅콩버터에서부터 샴푸, 화장품, 세정제에까지 들어간다. 특히 아시아, 아프리카, 라틴아메리카에서 소비자 시장의 규모가 커진 후 팜유 생산과 무역이 빠르게 확대되었다. 하지만 이로 인해 세계에서 가장 중요하고 민감한 서식지가 위협받고 있다.[1] 지도는 주로 인도네시아와 말레이시아에서 시작되는 팜유 무역의 규모와 범위와, 유럽과 북아메리카에 있는 대형 가공·무역기업의 재수출 무역 흐름을 보여준다. 라틴아메리카 최대 팜유 수출국은 콜롬비아이고 2위는 에콰도르이며, 이들 국가는 귀중한 토착 삼림을 없애고 팜유 플랜테이션을 확장하려고 계획 중이다. 일상을 파고든 팜유가 얼마나 파괴적인 영향을 미치는지는 세계 농공업 식량 시스템 내에 존재하는 긴장 관계를 보면 잘 알 수 있다.

"당신이 먹은 음식이 곧 당신이다"라는 생각은 법학자이자 정치인이었고 미식가로 유명했던 프랑스인 장 앙텔름 브리야사바랭Jean Anthelme Brillat-Savarin이 쓴 『미식예찬』에서 유래됐을 법하다. 그는 책에서 "Dis-moi ce que to manges, je te dirai ce que tu es", 즉 "내게 당신이 무엇을 먹었는지 알려주면, 내가 당신이 어떤 사람인지 알려주겠다"라고 말했다. 시간이 한참 흐른 오늘날 그의 말은 그 어느 때보다 선견지명이 있었던 것처럼 들린다. 이제는 우리가 먹는 식단이 개인의 건강뿐만 아니라 지구에도 영향을 준다는 인식이 널리 확산되고 있다. 하지만 아는 것만큼이나 행동을 신속하게 바꾸려는 사람은 그리 많지 않다.

가장 중요한 사실은 우리의 식습관을 만들어 온 그간의 전 세계 식량 시스템이 지속 가능하지 않다는 것이다. 코로나19 팬데믹 발생 단 수개월 만에, 우리 식단뿐만 아니라 식량 유통 공급망이 얼마나 위험한지가 드러났다. 인류 역사상 대부분의 기간 동안 인간은 식량 부족에 시달려 왔다. 섭취한 얼마간의 열량을 이용해 더 많은 열량을 찾아 헤매며 생존을 이어가는 데 급급했다. 안타깝게도 세계 일부 지역에서는 여전히 그런 상황이지만, 나머지 지역에서는 오히려 너무 많은 음식을 먹어서 문제이다. 이 챕터에서는 빠르게 증가하는 세계 인구가 건강한 식단을 즐기면서 동시에 식량의 생산·가공·소비가 지구의 다른 생물종과 기후에 미치는 부정적인 영향을 줄이기 위해서는 결국 식량 재배 방식과 식단이

팜유: 식량 생산을 위한 삼림파괴
전 세계 팜유의 거의 90퍼센트는 인도네시아와 말레이시아 두 국가에서 생산되며, 이들 국가에서는 팜유 플랜테이션 때문에 열대삼림이 사라지고 있다. 2017년 팜유 무역액 1만 달러를 점으로 표시했다. 선에서 흰색은 원산지이며, 수입국에 가까워질수록 붉은색이 짙어진다.

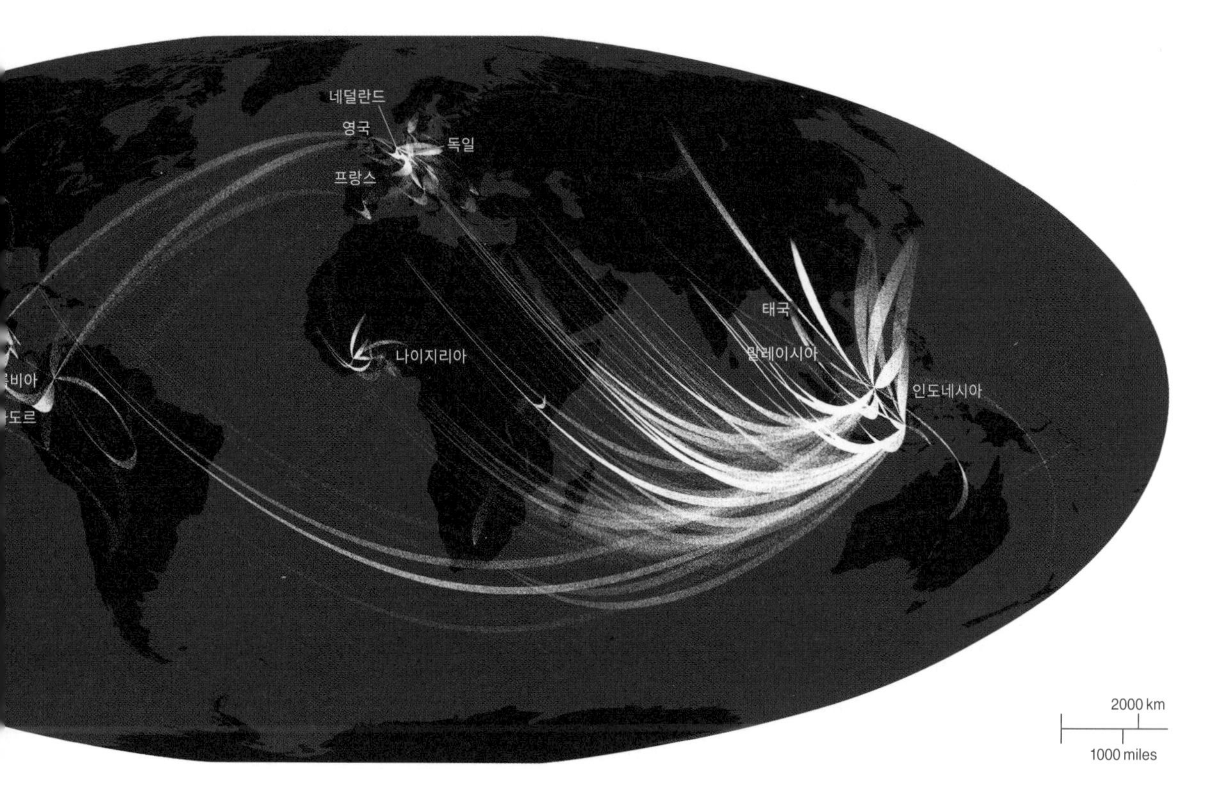

근본적으로 변화해야 함을 보여준다.

수명은 식단과 밀접하게 연관되어 있다. 흔히 건강에 좋다고 간주되는 것이 지중해식 식단이다. 여기에는 과일, 채소, 불포화 올리브유 그리고 붉은 육류를 대신하는 단백질원인 생선이 큰 비중을 차지한다.[2] 일본인도 평균적으로 붉은 육류보다 생선을 더 많이 섭취하며, 포화지방이 많은 가공식품을 주로 섭취하는 미국인에 비해 더 오래 산다. 설탕과 지방이 많은 식단은 비만과 당뇨 등 만성 질환의 주요 원인이다. 최근 미국과 영국에서 기대수명이 줄어들고 있는 것도 건강하지 않은 식단과 관련이 있다.[3] 인정하기 힘들겠지만, 무엇을 먹는가가 당신이 얼마나 오래 살 것인지를 예측해주는 꽤 좋은 지표이다.

역사상 인류가 성공할 수 있었던 것은 효율적으로 땅을 일구고 가축을 사육할 수 있었기 때문이다. 이로써 인류는 과일과 열매를 찾아 헤매는 것 말고도 다른 일에 집중할 수 있었고, 얼마나 식량을 구할 수 있는지 예측할 수 있게 되면서 영양이 향상되었다. 이는 인간의 인지적·신체적 역량의 발달로 이어졌다. 하지만 인류의 번영을 도왔던 농업이 이제는 우리 지구를 위협하는 주요 원인이 되고 있다. 기후변화의 주범인 온실가스의 전 세계 배출량 중 3분의 1은 식량 생산에서 나온다.[4] 팜유, 대두, 소고기 등의 식량 대량생산으로 수백만 마리의 야생 포유류, 어류, 조류, 곤충이 멸종되고 있다.[5] 더구나 식량 생산은 담수 이용 중 75퍼센트를 훨씬 넘는 비중을 차지하고(그중 절반 이상은 낭비된다),[6] 여기에서 유출되는 폐기물과 비료가 강과 바다의 수질을 오염시킨다.[7]

식량, 위대한 식량

최근 몇십 년 사이에 식량 생산의 특징이 극적으로 변했다. 개발도상국에서 인구가 급속히 증가하고 소득이 증대되면서 수요가 증가했고, 기술이 발전하면서 식량 생산이 확대되고 다양화되었다. 과거에는 생산된 식량 대부분이 자국 내에서 소비되었으나, 점점 더 많은 수입 식품이 우리 식탁에 오르고 있다. 이로써 우리는 1년 내내 훨씬 다양한 식품을 더 저렴한 가격으로 먹을 수 있게 되었고, 멀리 떨어진 지구 어딘가에서 일자리와 소득이 창출되기도 한다. 하지만 이와 동시에 우리 지구는 황폐해지고 있다.

세계화가 식량의 생산·소비 패턴을 얼마나 변화시켰는지를 알려면 지금 우리가 사서 먹는 식품이 얼마나 다양한가를 보면 된다. 코로나19 팬데믹과 같은 대형 위기로 식량 부족이 촉발될 수는 있지만, 슈퍼마켓에서, 심지어는 작은 식료품점에서도 1년 내내 아스파라거스, 아보카도, 바나나, 양고기, 딸기, 각종 꽃이 판매되고 있다는 건 더 이상 놀라운 일이 아니다. 다음의 지도들은 2000년에서 2017년까지 세계 식량 무역의 극적인 증가를 보여준다. 2000년 식량 무역은 주로 남아메리카 및 북아메리카와 유럽, 일본, 오스트레일리아 간에 이루어졌지만, 2017년 지도에서는 중국에서 급격한 증가가 눈에 띈다. 유럽과 북미 지역이 자유무역협정(FTA)을 맺고 관세와 기타 무역 장벽이 낮아지면서, 공급망과 교역이 심화되었고 상품과 서비스의 이동이 증대됐다.

세계 식량 무역
2000년과 2017년 사이 세계 식량 무역을 보여주는 지도이다. 살아 있는 동물을 포함한 식량 무역액 1,000만 달러를 점으로 표시했다. 특히 유럽 지역 내부에서, 그리고 아시아를 경유하는 무역의 급성장이 눈에 띈다.

누군가에게는 너무 적고, 누군가에게는 넘쳐나는

코로나바이러스로 많은 나라에서 식량 불안정성이 크게 대두되기도 전인 2020년 초, 식량 부족으로 인한 만성적인 굶주림에 시달리는 인구는 8억 2,100

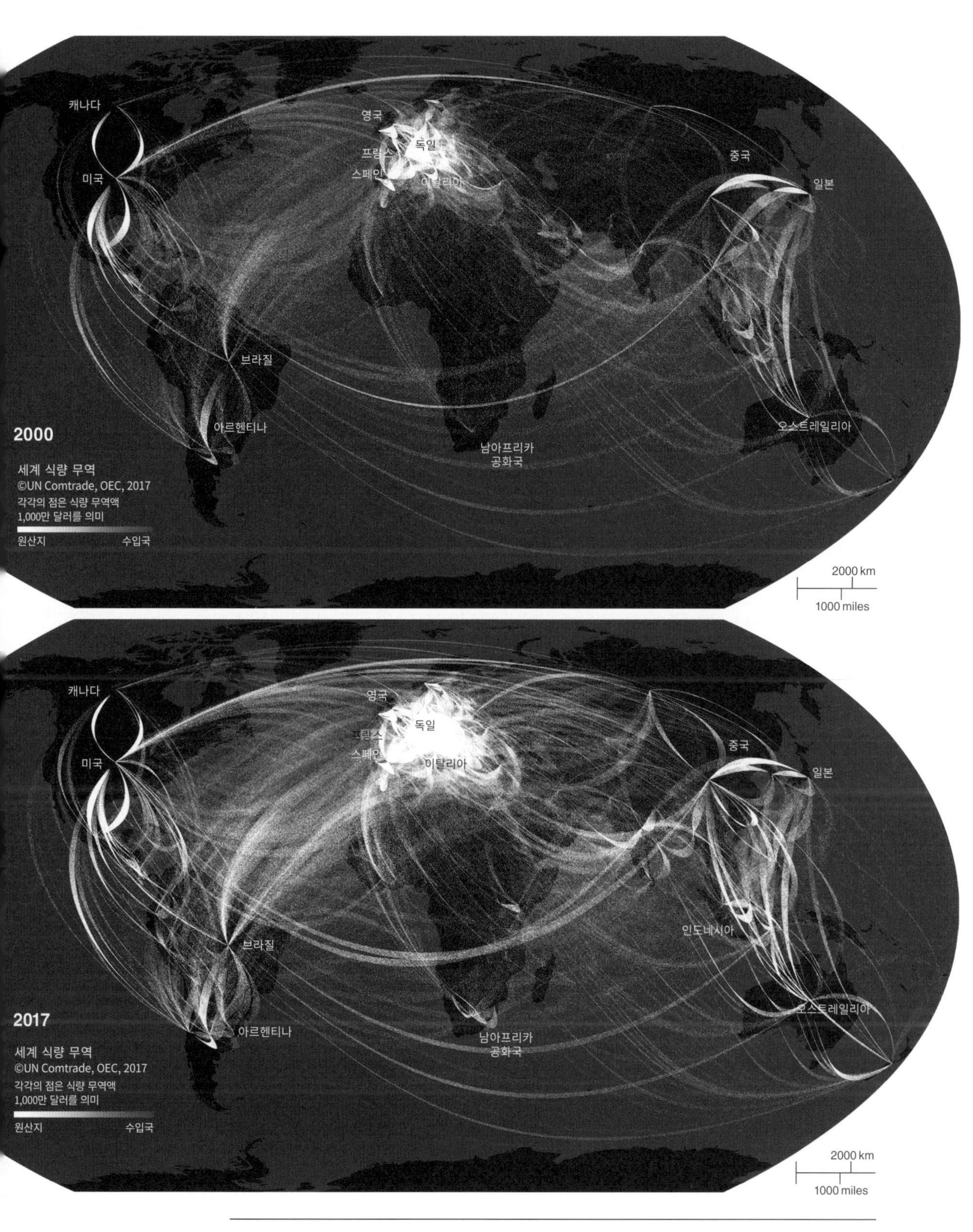
캐나다
영국
프랑스
독일
스페인
이탈리아
미국
중국
일본
브라질
아르헨티나
2000
남아프리카
공화국
오스트레일리아
세계 식량 무역
©UN Comtrade, OEC, 2017
각각의 점은 식량 무역액
1,000만 달러를 의미
원산지
수입국
2000 km
1000 miles
캐나다
영국
독일
프랑스
스페인
이탈리아
미국
중국
일본
인도네시아
브라질
2017
아르헨티나
남아프리카
공화국
오스트레일리아
세계 식량 무역
©UN Comtrade, OEC, 2017
각각의 점은 식량 무역액
1,000만 달러를 의미
원산지
수입국
2000 km
1000 miles

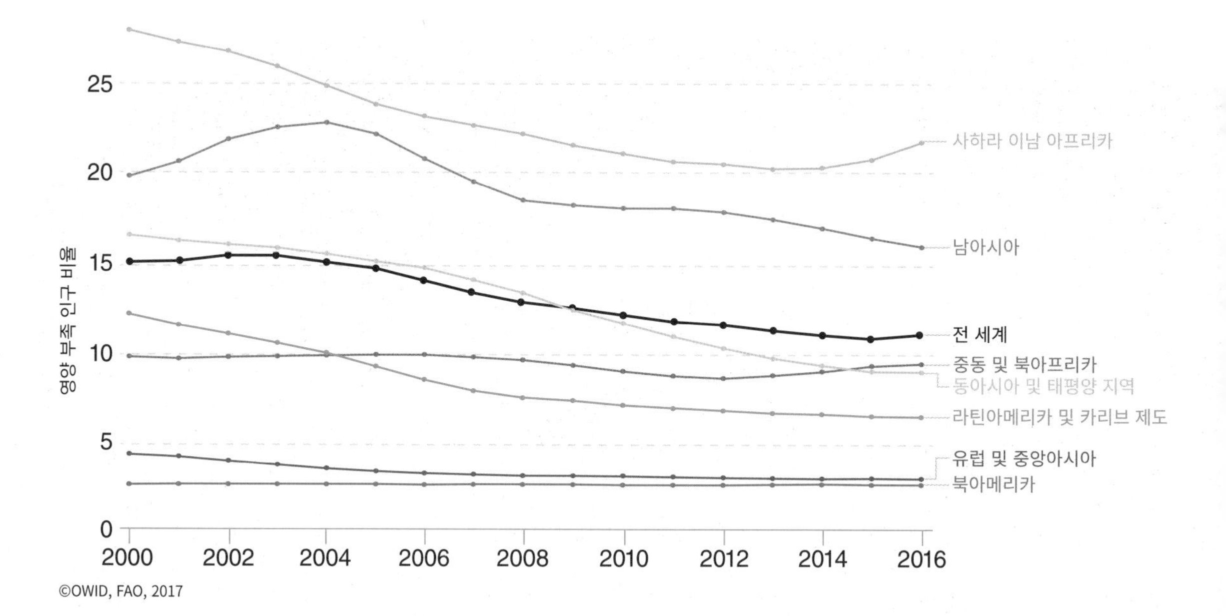

영양 부족 인구 비율(2000~2016)
위의 그래프는 세계 각지의 영양 부족 인구 비율을 보여준다. 전 세계 평균이 10퍼센트를 약간 상회하며, 사하라 이남 아프리카의 비율은 세계 평균의 2배 이상이다. 남아시아, 라틴아메리카, 카리브 제도는 수치가 상당히 개선되었다.

만 명이었다. 지난 10년 동안 최고 수준이다. 건강하지 않은 식단으로 조기 사망하는 사람은 전 세계 인구의 20퍼센트이다.[8] 영양 불량(특히 단백질, 지방, 기름의 섭취 부족)으로 육체적·정신적 발달 장애를 겪는 어린이는 1억 5,100만 명 이상이고 그 외 5,100만 명은 저체중이다.[9] 하지만 충격적이게도 인류 역사상 처음으로 점점 더 많은 사람이 너무 적게 먹어서가 아니라 너무 많이 먹어서 사망에 이르고 있다.[10] 이제는 기아보다 과식이 더 큰 문제이다.[11] 비만과 영양 부족이 동시에 증가하는 이중의 문제를 해결하기 위해서는 개인은 물론이거니와 정부와 식품산업계의 다양한 노력이 절실하다.

코로나바이러스가 위세를 떨치기 훨씬 이전에도 전 세계 인구 중 최소 20억 명(지구상 인구의 25퍼센트 이상)은 철분과 같은 비타민과 미네랄의 미량영양소 결핍을 겪고 있었다. 미량영양소 섭취가 부족하게 되면 질병에 취약해지는데, 이는 건강 챕터에서 살펴보기로 하자.[12] 다시 말해, 영양 부족이나 영양 과다 또는 영양실조를 겪고 있는 전 세계 인구 약 25퍼센트에게는 보다 영양가 있는 식량이 필요하다. 그리고 인구 챕터에서 이미 살펴봤듯이 21세기 후반 세계 인구수는 최대치에 도달하며, 그 이전에 인류는 적어도 20억 명을 추가로 먹여 살려야 한다. 좋은 소식은 너무 적게 혹은 너무 많이 먹거나 또는 나쁜 식품을 섭취하여 비롯되는 불필요한 고통을 피할 방법이 이미 많이 있다는 것이다.

노벨경제학상 수상자 아마티아 센은 『빈곤과 기아Poverty and Famines』에서 기아는 거의 항상 인간에 의해 만들어진 것이라고 일갈했다. 기아의 원인이 장기화된 가뭄이나 돌발 홍수, 흉작인 적은 거의 없고 구조적인 불평등과 배제, 분쟁, 정치력의 왜곡된 분배에서 비롯되었다는 것이다.[13] 1769~1792년 인도, 1845~1849년 아일랜드, 1959~1961년 중국, 1974년 방글라데시, 1984~1985년 에티오피아에서는 수백만 명이 굶어 죽은 악명 높은 기아 사태가 발생했다. 이는 식량이 부족했기 때문이 아니라, 사재기로 인해 영양실조와 기아에 허덕이는 사람들이 적절한 가격으로 식량을 구할 수 없었기 때문이다.

하지만 안타깝게도 기아는 특히 아프리카와 중동 일부 지역에서 여전히 흔한 일이다. 1870년대에서부터 1970년대까지 기아로 인한 사망자는 연간 약 100만 명으로 추정된다. 1980년대 이후에야 연간 사망자가 10만 명을 한참 밑도는 수준으로 떨어졌다.[14] 그런데 코로나19 팬데믹으로 영양실조가 급증할 조짐이 나타나고 있다. 아프리카가 특히 취약하며 니제르, 차드, 수단, 나이지리아를 포함한 사헬 지역에서 수천만 명이 영양실조의 위험에 처해 있다. 기아 문제에서 특히 충격적인 점은 예방 가능하다는 것으로, 의지만 있다면 정부와 국제기구는 필요한 사람들에게 식량을 얼마든지 공급할 수 있다. 심지어는 정부에서 일부러 기아를 조장하거나 악화시키는 경우도 있다. 민족·정치·종교 등의 이유를 막론하고 정권에 반하는 세력을 약화시키려는 목적이다. 한 가지 주목할 만한 사실은 민주 정부와 자유 언론이 있는 나라에서는 (아무리 가난하더라도) 기아를 겪은 적이 없다는 점이다. 하지만 이런 기록도 코로나19 팬데믹으로 깨질 위험에 처해 있다.[15]

미래 세대가 필요로 하는 영양을 충족시키는 것은 고사하고, 현재 모든 사람에게 충분한 식량을 제공하는 일은 결코 쉽지 않다. 지구에 미치는 악영향을 줄이면서도 모든 사람을 배불리 먹이기 위해서는, 과식하는 사람들이 식단을 건강하게 바꾸고 전 세계 식량 소비의 탄소 및 환경 발자국을 지금보다 훨씬 줄여야 한다. 농업 작황 및 곡물 영양소 개선을 위한 아프리카의 녹색혁명은 그런 의미에서 꼭 필요하다. 1960년대와 1970년대 아시아에서도 이른바 녹색혁명이 일어나 농업 생산량이 획기적으로 증대되었다. 그 20년 동안 기존에 있던 밀밭의 90퍼센트 이상, 논의 3분의 2에는 고수확 품종이 재배되기 시작했다. 이에 더해 농경기술 개선과 비료, 살충제, 관개시설 이용 증가로 인해 단위면적당 수확량은 2

배가 되었다. 오늘날 중국과 인도의 곡류 및 밀 수확량은 미국과 유럽 수준에 육박한다. 반면 아프리카의 수확량은 여전히 낮은 수준으로 다른 지역에 한참 못 미치는 데다가, 2020년 코로나19 팬데믹과 '재앙급' 규모의 메뚜기 떼 발생으로 상황은 더욱 어려워졌다.

심각해지는 비만 문제

1975년 이후 전 세계 비만 인구는 3배가 되었다. 오늘날 과체중이거나 비만으로 생각되는 성인 인구는 21억 명이나 되며 원인은 단 한 가지, 건강하지 않은 식품을 너무 많이 먹기 때문이다.[16] 기름진 가공식품의 소비 증가는 무엇보다 당뇨 유병률 및 사망률의 증가를 가져왔다. 지난 30년 사이 거의 2배로 뛰었다. 비만으로 인해 심장병, 뇌졸중, 암, 통풍, 수면 무호흡증과 같은 호흡곤란 발생도 늘었다.[17] 놀랍게도 현재 나쁜 식단으로 인한 건강 악화와 사망 위험은 안전하지 않은 섹스, 알코올, 마약, 담배의 경우에서 비롯되는 위험을 모두 합친 것보다도 크고, 국가 보건 시스템에 더 큰 부담 요인이 되고 있다.[18]

비만 문제 심화(2016)
2016년 기준 비만 인구가 가장 많은 국가는 보라색으로 표시된 미국·쿠웨이트·사우디아라비아·카리브 제도 및 태평양의 일부 도서 국가들이다. 이들 국가의 국민 3분의 1 이상이 비만이다.[19] 영국은 유럽에서 비만 인구가 가장 높은 국가이며, 오스트레일리아와 아르헨티나, 멕시코는 인구의 25퍼센트 이상이 비만이다. 이집트와 알제리 국민의 비만 인구는 30퍼센트 이상이다.[20]

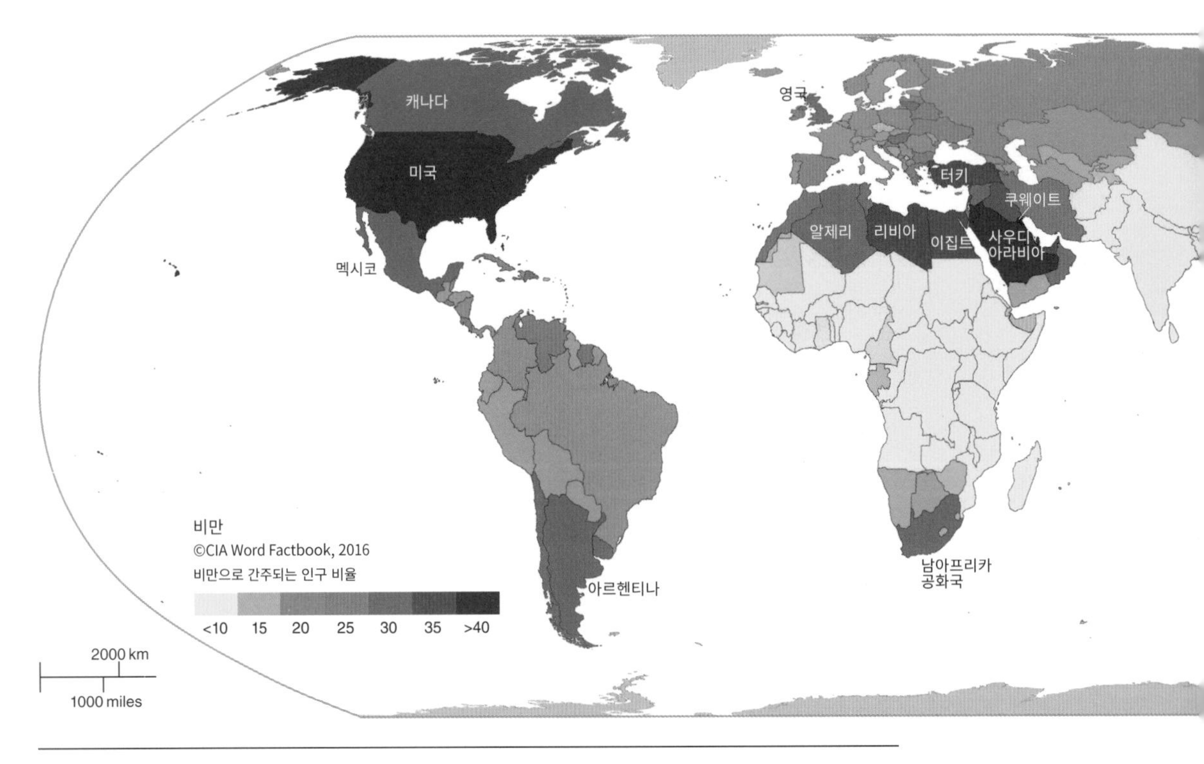

개인이 얼마나 많은 열량을 필요로 하는지는 나이, 좌식생활, 신체활동의 정도, 임신 여부 등에 따라 다르다. 2016년에 비만 인구가 가장 많았던 국가는 다음의 지도에 보라색으로 표시되어 있다. 미국, 쿠웨이트, 사우디아라비아, 카리브 제도 및 태평양의 일부 도서 국가 국민의 3분의 1 이상이 비민 인구이며, 이는 이들이 *(적정량에 비해)* 최소한 3분의 1 이상의 칼로리를 더 섭취하고 있다는 사실을 의미한다.[21] 이들 국가의 하루 평균 열량 섭취량은 3,400킬로칼로리로, 70킬로그램의 활동적인 성인 한 명에게 적절한 약 2,500킬로칼로리보다 훨씬 높다.[22] 지도에서 진한 청록색인 영국은 유럽에서 비만 인구가 가장 높고, 심지어 미국보다 비만율이 훨씬 빨리 증가하고 있다. 오스트레일리아, 아르헨티나, 멕시코는 인구의 25퍼센트 이상이, 이집트와 알제리에서는 30퍼센트 이상이 비만이다.[23]

세계의 농업: 얼마나 더 많이 재배할 수 있을까?

전 세계 식량 생산은 수요의 증가 수준보다 빠르게 증가해 왔다.[24] 1972년 로마 클럽Club of Rome이 식량 가격 상승과 기아 발생이라는 암울한 전망이 담긴 보고서를 발표한 이후, 최근 영국의 NGO 옥스팜Oxfarm과 스티븐 에모트Stephen Emmott에 이르기까지 비슷한 주장이 계속 반복되어 왔지만, 세계에서 식량이 부족한 일은 없었다.[25] 오히려 코로나19 팬데믹이 있기 전, 식량 가격은 하락했다. 이러한 식량 증산은 기술 혁신으로 새로움 품종이 개발되었고 비료 등의 경작 투입물 개선으로 작황이 늘어났기 때문이다. 여기에 세계화로 각지의 농업인들이 세계 시장에 더 많이 참여할 수 있었던 것도 한몫했다.

다음 지도는 세계 농경지에 대한 데이터를 수집·분석한 것으로, 이미 농업으로 사용되고 있는 토지의 면적을 보여준다. 아르헨티나, 중국, 인도, 멕시코, 유럽 국가는 영토의 절반 이상이 농업에 쓰이고 있다. 30년 전 지구상의 육지 중 농업 목적으로 사용되는 비율은 25퍼센트를 약간 상회하는 정도였다. 오늘날 그 비율은 3분의 1을 훌쩍 넘어섰고 계속 늘어나고 있다.[26] 이제 남은 지역은 열대삼림, 산지, 툰드라, 사막 아니면 북극권이나 사하라 등 농업에 이용할 수 없는 곳들이다.

농업 생산의 미래 모습이 어떠해야 하는지 그려보기 위해 과거를 참조하는 것은 그리 좋은 생각이 아니다. 무엇보다 현재 세계 대부분의 경작 가능한 토지

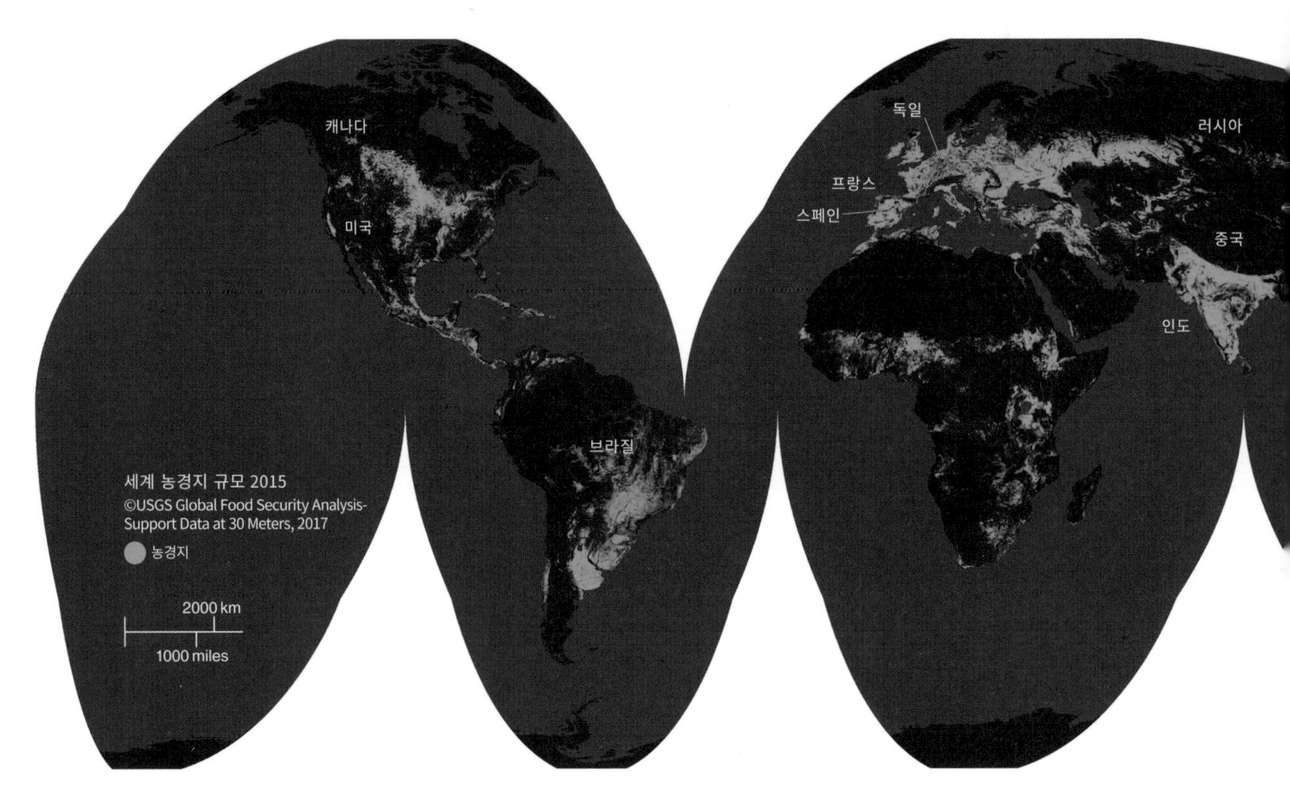

세계 농경지(2015)

2015년 위성 합성 이미지로 농경지로 쓰이고 있는 토지를 녹색으로 표시했다. 인도와 브라질 대부분, 미국과 캐나다 대평원, 오스트레일리아 남부해안, 유럽의 온대 지역에서 농업이 광범위하게 이루어지고 있다.

가 이미 사용 중이기 때문이다. 삼림파괴를 하지 않으면서도 식량 증산을 하려면 더 많은 토지를 쓰지 않아야 하는데, 이는 기존 농경지의 생산성을 높이고 토지 용도를 변경(작물 재배와 가축 사육의 양자택일)해야 함을 의미한다. 지속 가능한 집약화sustainable intensification는 환경을 파괴하지 않고 지금과 동일하거나 더 적은 토지에서 더 많은 식량을 생산하는 것을 말한다. 삼림과 사바나, 취약한 생태계를 더 이상 파괴하지 않기 위해서는 새로운 방식의 식량 생산 및 유통 시스템이 필요할 것이다. 작황 및 영양성분 함량 개선 이외에도 수경 재배, 점적 관개, 기타 집약적 경작 방식의 이용을 늘리고, 부적합한 토양 재배와 화학물질의 과용을 조장하는 보조금 지급을 중단해야 한다. 식량 시스템에 변화를 가져오려면 기술 혁신, 경제·규제·교역 시스템 개혁에서부터 전문적인 기술지원, 농민들에 대한 작물보험에 이르기까지 광범위한 개입이 필요하며, 특히 가난한 국가를 지원해야 한다.

위의 지도는 농경지 합성 이미지로, 식량이 재배되고 있는 곳을 녹색으로 표

유럽의 농경지(2015)
©USGS Global Food Security Analysis-Support Data at 30 Meters, 2017
농경지

캐나다
2
8
6
미국
보스턴
4
7
뉴욕
샌프란시스코
3
5
1
로스앤젤레스
멕시코
팔래치아산맥
스케이드산맥
스밸리
레이트베이슨
하비사막
키산맥
에라네바다산맥
로스톤
1000 km
500 miles

메리카의 농경지(2015)
SGS Global Food Security Analysis-
port Data at 30 Meters, 2017
농경지

위) 유럽의 농경지(2015)

유럽을 보면, 2015년에 농경지로 '새로' 개발할 만한 토지가 없음이 분명하다. 어두운 부분이 약간 남아 있기는 하지만 런던, 파리 등 고도로 도시화된 지역이거나 피레네산맥, 알프스산맥, 스코틀랜드 고지대 같은 산악 지역, 혹은 추운 날씨 때문에 양과 염소 목축 외의 농업은 부적합한 지역이다.

왼쪽) 북아메리카의 농경지(2015)

2015년의 미국을 보면 모하비, 그레이트베이슨 등 사막 지역, 데스밸리와 옐로스톤 등 국립공원, 로키산맥, 시에라네바다산맥, 애팔래치아산맥 등 산맥 지역 그리고 뉴욕, 보스턴, 샌프란시스코 등 광역대도시권을 제외한 토지가 모두 농업에 쓰이고 있다.

시했다. 농업 생산에 사용되는 전체 면적은 20세기 중반 이후 상대적으로 안정되었다.[27] 하지만 지도가 모든 것을 말해주지는 않는다. 그간 유럽, 러시아, 북아메리카 온대 지역에서는 농경지가 상당 면적 줄어들었지만, 줄어든 그 면적만큼 생물다양성이 풍부한 열대 지역에서는 농경지가 대폭 늘어났다.[28] 식량 생산은 토지 이용 및 용도변경의 가장 큰 원인으로, 삼림 개간과 바이오매스 연소를 통해 농경지를 확보한다. 세계 일부 지역에서는 토지 생산성을 극적으로 끌어올렸지만 대신 원생림primary forest이 파괴되었다. 예를 들어 2000년부터 2014년까지 브라질 삼림 손실은 연간 평균 270만 헥타르였고, 콩고민주공화국은 같은 기간 연간 57만 헥타르의 삼림이 사라졌고 2011년부터는 그 속도가 2.5배 가속화되었다. 인도네시아도 같은 기간 연간 130만 헥타르의 삼림 손실이 발생했으며, 그중 40퍼센트는 원생림 손실이었다.[29]

기후변화와 식량·물·에너지 넥서스

식량·물·에너지는 불가분의 관계로, 식량은 전 세계 물 사용의 70퍼센트 이상, 디젤 연료 사용의 3분의 1 이상과 관련이 있다.[30] 이런 의존관계는 수자원이 점차 고갈되고 도시의 물 필요량이 늘어나는 상황에서 지속될 수 없다. 또한 디젤 기반의 에너지는 대부분 국가에서 보조금 지원 대상이었으나, 심각한 오염원인 데다 탄소 집약도가 높다고 알려지자 점차 축소되는 분위기이다. 현재의 농공업 시스템 관행은 농경지 퇴화, 저수량 감소, 생물다양성 감소로 이어져 농업 잠재력이 축소되고 있으며, 앞으로는 작황의 급감이 예상되기도 한다.[31] 극빈층 중 다수는 이미 취약한 상태의 토지에 생계를 의존하고 있는데, 그마저도 지나친 가축 방목과 토양 침식 및 토사 유출량 증가로 회복 불가능한 정도로 악화하고 있다. 이로 인해 자급자족 농민들은 가혹한 결과를 감당해야 하고 기상이변으로 상황은 더 심각해지고 있다.[32] 세계의 곡창지대 역할을 하는 북아메리카와 유럽과 같은 온대 지역에서는 기후변화로 인해 삼대 주식 작물인 쌀·밀·옥수수 생산이 줄어들 것으로 예상된다.[33] 온도와 강우량 변화를 고려하면 2050년경 작황은 최대 70퍼센트가 감소할 수도 있다.[34]

이산화탄소 농도가 높아지면 광합성의 원료가 더 많아져 식물의 생장이 촉진될 수는 있지만, 식량 생산에는 위험 요인이다. 이산화탄소 증가로 인해 극단적인 최고 기온 기록, 파괴적인 폭풍과 강풍 등의 기상이변, 식물 병해의 확산 가능성이 더욱 커지기 때문이다.[35] 치명적인 농작물 병해가 발생해 건잡을 수 없는 속도로 확산될 수도 있다. 1840년대 아일랜드에서는 멕시코의 곰팡이균이 처음 전해지면서 감자 대흉작이 발생해 아일랜드를 통치하고 있던 영국 정부와 부유한 상인들이 사재기를 일삼았고, 그 결과 100만 명 이상이 기근으로 사망하기도 했다.[36] 이제 세계 무역, 식물 스트레스 증가, 곤충과 기생충의 이동 등 위험 요인의 증가는, 기후변화로 인한 식량 불안정성을 키우고 세계 대부분을 위기에 빠뜨릴 수도 있게 되었다.[37]

산업적 규모의 식량 생산에는 일련의 위험한 되먹임 순환고리feedback loop가 관여한다. 우선, 작물 재배와 가축 사육 과정에서 온실가스가 대기 중으로 곧바로 방출된다. 산림과 습지를 개간하고 토양을 갈아엎는 등 토지 이용을 변경할 때 이산화탄소가 추가로 발생한다. 초목이 썩거나 탈 때 발생하는 메탄은 이산화탄소보다 지구온난화지수가 34배나 높다.[38] 토양 악화는 이런 과정들을 가속화시킨다. 구체적으로, 비효율적인 농업 관행과 사막화 촉진은 토양 침식으로 이어지고, 그 속도는 회복 가능한 수준보다 10배에서 100배 더 빠르다.[39] 온실가스 효과가 이산화탄소의 약 300배에 달하는 아산화질소도 비료 사용 및 농경지와 목초지의 토양 미생물에서 발생한다.[40]

기후 챕터에서 논의했듯이 이미 강우 패턴과 온도, 나아가 생육 시기에도 변화가 나타나고 있다. 극심한 가뭄과 홍수 등 극한 기후 현상은 기아와 식량 및 경제 불안정, 나아가서는 폭력 챕터에서 살펴본 것과 같이 분쟁의 주요 원인 중 하나이다.[41] 지구 평균 온도 상승 시나리오 중 그나마 낮은 범주에 드는 2℃ 상승의 경우만 하더라도 엄청난 결과가 초래될 것이고, 북아프리카와 사헬 지역, 중동에서 심각한 가뭄이 점차 증가할 것이다. 이들 지역은 이미 지구상에서 가장 극심한 분쟁 다발 지역이며, 아프리카·남아시아·동남아시아 전역에 걸쳐 빈곤과 영양실조의 위험도 크게 증가할 것이다.[42] 이들 지역에 있는 국가는 국민소득과 고용의 상당 부분이 대규모 자급자족 농업에서 나온다. 소작농은 비료와 관개시설 사용이 이미 제한적이고, 그래서 강우량 변화에 대한 적응력이 떨어지고 점점 더 변동성이 커지고 있는 생육 환경에 취약할 수밖에 없다.[43]

온도 상승과 강우량 증가가 일부 지역에서는 좋은 일일 수도 있으나, 농민들에게는 반가운 일이 아니다. 이들에게는 기후변화로 인한 10년 평균치가 중요한 것이 아니다. 극단적인 온도변화나 심한 우박, 거센 강풍과 집중호우, 단 며칠이라도 너무 늦게 혹은 너무 일찍 찾아온 강우로 농사와 생계가 타격을 입는다. 농민들에게 중요한 것은 최악의 위험으로 이어질 수 있는 극단적 기후 현상이다. 기후 변화에 관한 정부간 협의체(IPCC) 과학자들도 앞으로 훨씬 심한 변동

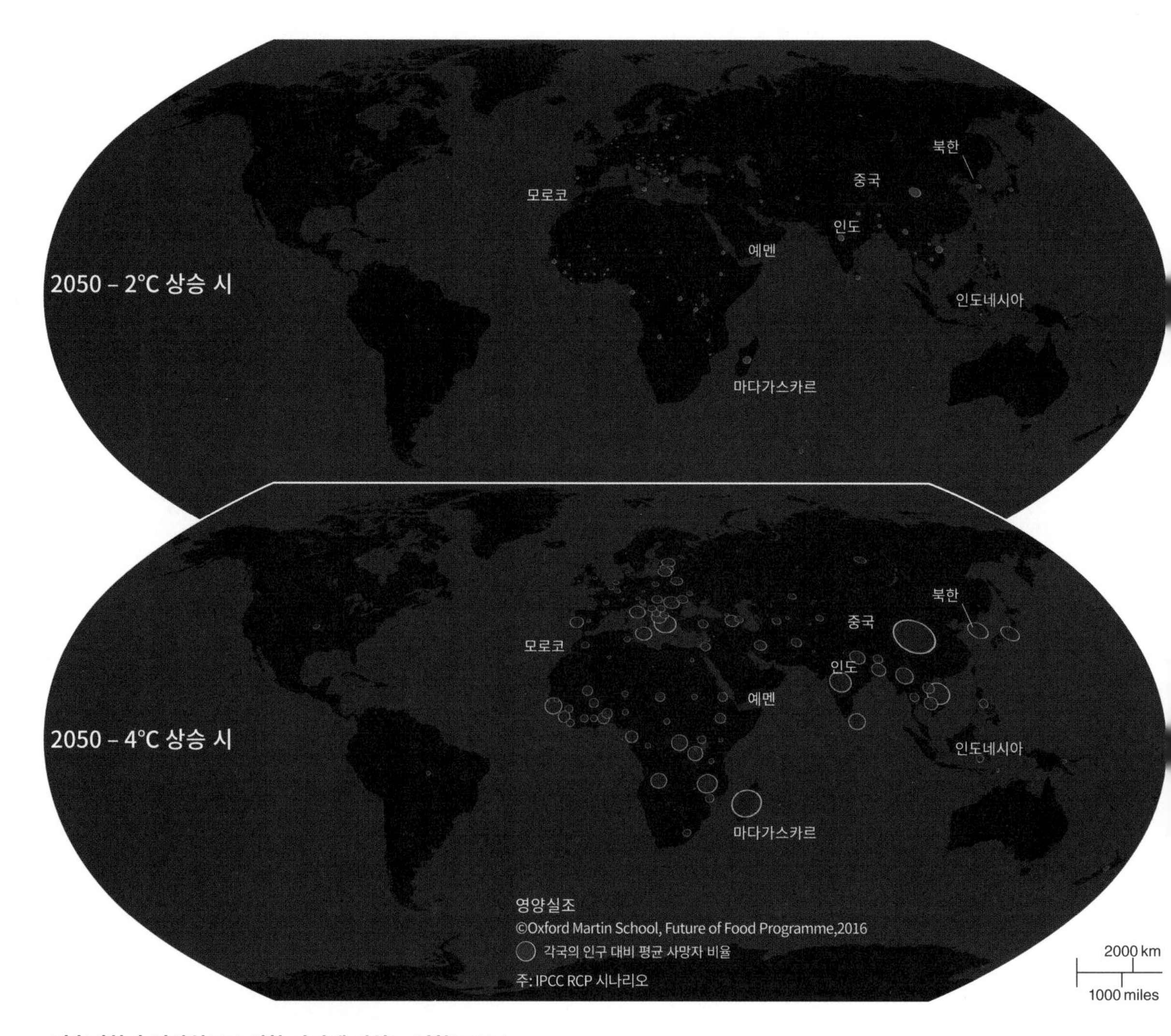

기후변화가 영양실조로 인한 사망에 미치는 영향(2050)

위의 지도는 2050년 지구 평균 온도가 2°C 또는 4°C 올랐을 때의 시나리오에서 영양실조로 인한 연간 사망자 수의 예상 증가치를 보여준다. 4°C 상승 시의 시나리오에서 연간 영양실조 사망자는 중국에서 약 3만 명, 마다가스카르 1만 명 이상, 세계적으로는 특히 아시아와 아프리카에서 수십만 명이 추가로 발생한다.

성이 예상되며, 이는 전 세계 농민들에게 부정적인 영향을 미칠 것이라고 분명히 밝힌 바 있다.[44]

기후변화로 영양실조와 기근이 얼마나 심각해질지는 식량 무역과 유통에 관여하는 정부와 기업이 어떻게 대응하느냐에 따라 크게 좌우될 것이다. 옆의 지도는 지구 온도가 2℃, 4℃ 상승했을 때 영양 상태와 초과 사망excess deaths*(전염병의 대유행 등 특이 원인으로 인해 통상적인 사망 수준을 초과하여 발생하는 사망)*이 얼마나 달라지는지 보여준다. 지도에서 원의 크기는 기후변화로 발생한 식량 위기로 통상적인 수준을 넘어 발생할 수 있는 사망자의 규모를 나타낸다. 기후변화로 인해 전 세계적으로, 특히 아시아와 아프리카에서 발생하는 연간 사망자 수가 수십만 명에 달할 수 있다.

고기는 중요해

육류, 설탕, 대두, 팜유 수요 증가를 충족하기 위해 매년 막대한 면적의 땅이 개간되고 있다. 소고기 소비가 급증하면서 환경은 더 훼손되었고, 이제 육우 사육은 농업 관련 온실가스 총 배출량의 75퍼센트와 관련이 있는 것으로 보고 있다.[45] 제2차 세계대전 이후 수십 년 동안 북아메리카와 유럽의 육류 수요는 빠르게 증가해서 정점을 찍었다. 이들 지역에서 1인당 소비는 줄어들고는 있지만, 아시아와 라틴아메리카에서 고기 소비가 가능한 인구 증가로 늘어난 육류 수요는 이를 상쇄하고도 남는다. 전 세계 농경지의 약 80퍼센트는 소나 염소 등의 반추 가축 40억 마리 이상, 닭 25억 마리 이상을 사육과 관련되어 사용된다.[46]

식량 생산과 무역량의 급변과 급증은 전 세계 사람들의 식단 변화 속도와 발을 맞췄다. 국가가 더 부유해지면 국민의 입맛도 변한다. 중국에서는 개선된 영양식품에 대한 소비 여력이 증가하면서 1985년 이후 평균 신장은 남아가 9센티미터, 여아가 7센티미터 더 커졌다.[47] 평균적인 중국 국민은 연간 약 136파운드(약 62킬로그램)의 육류를 소비하고 있는데, 이는 50년 전과 비교할 때 17배 증가한 것이다.[48] 결과적으로 14억 중국인들이 세계 육류의 25퍼센트 이상을 소비하고 있는 셈인데, 이는 미국인이 먹는 양의 2배에 해당한다.[49] 한편 중국의 육류 생산을 보면, 전 세계 돼지고기의 50퍼센트, 가금류 25퍼센트, 소고

세계의 육류 생산

2017년 육류 생산을 보여주는 지도로, 원의 크기는 생산량 규모(수백만 톤)를 의미한다. 중국에 있는 가장 큰 보라색 원은 중국이 미국을 넘어서는 세계 1위 육류 생산 국가임을 보여준다. 3위는 브라질이다. 육류 생산이 전 세계에서 광범위하게 이루어지고 있다는 사실도 확인할 수 있다.

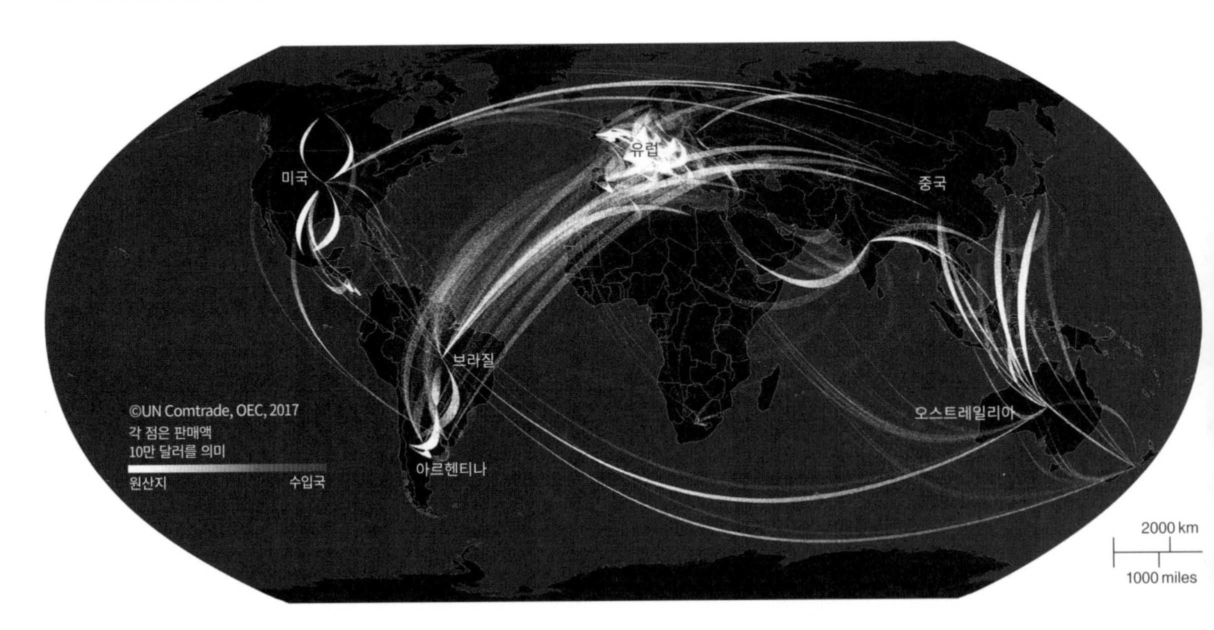

소고기 무역(2017)

2017년 전 세계 소고기 무역을 보여주는 지도로 각 점은 판매액 10만 달러를 나타낸다. 현재 중국이 단연코 세계 최대 육류, 특히 소고기와 돼지고기 수입국으로 주로 오스트레일리아에서 수입한다. 아르헨티나와 브라질의 유럽 및 아시아 수출, 활발한 유럽 역내 무역 역시 뚜렷하다.

기 10퍼센트를 생산한다.[50] 하지만 인구 대비 농경지 면적은 상당히 불균형적이다. 세계 인구의 20퍼센트가 중국에 살고 있지만 경작 가능한 토지는 7퍼센트밖에 되지 않기 때문에 수입을 통해 불균형을 해소해야 한다.[51] 중국 내에서 기르는 가축 사료 전용으로 수입되는 대두의 양만 해도 1억 톤 이상으로, 전 세계 대두 무역의 60퍼센트를 차지한다. 이는 특히 브라질, 아르헨티나, 파라과이에서 무분별한 삼림파괴와 대두 단일작물 재배 농장의 확산을 부채질하고 있다.[52]

중국인들이 돼지고기보다 소고기를 선호하게 된 것도 기후변화를 가속화하고 있다. 돼지 사육에는 목초지가 필요하지 않고, 사료 대비 고기 전환효율도 육우 사육보다 높다. 육우 사육은 돼지 사육에 비해 고기 1킬로그램당 5배나 많은 온실가스를 배출하고 물도 2.5배 더 필요하다. 이러한 이행은 생각보다 빠르게 일어나고 있다. 2019년 미국과 중국의 무역전쟁 때문에 중국은 브라질 대두 수입량을 늘렸다. 같은 해 아프리카돼지열병의 확산으로 중국의 돼지 농가가 피해를 입은 후 중국인들의 소고기 소비가 빠르게 증가했다. 기후 챕터에서 확인했듯이, 아마존 우림과 전 세계 대기 및 생태계는 식량 소비와

인도네시아: 숲을 대체한 팜유 플랜테이션(1984, 2019)
1984년과 2019년 위성 사진으로 인도네시아에서 숲을 개간한 자리에 팜유 플랜테이션이 들어선 것을 확인할 수 있다.

무역에서 발생한 변화의 희생양이다.

열대우림과 사바나 황폐화의 주요 원인이 남아메리카에서는 육우 사육과 대두 재배 때문이지만, 인도네시아와 말레시아에서는 식품 가공 산업의 필요를 충족하기 위해 팜유 플랜테이션이 급속히 확대된 결과이다. 현재 동남아시아의 이 두 국가는 전 세계 팜유의 90퍼센트를 생산하고 있다.[53] 인도네시아에서만 팜유 재배를 위해 개간된 면적이 지난 30년 동안 20배 확대되어 1,000만 헥타르 이상이다.[54] 1984년과 2019년의 위성 사진은 35년 동안 인도네시아에서 숲이 있던 자리에 팜유 플랜테이션이 들어선 것을 보여준다. 팜유 재배에 특히 적합한 이탄peat 지대가 개간되어, 개간지 1헥타르당 1,600톤 이상의 이산화탄소가 배출되고 있다.[55] 전 세계적으로 이스라엘이나 르완다 국토 면적에 해당하는 우림이 매년 파괴되고 있다.[56]

수상한 수산업

수만 년 동안 생선은 늘 인류의 식단에 올라왔다. 하지만 산업 규모의 어업이 등장한 것은 이번 세기에 들어서야 가능해진 일이다. 원래는 전쟁을 위해 개발된 인공위성 측량, 레이더와 음향 측심기, 대형 전함 등의 기술이 보급되면서이다.

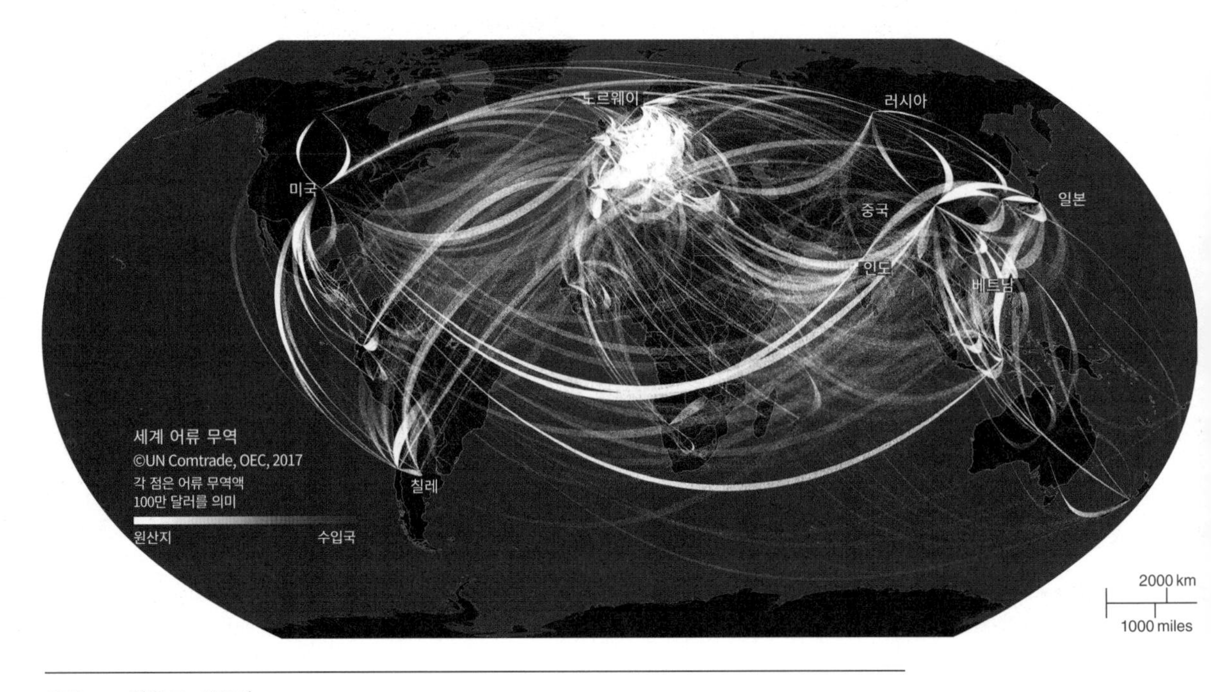

어류 무역(2017)
2017년 세계 어류 무역을 보여주는 지도로 각 점은 어류 무역액 100만 달러, 흰색은 수출국, 붉은색은 수입국을 나타낸다. 중국은 세계 최대 어류 수출국이며 노르웨이와 베트남이 그 뒤를 잇는다.[57] 유럽 역내, 지중해 전역에서 어류 무역 집중도가 뚜렷하며, 남아메리카의 수출 규모도 상당하다.

산업이 성장하고 보조금도 증가하면서 어획량의 규모도 커졌다. 소고기의 경우와 마찬가지로, 소득이 증가하면서 특히 아시아에서 어류 수요가 증가했고, 산업 규모의 어업이 빠르게 확대되면서 전 세계 어족 자원이 고갈되고 있다. 부국 해안가에서 어획량이 줄어들자, 어선들은 값싼 디젤 연료를 사용해 북극해와 남극해까지 진출했다. 지금 남획의 정확한 규모를 아는 사람은 아무도 없다. 중국, 인도네시아, 인도, 미국, 러시아, 일본 등 대형 어선을 가진 국가들은 원양遠洋에서 벌어지는 규제 위반과 남획으로 지속적인 비판의 대상이 되어왔다.[58]

어류가 인간의 식탁에만 오르는 것도 아니다. 모든 해상 어획량의 3분의 1은 동물 사료로 쓰인다. 이러한 수요는 특히 작은 플랑크톤과 치어의 어족 자원 고갈을 앞당기고 있는데, 이들 어족 자원은 크기가 너무 작아 해양에서 빨아들이거나 촘촘한 그물을 끌면서 잡아 올리며, 대체로 사람의 식품으로는 쓰이지 않는다.[59] 이 외에도 많은 어족 자원은 이미 남획이나 해양 산성화 및 오염 심화로 치명적인 수준이다.[60] 전체적으로 볼 때, 1960년대 이후 연간 어류 소비 증가는 인구 증가보다 2배 높은 수준이다.[61] 2017년 세계 어류 무역을 나타낸 376쪽의 지도에서 각 점은 100만 달러 치의 어류 제품 무역액을 의미하며, 흰색에서 붉은색으로 이어지는 선은 수출국에서 수입국으로 이어지는 무역의 흐름이다. 육류 무역의 경우와 마찬가지로, 아시아가 세계 어류 시장에 빠르게 편입되고 있다

어류 양식의 확대

1980년대 후반 바다 어업 및 민물 어업이 정점에 달한 후 계속 감소해 왔다. 그 이후 생산량 증가분은 어류 양식에서 비롯되었으며 이제는 양식 생산량이 어획 생산량을 넘어서고 있다.

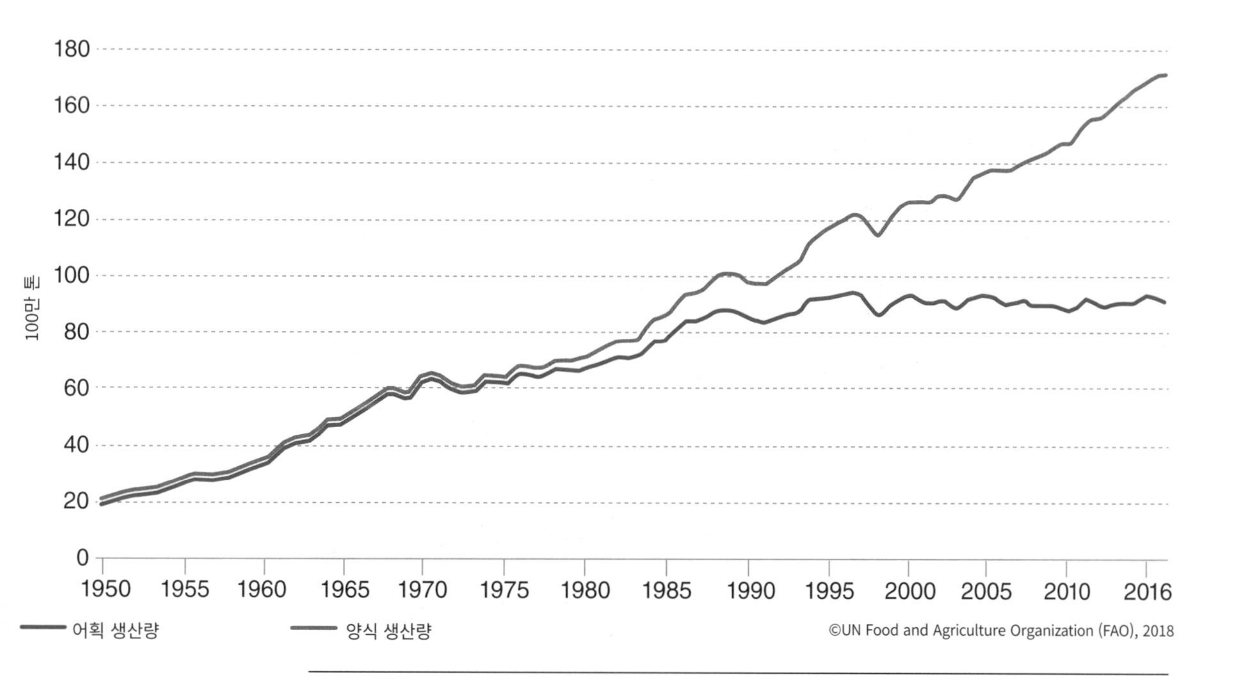

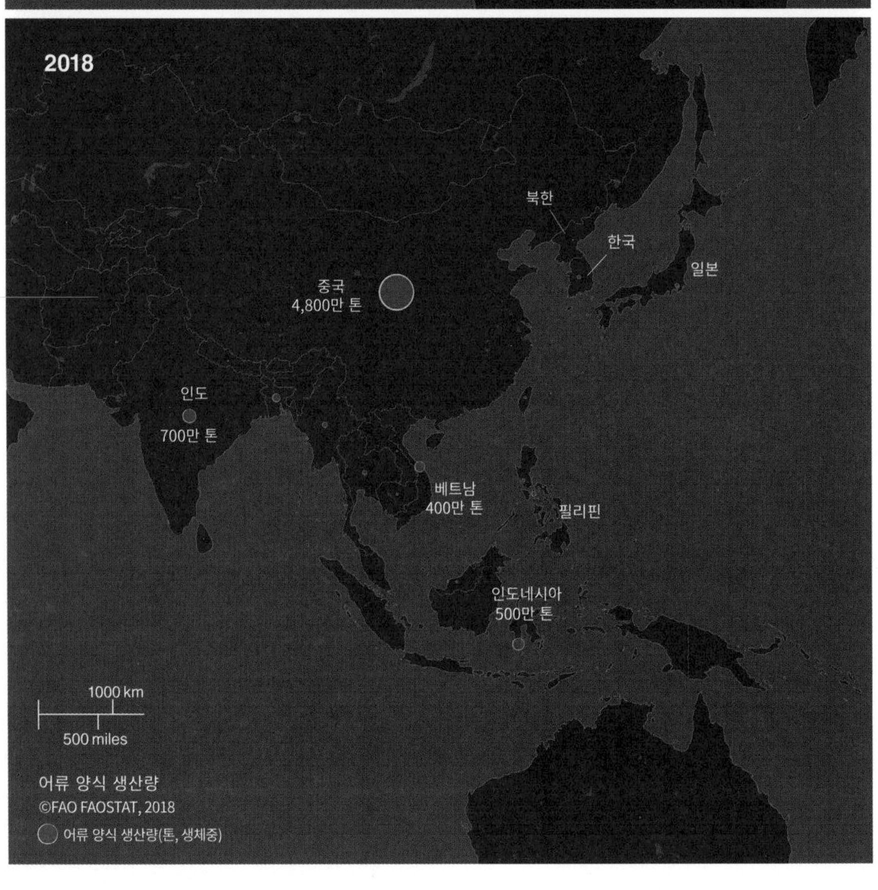

아시아의 어류 양식(1990, 2018)

1990년과 2018년 생산량을 비교하면 아시아에서 어류 양식이 급격히 증가한 것을 알 수 있다. 원의 크기는 어류 양식 생산량으로 그 규모는 수백만 톤이다. 2018년 중국의 생산량은 4,800만 톤으로 그다음은 인도(700만 톤), 인도네시아(500만 톤), 베트남(400만 톤) 순이다.

는 점이 두드러진다. 아시아는 세계에서 가장 큰 어선단을 보유하고 있으며 어선 세계 점유율은 75퍼센트(350만 대)이다. 중국은 2002년 이후 세계 최대 어류 생산국이자 어류 및 관련 제품의 최대 수출국으로 자리매김하고 있으며, 노르웨이와 베트남이 그 뒤를 잇고 있다.[62] 유럽 내 그리고 지중해 전역에서 어류 무역 집중도가 뚜렷하며, 남아메리카의 수출 규모, 특히 안초베타anchoveta*(페루 멸치)*와 연어의 대규모 수출을 지도에서 확인할 수 있다.

우리가 소비하는 어류가 대개 야생에서 어획한 것이거나 혹은 양식한 것이지만, 이미 식품 및 사료 제품에 쓰이는 어류의 절반 정도는 어류 양식에서 생산되고 있다.[63] 377쪽의 그래프는 바다 어업 및 민물 어업을 통해 잡는 야생 어류의 양이 1990년대 후반 정점에 도달한 이후 현재까지 비슷한 수준을 유지하고 있음을 보여준다.[64] 그 이후 증가분은 어류 양식에서 비롯되었으며 이제는 양식이 야생 어류 포획을 넘어서고 있다.[65]

생물다양성의 혜택

지구상 모든 생물체의 다양성과 풍부함을 보존하는 것은 생태계 안정성과 식량 생산 시스템의 생산성, 회복탄력성을 위한 필요조건이다. 자연은 인간에게 여러 가지 혜택을 제공하며, 인간의 모든 경제적·비경제적 활동은 이를 기반으로 한다. 이 같은 생태계 서비스의 경제적 가치는 연간 125조 달러에 달한다.[66] 우리가 생물다양성에 관해 쏟는 관심과 주의에는 이러한 자연 시스템의 절대적 중요성이 충분히 반영되지 못하고 있다. 생태계가 약탈당하고 있고 붕괴에 가까워지고 있는 가운데, 과학계에서는 이를 '생물학적 절멸biological annihilation'[67]이라고 부르기 시작했다. 그 권위를 널리 인정받고 있는 이트-랜싯 위원회EAT-Lancet Commission*(다국적 과학자의 다학제 그룹으로, 스톡홀름 복원력 센터가 후원하고 있다)*에 따르면 우리는 지금 여섯 번째 대멸종의 길에 들어서고 있으며, 약 1만 2,000년 전에 시작된 현재의 지질시대[69]의 전형적인 속도보다 100에서 1,000배 빠른 속도로 동식물이 사라지고 있다.[68] 1970년대 이후 여러 동물 개체군의 크기는 대략 60퍼센트 감소했으며, 인간 활동이 주요 원인이다.[70] 생물종이 멸종하면 인류는 다시는 지속 가능한 방법으로 전 세계 인구를 먹여 살릴 수 없게 될 수 있다.

광범위하고 다양한 인간 활동은 생물다양성 손실을 초래한다. 특히 농업 활동이 많은 영향을 미치지만, 도시화와 도로, 철도, 댐, 항구 등의 사회기반시설 건설의 결과로 육지와 수상 서식지가 사라지고 이주 패턴이 깨지면서 자연 시스템이 파괴된다. 게다가 산업화와 기타 오염, 외래종 확산, 지속 불가능한 방식의 야생종 채취, 농업과 사회기반시설의 확대와 같은 기존의 위협요인을 더욱 악화시키는 기후변화로 생물다양성은 더욱 악화일로에 있다. 국제자연보전연맹(IUCN)에 따르면, 포유류와 조류의 멸종 위협요인의 80퍼센트가 농업에서 비롯된다.[71] 멸종하기 전, 생물종은 개체군의 크기가 감소하고 기존의 서식지에서 더 이상 찾아볼 수 없게 된다. 곤충 자원은 지난 30년 새에 75퍼센트가 감소했고, 농지에서 볼 수 있었던 조류는 15년 전에 비해 30퍼센트 줄어들었다.[72]

꿀벌의 개체 수 감소는 생물다양성의 손실이 우리 삶 구석구석에 미치는 영향을 잘 보여준다. 보다 다양한 종류의 식물에서 꽃가루를 모으는 꿀벌은 그렇지 않은 꿀벌보다 더 건강한 면역체계를 가진 것으로 알려져 있다.[73] 건강한 면역체계는 꿀벌이 유충을 먹일 먹이를 만드는 데 중요하다. 하지만 꽃가루와 영양분을 얻을 수 있는 식물의 다양성이 감소하자 꿀벌을 비롯한 다른 곤충들의 개체수도 감소하고 있다. 꿀벌의 군집이 사라지는 일이 이미 곳곳에서 확인되고 있지만, 유럽의 다른 지역보다 영국에서 더 심각하고, 아마도 생물다양성의 감소가 그 원인일 수 있다. 이런 현상을 두고 *(세계의 파멸을 뜻하는 영단어 '아포칼립스'에서 따온)* '비포칼립스bee-pocalypse'라는 단어가 만들어지기도 했고, 곤충학자들은 이를 '군집붕괴현상colony collapse disorder'이라고 부른다. 꿀벌이 행하는 화분 매개의 경제적 가치는 영국에서는 연간 2억 파운드 이상이며, 미국에서는 연간 140억 달러를 넘는다. 전 세계에서 꿀벌이 사라지면 경제적 손실은 이를 훌쩍 넘는 수준일 것이다.[74] 지금까지 그런 일은 일어나지 않았지만, 꿀벌 멸종은 언제든지 발생할 수 있는 일이다.[75]

인류와 지구 모두를 위한 건강한 식단

식량의 생산성 감소와 수요의 증가라는 양방향의 압력이 복합적으로 작용한

지는 꽤 되었다.[76] 이런 전개 양상을 뒤집기 위해서는 몇 가지 변화가 즉각적으로 필요하다. 우선 세계적인 불균형, 비만과 배고픔의 격차를 줄이기 위해 식단을 근본적으로 바꿔야 한다. 그리고 그 변화는 지속 가능하고 기후변화를 늦추는 방식이어야만 한다. 우리의 식량 생산 방식이 기후변화에 지대한 영향을 미치고 있기 때문에 식단과 건강, 지속 가능성은 근본적으로 상호 연결된 문제이다. 식단을 바꾸지 못하면 온실가스 배출량은 엄청나게 늘어나고, 비료로 인한 오염이 증가하며, 생물다양성이 감소하고, 지질 · 수질의 저하가 가속화될 것이다. 그렇게 되면 식량 생산에 치명적인 결과가 초래될 뿐만 아니라, 파리협정 목표 달성은 말할 것도 없고 인류의 기후변화 억제 능력 자체가 크게 저하될 것이다.[77]

다양한 종류의 식단이 환경에 미치는 영향을 평가한 논문은 세계적인 의학저널 《랜싯Lancet》에 게재된 이후 많이 인용되고 있다.[78] 논문 저자들은 건강하지 않은 식품(특히 붉은 육류와 설탕)의 섭취를 절반 이상 줄여야 식단과 건강을 개선할 수 있다는 결론을 내렸다.[79] 반면 견과류, 채소, 과일, 콩류와 같이 건강한 식품은 지금보다 2배 더 먹어야 한다. 지역마다 필요한 변화의 정도는 다를 텐데, 육류와 설탕 소비를 제일 많이 줄여야 하는 곳은 부유한 국가이다. 기본적인 식단의 변화로도 온실가스 배출량을 안정화·저감하고 인간의 건강도 크게 개선할 수 있다. 영양 결핍에서 비롯되는 사망도 20퍼센트 이상 줄일 수 있다. 연간 약 1,100만 명의 생명을 살릴 수 있는 것이다.[80]

IPCC 또한 토지 사용의 생산성을 높이면 지구온난화를 크게 줄일 수 있다고 강조한 바 있다.[81] 기후 챕터에서 확인했듯이, 육지는 광합성을 통해 온실가스를 흡수하며 자연의 탄소 흡수원 역할을 하고 있다.[82] 지속 가능한 방식으로 식량을 생산하려면 생산성이 높은 지역과 낮은 지역의 작황의 차이를 줄여야 한다.[83] 하지만 그것이 더 많은 비료 사용과 이로 인한 오염으로 이어지지 않아야 한다. 그러기 위해서는 비료를 지나치게 사용하는 국가에서 비료가 부족한 국가로, 세계적인 비료 재분배가 필요하다. 농업은 대대적인 변화가 필요하다. 변화를 통해 동전의 양면과 같은 영양 부족과 비만의 문제를 해결하면서도, 식량 시스템이 환경 파괴와 탄소 배출에서 탄소 흡수와 생물다양성 회복의 방향으로 나아가도록 만들어야 한다.

변화의 출발점은 우리 모두가 되어야 한다. 플렉시테리언flexitarian(*'flexible*

*vegetarian'의 준말로, 채소 위주의 식단을 기본으로 하되 간간이 고기를 먹는 채식주의자의 한 부류)*은 각기 다른 농업 시스템, 광범위한 문화적 전통, 개인적인 선호의 다양성과 양립 가능하며, 잡식·채식·비건 등 다양한 식단과도 함께 실천할 수 있다. 고기를 (더 많이 먹는 것은 말할 것도 없고) 자주 먹는 식단은 건강은 물론 환경적 지속 가능성과도 양립할 수 없다는 것은 단순한 진실이다. 우리 자신과 지구 환경을 위해 지속 가능한 식단은 고기 섭취를 줄이고 대신 생선과 버터, 채소를 먹는 것이다. 적어도 하루에 한 끼는 과일과 채소만 먹는 비건 식단으로 챙기고, 포장을 줄인 식품을 구입하여 환경 발자국을 줄이자. 그것이 우리 자신에게도, 지구에게도 좋은 일이다.

2020년 6월 기준 전 세계 코로나19 분포

건강

팬데믹과 슈퍼버그는 거대한 위협이다

거의 모든 곳에서 기대수명이 증가했다

유아, 아동, 산모의 사망률이 감소하고 있다

정신질환과 자살은 심각한 위험이다

기술이 보건 분야를 변모시키고 있다

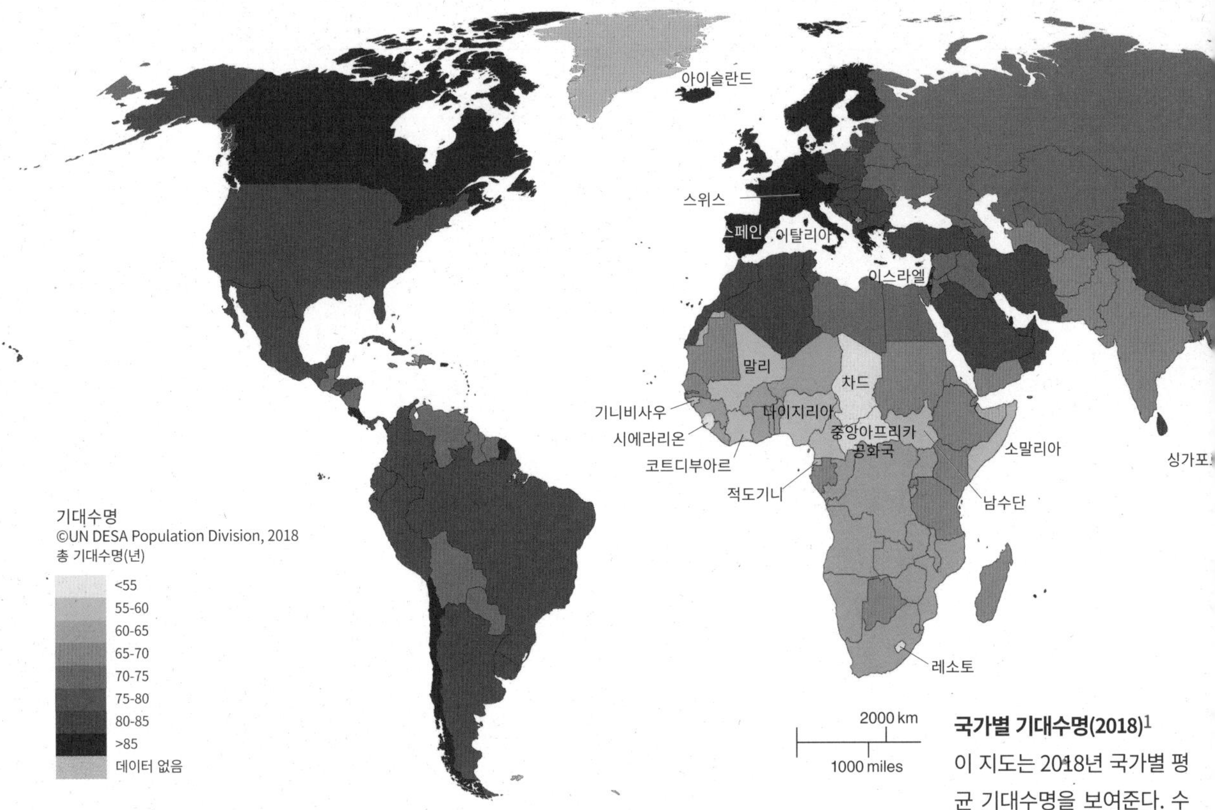

국가별 기대수명(2018)[1]
이 지도는 2018년 국가별 평균 기대수명을 보여준다. 수명이 긴 국가일수록 짙은 색으로 표시했다. 북아메리카, 서유럽, 오스트레일리아의 경우 수명이 길지만, 아프리카는 이들 지역에 비해 기대수명이 20~30년 짧다는 것을 확인할 수 있다.

들어가며

오늘날 많은 사람이 그 어느 때보다 더 건강하게 더 오래 살고 있다. 역사상 가장 오래 산 사람은 1875년에 태어나 1997년에 122세(그리고 164일)를 일기로 사망한 잔 칼망Jeanne Calment이라는 이름의 프랑스 여성이다. 이 문장을 쓰고 있는 시점을 기준으로 잔 칼망이 여전히 세계에서 가장 장수한 사람이지만 이 기록이 영원하지는 않을 것이다. 잔 칼망은 독특한 사례이다. 전 세계에서 110세 이상을 사는 '초백세인super centenarian'은 수천 명에 불과하다. 참고로 지금까지 100세 이상 장수한 사례는 수십만 명이 있었고 이 중 일본인이 높은 비율을 차지한다.[2] 여전히 흔하지는 않지만 앞으로는 100세 이상 사는 일이 크게 특별하지 않은 일이 될 것이다. 거주 지역에 따라 다르겠지만 2000년에 태어난 사람은 최소 100세까지 살 거라고 기대할 수있다. 일부 과학자들은 앞으로 수명이 크게 증가할 것으로 예상한다. 당연히 이 모든 이야기가 공상과학 소설처럼 들릴 수도 있다. 오

랫동안 우리는 인간의 수명이 한계에 도달했다고 생각했다.[3] 그러나 앞으로 그런 생각이 소수 의견이 될 수 있다. 많은 생물학자와 노인학자의 새로운 연구에 따르면 인간의 최대 수명이 예전에 생각한 것보다 길어질 수 있다고 한다.[4] 유전자 편집과 재생 의료와 같은 분야의 기술 발전 덕분에 21세기 말에는 평균 기대수명이 150세까지 연장될 수 있을 것이다.[5]

당연해 보일 수 있지만 장수가 가능해진 가장 큰 이유는 인간의 건강이 크게 증진되었기 때문이다. 의약품과 생활 습관부터 영양 상태 및 관리까지 사실상 모든 부문에서 지난 한 세기 동안 건강이 개선되었다. 이를 가장 잘 보여주는 지표가 바로 전 세계 출생 시 기대수명이다. 호모 사피엔스가 지구에서 산 약 20만 년 중 거의 대부분의 기간 동안 수명이 짧았고 대다수의 경우 잔인할 정도로 짧았다. 그러다 놀라운 일이 발생했다. 전 세계 기대수명이 진화 측면에서 보면 눈 깜짝할 시간도 안 되는, 한 세기도 되지 않는 기간 동안 2배 증가했다. 전 세계 모든 지역에서 수명이 같은 속도로 증가한 것은 아니다. 모나코의 평균 수명은 89세지만 차드에서는 기대수명이 53세에 불과하다. 이런 격차가 존재하지만 수명 연장은 인류 최대의 성과이며 이제 시작에 불과하다. AI와 생명 공학의 발전과 환자 데이터 편재성이 건강에 대한 우리 생각을 바꿔놓았다. 최장수 연령에 대한 논쟁과 논란이 계속되고 있지만, 우리가 현재 기념비적인 의학적 혁명의 입구에 서 있다는 점에는 모두가 동의한다.[6]

이 챕터에서는 인간의 목숨을 가장 많이 앗아 간 원인을 어떻게 퇴치했는지에 대해 알아본다. 대부분의 사람이 더 건강해질 수 있는 가장 큰 이유로는 세균, 질병 등 인간의 천적을 물리치는 데 도움이 되는 전문 의약품, 항생제, 영양, 위생의 보급을 꼽을 수 있다. 교육의 확산과 개인 및 공중 보건에 대한 사고방식의 변화가 상황을 완전히 바꿔놓았다. (흡연으로 인해 사망할 수 있고 백신 접종이 현명한 선택이며 국가 보건의료 서비스가 생명을 살릴 수 있다는) 단순하고 상식적인 생각이 인구 건강에 큰 증진을 가져왔다. 코로나19와 같은 전염성 약물 내성 바이러스가 우리의 취약성을 일깨워 주지만, 아주 짧은 기간에 우리가 얼마나 많은 것을 이루었는지를 절대 잊어서는 안 된다. 사망률 감소와 항생제 등장부터 팬데믹과 정신 건강 질병으로 인한 위협 증가까지, 이 챕터에서는 세상을 바꾸고 미래를 정의할 보건 분야의 큰 변화에 대해 살펴볼 것이다.

장수: 한 세기 만에 수명이 2배로 증가할 수 있었던 비결

기대수명은 지난 한 세기 동안 2배 이상 증가했다. 1960년에는 평균 기대수명이 50세였다. 북아메리카·서유럽·일본·오스트레일리아의 기대수명은 전 세계 평균을 상회했고, 아시아의 많은 국가와 아프리카 · 라틴아메리카 · 중동에서는 평균을 밑돌았다. 오늘날 전 세계 평균 수명은 71.5세이며 이는 전체적으로 크게 증가한 수치이다. 일반적으로 남성은 여성보다 건강 상태가 나쁘고 위험한 생활 습관을 보이기 때문에[7] 여성보다 평균 수명이 낮다.[8] 오늘날 일본 남성의 평균 수명은 81세고 여성은 87세이다. 전 세계에서 가장 빈곤한 국가에 속하는 시에라리온은 남성의 수명이 52세, 여성의 수명이 53세이다.[9] 수명은 부국을 중심으로 가파르게 증가하고 있다. 2030년에는 미국 남성의 수명이 약 79세, 여성이 약 83세가 될 것으로 예상된다.[10] 2020~2030년 한국에서 태어나는 여아의 경우 기대수명이 91세고 남아의 경우는 84세이다.[11] 과학자들은 바로 최근까지도 기대수명이 90세까지 늘어나는 것이 불가능하다고 생각했다. 그렇지만 생물의학의 놀라운 진보와 영양 상태 증진, 의료 서비스 접근성 향상을 통해 그런 예측이 완전히 빗나갔다. 미래 전망에 대해 알아보기 전에 먼저 과거 상황에 대해 살펴보겠다.

통계적으로 99.99퍼센트의 인류는 평균 수명이 20~25세였다. 발굴된 신석기 시대 인골을 통해 예상하기로는 당시의 평균 기대수명은 21세 정도였다. 안타깝게도 우리 조상의 이런 상황은 1만 년가량 더 지속되었다. 로마 제국 시기로 거슬러 올라가 보면 대다수 사람의 묘지 비문에 적힌 나이가 20대 중반을 넘기지 못한 것을 알 수 있다.[12] 영국 철학자 토머스 홉스는 자연 상태에서의 삶은 "고약하고, 잔인하며, 짧다"라고 표현했다. 홉스가 1651년 『리바이어던』의 그 유명한 구절을 쓸 당시 잉글랜드의 기대수명은 35세였고, 그들의 새로운 식민지 미국의 기대수명은 25세였다. 19세기의 기대수명은 벨기에에서는 40세로 증가했지만 인도와 한국에서는 여전히 23세에 불과했다. 그리고 이후 모든 것이 바뀌기 시작했다. 기대수명이 19세기 말부터 20세기 초까지 큰 증가세를 보이기 시작했다. 100년이 채 안 되는 기간에 전 세계 많은 지역에서 수명이 3배 증가했다. 대체 무슨 일이 일어난 걸까?

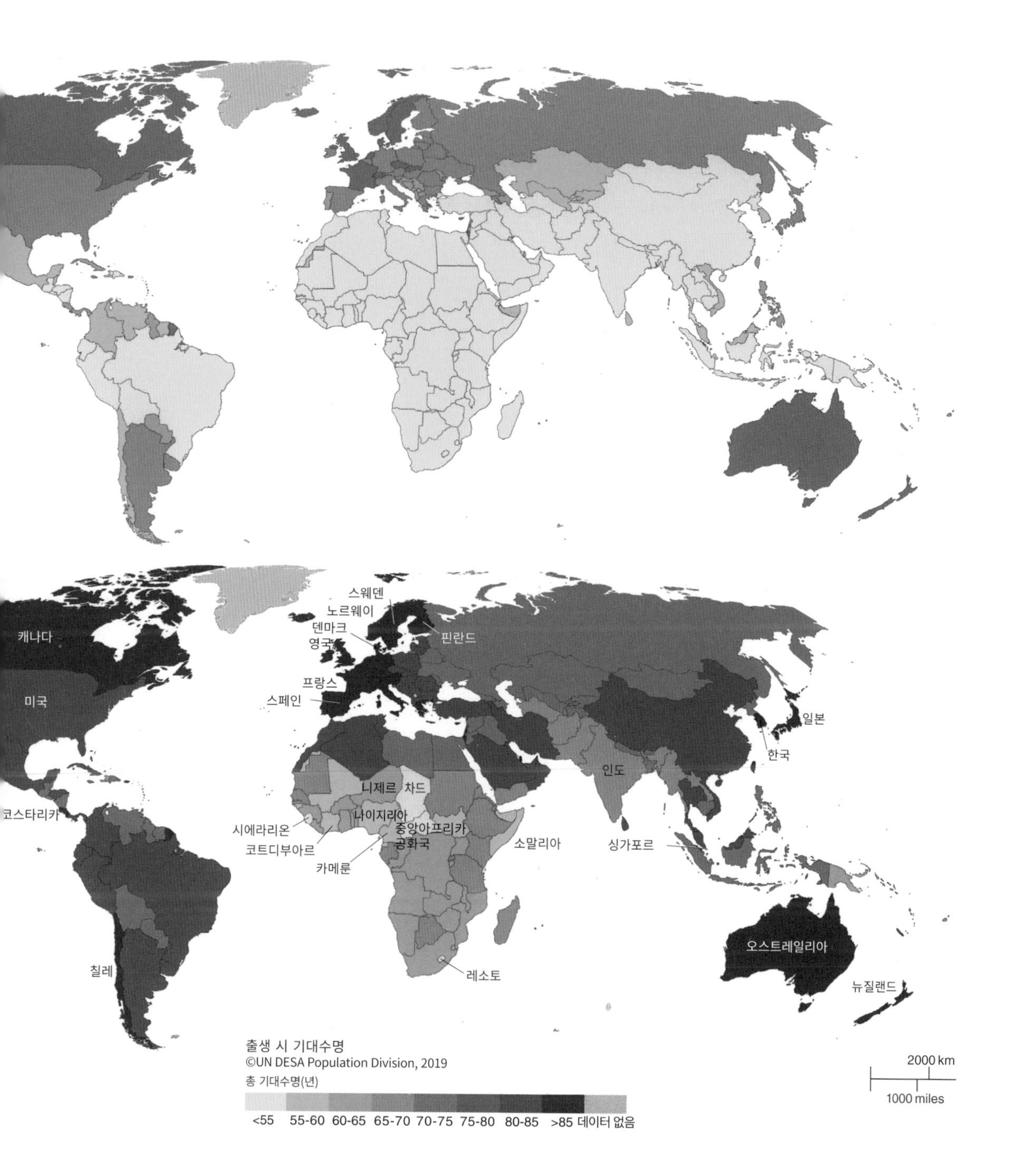

출생 시 기대수명(1960, 2013)[13]

이 지도는 1960년에 비해 2019년에는 전 세계에서 기대수명이 크게 증가했음을 보여준다. 기대수명이 평균 20년 이상 증가한 라틴아메리카와 아시아에서 나타난 변화가 특히 눈에 띈다. 아프리카 일부 지역에서는 수명이 훨씬 더딘 속도로 증가했다. 국가 간에, 특히 도시와 농촌 지역 간에 상당한 격차가 존재한다.

생존 출생: 높은 수준으로 향상

가장 처음 넘어야할 장벽은 생존 출생과 출생 후의 5년이었다. 인류가 살아온 대부분의 시간 동안 신생아가 생후 5년간 생존한다는 것은 몹시 어려운 일이었다. 수렵채집인 사회의 인간 유골을 살펴보았을 때, 당시의 아동 사망률은 70퍼센트에 달한 것으로 나타났다.[14] 비교적 최근인 19세기 중반까지도 50퍼센트의 아동이 생후 5년이 되기 전에 사망했다. 그로부터 100년 뒤 이 비율은 20퍼센트로 낮아졌다. 오늘날 아동 사망은 비교적 드물게 일어나는 일이다. 전 세계적으로 신생아 22명당 1명꼴이며 부국에서는 100명 중 1명이다. 이 비율이 높아 보이지만(실제로 높은 수치이다), 그래프를 보면 지난 200년 동안 아동 사망률이 꾸준하게 감소한 것을 볼 수 있다. 맥스 로저Max Roser, 한나 리치Hannah Ritchie, 베르나데타 다도나이트Bernadeta Dadonaite와 같은 사회과학자들은 아동 사망률이 유럽과 북아메리카에서 먼저 감소하기 시작한 뒤 20세기 중반부터 중·저소득 국가에서 현저하게 감소하기 시작한 이유를 설명했다. 브라질과 중국에서는 불과 지난 40년 동안 아동 사망률이 10분의 1로 감소했다. 사하라 이남 아프리카 지역

아동 사망률 감소(1800~2015)
일부 국가 한정[15]

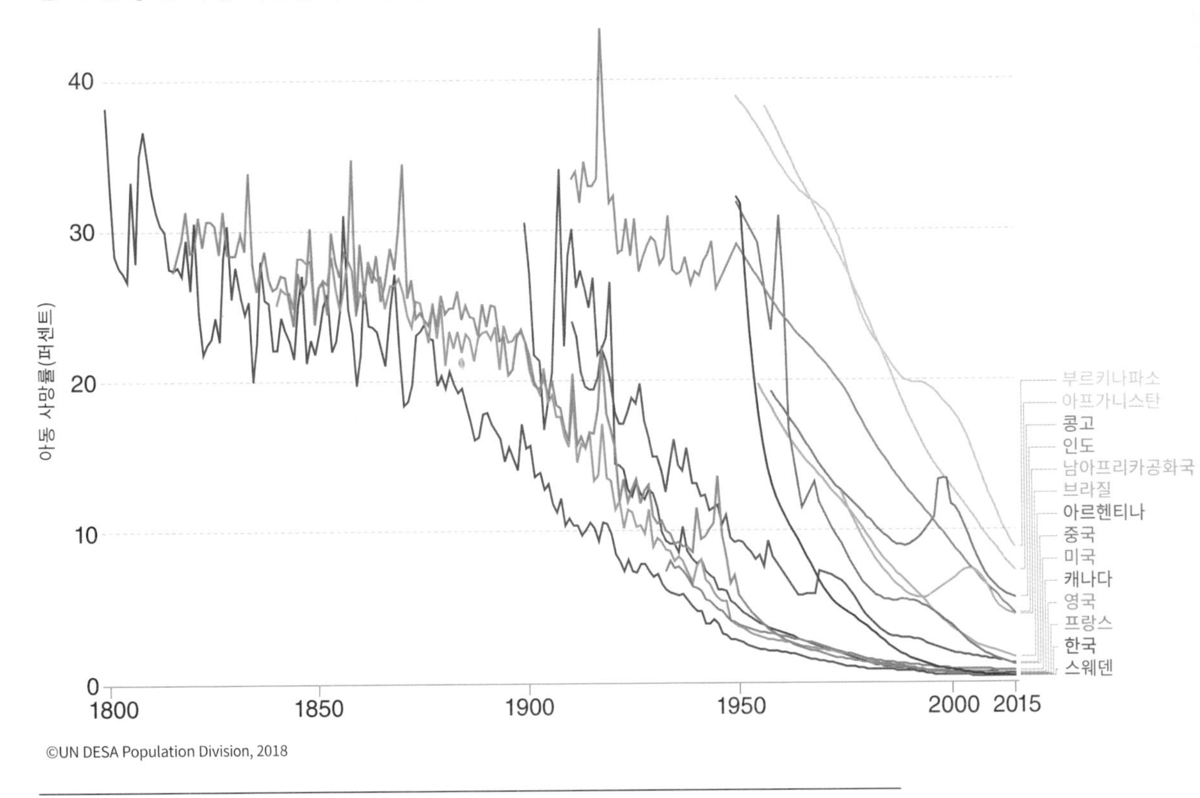

©UN DESA Population Division, 2018

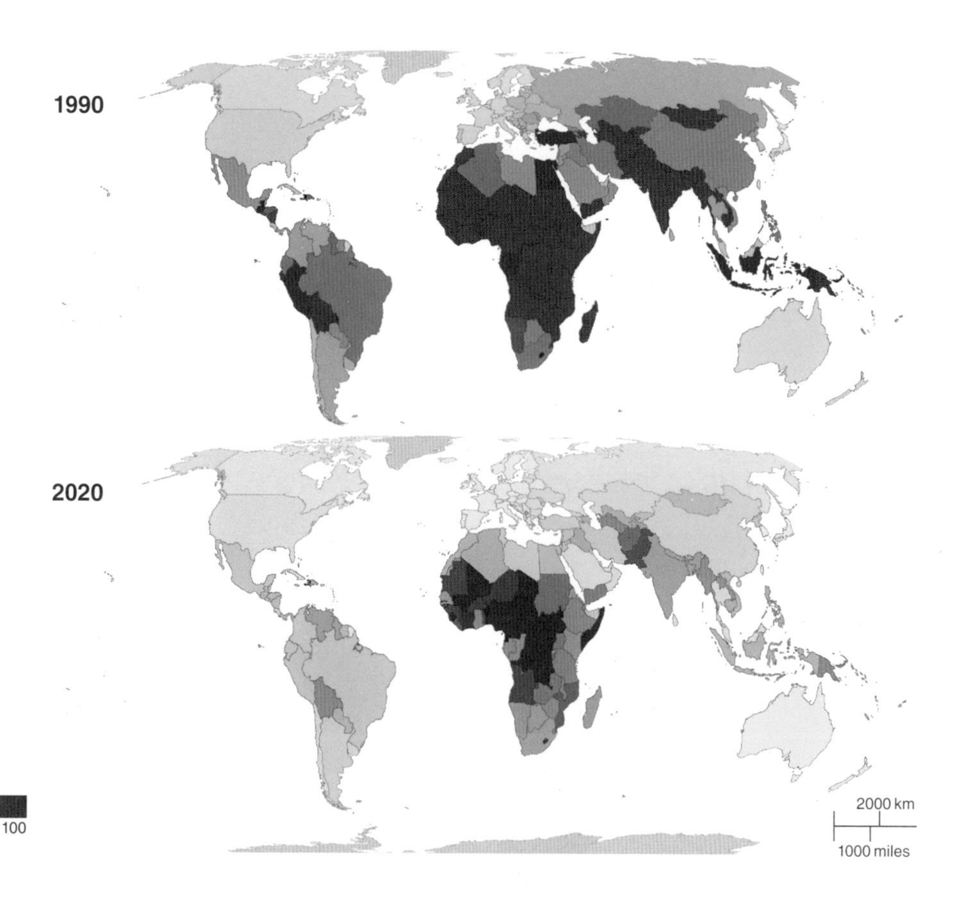

생후 5년 이내 사망률
(1990~2020)
UNICEF, WHO, World Bank,
UN DESA Population Division
출생 1,000명당
1 100

아동 사망률 감소(1990, 2020)[16]
전 세계에서 생후 5년 이내에 사망한 아동 비율의 변화를 시각화한 지도이다. 색이 진할수록 아동 사망률이 높은 지역이다. 아프리카에서는 아동 사망률 문제가 계속되고 있지만 2020년에는 역사상 생후 5년 생존율이 가장 높았다. 위생과 교육 분야의 큰 진전을 통해 저개발 국가의 아동 사망률이 개선되었다.

의 아동 사망률은 아직도 세계 평균에 비해서 2배 높지만 10명당 1명으로 크게 감소했다.

아동 사망률이 크게 감소한 원인은 무엇일까? 주요 요인은 위생과 교육의 기본적인 개선이다.[17] 폐렴, 말라리아, 홍역, 설사와 같은 감염병과 출생(또는 분만) 관련 합병증 감소가 사망률 감소에 크게 기여했다.[18] 19세기와 20세기에 캐나다, 프랑스, 스웨덴, 미국과 같은 국가들에서는 아동 사망률이 30퍼센트에서 5퍼센트로 감소하는 데 80~100년이라는 시간이 걸렸다. 그러나 브라질, 중국, 케냐, 한국에서는 25~50년 만에 유사한 수준의 사망률 감소가 있었다. 1960년대에는 출생 후 5년이 지나지 않은 아동이 매년 2,000만 명 가까이 사망했다. 오늘날은 약 600만 명이 사망한다.[19] 지도에서 볼 수 있듯이 여전히 전 세계적으로 아동 사망률 격차가 존재한다. 아시아와 남아메리카는 기대수명 연장 격차를 '빠르게 따라잡을' 수 있었으나 여전히 북반구와 남반구 간에 큰 차이가 존재하며 특히 건강의 사회 및 경제적 결정 요인이 취약한 아프리카의 경우 큰 격차를 보이고 있다.[20] 싱가포르에서는 출생 1,000명당 유아 사망률이 2.3명인 반면 소말리아에서는 100명으로, 매우 큰 차이가 있다.[21]

모성 사망의 감소

수명 연장의 또 다른 요인은 모성 사망(임신 또는 임신 중절 6주 이내에 산모가 사망하는 것)이 크게 감소한 것이다. 생존 출생은 영아와 산모 모두에게 항상 끔찍한 일이었다. 정확한 수치는 확인할 수 없지만 인류 역사 대부분에 걸쳐 전체 산모의 약 3분의 1이 (고혈압과 소변으로 과도한 단백질이 배출되는 것과 같은 증상

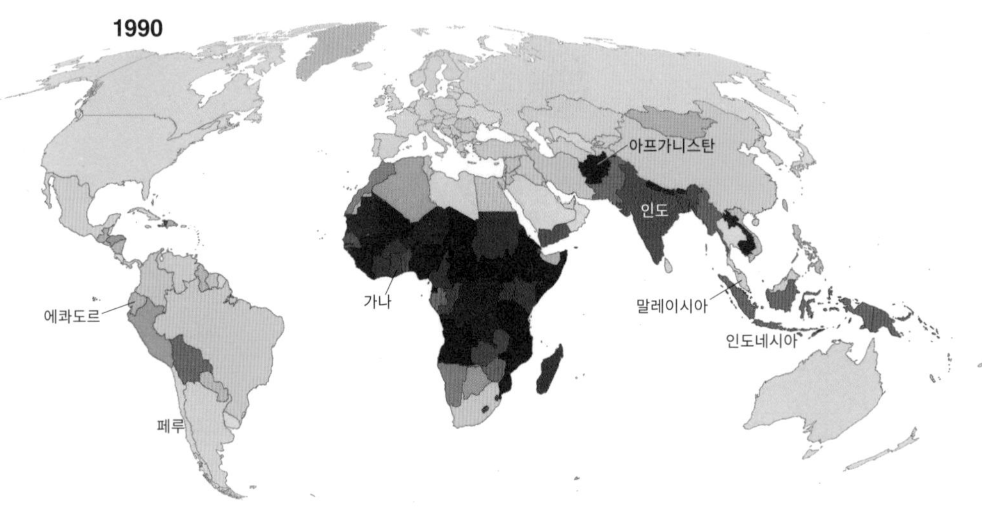

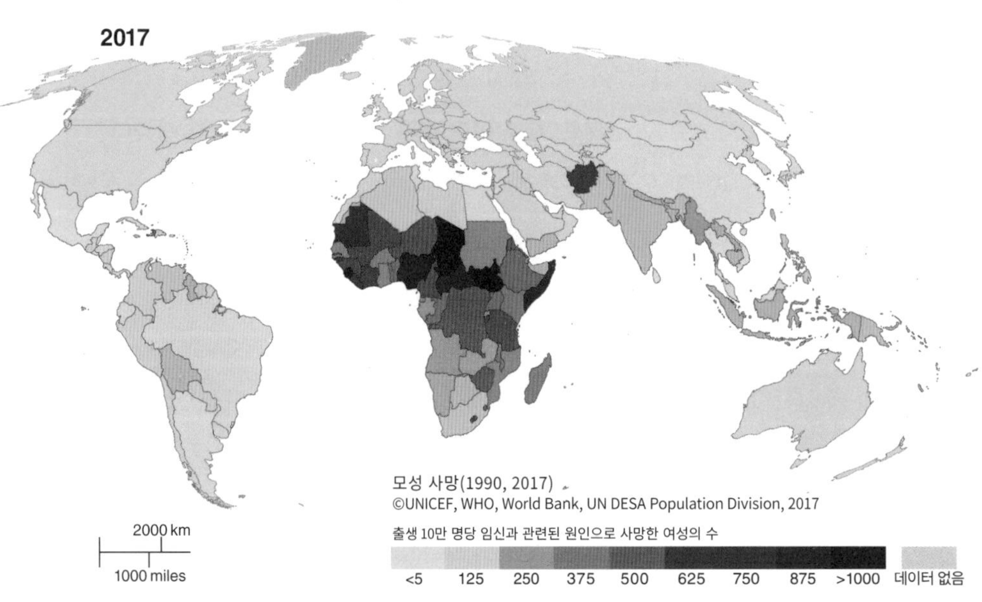

모성 사망(1990, 2017)
©UNICEF, WHO, World Bank, UN DESA Population Division, 2017

모성 사망의 감소(1990, 2017)[22]
이 지도는 1990년과 2017년에 출생 10만 명당 사망한 산모 추정치를 보여준다. 최근 가장 큰 변화는 라틴아메리카, 동아시아, 동남아시아에서 나타났다. 그렇지만 아프리카와 남아시아 지역에서는 여전히 모성 사망이 큰 위험이다.

이 나타나는 자간전증, 감염, 출혈 등) 임신 관련 합병증으로 인해 사망했다. 불과 1세기 전만 하더라도 출생 10만 명당 500에서 1,000명 사이의 산모가 사망했다.[23] 지도를 보면 2015년에 빈국에서 10만 명당 약 240명, 부국에서 10만 명당 약 12명의 평균 비율이 나타났다.[24] 모성 사망률이 감소하게 된 가장 큰 이유는 출생률 감소와 출산 간격의 조정이다. 출생률 감소, 모성 보건 서비스 접근성 향상, 젊은 엄마(아빠)의 정보력 향상이 변화를 이끌어 냈다.

모성 보건이 지속적으로 개선될 것이라는 낙관적인 전망에는 근거가 있다. 지난 20년 동안 모성 사망률이 전 세계에서 약 40퍼센트 낮아졌다. 그러나 아직까지는 부국과 빈국 간에 큰 격차가 존재한다. 예를 들어 고소득 국가에서는 여성이 출산 중 사망할 확률이 저소득 국가에 비해 20배 더 낮다.[25] 놀랍게도 오늘날 전체 모성 사망의 99퍼센트가 빈곤한 지역인 사하라 이남 아프리카 지역 국가에서 발생한다. 비록 지금은 이런 격차가 존재하지만 아프리카 소설가 치누아 아체베Chinua Achebe는 "어떤 상황도 영원하지는 않다"라고 말한다.[26] 모성 및 유아 관리와 전문적인 합병증 관리를 통해 격차가 좁아지고 있다.[27] 출산 전, 출산 중, 출산 직후 사망이 보편적인 의료 서비스가 부족한 국가를 중심으로 여전히 매우 높은 수준이지만 과거에 비해서는 낮다.[28]

세균과의 전쟁: 슈퍼버그의 등장

인류의 대부분 역사에서 가장 위험한 존재는 우리 눈에는 보이지 않는 존재, 즉 세균이었다. 지금까지 많은 사람이 심장병이나 암으로 사망하기에는 수명이 짧았기 때문에 심장병과 암은 주된 사망 원인이 아니었다. 그 대신에 사람들은 경미한 부상으로 인해 발생한 간단한 감염병으로 사망했다. 수천 년 동안 콜레라, 폐렴, 천연두, 폐결핵, 장티푸스에 의한 세균 감염으로 사망한 사람이 수억 명에 달한다. 더 큰 문제는 이런 조용한 살인자가 어떻게 발생하는지에 대해 누구도 전혀 알지 못했다는 점이다. 19세기 후반까지 대다수의 사람들이 세균이 존재한다는 사실조차도 알지 못했다. 그렇다고 초기 문명에서 자체 재배한 항생제를 사용하려는 노력이나 질병을 치료하려는 노력이 없었던 것은 아니다. 감염을 치료하기 위해 모든 종류의 치료사와 동종요법사가 천연 곰팡이와 식물 추출물을 사용해 봤지만[29] 대부분 효과는 없었다.

인간은 약 1세기 전부터 세균과의 전쟁에서 승전고를 울리기 시작했다. 1800년대 후반에 프랑스 화학자이자 세균학자였던 루이 파스퇴르Louis Pasteur와 그의 아내이자 조수였던 마리Marie는 질병이 자발적으로 발생하는 것이 아니라 증식하며 살아 있는 세균의 산물이라는 것을 증명했다. 1910년 독일 물리학자 파울 에를리히Paul Ehrlich는 수 세기 동안 유럽을 황폐화시킨 매독 치료에 사용된 아르스페나민(이후 살바르산이라는 상품명으로 시판)을 발명했다. 아르스페나민은 이후 30년간 전 세계적으로 가장 많이 처방된 의약품 중 하나가 되었다. 에를리히의 발견만큼이나 의약품 설계 및 시험 방법 역시 중요했다. '화학 요법'이라는 용어를 만든 것 외에도 에를리히와 동료들은 새로운 항

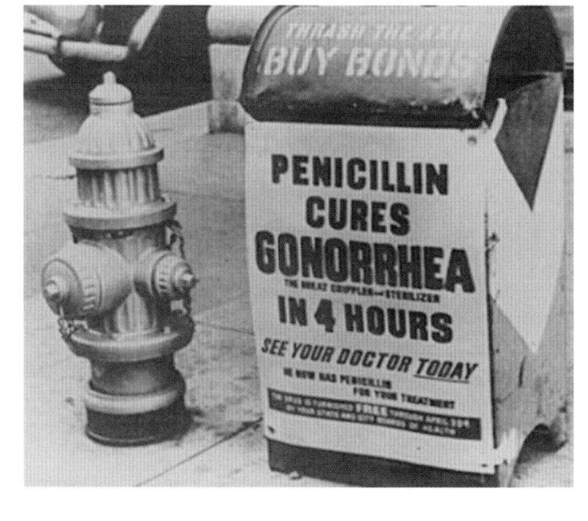

세계 최초 "기적의 약" 페니실린 보급[30]

©Poster c.1944. Source: NIH, Wikimedia

항생제 내성 증가로 인한 사망자 추정치(2050)[31]

이 지도는 2050년 항생제 내성으로 인한 사망자 추정치를 보여준다. 항생제 내성은 심각한 위협이지만 북아메리카, 서유럽, 오스트레일리아에서는 이로 인한 사망자 수가 많지 않을 것으로 보인다. 아프리카와 아시아에서 위험이 훨씬 더 높으며, 이보다 위험성이 낮은 남아메리카에서조차 수십만 명 내지는 수백만 명이 조기 사망할 것으로 예상된다.

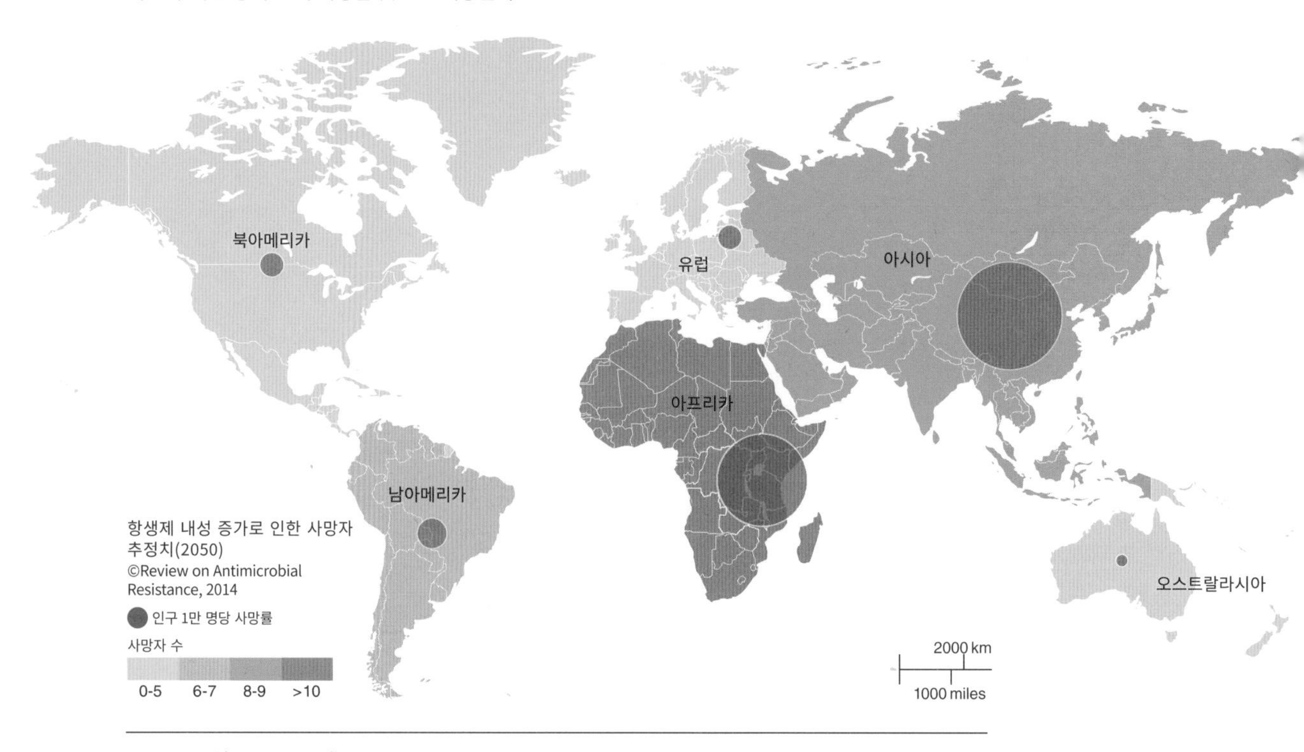

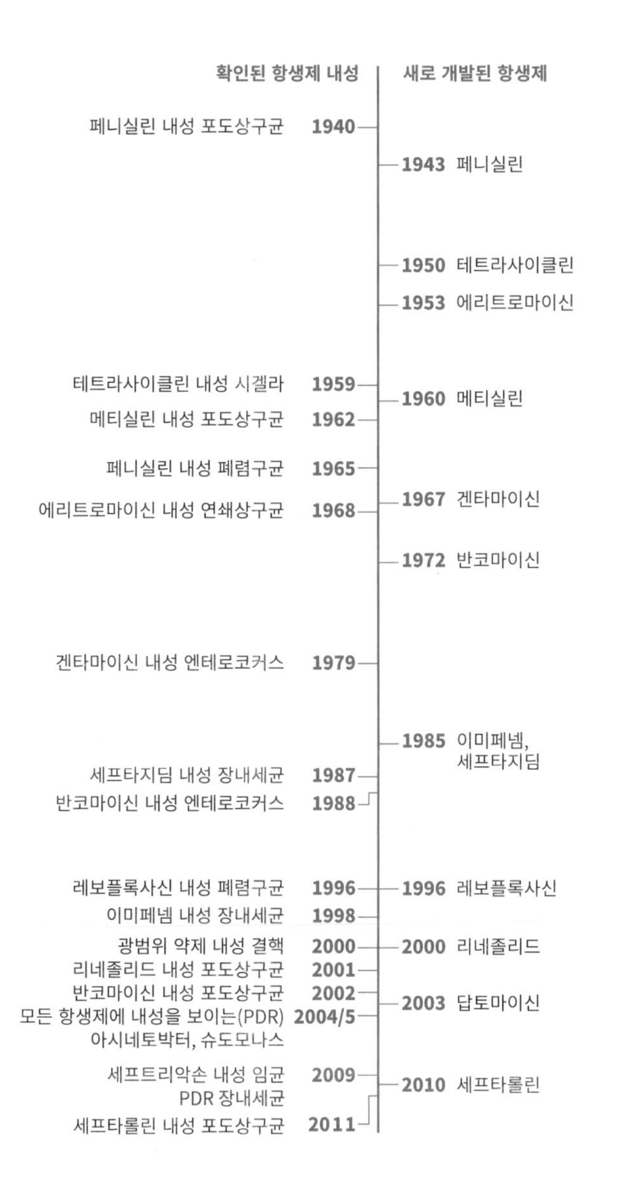

항생제와 내성의 확산
1940년부터 현재까지의 과정이며, 2013년 CDC의 〈미국 내 항생제 내성 위협〉을 기반으로 작성하였다.

생제 대량생산 시대가 도래할 수 있도록 의약품의 체계적인 개발, 스크리닝, 생산 방식을 구축했다.[32]

1928년 설파닐아미드와 페니실린의 발견은 큰 변화를 가져왔다.[33] 미생물학자 알렉산더 플레밍 경Sir Alexander Fleming이 우연히 페니실린을 발견했고 이후 1940년대 초에 옥스퍼드대학에서 페니실린이 대량 생산되었다. 이 기적의 신약은 당시 사망률과 유병률의 주요 원인이었던 많은 감염병을 감소시켰다.[34] 하지만 페니실린이 광범위하게 사용되면서 부작용이 나타났다. 항생제 인기가 증가함에 따라 과다 처방도 증가했다. 페니실린과 다른 항생제가 전 세계에 보급됨과 동시에 세균 내성이 생겨났다. 페니실린의 미생물 내성은 1943년 이 약물이 상업적으로 유통되기 전부터 존재했다.[35] 1950년에 출시된 또 다른 약물인 테트라사이클린은 1959년에 내성이 확인되었다. 메티실린은 세상에 소개된 지 불과 1년 만인 1960년에 내성이 확인되었다. 시장에 출시된 거의 모든 항생제가 몇 년 안에 쓸모없게 되었다.[36] 현재 사용 가능한 항생제가 100가지가 넘지만 효과가 있는 것은 일부에 지나지 않는다. 세계보건기구(WHO)와 미국 질병통제예방센터(CDC)는 두 가지 항생제를 제외한 다른 모든 항생제에 내성이 있는 감염성 세균을 확인했다.[37] WHO와 CDC는 인간과 가축에 꼭 필요하지 않은 항생제 사용에 대해 엄중하게 경고한다.[38] 사실 플레밍도 자신이 발견한 기적의 약을 남용하면 내성이 생길 수 있다고 수차례 경고했기 때문에 현재 상황을 봤더라도 크게 놀라지 않았을 것이다.[39]

감염병 전문가들은 우리가 항생제 이후 시대의 전환점에 서 있다고 생각한다.[40] 항생제 내성에 대한 경고는 최고 수준이다.[41] 항생제가 없는 세상은 특히 면역체계가 약하거나 수술을 받는 사람에게는 끔찍하다. 단순히 병원에 가는 것조차 치명적일 수 있다. 2019년 9월까지 영국 최고의료책임자를 역임한 샐리 데이비스Sally Davis는 '기후변화로 인류가 멸종되기 전에' 이런 내성이 인류에게 '재앙적인 위협'[42]이 될 수 있다고 했다.[43] CDC에 따르면 매년 미국인 약 200만 명이 감염 치료에 사용한 항생제에 내성을 갖고 있었고, 이로 인해 최소 2만 3,000명의 초과 사망이 발생했다.[44] 또 다른 연구에 따르면 이미 매년 전 세계적으로 약 70만 명이 약물 내성 감염으로 사망하고 있다.[45] 이런 추세가 계속된다면 2050년에는 연간 1,000만 명의 사망자가 발생할 수 있으며 이는 암(890만 명), 당뇨병(150만 명), 설사 질환(140만 명) 또는 도로 교통사고(120만 명)로 인한 사망자 추정치보다 높다.[46] 대규모 슈퍼버그*(기존의 항생제에 강력한 내성을 가진 변이된 세균)* 발생으로 인한 잠재적인 경제적 부담은 연간 10조 달러에 달할 정도로 심각하다.[47]

팬데믹 예방하기: 인류의 가장 치명적인 적

코로나19 팬데믹을 통해 모든 세대가 치명적인 바이러스의 위험에 대해 알게 되었으며, 이로 인해 감염병에 대한 깊은 불안이 자리 잡았다. 팬데믹이 인류 역사상 가장 많은 목숨을 앗아 간 원인이라는 사실을 생각해 본다면 우려할 만하다. 전문적으로 팬데믹은 국경을 초월해 많은 사람에게 영향을 미치는 에피데믹을 말한다. 항상 그런 것은 아니지만 대부분 경우 전염성이 있다. 일부 감염병은 믿기 힘들 정도로 심각한 사회적 영향을 수 세대에 걸쳐 미칠 수 있다. 기원전 430년에 장티푸스 발생으로 아테네 군대의 4분의 1이 사망하고 영구적인 손상을 입었다. 541~750년에 발생한 선페스트로 인해 지구 인구의 25~50퍼센트가 사망했다. 1331~1353년 이에르시니아 페스티스Yersinia pestis(페스트균)이 유발한 흑사병은 약 7,500만 명의 목숨을 앗아 갔다. 한편, 유럽 탐험가들이 라틴아메리카와 카리브 지역에 옮긴 천연두, 홍역, 인플루엔자로 인해 원주민 인구의 약 95퍼센트가 완전히 사라졌다. 20세기에 이런 질병으로 많은 유아와 어린이를 포함해 약 5억 명이 사망했다.

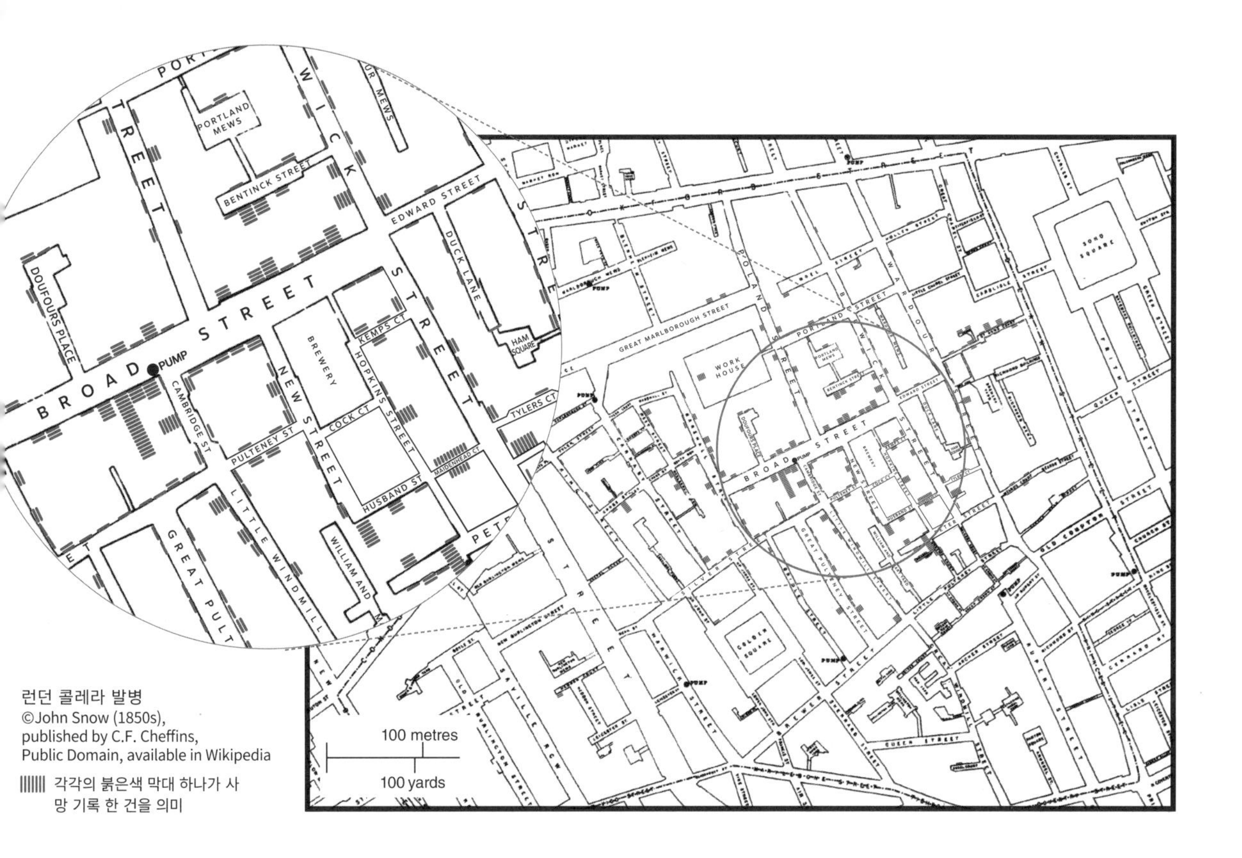

런던 콜레라 발병
©John Snow (1850s),
published by C.F. Cheffins,
Public Domain, available in Wikipedia
|||||| 각각의 붉은색 막대 하나가 사망 기록 한 건을 의미

1854년 런던의 콜레라 에피데믹 당시 콜레라 클러스터[48]

1850년대 영국에서 최초로 질병, 질병의 근본 원인과 결과 간의 관계를 분석하기 위해 지도를 사용한 것으로 알려져 있다. 의사인 존 스노John Snow는 선페스트나 콜레라 같은 질병이 당시 널리 알려진 것처럼 '나쁜 공기' 때문이라고 믿지 않았다. 스노는 헨리 화이트헤드Henry Whitehead 목사와 협력하여 위에서 언급한 지도를 만들고, 한 우물에서 대규모 콜레라 발병의 원인을 찾아냈다. 그들은 질병의 이동 경로를 주의 깊게 조사(붉은색 막대가 질병으로 인한 사망 기록을 나타냄)한 결과를 바탕으로 지역 의회를 설득해 감염된 수원에 연결된 펌프 사용을 중단하도록 했다. 이후 콜레라 발병률이 바로 급감했다. 데이터와 지도를 사용하여 수질과 콜레라의 연관성을 보여줌으로써 스노는 런던의 공중 보건을 완전히 바꾸어 놓았고 이 과정에서 역학이라는 새로운 분야를 탄생시켰다.

지도를 통해 지리적·인구통계학적·사회적·경제적 요인이 질병의 발병률과 확산에 어떻게 영향을 미치는지 이해할 수 있다.[49] 오늘날에는 코로나19와 인플루엔자, 치쿤구니아, 에볼라, 결핵, 황열병, 지카 등 광범위한 병원체를 추적하기 위해 지도를 사용한다. 사람 간 접촉으로 전염될 수 있는 '돼지 독감'으로도 알려진 H1N1 인플루엔자 바이러스를 예로 들 수 있다.[50] 다른 인플루엔자의 경우 주로 노인이 감염되지만 H1N1은 계절성 독감에 가장 강력한 방어력을 가지고 있는 연령층인 어린이와 젊은 성인이 감염되기 때문에 특히 위험하다. 증상은 일반적으로 열과 두통으로 시작해 호흡곤란까지 발생하고 일부 경우에는 폐렴, 급성 호흡곤란증후군, 사망도 발생한다. H1N1은 1918~1920년에 5억 명을 감염시키고 당시 인구의 3~5퍼센트를 사망에 이르게 한 스페인 독감과 관련이 있는 바이러스이기 때문에 특히나 우려된다.[51]

중국 우한에서 시작된 2020년 코로나바이러스 감염증에 가려지긴 했지만 2009년에 발생한 H1N1 발병은 감염병 전파가 얼마나 위험할 수 있는지 우리에게 확실하게 상기시켜 주었다. H1N1의 발병 사례는 2009년 4월 멕시코 베라크루즈의 라 글로리아 마을에서 최초로 기록되었다.[52] 감염 환자가 멕시코의 다른 지역으로 빠르게 퍼져나갔고 수도인 멕시코시티에서도 환자가 발생했다.[53] 새로 등장한 바이러스였기 때문에 백신이 없었고 전 세계로 빠르게 퍼져나갔다. 그해 6월에 팬데믹으로 격상되었고 이후 11월에 새로 개발된 백신이 16개국에 배포되고 전파 속도가 둔화되었다. WHO가 2010년 8월에 공식적으로 종식을 선언했지만[54]

10만 명당 H1N1 사망자 수(2009~2010)[55]

이 지도는 2009년~2010년에 발생한 전 세계 H1N1 사망자 수를 보여준다. 멕시코에서 발병이 최초로 보고되었고 이후 빠르게 북아메리카, 서유럽, 남아시아, 동아시아, 오스트레일리아로 전파되었다.

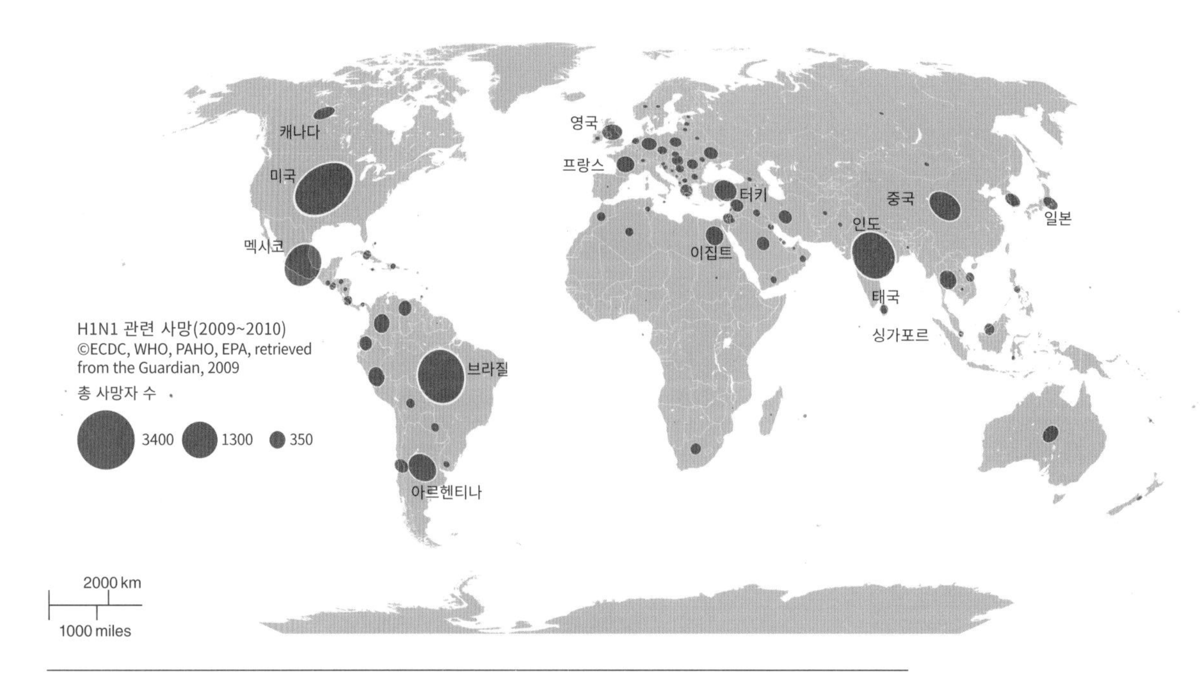

H1N1으로 인해 1만 8,000명이 사망한 것으로 추정된다. 그러나 실제 사망자는 이보다 훨씬 더 많을 수도 있다. 이후 연구자들이 전 세계에서 H1N1으로 인한 사망자 수가 24만 8,000명에 가까운 것으로 결론 내렸다.[56] 2009~2010년에 동기간 전쟁으로 인한 사망자 수보다 기침과 재채기로 전파되는 독감인 H1N1으로 인한 사망자 수가 3배 더 많았다. 그 이후에도 덜 우려되는 수준이기는 하지만 인도, 몰디브, 몰타, 모로코, 미얀마, 파키스탄에서 H1N1 발병이 보고되었고 이제는 일반적인 독감 바이러스 중 하나로 여겨진다.

그럼에도 불구하고 코로나19 팬데믹의 엄청난 속도와 규모(3개월 만에 190개국 이상에 전파)는 많은 의사 결정권자들을 깜짝 놀라게 만든다.[57] 그렇지만 코로나19 외에도 보건 전문가들을 밤잠 설치게 만드는 바이러스가 존재한다. 감염병 전문가들은 H7N9 바이러스('조류 독감'으로도 불림)와 같은 다른 인플루엔자 유형이 닭에서 사람으로 전파될 수 있다는 점에 대해 우려하고 있다.[58] 예를 들어 미국 CDC는 H7N9가 중단기적으로 팬데믹으로 발전할 '높은 가능성'에 대해 경고했다.[59] 특히 이런 새로운 바이러스주strain는 사망률이 높아 특히 걱정스럽다.

중국에서 발생한 H7N9 팬데믹 전파 시뮬레이션[60]

이 지도는 중국에서 시작된 사람 간 전파 바이러스가 아시아, 유럽, 북아메리카의 주요 인구 밀집 지역으로 전파될 가능성에 대해 보여준다. 공항에서 이동 시간 2시간 이내에 거주하는 인구 추정치는 격자형 인구 분포 자료를 기반으로 인구 밀도 지도와 전 세계 이동 시간 데이터 세트를 사용해 산출했다.[61]

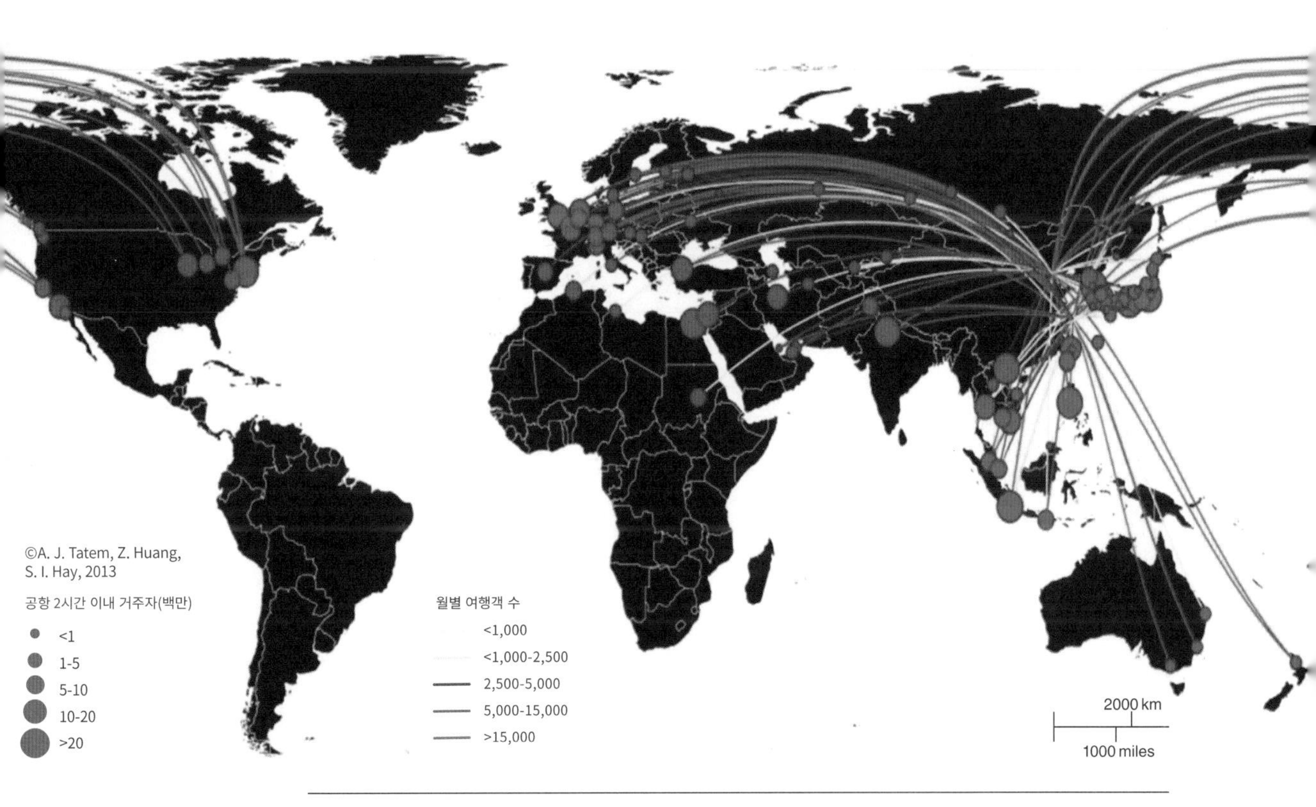

2013년 중국에서 H7N9가 발병했을 때 바이러스 감염 확진자의 약 88퍼센트가 폐렴 진단을 받았고 확진자의 41퍼센트가 조기 사망했다.[64] 앞의 지도는 H7N9 팬데믹이 발생했을 때 예상되는 이동 경로 시뮬레이션이다. 바이러스가 인간에게서 처음 발견된 이래로 최소 다섯 건의 H7N9 발병이 있었으며 모두 중국에서 발생했다. 베이징, 푸젠, 상하이 등에서 바이러스가 보고된 도시는 상업 및 교통 허브이며 아시아, 유럽, 북아메리카 전역의 인구 중심지와 교통이 연결되어 있다.[63]

지도가 가상의 상황을 묘사하고 있기는 하지만 잠재적인 범위와 규모는 코로나19 팬데믹 상황을 잘 보여주고 있다. 연구자들은 2013년에 발생한 H7N9 인체 감염 사례 60명 각각의 반경 30마일 내에 사람 1억 3,100만 명, 닭 2억 4,100만 마리, 오리 4,700만 마리, 돼지 2,200만 마리가 살고 있었던 것으로 추정했다. 중국인을 제외한 세계 인구의 약 4분의 1은 발병 지역에서 직항편이 있는 공항에서 2시간 이내 거리에 거주하고, 1회 경유 항공편까지 포함할 경우 중국인을 제외한 전 세계 인구의 4분의 3은 공항에서 2시간 이내 거리에 거주하고 있다.[64] 그리고 이는 단순히 H7N9나 코로나19만의 문제가 아니다. 1980~2013년 전 세계적으로 1만 2,000건 이상의 감염병 유행으로 인해 4,400만 건의 확진 사례가 있었다.[65] 오늘날에는 WHO가 매달 약 7,000건의 잠재적인 감염병 유행 신호를 추적하고 있다. 2018년에는 WHO가 한 달 동안 추적한 '연구개발 우선 질병priority diseases' 8개 중 6개가 감염병이었던 (최초의) 사례도 있었다. 그리고 다음 해 신종 코로나바이러스 감염증이 등장했다. 코로나19로 인해 수십만 명이 목숨을 잃었으며 수백만 명이 감염되었고 전 세계적으로 혼란을 야기하고 정치, 경제, 사회생활에 영향을 미쳤다.

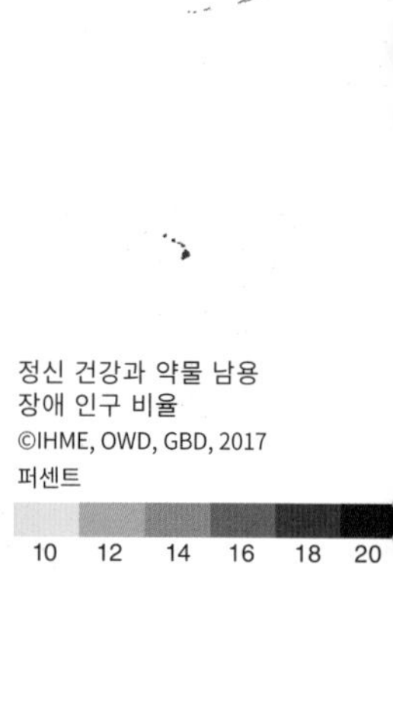

계속해서 팬데믹이 발생하는 이유는 무엇일까? 앞서 논의한 항생제와 바이러스 내성이 문제의 큰 원인을 차지한다. 백신 접종 등 예방 조치를 거부하는 사람들도 일부 이런 문제를 유발한다.[66] 그러나 지구온난화와 무역 가속화와 같은 다른 요인도 존재한다. 인간 간에 또는 동물에서 인간으로 생물 간에 전염되는 모든 매개체 질병이 항상 유사한 방식으로 전파되는 것은 아니라는 점을 기억할 필요가 있다. (모기를 통해 전염되는) 말라리아와 같은 매개체 질병이 팬데믹이 될 가능성은 매개체의 생존과 번식 능력에 따라 결정된다. 매개체, 병원체, 숙

2017년 정신 건강과 약물 남용 장애 인구 비율[68]

정신 건강과 약물 남용 장애는 쉽게 눈에 띄지 않는다. 이 지도를 보면 2017년에 북아메리카, 남아메리카, 서유럽, 오스트레일리아가 높은 건강 지표 순위를 기록했음에도 불구하고 정신 건강과 약물 남용 장애가 비교적 높은 비율로 나타나고 있다. 하지만 이러한 차이는 나타나는 것은 데이터 수집 부족과 *(해당 질환에 대한)* 사회적 낙인으로 인하여 결과가 제대로 기록되지 않은 탓일 수도 있다.

주는 온도 및 강수량부터 고도 및 풍속까지 매우 다양한 요인이 얽힌 특정 조건 하에서 생존하고 번식한다.[67] 따라서 온도가 상승하고 산림 침투가 확대되거나 육류 소비가 증가하거나 상업이 활성화되면 팬데믹 발생 가능성도 높아진다. 오늘날과 같이 세계화가 진행된 상황에서 다음 팬데믹 원인이 우리 바로 옆에서 발생(또는 전파)할 수도 있기 때문에 누구도 그로부터 자유롭지 못하다.

정신 건강 장애 지도화: 10억 명 이상의 정신 질환자

많은 질병은 눈에 잘 띄지 않는다. 예를 들어 정신 건강 장애(불안, 치매, 우울증, 섭식 및 양극성 장애, 정신분열증)는 일반적으로 실제 사례보다 진단율이 낮다. 그래서 다른 질병보다 관심을 덜 받게 되고 (특히 저소득일 경우) 치료 기회도 적다. 하지만 정신 건강 장애는 전 세계 사망률과 유병률의 가장 큰 원인이다.[69] (전 세계 인구의 6분의 1에 해당하는) 11억 명은 한 가지 이상의 정신 건강 및 약물 남용 장애를 앓고 있다.[70] 4명 중 1명이 살면서 한 번은 정신 장애를 경험한다.[71]

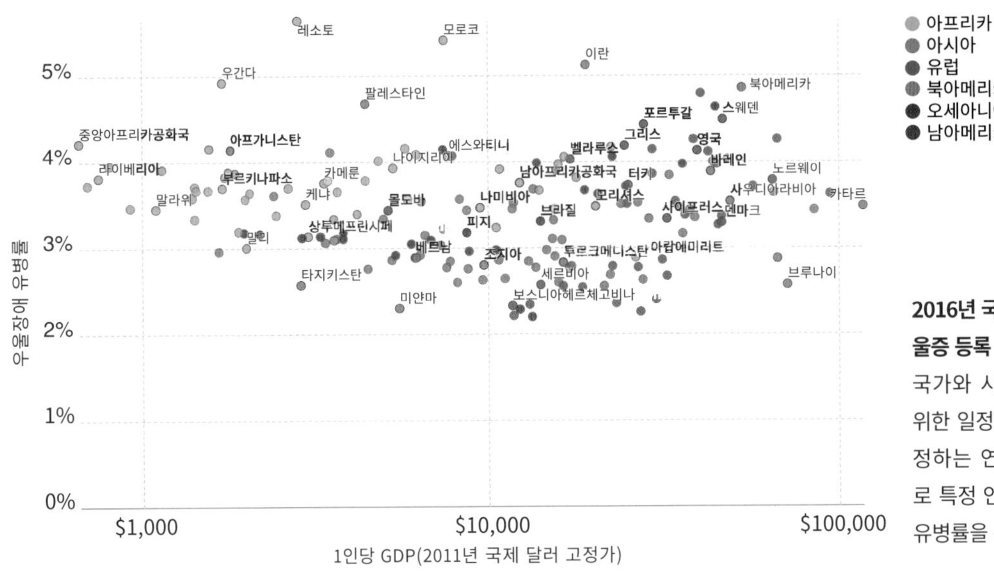

©IHME, OWD, GBD, 2018

2016년 국가 평균 소득별 우울증 등록 환자 비율[72]
국가와 시간별로 비교하기 위한 일정한 연령 구조를 가정하는 연령표준화 유병률로 특정 인구 집단의 우울증 유병률을 측정했다.

위의 표에서 볼 수 있듯이 우울증은 아프리카, 남아메리카 및 북아메리카, 아시아, 유럽 대륙 전역에서 광범위하게 발생하고 있다. 그렇지만 전반적으로 정신 장애는 여전히 실제보다 적게 보고될 가능성이 매우 높기 때문에, 우리가 알고 있는 것보다 문제가 훨씬 심각할 수 있다.

정신 건강 장애는 모든 지역과 소득 범주에서 나타난다. 전반적으로 중·고소득 국가의 인구 중 약 절반이 평생에 적어도 한 가지 이상의 정신 장애를 겪는다.[73] 예를 들어 영국에서는 올해 약 4명 중 1명이 일종의 정신 질환을 겪을 것으로 추정된다.[74] 그러나 정신 건강 장애에 더 취약한 인구 집단이 존재한다. 가난한 사람들은 부자보다 정신 장애를 경험할 가능성이 2배 더 높다. 정신 건강과 빈곤에 강력한 자기 강화적 관계가 있기 때문에 빈곤해질수록 정신 장애 위험은 높아지고 정신 장애가 악화될수록 빈곤할 확률은 높아진다.[75] 중·저소득 국가에서는 정신 장애 환자의 15퍼센트만이 치료를 받고, 고소득 국가에서는 최대 65퍼센트가 치료를 받는다.[76] 정신 질환의 식별, 치료, 이미지 쇄신 부분에서는 큰 진전이 이루어지고 있지만 일부 지역에서는 여전히 정신 질환을 금기시하고 있다.[77] 정신 건강 장애로 인한 경제적 부담은 매우 높다. 《랜싯》에 게재된 연구에 따르면 분류와 보고 오류 가능성을 감안하더라도 매년 최소 120억 일의 근무일 손실 등, 2030년까지 최대 16조 달러의 손실이 세계 경제에 발생할 수 있다.[78]

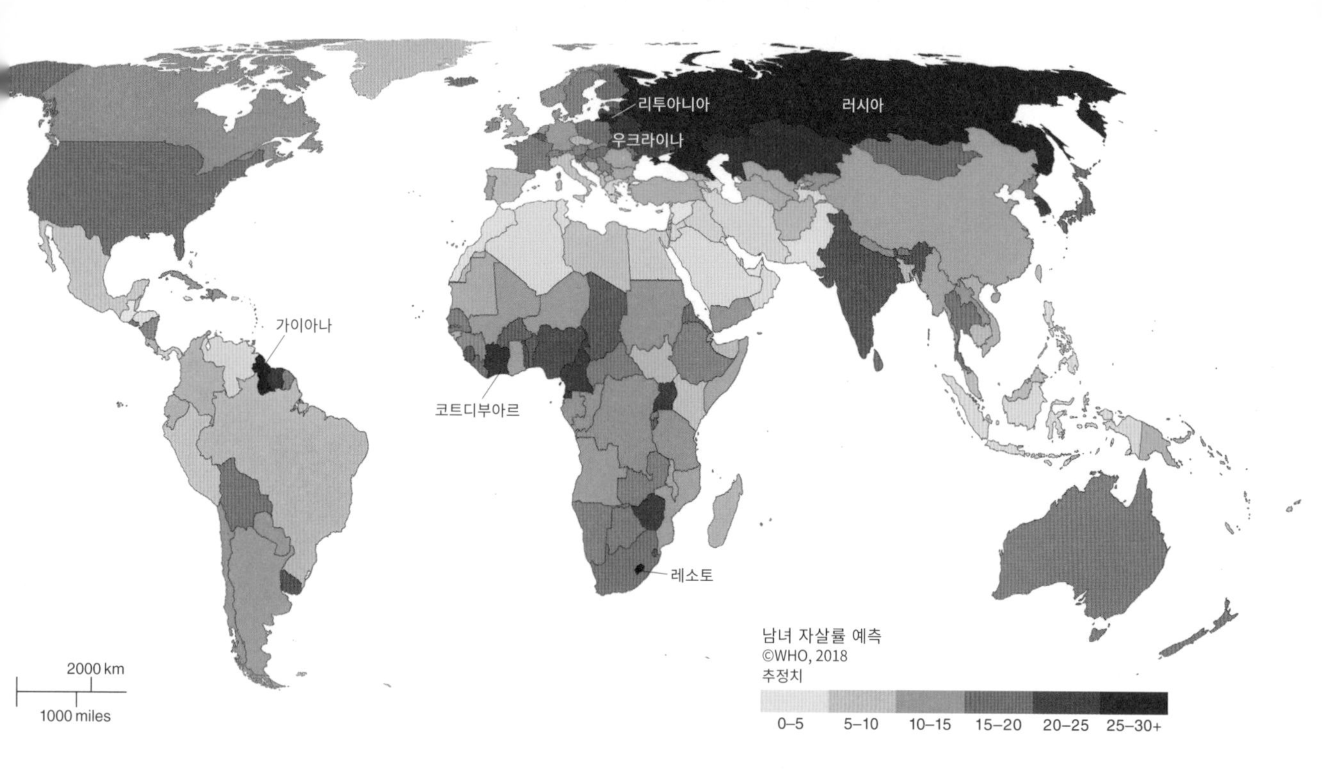

2016년 남녀 연령 표준 자살률(10만 명당)[79]

이 지도는 10만 명당 자살률에 대한 기본 정보를 보여준다. 동유럽 국가, 특히 러시아와 리투아니아에서 자살률이 매우 높다. 오스트레일리아, 캐나다, 프랑스와 같은 부국에서도 많은 중·저소득 국가와 자살률이 유사하다.

정신 건강 장애로 인한 사망은 대부분은 자살과 관련이 있다.[80] 임상에서 우울증[81] 진단을 받은 사람들은 진단을 받지 않은 사람들에 비해 자살로 사망할 가능성이 평균 약 20배 더 높다.[82] 놀랍게도 우울증은 경제 발전 수준과 무관하게 대부분 국가에서 유사한 수준으로 나타나고 있으며 인구의 약 2~6퍼센트를 차지한다. 그러나 우울증으로 인한 자살은 지역별로 차이가 있다.[83] 매우 일반적으로 부국에서는 전체 자살의 약 90퍼센트가 정신 건강과 약물 남용 문제로 인한 것이지만 빈국에서는 약 60퍼센트에 불과하며, 기본적인 사회 및 경제 여건 또한 자살의 원인으로 작용한다. 비율이 낮은 이유 중 하나로 문화적 낙인과 낮은 보고율도 관련이 있을 수 있다.[84]

자살은 국가, 문화, 계층과 관계없이 모든 사람에게 영향을 미친다. 지도에서 볼 수 있듯이 매우 다양한 국가에서 자살률은 높게 나타나고 있다. 예를 들어 2019년에는 벨라루스, 카자흐스탄, 리투아니아, 러시아와 같은 동유럽 국가들에서 자살률이 가장 높게 나타났다. 그러나 가이아나, 한국, 수리남의 자살률 역시 매우 높다. 총국민행복지수가 높기로 유명한 부탄에서도 자살률은 높았다. 아프가니스탄, 이라크, 시리아와 같이 전쟁으로 폐허가 된 국가의 자살률은 비교적 낮았으며 자살률이 가장 낮은 국가는 바하마, 그레나다, 자메이카와 같은 카리브 지역 국가였다. 벨기에, 네덜란드, 스웨덴에서 비교적 높은 수준의 자살률이

보고되었지만 이들 국가에서는 합법인 의사 조력 자살이 높은 수준으로 나타나기 때문일 수 있다.[85]

자살은 일반적으로 노령층에서 더 많이 발생하긴 하지만 모든 연령대에서 발생할 수 있다. 오늘날 전 세계적으로 자살이 15~29세의 두 번째 주요 사망원인이다. 40초마다 1명이 스스로 목숨을 끊고, 연간 80만 명이 넘는 사망자가 발생하며, 살인보다 자살로 더 많은 사람이 목숨을 잃고 있다.[86] 전체 자살의 4분의 3 이상은 중하위 소득 환경에서 발생하지만(이는 인구 수가 더 많기 때문이다) 자살이 빈곤층에서만 발생하는 것은 아니다. 자살은 일반적으로 유전형질과 같은 개인적인 특성과 사회적·문화적·경제적 조건 그리고 환경적 요인이 함께 어우러져 발생한다.[87]

일부 지역에서 자살률이 심화되고 있다는 조짐이 있다. 예를 들어 미국에서 1999년 이후 자살률은 거의 3분의 1이 증가했다. 2017년에는 미국에서 최소 4만 7,000명이 스스로 목숨을 끊었으며 140만 건의 자살 시도가 있었다. 북아메리카 지역에서는 자살 시도를 한 주요 원인으로 정신 건강, 인간관계 문제, 외로움,

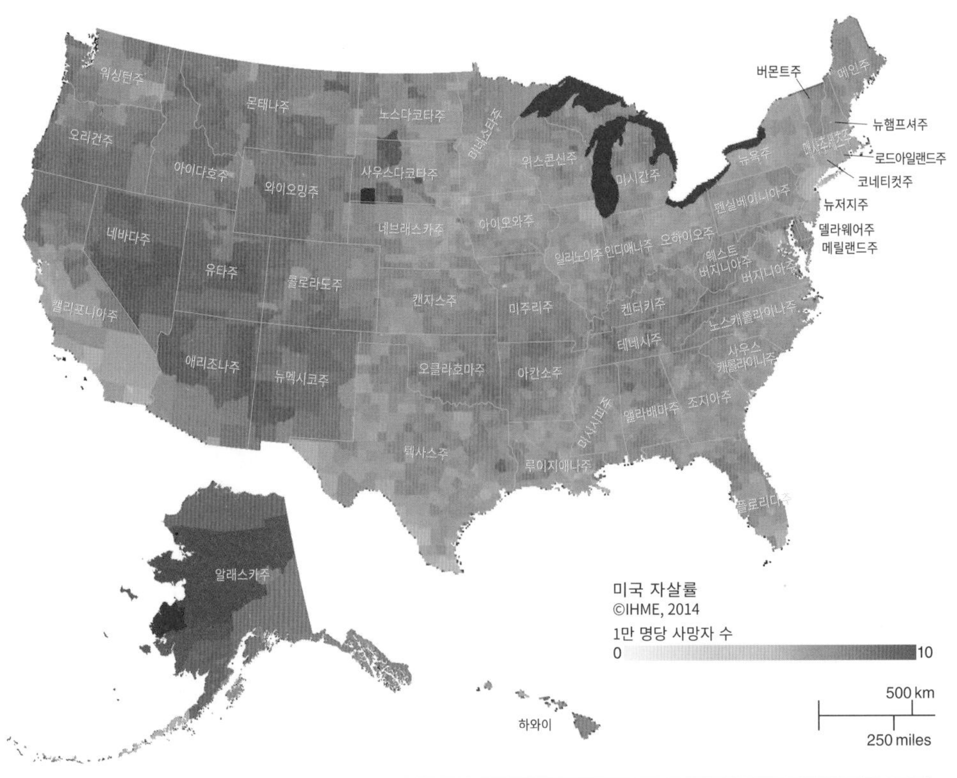

2014년 미국 자살 사망률 (1만 명당)

국가별로 그리고 국가 내, 국가 간 자살률이 크게 차이가 난다. 이 지도는 2014년 미국 내의 군별 1만 명당 자살률을 보여준다. 알래스카, 남서부, 중서부, 동부 러스트 벨트 일부 지역에서 자살률이 높다.

재정적 문제가 꼽힌다. 지도에서 볼 수 있듯이, 최근에는 특히 많은 서부, 중서부, 러스트 벨트에 위치한 주들의 상황이 심각하다. 시골 지역은 경제 침체에 취약하며 주거 환경이 고립되어 있기 때문에 적절한 치료를 받기 어렵다.[88] 이 지역에서는 노벨경제학상 수상자인 앵거스 디턴Angus Deaton과 앤 케이스Anne Case가 '절망의 질병'이라고 부른 간 질환으로 인한 사망과 알코올·아편 중독 및 과다복용 사례가 증가했다.[89] 이 지도는 애리조나, 캘리포니아, 콜로라도, 뉴멕시코뿐만 아니라 앨라배마, 켄터키, 테네시, 웨스트버지니아주에서 과다 복용 사망 사례를 보여준다. 2017년에는 절망의 사망 사례가 약 15만 8,000명이었다. 2000년 이후 미국인 70만 명 이상이 절망의 질병으로 사망했으며 이는 두 차례의 세계대전으로 인한 미국 전투 사망자 수보다 많은 것이다.

자살률이 매우 높은 일본과 한국에서는 자살 결정에 다양한 요인이 작용한다. 오래전부터 한국과 일본에서는 자녀들이 연로한 부모를 봉양해 왔다. 그러나 많은 젊은이가 도시로 이주하고 전통적인 부양 시스템이 무너지면서 노인들은 가족의 재정적 부담을 덜어주기 위해 스스로 목숨을 끊고 있다. 교육 챕터에

2014년 미국 약물 과다 복용 사망률(1만 명당)

지난 10년 동안 미국에서 약물 과다 복용이 급증했다. 이 지도는 2014년 1만 명당 과다 복용으로 인한 사망률을 세분화된 최신 데이터로 보여준다. 애팔래치아 지역(앨라배마, 조지아, 노스캐롤라이나, 펜실베니아, 사우스캐롤라이나, 웨스트버지니아)과 남서부(네바다, 애리조나, 뉴멕시코)의 아편 남용으로 인한 과다 복용 클러스터이다.

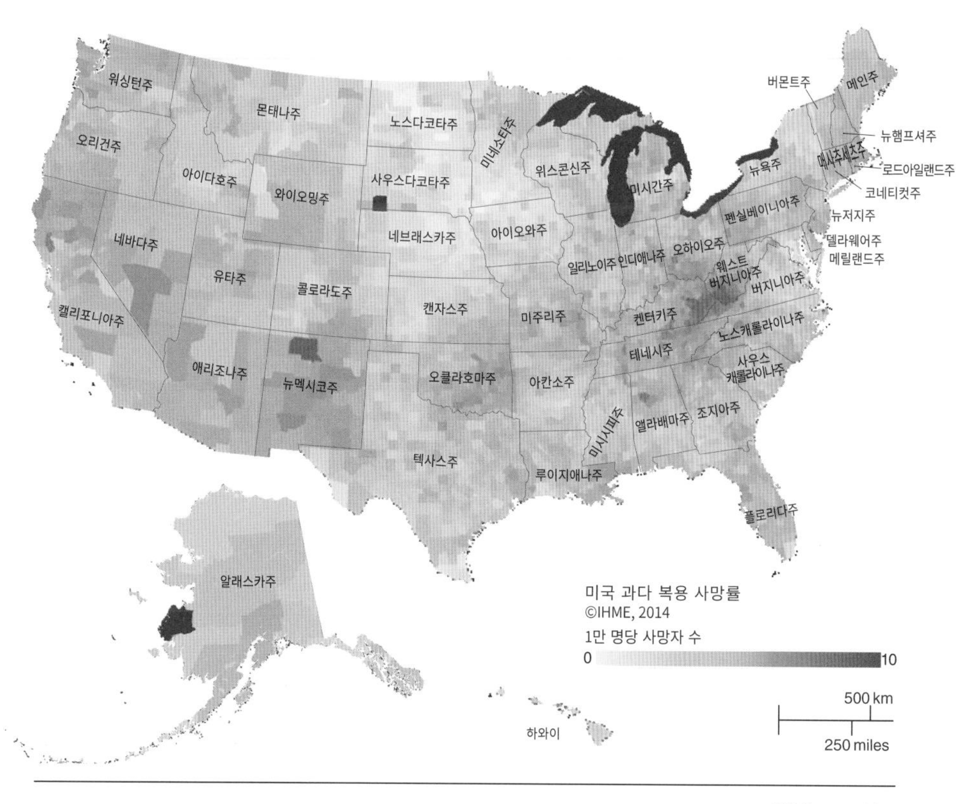

서 다시 설명하겠지만, 성적에 대해 사회적·문화적으로 압박을 받는 일본과 한국의 학생들은 평균보다 높은 자살률을 보인다. 일본에서는 이혼으로 인한 수치심, 실직, 다른 유형의 불명예로 인한 자살이 20~44세 남성과 15~34세 여성의 주요 사망원인이다. 아동 자살 역시 매우 높은 수준으로 10~19세 주요 사망원인이며 새 학기가 시작하는 9월 초에 가장 높다.[90]

노화를 다시 생각하기: 오늘날 60세가 과거의 30세라고?

세계 인구는 어느 때보다 빠르게 고령화되고 있다. 지도에서 볼 수 있듯이 현재 60세 이상 인구는 약 9억 6,200만 명이고 앞으로 30년 동안 2배 이상 증가해 2050년에는 21억 명으로 증가할 것이다.[91] 인류 역사상 최초로 60세 이상 인구가 다른 연령군에 비해 가장 빠른 속도로 증가하고 있다.[92] 그 원인으로는 수명 연장과 건강 증진을 꼽을 수 있다. 또 다른 중요 요인은 인구 챕터에서 설명한 것과 같이 출생률 감소로 인해 젊은 인구가 감소하고 있다는 점이다. 전 세계적으로 현재 여성의 평균 출생률은 2.5명이지만 5세기 전에는 평균 출생률이 5명이었다.[93] 그렇지만 일부 지역의 고령화가 단순히 수명 연장과 출생률 감소 때문만은 아니다. 대규모 이주로 인해 특정 국가의 인구 구조가 변화하고 있으며, 일반적으로 이주하는 것은 젊은 층이다.

인구 건강의 구조적 변화로 인해 중앙 정부, 지방 자치 단체, 의료진, 보험회사가 노화의 기본적인 경제적·정치적 측면에 대해 재고하게 되었다. 전통적으로 젊음과 출산은 경제 활력과 관련이 있는 것으로, 고령화와 인구 감소는 경제 침체와 쇠퇴의 신호로 간주했다. 이런 관점을 바꿀 필요가 있다. 노인 인구와 고령화 인구가 사회에서 가치 있는 자산이 될 수 있다. 고령 인구는 의견, 경험, 지혜를 제공해 줄 수 있을 뿐만 아니라 소득을 창출하는 노동력으로서 점차 중요한 역할을 하게 될 것이다.[94] 일부 지역에서는 정년을 변경하고 평생 학습 조건을 추가하고 도시를 재설계해 증가하는 독거 노인의 사회적·경제적 영향력을 변화시키고 있다.[95] 노인을 위한 주택, 고용, 서비스의 개발과 사회적 네트워크의 강화는 노년에 발생할 수 있는 외로움과 생산성 저하 방지에 필수 요소이다.

60세 이상 인구 추정 비율(2014~2050)[96]

이 지도는 전 세계 인구 고령화 속도와 2014~2050년 국가별 60세 이상 인구 비율을 보여준다. 고령화는 오늘날 일본에서 가장 우선순위가 시급한 정책 중 하나이다. 캐나다, 중국, 러시아, 유럽, 남아메리카, 동남아시아 일부 국가의 2050년까지 인구 증가 추이도 주목할 필요가 있다. 오스트레일리아, 브라질, 미국과 같은 국가도 유사한 상황이다. 2050년에는 아프리카가 가장 평균 연령이 젊은 대륙이 될 것이다.

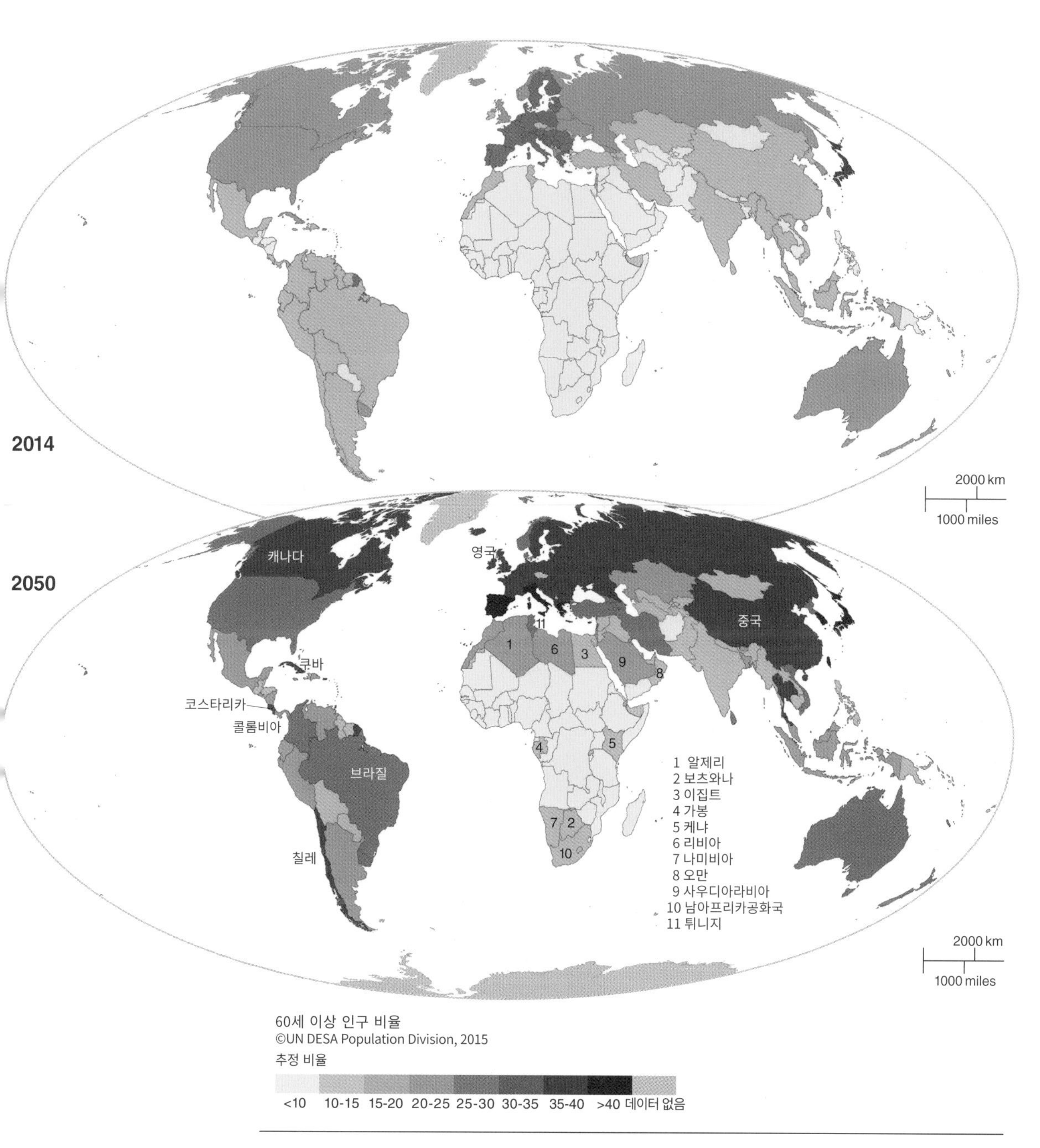

60세 이상 인구 비율
©UN DESA Population Division, 2015
추정 비율

1990년, 2020년, 2050년 출생률 추정치[97]

대부분 지역에서 출생률이 크게 하락했다. 이 지도는 1990년, 2020년, 2050년 국가별 과거, 현재, 미래의 출생률을 보여준다. 전 세계적으로 2050년에는 과거보다 출생률이 크게 낮아질 것으로 예상된다. 가장 뚜렷한 차이점은 사하라 이남 아프리카, 남미, 중앙아시아에서 볼 수 있는데, 짙었던 색이(이는 출생 아동의 수가 많음을 의미한다) 시간의 흐름에 따라 점차 옅어진다.[98]

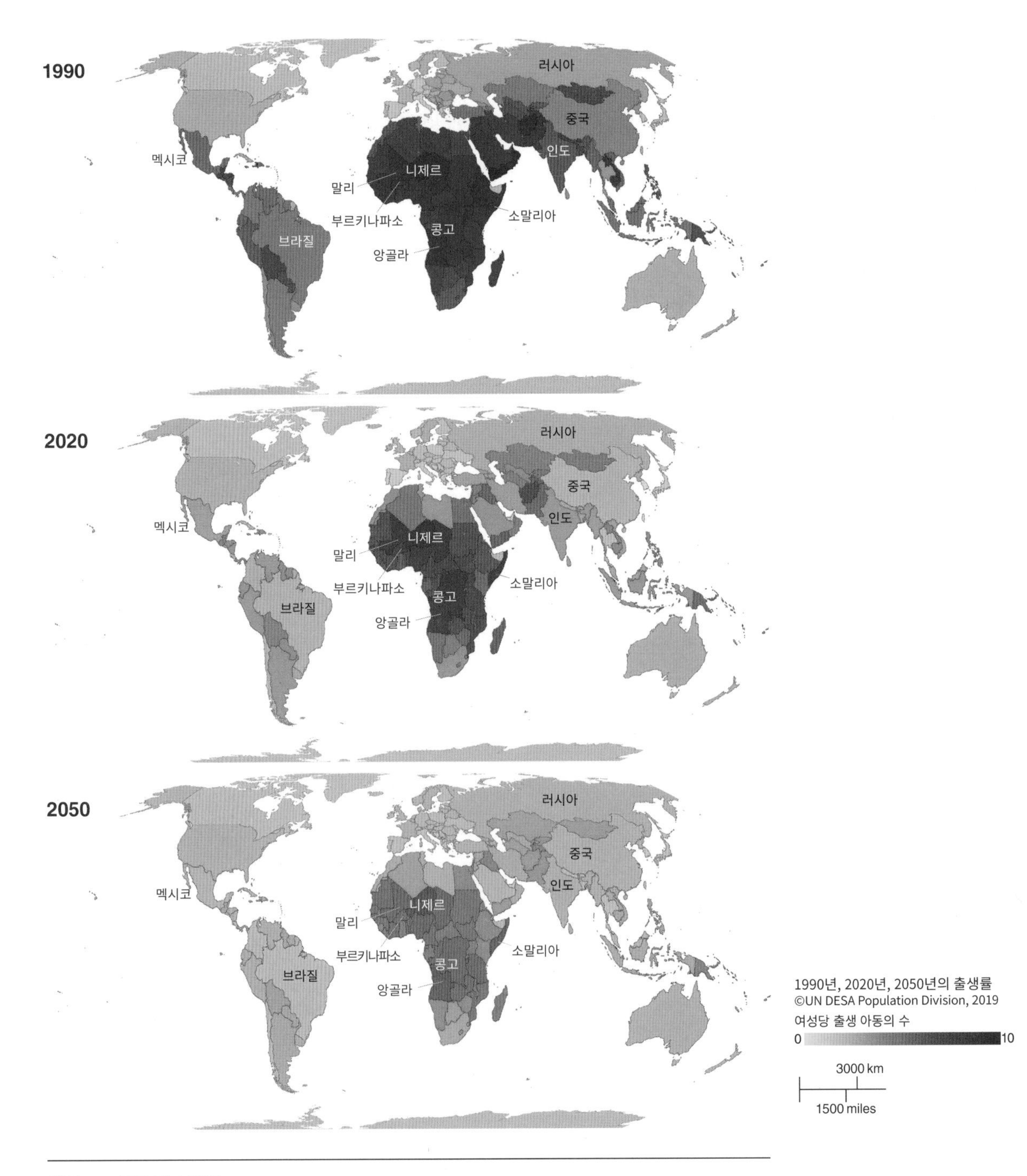

무엇을 할 수 있을까: 더 건강한 미래를 위하여

전 세계 인구 건강의 측면에서 놀라운 성과를 달성했다고 해서 국가 내, 국가 간 건강 불평등을 잊어서는 안 된다. 건강 개선이 더디거나 정체된 많은 국가는 자국의 안타까운 상황으로 인해 괴로워하고 있다. 예를 들어 러시아의 경우 남성들의 폭음(현지에서 '자포이'라고 부른다)으로 인해 유럽에서 러시아의 기대수명이 가장 낮다.[99] 미국은 전례 없는 약물 과다 복용과 자살 위기로 인해 최근 전체 기대수명이 감소했다.[100] 남아프리카의 경우는 상황이 훨씬 더 심각하다. 세계적으로 평균 수명은 15년 증가했지만[102] 남아프리카는 HIV/에이즈로 인해 한 세대 만에 기대수명이 평균 15년 감소했다.[101] 다행히 항레트로바이러스제가 상황을 역전시키는 데 기여했고 이를 통해 기대수명이 크게 증가했다.[103] 무력 충돌과 극단적 폭력에 고통받고 있는 국가에서 의료 시스템의 참혹한 붕괴와 기대수명에 대해서도 생각해 볼 필요가 있다. 시리아와 예멘은 젊은 남성 중심으로 그 어느 때보다 심각한 수준으로 기대수명이 감소했다.[104] 브라질의 기대수명은 74세보다 조금 낮고 계속해서 증가되고 있지만, 모든 지역에서 이런 현상이 나타나는 것은 아니다. 리우데자네이루와 상파울루와 같은 도시 주변에 거주하는 교육을 제대로 받지 못한 젊은 흑인 남성의 경우 기대수명이 60세 미만까지 낮아질 수 있다.[105]

아직 코로나19 팬데믹은 종식되지 않았고 이로 인한 위험성은 존재하지만 향후 수십 년간 인류의 수명은 더 연장될 것이다. 최근 100년간 건강 증진은 감염병 관리 조치와 시행착오를 거친 공중 보건 이니셔티브의 구축과 적용, 항생제 투여 및 백신 접종, 관련 교육, 의료·수술·기술의 눈부신 발전 덕에 가능했다.[106] 전 세계 대부분 지역에서 수명 연장과 동시에 출생률은 감소했다. 건강 증진을 위한 국제적인 노력이 도움이 되었다. 2000년 UN 새천년개발목표(MDGs)로 촉발된 세계적인 노력과 국제 자선 단체가 지원하는 다양한 노력은 저소득 국가에서 산모 사망률을 크게 감소시키는 데 일부 기여했다.

미래에 인간은 과거와 동일한 이유로 죽지는 않을 것이다. 2050년에도 모성 사망, 출산 전후 사망, 비전염성 질병으로 인한 사망률과 유병률은 계속해서 감소할 것이다. 모빌리티 솔루션의 개선, 스마트한 식습관, 스크리닝 및 검출 기술 향상을 통해 교통사고, 심장병, 당뇨병, 유방암으로 인한 사망도 여전히 감소할 것이다.[107] 하지만 감염병과 정신 건강으로 인한 사망률과 유병률은 증가할 것이다. 물론 확실한 것은 아무것도 없다. 의학 분야의 중요한 새로운 발견, 경제적 변화, 슈퍼버그 증가, 재앙적인 기후변화, 전쟁과 같은 불확실성으로 인해 모든 예측을 확신할 수는 없다. 그러나 지도에서 확인할 수 있듯이 세계 대부분의 지역에서 인간의 건강과 장수에 대한 예후가 낙관적이며 근본적으로 개선될 수 있다. 우리 세대에 비용을 지불할 수 있는 사람만이 더 오래 살 수 있는 '슈퍼휴먼'이 등장할 수도 있다.

전 세계 인구 건강을 개선하기 위한 몇 가지 간단한 해결책이 있다. 첫째, 보편적 의료 보장은 국가 내, 국가 간, 인구 집단 간의 건강 결과 격차를 줄이는 가장 확실한 방법이다. 유아, 어린이, 어머니를 위한 기본적인 위생 및 의료 서비스는 특히 만성적으로 취약한 지역 등에서 필수이다. 매년 거의 2억 2,000만 명이 말라리아에 감염되고 40만 명이 사망한다. 그렇기 때문에 말라리아 퇴치는 즉각적으로 도움이 될 것이며 말라리아가 풍토병인 최빈국에서 건강 개선과 빈곤 퇴치에 기여할 수 있을 것이다.[108] 또 치명적인 질병과 바이러스를 제거하고 슈퍼버그의 위협을 최소화해야 한다. 과거에 이런 목표를 달성한 전례가 있다. 예를 들어 천연두 사례를 살펴보면, 천연두는 1977년 볼리비아, 콜롬비아, 소말리아에서 마지막으로 보고되었다. 천연두는 인류가 최초로 퇴치에 성공한 질병이다.[109] 오늘날 미국 애틀랜타와 러시아 노보시비르스크 두 곳에만 연구 목적으로 천연두 표본을 보관하고 있는 것으로 알려졌다. 천연두와 싸우지 않았다면 천연두는 사라지지 않았을 것이다.[110] 먼저 스칸디나비아 국가에서 천연두가 퇴치되었고 이후 다른 유럽 국가, 오스트레일리아, 북아메리카 지역이 뒤를 이었다. 다음으로 WHO가 1966년에서 1977년에 걸쳐 3억 달러를 투입해 실시한 아프리카, 아시아, 라틴아메리카 전역에 걸친 대규모 백신 접종 프로그램을 통해 천연두를 퇴치할 수 있었다. 이런 노력을 통해 구한 생명을 생각해 보면 여기에 든 비용은 값싼 대가이다.

슈퍼버그의 위협을 낮추기 위해서는 과거 천연두 퇴치 노력에 상응하는 전 세계적인 노력이 필요하다.[111] 최우선순위 팬데믹 위험에 대한 대응책을 찾아보고 연구하고 구축해야 한다.[114] 또 코로나19와 같이 인간에게 '뛰어들어' 재앙적

국가별로 보고된 천연두 사례(1943, 1977)[112]
20세기까지 천연두는 사망률이 높은 무서운 질병이었다. 이 지도는 1943년과 공식적으로 천연두 퇴치가 선언된 1977년의 발병 분포를 나타낸 것이다. 보고된 사례가 급격하게 감소했으며 이는 전 세계적으로 정부, 국제기구, 시민단체가 함께 기울인 노력에 힘입은 것이다.

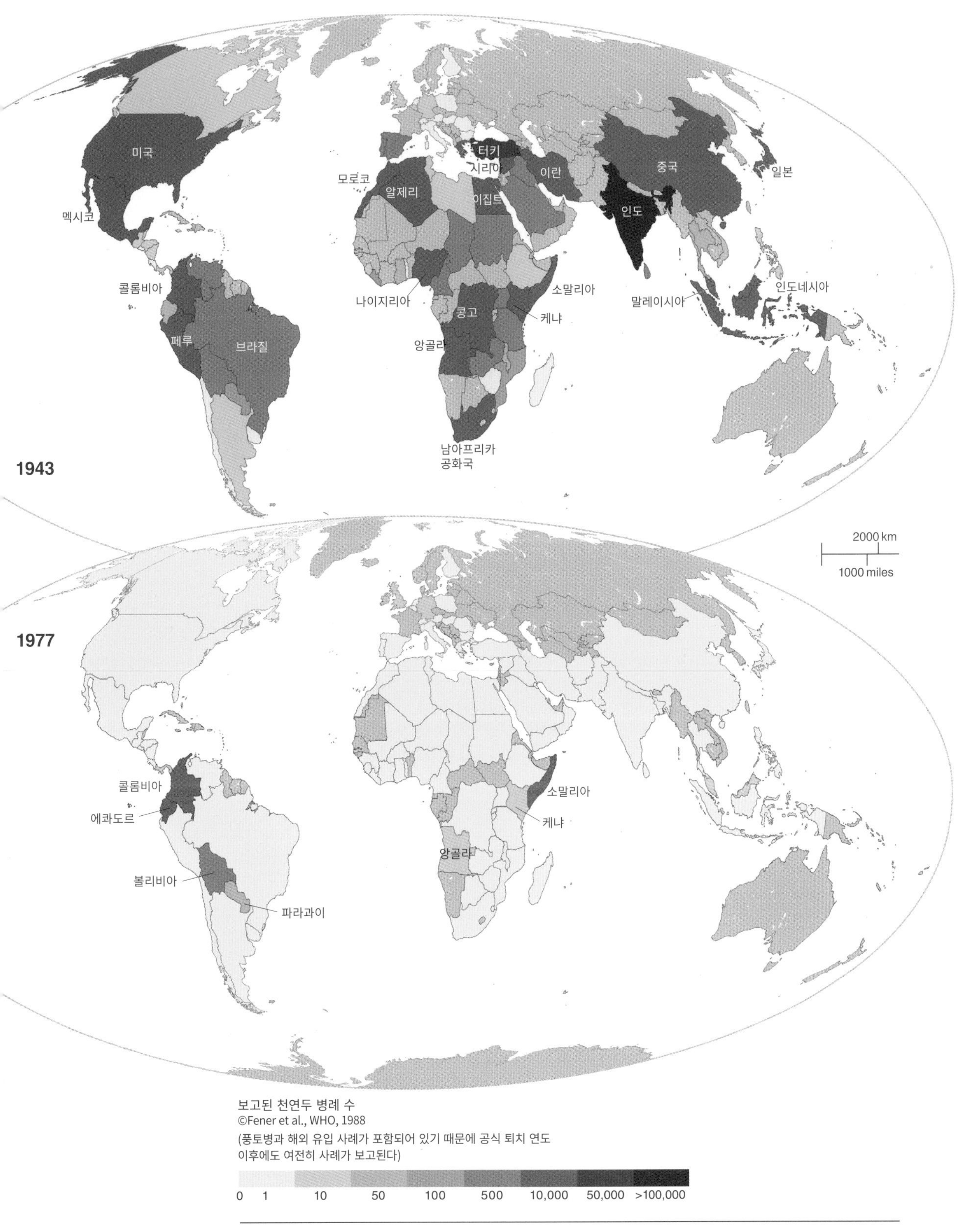

보고된 천연두 병례 수
©Fener et al., WHO, 1988
(풍토병과 해외 유입 사례가 포함되어 있기 때문에 공식 퇴치 연도 이후에도 여전히 사례가 보고된다)

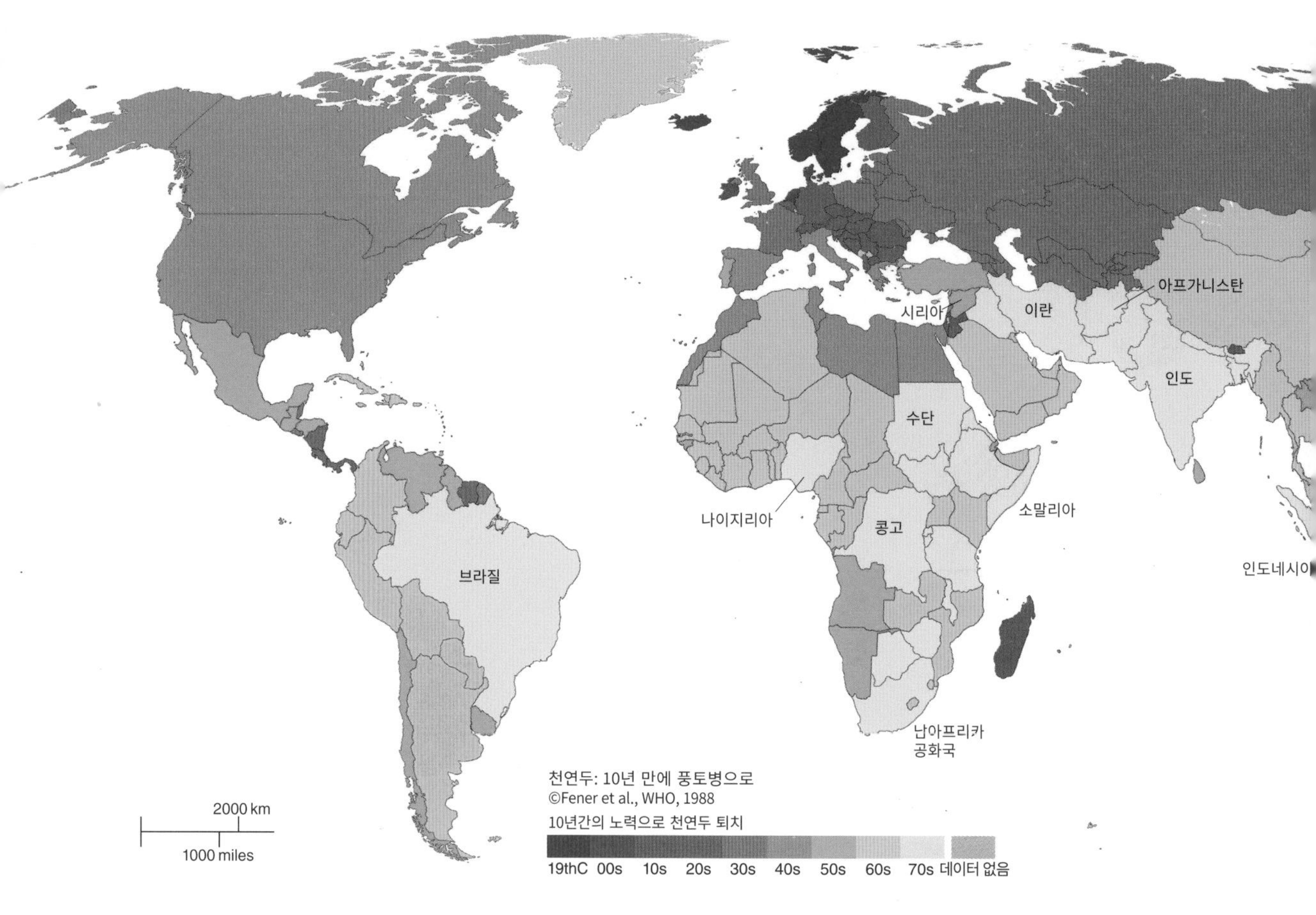

10년간의 노력으로 천연두 퇴치[113]
천연두가 단번에 완전히 사라진 것은 아니었다. 이 지도는 각국에서 천연두가 근절된 시기를 보여주며, 색이 연할수록 최근이다. 아이슬란드, 노르웨이, 스웨덴에서 가장 먼저 천연두가 근절되었고 훨씬 시간이 지난 후에야 라틴아메리카, 아프리카, 남아시아, 동아시아 국가에서 천연두가 사라졌다.

인 결과를 가져오는, 아직 잘 알려지지 않은(하지만 발생 가능한 '질병 X') 위협에 대비해야 한다. 항생제와 백신을 신속하게 개발하고 보급하기 위한 공동의 노력도 필요하다. 예를 들어 보통 백신 개발에는 5~10년이 소요되지만 에볼라바이러스의 경우 12개월 만에 백신이 개발되었다. 일부 진전도 있었다. 예를 들어, 실험 중인 백신의 에볼라바이러스 억제 효과가 97.5퍼센트로 확인되었다.[115] 비용을 낮추더라도 이러한 혁신에는 많은 예산이 필요할 것이다. 가장 전염성이 높은 11가지 질병에 대한 백신을 개발하기 위해서는 각각 수십억 파운드가 소요될 것이다. 그러나 새로운 생명공학, 시험 기술, 3D 프린팅 시설의 등장으로 인해 비용을 크게 낮출 수 있을 것이다. '예방이 치료약보다 낫다'라는 속담은 이 상황에 매우 적절하다.[116]

21세기의 키워드는 준비와 협력이다. 고무적인 기술 발전이 있긴 하지만 현실에서는 많은 국가와 도시가 이런 위협을 예방하고 억제하기 위해 가장 기본적인 조치를 시행하는 데도 어려움을 겪고 있다.[117] 코로나19로 알게 된 것과 같이, 하나의 취약한 연결 고리가 전 세계를 위험에 빠뜨릴 수 있다. 분명 위험을 더 잘 인지할 수 있게 되었지만 대부분의 정부가 여전히 슈퍼버그 등 주요 공중 보건 위협을 탐지·평가·보고 또는 대응하기 위한 최소한의 국제 표준도 충족하지 못하고 있다. 감염병이 점차 빈번하게 발생하기 때문에 감염병 발생 시, 대응하지 못하거나 지연되거나 과도하게 대응할 수 있다. 팬데믹을 방치하거나 부주의하게 대응하거나 혼란에 빠질 경우 감염병 유행이 발생하는 최전선뿐만 아니라 전 세계 인구에 치명적이다. 집단 방어 경로를 변경하고 강화할 수 있지만 이를 위해서는 정부, 투자자, 백신 제조사, 보건 전문가 간의 글로벌 파트너십이 크게 확대되어야 한다.

좋은 소식은 차세대 신약(및 제조 방법)이 곧 등장할 것이라는 점이다. 발견 보조금, 특허 연장, 인센티브 경쟁을 활용해 민간 기업이 고위험 세균·바이러스 치료 항생제와 전문 의약품을 개발하도록 유도해 차세대 신약 개발을 촉진할 수 있다. 실제로 희망을 가질 만하다. 이 글을 쓰는 시점 기준으로 코로나19 백신 임상시험 수십 건이 진행 중이고 새로 발견한 바이러스에 대해 생각해 볼 수 있는 다양한 측면에 대한 동료 평가peer-review 과학 논문 3만 건 이상이 게재되었다. 이미 인체 방어를 강화하고 약제내성 병원체 표적 치료를 할 수 있는 수천 가지의 새로운 항생제 조합이 이미 활용되고 있다.[118] 획기적이며 완전히 새로운 유형의 항생제도 시험 중이다.[119] 제품화 속도를 높이려면 항생제 사용과 세균 및 바이러스 반응에 대한 데이터의 수집 및 분석에 더 많은 투자가 필요하다. 추가적인 약제내성 가능성을 낮추기 위해 정부는 가축의 항생제 사용을 제한하고 잠재적으로는 중단해야 한다(또 소비자들의 식물 기반 식단 촉진을 촉진해야 한다). 우리 모두 (경미한 감염에는 항생제 사용을 제한하고 항생제를 사용한 식품 섭취를 줄이는) 사고방식의 전환이 필요할 것이다.

빅데이터, 애널리틱스(*빅데이터를 분석하는 기술 전반*), 사물 인터넷의 출현이 환자 및 중요 통계 추적 방식을 근본적으로 변화시키고 있다. 웨어러블 기기로 수면 방식, 심박수, 운동 습관을 확인할 수 있다. 혁신 기술로 의사가 혈압과 포도당 수치를 원격으로 모니터링해 발생 가능한 건강 문제를 파악하고 악화되기 전에 치료를 통해 생명을 구할 수 있다. 이를 통해 얻는 데이터로 의료 시설 입원율을 예측하고 자원을 할당하며 고령 인구 가정 진료를 크게 개선할 수 있다. 다양한 새로운 기술이 중국, 인도와 같은 중간 소득 국가에서 활용되고 있으며 이미 원거리 거주 인구에게 원격 진료를 활용하고 있다. 보험 분야에서는 환자가 병원과 의료 시설에서 오랜 시간을 소비하지 않도록 하는 웨어러블 기기, 헬스 트래커, 데이터 분석 촉진을 통해 많은 이익을 볼 수 있을 것이다. 새로운 의료기술은 효율성을 향상시킬 뿐만 아니라 약 처방과 엑스레이 진단 시, 인적 오류를 예방하는 데 도움을 줄 수 있을 것이다. 물론 이 책의 기술 챕터에서 다룬 개인 정보 보호와 관련해 새로운 문제가 제기된다.

신경학, 줄기세포 연구, 유전자 편집 등의 분야에서 통제 불능 상태의 개발이 건강과 노화에 대한 개념과 잠재적으로 인간이 누구인지에 대한 의미까지 완전히 바꾸어 놓으려고 하고 있다. 일부 생물학자와 유전학자들은 노화를 불가사의하거나 피할 수 없는 상태가 아니라 살면서 어쩔 수 없이 나타나는 부작용 정도로 간주한다. 시간이 흐르면 신체에서 대사 손상이 발생하고 신체 및 정신적 병리학적 축적이 발생한다. 이들은 노화가 세포와 분자 수준의 복구 및 교체로 점차 '치료될 것'이라고 생각한다.[120] 노화 치료에 대해 여전히 환상이 있지만 유전체 지도와 표적 약물치료가 결합된 개인 맞춤 의료의 발전이 건강 분야에 혁명을 일으킬 것이다. 분명 미래의 인간은 사이보그가 될 것이다.

우리 모두 할 수 있는 가장 중요한 일 중 하나는 이 책의 식량 챕터에서 더 자세하게 다루는, 스스로 건강을 유지하는 방법에 대해 계속해서 알아나가는 것이다. 이를 위해서는 지속적으로 질병을 추적하고, 질병의 예방 및 치료법에 대한 지식을 지속적으로 향상시키고 건강 결과를 개선하고 국가 내, 국가 간 격차를 줄이기 위한 정보를 공유해야 한다. 여전히 데이터가 주요 장애물이지만 기술은 이를 해결하는 데 도움을 줄 수 있다. 신약 개발과 인구 건강을 결정하는 요인을 더 잘 이해하게 되면서 새로운 문제 해결책을 찾을 수 있을 것이다. 인간 수명이 100세이든 1,000세이든 우리 모두 고령화 사회에 대비해야 할 것이다. 다시 말해, 다양한 보건 수요가 있는 사람들을 위한 적절한 보건 및 사회 보장 제도에 투자할 필요가 있다. 또 보험과 연금 제도의 특성과 노동의 기간과 의미에 대해 다시 생각해 볼 필요가 있다. 이와 관련된 사회적 · 경제적 · 윤리적 의미는 매우 크다. 예를 들어, 누가 더 오래 살게 되는가? 인구 증가를 어떻게 관리할 것인가? 불멸의 독재자들은 어떻게 해야 할까? 우리는 변화를 이해하기 쉽지 않지만 바로 지금 논의를 시작해야 한다.

코로나19 팬데믹의 영향

©Wikimedia Commons, 2020

교육

보편 교육이라는 새로운 발상

교육 접근성은 향상되고 있다

교육의 발전을 위해서는 현명한 투자가 필요하다

더 나은 교육은 경제 성장으로 이어진다

교육 시스템의 개선이 필요하다

들어가며

코로나19 팬데믹은 우리 아이들이 미래에 살게 될 세상이 오늘날 우리가 사는 세상과는 완전히 다를 것이라는 점을 일깨워 줬다. 변하지 않는 유일한 것은 '변화한다는 사실'밖에 없을 것이다. 디지털과 가상 도구 그리고 원격 학습을 어디서나 볼 수 있을 것이다. 무제한 콘텐츠의 이용으로 사실상 사실을 기억해야 할 필요가 없어질 것이다. 미래 세대는 당황스럽고 빠르게 변화하는 환경을 헤쳐나가기 위해 과학·기술·공학·수학 과목의 소양을 키울 필요가 있고, 이 과목들을 가르치기 위해 AI가 갈수록 많이 활용되고 있다.[1] 일부 초등학교에서는 학생들은 읽고 쓰는 법을 배우기도 전에 이미 코딩을 배우고 있다. 이는 곧 일반적인 일이 될 것이다. 그러나 진정한 번영을 위해 학생들은 창의성, 공감, 비판적 사고, 문제 해결 능력도 갖추어야 한다. 이들 모두가 엄청나게 복잡한 세상을 살아가려면 인내와 정신력이 필요하다. 학업은 성인 초기에 끝나는 것이 아니며, 평생 학습과 끊임없는 재발견이 일상이 될 것이다. 우리 아이들은 자신이 졸업할 때쯤 어떤 직업이 존재할 것인지 전혀 알지 못한 채 이 모든 기술을 습득해야 할 것이다.[2] 전 세계 어디에서나 부모들이 걱정하며 준비가 안 되어 있다고 느끼는 것도 당연한 일이다.

특히 전 세계가 코로나19의 복합적인 여파에서 회복하기 위해 안간힘을 쓰고 있는 가운데, 미래에 대해 불안해하는 것에는 많은 이유가 있겠지만 낙관할 이유 또한 있다. 어쨌든 우리는 단시간에 많은 것을 이루었다. 지도에서 볼 수 있듯이, 1950년에는 북아메리카와 북유럽 이외 지역을 제외하고 대부분 사람들의 교육 연수는 4년도 채 되지 않았다. 2017년에 이르러서는 전 세계 평균 교육 연수가 2배 이상 증가했다. 학교에 다니지 않는 청소년과 아동의 수도 최근 수십 년 사이 급감했다. 1970년에는 초등학교 학령기 아동 중 약 27퍼센트가 학교에 다니지 않았으나 오늘날은 9퍼센트에 근접할 정도로 감소했다. 전 세계 대부분 지역에서 초등교육의 경우 성평등 수준에 거의 도달했다. 이와 같은 특별한 성과들이 경제 성장을 견인하고 민주주의의 번영에 일조했다. 그

평균 교육 연수(1950, 2017)
그 어느 때보다 많은 사람이 교육을 받는다. 이 지도는 25세 이상 성인의 평균 교육 연수를 보여준다. 1950년과 2017년 사이에 평균 교육 연수가 놀랍도록 증가한 것을 확인할 수 있다. 색이 진한 지역일수록 증가 폭이 크다.

1950

2017

평균 교육 연수(1950, 2017)
©UNESCO, Barro and Lee, ICF, UNICEF, OECD, 2017
25세 이상 인구의 총 교육 평균 연수(모든 교육 수준 포함)

중에서도 특히 주목할 만한 점은 수준 높은 교육에의 접근성이 광범위한 사회경제적 발전과 관련성이 높다는 점이다.[3]

모두가 교육 변혁의 혜택을 동등하게 누릴 수 있었던 것은 아니다. 여전히 학교에 다니지 못하는 아동의 수는 적어도 1억 2,000만 명에 이른다.[4] 그리고 청년 중 2억 5,000만 명이 기본적인 문해력과 수리 능력을 갖추지 못했다. 최소 7억 5,000만 명의 청년과 성인이 읽거나 쓰지 못해 사회에 전적으로 참여하지 못하고 있다.[5] 엄청난 발전에도 불구하고 일부 지역에서는 어린 소녀들이 여전히 학교에 다니지 못하거나 특정한 수업을 들을 수 없다. 지도에서 확인할 수 있듯이 지난 10년간 아프리카, 아시아, 라틴아메리카의 많은 지역의 평균 교육 연수는 북아메리카, 유럽, 오스트레일리아, 뉴질랜드보다 훨씬 낮다. 그러나 이런 고질적인 격차에도 불구하고 상황은 상당히 긍정적이다. 부국과 빈국 간에 그리고 남녀 간에 일부 불균형이 지속되고 있지만, 교육 불평등은 꾸준히 감소하고 있기 때문이다.[6]

단지 한 가지 큰 문제가 있다. 전 세계 교육 시스템은 앞으로 다가올 급격한 변화에 대처할 수 있는 준비가 전혀 되어 있지 않다. 지식 경제의 대두, 일의 성격의 구조적 변화, 신기술의 급격한 확산과 같은 커다란 변화가 차세대(와 현세대)에게 무엇을 어디서 어떻게 가르칠 것인지에 엄청난 영향을 미친다. 어떤 지역에서는 교육 개혁과 AI 기반 학습에 박차를 가하고 있다.[7] 다른 지역에서는 칠판과 공책, 연필을 사용한 보다 전통적인 교육 모델이 주를 이룬다. 더군다나 코로나19 팬데믹으로 인해 국가 간 그리고 국내의 불평등은 더욱 두드러지고 교육의 디지털화도 가속화될 것이다. 코로나19 시대 속에서 교육과정과 교사, 학교와 대학이 불확실한 미래에 적응할 수 있을 정도로 충분한 속도로 변화하고 있는지는 전혀 알 수 없다.

이번 챕터에서는 괄목할 만한 교육의 확산을 살펴본다. 그 출발점은 지난 세기의 전례 없는 초등·중등·고등 교육의 확산이다. 교육 배당education dividend(교수의 양과 질의 꾸준한 향상 등)의 현황을 파악하고 또한 이 교육 배당 덕분에 전 세계 대부분 지역에서 어떻게 국력이 성장하고 심지어 민주적 거버넌스도 이룰 수 있었는지 살펴본다. 그리고 핀란드, 싱가포르, 한국과 같은 지역에서 실시한 교육에 대한 새로운 실험과 새로운 교육 기술의 부정적 영향에 대해서도 살펴본다. 새로운 디지털 도구의 힘과 잠재력은 현실이지만, 확실한 한 가지는 그 이후에 무엇이 있을지 사실상 우리는 알지 못한다는 점이다.

식자율의 상승: 500년 만에 1퍼센트에서 86퍼센트로

많은 국가에서 교육을 당연하게 생각한다. 코로나19 팬데믹 이후 이는 바뀔 수도 있다. 수십억 명의 부모들이 빠르게 재택 교육을 시키게 되었다. 교육 혁명이 수백 년밖에 되지 않았다는 사실을 믿기 어렵다. 아동, 특히 여아들이 학교에서 전일 교육을 받을 자격이 있다는 생각은 완전히 새로운 발상이다. 거의 지난 5,000년 동안 교육이란 소수의 특권층(주로 부유층 남성)에게만 허용되었다. 이집트는 최초로 학교와 도서관을 세운 국가 중 하나이다. 그중 대부분은 필사자와 치유사, 사원 관리자에게 기초 읽기와 작문을 가르치기 위해 세워졌다. 다양한 문명이 그들만의 언어 체계를 만들었지만 가장 오래된 문자(상형문자)는 단 수천 년 전인 기원전 3,000년경에 나왔다.[8] 다양한 형태의 교육이 중동, 유럽, 중국, 인도에 확산되었지만 모두 소수 엘리트를 위한 것이었다. 수백 년 전까지만 해도 오늘날의 기준으로 읽고 쓸 줄 아는 사람은 전 세계 인구 중 1퍼센트도 채

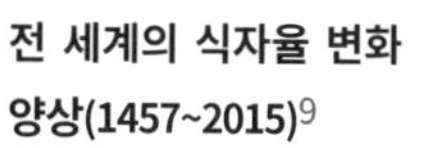
전 세계의 식자율 변화 양상(1457~2015)[9]

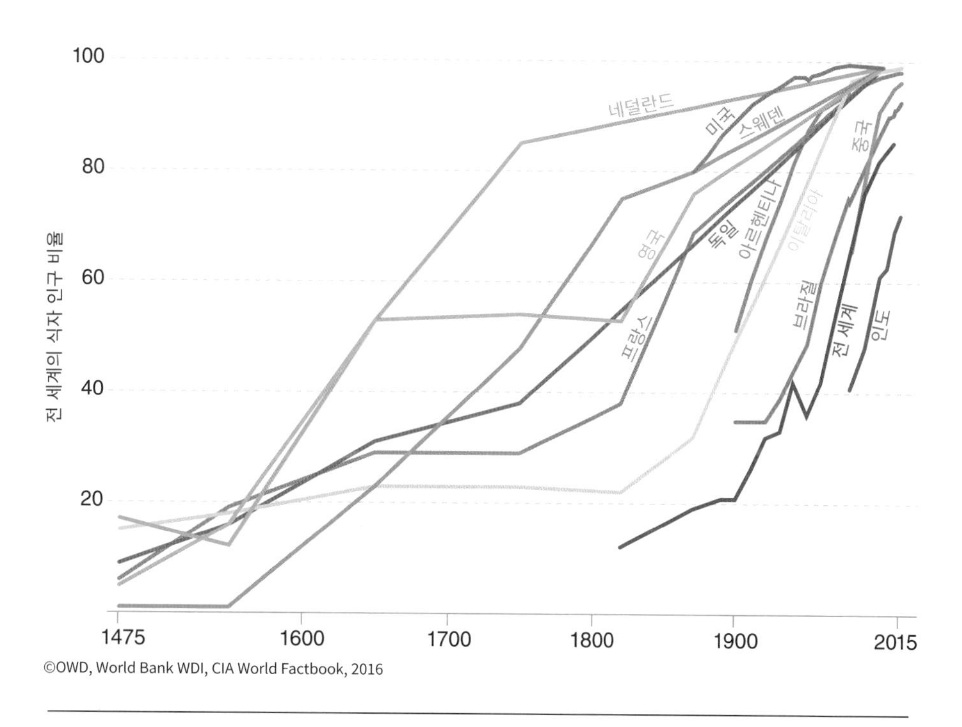

©OWD, World Bank WDI, CIA World Factbook, 2016

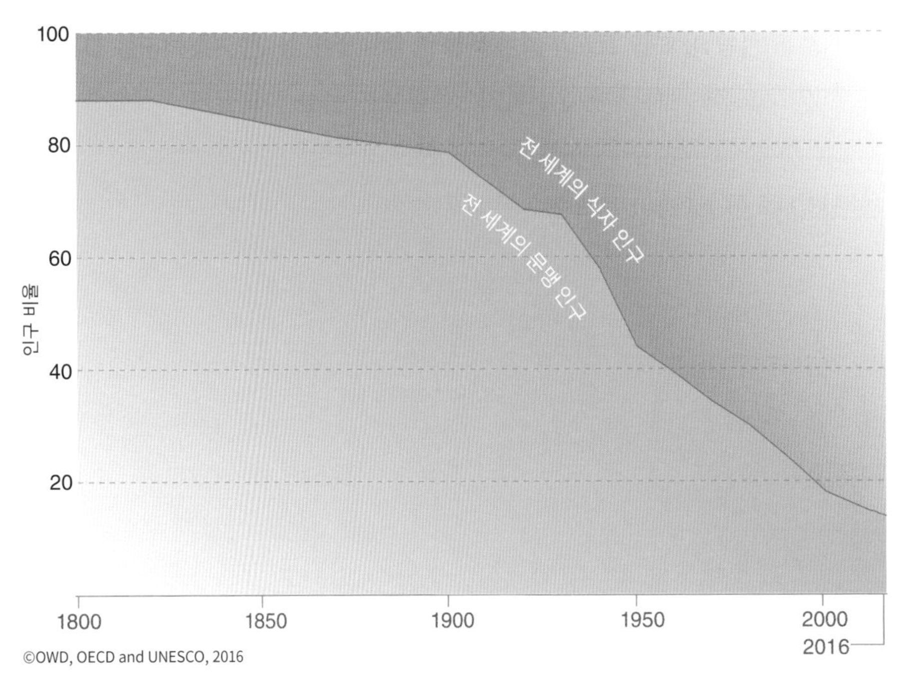

전 세계의 식자율 및 문맹률(1800~2016)[10]

되지 않았다.

보편 교육의 개념은 17~18세기 유럽 계몽주의 시대에 생겨났다. 출판, 도서관, 인쇄 문화의 폭발적 보급이 모두 한몫을 했다. 존 로크John Locke와 장 자크 루소Jean-Jacques Rousseau와 같은 유명한 철학자들은 가능한 한 이른 시기에 젊은이들의 사고를 키워주고자 공공과 민간의 투자를 열렬히 지지했다. 식자율은 유럽에서 1500년대 이후로 계속 상승했지만[11] 전 세계적으로 보면 상대적으로 천천히 상승하다 1900년대에 들어서야 속도를 내기 시작했다. 도표를 보면 19세기 초반에는 전 세계 식자율은 12퍼센트 전후였다. 20세기에 들어서면서 식자율은 21퍼센트까지 올랐고 지난 60년간 매년 상승세를 그리다가 오늘날에는 전 세계 식자율이 86퍼센트까지 도달하는 놀라운 기록을 보이고 있다.[12]

전 세계의 교육 수준: 한국의 진학률은 어떻게 반세기 만에 5퍼센트에서 100퍼센트까지 증가하였나

체감하지 못할 수도 있겠지만, 오늘날은 그 어느 때보다 전 세계적인 교육 수준이 높다. 여기에는 시민들의 교육권을 보장한 법률이 큰 역할을 했다. 대부

기본 교육 이수 인구
(1870~2010)[13]

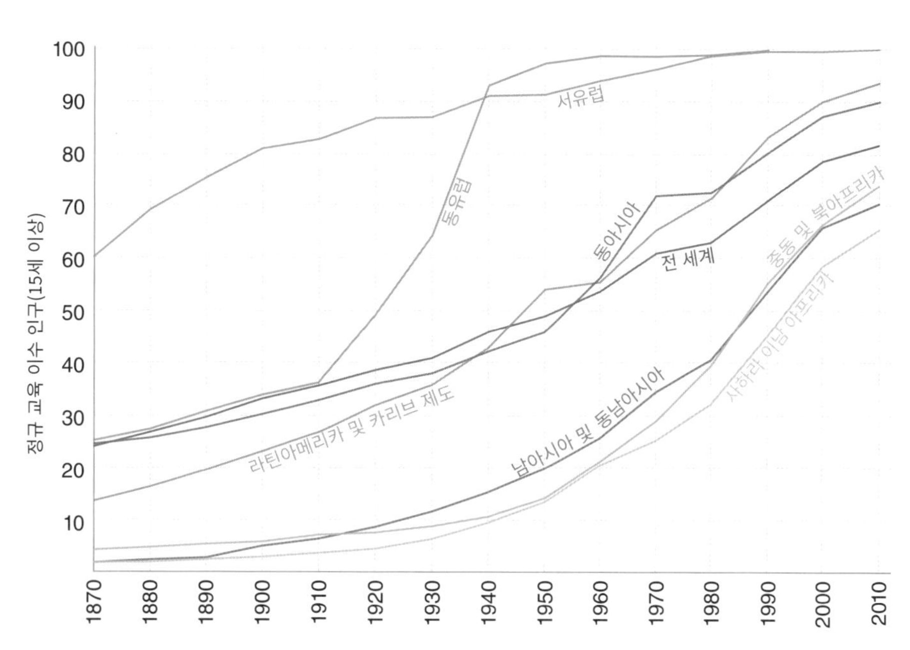

©OWID, Clio-infra.eu, Van Zanden et al., 2014

분의 국가에서 아동의 초등교육을 법적으로 의무화하고 있다. 초등 의무교육의 출발점을 살펴보자면 1763년 최초로 초등교육 시스템을 수립한 프로이센의 프리드리히 대왕Frederick the Great으로 거슬러 올라간다. 그는 프로이센 국민(5세~14세 남녀 모두)이 공립학교에 다녀야 한다고 주장했다. 프리드리히 대왕은 '김나지움gymnasium'이라고 부르는 중등학교와 대학 진학을 위한 예비 학교에도 투자했다. 19세기 초반 프로이센의 시스템은 유치원 의무교육과 교사 양성 전문 과정, 국가 교육 과정에서부터 전국 학력고사와 교사 자격증에 이르기까지, 모든 것이 갖추어져 있었다. 유사한 제도가 19세기에 유럽과 북아메리카 지역으로 퍼져나갔고 그 이후에는 전 세계로 확산됐다. 오늘날에는 국제 협약으로 교육권을 보장하는 동시에 무상 교육, 모두가 이용할 수 있는 중등 교육, 공정한 대학 교육에의 접근성을 의무화하고 있다.[14] 위의 그래프에서 볼 수 있듯이, 일부 국가의 이행 과정은 다른 국가에 비해 길었다. 예를 들어 인도는 2009년이 되어서야 초등교육에 보편·무상·의무교육을 도입했다. 아프리카와 중동, 동남아시아의 여러 국가에서는 아직 중요한 전기를 맞이하지 못했다. 가장 성과가 미흡한 곳은 전 세계에서 가장 빈곤한 국가(부르키나파소, 차드, 에티오피아, 말리, 세네갈)이며 학교 교육 이수 연수가 평균 3년밖에 되지 않는다.

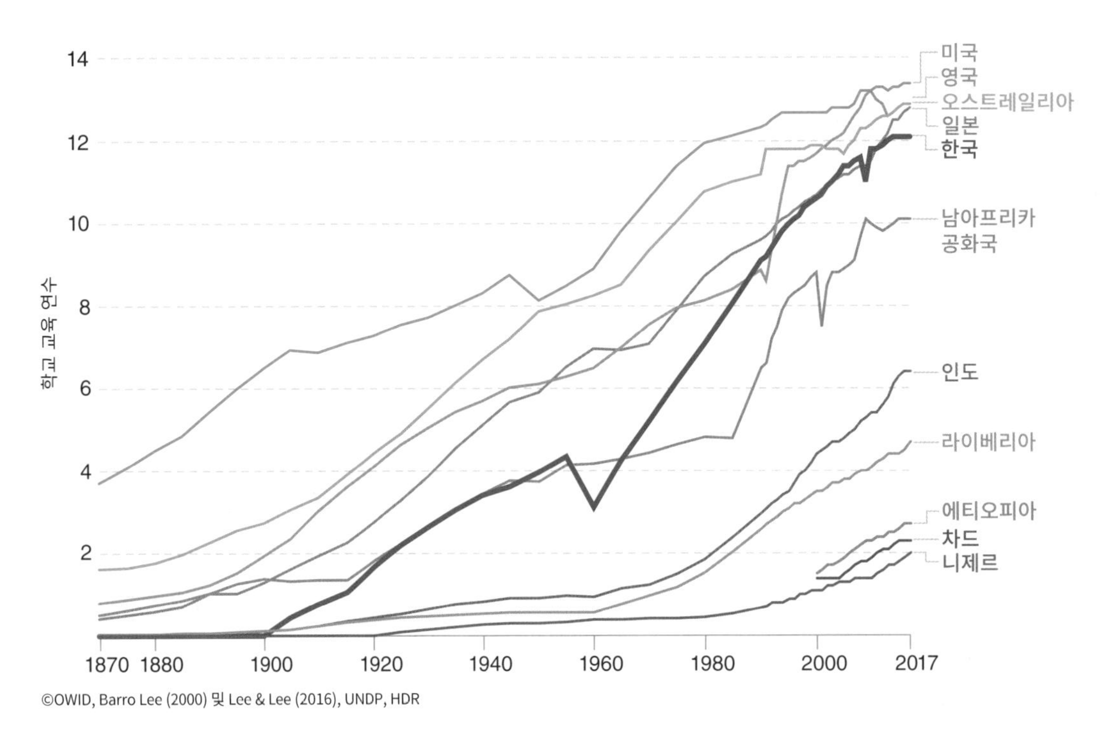

선별된 국가의 평균 학교 교육 연수(1870~2017)[16]
부국과 빈국 간의 학교 교육 연수의 큰 격차가 극명한 대조를 이룬다. 한국의 가파른 상승세가 눈에 띈다.

일부 아동들이 여전히 교육을 받지 못하고 있지만 전 세계 교육 수준은 전반적으로 최근 수십 년 사이 놀라울 정도로 발전했다. 진학률과 출석률은 급격한 상승을 보인 반면, 정규 교육을 받지 못한 인구 비율은 떨어졌다. 전 세계 인구 순위 1~2위를 차지하고 있는 인도와 중국은 지난 반세기 동안 놀라운 발전을 보여주었다. 예를 들어 인도의 경우 1947년 식자율은 12퍼센트였고 이는 오늘날의 74퍼센트와 대조적이다. 중국은 1950년에 식자율 20퍼센트에 머물렀던 상황에서 탈출해, 오늘날에는 85퍼센트를 기록하고 있다. 전 세계적으로 젊은 세대의 교육 수준은 기성세대에 비해 높고, 이는 이런 추세가 미래에도 지속될 가능성이 크다는 것을 시사한다.[15] 이 모든 점을 고려해 봤을 때, 앞으로 30년 이내에 초등, 중등, 고등 정규 교육을 받는 사람들이 인류 역사를 통틀어 그 어느 때보다 많아질 것이다.

학교 출석률과는 별개로 학업 성취도도 있다. 학업 성취와 관련해서 일부 국가가 다른 국가에 비해 훨씬 앞서 있다. 주목할 만한 국가는 한국이다. 1950년 한국의 고등학교 졸업률은 5퍼센트에 그쳤다. 하지만 보편 교육과 다수의 개혁을 도입한 이후 한국은 현재 전 세계에서 가장 높은 식자율을 보이는 국가에 속한다.[17] 한국의 학교 시스템은 전 세계에서 가장 우수한 시스템 중 하나로 평가

정규 교육 비이수 인구 비율 (1970, 2050)[21]

이 지도는 1970년 정규 교육을 이수하지 않은 인구 비율과 2050년 전망치를 보여준다. 브라질, 중국, 인도, 멕시코가 가장 인상적인 결과를 보여줄 것으로 기대되고 있다. 또한 여러 아프리카 국가도 상당한 발전을 이뤄낼 것으로 보인다.

받고 있고 한국의 10대들은 학업 성취도에서 다른 국가의 10대보다 항상 앞서고 있다.[18] 발전한 건 초등 교육과 중등 교육만이 아니다. 한국의 대학도 국제 순위에서 꾸준한 상승세를 보인다.[19] 코로나19 팬데믹 이전, 미국 내 한국 유학생 비율은 중국과 인도 유학생에 이어 세 번째로 높았다.[20] 이런 교육 배당은 한국에 큰 혜택을 안겼다. 20세기 중반부터 시작된 놀라운 경제 호황을 뜻하는 '한강의 기적'은 결국 교육에 대한 현명한 투자 그리고 학업적 성취를 보상하는 문화로 귀결된다. 오늘날 한국에서는 사실상 모두가 고등학교를 졸업하고 대학 진학률도 75퍼센트에 이른다.

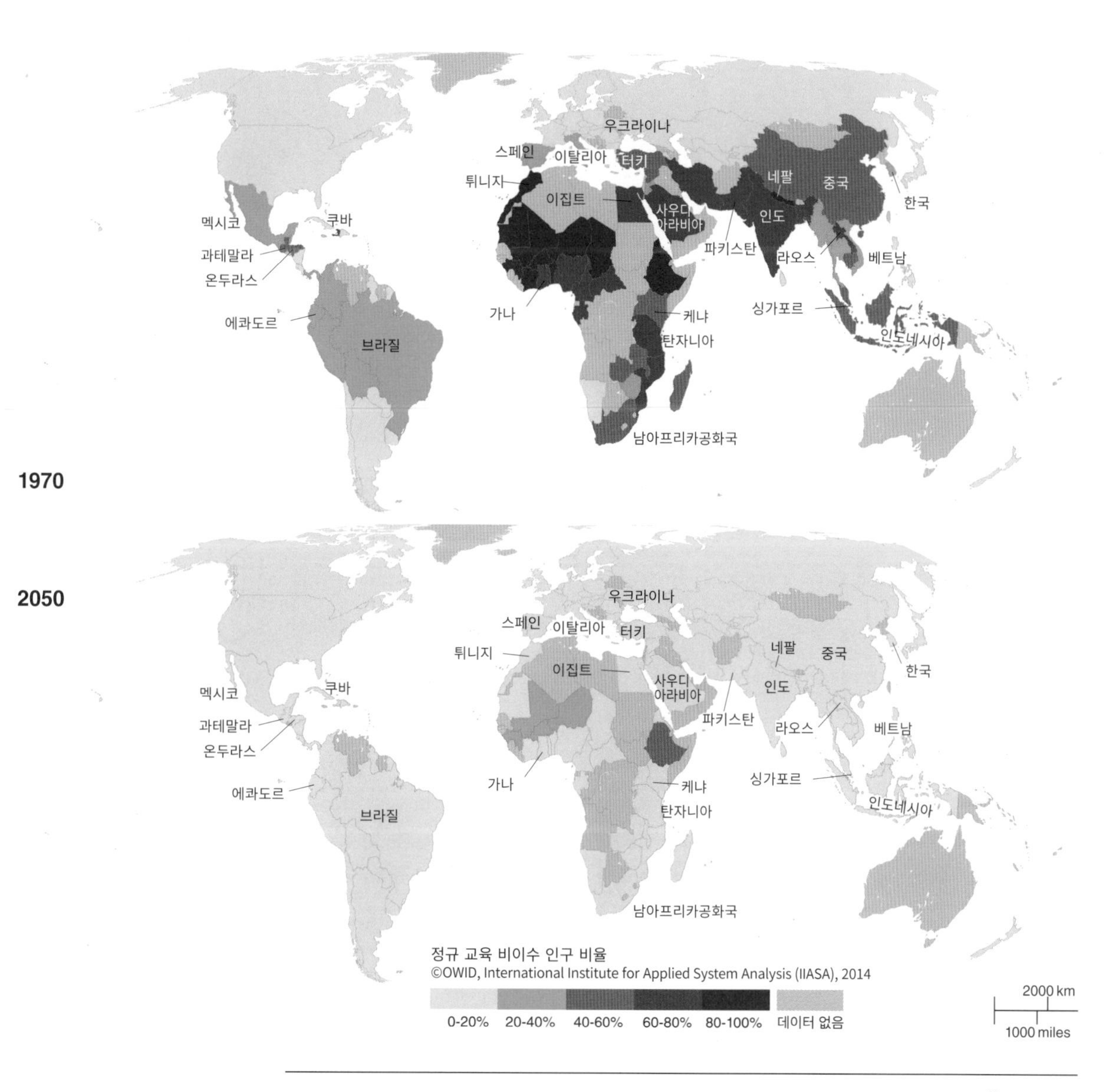

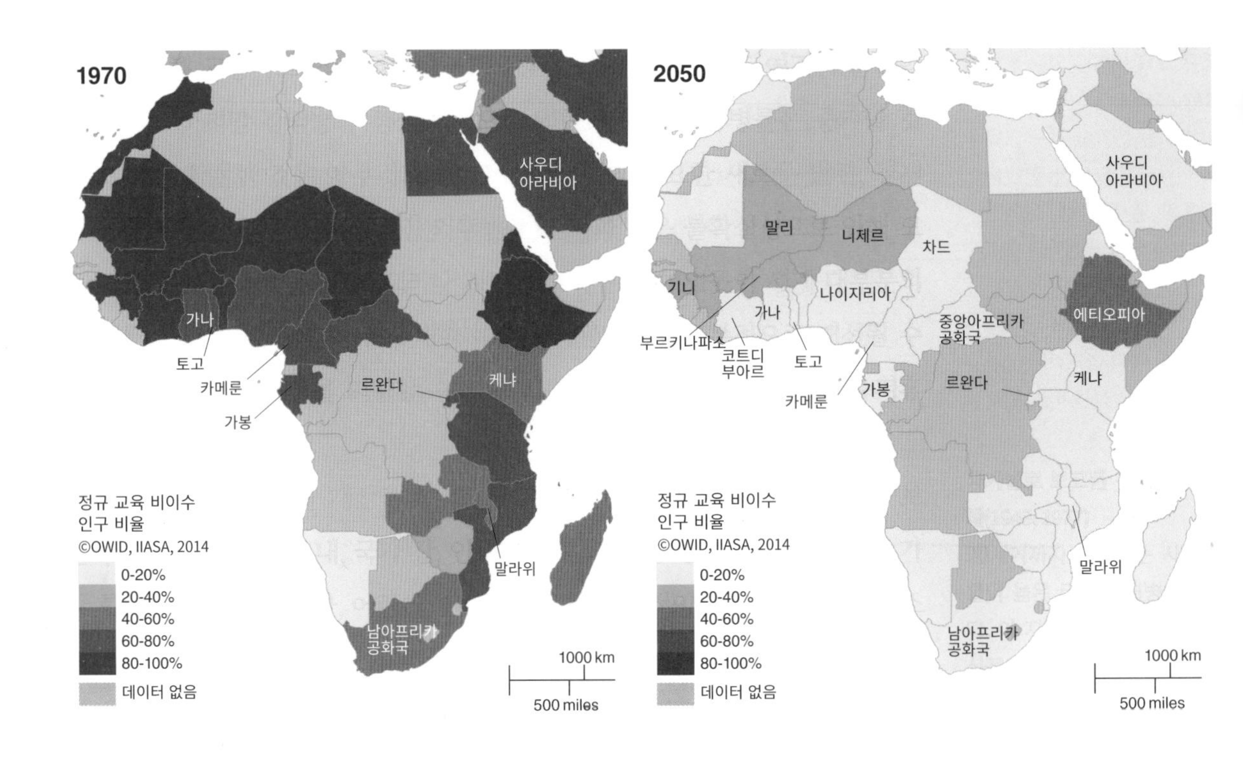

아프리카의 교육 결손(1970, 2050)

교육 혁명은 향후 수십 년에 걸쳐 아프리카로 확산될 것이다. 이 지도는 정규 교육을 이수하지 않은 인구 비율이 2050년까지 감소하리라는 것을 보여주지만, 동시에 많은 문제가 있다는 점 또한 재조명한다.

학업 성취의 극명한 불평등이 지속되고 있다. 지도에서 볼 수 있듯이, 분명 나아지긴 했지만 사하라 이남 아프리카 지역은 아직 순위가 낮다. 부르키나파소와 니제르 등의 국가의 수리 능력은 전 세계 최하위권이며 문해력은 하위 30퍼센트 전후이다. 대부분의 아프리카 국가에서 초등학교 진학률과 출석률이 20세기에 상승했지만 차드, 라이베리아, 니제르의 학령기 아동 중 학교에 출석하는 아동의 수는 절반을 채 넘지 못한다. 심지어 일부 아프리카 국가는 교육 성과의 핵심 지표가 뒷걸음치기 시작했다.[22] 게다가 졸업반 학생들 대부분이 대학에서 수학하거나 노동 시장에서 경쟁하기에는 심각할 정도로 준비가 안 돼 있다. 사하라 이남 아프리카의 모든 고등학교 졸업생 중 학업 능력의 최저 수준(학업 능력에 대한 일련의 글로벌 기준)에 도달한 학생은 절반 이하이다. 위의 지도에서 알 수 있듯이 이러한 추세는 향후 30년 이내에 사헬 지역이나 대호수 지역 혹은 남아프리카 지역에서 급속도로 개선될 것이라 보기 어렵다. 코로나19 팬데믹과 그 후폭풍으로 인해 특히 상대적 빈곤 지역에서 교육 기회가 더욱 제한되면서 학업 성취도 둔화될 것이다.

교육은 자본만 투입한다고 해서 기적처럼 개선되는 것이 아니다. 사실 교육

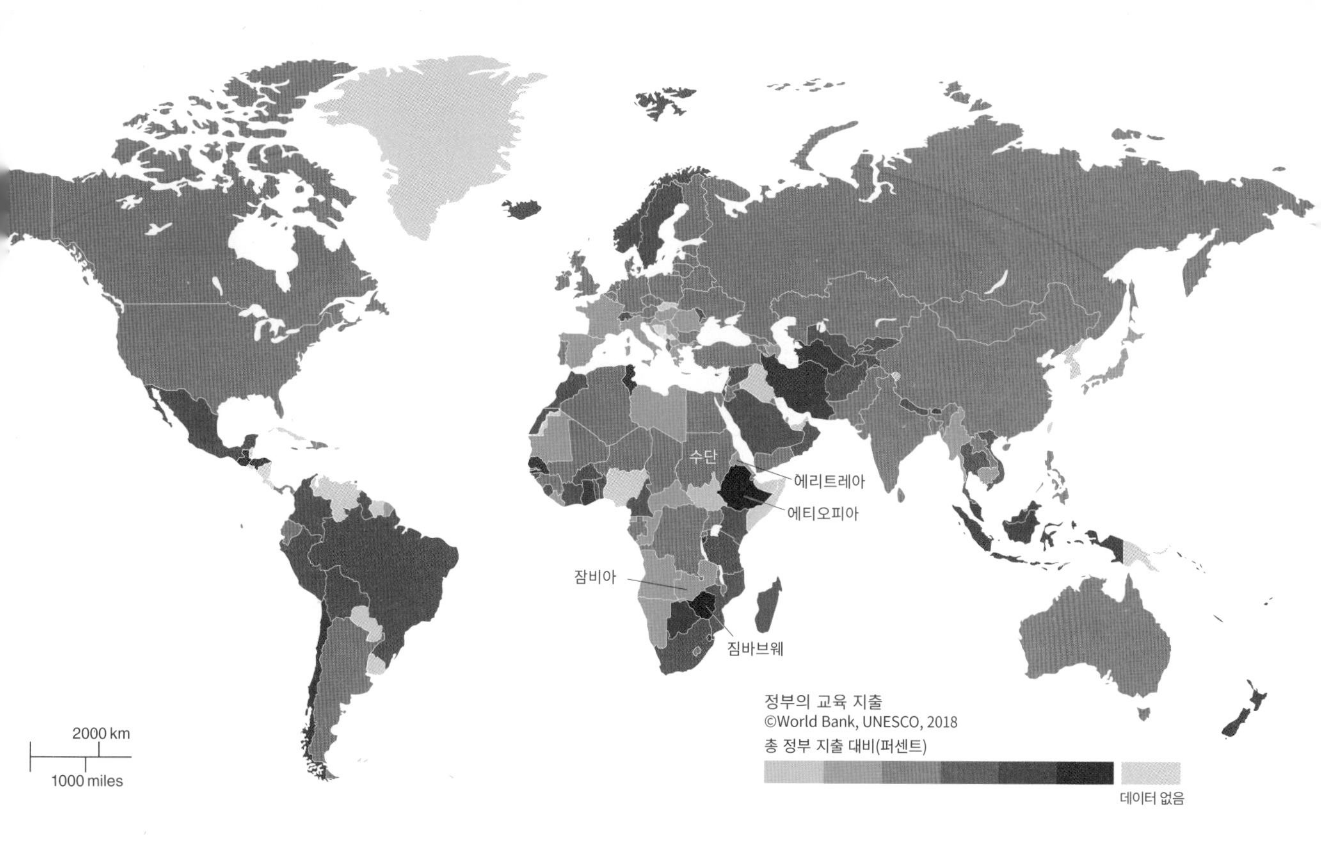

정부 교육 지출(2018)[23]

교육에 대한 지출이 높아진다고 해서 반드시 높은 교육 성과를 내는 것은 아니다. 이 지도는 정부의 전 부문 지출 총합 대비 전반적인 교육 지출(경상, 자본, 이전)을 나타내고 있다. 짙은 색일수록 정부의 교육 지출 비중이 높다는 것을 의미한다.

에 대한 물질적 투자는 모든 지역에서 상승했지만 그렇다고 모든 지역의 상황이 좋아진 것은 아니다. 사회마다 집중적으로 투자한 분야가 상당히 다르다는 데 일부 원인이 있다. 예를 들어 부국의 가정에서는 초등·중등 교육보다 대학 교육에 상대적으로 많은 비용을 지출한다. 이는 놀라운 일이 아니다. 토론토, 런던, 뉴욕, 파리, 시드니와 같은 도시에서는 공교육의 수준과 접근성이 일반적으로 높다. 이는 그 결과 저소득 가정의 학생들도 지원을 받아 대학에서 교육을 받는 경우가 많고 유복한 가정의 학생들도 대학에 진학할 가능성이 커진다는 점에서 진보적이다. 빈곤 국가에서는 정반대의 상황이 펼쳐진다. 가정에서는 중등 교육이나 대학보다는 초등 교육에 더 많은 투자를 하게 된다. 저소득 국가나 중진국에서는 공립학교 교육이 무상으로 이루어진다고 할지라도 많은 부모가 자녀를 더 좋은 학교나 더 잘 가르치는 사립학교로 보내려는 경향이 있다.

그럼에도 교육 수준과 접근성을 개선하기 위해서는 정부의 더 많은 투자가 필요하다. 저소득 국가와 중진국에서 성과를 앞당기기 위해서는 전 세계의 연간 지출을 오늘날 약 1조 2,000억 달러에서 3조 달러로 2030년까지 끌어올려야 한다.[24] 지도에서 교육에 대한 공공 지출 비중이 더 나은 교육 성과를 의미하는 신뢰할 만한 지표는 아니라는 사실이 드러난다. 중앙아메리카, 사하라 이남 아프리카, 중동의 일부 국가는 국가 예산의 4분의 1가량을 교육에 투자했지만 엇갈린 결과를 낳았다. 최근 몇 년 동안 총 정부 지출 대비 교육 지출이 많았던 국가는 에티오피아와 짐바브웨며, 지출 수준이 낮았던 국가는 남수단, 잠비아, 에리트레아이다. 세계은행의 연구에 따르면 공공 지출과 학습 성과 간의 상관관계는 사실 낮은 편이다.[25] 물론 상관관계가 인과관계는 아니다. 그러나 학교에 대한 정부 지원이 이행되는 방식과 더불어 일정한 유형의 교육 개혁이 합쳐지면 교육 연수와 미래 소득 그리고 성인 빈곤 감소까지, 긍정적인 변화를 만들어 내는 성공 요인으로 작용할 수 있다. 모든 사회 정책이 그러하듯이 돈을 얼마나 썼는지가 중요한 것이 아니라 어디에 썼는지가 중요하다.[26]

지출을 확대하고 학교를 더 짓고 교원 수를 늘리는 것이 필요하지만 중·저소득 국가에서는 이것만으로는 충분하지 않다. 좋은 성과를 내기까지는 학습 방법과 우수한 교원 양성 과정, 교수와 시설에서부터 학교 출석, 학업 성취를 위한 유인책 그리고 교육적 성과를 확대 혹은 방해할 수 있는 다양한 사회경제적 요소에 이르기까지 많은 요인이 있다. 여기에 혁신을 위한 실질적 기회가 있다. 예를 들어 (모든 국가는 아니더라도) 일부 국가에서는 조건부 현금 지원(자녀가 계속 학교를 나오면 어머니에게 돈이나 다른 장려금을 주는 것)[27], 학생들에게 아침과 점심 급식 무상 제공, 수업 일정 조정, 빈곤 가정을 대상으로 (일보다는 학교를 나올 수 있게) 장학금 지급과 같은 정책들이 교원 수나 학급당 학생 수 만큼이나 전반적인 교육 성과에 긍정적인 영향을 미쳤다.

교육이 주는 뜻밖의 혜택

교육의 목적은 무엇보다 사람들이 잠재력을 최대한 발휘할 수 있도록 돕는 것이다. 희소식은 기초 교육(특히 인지 능력과 삶을 살아가는 데 필요한 기술)이 개인과 가정, 사회에 경제적인 혜택을 안겨준다는 것이다.[28] 대학과 싱크탱크의 수많은 연구가 지난 반세기 동안의 초등·중등·고등 교육의 경제적 수익률을 보여주었다.[29] 공통적인 연구 결과는 성별 혹은 연령과 상관없이 교육 수준이 높을수록 연봉도 높아지고 사망률은 낮아지며 친사회적 행동도 증가한다는 것이다.[30] 예를 들어 학교 교육 1년 대비 평균 금전 수익률은 8퍼센트에서 13퍼센트 사이이다. 1950년부터 2014년까지 139개국을 살펴본 한 연구의 결과, 1년 더 교육을 받으면 시급이 평균 9퍼센트 높아지는 것으로 나타났다.[31] 그리고 학위별 개인 소득의 차이는 경력이 쌓일수록 벌어졌다.

더 좋은 교육을 더 많이 받으면 소득도 증대되고 경제 성장도 높아진다.[32] 간단히 말해, 교육이 향상되면 경제에 좋다. 한 연구에 따르면, 모든 아동이 기초 교육을 받으면 GDP는 향후 8년 이내에 저소득 국가의 경우 평균 28퍼센트, 고소득 국가일 경우 평균 16퍼센트 상승할 수 있다.[33] 한 국가의 대학교 수가 증가하면 1인당 GDP 또한 높아진다.[34] 그런데도 학교 중심의 개발 전략의 이행 수준은 왜 낮은 것일까?[35] 그 이유 하나는 진학률과 학업 성취의 증가가 그 자체로 경제 성과로 이어지지 않기 때문이다.[36] 라틴아메리카의 경우를 예로 들어보면 1970년대 성인의 학업 수준은 동아시아와 중동에 훨씬 앞섰다. 그러나 라틴아메리카의 경제 성장은 지난 40년 동안 동아시아와 중동보다 많이 뒤처졌다. 그 이유는 단지 교육의 양뿐만이 아니라 교육의 질도 중요하기 때문이다. 라틴아메리카에서는 학교는 우수한 성과를 냈을지는 몰라도 학생들의 교육 내용과 방식은 상대적으로 우수하지 않은 경우가 많았다.[37]

교육은 사회적 자본과 다른 형태의 복지를 구축하는 방식으로 긍정적인 연쇄 반응을 일으킨다. 예를 들어 학업 성취는 주관적 신뢰 수준과도 상관성이 높다.[38] 특히 대학 졸업자가 서로를 신뢰할 가능성은 초등 혹은 중등 교육 졸업자가 서로를 신뢰할 가능성보다 평균적으로 높다. 전반적으로 대학 교육을 받았다고 답변한 성인은 보통 자원봉사 활동에 더 많은 시간을 할애하고 지역사회의 정치 활동에도 더욱 활발히 참여했다. 권익이 신장하고 더욱 건강한 습관을 갖게 되며 더 많은 선택권을 갖게 되기 때문에 여성과 여아의 교육은 특히 아동 사망률 감소와 가계소득 상승에도 크게 영향을 미친다는 사실은 앞서 인구 챕터에서도 이미 확인한 바 있다.[39]

또한 교육적 성과는 일부 국가에서 민주적 거버넌스의 성장 및 지속 가능성과도 관련성이 높은 것으로 나타났다.[40] 왜냐하면 대체로 교육을 받은 인구는 일반적으로 정치 활동에 참여하는 경우가 많고 더 높은 시민 의식도 보여주기 때문이다.[41] 중국과 쿠바, 싱가포르와 같은 특별한 경우를 제외하더라도 1970년 성인의 교육 수준이 높아졌다고 답한 국가는 오늘날 민주 정부를 갖추고 있을 가능성이 높다.[42] 사회과학자들은 또한 국민의 교육 수준이 높을수록 사회가 분열되고 포퓰리즘이나 권위주의로 기울 가능성이 낮다고 보았다.[43] 포퓰리즘과 권위주의 정당의 지지자 중 다수가 다른 시민들에 비해 상대적으로 교육 수준이 낮은 것은 우연이 아니다. 예를 들어 미국에서 2017년 5,000명 이상을 대상으로 한 설문 결과, 정규 교육 수준이 낮은 설문 대상자 중에 민주주의를 지지한다는 답변이 통계적으로 낮았고 또한 이들은 뉴스를 보지 않고 투표도 하지 않았다고 응답했다.[44]

교육을 다시 생각하기: 핀란드와 싱가포르가 전 세계에 준 교훈

교육 시스템이 20세기에 막대한 영향을 끼치기는 했지만 여기에는 대대적인 개혁이 필요하다.[45] 주된 이유는 현재의 교육 모델이 수면 위로 떠오른 기술 및 노동 시장의 대대적인 혼란에는 적합하지 않기 때문이다.[46] 장기적으로 현존하는 직업 중 다수가 사라질 것이며 미래 경제는 현재 우리가 가르치는 것과는 근본적으로 다른 모습이 될 것이다.[47] 사실상 모두가 오래전에 교육 개혁이 대대적으로 이뤄져야 했다는 점에 동의한다. 청년들이 제조업과 공공 서비스 부문 중심으로 미래를 준비했던 1차 산업혁명 이후로 학교는 크게 달라지지 않았다. 예외는 있겠지만, 교육과 훈련 시스템에 대한 투자가 수십 년간 부족했고, 그 시스템은 오늘날의 많은 일자리를 쓸모없게 만들 수 있는 로봇에 대비해 젊은 세대를 준비시키기에 역부족이었다.[48] 학교와 대학에 개혁이 필요하다는 점에는 공감대가 형성되었지만, 내일의 교육 시스템이 어떤 모습이어야 할지, 하물며 어떻게 재원을 마련할지에 대해서는 의견이 모이지 않았다.

여러 가지 교육 실험이 진행 중이고 앞으로 어떤 모습이 될지 실마리를 제공하고 있다. 이들 실험의 주요 혁신이 교수의 질을 극적으로 개선하고 학교 중심의 학습을 다시 생각하게 할 것이다. 널리 인정받고 있는 하나의 예가 바로 핀란드이다. 핀란드는 수학, 과학, 독해에서 초중등 학생들이 상당히 향상된 실력을 보인 바 있다.[49] 이는 단기간에 일어난 성과가 아니다. 적어도 40년 전부터 시작되었다.[50] 이처럼 놀라운 성과는 일차적으로는 교수의 질이 높아진 덕분이다. 코

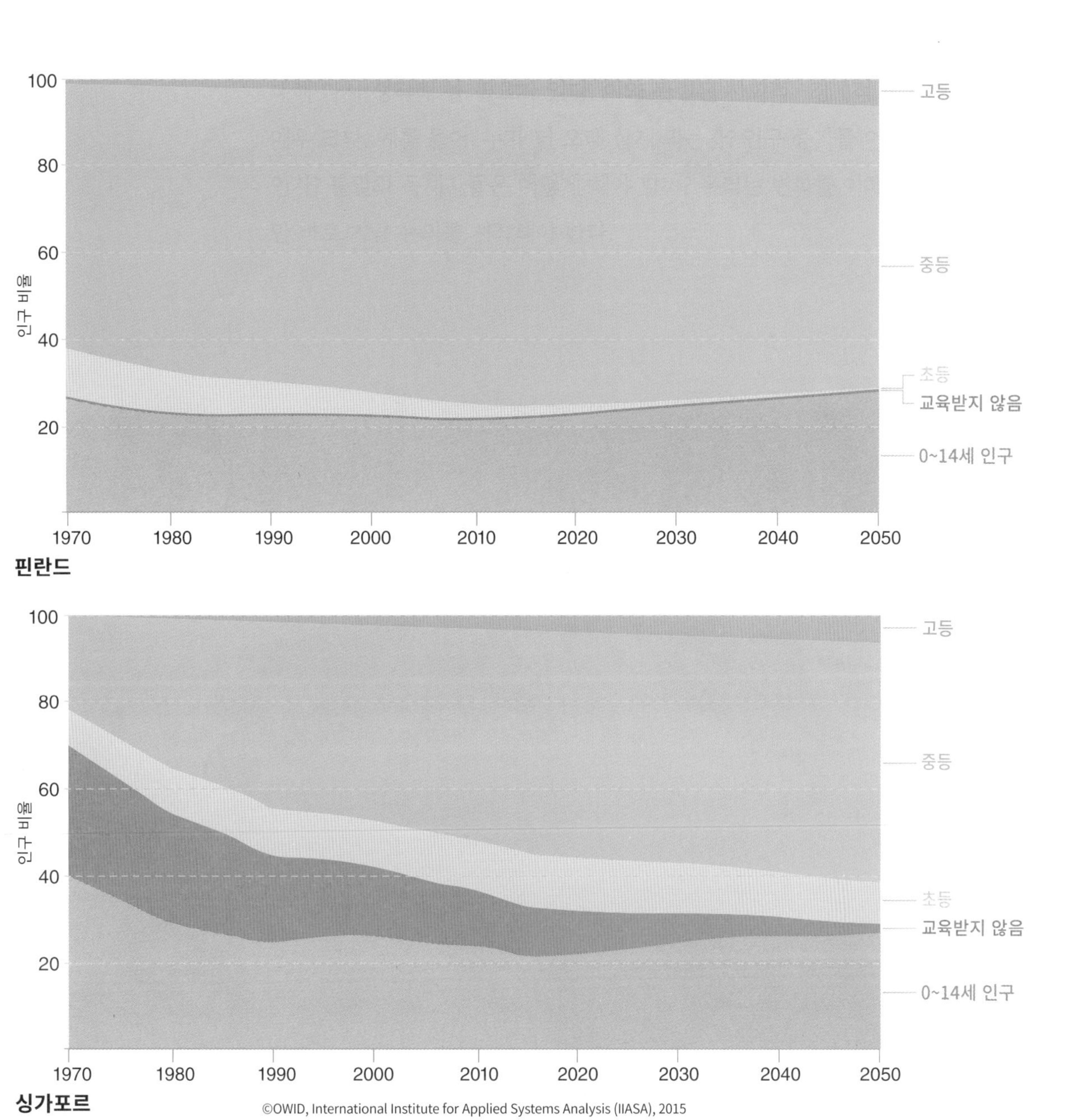

핀란드와 싱가포르: 학업 성취도 최상위 인구 분포도 (1970~2050)[51]

로나19 팬데믹이 발발하기 전까지 핀란드에는 3,500여 개의 학교에 약 6만 2,000명의 교사가 있었다. 핀란드에서 사범대 입학은 훌륭한 성과이다. 핀란드 대학 졸업자 중 상위 10퍼센트 중에서 교사 지망생이 선발되기 때문이다. 교사의 월급 또한 경쟁력이 있기 때문에 핀란드에서는 교사의 90퍼센트가 평생 교편을 잡는다.[52] 방과 후 과외 프로그램도 도움이 되었다. 핀란드 학생 중 거의 3분의 1이 9년의 학교 교육을 받는 동안 별도의 도움을 받았다. 그리고 이는 결실을

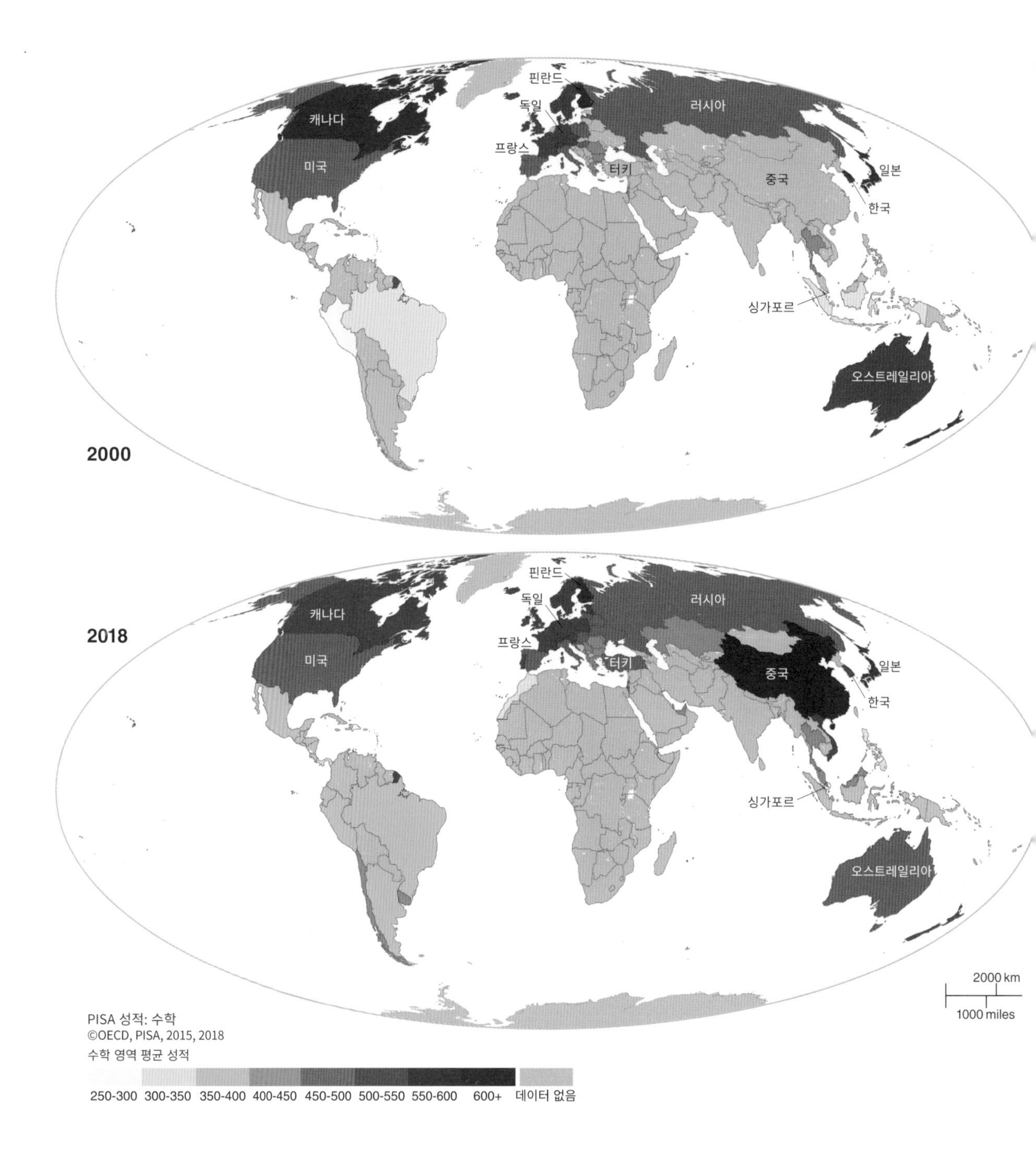

전 세계 PISA 순위(2000, 2018)[53]

일부 학생들은 다른 학생들에 비해 꾸준히 좋은 성적을 보인다. 이 지도는 2000년과 2018년 70개국 학생들의 PISA 시험 점수를 보여준다. PISA는 수학, 과학, 독해 영역으로 나누어 15세 학생들의 학업 성취도를 측정한다. 지도에서 색이 진할수록 평균 시험 성적이 높았음을 의미하며 중국, 핀란드, 일본, 싱가포르가 상위에 올랐다.

보았다. 2000년 이후 핀란드 학생들은 40개국 이상의 15세 학생을 대상으로 실시하는 표준 시험인 국제학업성취도평가(PISA)에서 최상위를 차지했다. 핀란드 학생 중 93퍼센트가 일반 혹은 직업 고등학교를 졸업하는데, 이는 미국보다 17퍼센트 높은 수치이다. 그리고 그중 66퍼센트가 대학에 진학한다.[54]

핀란드의 사례가 놀라운 이유는 핀란드 학생들은 숙제를 하거나 의무적인 표준화 고사를 치르지 않았는데도 이러한 성과를 이루었기 때문이다. 핀란드에서는 고등학교 졸업 전에 단 한 차례 시험을 본다. 순위도 없고 학생 간 비교도 없다. 게다가 핀란드의 교육 시설은 모두 정부 지원이라 바우처, 사설 과외, 차터스쿨(*자율적 공립학교*)도 없다. 모든 6세 아동 중 약 97퍼센트가 공립 유치원을 다니면서 음식, 의료, 상담, 통학까지 지원받는다. 그 결과, 거의 모든 핀란드 아동은 사는 지역과 관계없이 동일한 양질의 교육을 받을 동등한 기회를 지닌다. 이는 전 세계 대부분 지역에는 생소한 일이다. 게다가 OECD에 따르면 핀란드는 학업 성취도가 가장 높은 학생과 가장 낮은 학생의 격차도 전 세계에서 가장 작은 국가 중 하나이다. 놀랍게도 핀란드는 이 모든 것을 미국보다 학생 1인당 30퍼센트나 적은 비용으로 해냈다.[55] 또한 행복지수 상승[56]부터 주류 소비 감소[57]와 자살률 하락[58]에 이르기까지, 전반적인 사회적 성과도 개선되고 있다는 신호도 나타난다.

이러한 놀라운 성과를 고려할 때, 이제 핀란드의 교육 실험이 다른 국가에서도 유사한 결과를 낼 수 있을지를 묻고 싶을 것이다. 그 대답은 '아마 가능하다'이겠지만, 여러 조건이 충족되어야 한다. 첫 번째 조건은 사회가 교육을 중요하게 생각하는 정도이다. 핀란드의 현 교육 시스템은 교육을 선택된 소수를 위한 특권이 아니라 기본권으로 보는 문화에 기초하고 있다. 지난 약 100년 동안, 핀란드 헌법은 '모두가 무상으로 기본 교육을 받을 권리가 있다'라고 명시해 왔으며, 이는 경제적 궁핍이 없는 삶을 보장해 왔다.[59] 이와는 대조적으로, 헌법 개정에도 불구하고 미국에서 교육은 여전히 기본권이 아니다. 또 다른 조건은 교육 서비스의 공정성이다. 핀란드에서 교육 예산은 학교의 순위가 아니라 필요에 따라 배정된다. 사립학교가 극소수 있긴 하지만 학비를 걷지는 않으며 특정한 선발 요건을 두어서도 안 된다. 학생들은 평생 무상으로 일반 교육과 직업 교육을 모두 받는다. 결국 핀란드 교육 시스템의 목적은 학생의 전인적인 성장을 돕고

학업 성취도 상위 학생 비율 (2017)

교육의 성과를 측정하는 또 다른 지표는 학업 성취도가 높은 학생의 비율이다. 이 지도는 수학과 과학의 평균 점수를 바탕으로 초등학교부터 중등학교까지에서 학업 성취도가 높은 학생의 비율을 국가별로 보여준다. 색이 진할수록 성적이 우수한 학생의 비율이 높다는 것을 나 의미한다. 이 지도에서처럼 핀란드, 한국, 싱가포르, 일본 학생이 매우 우수한 성적을 받았다.

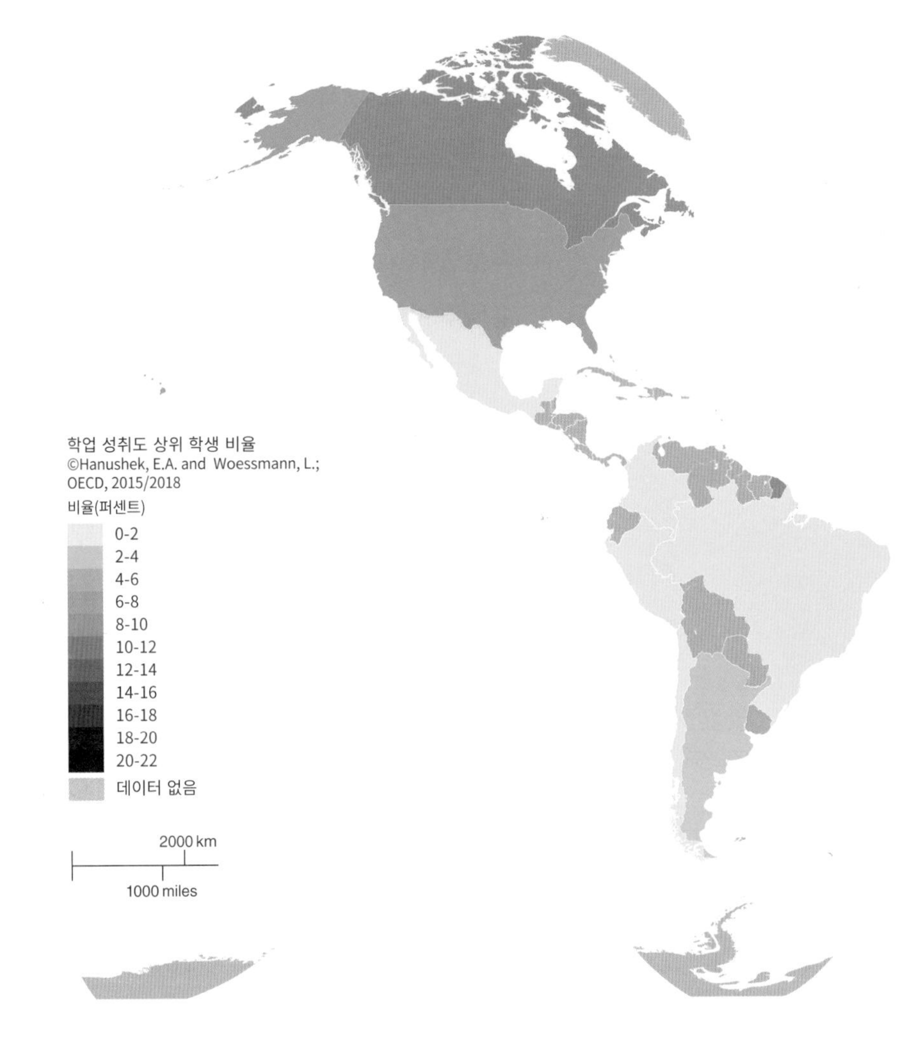

다양한 전문성과 살아가는 데 필요한 기술을 습득하도록 지원하는 것이다.[60] 이는 높지만 필요한 기준이다.

분명 학업 성취도 상위권 국가들은 더 나아지기 위해 부단히 노력하고 있다. 싱가포르의 경우, 지나치게 짜여 있고 암기 학습과 강의식 수업에 대한 의존도가 높다는 비판에도 불구하고 학교는 놀라운 학업 성취도를 올리고 있다.[61] 핀란드와는 달리 싱가포르의 교사는 교과서, 반복 학습, 시험에 의존한다.[62] 그러나 오늘날 싱가포르의 교육 시스템은 전 세계 최고 수준이라는 평가를 받고 있다. 학생들은 수학 과목에서 미국 학생들보다 거의 3년을 앞서고 있다. 이러한 성과가 인상적이긴 하나 여기에는 대가가 따른다. 어릴 때부터 싱가포르 학생들은 자신의 미래를 결정할 시험을 봐야 한다. 부모들은 자녀가 경쟁에서 우위를

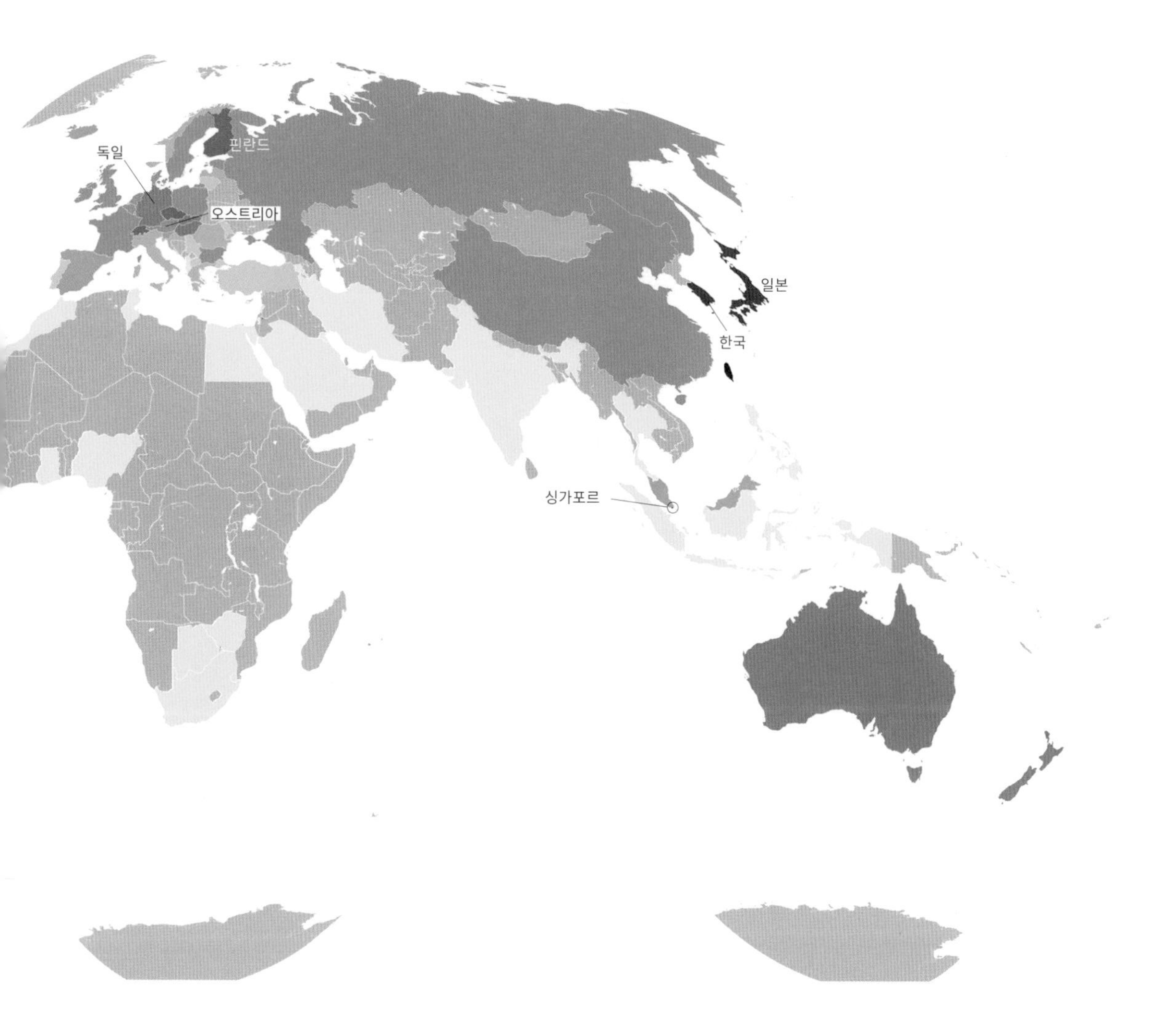

차지할 수 있게 방과 후 수업과 과외 강습을 받게 한다. 12세에 초등학교를 마치면 10년의 강도 높은 시험이 기다린다.[63] 핀란드에서 이에 상응하는 국가 수준의 학력고사는 18세에 단 한 번 치러진다. 그 결과, 싱가포르는 성적에 집착하고 학업 성취가 자신의 가치를 결정하는 사회가 되었다.[64]

싱가포르 국민은 일본과 중국 국민처럼 시험을 잘 보지만 이것이 반드시 위험을 잘 감수한다는 뜻은 아니다. 이런 접근법이 대수나 미적분, 물리에서 우수한 성적을 올리게 할 수는 있어도 창의적이고 혁신적이며 변화에 유연한 인재를 양성하는 최선의 방법은 아닐 수 있다. 이제 변화가 시작되고 있다. 싱가포르는 미래의 급속한 변화에 대비하기 위해 교육 시스템을 개선하고 있다. 예를 들어 싱가포르는 2018 스마트국가이니셔티브Smart Nation Initiative에 따라 새로운 기술의 도입을 강화하고 디지털 능력을 습득하도록 장려하고 있다.[65] 싱가포르 교육부는 학생의 성취도와 자존감을 측정할 때 성적 의존도를 낮추는 조치를 포함해 초중등 학생들을 위한 대대적인 개혁에 착수했다. 목표는 경쟁에서 밀리거나 기대에 못 미칠까 두려워하는 * 남보다 앞서야 한다는 끊임없는 욕구에 맞추었던 중점을 줄이는 것이다.[66]

학교 교육의 미래: 우리에게 10분의 집중력이 중요한 이유

핀란드, 한국, 싱가포르의 사례가 보여주듯이 교육에 있어 일률적인 해답은 없다. 우리는 이 국가들의 경험을 통해 교육이 어떻게 변화하고 있는지도 다시 한번 되돌아보았다. 적어도 세 가지의 흐름(연속 학습, 분산 학습, 더 나은 학습)이 미래 교육의 지형을 재정립할 것으로 보인다. 엑스레이 장비와 생화학, 유전자 연구의 등장으로 의학 분야에 큰 변화가 있었던 것처럼 신경 과학, 기계 학습, AI가 영감이 되어 교육도 다시 생각하게 될 것이다. 예를 들어 일부 과학자들은 인간의 집중력은 보통 수업이나 강의 시간인 45분 혹은 60분이 아니라 평균 10분밖에 지속되지 않는다고 보고 있다(그렇다면 지금쯤 당신의 집중력은 이미 떨어졌을 수도 있겠다!). 연구자들은 또한 몰입immersion, 활발한 참여, 그룹 활동을 통한 개념 정리가 학습 효과를 극대화한다는 것도 알아냈다. 학습 행위는 기본적으로 호기심에서 출발한다. 호기심이 긍정적인 연쇄 반응을 일으켜 도파민 반응 기제를 유도할 수 있기 때문이다. 학습 장애와 관련된 새로운 발견도 센서와 고도의 맞춤형 교수를 결합해 사용함으로써 대상별 맞춤형 교수의 가능성을 열어주고 있다.

여기에서 약간의 주의가 필요하다. 교육에 시동을 다시 걸어야 한다는 요구는 처음이 아니다. 1990년대 닷컴 버블dot-com bubble 당시, 과학 기술자는 다가오는 교육 혁명에 대해 숨 가쁘게 얘기했지만 그렇게 장담했던 혁명은 도래하지 않았다. 그 이유 중 하나는 그러한 대화가 지나치게 기술 중심적이어서 교수라는 소프트웨어 자체를 바꾸는 것보다는 하드웨어를 설계(하고 판매)하는 것에만 열중했기 때문이다. 이번은 다를 것이라고 믿는 데에는 그만한 이유가 있다. 전 세계적으로 1990년대에 상상했던 변화가 바로 눈앞까지 다가온 것으로 보이기

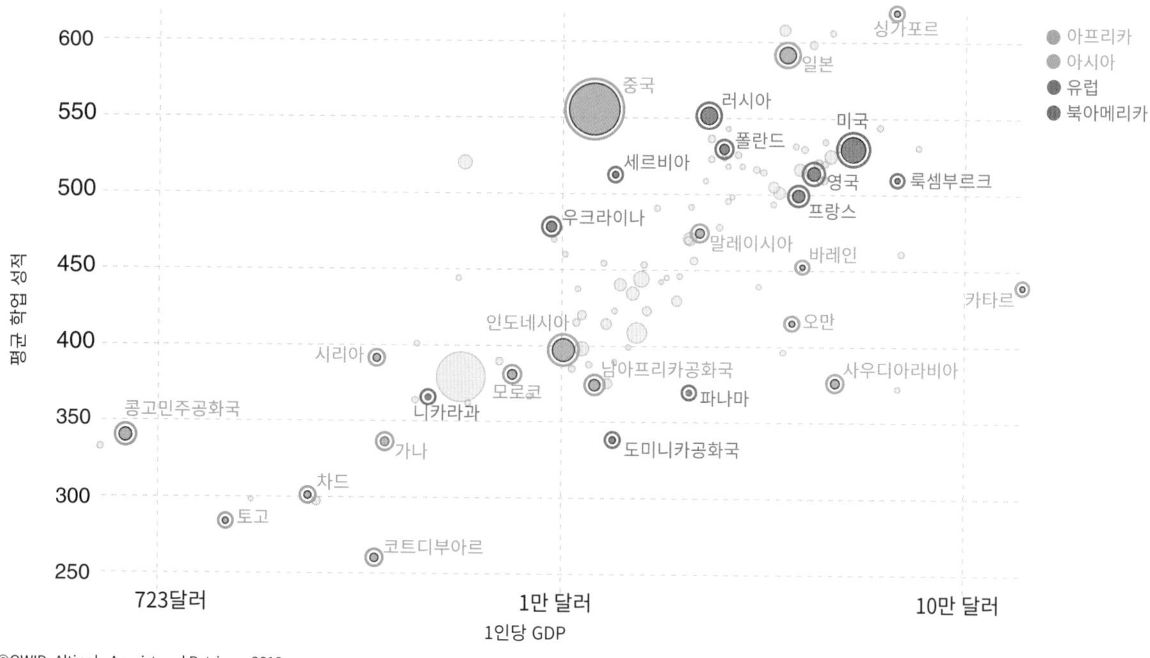

국가 평균 학업 성적과 GDP (2015)[67]

평균적으로 학업 성적이 높은 국가일수록 1인당 GDP도 높다.

때문이다. 디지털화의 속도는 특히 코로나19 팬데믹 이후로 거의 모든 곳에서 빨라지고 있다.[68] 중국은 이미 교실 안팎에서 AI 기반 교육을 주도하고 있다. AI는 단순 반복 학습에 사용되고 있어서 교사가 학생 개개인에 집중할 수 있는 시간을 만들어 준다. 새로운 애플리케이션도 사용자의 중국 수능 '가오카오gaokao'의 성적을 크게 올리고 있다. 2019년 중국 투자자들은 AI 기반 교육 플랫폼에 10억 달러 이상을 투자했고, 이런 실험이 전 세계적으로 교육에 큰 변화의 바람을 불러올 수도 있다.[69] 그러나 교육 기술의 투자가 중국만의 얘기는 아니다. 전 세계적으로 투자가 빠른 속도로 급증하고 있어 2025년에는 2배 증가한 3,400억 달러 이상이 될 것으로 예상된다.[70]

교육을 가장 크게 뒤흔드는 요인 하나는 인터넷이다. 이유는 간단하다. 더 많은 사람을 정보와 기회에 연결하기 때문이다. 1990년대 초반, 광대역 인터넷에 접속한 인구는 수백만 명에 불과했지만, 오늘날에는 거의 50억 명에 이른다. 아프리카와 아시아의 많은 지역이 여전히 따라잡는 중이지만, 지도에서 볼 수 있듯이 2000년 이후 전 세계 인터넷 보급률은 극적으로 변했다. 다시 말해, 1995년 인터넷 사용자는 전 세계 인구의 2퍼센트도 되지 않았지만, 오늘날은 59퍼센

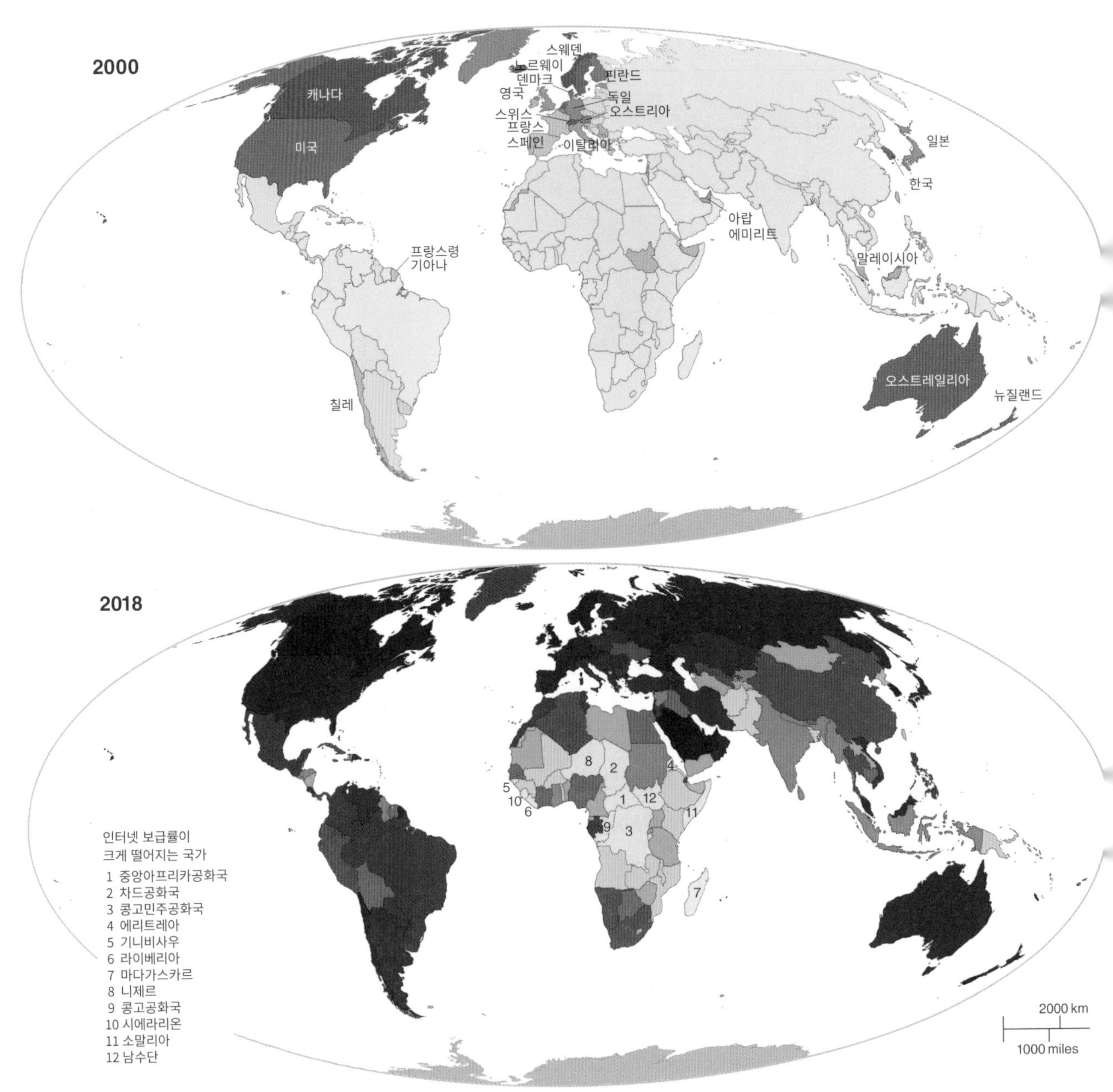

인터넷 사용 인구 비율(2000, 2018)[71]

인터넷 보급으로 인해 우리가 소통하고 학습하는 방법이 달라지고 있다. 이 지도는 지난 3개월 동안 인터넷을 사용한 인구의 비율을 보여준다. 색이 진할수록 인터넷 사용자 비율이 높다. 2000년에서 2018년 사이 전 세계적인 증가세를 확인할 수 있다.

트가 넘는다. 또한 스마트폰과 태블릿의 사용자 수도 비슷한 수준이어서 인터넷에 바로 접속할 수도 있고 교실과 원격 학습의 새로운 기회도 이용할 수 있다. 지금 온라인이 혼란스러운 공간이라고 생각한다면 수십억 명이 더 온라인에 접속한다고 생각해 보라. 보다 핵심적인 것은 정보가 디지털로 구성, 패키지화, 전송되는 방식이 근본적으로 달라졌다는 사실이다. 아마존과 애플, 구글, 위키피디아의 세상에서는 알고리즘이 교사와 사서를 대신하여, 상상할 수 있는 가장 중대한 방식으로 우리를 지식으로 이끌어 준다.[72] 오늘날 젊은 세대는 몇십 년 전만 하더라도 상상조차 할 수 없는 방식으로 정보의 시대를 편안하게 누비고 있다. 예상했겠지만, 우리의 사생활 침해가 계속 악화하면서 반발backlash 역시 확산되고 있다.

지난 10년 동안 학교에서 중점을 두는 콘텐츠의 종류에 변화가 있었다. 이미 STEM(과학, 기술, 공학, 수학) 역량의 중요성에 대해서는 폭넓은 공감대가 형성되었다. 대부분의 교육 전문가들은 STEM 과목에의 몰입이 젊은 세대가 지식 경제와 긱Gig 경제 혹은 플랫폼 경제에서 경쟁하기 위해 필수적이라는 데 동의한다. 하지만 기술 변화가 가속화되고 숙련된 노동인구가 팽창하는 이 시대에 이런 기술만으로는 부족하다. (구글과 마이크로소프트에서부터 IBM과 소니까지) 주요 IT 기업이 대부분 STEM과의 협업 학습을 강화하기 위해 교육 플랫폼을 출시한 것은 이미 예상했던 바이다.[73] 초중등 학교도 할 수만 있다면 점점 더 AI, 디지털 제조업, 유전 공학, 증강 현실, 로봇 공학과 관련된 학습을 제공하게 될 것이다. 학습분석, 모바일학습, 가상실험실, 3D 프린팅, 게임화, 가상 도우미, 웨어러블 기술이 이미 전 세계(대부분 부유한 국가) 교실에 속속 등장하고 있다.[74] 또한 미래 경제에서 본격적으로 경쟁하기 위해서는 학생들이 인문학과 사회과학의 소양도 갖추고 있어야 한다는 의견도 폭넓은 지지를 얻고 있다. 다시 말해, 전문 지식에 창의력과 비판적 사고가 더해져야 경쟁에서 우위를 점할 수 있다.

이런 모든 발명으로 인해 교육학과 교수법의 지형이 크게 달라지고 있다. 교수는 더 이상 교실이나 강의실 안에서만 이루어지지 않는다. 대신에 점차 방식이 다양해지고 몰입이 강화될 것이다. 코로나19 시대에는 줌Zoom과 같은 온라인 플랫폼으로 수업을 진행하는 것이 예외가 아닌 일상이 될 것이다. 새로운 기술이 유연하고 맞춤형 교수를 확산하는 데 기여함에 따라 학생들은 자신의 속도와 방향, 목표를 결정할 수 있게 되었다. 전 세계 대학은 온라인 학사 학위를 추진하고 있다.[75] '대규모 개방형 온라인 강좌(MOOC)'가 수백만 명의 사람들에게 교육의 기회를 열어주었다.[76] 이 같은 새로운 접근법에도 비판론이 있다. 일부 연구에 따르면 MOOC의 참가자는 강좌를 이수하지 않으며 대부분이 부유한 국가 출신이다.[77] 이와 상관없이 학습자의 요구에 맞게 교육 콘텐츠를 학교와 회사, 가정에서 스트리밍할 수 있도록 설계된 자기 주도의 학습 플랫폼과 애플리케이션(세간에서는 '에드테크ed-tech'라고 부르는)이 폭증할 것이라고 예상할 수 있다.[78] 다시 말해, 교수와 학습이 말 그대로 일상 속으로 파고들고 있다. 이런 흐름은 기후 변화와 팬데믹의 위험이 대두되면서 더욱 가속화될 수도 있다.

노벨상 수상자(1900~2018)[80]

교육의 질을 대신 보여줄 수 있는 척도 중 하나는 노벨상 수상과 같은, 교육 수혜자의 과학적 업적이다. 이 지도는 1900년에서 2018년 사이 국가별 노벨상 수상자 통계를 보여준다. 색이 진할수록 수상자 수가 많다. 지도에서처럼 유럽과 북아메리카 국가의 노벨상 수상자가 절대적으로나 연구 대비로나 모두 높다.

코로나19 팬데믹 이전에도 새로운 기술은 대학원의 사업 모델에 이미 많은 어려움을 주었다. 긍정적 영향은 논외로 하더라도 온라인 교육의 확산은 많은 대학, 특히 이류 대학에 존재론적 위협을 제공했다. 온라인상의 대안이 늘어나면서 미국 내 모든 고등 교육 기관의 절반 정도가 앞으로 20~30년 안에 문을 닫아야 하는 위기로 내몰렸다.[79] 코로나19 팬데믹이 2020년 미국을 강타한 이후, 여러 소규모 대학이 완전히 문을 닫았다. 대학들은 당연히 대면 교육과 교류의 중요성을 옹호하고 있지만, 미래에는 교실에 가서 수업을 듣고 도서관에 가고 대학 캠퍼스에서 생활하는 것이 당연한 일이 아닐 수도 있다. 많은 대학 지망생들은 이미 대학 등록금에 난색을 보인다. 미국에서는 4,400만 명 넘게 받은 학자

금 대출의 1인당 대출금이 3만 7,000달러이며, 이를 합산한 금액은 현재 달러 가치로 1조 4,500억 달러에 육박한다.[81] 아프리카에서는 대학 등록금이 초등학교 수업료의 27배나 된다.[82] 학생들이 다양한 대학에서 다른 강좌를 고를 수 있다면, 경쟁이 높아지고 비용은 낮아지면서 대학의 수익은 줄어들 것이라 예상할 수 있다. 또한 무료 콘텐츠를 제공하는 온라인 강좌도 더 많이 볼 수 있을 것이다. 한 예로 코어CORE(core-econ.org)라는 교육 자선 단체는 이미 150개 대학이 도입했고 20만 명 이상의 학생들이 수강하고 있다. 일군의 우수한 학교만이 살아남아 자체적으로 국제 파트너십과 온라인 강습 기업, 원격 학습 시설을 개발할 것이다.[83] 나머지 대학의 사업 모델은 알 수 없다.

가까운 미래에 북아메리카, 서유럽, 동아시아와 동남아시아가 교육의 판도를 계속 주도할 것이다. 2019년 세계 우수 대학 순위에는 86개국의 1,200개 이상의 대학이 이름을 올렸다. 상위 200개 대학은 거의 서유럽과 북아메리카 대학이었고 중국과 싱가포르의 일부 대학이 순위에서 큰 상승 폭을 보였다. 대학 수준의 뛰어난 성과는 집중적인 혁신을 의미한다. 앞의 지도에서 확인할 수 있듯이 모든 노벨상(물리학, 화학, 의학, 경제학, 문학, 평화상까지 모든 분야) 수상자의 80퍼센트 이상이 이 세 지역에서 배출됐다. 이는 교육에 대한 막대한 투자와 더불어 인재 유출(과 인재 유입)이 있었음을 의미한다. 우수한 인재가 양질의 교육 기관에 관심을 두는 것은 당연한 일이기 때문이다. 성장을 견인하기 위해서는 우수하면서도 학비는 저렴한 대학 교육으로 청년들을 끌어들이는 것이 중요하다. 지금 현재 고등학교를 졸업한 아프리카 청년 중 단 9퍼센트만이 대학에 진학하며, 이 수치는 남아시아(25퍼센트), 동아시아(45퍼센트), 라틴아메리카와 카리브 지역(51퍼센트), 북아메리카와 서유럽(78퍼센트)보다 현저히 낮은 수치이다.[84]

과거에 그랬던 것처럼 거버넌스, 경영, 사회 분야의 굉장한 변화로 인해 교육도 변할 수밖에 없다. 오늘날 다른 점이 있다면 역사상 처음으로 대다수 사람이 내일의 노동 시장이 어떤 모습일지 전혀 알지 못한다는 것이다. 가장 가까운 20세기만 하더라도, 고등학교 졸업장이 있거나 법대 혹은 의대를 나오거나 문학을 전공했다고 하면 어떤 일을 하게 될지 대체로 정확하게 예측할 수 있었다. 오늘날 일부 미래학자들은 초등학교를 졸업한 학생의 3분의 2가량이 지금 존재하지도 않는 직업을 가지게 될 것이라고 예상한다.[85] 온라인 네트워킹 사이트를 잠깐만 둘러보더라도 공상과학소설에서나 볼 법한 직책(가상 서식지 디자이너, 윤리적 기술 활동가, 프리랜서 바이오 해커, 우주 투어가이드, 개인 콘텐츠 큐레이터, 인체 디자이너, 사물 인터넷 창작자, 행성 도시 기획자)을 볼 수 있을 것이다.[86] 그러나 전 세계의 젊은 세대와 기성세대가 교육을 받게 될수록 (노벨상으로 이어지는 것을 포함하여) 혁신의 가능성도 높아질 것이다.

전 세계 교육자와 부모는 아이들이 불확실하고 험한 세상을 헤쳐나갈 수 있게 준비시켜야 한다는 사실을 알고 있다. 지구 일부 지역에서는 자녀를 처음으로 학교에 보내는 것이 최우선 과제이다. 다른 지역에서는 학교 교육 자체의 사명, 문화, 기초 기술을 바꾸려는 야심 찬 계획을 갖고 있다. 이들은 또한 학교에서 전문 기술을 가르치는 것만큼 비판적 사고와 소통 능력, 협업, 창의력을 키우는 게 중요함을 더 인식하고 있다. 물론 학교 교육은 학습자의 매우 다양한 수요에 대처하기 위해 갈수록 도구와 기술에 의존하게 될 것이다.[87] 그리고 '학교'라는 전반적인 개념 자체도 다시 생각해야 할 가능성도 있다. 현재 우리가 살아가는 세상에서 학습이란 몇 년 안에 끝나는 것이 아니라 평생 해야 하는 일이다. 버겁기는 해도 교육 혁신의 폭발적인 증가를 통해 인간의 경험을 크게 발전시키고 진보의 새 시대를 열어갈 잠재력이 있다.

전 세계 맥도날드 매장 분포
©OpenStreetMap, using Overpass API, 2019

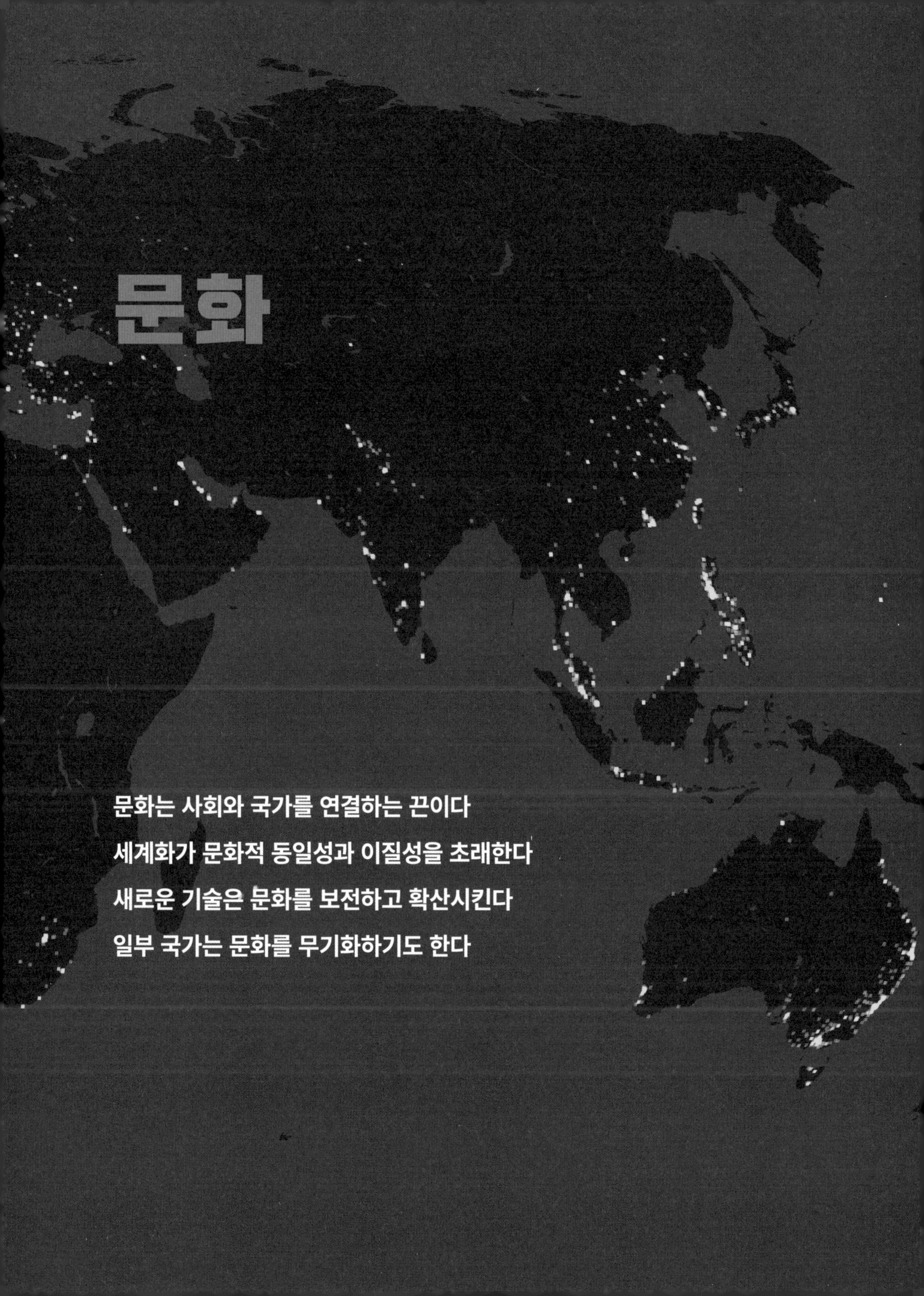

문화

문화는 사회와 국가를 연결하는 끈이다

세계화가 문화적 동일성과 이질성을 초래한다

새로운 기술은 문화를 보전하고 확산시킨다

일부 국가는 문화를 무기화하기도 한다

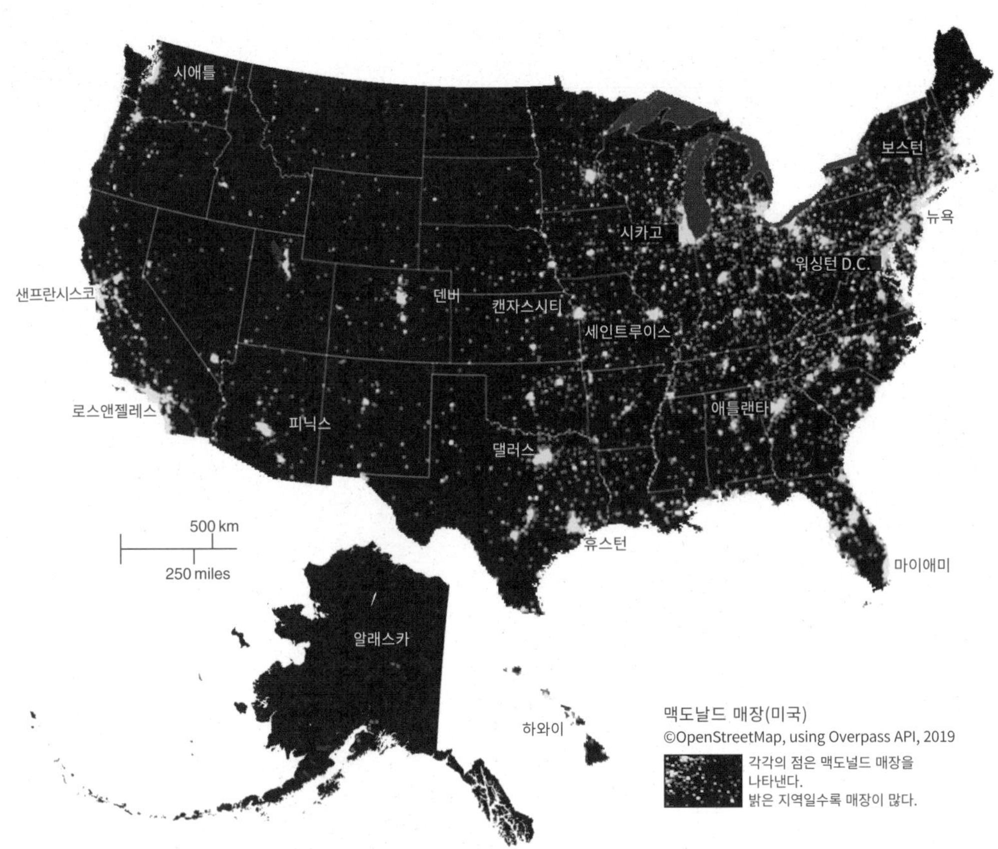

미국과 전 세계 맥도날드 매장 분포(2019)
맥도날드는 미국 문화의 상징적 기지이다. 지도는 미국 내 지점(왼쪽)과 전 세계 지점(아래)을 보여준다. 각각의 점이 맥도널드 매장 한 곳을 의미한다. 매장이 북아메리카와 유럽 전역에 집중적으로 분포된 것을 확인할 수 있다. 또한 맥도날드가 중앙아메리카와 남아메리카, 남아프리카, 남아시아, 동남아시아, 오스트레일리아까지 뻗어 나간 것도 확인할 수 있다.

들어가며

코로나19 팬데믹 이전, 전 세계 어느 도시를 가더라도 '똑같다'라는 인상을 받는 것이 현대 여행의 불가피한 특성이었다. 이 느낌은 공항 면세점에서 시작해 주요 거리로까지 이어진다. 뉴욕과 런던부터 뭄바이와 상하이까지, 스타벅스 매장이나 빌리 아일리시Billie Eilish의 최신 히트송, 마블의 신작 슈퍼히어로 영화 광고를 마주치는 건 시간문제일 뿐이다. 세계화의 힘은 더 많은 사물과 생각, 가치를 직접 접하게 해 준다는 데 있다. 이런 경험은 결코 우연이 아니다. 자유시장과 광고가 문화 확산의 형태를 결정하기 때문이다. 역대 최고 흥행을 기록한 영화는 미국에서 제작되고 2019년에 개봉한 〈어벤져스: 엔드게임〉이다. 이 영화는 상영된 지 3개월 만에 28억 달러를 벌어들였다.[1] 대부분의 영화 관람권은 북아메리카 영화관이 아니라 오히려 중국 영화관에서 팔렸다. 다른 문화 상품이 서로 섞이게 되면 다양한 결과가 발생하지만, 그 결과가 모두 긍정적인 것은 아니다. 특정한 문화적 대상과 생각, 가치가 확산되면 현지의 관습과 전통, 생계와 충돌하고 이를 왜곡하며 심지어 멸종시킬 수도 있다는 우려가 곳곳에서 제기되고 있고, 그러한 염려도 충분히 일리가 있다.

일부 독자는 아마 세계화로 인해 세상이 더 동질화되었다고, 더 '똑같다'라고 확신할 것이다. 그렇다. 최근 수 세기에 걸쳐 일부 주류 문화(서유럽과 북아메리카의 언어, 예술, 음식 등)가 전 세계 곳곳으로 파고들었다. 일명 '서구화' 과정은 특정 유형의 생각, 가치, 철학, 언어, 산업, 기술, 상거래 관행, 생활양식의 확산과 함께 급속도로 진행되었다. 완벽하지는 않더라도 이를 대신 보여줄 수 있는 사례가 바로 맥도날드McDonald's이다. 맥도날드는 1930년대 후반 1개 매장으로 시작했지만, 90년이 지난 지금은 거대 기업이 되어 100여 개국에 3만 6,000개가 넘는 매장에서 매일 약 7,000만 명의 고객을 상대하고 있다.[2] 맥도날드는 우리의 식습관, 건강, 허리둘레를 넘어서는 매우 광범위한 영향력을 갖고 있다. 소박한 햄버거와 감자튀김이 가지는 문화적 상징을 한번 생각해 보라. 1989년 베를린 장벽

맥도날드 매장
©OpenStreetMap, using Overpass API, 2019

이 무너진 후, (1989년 동독, 1990년 러시아, 1992년 중국을 포함한) 맥도날드 매장이 문을 열었다는 사실은 전 세계적으로 중요한 의미를 지닌다.

그러나 세계화는 문화에 복합적인 영향을 미쳤고 동시에 이질성을 강화하기도 했다. 이게 무슨 뜻일까? 세계화로 인해서 문화의 혼합 속도가 빨라지면서 다양성을 확산시켰다는 의미이다. 발리우드Bollywood[3]의 놀라운 (그리고 높아지는) 전 세계적인 인기와 중국 비디오 게임의 커다란 영향, 전 세계를 매료시킨 케이팝K-pop[4] 그리고 일본 애니메이션과 만화가 북아메리카와 유럽 디자인[5]에 미치는 지대한 영향을 생각해 보자. 문화적 산물은 놀라울 정도로 새로운 조합과 변형을 통해 탄생한다. 한때 미국적인 것의 대명사였던 맥도날드조차 현지의 입맛에 맞추고 있다. 현재 일본에서는 벚꽃 버거와 해조류 맛 셰이크, 스위스에서는 라클레트 버거, 인도에서는 매운 파니르 치즈 랩을 출시했다.[6] 요점은 세계화가 일방통행 도로가 아니라 다양한 방향으로 뻗어 나가는 다차선 고속도로라는 것이다.

이 챕터에서 우리는 세계화가 문화에 미치는 복잡하고 모순된 영향력을 살펴볼 것이다. 중국부터 미국까지 주류 문화의 파괴력이 강한 게 사실이나, 현지 문화의 특수성이 보여주는 회복력도 과소평가할 수 없다. 사실 강력한 문화 형식cultural forms은 퍼져나갈 수 있고 실제로 퍼져나간다. 강력한 문화 형식은 그 내용에 고유의 독특한 향(때로는 문자 그대로 향이 나기도 한다!)이 있더라도 급격한 영향을 미치고 변화를 일으킨다. 어떤 경우에는 문화의 충돌이 국가나 지역 사회 내에서 그리고 국가나 지역 사회 사이에서 분열을 악화시키기도 한다. 전면적인 문화전쟁은 이런 분열을 악용하고 무기화해서 국내와 국제 정치 쟁점을 주도하기도 한다. 문화는 항상 전쟁터였고 21세기라고 해서 과거와 다르지 않다. 달라진 점이 있다면 새로운 기술(인터넷과 소셜미디어)의 출현으로 지금껏 상상하지 못했던 규모로 문화적 공감대와 거짓 정보, 정보 조작의 가능성이 앞당겨지고 있다는 것이다.

문화의 세계화

문화는 사회와 국가를 이어주는 끈이다. 문화는 우리 사회에 스며들어 있기에 그 존재조차 잊어버리는 경우가 종종 있다. 가장 기본적으로 문화는 시간과 공간을 가로질러 사물과 생각, 가치를 전달하고 공유하는 수단이다. 이를 통해 공동

인쇄술의 확산(1439, 1500)[7]
인쇄술은 그 어느 때보다 더 빠르고 더 널리 지식을 확산하는 데 일조했다. 목판 인쇄술의 발명은 9세기로까지 거슬러 올라가지만, 책을 대량 제작하고 혁명 사상이 유럽 지식인의 손에 들어가게 된 것은 구텐베르크의 인쇄기 덕이다. 인쇄술로 인해 도시가 얼마나 폭발적으로 증가했는지를 지도에서 볼 수 있다(1439년 마인츠에서 시작해 15세 말에는 쾰른, 로마, 파리, 런던 등 수백 개에 이르렀다).

의 행동, 즉 협력을 촉진한다. 이는 큰 뇌의 용량과 '마주 보는 엄지opposable thumbs' *(인간의 엄지는 다른 네 개의 손가락과 맞닿을 수 있다는 특징을 지닌다. 이는 모든 유인원 중에서 가장 잘 꺾이는 것이며, 이로써 도구를 만들고 활용하기에 용이하다)*와 함께 인류의 생존과 번영을 가능하게 해주었다. 그러나 문화는 자연적으로 발생하는 것이 아니다. 불변하는 것도 아니다. 새로운 발상(그리고 특히 새로운 기술)이 문화의 형성과 확산 그리고 변화의 중심이다. 석기와 슈퍼컴퓨터는 전 세계적으로 문화의 진화와 확산에 지대한 영향을 미쳤다. 물레방아와 공장의 조립 라인 혹은 인터넷을 생각해 보라. 이런 혁신 하나하나가 여가 시간을 만들고 창의적 교류를 자극하고 부의 팽창에 기여함으로써 문화 형성의 붐을 촉발했다.

문화 확산에 영향을 미친 가장 중요한 기술 중 하나는 인쇄술이다.[8] 종이와 잉크 생산, 목판 인쇄술이 수백 년 동안 존재했지만, 본격적인 인쇄 기술은 1439년 독일 마인츠에서 요하네스 구텐베르크Johannes Gutenberg가 최초로 발명했다. 1452년 구텐베르크는 라틴어 성경을 인쇄했다. 인쇄술이 대중화된 후 쾰른(1466년), 로마(1467년), 파리(1470년), 런던(1477년)에도 인쇄소가 들어서기 시작했다. 수십 년 후에는 유럽 전 지역 270여 개 도시에서 2,000만 권의 책을 인쇄했다. 1492년 아메리카대륙으로 향하는 항로를 발견하고 아시아와도 교역이 확대된

이후, 인쇄술이 빠르게 퍼져나갔다. 1500년이 되자 인쇄 제작은 10배 증가했다. 그 영향은 즉각적이었고 큰 문제를 일으키기도 했다. 책이 급속도로 확산되면서 문해력을 자극하고 지식을 확산시켰으며 종교개혁과 유럽의 르네상스를 촉발했다.[9] 그러나 이로 인해 기득권 세력이 위협을 받게 되면서, 인쇄술로 말미암아 불관용, 가혹한 심문, 종교 전쟁, 극단적 폭력이 발생하기도 했다.

오늘날, 다양하고 동시다발적인 '구텐베르크적 순간Gutenberg moments'들로 인해 세계가 송두리째 변했다. 기술 혁신의 속도와 규모가 문화에 미치는 영향은 어디를 둘러보아도 알 수 있을 정도로 지대하다. 그중 한 예가 월드와이드웹이다. 1989년 스위스 유럽핵입자물리연구소(CERN)의 팀 버너스 리Tim Berners-Lee와 그의 동료들이 월드와이드웹을 발명하고 초기 몇 년 동안에는 단지 수십만 명 정도가 온라인상에 있었고, 그 사용자 대부분이 미국에 살고 있었다. 오늘날 수십억 명이 인터넷을 활발히 사용하고 또 100만 명 이상이 매일 인터넷에 접속한다.[10] 소셜미디어 플랫폼은 그 어느 때보다 더 많은 문화 콘텐츠를 퍼뜨리고 있다. 사용자 수는 상상을 초월한다. 아래 그래프가 보여주듯이, 2020년 페이스북, 유튜브, 왓츠앱, 메신저, 인스타그램의 월간 사용자를 다 합치면 80억 명이 넘는다. 큐존, 틱

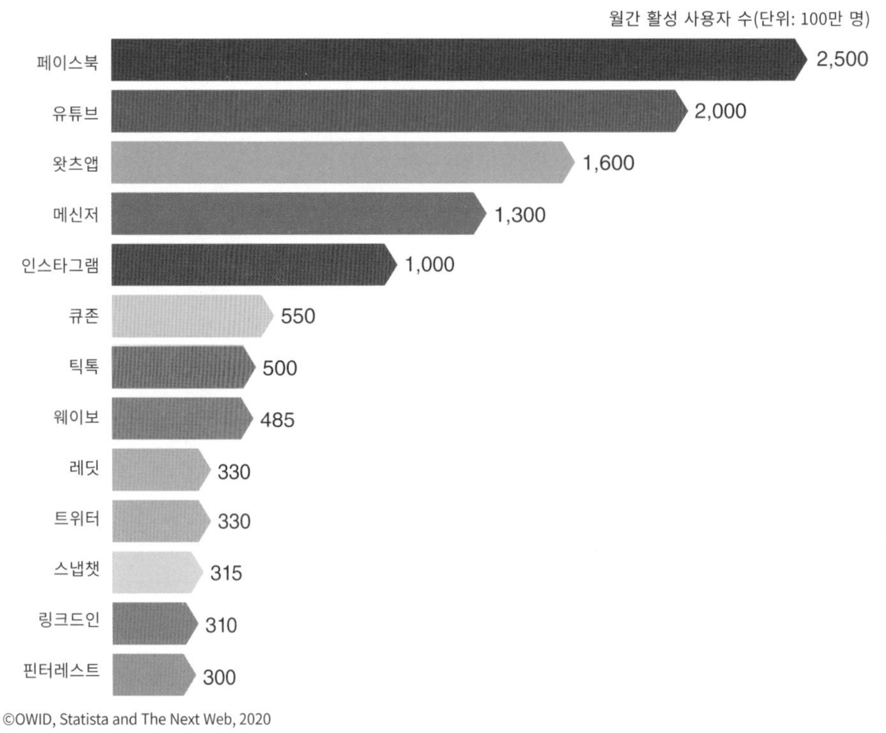

소셜미디어 사용 분포(2020)[11]
월간 활성 사용자 수가 많은 대표적인 소셜미디어 플랫폼들이다. 여기에는 포함되지 않았지만, 중국의 멀티미디어 플랫폼인 위챗도 2020년 기준 12억 명이 넘는 사용자를 보유하고 있다.

톡, 웨이보, 레딧도 20억 명에 가까운 사용자를 끌어모았다. 이들 중 많은 사용자가 서로 생각을 교환하고 영화를 보며 음악을 듣고 비디오 게임을 하며, 블로그도 쓰고 디지털 타운에서 밤에 나가 놀려고 아바타의 옷을 차려입는다.[12] 코로나 19 팬데믹 이후, 이들 플랫폼과 다른 플랫폼의 이용도 급증하면서 스크린 앞에 앉아 있는 사람들이 심지어 더 늘어났다.

이런 새로운 기술들이 문화 정체성에는 어떤 영향을 미칠까? 새로운 기술은 문화 사이의 거리를 좁히는 걸까, 아니면 현지 문화를 왜곡해 사람과 사회, 국가의 사이를 더 벌리는 것일까? 그 답은 문화를 어떻게 정의하느냐에 따라 달라진다. 물론 문화의 개념을 하나로 정의하기는 어렵다. 수백 개가 넘는 정의가 있지만, 전문가들 사이 합의는 거의 없다시피 하다. 다만 문화가 추상적이고 복잡하며 문제적이라는 점에 대해서만은 전문가 대부분이 동의하는 것으로 보인다.[14] 일부 학자는 예술적 노력과 개인의 계발, 일명 '고급 문화'라고 하는 협소한 개념에 초점을 맞춘다. 다른 학자들은 그보다 훨씬 심오한 개념(여러 세대에 걸쳐 전해 내려온 지식, 신념, 도덕, 관습, 습관을 포함하는 우리 고유의 체계)이라고 주장한

전 세계 인터넷 사용자 분포 (1990, 2017)[13]

인터넷은 전 세계적으로 문화의 형성, 공유, 소비에 지대한 영향을 주고 있다. 디지털 연결이 확대되면서 문화가 사람들에게 더 가까이 다가가고 새로운 형태의 예술과 표현을 확산하게 되었다. 더불어 긴장과 불안도 초래한다. 이 지도는 국가별 인터넷 사용자 수를 나타낸다. 1990년 상당수의 인터넷 사용자를 보유한 국가는 미국밖에 없었다는 것에 주목하자. 2017년 거의 모든 국가가 인터넷을 사용하고 있고 사용자도 수십억 명에 이른다는 사실을 확인할 수 있다.

2017

독일
영국
프랑스
러시아
미국
중국
일본
한국
알제리
인도
수단
중앙아프리카 공화국
코트디부아르
나이지리아
싱가포르
브라질
남아프리카 공화국
4000 km
2000 miles

국가별 인터넷 사용자 수
©World Bank, International Telecommunication Union
지난 3개월 동안 인터넷을 사용한 모든 사람(단위: 100만 명)

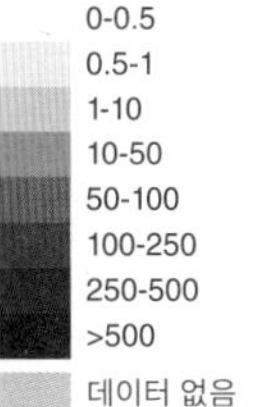

다. 정의를 내리긴 어려워도 대부분의 해석은 세 가지의 기본적인 특징(관찰할 수 있는 대상, 보편 가치, 공동의 전제)에 기반을 두고 있다.[15]

문화는 인간에게 내재된 본능이다. 문화는 우리가 상호작용을 하고 광활한 우주와 우리 행성 그리고 예술, 음악, 음식부터 언어, 종교, 가치관, 도덕 규범에 이르기까지 모든 것을 이해하는 나침반이 되어준다.[16] 문화는 또한 여러 세대에 걸쳐 생각과 가치의 교류를 활발하게 해주는 유용한 역할을 한다. 경제적 관점에서 보면 문화는 효율적이다. 국가와 지역사회, 가정이 업무 분담과 협력을 더 잘할 수 있도록 도와주기 때문이다. 사회학적으로 보면 문화는 우리 선조들이 식량을 재배하고 저장하는 법을 배워 작고 고립된 공동체를 복잡한 사회로 발전시킬 수 있도록 해주었다. 간략히 말해 전투적일 수 있는 인간이 문화를 통해 싸움 대신 공동의 정체성을 형성할 수 있었기에, 문화는 문명의 소프트웨어라 할 수 있다.

문화는 정적이지 않다. 세계화의 가속화 시기는 문화 혁명을 초래할 수 있다. 구텐베르크의 인쇄술로 성경과 정치 소책자를 대량 생산하게 된 것처럼 사람과 자본, 기술의 급속한 확산은 폐쇄적인 사회도 완전히 새로운 사고와 행동 방식에 문을 열게 한다. 디지털 기반의 세계화라는 현 단계도 다를 바 없다. 세상을 연결하고 새로운 소속 공동체를 만들어 내고 경제 발전을 견인하기 때문에 힘이 된다. 반면 상당한 혼란과 무기력을 초래하기도 해서 일부 공동체는 정체성과 가치가

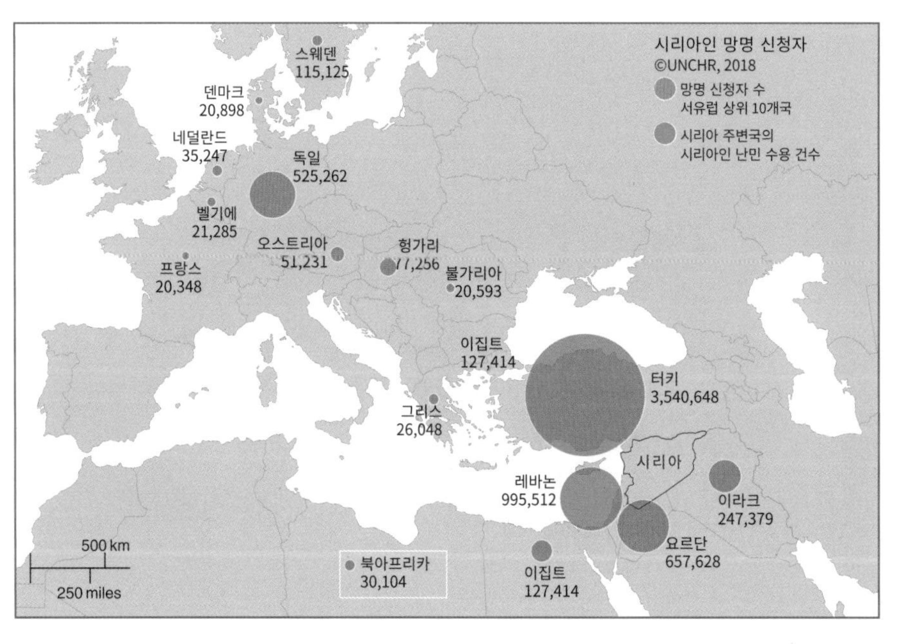

서유럽 내 시리아인 망명 신청자[17]

2011년 내전 이후, 시리아 국민 중 1,350만 명 이상이 실향민이 되었다. 이 지도는 그 중 얼마나 많은 사람을 터키, 레바논, 요르단, 이집트의 난민 캠프에서 수용했는지를 보여준다. 서유럽 국가들은 이의 10퍼센트도 채 되지 않는 약 100만 명을 수용했다. 터키에서만 360만 명을 수용한 것과 대비된다.

무너지는 경험을 하기도 한다. 결국 사람들은 자신이 살고 있는 지역의 유산과 도덕적 규범, 세계관에 강한 애착을 지닌다. 진화생물학자 마크 페겔Mark Pagel은 이를 부족 심리tribal psychology라 칭했다. 사람들이 '타자the other'를 자신의 부족으로 받아들인 사례(국민국가를 예로 들 수 있다)도 많지만, 한계가 있다. 각기 다른 문화를 가진 다양한 그룹의 사람들이 갑자기 섞이게 되면 갈등이 생길 수밖에 없다.[18]

2011년 발발한 잔혹한 내전을 피해 시리아를 떠난 시리아 국민의 사례를 살펴보자. 지도에서 확인할 수 있듯이 불안에 떠는 시리아 남성과 여성, 아이들 수백만 명이 유럽과 중동 국가에 망명을 신청했다. 갑자기 찾아온 수십 만 명의 난민들을 오스트리아, 독일, 그리스, 스웨덴의 국민은 처음에는 따뜻하게 맞아주었다. 그러나 이런 환영의 분위기는 오래가지 않았다. 인구 8,000만여 명인 독일이 수용한 난민의 수는 모든 국적을 통틀어 2012년 7만 7,000명, 2013년 12만 6,000명, 2014년 20만 2,000명, 2015년, 47만 5,000명, 2016년 74만 5,000명이었다. 이주자가 된 새 망명 신청자들은 시간이 지나면서 일부 현지 주민의 두려움과 적의, 외국인 혐오에 직면했다. 극우 단체와 반이주 단체는 거리 시위를 시작하며 이슬람화로부터, 자신과 다르게 생긴 사람들로부터 조국을 지켜달라고 요구했다. 이주자 남성이 현지 여성을 성추행했다는 소문이 확산되면서 이런 정서를 부채질했다. 물론 다른 언어와 습관 그리고 관습을 가진 다수의 이주자를 받아들이는 것은 현실적으로 어려운 일이다. 그러나 주목해야 할 점은 유럽보다는 주변국인 요르단, 레바논, 터키가 몇 배나 더 많은 시리아 난민을 수용했다는 사실이다. 주변국에서 난민은 대체로 유럽과 비슷한 수준의 자민족 중심주의나 반동적 수구 민족주의가 촉발되지 않은 채 통합됐다. 복합적인 이유가 있겠지만, 시리아와 주변국 간의 문화 근접성이 분명 역할을 했을 것이다.

전기통신과 광대역 서비스가 급격히 확산되면서 순식간에 모든 사람의 문화 교류 방식에 변화가 생겼다. 넷플릭스와 같은 동영상 스트리밍 플랫폼이 '해외' 엔터테인먼트의 세계 확산을 재촉했음을 생각해 보자. 1997년 당시 넷플릭스는 미국 시청자에게만 제공되었다. 현재는 190개국 이상에서 서비스를 제공하며 수억 명의 사용자가 넷플릭스 콘텐츠를 시청한다. 아마존, 디즈니, HBO, 훌루 등의 다른 스트리밍 서비스도 그 어느 때보다 더 많은 영화와 TV 프로그램을 더 많은 소비자에게 제공하고 있다. 2019년 초, HBO가 제작한 〈왕좌의 게임Games of

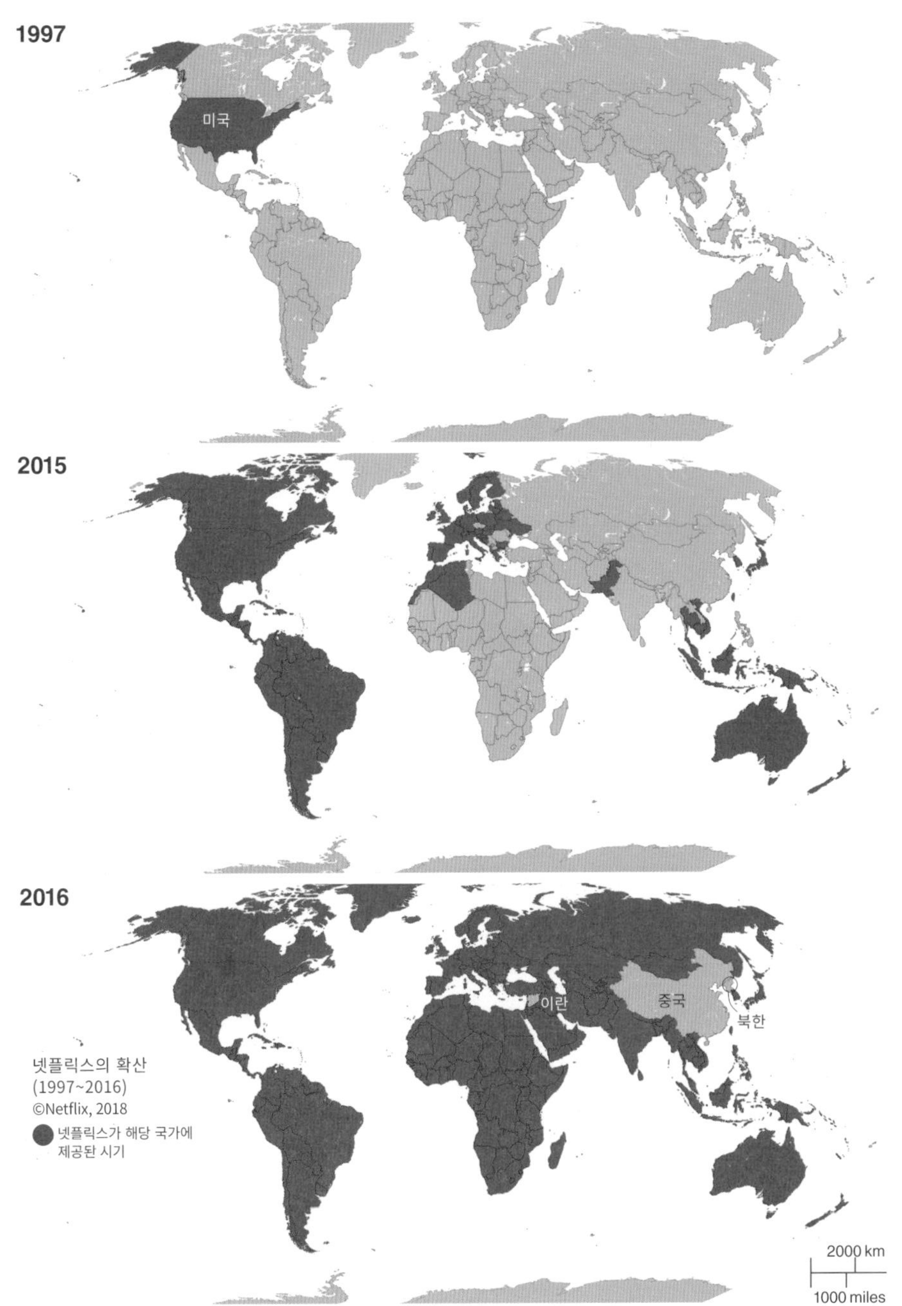

넷플릭스, 10년 만에 190개국으로 확산[19]

넷플릭스는 20년도 채 안 되는 기간에 190여 개국으로 확산되었다. 구독자의 절반 이상이 미국 이외 지역에 거주한다. 2010년 이전 미국에서만 영업했다는 점을 봤을 때 그 성과는 가히 놀랍다. 이 지도를 통해 1997~2015년 넷플릭스의 확장세와 2016년의 폭발적 성장세를 확인할 수 있다. 오늘날 넷플릭스의 전 세계 구독자 수는 다른 스트리밍 서비스 구독자 수를 모두 합한 것보다 많다.

Thrones〉은 〈워킹 데드Walking Dead〉(넷플릭스에서 시청 가능)와 〈카다시안 따라잡기Keeping Up with the Kardashians〉(하유 또는 구글 플레이에서 시청 가능)를 간소한 차이로 제치고 지구상 거의 모든 국가에서 가장 많은 사람이 본 작품이 되었다. 그러나 2019년 중반에 중국의 블록버스터 영화 〈유랑지구流浪地球〉가 1위를 바짝 추격했다.[20] 넷플릭스와 경쟁사들은 휴대전화와 스마트 TV로 콘텐츠를 스트리밍하기 위해 수백억 달러를 투자해 전 세계 곳곳의 시청자들에게 다가갔다. 그 과정에서 이들이 무너뜨린 건 기존의 엔터테인먼트의 관습과 시장이었다.

인터넷과 소셜미디어, 온라인으로 유통되는 콘텐츠가 문화 다양성에 주는 시사점은 복합적이다. 한편에서 제기되는, 쏟아지는 정보에 갑자기 노출되면 현지 문화가 무시당하고 전유되며 상품화될지도 모른다는 우려는 합당하다. 이는 예기치 못한 방식으로 나타난다. 예를 들어 오스트레일리아 벽지의 원주민 공동체에서는 소셜미디어가 사회 불안을 조장하고[21] 정신 건강에도 부정적인 영향을 미치는 것[22]으로 보인다. 반면 멕시코에서는 원주민 직공이 자신들의 직물 패턴을 표절했다고 유명 패션 브랜드를 고소한 바 있다. 그러나 문화 전유의 모든 사례들만큼이나, 소수 집단이 적극적으로 자신의 이야기, 노래, 춤, 음식, 의식을 보존하려는 노력에 신기술이 도움을 주는 경우도 많다.[23] 세계화가 항상 현지 문화를 짓밟는다는 가정은 지나친 단순화이다. 새로운 기술도 아이디어 공유와 전통 보존을 통해 문화 부흥에 기여할 수 있다.

전 세계적으로 정부와 원주민 단체가 여러 디지털 아카이브를 개발 중이다. 각국의 문화부와 박물관이 문화재를 디지털로 기록, 저장 및 유포하기 위한 계획에 착수했다.[24] 새로운 오픈소스 소프트웨어도 대학과 비영리단체가 고고학, 예술, 언어[25]를 아프리카, 아시아, 남아메리카 및 북아메리카 지역에 걸쳐[26] 디지털로 기록, 보전, 홍보하는 데 도움을 주고 있다. 이와 관련된 좋은 예시가 바로 오픈소스 플랫폼인 〈무쿠투 CMS Mukurtu CMS〉이다. 2007년에 설립된 이 플랫폼에는 카타바 Catawba[27], 스포캔 Spokane[28], 파사마쿼디 Passamaquoddy 원주민이 운영하고 큐레이팅한 웹사이트가 있고, 이를 통해 이 원주민들은 자신의 문화유산을 온라인에서 만들고 관리하며 공유할 수 있다.[29] 유사한 사례를 캐나다에서도 찾을 수 있다. 누나트시아부트 Nunatsiavut 부터 누나비크 Nunavik 까지, 이누이트 Inuit 부족들이 온라인 아카이브를 관리하고 있다.[30] 뉴질랜드에도 마오리 Maori 족의 노래와 송가, 춤을 보여주는 사이트 〈타마타 토이에레 Tāmata Toiere〉가 있다.[31]

새로운 기술이 문화 콘텐츠를 확산시키는 힘은 놀랍다. 앞서 언급했듯이 넷플릭스는 현재 미국 구독자보다 해외 구독자가 더 많다. 아마존, 애플, HBO 같은 다른 대규모 플랫폼들도 상황은 마찬가지이다.[32] 엔터테인먼트 취향은 현지

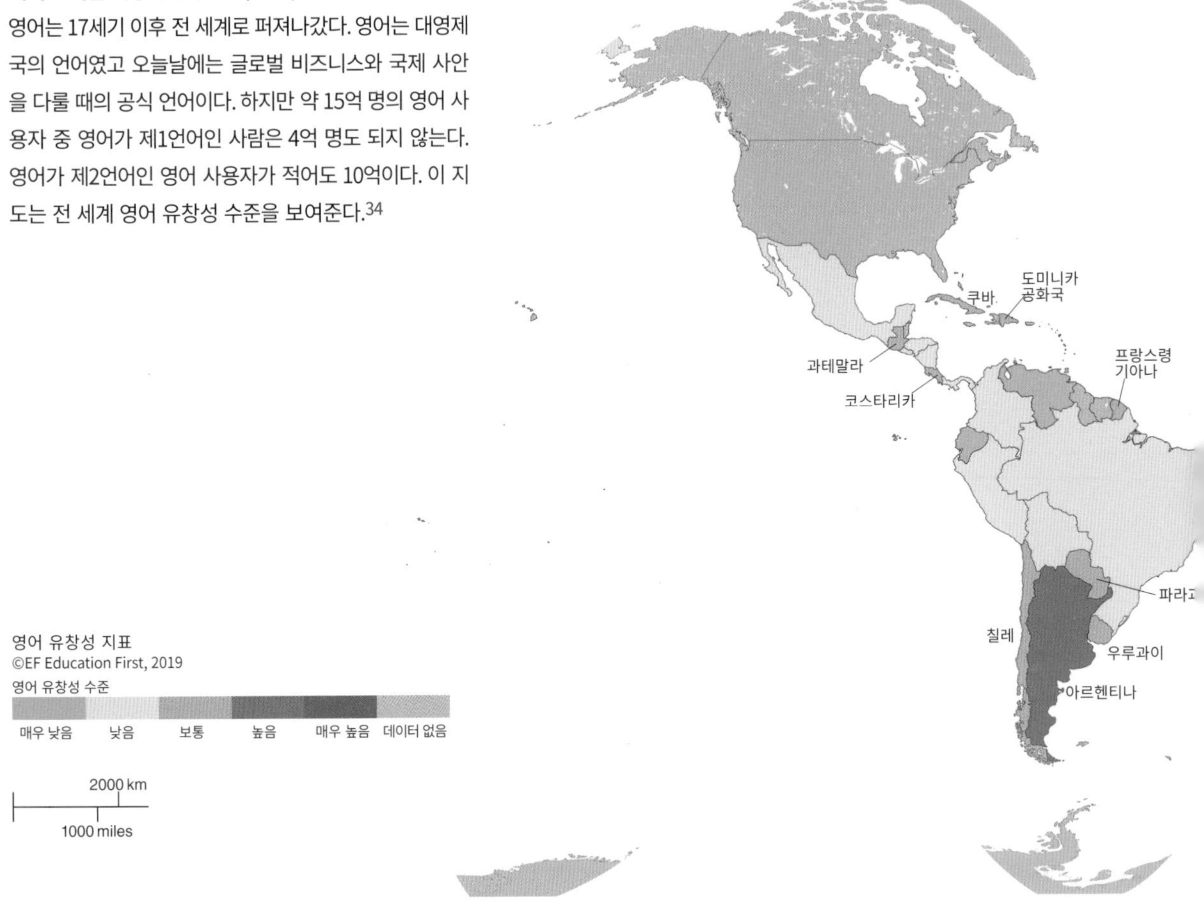

세계로 퍼진 대영제국의 언어(2019)[33]

영어는 17세기 이후 전 세계로 퍼져나갔다. 영어는 대영제국의 언어였고 오늘날에는 글로벌 비즈니스와 국제 사안을 다룰 때의 공식 언어이다. 하지만 약 15억 명의 영어 사용자 중 영어가 제1언어인 사람은 4억 명도 되지 않는다. 영어가 제2언어인 영어 사용자가 적어도 10억이다. 이 지도는 전 세계 영어 유창성 수준을 보여준다.[34]

문화와 환경에 의해 결정되는 측면이 강하기에, 비서구 콘텐츠를 스트리밍하는 플랫폼의 제작과 유통이 증가하고 있다. 예를 들어 2018년 구글에서 가장 많이 검색된 TV 프로그램은 〈연희공략延禧攻略〉이었다. 이 드라마는 150억 회나 재생되었는데, 이 중 대부분이 중국에서 발생했다. 3위는 태국 드라마 〈러브 데스티니Love Destiny〉가, 4위는 인도 애니메이션 시리즈인 〈모투 파트루Motu Patlu〉가 차지했으며, 미국 시트콤 〈로잔느Roseanne〉가 그 뒤를 이었다.[35]

세계화가 문화의 다양성을 저해하고 획일화할 것이라는 우려는 전혀 새롭지 않다.[36] 그러한 우려가 전혀 가능성 없는 이야기도 아니다. 전 세계적으로 가장 폭넓게 사용되는 언어인 영어를 살펴보자. 영어는 최근 세계화의 마지막 단계, 더 구체적으로는 정복과 식민지화, 무역, TV를 뒤따라 더 멀리 퍼져나갔다. 영어는 현재 약 60개에 이르는 국가의 공용어이고, 그 외에도 40여 개국에서 사용

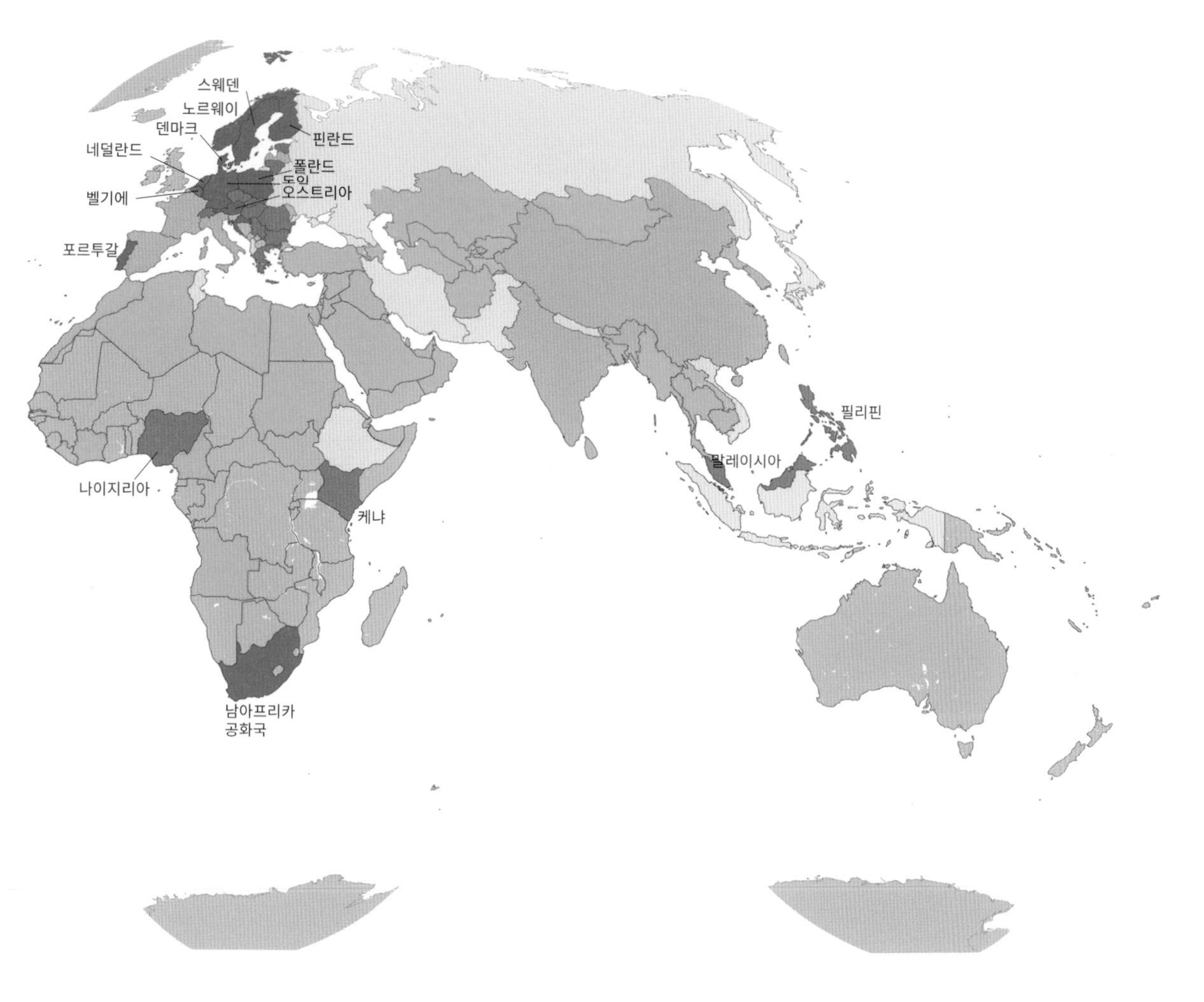

하며, 15억 명의 모국어와 비모국어 사용자가 정기적으로 사용하는 언어이다.[37] 역사적으로는 중세 엘리트 지식인의 언어였던 라틴어를 넘어섰고 문화 영향력으로는 19세기를 주름 잡았던 프랑스어도 따라잡았다.[38] 오늘날 영어는 글로벌 비즈니스, 과학, 외교, 엔터테인먼트, 인터넷의 언어이다.

영어의 우위가 지속될 것인지는 매우 불투명하다. 일부 국가에서는 영어에 대한 반대가 심했고, 지금도 심하다. 영어는 또한 각 지역의 독특한 방언으로 다양해졌다. 영어는 라틴어와 그리스어, 프랑스어, 힌디어 및 다른 말들이 섞인 언어이기에 그 자체가 구시대 세계화의 산물이라는 점을 되새길 필요가 있다.[39] 영어가 현재는 우위를 점하고 있을지는 몰라도, 다른 언어군들 또한 그 뒤를 바짝 쫓고 있다.[40] 향후 30년 이내에 표준 중국어, 힌디어, 스페인어, 아랍어 또는 어쩌면 프랑스어[41]가 영어보다 더 널리 사용될 수도 있다. 표준 중국어의 화자는 지

전 세계의 사멸 위기 언어[42]
동식물처럼 언어도 소멸될 수 있다. 이 지도는 전 세계적으로 사멸 위험이 가장 큰 언어를 보여준다. 각각의 점은 사멸 위기에 처한 언어를 보여주며 위험 수준을 각기 다른 색으로 표시했다. 사멸 위기 언어는 북아메리카, 멕시코와 남아메리카 그리고 사하라 이남 아프리카 지역 전반에 분포하며 남아시아와 동남아시아, 태평양 지역에도 있다.[43]

금도 영어 화자보다 많지만, 지리적 분포도가 영어만큼 넓지 않으며 읽고 쓰기도 어렵고 과학 부문에서 거의 쓰이지 않는다. 반면 프랑스어는 아프리카의 인구 급증으로 사용 인구가 급속도로 늘어나면서 다시 부상하고 있다. 2050년이 되면 프랑스어 사용자가 7억 5,000명에 달할 것으로 예상된다.

오늘날 전 세계에서 현재 사용되는 언어는 약 7,100여 개이다.[44] 이들 중 일부는 믿기지 않을 정도로 알려지지 않았다. 은제렙어Njerep는 카메룬에서는 사라졌고 나이지리아에서는 현재 단 4명이 사용하고 있다. 마찬가지로 브라질에서 카위샤나어Kawishana를 쓰는 사람은 단 1명 남아 있고, 파아칸티이어Paakantyi(오스트레일리아), 리키어Liki(서파푸아), 체메후에비어Chemehuevi(미국)도 각각 극소수만이 사용한다. 전 세계 인구의 66퍼센트가 알려진 언어 중 단 0.1퍼센트만을 사용한다.[45] 앞서 언급했듯이 새로운 기술과 보존 단체가 이런 언어들 중 일부라도 완전히 사라지지 않도록 지원하고 있다. 그 중 인상적인 사례는 사멸 위기의 언어를 되살리기 위한 〈위키 언어와 목소리 되찾기Wikitongues and Recovering Voices〉 프

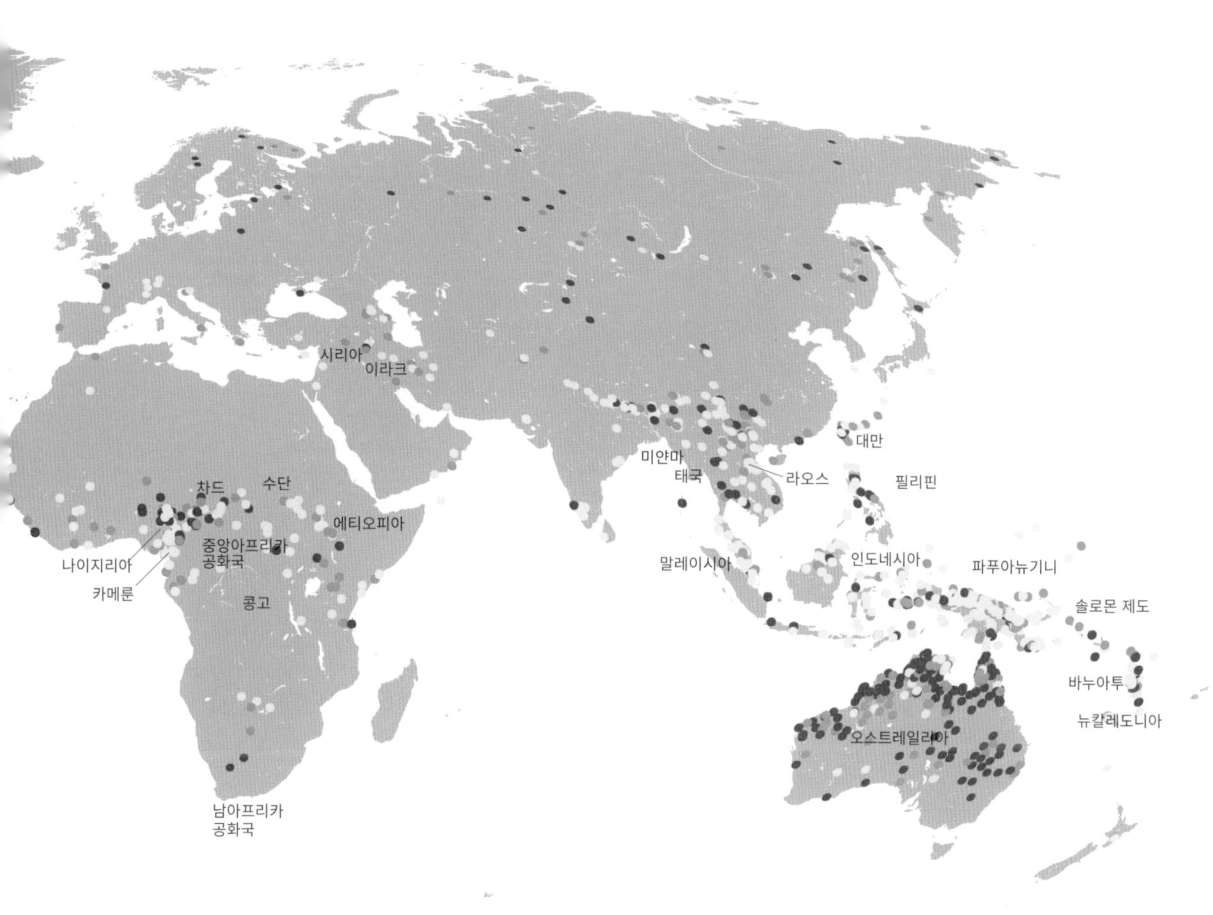

로젝트이다.[46] 일부 미국 원주민의 사멸 위기 언어와 태평양 도서 지역의 방언이 거의 사라졌다가 부활하긴 했지만, 대부분은 지도에서 보는 바와 같이 결국엔 영원히 사라질 가능성이 크다.[47]

언어의 다양성이 감소하는 속도는 말로 다 표현할 수 없을 정도이다. 일부의 추정에 따르면, 1970년대 사용되던 언어 중 5분의 1 이상이 이미 사라졌다. 미국에서 가장 큰 위기에 처한 언어는 서부 해안과 중서부 지역의 원주민이 사용하는 언어이다. 라틴아메리카의 경우, 중앙아메리카와 아마존 분지의 원주민 언어가 취약하다.[48] 또한 사하라 이남 아프리카(특히, 나이지리아, 차드, 남수단, 에티오피아) 지역, 남아시아와 동남아시아(네팔, 부탄, 방글라데시, 라오스, 말레이시아, 인도네시아, 필리핀), 오스트레일리아, 남태평양 도서 지역의 언어도 위험하다.[49] 일부 언어학자는 21세기 말에는 모든 언어 중 50~90퍼센트가 사라질 수도 있다고 우려하고 있다.[50] 이미 전 세계 언어의 3분의 1은 사용자가 1,000명 이하이고, 2주마다 언어 하나가 사라지고 있다.[51]

스타벅스 매장 수 상위 10개국

	본사 직영 매장	라이선스 계약 매장
미국	8,575	6,031
중국	3,521	—
일본	1,286	—
캐나다	1,109	409
태국	352	—
영국	335	653
한국	0	1,231
인도네시아	0	365
필리핀	0	360
대만	0	458

©Statista, September 2019

스타벅스의 성장, 1984-2019
©Starbucks, using Overpass API, 2020
● 각각의 점은 스타벅스 매장 1개를 의미

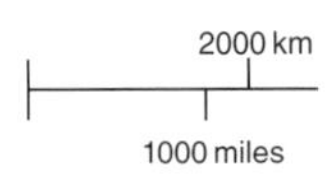

전 세계 스타벅스 매장의 확장세[52]

전 세계에 존재하는 스타벅스 매장은 3만 개 이상이다. 이 지도에서 볼 수 있듯이 그중 3분의 1 이상이 미국에 있지만, 중국과 일본, 캐나다에도 수천 개 지점이 진출해 있다. 또한 수백 개의 매장이 태국과 영국, 한국, 스페인, 대만, 터키, 인도네시아 전역의 여러 도시에 있다.

언어가 사라지는 것뿐 아니라 음식의 기호를 왜곡하는 것도 세계화의 탓으로 돌리는 경우가 많다. 특히 세계화로 서구의 패스트푸드와 가공식품이 유행한 탓에 현지 음식이 대가를 치러야 했기 때문이다. 맥도날드보다 더 가파른 성장세를 보인 커피 체인점인 스타벅스의 경우를 생각해 보자. 오늘날 스타벅스 매장은 3만 개가 넘는다. 이는 스타벅스와 가장 근접한 경쟁 업체들의 매장을 다 합친 것의 2배에 해당하는 수치이다.[53] 스타벅스가 미국 이외의 지역에 첫 매장을 연 것은 1996년이다.[54] 그 이후 지도에서처럼 해외 사업을 확장하면서 80여 개국에 진출했다.[55] 맥도날드와 마찬가지로 스타벅스도 사실상 어디에나 있는 것처럼 느껴진다.[56] 절대적 수치로는 미국, 중국, 캐나다, 일본, 영국이 지점 수가 가장 많지만, 2019년 기준으로 가장 많은 지점이 있는 도시는 사실 서울이다. 서울에는 284개의 매장이 있는데, 이는 214개의 매장이 있는 뉴욕보다도 많은 숫자이다.[57]

많은 서구 브랜드는 현지인의 취향을 고려해야 하며, 아니면 현지 경쟁 업체에 따라 잡힐 위험을 감수해야 한다. 스타벅스는 경쟁을 지원하기 위해 전 세계에 18개 디자인 센터를 세워 현지 입맛에 맞추려고 노력했다. 일본의 일부 지점은 신토神道*(일본의 토착 종교)*의 요소를 접목해 지붕을 낮게 세워 찻집처럼 보이

도록 했다. 중국에서는 (혼자 매장에 방문하는 고객이 많은 유럽이나 북아메리카에 비해) 단체 고객 중심으로 매장을 설계했다. 사우디아라비아는 스타벅스 로고를 상반신이 드러난 인어가 아니라 파도 위에 떠 있는 왕관 모양으로 변경했다. 프랑스에서는 비엔나커피와 푸아그라 샌드위치를 출시했고 영국에서는 베이컨 샌드위치가 인기 메뉴로 등극했다.[58]

문화전쟁

전 세계적으로 그 어느 때보다 다양한 문화가 공존하고 있다. 다음 지도는 문화 다양성(언어 다양성으로 측정)을 보여준다. 북아메리카, 아프리카, 남아시아, 동남아시아 사회가 높은 순위에 있는 반면 폴란드, 노르웨이, 한국, 일본의 문화 다양성 순위는 낮다. 다문화주의는 많은 사회에서 진심으로 환영받지만 있지만 어두운 이면도 있다. 현지인들이 다름을 포용하는 곳도 있지만, 그렇지 못

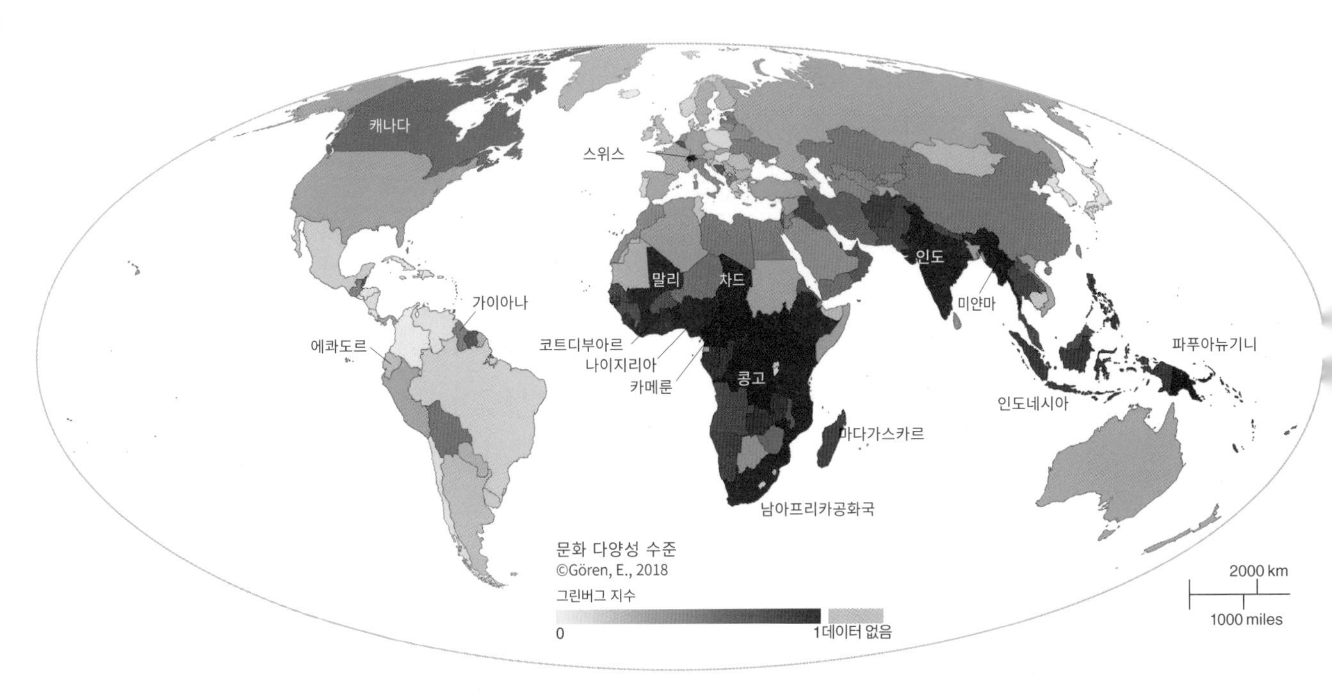

국가별 문화 다양성
그린버그 지수Greenberg's index는 한 국가에서 무작위로 선택된 두 사람이 서로 다른 모국어를 사용하는지를 토대로 '문화 다양성'의 수준을 측정한다. 따라서 이 지도에서는 (이주 등으로 인해) 다양한 인종이 사는 국가일수록 유리하다. 콩고민주공화국(DRC), 인도, 남아프리카공화국, 스위스, 미얀마, 파푸아뉴기니가 특히 높은 점수를 얻었다.

하고 반감을 표출하는 지역도 있다. 대개 문화 충돌을 가져오는 경계들을 살펴보면 그 뿌리가 깊다. 정치적 올바름political correctness(PC), 정체성 정치, #미투 운동, 성소수자(LGBTQ)의 권리에 관한 당대의 논의가 있기 훨씬 전부터 피임약, 주류 판매 여부, 이주자 수용 결정, 교육 언어, 노예제의 합법성에 대한(모두 문화를 매개로 의견이 갈리는 주제들이다) 치열한 논쟁이 있었다. 사회학자 제임스 데이비슨 헌터James Davison Hunter는 이런 차이가 '문화전쟁'의 중요한 일부임을 1991년 동명의 저서에서 언급한 바 있다.[59]

문화전쟁의 개념은 19세기 후반 독일 제국 정부와 가톨릭교회의 갈등으로 거슬러 올라간다. 독일어로 문화투쟁을 뜻하는 '쿨투어캄프Kulturkampf'는 오스트리아, 벨기에, 독일, 스위스 세속주의자가 정치와 종교를 분리하려던 시도를 일컫는다. 당시 문화전쟁은 지금처럼 종교와 계층을 따라 벌어졌다. 정치적·경제적 혼란, 이주자 수의 급증, 반동주의자와 포퓰리스트의 격렬한 수사로 촉발되었다. 그 부분에 있어, 미국도 독립 이후 연이은 문화전쟁으로 어려운 시기가 있었다. 미국의 문화 전사들은 국정에서 교회의 역할 강화[60]부터 주립 학교 수업에서 영어만을 허용하는 문제[61]에 이르기까지, 모든 면에서 목소리를 높였다. 이 모든 것이 낙태와 동성 결혼, 안락사, 줄기세포 연구를 두고 미국 공화당과 민주당 사이에서 벌어진 당대의 갈등을 이해하는 데 도움이 된다.[62] 미국 의회나 대

미국의 동성 결혼 금지에서 합법화까지(1995, 2005, 2015)

과거, 미국 시민 대부분은 동성 결혼에 반대했다. 그러나 최근 들어 여론이 달라졌다. 이 지도는 주 수준의 법적 변화를 보여준다. 대부분 주에서 반대하던 동성 결혼이 20여 년 만에 모든 주에서 합법화됐다.

미국의 동성 결혼
(1995, 2005, 2015)
©Public Religion Research Institute, 2015

- 동성결합 금지 규정 없음
- 법적으로 금지
- 헌법 개정을 통한 금지
- 합법화

학 캠퍼스 내에서 감정적인 갈등의 골이 가장 깊었던 이슈는 선거자금개혁이나 취약한 사회기반시설에 대한 투자 혹은 전 국민 의료가 아닌 동성 결혼과 트랜스젠더의 권리, 총기 규제였다.

문화는 주기적으로 변화하고 적응한다. 미국을 오랜 기간 갈라놓은 주제인 동성 결혼을 예를 들어보자. 수십 년 동안 시위와 투쟁을 벌이고 입법 조치가 마련된 이후, 그 흐름이 바뀌었다. 오늘날 미국 시민의 최소 3분의 2 이상이 동성 결혼이 법적으로 인정되어야 한다고 믿는다.[63] 이를 1990년대 여론 조사와 비교해 보면, 당시에는 미국 시민 중 4분이 1이 약간 넘는 정도만 동성 결혼이 법적으로 유효하다고 생각했다.[64] 현재 더 많은 미국 인구(약 72퍼센트)가 동성 관계를 지지하고 있다.[65] 민주당 지지자만이 동성 결혼을 압도적으로 찬성하는 것은 아니다. 1990년대 중반 이후로 동성 결혼에 찬성하는 공화당 지지자도 3배나 늘어났다. 개신교도와 가톨릭 신자 사이에서도 찬성 여론이 각각 65퍼센트, 55퍼센트로 많아졌다.[66] 이런 점이 동성 결혼을 2005년까지는 반대하던 주에서도 왜 동성 결혼을 찬성하는 입장으로 선회했는지를 설명해 준다.

소셜미디어는 새로운 방식으로 문화전쟁을 퍼뜨리는 데 일조하고 있다. 수십 년간 우파 성향과 보수자유주의적 성향의 라디오 진행자들이 일명 '진보 지식인'에 분노를 쏟아냈다.[67] 위성 라디오 이전에 이들의 영향력은 전파가 닿는 지역 범위를 벗어날 수 없었다. 하지만 새로운 커뮤니케이션 기술의 대두로 인해 상황이 달라졌다. 앨릭스 존스Alex Jones, 마일로 야노풀로스Milo Yiannopoulos, 루이 파라칸Louis Farrakhan과 같은 인플루언서들이 페이스북, 트위터, 유튜브를 통해 목소리를 키우며 상당한 추종자를 끌어모을 수 있었다.[68] 민주적 환경에서 알고리즘 조작 또한 정치적 선전, 극단주의 성향의 혐오 콘텐츠, 아동 성착취물의 유포에 일조한다. 극단적인 정치 성향의 네트워크는 대안적 사실alternative facts*(거짓을 거짓이라 인정하지 않고 사실이라 포장하는 신조어)*과 음모 이론, '주류 언론'에 대한 디지털 선전물을 퍼뜨린다. 반면 권위주의적 국가에서는 문화적 영역에서 통제를 강화하고 있다. 중국 정부는 위챗(계정 수는 12억이 넘고 등록 사용자는 8억 5,000만 명 이상이다)[69]과 웨이보(사용자가 5억 명 이상이다)에 대한 규제를 통해 엄청난 영향력을 행사하며 온라인상의 반대 여론을 억누르고 있다. 중국의 인터넷 서비스 업체는 의무적으로 블로거의 이름을 등록하고 실시간 대화를 검열해야 하며, 톈안먼 광장, 티베트, 파룬궁과 같은 단어도 검색이 금지된다.

인터넷 사용은 또한 뉴스를 어디서 어떻게 볼 것인가에 대한 이용자의 결정에도 영향을 미쳤다. 미국에서 텔레비전을 통해 뉴스를 가장 많이 접한다고 답한 응답자는 성인의 절반 그리고 18~29세 인구의 4분의 1도 되지 않았다.[70] 그 대신 미국의 성인(30~49세) 중 거의 80퍼센트 그리고 18~29세 인구의 90퍼센트 가까이가 소셜미디어를 통해 뉴스를 가장 많이 본다고 답했다. 인도와 아시아 대부분 지역에서 뉴스를 접하는 주요 (어떤 경우에는 유일한) 매체는 스마트폰이다.[71] 소수의 권위 있는 신문을 제외하고는 대부분의 신문사가 쇠퇴일로를 걷고 있다. 전통 미디어 그룹 대부분이 살아남기 위해 직원과 예산을 대거 줄이고 디지털 전략을 채택했다. 전 세계 여러 곳에서 지역 언론도 사라지고 있으며 대신 소셜미디어 콘텐츠와 디지털 배포가 급증하고 있다.[72] 2004년에는 미국 성인 중 단 5퍼센트만이 소셜미디어 플랫폼을 사용했다. 2018년에는 그 비율이 68퍼센트까지 올랐다.[73]

미디어 환경에 균열이 생기면 현실과 문화를 바라보는 공통의 인식이 약화될 수 있다. 그 결과 공동체 간에 대화가 갈수록 엇갈리고 서로를 용인하려 하지 않으며 이들 사이의 틈이 커진다. 그리고 폐쇄적인 디지털 공간에서 생각이 같은 사람들과만 교류하는 편안함 속에 안주하고자 한다. 전 세계적으로 포퓰리스트 지도자와 국수주의적 정치가가 문화 분열을 선동하고 이용하고 있다. 전 미국 대통령 도널드 트럼프는 2016년 대통령 취임 전후로 '정치적으로 올바른' 해안가 지역 출신의 진보 지식인에 맞서 미국의 백인 노동자 계층을 대신해 문화전쟁을 벌여왔던 점을 유권자에게 대놓고 상기시켰다.[74] 2018년 UN 총회 연설에서 트럼프는 '세계주의globalism'를 (정치적·경제적 통합을 일컫는 모호한 용어라고) 거듭 비난하며 자신의 문화전쟁을 세계 무대로 끌어들였다.[75] 수년간 트럼프와 함께 헝가리, 이탈리아, 브라질, 인도, 터키에 이르는 각국 정부의 수반이 문화전쟁을 완전히 새로운 수준으로 끌어올리며 인종과 계층, 성적 취향과 종교에 따른 집단 사이의 분열을 의도적으로 심화시켰다.

문화전쟁의 세계화

문화전쟁에는 공통적인 특징이 있기도 하지만 지역마다 다르게 발현되기도 한다. 예를 들어 인도에서 현재 실제보다 더 순수한 힌두교 역사를 보여주기 위해 역사를 다시 쓰고 있는 모디 총리의 여러 시도를 둘러싸고 문화전쟁이 벌어지고 있다.[76] 중국에서는 공산당의 주도하에 문화전쟁이 이뤄지고 역사적으로 잔혹한 폭력 탄압(예를 들어 1966~1976년 문화혁명)이 있었다.[77] 지정학과 폭력을 다룬 챕터에서 논의한 바와 같이 파룬궁과 같은 소수 종교 집단에 대한 억압과 신장 지구의 위구르 무슬림을 상대로 한 감금 및 재교육과 같은 탄압이 최근 되풀이되고 있다. 문화전쟁이 세계로 퍼지는 이유는 여러 이데올로그ideologues와 이해 단체가 자신의 관점을 국제무대에서 피력하고 싶어 하기 때문이다. 그래서 이들은 소셜미디어를 통해 직접 이를 전파하기도 하고 현재와 미래의 추종자들에게 메시지를 전달하거나 사절을 파견하고 뜻이 맞는 사람끼리 네트워크를 형성하기도 한다.

복음주의 교회는 열정적인 선교 활동에 자금을 지원하며 전 세계에 독실한 신자를 파견하고 있다. 이 지도는 인구 성장 대비 신오순절 복음주의Neo-Pentecostal Evangelical 교회의 영향력을 대략적인 추정치로 표현했다. 복음주의 단체인 조슈아 프로젝트Joshua Project가 개발한 이 지도는 기독교의 '영향력'이 북아메리카, 유럽과 아프리카 일부 지역, 일본과 뉴질랜드를 제외한 지구상 거의 모든 국가에

인구 성장 대비 복음주의 교회의 성장 속도(2005~2010)[78]
복음주의 기독교는 전 세계적으로 빠른 속도로 퍼져나갔다. 이 지도를 통해 2005~2010년 사이 복음주의 신자 수가 감소한 국가와 신도 증가율이 국가 인구 자연증가율보다 낮은 국가, 신도 성장률이 국가 인구 성장 속도를 능가한 국가를 확인할 수 있다.

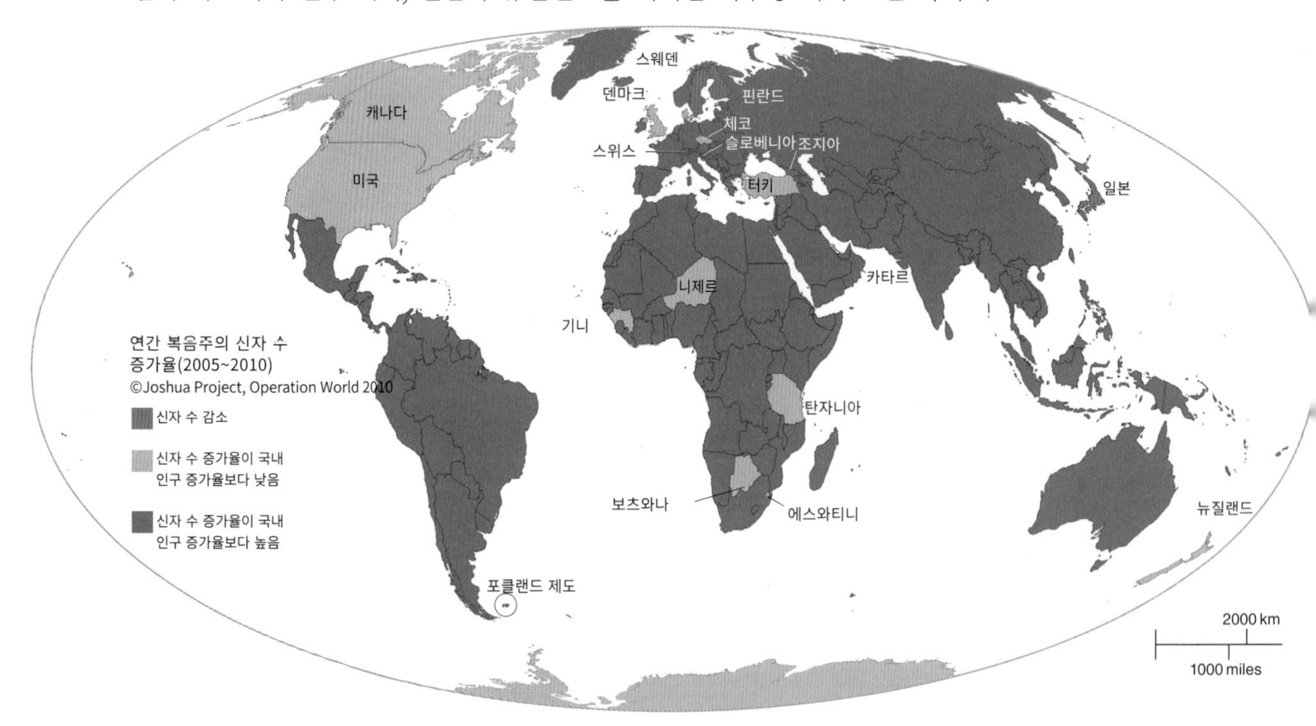

서 인구의 자연증가 속도보다 더 빠르게 확장되고 있음을 나타내는 게 그 목적이다.[79] 저자들에 따르면 북아메리카와 일부 아프리카 국가에서 증가세가 둔화한 반면, 일본과 스칸디나비아, 일부 유럽 국가에서는 교착 상태에 이르렀다. 출처를 고려하면, 이런 지도들은 충분히 걸러서 해석할 필요가 있다.

복음주의 교회는 오랜 기간 아마존 분지, 중앙아프리카, 남태평양의 벽지에서 왕성한 활동을 보였다. 조슈아 프로젝트와 같은 신앙에 기반한 단체들은 기독교 선교사들을 인도네시아 동파푸아 지역 등 전 세계로 점진적으로 파견한 사실을 상세하게 열거했다. 동파푸아 지역의 기독교는 19세기 중반에 수용되었기에 비교적 뿌리가 깊다. 최근 이 지역의 이슬람 인구가 개신교 인구를 따라잡았는데, 일부 지역민들은 이것이 의식적 "이슬람화"와 "비파푸아인화de-Papuanisation" 과정의 일부라고 믿는다. 자신의 배타적 진리를 위해 투쟁하는 신앙인들 사이에 폭력이 주기적으로 발생하는 가운데, 무장단체들이 생겨나고 있다. 기독교 교회에 대한 최근의 공격은 지역 내 복음주의 세력 확장에 일조했다.

문화는 더 폭넓은 지정학적 세력 다툼의 일환으로 종종 무기화된다. 전형적인 예는 장기 집권 중인 러시아 대통령 블라디미르 푸틴이다. 푸틴의 연설 중에는 일명 서구의 퇴폐주의와 자유주의, 무도덕성 대신 전통적인 기독교의 가족 중심의 가치로의 '회귀'를 촉구하는 경우가 많다. 푸틴은 보수적인 가치와 '정신 안보'를 내세워 자신이 명명한 북아메리카와 서유럽의 '유약한 자유주의'에 대한 대안을 전파하고 있다.[80] 이런 보수주의와 전통주의, 반자유주의는 추종자를 끌어들였다. 범대서양 극우 동맹들이 부상하고 그중 일부는 무신론과 사회주의, 이슬람의 위협을 뿌리 뽑겠다는 의지를 다지고 있다.[81] 반면 프랑스와 독일 정부는 재생산권과 성 소수자 권리부터 기후 행동에 이르기까지 진보적인 대의에 더 단호한 다문화적 입장을 채택할 것을 EU에 촉구한 바 있다.

기독교 가치를 강화하고 동성애와 도덕적 상대주의를 거부하는 푸틴의 주장에 동조하는 정부도 늘어나고 있다. 예를 들어 헝가리 총리 빅토르 오르반Viktor Orbán은 자신의 정적을 '허무주의 엘리트'라고 일컬으며 자선가이자 투자자인 조지 소로스George Soros와 EU가 헝가리의 민족적(기독교적) 기반을 무너뜨리려 하는 이주자들을 지지한다고 맹비난했다. 오스트리아, 체코공화국, 헝가리, 폴란드, 영국 내의 정치·종교 지도자가 일명 '문화 반혁명'에 나서고 있다. 1순위 목표는 진보 정치

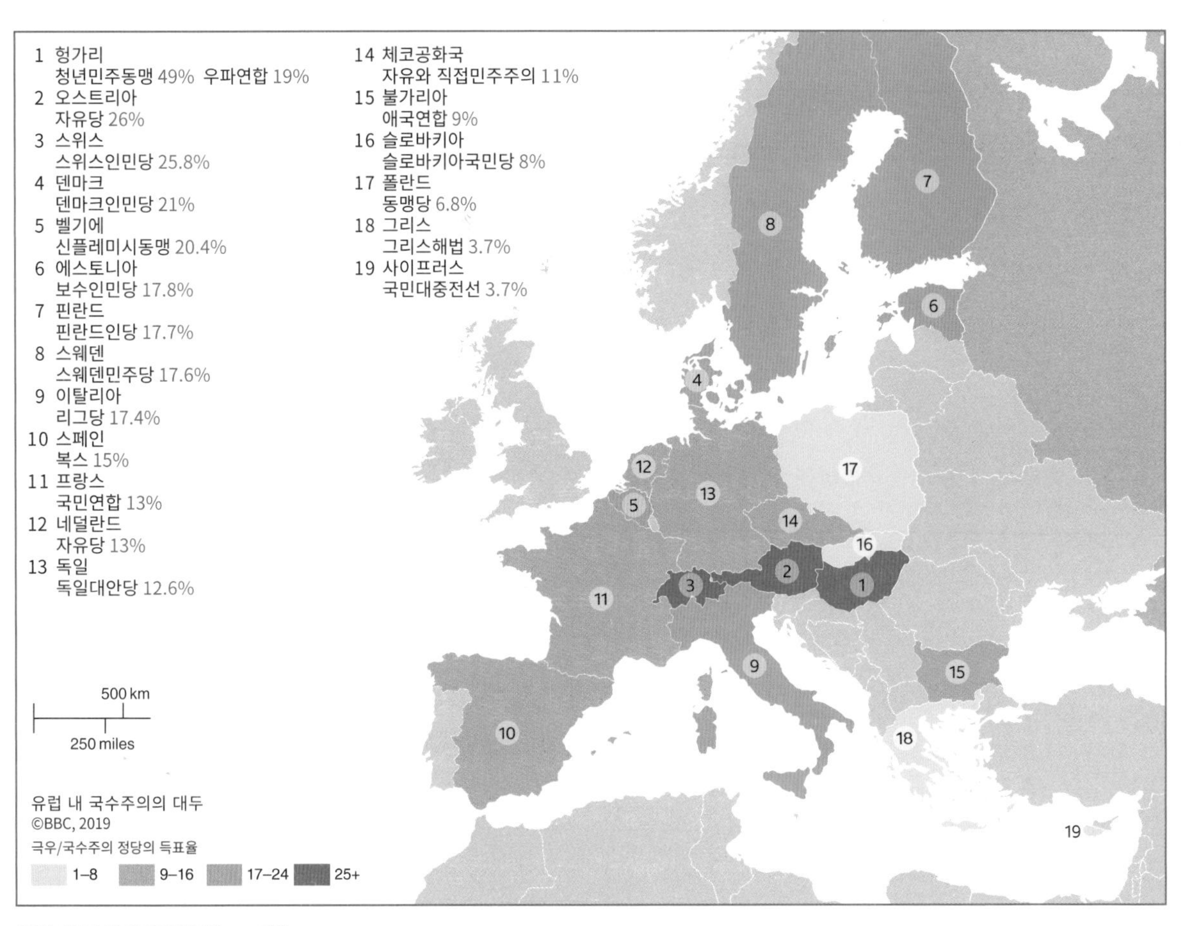

유럽 내 문화전쟁의 확산(2019)[82]

유럽에서 극우 국수주의와 포퓰리스트 정당 지지도가 급증하고 있다. 기성 정치에 분노하는 유럽인들이 늘어나고 있을 뿐 아니라 세계화, 이주, 표면상의 국가 정체성 상실에 대한 우려도 커지고 있다. 이 지도는 2019년 기준으로 선별한 국가에서의 국수주의 정당의 부상과 이들 정당이 차지한 정부 요직의 비율을 보여준다. 오스트리아, 헝가리, 스위스에서 극우 정당의 의원이 정부 요직을 차지한 비율이 가장 높다는 점을 확인할 수 있다.

인, 국내외 인권단체, 좌파 평론가이다. 자신들과 동조하는 서구의 이데올로그들과 러시아 정보기관의 도움에 힘입어, 과도기 국수주의 전선이 형성되기 시작하는 신호가 감지되고 있다. 정치 전략가이자 트럼프의 수석 참모였던 스티브 배넌Steve Bannon은 심지어 유럽의 극우 세력을 결집하기 위해 '더 무브먼트The Movement'라는 네트워크를 조직했다.[83] 이 네트워크는 소로스의 지원 아래 다원주의와 자유주의 가치를 전 세계적으로 알리는 오픈소사이어티재단Open Society Foundation에 맞서기 위해 조직한 것으로 보인다.

유럽의 일부 극우 정당은 외국의 지원 등을 통해 문화전쟁을 확대하고 있다.

수십 년간 프랑스의 국민전선은 소위 '프랑스다움'에 대한 위협인 이슬람, 세계주의, EU 등을 규탄했다.[84] '돼지고기 공방 정치pig whistle politics'로 기억되는 사건에서 국민전선 대표 마린 르펜Marine Le Pen은 국민전선이 의석을 차지한 지역에서는 돼지고기를 다른 것으로 대체한 학교 급식을 금지하려고 했다.[85] 마찬가지로 독일의 반이주 정당인 독일대안당(AfD) 역시 부분적으로는 2015년 난민 위기 이후 급부상한 극우 운동의 광폭적 움직임의 일부라 할 수 있다.[86] 독일대안당원들은 그들의 말을 빌리자면 '독일과 독일 문화 국가를 청산하려는 국제적 좌파 경향'에 맞선다.[87] 한편, 네덜란드에서 가장 잘 알려진 극우 정치인 헤이르트 빌더르스Geert Wilders는 프랑스와 독일의 극우주의가 내세우는 목표에 일부 동조하며 이슬람, 이주자, 동성애를 반대하고 주기적으로 주류 언론을 공격대상으로 삼는다.[88] EU 탈퇴가 잘 보여주듯이 영국에서는 가치가 정치의 주요 동력이었던 경제를 대체하고 있다.

중국도 정부 지원을 통해 문화 소프트 파워를 확대하고 있다. 중국은 지정학 챕터에서 논의한 것처럼 대규모 '일대일로' 구상에 따라 문화적 영향을 확대하려고 한다. 지난 10년간, 중국 정부는 영화와 문학 그리고 일명 '공자학원孔子學院, Confucius Institutes'의 네트워크를 통해 중국 문화에 대한 투자를 확대하고 있다.[89] 전 세계적으로 신화통신Xinhua news agency과 중국중앙방송(CCTV)의 인지도 역시 상당 수준 강화했다.[90] 이렇게 중국은 여러모로 이른바 '문화 안보'를 구축하고 있다.[91] 수년 동안, 중국 당국은 북아메리카와 유럽 정부가 "중국을 서구화하고 분열시키려는 전략적 음모를 심화"하고 있다고 비난해 왔다. 중국 공산당 연설에서도 "이데올로기와 문화 분야가 '서방의' 장기 침투 중점 부문"이라며 비난한 바 있다.[92] 지정학적 문화전쟁 또한 정치인들이 국내의 지지도를 올리기 위한 도구가 될 수 있다는 것은 놀라운 일이 아니다. 중국이든 러시아든 미국이든 다른 언어를 말하는 외국인들만큼 (일부) 시민들을 가까이 결속시켜 주는 대상은 없다.

세계 문화전쟁의 최전선에 선 것은 군인이 아니라 오히려 학자와 예술가, 활동가들이다. 이는 다음 지도를 통해 확인할 수 있다. 1930년대에 설립된 영국문화원British Council은 100개국 이상에서 177개 센터를 운영하고 있다.[93] 파리에 본부를 둔 프랑스문화원 알리앙스 프랑세즈Alliance Française는 137개국에 229개 센터가 있다. 한편, 독일은 괴테 인스티투트Goethe-Institut(159곳), 이탈리아는 단테 알리기에리 협

소프트 파워 확산: 전 세계 문화원 현황
소프트 파워의 지형이 전 세계적으로 재편되고 있다. 문화와 교육 분야의 교류를 위한 정부 기관의 사무소와 영향력을 확대하는 등 이 부문에 투자하는 국가가 늘어나고 있다. 중국의 공자학원은 2013년 320곳에서 500곳 이상으로 확대되었다. 다른 국가들은 문화원 수를 줄이고 있다. 영국문화원은 2013년 196곳에서 현재 177곳으로 줄었고, 독일도 2013년 169곳에서 159곳으로 축소되었다.

회Società Dante Alighieri(93곳)를 후원하고 스페인은 인스티투토 세르반테스Instituto Cervantes(76곳), 미국은 미국의 소리Voices of America와 다른 수많은 단체를 통해 아이디어와 가치, 관심사를 전파한다. 최근 들어 이들 국가 대부분이 이런 문화원의 규모를 줄이기 시작했다. 반대로 이런 문화원을 빠르게 확장하는 국가는 중국과 러시아이다. 중국은 100여 개국에 500개 이상의 공자학원 센터를 운영하고 있다. 이 센터는 표준 중국어와 중국 문화도 알리고 있지만, 공산당 선전을 퍼뜨린다는 비난도 받고 있다.[94] 마찬가지로 루스키미르재단Russkiy Mir Foundation의 수는 2013년 81곳

에서 현재 171곳으로 늘어났다. 이런 추세가 지속된다면 이들과 같은 새로운 문화 네트워크가 소프트 파워 지형의 급속한 재편에 일조할 수 있을 것이다.[95]

문화의 탈무기화

흔히 문화 수출을 정치와 경제의 국제적인 성공의 핵심 요소라고 말한다. 프랑스와 독일, 영국, 미국과 같은 국가는 광범위한 전략 목표 아래 오랜 기간 자국 문화의 소프트 파워를 수출해 왔다. 한편 중국과 러시아는 방법은 달라도 자신들의 소프트 파워의 영향력을 키워왔다. 이 두 국가는 서방 국가와 마찬가지로 소셜미디어, 전통 뉴스 매체, 문화 교류, 그리고 물론 정당과 사회 운동까지 다양한 방법을 활용했다. 중국 혹은 러시아, 미국, 영국이든 상관없이 문화의 무기화는 영향력을 보여주고 관심을 끌기에 놀랄 정도로 저렴하고 효율적인 방법이었다.[96]

문화전쟁을 잠재우는 최선의 방법은 그 뒤에 숨은 정치적, 경제적 의무를 드러내는 것이다. 러시아의 경우, 보수 전통 가치의 강조는 정치, 경제, 사회적으로 유의미한 변화를 거부하는 정권을 은폐한다. 러시아는 '가족 친화적'인 의제를 추진하고 있지만, 출생률은 비교적 낮다.[97] 미국의 경우, 2016년과 2020년 대선이 명확하게 보여줬듯이, 선거에서 승리하려면 정체성과 인종 정치를 부추기는 게 정치적으로 유리하다. 문화전쟁의 지지자들이 보내는 외교 지원과 외국 자본을 조명하는 일 또한 중요하다. 러시아는 국내뿐 아니라 미국을 비롯한 해외에서도 극우(그리고 일부 극좌) 정당과 정치 운동을 적극 지원하고 있다. 이들에 대한 신뢰를 떨어뜨리기 위해 이런 연결고리들과 그들의 디지털 플랫폼, 재원을 폭로하는 것이 대단히 중요하다.

전 세계 독립 언론에 대한 지원이 강화되면 문화전쟁의 힘과 영향력을 감소시키는 데 일조할 수 있다.[98] 가짜 뉴스의 부상과 더불어, 언론 지형의 분열과 포퓰리스트 정치의 부상은 사실과 과학 양쪽이 다 공격받는다는 것을 의미한다. 뉴스의 독립성과 공정성을 다시 활력을 불어넣고 지원하는 것은 어렵지만 민주주의와 증거에 기초한 정책들이 번영하기 위해서는 필수적인 일이다. 문화전쟁을 부추기는 혐오 발언과 극단주의 사상을 담은 콘텐츠에 제동을 걸기 위해 규칙과 규정을 마련하는 것도 그에 못지않게 중요하다. 예를 들어, 독립적이고 자유로운 언론을 위해서는 방화벽을 세워 언론 조작을 할 만한 선출직 혹은 비선출직 정치인과 엘리트 기업인들로부터 분리해야 한다. 또한 혐오 발언과 가짜뉴스를 크게 줄이려면 거대 IT 기업과 소셜미디어 기업에 대한 규제도 상당 수준 강화해야 한다. 법적 보호 장치 없이는 진실은 왜곡될 수 있다. 그에 반해 자유 언론이라면, 우리 문화가 어떻게 반대와 분열을 조장하고 상대 진영을 깎아내리고 정부를 약화하기 위해 조작될 수 있는지를 드러낼 수 있을 것이다.

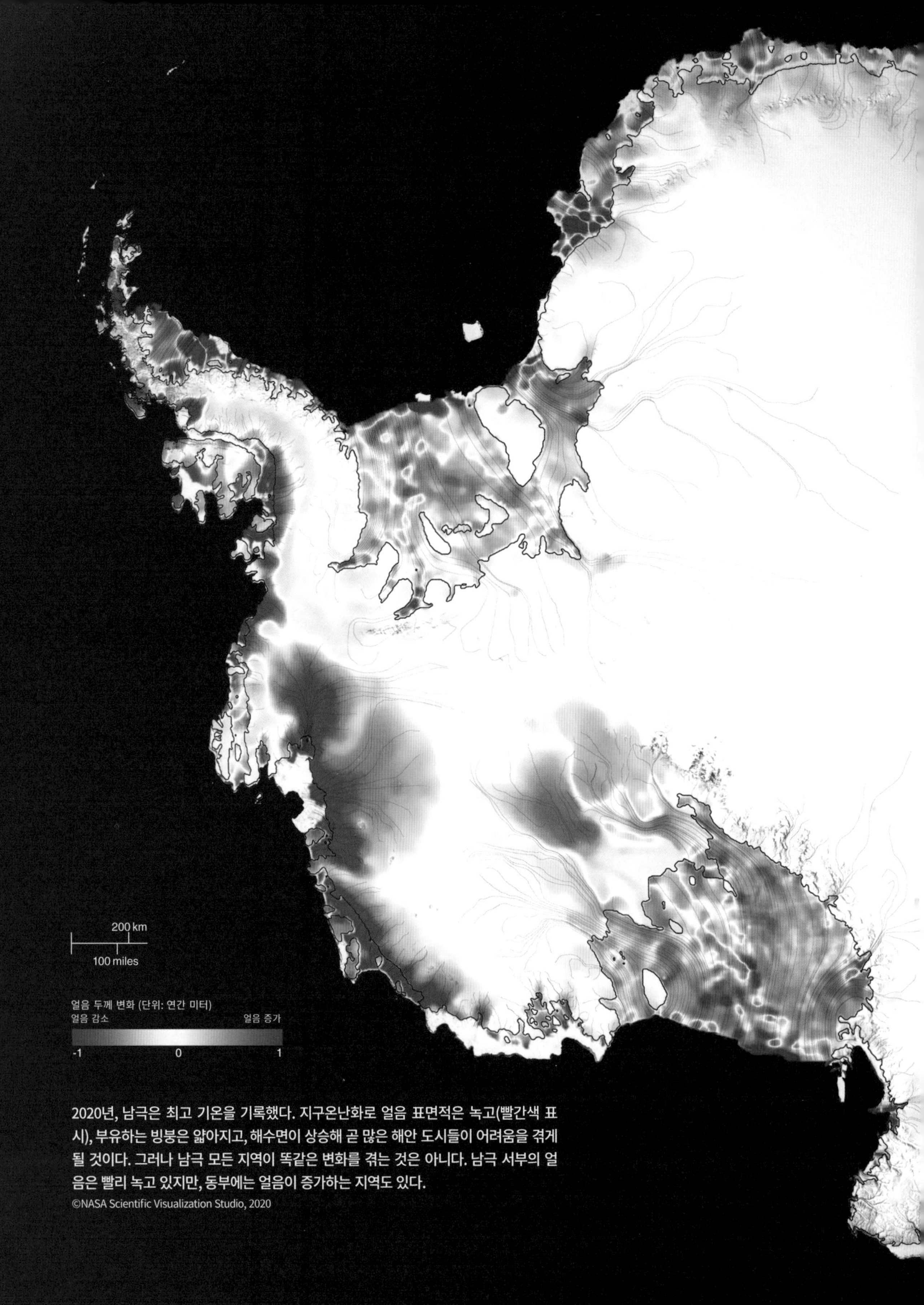

2020년, 남극은 최고 기온을 기록했다. 지구온난화로 얼음 표면적은 녹고(빨간색 표시), 부유하는 빙붕은 얇아지고, 해수면이 상승해 곧 많은 해안 도시들이 어려움을 겪게 될 것이다. 그러나 남극 모든 지역이 똑같은 변화를 겪는 것은 아니다. 남극 서부의 얼음은 빨리 녹고 있지만, 동부에는 얼음이 증가하는 지역도 있다.

©NASA Scientific Visualization Studio, 2020

결론

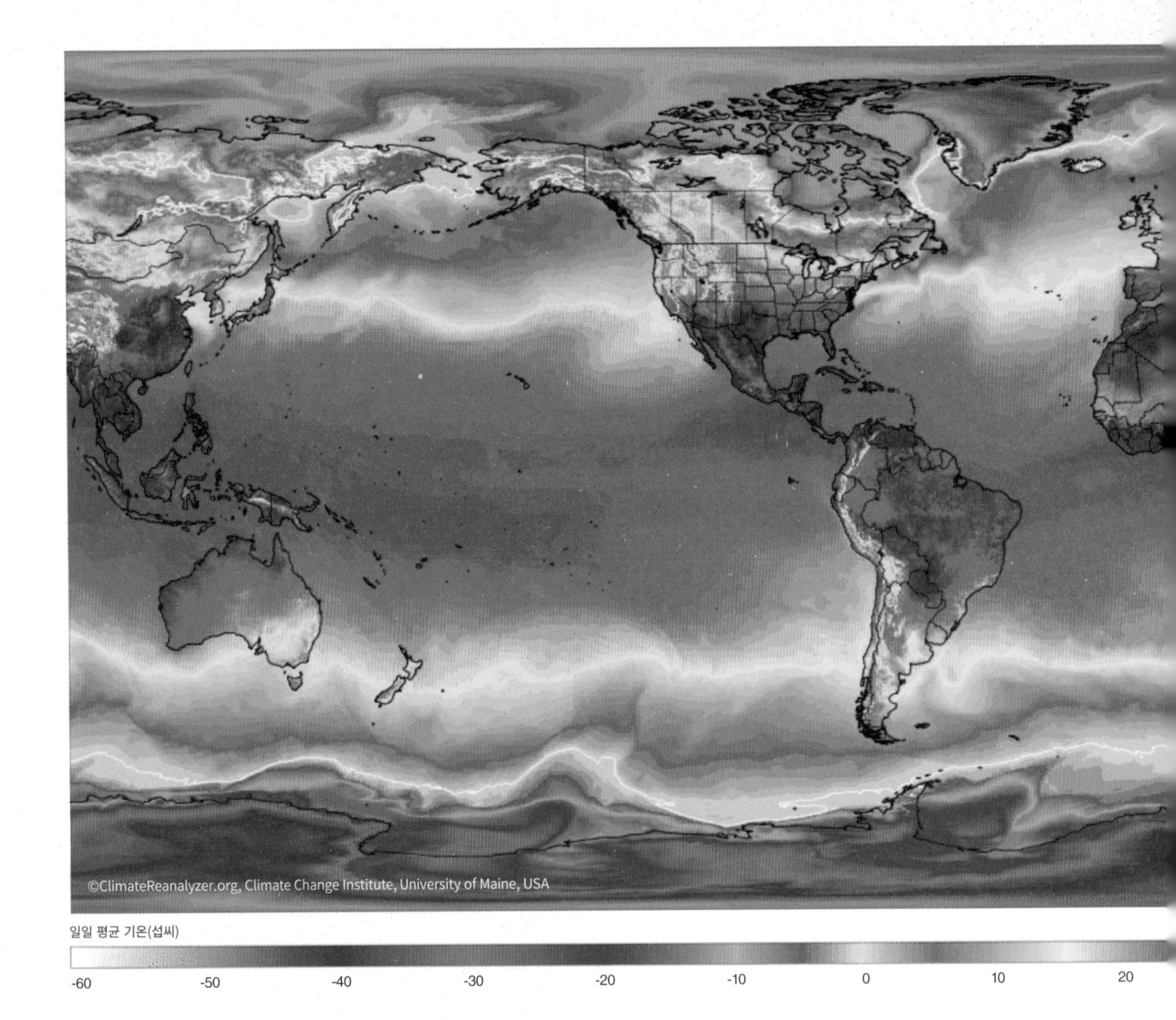

들어가며

인류는 지난 세기에 기념비적인 발전을 이뤄냈지만 이번 세기에는 대재앙 수준의 위협에 맞닥뜨리고 있다. 많은 사람이 점점 더 불길한 예감에 시달린다. 2020년대는 분명 시작부터 엄청났다. 지구 온도는 전례 없는 수준으로 상승했고, 온실가스 배출량이 치솟았으며, 오스트레일리아에서부터 브라질까지 대규모 산불이 발생해 연기가 도시를 뒤덮어 숨이 막힐 지경이었다. 헤드라인에 오르지도 못했지만 (수천억 마리에 달하는) 대규모 메뚜기떼가 에티오피아, 케냐, 남수단, 탄자니아의 작물과 초원을 초토화시켰다. 70년 만에 일어난 최악의 위기였

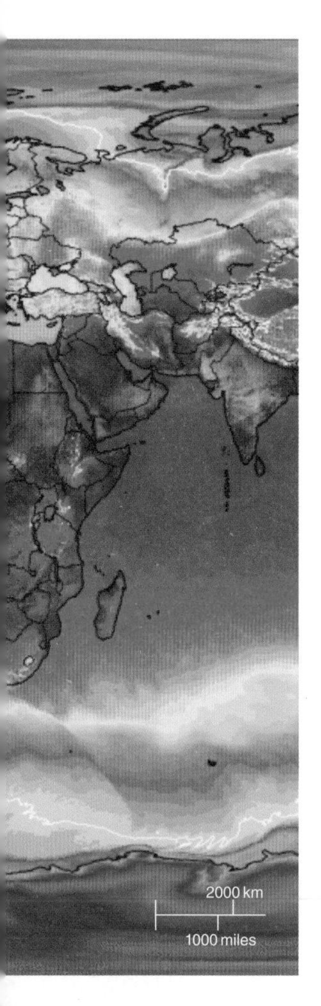

불타는 세계(2020)[1]
지난 10년간 지구는 역사상 최고 기온을 기록했다. 북극과 남극의 높은 온도는 전례를 찾아볼 수 없었다. 위의 2020년 5월 3일 일요일 지도에서처럼, 실시간 기후측정 사이트(climatereanalyzer.org)에서는 미국 해양대기청(NOAA) 위성 예측 시스템을 이용해 일일 기온을 기록하고 있다.

다. 이런 사건들은 현재 우리가 기후변화에 충분히 대응하지 못하고 있으며 아직도 갈 길이 멀다는 사실을 통렬히 상기시킨다. 한편, 미국과 이란의 긴장은 폭발 일보 직전으로 치달아 중동이 불바다가 될 것만 같은 상황이다. 미국의 대중국 무역 전쟁과 유럽과의 격렬한 분쟁은 세계 무역과 다자주의의 미래를 위협한다. 세계 곳곳에서 불평등과 비리를 고발하는 시위가 일어나, 불안감 고조에 일조했다. 그 와중에 코로나19 사태가 터졌다.

1918년 스페인 독감 이후 최악의 팬데믹인 코로나19는 기하급수적인 코로나 바이러스 확산현상으로, 세계화된 세상에서 우리가 직면한 난관들이 상호 연결되어 있음을 보여주는 완벽한 사례이다. 지금은 모르는 사람이 없지만, 코로나19의 시작은 미약했다. 바이러스가 처음 보고된 우한은 인구 1,100만 명의 도시로, 코로나19가 국제 뉴스를 수놓기 전까지 중국인 외에는 대부분 들어본 적도 없는 곳이었다. 의사들이 코로나19를 확인한 것은 2020년 1월 초이지만, 봉쇄령이 시행된 것은 춘절을 쇠기 위해 이미 수백만 명이 우한을 떠난 지 수 주 후의 일이었다. 수개월 만에 코로나19는 최소 188개국으로 퍼졌고, 집단 감염으로 인해 감염자는 수천만 명에 달했다. 각국 정부는 처음에 여행금지령을 내리고 자국민을 본국으로 송환했다. 그 뒤에는 크루즈 선박들을 격리하고 여러 행사를 취소하고 항공 여행을 상당히 축소했다. 바이러스가 세계 일주를 하는 동안 도시 전체, 이후에는 국가 전체가 봉쇄에 들어갔다. 학교와 대학은 임시 휴교했으며, 여러 글로벌 공급망에는 심각한 차질이 빚어졌다. 팬데믹으로 세계 성장은 곤두박질치고 지정학적 긴장은 격화되고 대공황 이후 가장 심각한 금융위기가 찾아왔다.

코로나19는, 아니 코로나19 대응은 세계화의 징후인 동시에 세계의 연결성과 국제 협력의 미덕을 상기시킨다. 홍수처럼 밀려오는 거짓 정보와 소문, 외국인 혐오 때문에 팬데믹이 '인포데믹infodemic*(정보를 뜻하는 information과 유행병을 의미하는 epidemic의 합성어)*'을 촉발했다는 염려가 있지만, 블루닷BlueDot 같은 데이터 마이닝 기업이 정부의 공식 정보원보다 최소 한 주 빠르게 바이러스의 발생을 감지할 수 있었던 것도 바로 이런 정보의 범람 덕이다.[2] 중국에서 바이러스가 발견된 지 한 달 이내에 세균학자들은 바이러스의 염기서열을 밝혀내고 3만 개의 염기로 이루어진 유전부호 합성 정보를 공유하기 시작했다. 생명공학 기업과 연구 기관들은 재빨리 백신을 설계하고 실험하기 시작했으며, 이 과정은 과거보다

10배나 빨랐다. 비록 정부의 대응은 생각보다 훨씬 느렸지만, 이전의 사스(SARS)나 신종플루(H1N1) 팬데믹에서 얻은 교훈이 공유되고 시행되었다. 인터넷 덕분에 수천 명의 중국, 브라질, 캐나다, 프랑스, 독일, 이탈리아, 일본과 미국에 있는 역학자, 바이러스학자, 유전학자들이 24시간 내내 대화하며 해결책을 만드는 데 힘을 모았다. 수개월 만에 코로나바이러스와 그 전파를 추적한 개별 과학 연구 수만 건이 수십 개의 언어로 번역되었다.

이 원고를 인쇄소로 넘기는 시점에 코로나19의 영향이 얼마나 깊은지 또 얼마나 오래 지속될지를 밝히는 것은 불가능했다. 우리가 말할 수 있는 것은 치사율이 높은 팬데믹은 글로벌 상호의존성을 잘 보여주며, 그러한 복수의 상호의존성이 향후 10년 인류가 생존할지 아니면 번영할지를 결정한다는 사실이다. 인간은 누구나 건강한 지구(깨끗한 공기와 물, 그리고 건강한 생태계)에 의존해 살아 숨쉰다. 도시와 기업, 지역사회들은 서로 의존하며 아이디어와 생활필수품 등을 서로 교환한다. 따라서 우리가 서로 협력하며 집단행동을 위한 기관을 강화하는

코로나19 확산 (2019년 12월~2020년 6월)[3]

코로나19는 2020년, 전 세계에 빠르게 퍼졌다. 발견 후 4개월 만에 188여 개국으로 확산돼 수만 명이 죽고 수천만 명이 감염됐다. 존스홉킨스대학과 에스리가 제작한 지도들은 글로벌 인식을 제고하고 위기의 규모와 범위 그리고 속도를 잘 이해하게 해준다.

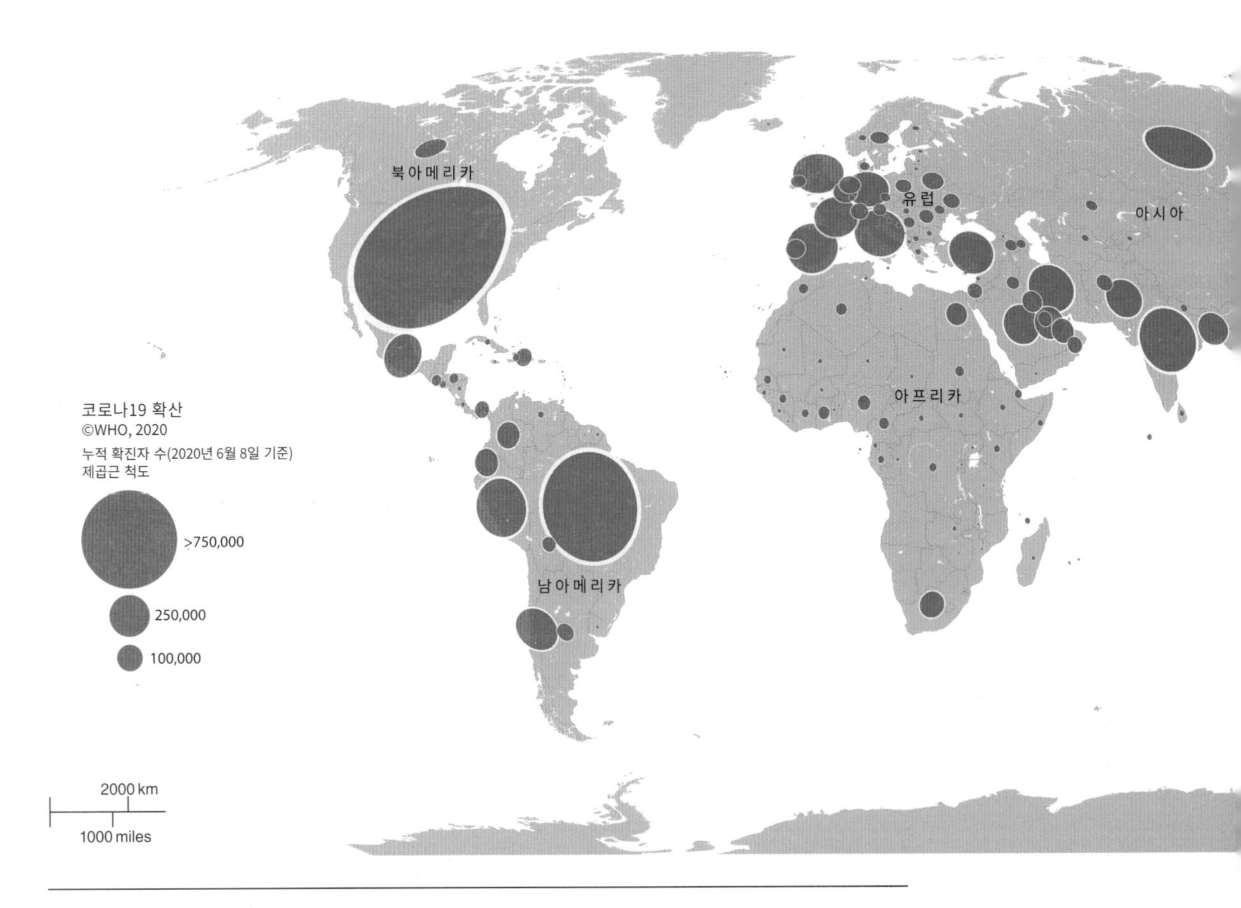

것은 개개인의 이익에도 부합한다. 우리는 단지 함께 일하는 것만이 아니라 그 어느 때보다도 더 빨리, 더 효율적으로, 더 효과적으로, 더 지속 가능하게 함께 일하는 법을 배워야 한다. 그러나 우리 시대 역설 중 하나는 많은 국가의 중앙 정부와 양극화된 사회가 정확히 반대 방향으로 움직인다는 것이다. 시장 원리의 확산은 세계 소득이 빠르게 증가할 수 있도록 해주었지만 동시에 개인주의 증가, 불평등 심화, 장기적 우선순위보다 단기 이익에 집중하는 좁은 시야의 원인이기도 하다.

현세대(즉, 우리 세대)가 문명, 아니 지구 생명체 전체의 미래를 손에 쥐고 있다는 사실은 정말이지 엄청난 우연이다. 지구의 나이는 대략 45억 년이다. 생명체는 약 35억 년 전에 등장했다. 호모 사피엔스는 20만 년 정도 전에 출현했으며, 약 1만 년 전까지는 기본적으로 원시 유목민의 삶을 살았다. 산업혁명은 1700년대 후반에야 시작됐고 1900년대 후반에야 인간이 기후변화에 영향을 미친다는 사실을 충분히 이해하기 시작했다. 기후변화에 대한 정부 간 협의체(IPCC)는 2030년까지 이산화탄소 배출량을 근본적으로 감축하지 않으면, 파멸적이고 되돌릴 수 없는 기후변화를 경험할 것이라고 경고한 바 있다. 우리는 당장 지속 가능한 방식으로 이산화탄소 배출량 역전을 시작해야 한다. 실은 엄청난 비극을 겪고 난 이후에야 비로소 이 과정이 시작되었다. 코로나19 팬데믹 발생 수개월 만에 이산화탄소 배출량은 2019년 평균치보다 17퍼센트가량까지 급락했으며, 이는 역사상 가장 큰 단일 하락이었다. 향후 10년 동안 우리가 하는 선택들이 인류의 운명은 물론, 지구상의 대다수 생명체의 운명을 결정할 것이다. 만일 이에 따르는 책임감이 부담스럽게 느껴진다면, 그건 지금 우리가 인류의 미래를 위한 중대한 기로를 살아가고 있기 때문이다.

우리는 바닥을 향해 달리는 경주를 선고받은 게 아니다. 우리의 운명은 미리 결정되어 있지 않다. 이 책은 불가항력이 아니라 인간의 행동이 운명을 결정한다는 것을 보여주는 사례로 가득하다. 전 세계에서 점점 더 많은 개인과 조직이 시민 불복종과 비폭력 시위 등의 행동에 동참하고 있다. 불평등 심화가 우리가 처한 곤경의 핵심 원인이라는 인식이 늘어나고 있다. 세계화의 폭력이 어떻게 일부 지역사회를 다른 곳보다 더 취약하게 만드는지 배우고 있다. '단 한 사람도 소외되지 않도록to leave no one behind'이라는 UN의 포부는 공허한 구호가 아니다. 포용은

생존에 필수적이다. 그러나 우리가 앞으로 나아가는 방식은 과거에 해왔던 방식과는 다를 것이다. UN 안보리는 마비됐고, 코로나19에 대항하는 협력은 흔들리고 있지만, 새로운 형태의 다자주의가 이미 부상하고 있으며, 이는 국제 협력이 현대화하는 전조가 될 수도 있다. 비록 아주 빠르지는 않지만, 도시들은 연대 네트워크로 연합하고 주주 운동가와 투자자들은 녹색 기업과 순환 경제를 요구하고 있다. 자선단체, NGO와 시민운동가들의 여러 네트워크들은 다극화 시대의 네트워크 협력을 새롭게 구상하고 있다.

우리는 불확실성이 커지는 세상을 항해하는 데 지도가 도움이 되리라 믿는다. 에스리와 플래닛랩스Planet Labs부터 오픈스트리트맵Open Street Map과 아워월드인데이터에 이르기까지 지도제작자들이 폭발적으로 증가했다는 사실에서 보듯이, 우리는 결코 혼자가 아니다.[4] 변화의 복잡함과 속도만으로도 앞으로 나아가려면 여러 항해 보조 장치를 이용해야만 한다. 그도 그럴 것이, 우리는 제타바이트ZetaByte 시대에 살고 있고 하루 만에도 모든 역사가 합쳐진 것보다 많은 데이터가 생성된다. 민주주의의 작동 방식에서부터 일상 속의 선택에 이르기까지, 양자 컴퓨팅과 AI는 결정 과정에서 점점 더 중요해진다. 지도들은 우리를 안내하기도 하지만, 그 역시 정치와 경제력의 도구이기도 하다.[5] 역사를 통틀어, 제국과 식민 열강들을 위해 일하던 지도제작자들은 기존의 민족이나 종교의 경계를 존중하지 않은 채 지도에 선을 죽죽 그어 주권 영토를 만들어 냈다. 오늘날의 기술 기업들도 지도를 이용해 소비자 행동에 미묘하게 영향을 끼치고 기업의 성패를 좌우하기도 한다. 지도는 제작자의 선택을 반영한다. 우리의 목표는 우리 주변에 일어나는 일을 명확히 만들어 사람들을 깨우치는 것만이 아니라 행동하도록 고취하는 것이다.

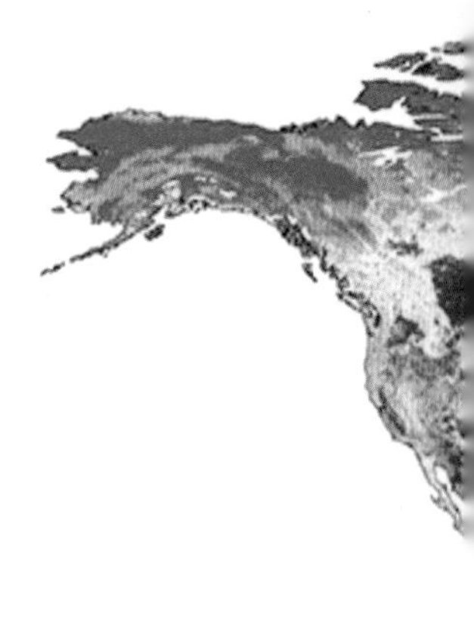

생물다양성 손실
©American Association for the Advancement of Science, 2019
손상되지 않은 생태계와 비교했을 때의 손실율

0
10
20
30
40
>40

진보를 막는 존재론적 위협들

앞으로 나아가려면 기준선이 필요하다. 믿기 어려울지도 모르지만 인류가 지금만큼 안전하거나 번영했던 적은 이전에 없었다. 스티븐 핑커Steven Pinker가 우리에게 일깨워 준 것처럼 전쟁으로 인한 죽음과 여러 형태의 폭력 범죄는 감소해왔고, 코로나19에도 불구하고, 장기간에 걸쳐 보면 대다수 사람의 삶은 실제로 나아지고 있다.[6] 그러나 이 사실이 국가 억압, 극단주의, 성폭력과 가정 폭력의

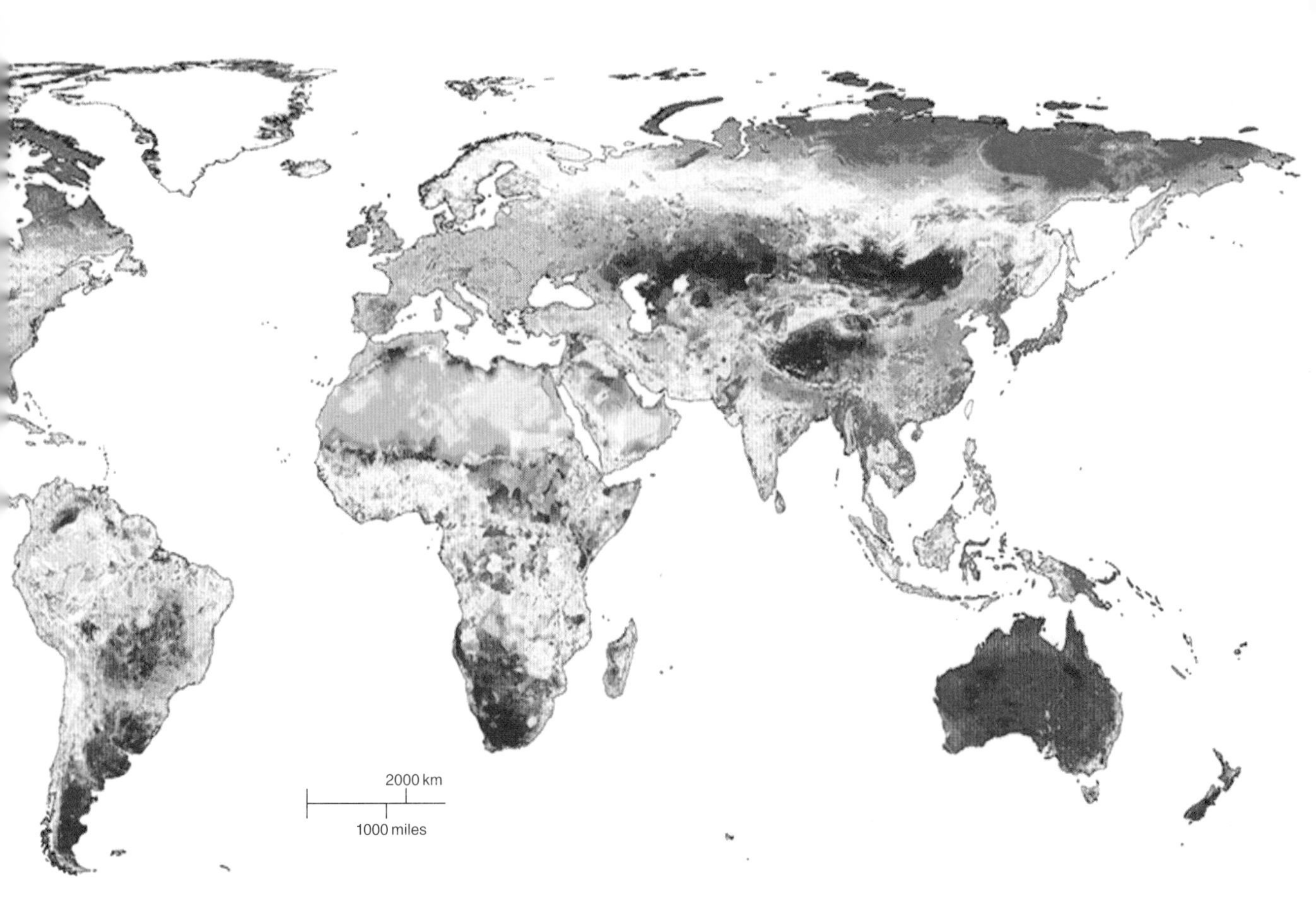

위태로운 생물다양성[8]
인간 때문에 멸종에 직면한 종이 1백만 종에 이르렀다. IPCC의 130여 개국 출신 과학자들은 "세계 종들의 멸종 속도 가속화가 임박했다"라고 경고했다. 생물다양성 손실 속도는 이미 지난 1,000만 년 동안의 수십 배, 수백 배에 달한다.

희생자와 생존자들이나, 극심한 가난 속에 살거나 오르지 않는 월급 때문에 고통받거나, 자동화로 직업이나 생계를 잃은 사람들에게는 별 위로가 되지는 않을 것이다. 개인의 보안과 안전은 아직도 너무 많은 이들에게 너무 먼 이야기이다. 끈질기게 지속되는 불안과 국내 불평등 심화는 우리가 절대 안주해서는 안 된다는 것을 의미한다.[7] 진보가 꼭 모든 이를 포용하는 것을 의미하지는 않는다. 팬데믹과 처참한 전쟁, 경제 몰락, 생태계 붕괴가 발생할 때마다 고통스럽지만 분명히 깨닫는 점은, 진보란 싸워서 쟁취해야 하며 후퇴하기도 한다는 것이다. 많은 위험 요소가 사라지기는커녕, 빈부와 상관없이 인류 모두를 파멸로 몰아갈 것만 같은 기후변화나 슈퍼곤충 등 새로운 위험요인이 가중되었다.

인류는 더 높은 평균 소득을 누리고 있고, 더 건강해졌으며, 더 많은 교육을 받고, 수명이 더 길어졌다. 하지만 평균은 격차가 벌어지고 있다는 사실을 가려버린다. 우리는 상호연결되고 복합적인 기후 재앙의 낭떠러지 앞에 서 있으며, 수백만 종의 동식물은 멸종 직전에서 허덕이고 있다. 많은 사람들, 특히 가난하고 취약한 소외계층은 자신의 생계와 삶을 위협하는 위험들이 한꺼번에 몰려오는 퍼펙트 스톰perfect storm을 정면으로 마주하고 있다. 인류 대다수의 삶은 분명히 개선되었다. 하지만 빠르게 진화하다 못해 일부는 말 그대로 광속으로 움직이는 새로운 위험 요인들은 우리 모두의 삶을 더 위태롭게 만들고 있다. 실제로 우리가 비관주의에 굴복하고 마비될 위험 또한 존재한다. 마틴 리스 전 왕립학회Royal Society 회장은 저서 『우리의 마지막 세기Our Final Century』에서 인류 문명이 현 세기를 살아남을 가능성은 반반에 불과하다 믿는다고 밝혔다.[9] 그는 환경 재앙으로 일어난 불안과 슬픔을 묘사하기 위해 '솔라스탤지어solastalgia'라는 용어를 만들어 낸 철학자 글렌 알브레히트Glen Albrecht의 염려를 되풀이한다.[10] 이 두 사람만이 아니다. 생태 불안eco-anxiety은 확산되고 있다.[11] 급진적인 행동을 시급히 촉구하는 리스 경과 글렌 알브레히트의 말에 동의한다. 파국으로 나아갈 확률이 낮다고 하더라도, 그 확률을 더 낮추려면 우리는 어서 행동해야만 한다. 집에 불이 날 확률이 조금이라도 있다고 생각한다면, 당연히 불을 예방하기 위해 무슨 일이든 해야 하지 않겠는가?

인류는 전쟁 후에 이룩한 눈부신 성취들 덕에, 비록 전부는 아닐지라도 모성 사망부터 홍역에 이르는 우리의 가장 오래된 위험 요소들을 대부분 정복할 수 있게 되었다. 더 많이 개방되고 더 많이 연결되면서 음식부터 전화 그리고 백신에 이르기까지 모든 것의 품질이 좋아지고 구하기 쉬워졌으며, 이는 소득과 기대 수명이 증가하는 결과를 낳았다. 신기술 확산이 그런 진보를 낳는 데 일조했지만, 그보다도 더 중요한 건 아이디어의 확산이었다. 누적된 성취들은 깊고 위험한 불평등을 은폐한다. 수십억 인구가 아직도 병이나 절망으로 고통받고 있고, 영양실조와 말라리아에 걸릴 위험에 처하거나 극심한 빈곤에 놓여 있다. 세계화는 문제의 일부이자 해결책이다. 이는 『위험한 나비효과』에 묘사된 것처럼, 세계의 글로벌 통합 시장 시스템과 상호 연결된 디지털·실물 인프라를 통해 세계화의 장단점이 전파되기 때문이다.[12] 코로나19는 세계화의 혜택을 퍼뜨리는 공항과 같은 거점 수송 시스템이 바이러스도 퍼뜨릴 수 있다는 생생한 사례를 제공했다. 그전에는 2008년 경제위기가 유럽의 연금생활자들을 파산시켰다. 혹은 미국과 중국의 무역 전쟁이 콩고와 잠비아의 코발트 광부들의 일자리에 막심한 피해[13]를 입힌 사례와 아마존의 산불과 삼림파괴[14]를 부채질하는 사례도 있다.

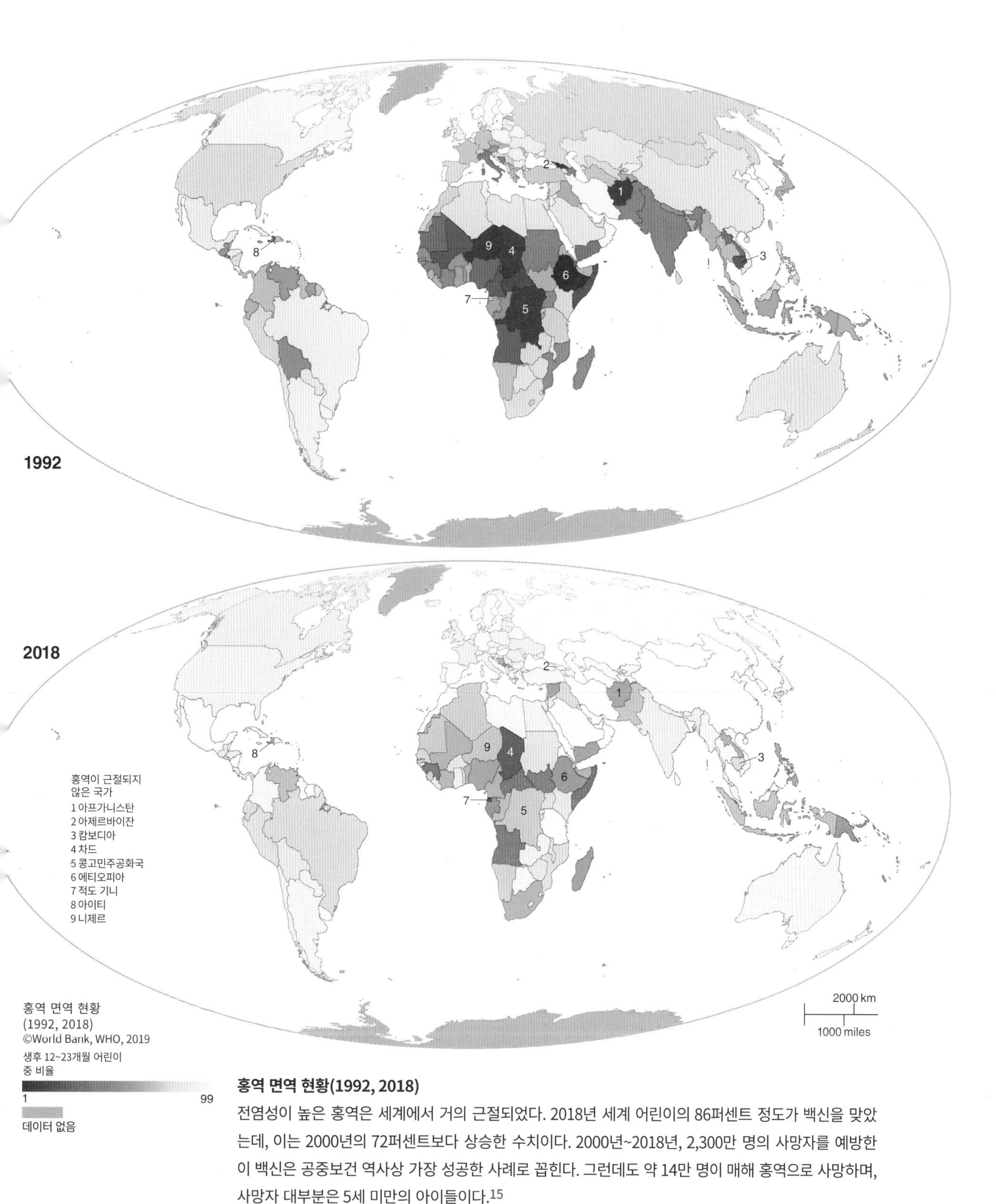

홍역 면역 현황(1992, 2018)

전염성이 높은 홍역은 세계에서 거의 근절되었다. 2018년 세계 어린이의 86퍼센트 정도가 백신을 맞았는데, 이는 2000년의 72퍼센트보다 상승한 수치이다. 2000년~2018년, 2,300만 명의 사망자를 예방한 이 백신은 공중보건 역사상 가장 성공한 사례로 꼽힌다. 그런데도 약 14만 명이 매해 홍역으로 사망하며, 사망자 대부분은 5세 미만의 아이들이다.[15]

초연결 시대에 위험을 다시 계산하기

우리는 강렬한 격동과 환멸, 현혹의 시대에 산다. 심화하는 지정학적 긴장은 국제 관계를 변화시키고, 정치적 부족주의political tribalism는 국가 내 깊은 분열을 드러낸다. 코로나19는 우리 사회를 계층화하는 많은 불평등을 폭로했을 뿐 아니라, 노동의 디지털화와 같은 여러 구조적 변화를 가속했다. 파괴적 신기술disruptive new technologies은 보안·정치·경제에 대한 오래된 믿음들은 물론, 인간이라는 존재의 의미까지도 뒤집어 놓고 있다. 다음에 무슨 일이 일어날지 알기 힘들다. 불안이 오만을 대체했다. 가장 걱정되는 것은 이 거대한 세계적 난제들이 모두 다자주의와 국제 협력이 약화하는 시기에 부상한다는 점이다. 우리의 미래가 과거와 비교할 수 없을 만큼 복잡하고 불확실해 보이기 때문에 마음을 놓을 수 없는 것이다. 오늘과 내일의 위험 관리를 할 때는 뒤를 돌아봐서는 안 된다. 과거로부터 배우기도 해야 하지만, 당면한 문제와 가능한 해결책의 본질이 변화한다는 사실을 잊지 말고 온 힘을 기울여 집중해야 한다. 코로나19 팬데믹의 후유증으로 충분히 입증되었듯이, 기업, 공급망, 시장, 소비 패턴의 복잡성이 증가하면서 나타난 새로운 체계적 위험들이 지금 우리 눈앞에서 매우 빠르게 떠오르면서 우리를 심각하게 위협하고 있기 때문이다.[16]

이 모든 건 우리가 위험에 대해 다시 생각해야 함을 의미한다. 거버넌스의 다른 영역에처럼, 보충성의 원리*(개인이나 소규모 집단이 할 수 없는 것에 한해 정부가 개입해야 한다는 사고방식)*를 위험에도 적용해야 한다. 개인이나 가구, 지역, 도시, 기업 차원에서 효과적으로 다룰 수 있는 것은 그 차원에서 다뤄야 한다. 최소 적용 단위의 탄력적 사고방식에 기반한 설계가 그 어느 때보다도 중요해졌고, 자급자족형 순환 경제나 적응적 재생 분야 투자 등 가능한 곳이라면 어디에나 적용해야 한다.[17] 더 적극적인 조정과 개입이 필요한 곳에는 발 벗고 나서서 해결할 정치 의지, 바로 투입할 수 있는 재정 및 기타 자원이 있어야 한다. 이는 주 정부, 국가, 지역, 심지어는 세계 단위에서도 일어날 수 있는 일이다. 실제로 우리가 현재 직면한 가장 큰 위험 요소들은 전 지구적 차원의 문제이며 동네 생활권에서부터 다자 단위의 대응을 모두 필요로 한다. 1984년~1985년 에티오피아 기근, 2004년 인도네시아 쓰나미, 2010년 아이티 지진의 사례에서 보듯이, 대규모 재해가 발생할 때, 국제 사회가 시기를 놓치지 않고 해당 지역의 자구 노력을 지원하는 것이 핵심이다. 2008년 금융위기와 2020년 코로나바이러스 창궐 역시 지역 문제를 제대로 관리하지 못했기 때문에 통제할 수 없을 정도로 커진 체계적 위험의 사례들이다.

빨간 경고등에는 벌써 불이 깜빡거리고 있다. 기후 챕터에서는 해안 도시들의 홍수 문제와 지구의 생물다양성 파괴에 이르기까지, 지구온난화의 지대한 영향에 대해 생각해 보았다. 또한 건강 챕터에서는 팬데믹과 항생제 내성으로 발생하는 세계의 위협요소가 재앙을 몰고 올 가능성이 있음을 살펴보았다. 불평등 챕터에서 보았듯, 빈곤국의 빈곤층은 체계적 위험에 특히 취약하다. 이들은 어려운 시기를 견뎌낼 저축이나 주택 증서, 토지 보유권이 없는 경우가 많고, 바로 그 이유 때문에 가격충격과 시장 실패에 가장 많이 노출되어 있다. 2008년 금융위기 이후 10년이 넘은 시점에도 유럽과 영국, 미국의 극빈층은 위기 전보다 더 가난하다. 자신들을 반복적으로 실망시킨 엘리트들에 대한 그들의 분노는 사회적 반발심리에 기름을 끼얹었다.[18]

위험 감소는 모두의 몫

위험은 너무 중요하기에 학자와 은행가, 공무원을 막론하고 전문가들에게만 남겨둘 수 없다. 우리 모두의 개별·집단행동이 위험의 전개 양상을 결정하고, 나아가 우리 아이들과 자손들의 미래 환경까지 결정한다. 정부들이 '우리를 구원할' 것만 바라면서 단순히 위로 책임을 떠넘겨서는 안 된다. 우리는 모두 팬데믹과 기후변화의 위험 요소를 완화하고, 플라스틱 쓰레기를 줄이거나 항생제 이용을 자제하는 등 적극적으로 행동해야 한다. 이는 단순한 윤리적 태도가 아니다. 우리의 집단 생존이 걸린 문제이다. 모든 문제가 세계적 수준의 집단행동까지 가게 되는 건 아니다. 모든 큰 난제들이 정부나 국제기관에 의해 해결되는 것도 아니다. 시민들과 지역사회도 중요한 제 몫이 있다. 세계에서 최종적으로 생산·교환·소비되는 것의 대부분을 책임지는 기업의 역할 역시 중요하다. 더욱 지속 가능한 미래로 더욱 빠르게 변화하려면 정부 규제, 기업의 리더십과 소비자 운동, 이 모두의 조합이 필요하다.[19]

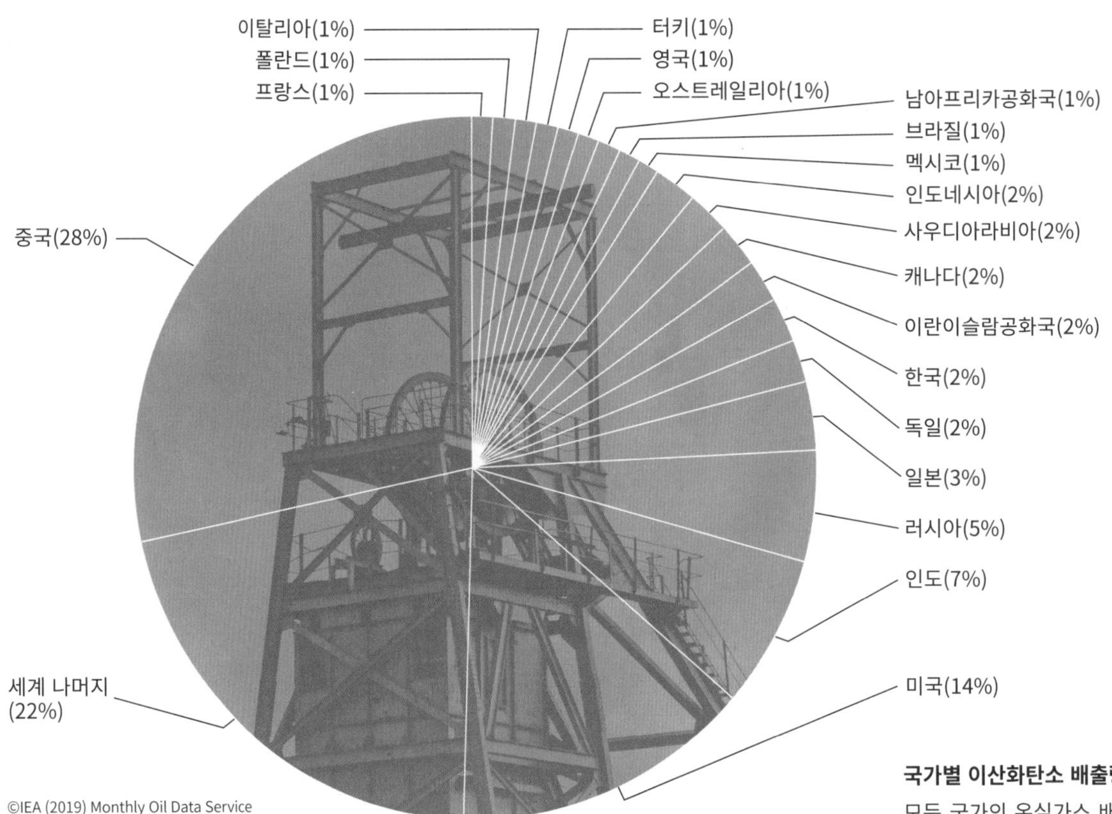

국가별 이산화탄소 배출량[20]
모든 국가의 온실가스 배출량은 다르다. IEA에서 만든 이 차트는 석유, 석탄, 천연가스와 기타 산업 폐기물에서 나오는 이산화탄소 배출량 추정치이다. 배출량이 가장 많은 국가는 중국과 미국, 인도이며 러시아, 일본, 독일, 한국, 이란, 캐나다, 사우디아라비아가 그 뒤를 잇는다. 1인당 배출량으로 따지면 사우디아라비아, 오스트레일리아, 미국, 캐나다, 한국, 러시아, 일본이 최고 오염 유발국이다.

우리가 직면한 거대한 난제 대다수는 몇몇 사람들의 행동으로도 극적으로 완화될 수 있다. 문제 전체를 해결할 수는 없을지도 모르지만, 이는 흔히 말하는 파레토 법칙Pareto Principle이 적용되는 사례이다. 즉, 20퍼센트의 소수가 80퍼센트의 문제를 해결할 수 있다는 말이다. 기후변화가 좋은 예이다. 기후 챕터에서 분명히 확인했듯, 20개도 채 안 되는 국가가 온실가스 배출량의 80퍼센트를 차지하며,[21] 20개 기업의 배출량이 1965년부터의 전체 온실가스 배출량의 3분의 1을 차지한다.[22] 193개국 모두가 온실가스를 빠르게 감축하기로 동의하는 게 필수는 아닐 수 있다. 하지만 배출량이 가장 많은 국가들은 배출량을 제로로 만들기 위해 즉시 조치를 취해야 한다. UN의 보호 아래 이루어지는 협약은 정당성은 확보되지만, 성공이 보장된 것은 아니다. 협정 서명국 대부분이 약속 이행에 실패하기 때문이다.

우리가 직면한 문제 대부분은 비교적 소수 정부와 기업의 책임이기 때문에 결자해지의 원칙대로, 해결책을 내는 데에는 이들이 큰 역할을 맡아야만 한다.

그러나 기존 규칙으로부터 혜택을 받는 이들이 규칙을 바꾸리라고 기대하기란 힘들다. 기후변화든 조세회피든 현상 유지의 혜택을 누려온 강력한 기득권층을 상대로 목소리를 높여야 한다. 기후변화의 경우, 방글라데시, 몰디브, 솔로몬 제도처럼 가장 악영향을 입은 국가들의 목소리를 반영하는 게 필수적이다. 왜곡된 화석연료 보조금은 중단되어야 한다. 은행의 긴급구제나 규제들처럼, 이런 보조금들을 부추기는 것은 로비이다. 로비를 제한하고 월가와 백악관 사이의 회전문을 폐쇄해야 한다.[23]

현재 워싱턴 DC와 브뤼셀의 가장 거대한 로비 집단은 기술 기업들이다. 이 기업들의 독점, 프라이버시 침해, 데이터 접근권이나 극단주의, 혐오 발언, 가짜 뉴스 조장 등을 조사하는 정당한 청문회를 해당 기업들이 무력화하도록 허용해서는 안 된다. 가짜 계정을 만들고 왜곡된 정보를 전달하면서 소셜미디어를 해킹·조작하는 일은 민주주의의 근간을 위협한다. 전 세계 선거를 뒤흔든 증거인 케임브리지 애널리티카Cambridge Analytica 스캔들은 이런 관행이 얼마나 널리 침투해 있는지를 상기시킨다. 지하드주의Jihadism부터 백신 반대 운동에 이르기까지, 사이버공간에 퍼지는 위험한 사상들과 가짜 뉴스는 글로벌 위험 관리를 굉장히 복잡하게 만든다. 정부 규제 당국과 소셜미디어 기업들은 자신들의 책임을 확인하고 위험을 완화하는 데 기여해야 한다.

복잡한 신생 바이러스 위협이 전파되는 상황에서 제약회사들 역시 정부와 기업들과 합심해 새로운 항생제를 개발하고 팬데믹에 더욱 적극적으로 대처해야 한다. 금융에서는 금융 안정성을 보호하기 위해 더욱 많은 조치가 필요하며, 특히 그림자 금융을 축소해야 한다. 대형은행들이 받는 규제감독을 받지 않는 기업이 제공하는 그림자 금융 상품이 늘어나고 있다. 위험 관리에 특화된 보험회사들도, 특히 위험을 예측하고 그에 대비하는 차세대 도구들을 개발하는 데 중요한 역할을 맡아야 한다. 기후변화에서부터 사이버 위협에 이르기까지, 새로운 위험 요소들을 포함하도록 보상 범위를 확대하는 능력이 필수적이다. 보험회사들은 재보험업계에 위험을 전가하는데, 청구가 증가하고 위험이 폭포처럼 밀려오면서 이미 재보험업계는 시험대에 올랐다. 재보험회사들이 체계적 위험을 관리하는 데 필요한 적절한 지원조건을 정의하기 위해 정부들도 시급히 머리를 맞대야 한다.

신기술은 보험의 본질을 바꾸고 있다. 보험은 본질적으로 누군가 곤란한 상황이 생겼을 때 처지가 더 나은 사람들이 보상해 주는 상부상조 친목회 같은 것이다. 이제 신기술 덕에 개인의 위험 민감성을 훨씬 더 잘 예측할 수 있게 되었다. 일부 신기술은 다른 것보다 더 프라이버시를 침해한다. 예를 들어 앞으로 생체 인식 검사는 개인의 건강을 예측할 수 있고, 자동차 센서는 개인의 운전 습관을 구별하여 인식하고, 집에 설치한 센서는 흡연자를 알아낼 수도 있다. 개인의 행동에 가격을 매기고, 좋은 습관이 있는 사람에게는 할인이나 우대를 해줄 가능성이 커지고 있고, 이를 비롯한 여러 이유 때문에 사회 취약층이나 저소득층의 보상 범위가 줄어들 가능성 역시 커진다. 이는 불평등을 심화시키고 프라이버시 규범을 뒤엎을 것이다.

전 세계가 합의하고 집행하는 법과 규제를 고수한다면 정부와 기업들이 직면한 복잡함을 크게 단순화할 수 있을 것이다. 예를 들어, WTO 회원국이 되면 예측 가능한 무역과 보편적인 규범을 확립할 수 있게 된다. EU는 때로 지나친 관료주의의 화신으로 그려지지만, 실제로 단일 시장이 된 EU는 27개국의 규제 정책을 나란히 맞췄고, 유럽 시민의 삶과 기업 및 정부의 핵심 요소들을 크게 단순화했다. 대신 방위, 외교, 이주, 사법과 같은 주권의 핵심 부분을 EU 집행위원회에 넘겨주었다. 책임을 한데 집중함으로써 각국 경제가 상당히 부양됐고, 적대국 혹은 비국가 주체들이 가하는 사이버 및 전통적 위협 등의 매우 복잡한 위험 요소를 상대하는 각국의 협상력 역시 향상됐다. EU가 공동으로 위험을 관리하는 유일한 예는 아니다. 항공 교통 관제는 빠른 기술 발전, 지난 100년간 새로 생긴 100개의 국가들, 항공 교통의 연간 증가율 10퍼센트에도 불구하고, 급속한 세계화 시대의 효과적인 위험 관리 연구 사례로 꼽힌다.[24] 항공 여행 급감과 수십 개 항공사의 파산을 가져온 코로나19 이후 항공 산업은 완전히 새로운 위험에 직면해 있다.

위험한 세상에서 집단행동을 촉구하다

감염병, 기후변화, 급속한 자동화, 금융의 몰락, 지정학적 긴장 등 다양한 위험 요인들이 빠르게 수렴하고 있다. 이는 우리 대부분에게 심란하고 대응하기 어려운 일이다. 불확실성에 맞서기에 약하다고 느껴질 때, 사람은 익숙한 곳과 오래되고 확실한 것을 찾게 된다. 극적인 변화를 맞닥뜨릴 때 개인들은 더 방어적이고 보호주의와 국수주의에 젖게 된다. 기회주의적 정치인들은 단순한 해결책을 내세우고 과거에 호소하며 공포, 불안, 의심을 이용한다. 그들의 공약이 일시적 위안을 줄지는 몰라도, 실제로 팬데믹이나 지구온난화, 생태계와 해양의 몰락, 또는 이 책에서 검토한 기타 위태로운 체계적 위험 요인들을 막을 수 있는 높고 튼튼한 장벽 따위는 없다. 지금 필요한 건 협력을 줄이는 게 아니라 늘리는 것이다. 후퇴와 파편화는 우리가 직면한 존재론적 위험을 가중할 뿐이다.

코로나19 팬데믹이 발생하기 12년 전, 세계는 금융 파국 직전까지 갔었다. 미국, 중국, 유럽과 기타 17개 선진국이 비상 회의를 소집하고 재앙을 모면하기로 함께 합의하고서야 비로소 급한 불을 끌 수 있었다. 지금의 위험 상황은 부유한 국가들이 재정 정책 카드를 다 써버렸을 뿐 아니라, 협력할 정치 의지를 잃었다는 데 있다. 중국이 기후변화와 무역 관련 글로벌 난제를 관리하는 데 더 큰 역할을 맡겠다고 나섰지만, 미국은 뒷걸음치고 있다. 새로운 냉전도 이미 진행 중이다. 부유한 국가들은 성장 둔화와 경기 침체 때문에 비난받는 전문가들에 대한 신뢰 상실이라는 악순환에 갇혀 있다. 위험이 상승할수록, 포퓰리스트와 국수주의자들은 엘리트, 외국인 이주자와 난민들을 탓한다. 이는 협력 의지를 약화시키며, 나아가 위험 요소가 악화하고 사회통합은 조각나 버리는 결과로 이어진다.

해결책은 세계화로부터의 후퇴가 아니라 공동의 시련을 극복하려는 더욱 긴밀한 공조에서 찾아야 한다. 우리 앞에 있는 거미줄처럼 얽힌 난제들에 대처하려면 규제와 감독 당국이 경계를 높이고, 위험 관리의 수준을 높이고, 정책 입안자들이 더 긴밀하게 공조하는 것이 모두 필요하다. 통합의 증대는 상호의존성을 높인다. 국가 내·국가 간 일관되지 않은 대응은 문제를 더 복잡하게 만들 뿐이며 반드시 실패하게 된다. 우리가 마주한 가장 큰 위협은 체계적 위험을 도외시하고, 이를 해결하려고 협력하는 데 실패하는 정부들의 단기주의이다. 개인, 지역사회, 도시, 주, 기업, 국가, 지역, 지구 등 삶의 모든 영역에서 우리는 새로운 동맹을 맺고, 도전적 목표에 헌신하여 우리가 직면한 많은 위험에 대해 알고 있는 것을 긴급히 행동으로 옮겨야 한다. 그 위험 요소들을 완화해야지만 비로소 21세기의 엄청난 기회를 활용할 수 있다. 미래를 결정하는 가장 좋은 방법은 바로 그 미래를 만드는 것이다.

주

서문

1 Coronavirus.jhu.edu, COVID-19 Dashboard, Center for Systems Science and Engineering (CSSE) at Johns Hopkins University (JHU), 2020.
2 Gates, Bill, We're Not Ready for the Next Epidemic, Gates Notes, 2015; Muggah, Robert, Pandemics Are the World's Silent Killers. We Need New Ways to Contain Them, Devex, 2019; Goldin, Ian and Mariathasan, Mike, The Butterfly Defect, Princeton University Press, 2014.
3 Altman, Steven A., Will Covid-19 Have a Lasting Impact on Globalization?, HBR, 2020.
4 Schipani, Andres, Foy, Henry, Webber, Jude, et al., The 'Ostrich Alliance': The Leaders Denying the Coronavirus Threat, FT, 2020.
5 Spreeuwenberg, Peter, Kroneman, Madelon and Paget, John, Reassessing the Global Mortality Burden of the 1918 Influenza Pandemic, American Journal of Epidemiology, Vol. 187, 2018; Johnson, Niall P. A. S. and Juergen Mueller, Updating the Accounts: Global Mortality of the 1918–1920 'Spanish' Influenza Pandemic, Bulletin of the History of Medicine, Vol. 76, 2002.
6 Based on Nickol, Michaela and Kindrachuk, Jason, A year of terror and a century of reflection: Perspectives on the great influenza pandemic of 1918–1919, BMC Infectious Diseases, Vol. 19, 2019; Nicholson, Karl, Webster, Robert G., et al. Textbook of Influenza, Blackwell Science, 1998.
7 Brainerd, Elizabeth and Siegler, Mark V., The Economic Effects of the 1918 Influenza Epidemic, CEPR Discussion Papers 3791, 2003; Correia, Sergio, Luck, Stephan and Verner, Emil, Pandemics Depress the Economy, Public Health Interventions Do Not: Evidence from the 1918 Flu, SSRN, 2020.
8 Gyr, Ueli, The History of Tourism: Structures on the Path to Modernity, EGO, 2010.
9 Fedrico, Giovanni and Tena, Junguito, World Trade Historical Databases.
10 Nielsen.com, Outbound Chinese Tourism and Consumption Trends, Nielsen, 2017.
11 Rabouin, Dion, Coronavirus Has Disrupted Supply Chains for Nearly 75% of U.S. Companies, Axios, 2020.
12 Crow, Alexis, COVID-19 and the Global Economy, Observer Research Foundation, 2020; Goldin, Ian and Muggah, Robert, Viral Inequality, Syndicate Project, 2020,
13 Antonenko, Oksana, COVID-19: The Geopolitical Implications Of A Global Pandemic, Control Risks, 2020.
14 Binding, Lucia, Coronavirus: Only 9% of Britons Want Life to Return to 'Normal' Once Lockdown is Over, Sky News, 2020.
15 Monks, Paul, Coronavirus: Lockdown's Effect On Air Pollution Provides Rare Glimpse Of Low-carbon Future, The Conversation, 2020.
16 Muggah, Robert, Redesigning The COVID-19 City, NPR, 2020.
17 Goldin, Ian, Divided Nations: Why Global Governance Is Failing, and What We Can Do About It, Oxford University Press, 2013.
18 Foa, Roberto, S., Klassen, Andrew, et al. The Global Satisfaction with Democracy Report 2020, University of Cambridge, 2020.
19 Pew Surveys at Pewresearch.org, Topics: Political Polarization, Pew Research, 2020.
20 Goldin, Ian, The Compass: After the Crash: The Future, BBC, 2018.
21 Oxfordmartin.ox.ac.uk, Now for the Long Term: The Report of the Oxford Martin Commission for Future Generations, Oxford Martin School, 2013.

세계화

1 Goldin, Ian and Reinert, Kenneth, Globalization for Development, Oxford University Press, 2012.
2 Internetworldstats.com, World Internet Usage and World Population Statistics, 2020.
3 Ofcom.org.uk, Achieving Decent Broadband Connectivity for Everyone, 2016.
4 Cable.co.uk, Worldwide Broadband Speed League, 2019.

5 Fukuyama, Francis, The End of History and the Last Man, Penguin, 2012.
6 Cairncross, Frances, The Death of Distance: How the Communications Revolution is Changing Our Lives, Harvard Business School Press, 2001.
7 Friedman, Thomas, The World is Flat: The Globalized World in the Twenty-First Century, Penguin, 2007.
8 Goldin, Ian, Muggah, Robert, How to Survive and Thrive in Our Age of Uncertainty, World Economic Forum, 2019.
9 Inequality.org, Facts: Global Inequality, 2020.
10 Ahmed, Kamal, Workers are £800 a Year Poorer Post-crisis, BBC News, 2018.
11 World Bank Group, World Development Report 2016: Digital Dividends, 2016.
12 Osterhammel, Jurgen and Petersson, Niels, Globalization: A Short History, Princeton University Press, 2005; O'Rourke, Kevin H., Williamson, Jeffrey G., When Did Globalization Begin?, NBER No. 7632, 2000.
13 Francis Galton, Isochronic Passage Chart, Proceedings of the Royal Geographical Society, 1881.
14 Vanham, Peter, A Brief History of Globalization, World Economic Forum, 2019.
15 This section draws on Goldin, Reinert, 2012, op. cit., p23.
16 Goldin, Ian and Kutarna, Chris, Age of Discovery, Bloomsbury, 2017.
17 Vanham, 2019, op. cit., p23.
18 Beltekian, Diana, Ortiz-Ospina, Esteban, The 'Two Waves of Globalisation', 2018.
19 Keynes, John M., The Economic Consequences of the Peace, Harcourt, Brace, and Howe, 1920; See Goldin, Reinert, 2012, op. cit., p23.
20 Eichengren, Barry, Globalizing Capital, Princeton University Press, 2008.
21 Hatton, Timothy and Williamson, Jeffrey, The Age of Mass Migration, Oxford University Press, 1998.
22 Smith, Oliver, Switzerland's Out, Albania's In – How the Travel Map Has Changed Since 1990, Telegraph, 2020.
23 Data.worldbank.org, Trade (% of GDP), World Bank national accounts data, and OECD National Accounts data files, 2019.
24 Data.worldbank.org, Merchandise Exports, Transparency in Trade initiative, 2019.
25 Data.worldbank.org, Trade, 2019, op. cit., p27.
26 Chatzky, Andrew, McBride, James and Sergie, Mohammed A., NAFTA and the USMCA: Weighing the Impact of North American Trade, Council on Foreign Relations, 2020.
27 Misbahuddin, Sameena,What is the World Wide Web?, BBC Bitesize, 2020.
28 Roser, Max, Democracy, Our World in Data, 2013.
29 Foa, Roberto, S., Klassen, Andrew, et al. The Global Satisfaction with Democracy Report 2020, University of Cambridge, 2020.
30 Altman, Steven, A., Ghemawat, Pankaj and Bastian Phillip, DHL Global Connected Index 2018 – The State of Globalization in a Fragile World, DHL, 2018.
31 Ibid., p32.
32 Imf.org, World Economic Outlook Database, 2019.
33 Goldin, Reinert, 2012, op. cit., p32.
34 Goldin, Ian and Mariathasan, Mike, The Butterfly Defect, Princeton University Press, 2014.
35 Ibid., p32.
36 Murphy, Francois and Wroughton, Lesley, IMF Warns of Financial Meltdown, Reuters, 2008.
37 Wikipedia.org, Stock Market Crash, 2020.
38 Worldbank.org, Record High Remittances Sent Globally in 2018, World Bank Press Release, 2019.
39 Knomad and World Bank Group, Migration and Remittances: Recent Developments and Outlook, Migration and Development Brief 31, 2019.
40 Ibid., p34.
41 Unctad.org, Global Foreign Investment Flows Dip to Lowest Levels in a Decade, UNCTAD News, 2019.
42 Regling, Klaus, 'Cross-border Capital Flows: Theory and Practice' – Speech K. Regling, ESM News, 2017.
43 Ibid., p34.
44 iif.com, Global Focus: Global Macro Views, Institute of International Finance, 2020.
45 Chappell, Bill, U.S. National Debt Hits Record $22 Trillion, NPR Economy, 2019.
46 Amoros, Raul, The Biggest Foreign Holders of U.S. Debt – In One Chart, howmuch.net article, 2019.
47 Ibid., p35.
48 Ibid., p35.
49 Goldin, Ian, Karlsson, Mats, Stern, Nicholas, Rogers, Halsey and Wolfensohn, James, D., A Case for Aid: Building a Consensus for Development Assistance, World Bank Report, 2002.
50 Goldin, Ian, Development: A Very Short Introduction, Oxford University Press, 2018.
51 Ibid., p36.
52 Ibid., p37.
53 Oecd.org, Official Development Assistance 2019: Compare your Country, DAC Statistics, 2020.
54 Ibid., p37.
55 Freund, Caroline and Ruta, Michele, Belt and Road Initiative, World Bank Brief, 2018.
56 Goldin, 2018, op. cit., p37.
57 Oecd.org, What is ODA?, DAC Report, 2018.
58 Goldin, 2018, op. cit., p38.
59 Roser, Max, Economic Growth, Our World in Data, 2013.
60 Glenny, Misha, McMafia: A Journey Through the Global Criminal Underworld, Vintage, 2009.
61 Naim, Moises, Illicit: How Smugglers, Traffickers, and Copycats are Hijacking the Global Economy, Penguin Random House, 2006.

기후

1 Cookson, Clive, Homo Sapiens 100,000 Years Older Than Thought, Financial Times, 2017.
2 Washingtonpost.com, Himalayan Death Tolls, Washington Post, 2014.
3 Farooq, Mohd, Wagno, Patrick, Berthier, Etienne, et al., Review of the Status and Mass Changes of Himalayan-

Karakoram Glaciers, Journal of Glaciology, Vol. 64, 2018.
4 Mukherjee, Kriti, Bhattacharya, Atanu, Pieczonka, Tino, et al., Glacier Mass Budget and Climate Reanalysis Data Indicate a Climatic Shift Around 2000 in Lahaul-Spiti, Western Himalaya, Climate Change, Vol. 148, 2018.
5 Skymetweather.com, Gangotri Glacier Shrinking, skymetweather, 2014.
6 Dixit, Kunda, In Mount Everest Region, World's Highest Glaciers are Melting, Inside Climate News, 2018.
7 King, Owen, Quincey, Duncan J., Carrivick, Jonathan L., et al., Spatial Variability in Mass Loss of Glaciers in the Everest Region, Central Himalayas, Between 2000 and 2015, The Cryosphere, Vol. 11, 2017.
8 Thejournal.ie, Shrinking Himalayan Glaciers Have Been Granted Status of 'Living Entities', theJournal.ie, 2017.
9 Pelto, Mauri, Zemu Glacier, Sikkim Thinning and Retreat, From A Glacier's Perspective: Glacier Change, 2009.
10 Kornei, Katherine, Glacial Outburst Flood Near Mount Everest Caught on Video, Eos, 2017.
11 Ibid., p51.
12 Dixit, 2018, op. cit., p52.
13 UNDP Nepal, Danger In The Himalayas, UNDP Nepal, 2018.
14 Spacedaily.com, Black Carbon Driving Himalayan Melt, Space Daily, 2010.
15 Chao, Julie, Black Carbon a Significant Factor in Melting of Himalayan Glaciers, Berkeley Lab: News Center, 2010.
16 Voiland, Adam, A Unique Geography -- and Soot and Dust -- Conspire Against Himalayan Glaciers, nasa.gov, 2009.
17 Npolar.no, Albedo Effect, Norwegian Polar Institute.
18 Wester, Philipous, Mishra, Aditi, Mukherji, Arun, et al., The Hindu Kush Himalaya Assessment: Mountains, Climate Change, Sustainability and People, Springer, 2019.
19 Ibid., p53; Sahasrabudhe, Sanhita and Mishra, Udayan, Summary of the Hindu Kush Himalaya Assessment Report, ICIMOD, 2019.
20 Wester, Mishra, Mukherji, 2019, op. cit., p53.
21 Cornell University, Rising Seas Could Result in 2 Billion Refugees by 2100, ScienceDaily, 2017.
22 Holmes, Robert M., Natali, Susan, Goetz, Scott, et al., Permafrost and Global Climate Change, Woods Hole Research Center, 2015.
23 Winski, Dominic, Osterberg, Erich, Kreutz, Karl, et al., A 400-Year Ice Core Melt Layer Record of Summertime Warming in the Alaska Range, JGR Atmospheres, Vol. 123, 2018.
24 Larsen, Chris F., Burgess, Evan and Arendt, Anthony A., Surface Melt Dominates Alaska Glacier Mass Balance, Geophysical Research Letters, Vol. 42, 2015.
25 NASA, World of Change: Columbia Glacier, Alaska, Phys. org, 2018.
26 Trusel, Luke D., Das, Sarah B., Osman, Matthew B., et al., Nonlinear Rise In Greenland Runoff In Response To Post-industrial Arctic Warming, Nature, Vol. 564, 2018.
27 Van As, Dirk, Hubbard, Alun L., Hasholt, Bent, et al., Large Surface Meltwater Discharge from the Kangerlussuaq Sector of the Greenland Ice Sheet During the Record- warm Year 2010 Explained by Detailed Energy Balance Observations, The Cryosphere, Vol. 6, 2012.
28 Andrews, Lauren C., Methane Beneath Greenland's Ice Sheet is Being Released, Nature, 2019.
29 Oltmanns, Marilena, Strane, Fiammetta and Tedesco, Marco, Increased Greenland Melt Triggered by Large-scale, Year-round Cyclonic Moisture Intrusions, The Cryosphere, Vol. 13, 2019.
30 Phys.org, Iceberg 4 Miles Wide Breaks off From Greenland Glacier, Phys.org, 2018.
31 Gray, Ellen, Unexpected future boost of methane possible from Arctic permafrost, Global Climate Change, 2018.
32 Portnov, Alexey, Vadakkepuliyambatta, Sunil, Mienert, Jürgen, et al., Ice-sheet-driven Methane Storage and Release in the Arctic, Nature Communications, Vol. 7, 2016.
33 Boberg, Frederik, Langen, Peter L., Mottram, Ruth H., 21st-century Climate Change Around Kangerlussuaq, West Greenland: From the Ice Sheet to the Shores of Davis Strait, Arctic, Antarctic, and Alpine Research, Vol. 50, 2018.
34 NCDC.noaa.gov, Global Climate Report - Annual 2018, NOAA, 2019.
35 Shen, Lucinda, These 100 Companies Are Responsible for Most of the World's Carbon Emissions, Fortune, 2017.
36 Europarl.europa.eu, Greenhouse Gas Emissions by Country and Sector (Infographic), European Parliament, 2019.
37 Allsopp, Michelle, Page, Richard, Johnston, Paul, et al., State of the World's Oceans, Springer, 2009.
38 NCDC.noaa.gov, 2019, op. cit., p60.
39 European Academies' Science Advisory Council, Leopoldina - Nationale Akademie der Wissenschaften, New Data Confirm Increased Frequency of Extreme Weather Events, Science Daily, 2018.
40 Rodgers, Lucy, Climate Change: The Massive CO2 Emitter You May Not Know About, BBC News: Science and Environment, 2018.
41 EPA.gov, Sources of Greenhouse Gas Emissions, EPA, 2018.
42 Griffin, Paul, The Carbon Majors Database: CDP Carbon Majors Report 2017, CDP, 2017.
43 Thompsonreuters.com, Global 250 Greenhouse Gas Emitters, Reuters, 2017.
44 Carr, Mathew, China's Carbon Emissions May Have Peaked, Bloomberg, 2018.
45 Guan, Dabo, Meng, Jing, Reiner, David M., et al., Structural Decline In China's CO2 Emissions Through Transitions In Industry And Energy Systems, Nature Geoscience, Vol. 11, 2018.
46 Storrow, Benjamin, Global CO2 Emissions Rise after Paris Climate Agreement Signed, Scientific American, 2018.
47 Kurtis, Alexander, Oil Companies Want Sf, Oakland Climate Lawsuits Dismissed, San Francisco Chronicle, 2018.
48 Milman, Oliver and Holden, Emily, Lawsuit Alleges Exxonmobil Deceived Shareholders On Climate Change Rules, Guardian, 2018.
49 DiChristopher, Tom, Judge Throws Out New York City's Climate Change Lawsuit Against 5 Major Oil Companies, CNBC, 2018.

50 Kurtis, 2018, op. cit., p62.
51 Irfan, Umair, Playing hooky to save the climate: why students are striking on March 15, Vox, 2019.
52 Balch, Jennifer K., Bradley, Bethany A., Abatzoglou, John T., et al., Human-started Wildfires Expand the Fire Niche Across the United States, PNAS, 2017.
53 Wolters, Claire, California Fires Are Raging: Get the Facts on Wildfires, National Geographic, 2019.
54 Wall, Mike, Raging California Wildfires Spotted from Space, Space.com, 2018.
55 Miller, Casey and Irfan, Umair, Map: See Where Wildfires Are Causing Record Pollution In California, Vox, 2017.
56 Azad, Arman, Due to Wildfires, California Now Has The Most Polluted Cities In The World, CNN, 2018.
57 Williams, Jeremy, Tracking Coal Power from Space, The Earthbound Report, 2019.
58 Magill, Bobby, U.S. Has More Gas Flares than Any Country, Scientific American, 2016.
59 Bismarktribune.com, North Dakota Oil Production Natural Gas Flaring Reach New Highs, Bismarck Tribune, 2018.
60 Kroh, Kiley, Emissions From North Dakota Flaring Equivalent To One Million Cars Per Year, Think Progress, 2013.
61 Finlay, Sarah E., Moffat, Andrew, Gazzard, Rob et al., Health Impacts of Wildfires, PLoS Currents, Vol. 4, 2012.
62 WHO.int, Health Topics: Air Pollution, WHO, 2020.
63 Wettstein, Zachary S., Hoshiko, Sumi, Fahimi, Jahan, et al., Cardiovascular and Cerebrovascular Emergency Department Visits Associated With Wildfire Smoke Exposure in California in 2015, Journal of the American Heart Association Vol. 7, 2018.
64 Schultz, Courtney and Moseley, Cassandra, Better Forest Management Won't End Wildfires, But It Can Reduce The Risks – Here's How, The Conversation, 2018.
65 Jenner, Lynn, Agricultural Fires Seem to Engulf Central Africa, NASA, 2018.
66 Tosca, Michael, The Impact Of Savanna Fires On Africa's Rainfall Patterns, The Conversation, 2015.
67 Yang, Yan, Saatchi, Sassan S., Xu, Liang, et al., Post- drought Decline of the Amazon Carbon Sink, Nature Communications, Vol. 9, 2018.
68 Butler, Rhett A., Calculating Deforestation Figures for the Amazon, Mongabay, 2018.
69 Lancaster University, Carbon Emissions from Amazonian Forest Fires up to Four Times Worse than Feared, Phys.org, 2018.
70 Sawakuchi, Henrique O., Neu, Vania, Ward, Nicholas D., et al., Carbon Dioxide Emissions along the Lower Amazon River, Frontiers in Marine Science, 2017.
71 Aragao, Luis, Barlow, Jos and Anderson, Liana, Amazon Rainforests that Were Once Fire-proof Have Become Flammable, The Conversation, 2018.
72 The state includes 50 million acres (208,000 square kilometres) of land.
73 WWF.org.co, Brazilian Amazon: Environmental Awareness Higher in Deforested Areas, World Wide Fund for Nature, 2001.
74 Bauters, Marijn, Drake, Travis W., Verbeeck, Hans, et al., High Fire-derived Nitrogen Deposition on Central African Forests, PNAS Vol. 115, 2018; Sinha, Eva, Michalak, Anna M. and Balaji, Venkatramani, Eutrophication Will Increase During The 21st Century As A Result Of Precipitation Changes, Science, Vol. 357, 2018.
75 Brazil is losing roughly 1.5 million acres (6,000 square kilometres) of land a year since 2009. McCarthy, Niall, Brazil Sees Worst Deforestation In A Decade, Forbes, 2018.
76 Song, Xiao-Peng, Hansen, Matthew C., Stehman, Stephen V., et al., Global land change from 1982 to 2016, Nature, Vol. 560, 2018.
77 Pearce, Fred, Rivers in the Sky: How Deforestation Is Affecting Global Water Cycles, Yale Environment 360, 2018.
78 Ibid., p77.
79 Staal, Arie, Tuinenburg, Obbe A., Bosmans, Joyce H. C., et al., Forest-rainfall Cascades Buffer Against Drought Across the Amazon, Nature Climate Change, Vol. 8, 2018.
80 Sinimbu, Fabiola and Jade, Liria, Over 850 Brazil Cities Face Major Water Shortage Issues, Agencia Brazil, 2017.
81 Stocker, Thomas F., Qin, Dahe, Plattner, Gian-Kasper, et al., IPCC: Climate Change 2013: The Physical Science Basis (Contribution of Working Group I to the Fifth Assessment Report of the Intergovernmental Panel on Climate Change), Cambridge University Press, 2013.
82 C40.org, Staying Afloat: The Urban Response to Sea Level Rise, C40, 2018.
83 Ibid., p77.
84 Holder, Josh, Kommenda, Niko and Watts, Jonathan, The Three-degree World: The Cities That Will Be Drowned by Global Warming, Guardian, 2017.
85 Muggah, Robert, The World's Coastal Cities Are Going Under. Here's How Some Are Fighting Back, World Economic Forum, 2019.
86 IPCC.ch, Global Warming of 1.5 °C: Special Report, IPCC, 2018.
87 Mei Lin, Mayuri and Hidayat, Rafki, Jakarta, The Fastest-sinking City in the World, BBC News, 2018.
88 Ibid., p79.
89 Ibid., p79.
90 Win, Thei L., In Flood-prone Jakarta, Will 'Giant Sea Wall' Plan Sink or Swim?, Reuters, 2017.
91 Ibid., p79.
92 Holder, Kommenda and Watts, 2017, op. cit., p80.
93 Muggah, Robert, The world's coastal cities are going under, 2019, op. cit., p80.
94 Radford, Tim, Coastal Flooding 'May Cost $100,000 bn a Year by 2100', Climate News Network, 2014.
95 Swissre.com, Confronting the Cost of Catastrophe, Swiss Re Group, 2019.
96 Fu, Xinyu, Gomaa, Mohamed, Deng, Yujun, et al., Adaptation Planning for Sea Level Rise: a Study of US Coastal Cities, Journal of Environmental Planning and Management, Vol. 60, 2017.
97 Sealevel.climatecentral.org, These U.S. Cities Are Most Vulnerable to Major Coastal Flooding and Sea Level Rise,

Surging Seas, 2017.
98 Loria, Kevin, Miami is Racing Against Time to Keep up with Sea-level Rise, Business Insider, 2018.
99 Brasilero, Adriana, In Miami, Battling Sea Level Rise May Mean Surrendering Land, Reuters, 2017.
100 Euronews.com, Rising Sea Levels Threat: a Shrinking European Coastline in 2100?, Euronews, 2018.
101 Brown, Sally, African Countries Aren't Doing Enough to Prepare for Rising Sea Levels, The Conversation, 2018.
102 globalcovenantofmayors.org, Our Cities, Global Covenant of Mayors, 2020.
103 Ryan, Julie, North Texas Cities Combating Climate Change from Bottom Up, Green Source DFW, 2018.
104 Statesman.com, Austin on Track to Meet Carbon-neutral Goal, Statesman, 2018.
105 Heidrich, Oliver and Reckien, Diana, We Examined 885 European cities' Plans to Tackle Climate Change – Here's What We Found, The Conversation, 2018.
106 Taylor, Lin, Cycling City Copenhagen Sprints to Become First Carbon-neutral Capital, Reuters, 2018.
107 Carbonneutralcities.org, About, Carbon Neutral Cities Alliance, 2020.
108 Globalcovenantmayors.org, 2020, op. cit., p82.
109 Ibid., p83.
110 CBSnews.com, Sea Change: How the Dutch Confront the Rise of the Oceans, CBS News, 2017.
111 C40.org, C40 Good Practice Guides: Rotterdam – Climate Change Adaptation Strategy, c40 Cities, 2016.
112 Caramel, Laurence, Besieged by the Rising Tides of Climate Change, Kiribati Buys Land in Fiji, Guardian, 2014.
113 Climate.gov.ki, Fiji Supports Kiribati On Sea Level Rise, Climate Change: Republic of Kiribati, 2014.
114 Tooze, Adam, Rising Tides Will Sink Global Order, Foreign Policy article, 2018.
115 Letman, Jon, Rising Seas Give Island Nation a Stark Choice: Relocate Or Elevate, National Geographic, 2018.
116 Dauenhauer, Nenad J., On Front Line Of Climate Change As Maldives Fights Rising Seas, New Scientist, 2018.
117 IUCN.org, Deforestation and Forest Degradation, IUCN: Issues Brief, 2020.
118 Gerretsen, Isabelle, How Climate Change is Fueling Extremism, CNN, 2019.
119 Busby, Joshua and Von Uexkull, Nina, Climate Shocks and Humanitarian Crises, Foreign Affairs article, 2018.
120 Muggah, Robert and Cabrera, José L., The Sahel Is Engulfed by Violence. Climate Change, Food Insecurity and Extremists Are Largely to Blame, World Economic Forum, 2019.
121 IFLscience.com, Engineers Develop Roadmap To Get The US To Run on 100% Renewable Energy By 2050, IFL Science; Jacobson, Mark Z. , Delucchi, Mark A., Bazouin, Guillaume, et al., 100% Clean And Renewable Wind, Water, and Sunlight (Wws) All-sector Energy Roadmaps For the 50 United States, Energy Environ Science, Vol. 8, 2015.
122 Ellenmacarthurfoundation.org, Effective Industrial Symbiosis, Ellen MacArthur Foundation, 2017.
123 Childress, Lillian, Lessons from China's Industrial Symbiosis Leadership, GreenBiz, 2017.
124 Griffin, Paul, The Carbon Majors Database: CDP Carbon Majors Report 2017, CDP, 2017.
125 Byers, Logan, Friedrich, Johannes, Hennig, Roman, et al., A Global Database of Power Plants, World Resources Institute, 2019.
126 Fischetti, Mark, The Top-22 Air Polluters Revealed, Scientific American, 2017.
127 Carrington, Damian, Avoiding Meat and Dairy Is 'Single Biggest Way' To Reduce Your Impact on Earth, Guardian, 2018.
128 Grain.org, Emissions Impossible: How Big Meat and Dairy are Heating Up the Planet, GRAIN and the Institute for Agriculture and Trade Policy (IATP), 2018.
129 IPCC.ch, Summary for Policymakers of IPCC Special Report on Global Warming of 1.5°C Approved by Governments, IPCC, 2018.
130 CAT.org.uk, Zero Carbon Britain, Centre for Alternative Technology, 2020.
131 Stein, Jill and Hawkins, Howie, The Green New Deal, Green Party US, 2018.

도시화

1 Brilliantmaps.com, The 4037 Cities in The World With Over 100,000 People, Brilliant Maps article, 2015.
2 Misra, Tanvi, Half the World Lives on 1% of Its Land, Mapped, CityLab article, 2016.
3 Galka, Max, Watch as the world's cities appear one-by-one over 6000 years, Metrocosm, 2016; worldpopulationhistory.org, World Population Visualization, 2016; Desjardins, Jeff, These 3 Animated Maps Show the World's Largest Cities Throughout History, Visual Capitalist, 2016.
4 Muggah, Robert, A Manifesto of a Fragile City, Journal of International Affairs, 2015.
5 모든 학자들이 농업이 도시 성장의 전제 조건이었다는 데 동의하는 것은 아니다. 가령 제인 제이콥스(1969)는 (낚시 등) 다른 형태의 자급자족이 도시 성장을 촉진했을지도 모른다고 제기한다.
6 Moore, Andrew, The Neolithic of the Levant, Oxford University Press, 1978; Compton, Nick, What is the Oldest City in the World?, Guardian, 2015.
7 Mumford, Lewis, The City in History, Harcourt, Brace and World, 1961.
8 Evans, Damian, A Cross Section of Results from the 2015 Lidar Campaign, CALI, 2016.
9 TheGuardian.com, Laser Technology Reveals Lost City Around Angkor Wat, Guardian, 2013; Damian, 2016, op. cit., p102.
10 Wainwright, Oliver, How Nasa Technology Uncovered the 'Megacity' of Angkor, Guardian, 2016.
11 Zimmern, Helen, The Hanseatic League – A History of the Rise and Fall of the Hansa Towns, Didactic Press, 2015.
12 Metrocosm.com, 2016, op. cit., p102.
13 Brilliantmaps.com, 2015, op. cit., p102.
14 Ritchie, Hannah and Roser, Max, Urbanization, Our World in Data, 2018.
15 Hollen Lees, Lynn, World Urbanization – 1750 to Present,

Cambridge University Press, 2015.

16 1870년과 1920년 사이에 1,100만 명의 사람들이 시골에서 도시로 이주했다. 또한 이 시기에 발생한 2,500만 명의 이주자 중 대다수가 도시에 자리를 잡았다.

17 Arsht, Adrienne, Urbanization in Latin America, Atlantic Council, 2014.

18 Dikotter, Frank, Mao's Great Famine: The History of China's Paperbacks, 2018.

19 Statista.com, Urban and Rural Population of China from 2008 and 2018, Statista Demographics, 2019.

20 Worldbank.org, Urban Development, World Bank article, 2020.

21 Prasad, Vishnu, 'Triumph of the City' – Why Cities Are Our Greatest Invention, Financing Cities IFMR.

22 Ritchie and Roser, 2018, op. cit., p 106.

23 Sassen, Saskia, The Global City: Introducing a Concept, Brown Journal of World Affairs, Vol. 11, 2005.

24 도시의 정의에 대한 논쟁은 대개 1938년 루이스 워스의 고전인 『도시』로 거슬러 올라갈 수 있다. 그는 '도시'의 핵심 특성을 (i) 인구 규모, (ii) 인구 밀도, (iii) 사회적 이질성 및 (iv) 영구성 요소 등 4개 차원으로 설명했다. 이 접근법은 지리적·인구학적 측면에 지나치게 집중되어 있으며, 도시와 그 인접 경계(지역적·국가적·세계적 규모)의 기능을 설명하지 못한다는 비판을 받았다.

25 Mark, Joshua J., The Ancient City, Ancient History Encyclopedia, 2014.

26 Fang, Chuanglin and Yu, Danlin, Urban Agglomeration: An Evolving Concept of an Emerging Phenomenon, Landscape and Urban Planning, Vol. 162, 2017.

27 Ibid., p106.

28 Scott, Allen J. and Storper Michael, The Nature of Cities: The Scope and Limits of Urban Theory, International Journal of Urban and Regional Research, Vol. 39, 2015.

29 Atkearny.com, Leaders in a World of Disruptive Innovation, Global Cities 2017 Report, 2017; Sennet Richard, Classic Essays on the Culture of Cities, Prentice-Hall, 1969.

30 Bevan, Robert, What makes a city a city – and does it really matter anyway?, 2014; and McClatchey, Caroline, Why do towns want to become cities? BBC News magazine, 2011.

31 Ibid., p107

32 UN은 (엄격한 '도시 한계'가 아닌 '대도시권 지역'의) 인구 집중으로 정의되는 '도시 집적' 개념을 사용한다. 이때 이는 몇가지 종류의 복합체를 포함할 수 있다. 가령 노던버지니아, 메릴랜드, 컬럼비아구를 포함하는 워싱턴 DC 대도시권 지역의 규모는 595만 명이다(2014년 기준). 그러나 워싱턴 DC의 인구는 65만 9,000명에 불과하다. 마찬가지로 마닐라의 인구는 165만 명인데, 마닐라 도시권은 165만 명이며, 더 큰 범위의 대도시권 인구는 255만 명이다. 이는 3,560만 명 규모의 거대 마닐라 클러스터에 포함되어 있다. 다음 링크를 참조하라. https://www.un.org/development/desa/en/news/population/2018-revision-of-world-urbanisation-prospects.html

33 이 보고서는 매년 인구통계학적 데이터를 검토하고 각국의 통계청에 문의함으로써 세계도시 인구를 추산하고 있다. 다음 링크를 참조하라. https://population.un.org/wup/

34 United Nations Department of Economic and Social Affairs (UNDESA), Population Division, World Urbanization Prospects: The 2018 Revision, United Nations Publications,

35 Ibid., 107.

36 Ritchie and Roser, 2018, op. cit., p107.

37 ghsl.jrc.ec.europa.eu, Testing the degree of urbanization at the global level, CIESIN, 2020.

38 주 정부에서 제공하는 광범위한 해석에 의존하기보다는 '도시 중심부'(5만 명 이상이고 1제곱킬로미터당 인구 밀도 최소 1,500명)와 '도시 클러스터'(5,000명 이상이고 1제곱킬로미터당 인구 밀도 300명 이상), '교외 지역'(인구 5,000명 미만)으로 구분하는 보편적 정의를 적용했다.

39 ghsl.jrc.ec.europa.eu, 2020, op. cit., p108; Dijkstra, Lewis, Florczyk Aneta, et al., Applying the Degree of Urbanization to the Globe, 16th Conference of IAOS, 2018.

40 일부 비평가들은 도시의 규모를 가리키는 이 수치들이 지나치게 과장된 것이라고 여긴다.
Angel, Shlomo, Lamson-Hall, Patrick, Guerra, Bibiana et al., Our Not-So-Open World, p42, The Marron Institute of Urban Management, 2018.

41 Cheney, Catherine, Is the world more urban than UN estimates? It depends on the definition, Devex, 2018.

42 Unstats.un.org, Definition of 'Urban', table 6, United Nations Demographic Yearbook, 2005.

43 Ibid., p108.

44 Statcan.gc.ca, Population Centre and Rural Area Classification 2016, Statistics Canada, 2017.

45 도시 중심부는 도시 경계선이 있는 인접한 지리적 위치, 인구 5만 명 이상, 1제곱킬로미터당 최소 1,500명의 인구 밀도를 가져야 한다. 통근 지역은 취업 인구의 15퍼센트가 도시로 통근하는 곳이다.

46 도시학자들과 지리학자들은 도시를 도시 중심부(중앙 업무 지구 포함), 과도기 지역(산업, 주거 및 상업 지역), 도시 근교 지역(위성 지역 및 기숙사 거주지 포함) 그리고 도시가 의존하는 시골 지역을 포함하는 일련의 동심원적 토지 이용 체계로 파악해 왔다. 어떤 의미에서 도시는 도시 중심지만이 아닌 전체 시스템을 지칭한다. 극단적인 시골 지역 또한 양방향으로 영향을 주고받는 권역에 든다.

47 대조적으로, 많은 선진국에서는 시골에서도 가장 서비스 인프라가 잘 갖춰진 도시와 마찬가지의 이점을 누릴 수 있다.

48 UNDESA, 2019, op. cit., p108.

49 Ibid., p109.

50 en.wikipedia.org, Megacity, Wikipedia article, 2020; en.wikipedia.org, List of Cities by GDP, Wikipedia article, 2020.

51 선전, 서울, 상파울루와 같은 신흥 시장 도시들은 포스트포드 경제에 적극적으로 참여하고 있으며, 생산 시스템 전반과 내부에서 긴밀한 연계를 조성하고, 높은 수준의 고용 기회를 촉진하고 혁신을 촉진하기 위해 정보와 자본 흐름을 만들고 있다. 도시 간의 교역은 점점 더 많은 도시들이 상대 도시에 맞춰 전문화되고 판매하도록 만들고 있다. 도시 외교가 과거의 모습으로 빠르게 회귀하고 있는 것은 결코 놀랄 일이 아니다. 다음을 참조하라. Chan, Dan H-K., City diplomacy and 'glocal' governance: revitalizing cosmopolitan democracy, Innovation: The European Journal of Social Science Research, Vol. 29, 2016.

52 Metropolitan Manila is over 13.4 million in 2019. See UNDESA, 2019, op. cit., p109.

53 Weller, Chris, Manila is the Most Crowded City in the World — Here's What Life is Like, Business Insider, 2016.

54 Metropolitan Paris has some 10.9 million people in 2019. See UNDESA, 2019, op. cit., p109.

55 Hunn Patrick, Australian Cities Among the Largest and Least Densely Settled in the World, ArchitectureAU, 2017.
56 Demographia, World Urban Areas 16th Edition, Demographia Report, 2020.
57 From Earthtime, CREATE Lab, CMU.
58 Murphy Douglas, Where is the World's Most Sprawling City?, Guardian, 2017.
59 Las Vegas in projects.propublica.org; Lasserre, Frederic, Water in Las Vegas: Coping with Scarcity, Financial and Cultural Constraints, City, Territory and Architecture, Vol. 2, 2015.
60 Plummer, Brad, Watch Lake Mead, the Largest Reservoir in the US, Shrink Dramatically over 15 Years, Vox article, 2016.
61 Worldpopulationreview.com, Population of Cities in China (2020), World Population review, 2020.
62 Worldpopulationreview.com, Population of Cities in United Kingdom (2020), World Population review, 2020.
63 Ward, Jill, Will Future Megacities Be a Marvel or a Mess? Look at New Delhi, Bloomberg article, 2018.
64 Li, He, Zhao, Shichen and Wang Daqiang, Urbanization Patterns of China's Cities in 1990-2010, International Review for Spatial Planning and Sustainable Development Vol. 3, 2015.
65 Kumar, Amit and Navodaya, Ambarish R., Urbanization Process, Trend, Pattern and Its Consequences in India, Neo Geographia Vol. 3, 2015; Prasad, Sangeeta, Why the World Should be Watching India's Fast-growing Cities, World Economic Forum article, 2019.
66 Abraham, Reuben and Hingorani, Pritika, India's a Land of Cities, Not Villages, Bloomberg article, 2019.
67 Ibid., p112.
68 Worldpopulationreview.com, Population of Cities in India (2020), World Population review, 2020.
69 Kumar and Navodaya, 2015, op. cit., p112.
70 Griffiths, James, 22 of the Top 30 Most Polluted Cities in the World are in India, CNN Health article, 2019.
71 McKinsey & Co., India's Urban Awakening: Building Inclusive Cities, Sustaining Economic Growth, McKinsey Global Institute, 2010.
72 Kunshan, China is Trying to Turn Itself Into a Country of 19 Super-regions, Economist, 2018.
73 Charlton, Emma, India is Building a High-tech Sustainable City from Scratch, World Economic Forum article, 2018.
74 Chandran, Rina, As India adds 100 Smart Cities, One Tells a Cautionary Tale, Reuters article, 2018.
75 Vidal, John, UN report: World's Biggest Cities Merging into 'Mega-regions', Guardian, 2010; Mukhopadhyay, Chandrima, Megaregions: Globalization's New Urban Form?, European Planning Studies, Vol. 24, 2016.
76 Rouhana, Salim and Bruce Ivan, Urbanization in Nigeria: Planning for the Unplanned, World Bank Blog, 2016.
77 Worldpopulationreview.com, Population of Cities in Nigeria (2020), World Population review, 2020.
78 Vidal, John, The 100 million city: is 21st century urbanisation out of control?, Guardian, 2018.
79 Pope, Kevin and Hoornweg, David, Population predictions for the world's largest cities in the 21st century, Environment & Urbanization, Vol. 29, 2017.
80 Leithhead, Alastair, The City that Won't Stop Growing: How can Lagos Cope with its Spiralling Population?, BBC News Report, 2017.
81 Earthtime, CREATE Lab, CMU.
82 Dobbs, Richard, Smit, Sven, Remes, Jaana, et al., Urban world: Mapping the Economic Power of Cities, McKinsey Global Institute, 2011.
83 Florida, Richard, The Economic Power of Cities Compared to Nations, CityLab, 2017.
84 financialexpress.com, With GDP of $370 billion, Delhi- NCR Muscles out Mumbai as Economic Capital of India, Financial Express article, 2016.
85 Florida, Richard, What To Do About the Rise of Mega-Regions, City Lab, 2018.
86 Woetzel, Jonathan, Remes, Jaana, Boland, Brodie, et al., Smart cities: Digital Solutions for a More Livable Future, McKinsey Global Institute Report, 2018.
87 Ibid., p116.
88 Florida, Richard, The Real Powerhouses That Drive the World's Economy, City Lab, 2019.
89 Muggah, Robert and Goodman, Marc, Cities are Easy Prey for Cybercriminals. Here's How they can Fight Back, World Economic Forum article, 2019.
90 xinhuanet.com, 'Jing-jin-ji': China's Regional City Cluster Takes Shape, Xinhua Headlines, 2019.
91 Mongabay.com, Population Estimates for Karachi, Pakistan, 1950-2015, Population Mongabay Data, 2016.
92 Earthtime, CREATE Lab, CMU.
93 McCarthy, Niall, The World's Largest Cities By Area, Statista: Urban Areas, 2018.
94 논란의 여지가 있는 가장 큰 도시 분석 단위는 거대도시이다. 메가리전 또는 슈퍼시티라고도 불리며, 인접한 대도시 지역의 연쇄로 묘사된다. Spengler(1918), Mumford(1938), Gottman(1954)이 이를 인용하고 있으며, 도시의 과잉 발전 및 사회적 쇠퇴와 관련되어 있다. 이들은 지상 교통로로 연결될 수 있으며, 국경 내에서 혹은 국경을 넘어서 발생할 수 있다. 다음을 참조하라. Florida, Richard, Gulden, Tim and Mellander, Charlotta, The Rise of the Mega-region, Cambridge Journal of Regions, Economy and Society, Vol. 1, 2008.
95 도시 연합은 인접한 여러 도시, 교외 및 그 주변 지역으로 이루어져 있으며, 지속적인 도시 산업 개발 지역을 형성하기 위해 통합되었다. 도시 연합은 통합된 노동 시장 창출에 기여하는 다중심적인 도시 집단이다. 패트릭 게디스가 1915년 자신의 책 『진화하는 도시』에서 이 개념을 제창했다.
96 Johnson, Ian, As Beijing Becomes a Supercity, the Rapid Growth Brings Pains, New York Times, 2015.
97 Roxburgh, Helen, Endless Cities: Will China's New Urbanisation Just Mean More Sprawl?, Guardian, 2017.
98 business.hsbc.com, China's Emerging Cities, HSBC Belt and Road article, 2020.
99 Phillips, Tom, 'Forest cities': The Radical Plan to Save China from Air Pollution, Guardian, 2017.
100 다른 연구에서는 400만 명 이상의 통근 흐름 이동성 데이터를 사용하여 미국 메가리전의 한도를 추적했다. 다음을 참조하라.

Nelson, Garrett D., Rae, Alasdair, An Economic Geography of the United States: From Commutes to Megaregions, Plos One, Vol. 11, 2016.
101 Florida, 2019, op. cit., p120.
102 Ibid., p120.
103 Frem, Joe, Rajadhyaksha, Vineet and Woetzel, Jonathan, Thriving Amid Turbulence: Imagining the Cities of the Future, McKinsey article, 2018.
104 Davis, Mike, Planet of Slums, Verso, 2007.
105 Ritchie and Roser, 2018, op. cit., p 120; wikipedia.org, List of Slums, Wikipedia article, 2020.
106 Wikipedia, 2020, List of Slums, op. cit., p120.
107 UN PSUP Team Nairobi, Slum Almanac 2015–2016, UN Habitat Report, 2016.
108 Warner, Gregory, In Kenya, Using Tech To Put An 'Invisible' Slum On The Map, NPR article, 2013.
109 Kuffer Monika, Pfeffer, Karen, Sliuzas, Richard V., Slums from Space: 15 Years of Slum Mapping Using Remote Sensing, Remote Sensing, Vol. 8, 2016; See impactlab.net, A Satellite Tour of the Biggest Slums, Impact Lab article, 2012.
110 Mberu, Blessing U., Haregu, Tilahun N., Kyobutungi, Catherine and Ezeh, Alex C., Health and Health-related Indicators in Slum, Rural, and Urban Communities: A Comparative Analysis, Global Health Action, Vol. 9, 2016.
111 Aggarwalla, Rohit T., Hill, Katie, Muggah, Robert, Smart City Experts Should be Looking to Emerging Markets. Here's Why, World Economic Forum article, 2018.
112 Ritchie and Roser, 2018, op. cit., p 122.
113 Friesen, John, Rausch, Lea, Pelz, Peter F., et al., Determining Factors for Slum Growth with Predictive Data Mining Methods, Urban Science, Vol. 2, 2018.
114 Marx, Benjamin, Stoker, Thomas and Suri, Tavneet, The Economics of Slums in the Developing World, Journal of Economic Perspectives, Vol. 27, 2013.
115 Florida, Richard, The Amazing Endurance of Slums, City Lab, 2014.
116 Scott, Allen J. and Michael Storper, The Nature of Cities: The Scope and Limits of Urban Theory, International Journal of Urban and Regional Research, Vol. 35, 2015.
117 Kopf, Dan, China Dominates the List of Cities with the Fastest Growing Economies, Quartz article, 2018.
118 Muggah, Robert, A Manifesto for the Fragile City, Journal of International Affairs, Vol. 68, 2015.
119 Perur, Srinath, What the Collapse of Ancient Capitals Can Teach us About the Cities of Today, Guardian, 2015.
120 Muggah, Robert, Where Are the World's Most Fragile Cities?, City Lab, 2017.
121 From EarthTime, CREATE Lab, CMU.
122 볼티모어에서 보고타까지, 불평등한 도시들은 부와 기본 서비스가 더 공평하게 분배된 도시들에 비해 더 폭력적인 경향이 있다. 이것은 소득, 재산, 사회적 지위의 실질적이고 상대적인 박탈감이 낮은 사회적 자본, 사회적 효과, 사회적 혼란과 관련이 있기 때문이다. 집중적인 불이익은 낮은 학교 성적, 열악한 주거 및 건강 상태, 높은 투옥 및 범죄율로 이어진다.
123 From Earthtime, CREATE Lab, CMU.
124 이러한 발견은 1,800개 이상의 도시의 연간 인구 성장에 대한 UM 예측과 조직의 기후 변화 취약성 지수 데이터를 결합한 메이플크로프트의 2018년 연구와 유사하다. 그는 가장 빠르게 성장하는 상위 100개 도시 중 84개 도시가 극심한 위험에 직면하고 있고, 또 다른 14개 도시가 고위험군에 속한다는 것을 발견했다. 극단적 위험 범주에 속하는 234개 도시 중 95퍼센트 이상이 아프리카와 아시아에 있었다. Maplecroft, Verisk, 84% of World's Fastest Growing Cities Face 'Extreme' Climate Change Risks, Prevention Web article, 2018.
125 Muggah, Robert, Kilcullen, David, These are Africa's Fastest- growing Cities – and They'll Make or Break the Continent, World Economic Forum, 2016.
126 Van Leggelo-Padilla, Daniella, Why We Need to Close the Infrastructure Gap in Sub-Saharan Africa, World Bank article, 2017.
127 Statista.com, Annual Average Infrastructure Expenditures as Percent of GDP Worldwide from 2010 to 2015, by Country, Statista Heavy Construction, 2020.
128 Ballard, Barclay, Bridging Africa's Infrastructure Gap, World Finance, 2018.
129 Kenyanwallstreet.com, Africa Infrastructure Index; $108B Financing Gap, The Kenyan Wall Street article, 2018.
130 Gutman, Jeffrey and Patel, Nirav, Foresight Africa viewpoint – Urban Africa: Avoiding the Perfect Storm, Brookings: Africa in Focus, 2018.
131 Williams, Hugo, COP 21: Five Ways Climate Change Could Affect Africa, BBC News article, 2015.
132 Chuttel, Lynsey, How Cape Town Delayed its Water-shortage Disaster—At Least Until 2019, Quartz Africa, 2018.
133 Hill, Tim, Asia's Urban Crunch: What To Do About 900,000 Weekly Arrivals?, Eco-Business, 2018.
134 Oxfordeconomics.org, Which Cities will Lead the Global Economy by 2035, Oxford Economics, 2018.
135 globaldata.com, 60% of the World's Megacities Will be Located in Asia by 2025, Global Data press release, 2018.
136 chinabankingnews.com, China's Second-tier Cities on the Verge of Peak Population Growth, China Banking News: Economy, 2018.
137 Bughin, Jacques, Manyika, James and Woetzel, Jonathan, Urban World: Meeting the Demographic Challenge, McKinsey Global Institute Report, 2016.
138 Hananto, Akhyari, We will See Southeast Asia's Spending Spree in Infrastructure in 2018, Seasia, 2017.
139 From EarthTime, CREATE Lab, CMU.
140 Oxfordeconomics.org, 2018, op. cit., p131.
141 globalcovenantofmayors.org 'Our Cities', 2020.
142 Knight, Sam, Sadiq Khan Takes On Brexit and Terror, New Yorker, 2017.
143 McAuley, James and Rolfe, Pamela, Spain is the Most Welcoming Country in Europe for Migrants. Will it Last?, Washington Post, 2018.
144 Horowitz, Jason, Palermo Is Again a Migrant City, Shaped Now by Bangladeshis and Nigerians, New York Times, 2018.

기술

1 Arthur, W. Brian, The Nature of Technology, Penguin, 2010.
2 Humanorigins.si.edu, 'What Does it Mean to be Human?':

Early Stone Age Tools, Smithsonian, National Museum of Natural History, 2020.
3 Wayman, Erin, 'The Earliest Example of Hominid Fire', Smithsonian Magazine, 2012.
4 Roser, Max, Economic growth, Our World in Data, 2013.
5 Arthur, 2010, op. cit., p138.
6 Kendall, Graham, Your Mobile Phone vs. Apollo 11's Guidance Computer, Real Clear Science, 2019.
7 Authors' estimate based on conversations with Oxford computing colleagues.
8 Roser, Max and Ortiz-Ospina, Esteban, Literacy, Our World in Data, 2016.
9 Ibid., p141.
10 Goldin, Ian, Cameron, Geoffrey and Balarajan, Meera, Exceptional People, Princeton University Press, 2012.
11 Goldin, Cameron and Balarajan, 2012, op. cit., p141. 12 World Bank Group, World Development Report 2016: Digital Dividends, 2016.
13 Ibid., p141.
14 Ibid., p142.
15 Release dates and Locations on Apple Store.
16 BBC.co.uk, Using Drones to Deliver Blood in Rwanda, BBC News video, 2019.
17 Aggarwalla, Rohit T., Hill, Katie, Muggah, Robert, Smart City Experts Should be Looking to Emerging Markets. Here's Why, World Economic Forum article, 2018.
18 (예를 들어) Diamandis, Peter and Kotler, Steven, Abundance, Free Press, 2012; (보다 최신의 자료가 필요하다면) pathways-commission.bsg.ox.ac.uk, The Digital Roadmap: How Developing Countries Can Get Ahead, Pathways for Prosperity Commission, 2019.
19 World Bank Group, World Development Report 2016, op. cit., p142.
20 Geomedici.com, M-Pesa: Mobile Phone-based Money Transfer, Medici article, 2019.
21 Ian Goldin visited a number of these health centres as part of the production of his BBC documentary, Will AI kill development?
22 Data.worldbank.org, GDP per capita (current US$) – United Kingdom, Gambia, World Bank data, 2020.
23 Ibid., p143.
24 Goldin, Ian, Will AI kill Development?, BBC World Service Documentary, 2019.
25 Pasti, Francesco, State of the Industry Report on Mobile Money 2018, GSMA Report, 2019.
26 Wikipedia.org, Solar Power by Country, Wikipedia article, 2020; Wikipedia.org, Wind Power by Country, Wikipedia article, 2020.
27 Ibid., p148.
28 Ibid., p148.
29 JPmorgan.com, Driving into 2025: The Future of Electric Vehicles, JP Morgan Report, 2018.
30 Bnef.com, Electric Vehicle Outlook 2019, BNEF EVO Report, 2019; Muggah, Robert, Cities Could Be Our Best Weapon in the Fight Against Climate Change, World Economic Forum, 2019.
31 Holland, Maximillian, China 2019 Electric Vehicle Market Share Grows To 4.7% Despite Tighter Incentives, Clean Technica, 2020; Huang, Echo, China Buys One Out of Every Two Electric Vehicles Sold Globally, Quartz article, 2019.
32 Wikipedia.org, Carna Botnet, Wikipedia article, 2019.
33 McKetta, Isla, The World's Internet in 2018: : Faster, Modernizing and Always On, Speedtest: Global Speeds, 2018.
34 National Telecommunications and Information Administration, A Nation Online: How Americans Are Expanding Their Use of the Internet, US Department of Commerce: NTIA, 2002.
35 'McKetta, 2018, op. cit., p152; Speedtest.net, 2019 Mobile Speedtest U.S. Mobile Performance, Speedtest Report, 2019.
36 McKetta, 2018, op. cit., p152.
37 Wikipedia.org, List of countries by Internet Connection Speeds, Wikipedia article, 2020; Speedtest.net, 2019, op. cit.,
38 McCann, John, Moore, Mike, Lumb, David, 5G: Everything You Need to Know, Techradar article, 2020; justaskthales.com, What is the Difference Between 4G and 5G?, Just Ask Thales, 2020.
39 Economist.com, Why Does 5G Have Everyone Worried About Huawei?, Economist: Business, 2018.
40 Li, Tao, Nearly 60 Percent of Huawei's 50 5G Contracts are from Europe, South China Morning Post, Big Tech, 2019.
41 Graham, Mark, Information Geographies and Geographies of Information, New Geographies Vol. 7, 2015; as well as Stats.wikipedia.org, Wikimedia Traffic Analysis Report, Wikipedia Data Repository, 2015.
42 Ibid., p157.
43 Araya, Daniel, Huawei's 5G Dominance in the Post-American World, Forbes, 2019.
44 Vincent, James, Putin Says the Nation that Leads in AI 'will be the ruler of the world', The Verge, 2019.
45 Economist.com, The Technology Industry is Rife with Bottlenecks, Economist Pinch Points, 2019.
46 Ibid., p155.
47 Ibid., p156.
48 Levy, Michael, Stewart, Donald E. and Hardy Wise Kent, Christopher, Encyclopaedia Britannica, Encyclopaedia Britannica article, 2019.
49 Graham, Mark, Information Geographies and Geographies of Information, New Geographies Vol. 7, 2015; as well as Stats.wikipedia.org, Wikimedia Traffic Analysis Report, Wikipedia Data Repository, 2015.
50 Ibid., p157.
51 Ibid., p157.
52 Ibid., p157.
53 Columbus, Louis, 2018 Roundup of Internet of Things Forecasts and Market Estimates, Forbes, 2018; Statista.com, Internet of Things (IoT) Active Device Connections Installed Base Worldwide from 2015 to 2025, Statista: Consumer Electronics, 2016.
54 Berger de-Leon, Markus, Reinbacher, Thomas, Wee, Dominik, The IoT as a Growth Driver, McKinsey Digital article, 2018.
55 Muggah, Robert and Goodman, Marc, Cities are Easy Prey

for Cybercriminals, World Economic Forum, 2019.
56 Fortney, Luke, Bitcoin Mining, Explained, Investopedia: Bitcoin, 2020.
57 Ibid., p159.
58 Technical University of Munich, Bitcoin Causing Carbon Dioxide Emissions Comparable to Las Vegas or Hamburg', ScienceDaily, 2019; Deign, Jason, Bitcoin Mining Operations Now Use More Energy Than Ireland, Greentechmedia, 2017.
59 (예를 들어) the work done by deepmind.com.
60 Harris, Ricki, Elon Musk: Humanity is a Kind of 'Biological Boot Loader' for AI, Wired: Business, 2019.
61 Silver, David and Hassabis, Demis, AlphaGo Zero: Starting from Scratch, Deepmind Blog Post, 2017.
62 Suleyman, Mustafa, Using AI to Plan Head and Neck Cancer Treatments, Deepmind Blog Post, 2018.
63 Bostrom, Nick, Superintelligence, Oxford University Press, 2014.
64 IFR.org, Executive Summary World Robotics 2019, Industrial Robots, International Federation of Robotics, 2019.
65 BBC.co.uk, Robot Automation Will 'Take 800 Million Jobs by 2030', BBC News, 2017.
66 Frey, Carl B., Berger, Thor, Chen, Chinchih, Political Machinery: Automation Anxiety and the 2016 U.S. Presidential Election, Oxford Martin School paper, 2017.
67 Frey, Carl B., The Technology Trap, Princeton University Press, 2019.
68 Ian Goldin interview with former CEO of global mobile phone network, 11 November 2019.
69 Frey, Carl B. and Osborne, Michael A., The Future of Employment, Oxford Martin School paper, 2013.
70 World Bank Group, World Development Report 2016, op. cit., p162.
71 OECD.org, Putting Faces to the Jobs at Risk of Automation, Policy Brief on the Future of Work, 2018.
72 Chui, Michael, Lund, Susan and Gumbel, Peter, How Will Automation Affect Jobs, Skills, and Wages?, McKinsey Global Institute, 2018.
73 World Bank Group, World Development Report 2016: Figure O.18 p23, op. cit., p164.
74 See: Goldin, Ian, Will AI kill development?, BBC World Service Documentary, 2019.
75 AFDB.org, Jobs for Youth in Africa, African Development Bank Group article, 2016.
76 Goldin, Will AI kill development?, op. cit., p165.
77 Berg, Andrew, Buffie, Edward F. and Zanna, Luis-Felipe, Should We Fear the Robot Revolution?, IMF Working Paper No. 18/116, 2018.
78 Ibid., p165.
79 Ibid., p165.
80 Obamawhitehouse.archives.gov, Artificial Intelligence, Automation, and the Economy, Executive Office of the President, 2016.
81 Ibid., p165.
82 Berg, Buffie and Zanna, 2018, op. cit., p166.
83 World Bank Group, World Development Report 2016, op. cit., p166.
84 Ibid., p166.
85 Ibid., p166.
86 Ibid., p166.
87 Goldin, Ian, Koutroumpis, Pantelis, Lafond, François, Rochowicz, Nils and Winkler, Julian, The Productivity Paradox, Oxford Martin School Report, 2019; World Bank Group, World Development Report 2016, op. cit., p166.
88 Ibid., p167.
89 Ibid., p167.
90 Ibid., p167.
91 Ibid., p167.
92 Ibid., p168.
93 Schwab, Klaus, The Fourth Industrial Revolution, World Economic Forum, 2016.
94 Ibid., p168.
95 Frey, 2019, op. cit., p168.
96 Keynes, John M., A Tract on Monetary Reform, Macmillan, 1923.
97 Goldin, Ian and Kutarna, Chris, Age of Discovery: Navigating the Storms of Our Second Renaissance, Bloomsbury, 2017.

불평등

1 세계 인구의 0.000002퍼센트에 불과한 147명의 억만장자들이 전 세계 부의 약 1퍼센트를 소유하고 있다.
2 Matthews, Dylan, Are 26 Billionaires Worth More Than Half the Planet?, Vox, 2019.
3 Authors' calculations based on Forbes Rich List Profile of Jeff Bezos; And databank.worldbank.org, Gross Domestic Product 2018, World Development Indicators, 2019.
4 Krugman, Paul, The Great Gatsby Curve, The New York Times blog, 201; HDR.undp.org, Income Gini Coefficient, World Development Indicators 2013: Human Development Report, 2013.
5 Worldpopulationreview.com, World City Populations (2020), World Population review, 2020.
6 Energy.gov, State of New York: Energy Sector Risk Profile, U.S. Department of Energy, 2014; Campbell, John, Electricity Distribution Is Holding Nigeria Back, Council on Foreign Affairs, 2018.
7 Ibid., p176.
8 Scotsman.com, Class System Began 7,000 Years Ago, Archaeologists Find, Scotsman News, 2012.
9 Roser, Max, Global Economic Inequality, Our World in Data, 2013.
10 Frey, Carl B., The Technology Trap, Princeton University Press, 2019.
11 Roser, 2013, op. cit., p177.
12 DeLong, James B., A Brief History of Modern Inequality, World Economic Forum, 2016.
13 DeLong, James B., A Brief History of Modern (In)equality, Project Syndicate article, 2016.
14 Ibid., p178.
15 Delong, World Economic Forum, 2016, op. cit., p178.

16 Ibid., p178.
17 Goldin, Ian, Development, Oxford University Press, 2017.
18 Roser, 2013, op. cit., p178.
19 Ibid., p178.
20 Philippon, Thomas, The Great Reversal: How America Gave Up on Free Markets, Harvard University Press, 2019.
21 Goldin, 2017, op. cit., p180.
22 Worldbank.org, The World Bank in China: Overview, World Bank, 2020.
23 Sanchez, Carolina, From Local to Global: China's Role in Global Poverty Reduction and the Future of Development, World Bank: Speeches and Transcripts, 2017.
24 Ibid., p180.
25 Roser, 2013, op. cit., p180.
26 Worldbank.org, Poverty: Overview, World Bank, 2020.
27 Ibid., p180.
28 Ibid., p180.
29 Goldin, 2017, op. cit., p181; worldbank.org, Decline of Global Extreme Poverty Continues but Has Slowed, World Bank Press Release, 2018.
30 Worldbank.org, Classification of Fragile and Conflict-Affected Situations, World Bank Brief, 2020.
31 AEAweb.org, The Elephant Curve: Chart of the Week, American Economic Association, 2019.
32 Kharas, Homi and Seidel, Brina, What's Happening to the World Income Distribution? The Elephant Chart Revisited, Brookings Report, 2018.
33 Ibid., p182.
34 Scott, Katy, South Africa is the World's Most Unequal Country. 25 Years of Freedom Have Failed to Bridge the Divide, CNN, 2019.
35 Florida, Richard, The World is Spiky, Atlantic, 2005.
36 Brewer, Mike and Robles, Claudia S., Top Incomes in the UK: Analysis of the 2015-16 Survey of Personal Incomes, ISER Working Paper Series, 2019.
37 Neate, Rupert, Bill Gates, Jeff Bezos and Warren Buffett Are Wealthier Than Poorest Half of US, Guardian, 2017.
38 Kagan, Julia, How Much Income Puts You in the Top 1%, 5%, 10%?, investopedia, 2019.
39 Inequality.org, Income Inequality in the United States, Inequality: Facts, 2019.
40 Kagan, 2019, op. cit., p186.
41 Piketty, Thomas, Saez, Emmanuel and Zucman, Gabriel, Distributional National Accounts, Quarterly Journal of Economics, Vol. 133, 2018.
42 Collinson, Patrick, UK Incomes: How Does Your Salary Compare?, Guardian, 2014.
43 Brewer and Robles, 2019, op. cit., p186.
44 Metcalf, Tom and Witzig, Jack, World's Richest Gain $1.2 Trillion in 2019 as Jeff Bezos Retains Crown, Bloomberg News, 2019.
45 Coffey, Clare, Revollo, Patricia E., Rowan, Harvey, et al., Time To Care: Unpaid and Underpaid Care Work and the Global Inequality Crisis, Oxfam Briefing Paper, 2020.
46 Forbes.com, Forbes 33rd Annual World's Billionaires Issue Reveals Number of Billionaires and their Combined Wealth Have Decreased For First Time Since 2016, Forbes Press Release, 2019.
47 Coffey, Revollo, Rowan, et al., 2020, op. cit., p187.
48 Economist.com, A Rare Peep at the Finances of Britain's 0.01%, Economist, 2019.
49 Ibid., p188.
50 Desroches, David, Georgetown Study: Wealth, Not Ability, The Biggest Predictor Of Future Success, WNPR article, 2019.
51 Wikipedia.org, Great Gatsby Curve, Wikipedia article, 2020.
52 Atkinson, Anthony, Inequality: What Can Be Done?, Harvard University Press, 2015.
53 Ibid., p190.
54 Unicef.org, Annual Results Report: 2017: Education, Unicef Report, 2018.
55 Richardson, Hannah, Oxbridge Uncovered: More Elitist Than We Thought, BBC News, 2017.
56 Suttontrust.com, Elitist Britain 2019, Sutton Trust Report, 2019.
57 (예를 들어) Ramos, Gabriela, The Productivity and Equality Nexus, OECD Yearbook, 2016.
58 Gracia Arenas, Javier, Inequality and Populism: Myths and Truths, Caixa Bank Research, 2017; Funke, Manuel, Schularick, Moritz and Trebesch, Christoph, The Political Aftermath of Financial Crises: Going to Extremes, VOX CEPR Policy Portal, 2015.
59 Rawls, John, A Theory of Justice, Harvard University Press, 1979; Sen, Amartya, The Idea of Justice, Allen Lane, 2009; Atkinson, Anthony, Public Economics in an Age of Austerity, Routledge, 2014.
60 Sen, Amartya, Development as Freedom, Oxford University Press, 1999.
61 HDRO Outreach, What Is Human Development?, United Nations Development Programme, 2015.
62 See UN.org, Sustainable Development Goals: Goal 5: Achieve Gender Equality and Empower All Women and Girls, UN SDGs, 2020.
63 Goldin, 2017, op. cit., p192.
64 Wikipedia.org, Gender Pay Gap, Wikipedia article, 2020; weforum.org, The Global Gender Gap Report 2018, World Economic Forum: Insight Report, 2018.
65 Graf, Nikki, Brown, Anna and Patten, Eileen, The Narrowing, But Persistent, Gender Gap in Pay, Pew Research Center, 2019.
66 Weforum.org, The Global Gender Gap Report 2018, op. cit., p193.
67 Roser, Max and Ortiz-Ospina, Esteban, Income Inequality, Our World in Data, 2013.
68 Ibid., p196.
69 Wetzel, Deborah, Bolsa Família: Brazil's Quiet Revolution, World Bank article, 2013.
70 Ceratti, Mariana, How to Reduce Poverty: A New Lesson from Brazil for the World?, World Bank article, 2014.
71 Worldbank.org, Bolsa Família: Changing the Lives of Millions, World Bank article, 2020.
72 Soares, Sergei, Guerreiro Osório, Rafael, Veras Soares,

Fabio, et al., Conditional Cash Transfers In Brazil, Chile and Mexico, International Poverty Centre W.P. 35, 2007.
73 Medeiros, Marcelo, World Social Science Report 2016: Income inequality in Brazil: New Evidence from Combined Tax and Survey Data, United Nations: Education, Scientific and Cultural Organisation, 2016.
74 Data.worldbank.org, GINI Index (World Bank Estimate), World Bank Data, 2020.
75 Batha, Emma, These Countries are Doing the Most to Reduce Inequality, World Economic Forum, 2018; oxfamilibrary.openrepository.com, The Commitment to Reducing Inequality Index 2018, Development Finance International and Oxfam Report, 2018; Simson, Rebecca, Mapping Recent Inequality Trends in Developing Countries, LSE International Inequalities Institute W.P. 24, 2018.
76 See, Lagarde, Christine, Tweet 2015: 'Reducing excessive inequality is not just morally and politically correct, but is good economics'.
77 Wolf, Martin, Seven Charts that Show How the Developed World is Losing its Edge, Financial Times, 2017.
78 Lagarde, Christine, 'Lifting the Small Boats', Speech by Christine Lagarde (June, 17th 2015), IMF: Speech, 2017.
79 IFO.de, Economic Policy and the Rise of Populism – It's Not so Simple, EEAG Report on the European Economy, 2017.
80 Wolf, Martin, The Economic Origins of the Populist Surge, Financial Times, 2017.
81 Desroches, 2019, op. cit., p197.
82 Goldin, Ian and Muggah, Robert, Viral Inequality, Project Syndicate, 2020.

지정학

1 Alevelpolitics.com, Are We Moving Into a New Multipolar World, A-Level Politics, 2020.
2 Law, David, Three Scenarios for the Future of Geopolitics, World Economic Forum article, 2018.
3 Muggah, Robert, The Global Liberal Order is in Trouble – Can it Be Salvaged, or Will it Be Replaced?, World Economic Forum, 2018.
4 Krastev, Ivan and Leonard, Mark, The Spectre of a Multipolar Europe, European Council on Foreign Relations, 2010.
5 weforum.org, The Future of Global Liberal Order, World Economic Forum article, 2018.
6 Mearsheimer, John J., Bound to Fail: The Rise and Fall of the Liberal International Order, International Security, Vol. 43, 2019.
7 Auslin, Michael, The Asian Century Is Over, Foreign Policy, 2019.
8 Economist.com, Ten Years On, Economist, 2007.
9 Romei, Valentina and Reed, John, The Asian Century is Set to Begin, Financial Times, 2019.
10 Focus-economics.com, The World's Fastest Growing Economies, Focus Economics, 2020.
11 In China, populist tactics are instead instrumentalised to inflame public sentiment. This compares to more open democratic societies where populism can threaten to run out of control.
12 Araya, Daniel, The Future is Asian: Parag Khanna On the Rise of Asia, Forbes, 2019.
13 Khanna, Parag, Why This is the 'Asian Century', Fast Company, 2019.
14 Monbiot, George, The New Political Story That Could Change Everything, TED Summit Talk, 2019.
15 Muggah, Robert, 'Good Enough' Global Cooperation is Key To Our Survival, World Economic Forum, 2019.
16 Partington, Richard, What Became of the G20 Leaders Who Met in 2008 to Avert Financial Crisis?, Guardian, 2018.
17 Ibid., p205.
18 Goldstein, Joshua S., International Relations, 2013–2014 Update, 10th Edition, American University and University of Massachusetts, Amherst.
19 Credit-suisse.com, 'Getting Over Globalization' – Outlook for 2017, Credit Suisse Press Release, 2017.
20 GPF Team, Is a Multipolar World Emerging?, Geopolitical Futures, 2018.
21 Credit-suisse.com, Which Way to a Multipolar World?, Credit Suisse Research Institute, 2017.
22 Credit-suisse.com, 'Getting Over Globalization', 2017, op. cit., p206.
23 Muggah, Robert, America's Dominance Is Over – By 2030, We'll Have A Handful Of Global Powers, Forbes, 2016.
24 Bremmer, Ian, Every Nation For Itself, Penguin, 2013.
25 Ibid., p206.
26 The International Commission and Association on Nobility, Map Congress of Vienna, The International Commission and Association on Nobility, Public Domain, 2015.
27 양극 체제와는 달리, 더 많은 국가가 연합하여 호전적인 국가에 맞설 수 있는 다극 체제의 억지력은 보다 직접적이다. 또한, 각국이 상대적으로 개별 국가에는 덜 관심을 기울이고, 강대국을 향하여 관심을 확산시키기 때문에, 이 체제하에서는 적대감이 덜하다. 다양한 국가 사이에서 일어나는 많은 상호작용은 전쟁을 완화시킬 수 있는 연결성과 분열을 만들어 낸다. Mearsheimer, John J., Structural Realism, International Relations Theories: Discipline and Diversity, Vol. 3, 2013.
28 패권국가가 다른 국가들에 적절하게 보상을 분배한다면 평화적인 힘의 균형을 유지할 가능성이 더 높다. Wohlforth, William C., The Stability of a Unipolar World, International Security, Vol. 23, 1999.
29 Mowle, Thomas S. and Sacko, David, The Unipolar World, Palgrave Macmillan US, 2007.
30 양극 체제는 갈등을 일으킬 동기를 줄이고 균형을 유지할 기회를 창출할 수 있다.
31 Allison, Graham, The Thucydides Trap, Foreign Policy, 2017.
32 Allison, Graham, The Thucydides Trap: Are the U.S. and China Headed for War?, Atlantic, 2016.
33 belfercenter.org, Can America and China Escape Thucydides's Trap, Harvard Kennedy School: Belfer Centre for Science and International Affairs, 2020.
34 Allison, Graham, Is War Between China and the U.S. Inevitable?, TED Talk, 2018.
35 그레이엄 앨리슨의 한 연구에 따르면, 지난 500년 동안 지배 권력이 명백한 경쟁자에 의해 위협을 느꼈던 16가지 사례 중 12가지 사

례는 전쟁으로 이어졌다. belfercenter. org, 2020, op. cit., p208.

36 Muggah, Robert and Owen, Taylor, The Global Liberal Democratic Order Might be Down, But It's Not Out, World Economic Forum, 2018.

37 남아프리카공화국을 제외한 아프리카 대륙, 인도 그리고 유럽의 일부 국가들은 한발 물러나 비동맹 상태를 유지하려고 노력했다.

38 Wikipedia.org, Polarity: Spheres of Influence of the Two Cold War Superpowers, Map (1959), Wikipedia article, 2020.

39 Armscontrol.org, Nuclear Weapons: Who Has What at a Glance, Arms Control Association, 2020.

40 분쟁과 정권 교체는 티벳(1950), 이라크(1958), 쿠바(1960), 볼리비아(1970), 우간다(1971), 아르헨티나(1976), 파키스탄(1977), 아프가니스탄(1978), 이란(1979) 그리고 터키(1980)에서 일어났다. 미국과 소련은 말라야(1948~60), 라오스(1953~1975), 캄보디아(1967~75), 에티오피아(1974~91), 레바논(1975~90), 엘살바도르(1980~-92년)에서 일어난 내전에 참여했다. 냉전 기간 동안 워싱턴은 베트남(1965~75), 도미니카공화국(1965), 레바논(1982), 그레나다(1983), 파나마(1989)에 미군을 파병했다.

41 Spielman, Richard, The Emerging Unipolar, New York Times, 1990.

42 Leaniuk, Jauhien, The Unipolar World, The Dialogue, 2016; Krauthammer, Charles, The Unipolar Moment, Foreign Affairs article, 1990.

43 Wohlforth, 1999, op. cit., p210.

44 Roser, Max and Nagdy, Mohamed, Nuclear Weapons: Number of Nuclear Warheads in the Inventory of the Nuclear Powers, 1945 to 2014 graph, Our World in Data, 2013.

45 Kristensen, Hans and Norris, Robert, U.S. Nuclear Forces, 2009, Bulletin of the Atomic Scientists, 2015.

46 Wohlforth, 1999, op. cit., p210; Hansen, Birthe, The Unipolar World Order and its Dynamics, The New World Order, 2000.

47 David Vine, 'Lists of U.S. Military Bases Abroad, 1776– 2020', American University Digital Archive, https://doi.org/10.17606/bbxc-4368.

48 Crawford, Neta C., US Budgetary Costs of Wars through 2016, Watson Institute: Cost of War, 2016.

49 Ma, Alexandra, This map shows a trillion-dollar reason why China is oppressing more than a million Muslims, Business Insider, 2019.

50 Desjardins, 2017, op. cit., p210.

51 한 연구에 따르면 미국은 243년의 역사 중 226년 동안 전쟁을 계속했다. globalresearch.ca, America Has Been at War 93% of the Time – 222 out of 239 Years – Since 1776, Global Research, 2019.

52 Clark, David, Like It or Not, the US Will Have to Accept a Multipolar World, Guardian, 2007; Monteiro, Numo P., Unrest Assured: Why Unipolarity Is Not Peaceful, International Security, Vol. 36, 2011; Gayle, Damien, Vladimir Putin: US trying to create 'unipolar world', Guardian, 2015.

53 FT.com, China Needs to Act as a Responsible Creditor, Financial Times, 2018.

54 Turner, Susan, Russia, China and Multipolar World Order: The Danger in the Undefined. Asian Perspective, Vol. 33, 2009; Prashad, Vishay, Trump and the Decline of American Unipolarity, CounterPunch, 2017.

55 Kennedy, Scott, Liang, Wei and Reade, Claire, How is China Shaping the Global Economic Order?, China Power, 2015.

56 Desjardins, 2017, op. cit., p212; McGregor, Sarah and Greifeld, Katherine, China Loses Status as U.S.'s Top Foreign Creditor to Japan, Bloomberg article, 2019.

57 Isidore, Chris, The U.S. is Picking a Fight With its Biggest Creditor, CNN Business, 2018.

58 Chinainvestmentresearch.org, Massive Chinese Lending Directed to Silk Road, China Investment Research, 2015.

59 Hillman, Jonathan E., How Big Is China's Belt and Road?, Center for Strategic and International Studies, 2018.

60 Kozul-Wright, Richard and Poon, Daniel, China's Belt and Road isn't Like the Marshall Plan, but Beijing Can Still Learn From It, South China Morning Post, 2019.

61 중국과 일본, 인도, 동남아시아를 포함한 이웃 국가들 사이에 긴장이 고조되는 조짐이 있는데, 특히 남중국해에 대한 영유권 분쟁이 그러하다. 다음을 보라, Gangley, Declan, Tweet, 17 October 2018.

62 한 연구자에 따르면 "20세기 중반 UN과 세계은행의 예산에 마셜 플랜을 더한 것과 맞먹는 규모이다".

63 Khanna, Why This is the 'Asian Century', 2019, op. cit., p214.

64 Ma, 2019, op. cit., p214.

65 Reed, John, China Construction Points to Military Foothold in Cambodia, Financial Times, 2019.

66 Ng, Teddy, China's Belt and Road Initiative Criticised for Poor Standards and 'Wasteful' Spending, South China Morning Post, 2019.

67 Cheong, Danson, Belt and Road Initiative Not a Debt Trap, has Helped Partners Grow Faster, Straits Times, 2019; Morris, Scott, China's Belt and Road Initiative Heihtens Debt Risks in Eight Countries, Points to Need for Better Lending Practices, Centre for Global Development, 2018.

68 Businesstoday.in, India Rejects China's Invite to Attend Belt and Road Initiative Meet for the Second Time, Business Today, 2019.

69 Jiangtao, Shi, Dominance or Development? What's at the End of China's New Silk Road?, South China Morning Post, 2019.

70 Fickling, David, China Could Outrun the U.S. Next Year. Or Never, Bloomberg, 2019.

71 2017년부터 2019년까지 전 세계 성장의 약 35퍼센트가 중국에서 발생하였다. 이에 비해 미국은 18퍼센트, 인도는 9퍼센트, 유럽은 8퍼센트였다.

72 Guillemette, Yvan and Turner, David, The Long View: Scenarios for the World Economy to 2060, OECD Economic Policy, 2018.

73 Wearden, Graem, Trump Claims Trade War is Working as China's Growth Hits 27-year low, Guardian, 2019.

74 중국은 이미 국내총생산의 2.5퍼센트에 가까운 돈을 공공 및 민간 연구개발에 지출하고 있다(미국의 경우는 2.8퍼센트).

75 EY Greater China, China is Poised to Win the 5G Race. Are You Up to Speed?, EY article, 2018.

76 Fayd'Herbe, Nannette H., A Multipolar World Brings Back the National Champions, World Economic Forum article, 2019.

77 그러나 이 짧은 막간의 평화는 1853년 크림전쟁에 의해 무너졌고 20세기에 세계대전의 발발과 함께 완전히 붕괴되었다는 것을 상기하라.
78 Murray, Donnette and Brown, David, Power Relations in the Twenty-First Century, Routledge, 2017.
79 Walt, Stephen M.,What Sort of World Are We Headed For?, Foreign Policy article, 2018.
80 Worldview.stratfor.com, The Geopolitics of Rare Earth Elements, Stratfor, 2019.
81 Lezard, Nicholas, I Told You So, Guardian, 2003.
82 Zhen, Liu, Why 5G, a Battleground for US and China, Is Also a Fight for Military Supremacy, South China Morning Post, 2019; Medin, Milo and Louie, Gilman, The 5G Ecosystem: Risks & Opportunities for DoD, 2019.
83 Simons, Hadlee, Trump Signs Order Effectively Banning Huawei Telecom Equipment in US, Android Authority, 2019.
84 Freedomhouse.org, Democracy in Retreat, Freedom House, 2019.
85 See U.S. Geological Survey, usgs.gov, 2020.
86 Rockwood, Kate, How a Handful of Countries Control the Earth's Most Precious Materials, Fast Company, 2010.
87 Worldview.stratfor.com, 2019, op. cit., p217.
88 Lima, Charlie, Cobalt Mining, China, and the Fight for Congo's Minerals, Lima Charlie News, 2018.
89 Millan Lombrana, Laura, Bolivia's Almost Impossible Lithium Dream, Bloomberg article, 2018.
90 cfr.org, Liberal World Order RIP?, Council on Foreign Relations, 2018.
91 Fraga, Armenio, Bretton Woods at 75, Project Syndicate, 2018.
92 Bremmer, Ian, The End of the American Order: Speech at 2019 GZERO Summit, Eurasia Group, 2019.
93 Desilver, Drew, For most U.S. workers, real wages have barely budged in decades, PEW Research Center, 2018.
94 Ibid., p220.
95 Taylor, Adam, Global Protests Share Themes of Economic Anger and Political Hopelessness, Washington Post, 2019.
96 예를 들어 미국의 정체성 정치는 당파적인 노선을 강력히 따라간다. 미국 하원에서 공화당 의원의 90퍼센트는 백인 남성이다. 민주당의 66퍼센트는 그렇지 않다.
97 Gallup.com, Global Emotions Report 2018, Gallup, 2018.
98 Ibid., p220.
99 Ibid., p221.
100 Muggah, Robert and Kavanagh, Camino, 6 Ways to Ensure AI and New Tech Works For – Not Against – Humanity, World Economic Forum, 2018.
101 Mounk, Yasha, 'Warning signs are flashing red', Journal of Democracy, 2016.
102 Ferguson, Peter Allyn, Undertow in the Third Wave: Understanding the Reversion from Democracy, University of Columbia: Open Collections, 2009.
103 Diamond, Larry, The Democratic Rollback, Foreign Affairs, 2008.
104 Diamond, Larry, Facing Up to the Democratic Recession, Journal of Democracy, Vol. 26, 2015.
105 Voytko, Lysette, White House Goes Dark As George Floyd Protests Boil Over, Forbes, 2017.
106 Pfeifer, Sylvia, Oil Companies in New Rush to Secure North Sea Drilling Rights, Financial Times, 2018; Goldsmith, Arthur A., Making the World Safe for Partial Democracy? Questioning the Premises of Democracy Promotion, International Security, Vol. 33, 2008.
107 Arce, Moises and Bellinger, Paul T., Low-Intensity Democracy Revisited: The Effects of Economic Liberalization on Political Activity in Latin America, World Politics, Vol. 60, 2007.
108 Leterme, Yves and Eliasson, Jan, Democracy – Is the Glass Half Full or Half Empty?, IDEA, 2017.
109 Zakaria, Fareed, The Rise of Illiberal Democracy, Foreign Affairs, 1997.
110 Eiu.com, Democracy Index, The Economist Intelligence Unit, 2018.
111 Kauffmann, Sylvie, Europe's Illiberal Democracies, New York Times, 2016.
112 Project-syndicate.org, Recep Tayyip Erdoğan, Project Syndicate, 2020.
113 CRF-usa.org, Putin's Illiberal Democracy, Bill of Rights in Action Vol. 31, 2016.
114 Muggah, Robert, Can Brazil's Democracy Be Saved?, New York Times, 2018.
115 Thompson, Mark R., Bloodied Democracy: Duterte and the Death of Liberal Reformism in the Philippines, Journal of Current Southeast Affairs, Vol. 35, 2016.
116 Abramowitz, Michael J., Democracy in Crisis, Freedom House, 2018.
117 Levitsky, Steven and Ziblatt, Daniel, How Democracies Die, Penguin Random House, 2019.
118 Mounk, Yascha, Illiberal Democracy or Undemocratic Liberalism?, Project Syndicate, 2016.
119 Systemicpeace.org, Global Trends in Governance: 1800-2017, Polity IV, 2017.
120 V-dem.net, Democracy for All?, V-Dem Annual Democracy Report, 2018.
121 Economist.com, Democracy Continues Its Disturbing Retreat, Economist, 2018.
122 V-dem.net, 2018, op. cit., p224.
123 Fao, Roberto S., Mounk, Yasha and Inglehart, Ronald F., The Danger of Deconsolidation, Journal of Democracy, Vol. 27, 2016.
124 Wike, Richard, Silver, Laura and Castillo, Laura, Many Across the Globe Are Dissatisfied With How Democracy Is Working, 2019.
125 Guilford, Gwinn, Harvard Research Suggests That An Entire Global Generation Has Lost Faith in Democracy, Quartz, 2016.
126 Howe, Neil, Are Millennials Giving Up On Democracy?, Forbes article, 2017.
127 Fetterolf, Janell, Negative Views of Democracy More Widespread in Countries with Low Political Affiliation, Pew Research Center, 2018.
128 Wike, Richard, Simmons, Katie, Stokes, Bruce, et al., Democracy Widely Supported, Little Backing for Rule by

Strong Leader or Military, Pew Research Center, 2017.
129 Wike, Richard, Simmons, Katie, Stokes, Bruce, et al., Globally, Broad Support for Representative and Direct Democracy, Pew Research Center, 2017.
130 Desilver, Drew, Despite Global Concerns About Democracy, More Than Half of Countries are Democratic, Pew Research Center, 2019.
131 Wike, Simmons, Stokes, et al., Globally, Broad Support for Representative and Direct Democracy, 2017, op. cit., p225.
132 Desilver, 2019, op. cit., p225.
133 Wike, Silver and Castillo, 2019, p225.
134 Fetterolf, 2018, p226.
135 Washingtonpost.com, The Rise of Authoritarians, Washington Post, 2019.
136 Gray, Alex, The Troubling Charts that Show Young People Losing Faith in Democracy, World Economic Forum, 2016.
137 Marshall, Monty G., Gurr, Ted R. and Jaggers, Keith, Political Regime Characteristics and Transitions, 1800–2016, Polity IV Project, 2017.
138 Diamond, Larry, A Fourth Wave or False Start?, Foreign Affairs, 2011.
139 Liddiard, Patrick, Are Political Parties in Trouble?, Wilson Center, 2018.
140 Oecd.org, Trade Unions, Employer Organisations, and Collective Bargaining in OECD Countries, OECD, 2017; McCarthy, Niall, The State Of Global Trade Union Membership, Statista, 2019.
141 Liddiard, op cit., p227.
142 McCarthy op cit., p227.
143 Economist.com, The Arab Spring, Five Years On, Economist: Daily Chart, 2016.
144 Yagci, Alper H., The Great Recession, Inequality and Occupy Protests around the World, Government and Opposition, Vol. 52, p2017.
145 Economist.com, 2016, op. cit., p232.
146 Wile, Rob, MAP: The World's Economic Center Of Gravity From AD 1 To AD 2010, Business Insider, 2012.
147 Public.wmo.int, Greenhouse Gas Concentrations Atmosphere Reach Yet Another High, World Meteorological Organisation: Press Release, 2019.
148 트럼프 대통령은 이를 "개발도상국을 위해서 미국의 성장과 고용을 희생시킨 형편없는 협정"이라고 표현했다.

폭력

1 Hedges, Chris, 'What Every Person Should Know About War', New York Times, 2003.
2 BBC.com, Afghanistan: Civilian Deaths at Record High in 2018 – UN, BBC News, 2019.
3 Reuters.com, Syrian Observatory Says War Has Killed More Than Half a Million, Reuters World News, 2018.
4 See Yemendataproject.org data.
5 Palmer, Jason, Call for Debate on Killer Robots, BBC News, 2009.
6 심리학자 스티븐 핑커에 따르면, 우리는 "우리 종의 역사상 가장 평화로운 시기에 살고 있을지도 모른다".
7 Ourworldindata.org, Global Deaths in Conflict Since 1400, Our World in Data, 2016.
8 CGEH.nl, Conflicts and Wars, Centre for Global Economic History, 2020.
9 Roser, Max, War and Peace, Our World in Data, 2016.
10 WHO.int, Global Health Observatory (GHO) data, WHO, 2020.
11 Ourworldindata.org, Death Rate by Cause, World, 1990 to 2017, Our World in Data, 2017.
12 Keeley, Lawrence H., War Before Civilization, Oxford University Press, 1996.
13 이러한 원시 전쟁의 인명 피해에 대한 특히 암울한 예가 최근 제벨 사하바 마을(현재의 수단)의 1만 4,000년 된 공동묘지에서 발견되었다. 집단 무덤에서 발견된 수천 개의 두개골과 뼈 중 거의 절반이 창, 화살, 몽둥이로 관통된 흔적이 보인다. 다음을 보라. Kelly, Raymond C., The Evolution of Lethal Intergroup Violence, PNAS, Vol. 102, 2015.
14 Roser, Max, Archaeological Evidence on Violence, Our World in Data, 2016; Roser, Max, Ethnographic Evidence on Violence, Our World in Data, 2016.
15 ICRC.org, The Roots of Restraint in War, International Committee of the Red Cross, 2018; Farhat-Holzman Laina, Steven A. LeBlanc, Constant Battles: The Myth of the Peaceful, Noble Savage; Matt Ridley, The Red Queen, Sex and the Evolution of Human Nature, Comparative Civilization Review, Vol. 52, 2005.
16 Alcantara, Chris, 46 Years of Terrorist Attacks in Europe Visualized, Washington Post, 2017; Juengst, Sara L., Hillforts of the Ancient Andes: Colla Warfare, Society, and Landscape, Journal of Conflict Archaeology, Vol. 6, 2011.
17 Whipps, Heather, How Gunpowder Changed the World, Live Science, 2008.
18 Roser, Max, Battle-related Deaths in State-based Conflicts Since 1946, by World Region, 1946 to 2016, Our World in Data, 2016; Roser, Max, Average Number of Battle Deaths per Conflict Since 1946, per Type, 2016.
19 PCR.uu.se, Fatal Events in 2018 by Type of Violence, Uppsala Conflict Data Program, 2018.
20 Pettersson, Therese, Hogbladh, Stina and Oberg, Magnus, Organized Violence, 1989–2018 and Peace Agreements, Journal of Peace Research, Vol. 56, 2019.
21 Muggah, Robert, The U.N. Can't Bring Peace to the Central African Republic, Foreign Policy article, 2018.
22 Muggah, Robert, Is Kabila Using Ethnic Violence to Delay Elections?, Foreign Policy article, 2018.
23 Muggah, Robert, Mali is Slipping Back Into Chaos, Globe and Mail, 2018.
24 ICRC.org, 2018, opo. cit., p242.
25 Muggah, Robert and Sullivan, John P., The Coming Crime Wars, Foreign Policy article, 2018.
26 Rowlatt, Justin, How the US Military's Opium War in Afghanistan Was Lost, BBC News article, 2019.
27 Wellman, Phillip W., US Ends Campaign to Destroy Taliban Drug Labs in Afghanistan, Stars and Stripes, 2019.
28 Muggah and Sullivan, 2018, op. cit., p242.
29 Peacekeeping.un.org, Principles and Guidelines, United Nations Peacekeeping Operations, 2008.

30 Autesserre, Severine, Peaceland: Conflict Resolution and the Everyday Politics of International Intervention, Cambridge University Press, 2014.
31 See tools provided by Earthtime, CREATE Lab, CMU.
32 Unenvironment.org, The Tale of a Disappearing Lake, UN Environment Programme, 2018; Ross, Will, Lake Chad: Can the Vanishing Lake be Saved?, BBC News article, 2018.
33 Muggah, Robert and Cabrera, Jose L., The Sahel is Engulfed by Violence. Climate Change, Food Insecurity and Extremists are Largely to Blame, World Economic Forum, 2019.
34 Gerretsen, Isabelle, How climate change is fueling extremism, CNN World News article, 2019.
35 May, John F., Guengant, Jean-Pierre and Brooke, Thomas R., Demographic Challenges of the Sahel, PRB, 2015.
36 FAO.org, Atlas on Regional Integration in West Africa, OECD, 2008.
37 Giordano, Mark and Bassini, Elisabeth, Climate Change and Africa's Future, Hoover Institution, 2019.
38 Semple, Kirk, Central American Farmers Head to the U.S., Fleeing Climate Change, New York Times, 2019.
39 Saha, Sagatom, How Climate Change Could Exacerbate Conflict in the Middle East, Atlantic Council, 2019.
40 Busby, Joshua and Von Uexkull, Nina, Climate Shocks and Humanitarian Crises, Foreign Affairs article, 2018.
41 Ibid., p245.
42 OECD.org, States of Fragility 2018, OECD Publication, 2019.
43 Samenow, Jason, Drought and Syria: Manmade Climate Change or Just Climate?, Washington Post, 2013.
44 Polk, William R., Understanding Syria: From Pre-Civil War to Post-Assad, Atlantic, 2013.
45 Femia, Francesco and Werrell, Caitlin, Syria: Climate Change, Drought and Social Unrest, The Center for Climate & Security, 2012.
46 See data provided by unhcr.org, Situations: Syria, Operational Portal: Refugee Situations, 2020.
47 Bernauer, Thomas and Bohmelt, Tobias, Can We Forecast Where Water Conflicts Are Likely to Occur?, New Security Beat, 2014. See map, Ars.els-cdn.com, Likelihood of Hydro-political Interaction, date not given.
48 Ratner, Paul, Where Will the 'Water Wars' of the Future be Fought?, World Economic Forum, 2018.
49 Peek, Katie, Heat Map: Where is the Highest Risk of Water Conflict?, Popular Science, 2014.
50 Worldwater.org, Water Conflict Chronology, Pacific Institute, 2018.
51 (1960년 인도와 파키스탄 사이의 인더스 물 조약 등) 물을 둘러싼 긴장을 조율하기 위해 협력한 많은 사례들에도 불구하고, 이들은 그 어느 때보다 중개하기가 어렵다. 다음을 보라. vector-center.com, Water and Conflict, Vector Center, 2018.
52 Farinosi, Fabio, Giupponi, Carlo, Reynaud, Arnaud, et al., An Innovative Approach to the Assessment of Hydro-political Risk: A Spatially Explicit, Data Driven Indicator of Hydro-political Issues, Global Environmental Change, Vol. 52, 2018.
53 Bernauer, Thomas and Bohmelt, Tobias, Basins at Risk: Predicting International River Basin Conflict and Cooperation, Global Environmental Risks, Global Environmental Politics, Vol. 14, 2018.
54 정권 유형(민주주의 수준), 수원지 인접 국가 법체계의 특성, 강수량 수준, 지리적 접근성, 수원지 인접 국가의 수는 갈등 위험을 결정하는 데 있어서 가장 중요한 요소들이다.
55 BBC.com, The 'Water War' Brewing Over the New River Nile Dam, BBC News article, 2018; EC.europa.eu, Global Hotspots for Potential Water Disputes, EU Science Hub, 2018.
56 See Smallarmssurvey.org, Conflict Armed Violence portal, 2017.
57 Smallarmssurvey.org, Weapons and Markets, Small Arms Survey, 2017.
58 Ibid., p247.
59 See SIPRI Arms Flows visualisation provided by Earthtime, CREATE Lab, CMU; Geary, Will, The United States of Arms, Vimeo video, 2018.
60 Ibid., p248.
61 Trefis.com, What Is Netflix's Fundamental Value Based On Expected FY'19 Results, Trefis: Collaborate on Forecasts, 2019; macrotrends.net, Netflix Net Worth 2006-2020: NFLX, MacroTrends, 2020.
62 Sipri.org, World Military Expenditure Grows to $1.8 Trillion in 2018, SIPRI Press Release, 2019.
63 Sipri.org, Global Share of Major Arms Exports by 10 Largest Exporters, 2014–2018: Pie Chart, SIPRI Arms Transfers Database, 2019; sipri.org, Trends in World Military Expenditure: 2018, SIPRI Fact Sheet, 2019.
64 Ibid., Sipri.org, World Military Expenditure Grows to $1.8 Trillion in 2018, op. cit., p250.
65 Wikipedia.org, Participation in the Nuclear Non-Proliferation Treaty Map, Wikipedia Visual, 2014.
66 Israel also is believed to have between 75 and 400 nuclear weapons but maintains a policy of deliberate ambiguity. disarmament.un.org, Treaty on the Non-Proliferation of Nuclear Weapons, UNODA, 2020.
67 Sanders-Zakre, Alicia, What You Need to Know About Chemical Weapons Use in Syria, Arms Control, 2019.
68 OPCW.org, Fact-Finding Mission, OPCW, 2019.
69 Schneider, Tobias and Lutkefend, Theresa, The Logic of Chemical Weapons Use in Syria, GPPI, 2019.
70 Pandya, Jayshree, The Weaponization Of Artificial Intelligence, Forbes, 2019.
71 O'Hanlon, Michael E., The Role of AI in Future Warfare, Brookings Report, 2018.
72 Allen, Gregory C., Understanding China's AI Strategy, Center for New American Study, 2019.
73 McMullan, Thomas, How Swarming Drones will Change Warfare, BBC News article, 2019.
74 Futureoflife.org, An Open Letter to the United Nations Convention On Certain Conventional Weapons, Future of Life open letter, 2017.
75 Map in Lang, Johannes, Schott, Robin M. and Van Munster, Rens, Four Reasons why Denmark Should Speak up about Lethal Autonomous Weapons, Danish Institute for International Studies, 2018.

76 Stopkillerrobots.org, Country Views on Killer Robots, Campaign to Stop, 2018.
77 esri.com, A map of terrorist attacks, according to Wikipedia, ESRI, 2020.
78 Horsley, Richard A., The Sicarii: Ancient Jewish 'Terrorists', Journal of Religion, Vol. 59, 1979.
79 Szczepanski, Kallie, Hashshashin: The Assassins of Persia, Thought Co., 2019; Irving, Clive, Islamic Terrorism Was Born on This Mountain 1,000 Years Ago, Daily Beast, 2017.
80 Fraser, Antonia, The Gunpowder Plot, Orion Books, 2010.
81 Hoffman, Bruce, Terrorism in History, Journal of Conflict Studies, Vol. 27, 2007.
82 Senn, Alfred E., The Russian Revolutionary Movement of the Nineteenth Century as Contemporary History, Wilson Center Report, 1993.
83 Johnston, David, Terror In Oklahoma: The Overview, New York Times, 1995.
84 Washingtonpost.com, How Terrorism In The West Compares To Terrorism Everywhere Else, Washington Post, 2016.
85 See umd.edu, Global Terrorism Database, National Consortium for the Study of Terrorism and Responses to Terrorism, 2019.
86 Mueller, John and Stewart Mark G., Conflating Terrorism and Insurgency, CATO Institute, 2016.
87 UN.org, International Terrorism Committee Report of 17 December 1996, Ad Hoc Committee Established by General Assembly Resolution, 1996.
88 Muggah, Robert, Europe's Terror Threat Is Real. But Its Cities Are Much Safer Than You Think, World Economic Forum, 2017.
89 Ibid., p256.
90 Wikipedia.org, Organizations Currently Officially Designated as Terrorist by Various Governments, Wikipedia article, 2020.
91 Prnewswire.com, IEP's 2018 Global Terrorism Index: Deaths From Terrorism Down 44 Per Cent in Three Years, but Terrorism Remains Widespread, Institute for Economic Peace, 2018.
92 Splcenter.org, Hate Map, Southern Poverty Law Center, 2019.
93 Muggah, Robert and Aguirre, Katherine, Terrorists Want To Destroy Our Cities. We Can't Let Them, World Economic Forum, 2016.
94 Jipson, Art and Becker, Paul J., White Nationalism, Born in the USA, Is Now a Global Terror Threat, The Conversation article, 2019.
95 Muggah, Robert, Global Terrorism May be Down but is Still a Threat In 2019 – Are We Ready?, Small Wars Journal, 2019.
96 Green, Manfred S., LeDuc, James, Cohen, Daniel, et al., Confronting the Threat of Bioterrorism: Realities, Challenges, and Defensive Strategies, Terrorism And Health, Lancet, Vol. 19, 2019.
97 Kimball, Daryl and Davenport, Kelsey, Timeline of Syrian Chemical Weapons Activity, 2012-2020, Arms Control Association, 2020.
98 아프리카의 폭력적인 극단주의자들을 대상으로 한 한 연구는, 보고된 사례의 70퍼센트 이상에서 주 정부의 처형과 무차별적인 체포가 불만을 가진 사람들을 테러리스트로 만드는 데 중요한 역할을 했다는 점을 발견했다. 다음을 보라. un.org, Marginalization, Perceived Abuse of Power Pushing Africa's Youth to Extremism, UN News, 2017.
99 Wikipedia.org, List of Genocides by Death Toll, Wikipedia article, 2020.
100 Freedomhouse.org, Freedom in the World 2019, Featuring Special Release on United States, Freedom House, 2019.
101 Evans, Gareth, State Sovereignty Was a Licence to Kill, International Crisis Group, 2008.
102 Rummel, Rudolph J., Death by Government, Transaction Publishers, 1994.
103 Barry, Ellen, Putin Criticizes West for Libya Incursion, New York Times, 2011.
104 Wee, Sui-Lee, Russia, China Oppose 'Forced Regime Change' in Syria, Reuters, 2012.
105 Economist.com, In Some Countries, Killer Cops are Celebrated, Economist, 2018.
106 Muggah, Robert, Brazil's Murder Rate Finally Fell—and by a Lot, Foreign Policy article, 2019.
107 See 38th Session of the Human Rights Council or Number of people shot to death by the police in the United States from 2017 to 2020, by Race: Statista, 2020.
108 Ellis-Petersen, Hannah, Duterte's Philippines Drug War Death Toll Rises Above 5,000, Guardian, 2018.
109 Sinyangwe, Samuel, Police killed 1,099 people in 2019: Map, Mapping Police Violence, 2020.
110 Reuters.com, ICC Prosecutor: Examination of Philippines Continues Despite Withdrawal, Reuters, 2019.
111 Wagner, Peter and Sawyer, Wendy, States of Incarceration: The Global Context 2018, Prison Policy Initiative, 2018.
112 Kann, Drew, 5 Facts Behind America's High Incarceration Rate, CNN News, 2019.
113 Walmsley, Roy, World Prison Population List 12th Edition, World Prison Brief, 2018.
114 Pelaez, Vicky, The Prison Industry in the United States: Big Business or a New Form of Slavery?, Global Research, 2019.
115 Kann, 2019, p261.
116 Walmsley, 2018, p261.
117 HRW.org, Monitoring Conditions Around The World, Human Rights Watch Prison Project.
118 OHCHR.org, Convention against Torture and Other Cruel, Inhuman or Degrading Treatment or Punishment, UN Human Rights Office of the High Commisioner, 1984; un.org, United Nations Standard Minimum Rules for the Treatment of Prisoners (the Mandela Rules), UN General Assembly: 70th Session, 2015.
119 Muggah, Robert, Taboada, Carolina and Tinoco Dandara, Q&A: Why Is Prison Violence So Bad in Brazil?, Americas Quarterly, 2019; Muggah, Robert, Opinion: Brazil's Prison Massacres Send A Dire Message, NPR, 2019; Muggah, Robert and Szabó De Carvalho, Ilona, Brazil's Deadly Prison System, New York Times, 2017.
120 Wilkinson, Daniel, The High Cost of Torture in Mexico, Human Rights Watch, 2017.

121 Torture and Ill Treatment in Syria's Prisons, The Lancet Editorial, Lancet, Vol. 388, 2016.
122 Amnestyusa.org, Senior Members Of Nigerian Military Must Be Investigated For War Crimes, Amnesty International, 2015.
123 Fifield, Anna, North Korea's prisons 'worse' than Nazi camps, judge who survived Auschwitz concludes, Independent, 2017.
124 Sudworth, John, China's Hidden Camps, BBC News, 2018; Doman, Mark, Hutcheon, Stephen, Welch, Dylan, et al., China's Frontier of Fear, ABC News, 2018.
125 Sigal, Samuel, Internet Sleuths Are Hunting for China's Secret Internment Camps for Muslims, Atlantic, 2018.
126 Foreignpolicy.com, China's War on Uighurs, Foreign Policy article, 2019.
127 Ryan, Fergus, Cave, Danielle and Ruser, Nathan, Mapping Xinjiang's 'Re-education' Camps, Australian Strategic Policy Institute, 2018; Nationalawakening.org, China's Gulag Archipelago in Occupied East Turkistan, Awakening Movement Project.
128 Doman, Hutcheon, Welch, et al., 2018, op. cit., p262.
129 Byler, Darren, China's Hi-tech War on its Muslim Minority, Guardian, 2019.
130 Tiezzi, Shannon, Is the Kunming Knife Attack China's 9–11?, Diplomat, 2014.
131 Doman, Hutcheon, Welch, et al., 2018, op. cit., p263.
132 Mozur, Paul, Inside China's Dystopian Dreams: A.I., Shame and Lots of Cameras, New York Times, 2018.
133 Botsman, Rachel, Big Data Meets Big Brother as China Moves to Rate its Citizens, Wired, 2017.
134 HRW.org, China: Big Data Fuels Crackdown in Minority Region, Human Rights Watch, 2018.
135 Benaim, Daniel and Russon, Gilman, Hollie, China's Aggressive Surveillance Technology Will Spread Beyond Its Borders, Slate, 2018.
136 See redd.it, Map of Illegal Trafficked Goods Around the World, UNODC and Sciences Po, 2014.
137 Gambetta, Diego, The Sicilian Mafia: The Business of Private Protection, Harvard University Press, 1996.
138 Chu, Yiu-Kong, The Triads as Business, Routledge, 2000.
139 Hill, Peter B. E., The Japanese Mafia: Yakuza, Law, and the State, Oxford Scholarship Online, 2004.
140 Andreas, Peter, Gangster's Paradise, Foreign Affairs article, 2013.
141 Varese, Federico, The Russian Mafia: Private Protection in a New Market, Oxford Scholarship Online, 2003.
142 Clough, Christine, Transnational Crime is a $1.6 trillion to $2.2 trillion Annual 'Business', Global Financial Integrity, 2017.
143 Roos, Dave, How Prohibition Put the 'Organized' in Organized Crime, History article, 2019.
144 Stigall, Dan E., Ungoverned Spaces, Transnational Crime, and the Prohibition on Extraterritorial Enforcement Jurisdiction in International Law, Journal of International & Comparative Law, 2013.
145 Winton, Alison, Gangs in Global Perspective, Environment and Urbanization, 2014.
146 Muggah, Robert, Violent crime has undermined democracy in Latin America, Financial Times, 2019.
147 Igarapé Institute (2020) Homicide Monitor, accessed at https:/homicide.igarape.org.br/.
148 IFEX.org, In Mexico, 'Narcopolitics' is a Deadly Mix for Journalists Covering Crime and Politics, IFEX, 2018.
149 Muggah, Robert and Szabo de Carvhalo, Ilona, Violent crime in São Paulo has dropped dramatically. Is this why?, World Economic Forum, 2018.
150 Sullivan, John P. , De Arimatéia da Cruz, José and Bunker, Robert J., Third Generation Gangs Strategic Note No. 9, Small Wars Journal, 2018.
151 Ibid., p266.
152 Drago, Francesco, Galbiati, Roberto and Sobbrio, Francesco, The Political Cost of Being Soft on Crime: Evidence from a Natural Experiment, LSE, 2017.
153 Muggah, Robert, Reviewing the Costs and Benefits of Mano Dura Versus Crime Prevention in the Americas, The Palgrave Handbook of Contemporary International Political Economy, 2019.
154 Fraser, Alistair, Global Gangs: Street Violence Across the World, British Journal of Criminology, Vol. 56, 2016.
155 Economist.com, Why Prisoners Join Gangs, Economist, 2014.
156 Wood, Graeme, How Gangs Took Over Prisons, The Atlantic, 2014.
157 Igarapé Institute (2020) Homicide Monitor, accessed at https:/homicide.igarape.org.br/.
158 Kleinfeld, Rachel, Magaloni, Beatriz and Ponce, Alejandro, Reducing Violence and Improving the Rule of Law, Carnegie Endowment for Peace, 2014; Kleinfeld, Rachel, A Savage Order, Penguin Random House, 2019.
159 See Earthtime, CREATE Lab, CMU, Map of Blue Helmet Deployment. Data from UN, 2019; Muggah, Robert and Tobon, Katherine A., Citizen security in Latin America: Igarape Institute, 2018.
160 Abt, Thomas, Bleeding Out: The Devastating Consequences of Urban Violence -- and a Bold New Plan for Peace in the Streets, Basic Books, 2019; Muggah, Robert and Pinker, Steven, We Can Make the Post-Coronavirus World a Much Less Violent Place, Foreign Policy article, 2020.
161 Muggah, Robert and Abdenur, Adriana, Conflict Prevention is Back in Vogue, and Not a Moment Too Soon, Hill Times, 2018; Kleinfield, 2019, op. cit., p268.
162 Collin, Katy, The Year in Failed Conflict Prevention, Brookings, 2017.
163 Rand.org, UN Nation Building Record Compares Favorably with the U.S. in Some Respects, Rand Corporation, 2005.
164 Clarke, Colin P., An Overview of Current Trends in Terrorism and Illicit Finance, Rand Corporation, 2018.
165 Ibid., p270.
166 Alvaredo, Facundo, Chancel, Lucas, Piketty, Thomas, et al., World Inequality Report 2018, World Inequality Lab, 2018.
167 Muggah, Robert and Raleigh, Clionad, Violent Disorder is on the Rise. Is Inequality to Blame?, World Economic

Forum, 2019.
168 Muggah, Robert and Velshi, Ali, Religious Violence is on the Rise. What Can Faith-based Communities do About it?, World Economic Forum, 2019.
169 Paasonen, Kari and Urdal, Henrik, Youth Bulges, Exclusion and Instability: The Role of Youth in the Arab Spring, PRIO Policy Brief: Conflict Trends, 2016.
170 Dahl, Marianne, Global Women, Peace and Security Index, PRIO, 2017; Busby, Mattha, First Ever UK Unexplained Wealth Order Issued, OCCRP, 2018.

인구

1 UN.org, World Population Ageing 2017 Report, UN Department of Economic and Social Affairs, 2017; Engel, Pamela, These Staggering Maps Show How Much The World's Population Is Aging, Business Insider, 2014.
2 These arguments are reviewed in Goldin, Ian (ed.), Is the Planet Full?, Oxford University Press, 2014
3 Roser, Max, The Global Population Pyramid, Our World in Data, 2019.
4 Goldin, 2014, op. cit., p275.
5 Ibid., p276.
6 Ritchie, Hannah, The World Population is Changing: Population by Age Bracket Graph, Our World in Data, 2019.
7 UN.org, Total Population by Sex (thousands) dataset, UN Department of Economic and Social Affairs, 2020.
8 Harper, Sarah, Demographic and Environmental Transitions, in Goldin, Ian (ed.), Is the Planet Full?, Oxford University Press, 2014.
9 Ibid., p276.
10 Ibid., p277.
11 Roser, Max, Ritchies, Hannah and Ortiz-Ospina, Esteban, World Population Growth, Our World in Data, 2019.
12 Lutz, Wolfgang, Goujon, Anne, KC, Samir, et al., Demographic and Human Capital Scenarios for the 21st Century, European Commission, 2018.
13 Roser, Max, Future Population Growth, Our World in Data, 2019.
14 Gallagher, James, 'Remarkable' Decline in Fertility Rates, BBC News, 2018.
15 Craig, J., Replacement Level Fertility and Future Population Growth, Population Trends, 1994.
16 Worldpopulationreview.com, Total Fertility Rate (2020), World Population Review, 2020. For a discussion on different explanations of low fertility see Harper, 2014, op. cit., p278.
17 Ibid., p278.
18 Ibid., p278.
19 Goldin, Ian, Development: A Very Short Introduction, Oxford University Press, 2017
20 Worldbank.org, Fertility rate, total (births per woman) data, World Bank, 2018.
21 Ibid., p279.
22 Data.worldbank.org, Fertility rate, total (births per woman), World Bank with UN Population Division, 2019.
23 Ibid., p279.
24 Worldbank.org, Fertility rate, 2018, op. cit., p279.
25 Ibid., p279.
26 Worldpopulationreview.com, 2020, op. cit., p279; Romei, Valentina, Italy Registers Lowest Number Of Births Since At Least 1861, Financial Times, 2019.
27 Worldbank.org, Fertility rate, 2018, op. cit., p279; Livingston, Gretchen, Is U.S. Fertility At An All-time Low? Two Of Three Measures Point To Yes, Pew Research Center, 2019.
28 Worldpopulationreview.com, 2020, op. cit., p279.
29 Ibid., p279.
30 Ibid., p279.
31 UN.org, Growing At A Slower Pace, World Population Is Expected To Reach 9.7 Billion In 2050 And Could Peak At Nearly 11 Billion Around 2100, UN Department of Economic and Social Affairs, 2019.
32 Worldpopulationreview.com, Africa Population (2020), World Population Review, 2020.
33 UN.org, Growing At A Slower Pace, 2019, op. cit., p281. 34 Worldbank.org, Life expectancy at birth, total (years) – Nigeria data, World Bank, 2019.
35 Ibid., p281.
36 Chappel, Bill, U.S. Births Dip To 30-Year Low; Fertility Rate Sinks Further Below Replacement Level, NPR, 2018.
37 Census.gov, Historical National Population Estimates: July 1, 1900 to July 1, 1999, U.S. Census Bureau, 2000.
38 UN.org, Growing At A Slower Pace, 2019, op. cit., p282.
39 Unicef.org, MENA Generation 2030, UNICEF, 2019.
40 Ourworldindata.org, Increase of life expectancy in hours per day: 2015, Our World in Data, 2017.
41 Wyss-Coray, Tony, Ageing, Neurodegeneration And Brain Rejuvenation, Nature, Vol. 539, 2016; royalsociety.org, The Challenge of Neurodegenerative Diseases in an Aging Population, G7 Academies' Joint Statements, 2017.
42 Goldin, Ian, Pitt, Andrew, Nabarro, Benjamin, et al., Migration And The Economy: Citi GPS, Oxford Martin School Report, 2018.
43 Bankofengland.co.uk, Procyclicality And Structural Trends In Investment Allocation By Insurance Companies And Pension Funds, Bank of England Working Paper, 2014.
44 Worldbank.org, Age Dependency Ratio (% of Working-age Population), World Bank, 2018.
45 https://data.worldbank.org/indicator/SP.POP.DPND?view=chart
46 Ibid., p284; oecd.org, Pensions at a Glance 2017, OECD and G20 Indicators at a Glance, OECD, 2017.
47 Harding, Robin, Japan's Population Decline Accelerates Despite Record Immigration, Financial Times, 2019.
48 Ibid., p284.
49 Ibid., p284; Worldpopulationreview.com, Total Population by Country, 2020, op. cit., p284.
50 Harding, 2019, op. cit., p284.
51 Ibid., p284.
52 Tanase, Alexandru M., Slowing Down Romania's Demographic Exodus Would be a Historic Achievement, Emerging Europe, 2019. Goldin, Pitt, Nabarro, et. al., 2018, p284.

53 Ibid., p285.
54 Roser, Max, Ortiz-Ospina, Esteban and Ritchie, Hannah, Life Expectancy, Our World in Data, 2019.
55 Roser, Max, Fertility Rate, Our World in Data, 2017.
56 Roxby, Philippa, Why Are More Boys than Girls Born Every Single Year?, BBC News, 2018.
57 Worldbank.org, The World Bank in China: Overview, World Bank, 2020; oecd.org, China: Science And Innovation: Country Notes, OECD Science, 2010.
58 See ceicdata.com, Country Profile: India, CEIC, 2020; Worldbank.org, Fertility rate, 2018, op. cit., p287.
59 Roser, Ortiz-Ospina, Ritchie, 2019, p287.
60 Clark, Peter K., Investment in the 1970s: Theory, Performance, and Prediction, Brookings Institution, 1979.
61 Roser, Ortiz-Ospina, Ritchie, 2019, p288.
62 Dimson, Elroy, Marsh, Paul and Staunton, Mike, Credit Suisse Global Investment Returns Yearbook 2018, Credit Suisse: Research Institute, 2018.
63 Golin, Ian and Mariathasan, Mike, The Butterfly Defect, Princeton University Press, 2014.
64 Norton, Robyn, Safe, Effective and Affordable Health Care for a Bulging Population, in Goldin, Ian (ed.), Is the Planet Full?, Oxford University Press, 2014.

이주

1 IOM.int, World Migration Report 2020, UN International Organization for Migration, 2019.
2 UNrefugees.org, What is a Refugee?: Refugee Facts, UN High Commissioner for Refugees.
3 Muggah, Robert, A Critical Review of Displacement Regimes, in Hampson, Fen O., Ozerdem, Alpaslan, and Kent, Jonathan, Routledge Handbook of Peace, Security and Development, Routledge, 2020.
4 IOM.int, Migration In An Interconnected World: New Directions For Action, Report Of The Global Commission On International Migration, 2005.
5 Toronto.ca, Toronto at a Glance: Social Indicators, City of Toronto, 2020; toronto.ca, World Rankings for Toronto, City of Toronto, 2020.
6 Goldin, Ian, Exceptional People: How Migration Shaped Our World and Will Define Our Future, Princeton University Press, 2012.
7 Ibid., p298.
8 Hatton, Timothy, and Williamson, Jeffrey, The Age of Mass Migration, Oxford University Press, 1998
9 Ibid., p298.
10 Ibid., p299.
11 Ibid., p299.
12 Ibid., p299.
13 Ibid., p299.
14 Ibid., p299.
15 History.com, Chinese Exclusion Act, History article, 2018.
16 Routley, Nick, Map: All of the World's Borders by Age, Visual Capitalist, 2018.
17 Wikipedia.org, List of Sovereign States by Date of Formation, Wikipedia article, 2020.
18 OM.int, World Migration Report 2020: Chapter 2, 2019, op. cit., p300.
19 지난 100년 동안 이민자의 비율이 1990년 2.9퍼센트와 1965년 2.3퍼센트에서 약간만 증가했다는 점은 주목할 가치가 있다. 가장 큰 차이는 이주 방향에 있는데, 대부분의 이주자는 지난 세기와는 대조적으로 현재 남쪽에서 북쪽으로 이동하고 있다.
20 Goldin, 2012, op. cit., p300.
21 OM.int, World Migration Report 2020, 2019, op. cit., p301.
22 Ibid., p302.
23 Pison, Gilles, Which Countries Have the Most Immigrants?, World Economic Forum, 2019.
24 OM.int, World Migration Report 2020, 2019, op. cit., p303.
25 Ibid., p303.
26 Wikipedia.org, Schengen Area, Wikipedia article, 2020.
27 EC.europa.eu, Migration and Migrant Population Statistics: Statistics Explained, eurostat, 2020.
28 Wilson, Francis, International Migration in Southern Africa, The International Migration Review, Vol. 10, 1976.
29 Goldin, Ian, Pitt, Andrew, Nabarro, Benjamin, et al., Migration And The Economy: Citi GPS, Oxford Martin School Report, 2018.
30 OECD.org, Is Migration Good for the Economy?, Migration Policy Debates: OECD, 2014.
31 Goldin, Pitt, Nabarro, et al., 2018, op. cit., p 306.
32 Ibid., p306.
33 Ibid., p306.
34 Ibid., p306.
35 Ibid., p306.
36 Ibid., p307; oecd-ilibrary.org, International Migration Outlook 2013: The fiscal impact of immigration in OECD countries, OECD, 2013.
37 Ibid., p307.
38 Ibid., p307.
39 Vargas-Silva, Carlos, The Fiscal Impact of Immigration in the UK, The Migration Observatory, 2020.
40 Storesletten, Kjetil, Fiscal Implications of Immigration – a Net Present Value Calculation, IIES Stockholm University and CEPR, 2013.
41 OECD.org, Is Migration Good for the Economy?, 2014, op. cit., p307.
42 Ibid., p307.
43 Goldin, Pitt, Nabarro, et al., 2018, op. cit., p 307.
44 (예를 들어) Warwick-Ching, Lucy, A Fifth of Over-45s Expect to Leave Work to Become Carers, Financial Times, 2019; Romei, Valentina and Staton, Bethan, How UK Social Care Crisis Is Hitting Employment Among Older Workers, Financial Times, 2019.
45 Ibid., p308.
46 Ibid., p308.
47 Goldin, Pitt, Nabarro, et al., 2018, op. cit., p 308.
48 Ibid., p308.
49 Ibid., p308.
50 Callahan, Logan D., Are Immigrants The Next Great Appliance?, Bard Digital Commons, 2017.
51 Ibid., p308.
52 Giuntella, Osea, Nicodemo, Catia and Vargas Silva, Carlos,

The Effects of Immigration on NHS Waiting Times, Blavatnik School of Governance W.P. 5, 2015.
53 Ibid., p308.
54 Goldin, Pitt, Nabarro, et al., 2018, op. cit., p309.
55 Ibid., p309.
56 Ibid., p309.
57 Ibid., p309.
58 Ibid., p309.
59 Goldin, 2012, op. cit., p310.
60 Woetzel, Jonathan, Madgavkar, Anu, Rifai, Khaled, et al., Global Migration's Impact and Opportunity, McKinsey Global Institute Report, 2016.
61 Goldin, Pitt, Nabarro, et al., 2018, op. cit., p 310.
62 Kerr, William R. and Lincoln, William F., The Supply Side of Innovation: H-1B Visa Reforms and US Ethnic Invention, NBER W.P. 15768, 2010.
63 Ibid., p310.
64 Ibid., p310.
65 Goldin, Pitt, Nabarro, et al., 2018, op. cit., p 310.
66 Winder, Robert, Bloody Foreigners: The Story of Immigration into Britain, Little, Brown, 2004.
67 Guest, Robert, Borderless Economics, Palgrave, 2011.
68 Goldin, Pitt, Nabarro, et al., 2018, op. cit., p 310.
69 Ibid., p310.
70 Ibid., p310.
71 Ibid., p310.
72 Ibid., p310.
73 Ibid., p310.
74 Ibid., p310.
75 Ibid., p311.
76 Alesina, Alberto, Miano, Armando and Stantcheva, Stefanie, Immigration And Redistribution, NBER W.P. 24733, 2018.
77 Ibid., p312.
78 Roser, Max, Fertility Rate, Our World in Data, 2017.
79 Goldin, Pitt, Nabarro, et al., 2018, op. cit., p 313.
80 Ibid., p313.
81 Ibid., p313.
82 UNHCR.org, Figures at a Glance, UN High Commissioner for Refugees, 2020.
83 Ibid., p314; Koser, Khalid and Martin, Susan, The Migration-displacement Nexus, Studies in Forced Migration, Vol. 32, 2011.
84 UNHCR.org, Global Trends: Forced Displacement in 2017, UN High Commissioner for Refugees, 2017.
85 ESA, Zaatari Refugee Camp, Jordan, European Space Agency, 2014. ©KARI/ESA
86 UNHCR.org, Zaatari General Infrastructure Map, UN High Commissioner for Refugees, 2014.
87 Guttridge, Nick, Cologne Rapists WERE refugees: Prosecutor slams reports exonerating migrants as 'nonsense', Express, 2016.
88 Adelman, Robert, Williams, Reid, Markle, Gail, et al., Urban Crime Rates and the Changing Face of Immigration: Evidence Across Four Decades, Journal of Ethnicity in Criminal Justice, Vol. 15, 2017; Kubrin, Charis, Exploring the Connection Between Immigration and Violent Crime Rates in U.S. Cities, 1980–2000, Social Problems, Vol. 56, 2009.
89 Newamericaneconomy.org, Is there a Link Between Refugees and U.S. Crime Rates?, New American Economy: Research Fund, 2017.
90 Ibid., p318.
91 DW.com, Are refugees more criminal than the average German citizen?, Deutsche Welle, 2017.
92 Dutchnews.nl, Refugee Centres Don't Lead to Rising Crime, Dutch research shows, Dutch News, 2018.
93 Ellingsen, Nora, It's Not Foreigners Who are Plotting Here: What the Data Really Show, Lawfare Blog, 2017.
94 Carrion, Doris, Are Syrian Refugees a Security Threat to the Middle East?, Reuters, 2017; Idean, Salehyan and Skrede Gleditsch, Kristian, Refugee Flows and the Spread of Civil War, Oslo, Norway: Peace Research Institute, 2000; Muggah, Robert, No Refuge: The Crisis of Refugee Militarisation in Africa, Zed Books, 2006.
95 Mayda, Anna Maria, The Labor Market Impact of Refugees: Evidence from the U.S. Resettlement Program, US Department of State, Office of the Chief Economist W.P. 4, 2017.
96 Fakih, Ali and Ibrahim, May, The Impact of Syrian Refugees on the Labor Market in Neighboring Countries: Empirical Evidence from Jordan, IZA D.P. 9667, 2016.
97 UNESCO.org, Cities Welcoming Refugees and Migrants: Enhancing effective urban governance in an age of migration, UNESCO, 2016.
98 이들 중 4,000명은 미군과 함께 일했던 이라크인, 1,500명은 중미 출신, 5,000명은 종교에 의해 박해 받은 사람들, 7,500명은 가구 결합을 목적으로 하는 사람들이다. 이는 전 오바마 행정부가 2016년에 허용해야 한다고 말한 11만 명의 극히 일부분에 지나지 않는다. 다음을 보라. Shear, Michael D. and Kanno-Youngs, Zolan, Trump Slashes Refugee Cap to 18,000, Curtailing U.S. Role as Haven, New York Times, 2019.
99 welcomingamerica.org, Map: Our Network: Municipalities, Welcoming America, 2020.
100 Dinan, Stephen, Number of Sanctuary Cities Nears 500, Washington Times, 2017.
101 eurocities.eu home webpage.
102 Muggah, Robert and Barber, Benjamin, Why Cities Rule the World, TED Ideas, 2016.
103 uclg.org, Migration, United Cities and Local Governments article, 2020; urbancrises.org, What is different about crises in cities?, Urban Crises, 2020; Solidaritycities. eu/, website, Solidarity Cities, 2020; urban-refugees.org, The NGO network: Map, Urban Refugees, 2017.
104 이 부분과 후속 논의에 대해서는 다음 자료에서 상세히 다루고 있다. pp144-148 of Goldin, Pitt, Nabarro, et al., 2018, op. cit., p324.

식량

1 Worldwildlife.org, Which Everyday Products Contain Palm Oil?, World Wide Fund for Nature, 2020.
2 Willett, Walter, Rockstrom, Johan, Loken, Brent, et al., Food in the Anthropocene: the EAT–Lancet Commission on Healthy Diets from Sustainable Food Systems, Lancet

Commissions, Vol. 393, 2019.
3 See healthdata.org, Diet, IHME, 2020 and healthdata.org, Diet, Global Burden of Disease, 2020.
4 Gilbert, Natasha, One-third of our Greenhouse Gas Emissions Come From Agriculture, Nature, 2012.
5 Ibid., p330.
6 Ibid., p330.
7 Mateo-Sagasta, Javier, Zadeh, Sara M. and Turral, Hugh, Water Pollution from Agriculture: a Global Review, Food and Agriculture Organisation of UN, 2017.
8 GBD 2017 Collaborators, Health Effects of Dietary Risks in 195 countries, 1990–2017: a Systematic Analysis for the Global Burden of Disease Study 2017, Lancet Commissions, Vol. 393, 2019; wfp.org, Zero Hunger, World Food Programme, 2020.
9 Willett, Rockstrom, Loken, et al., 2019, op. cit., p332.
10 Ibid., p332.
11 Hamzelou, Jessica, Overeating Now Bigger Global Problem Than Lack of Food, New Scientist, 2012.
12 Willett, Rockstrom, Loken, et al., 2019, op. cit., p332.
13 Sen, Amartya, Poverty and Famines, Oxford University Press, 1981. This issue is discussed in Goldin, Ian, Development: A Very Short Introduction, Oxford University Press, 2018, pp42-43.
14 Tufts.edu, Famine Trends Dataset, Tables and Graphs, World Peace Foundation, 2020.
15 NYtimes.com, Famine: The Man-Made Disaster, New York Times, 1998.
16 Who.int, Overweight and Obesity, World Health Organization, 2020.
17 CDC.gov, The Health Effects of Overweight and Obesity, Centers for Disease Control and Prevention, 2020.
18 Wikipedia.org, Epidemiology of Obesity, Wikipedia article, 2020.
19 Renee, 2018, op. cit., p334.
20 Donnelly and Scott, 2018, op. cit., p334.
21 Renee, Janet, The Average Calorie Intake by a Human Per Day Versus the Recommendation, SF Gate, 2018.
22 Health.gov, Dietary Guidelines for Americans: 2015–2020: 8th Edition: Appendix 2. Estimated Calorie Needs per Day, by Age, Sex, and Physical Activity Level, USDA, 2015.
23 Donnelly, Laura and Scott, Patrick, Fat Britain: Average Person Eats 50pc More Calories Than They Realise, Telegraph, 2018.
24 Royalsociety.org, Reaping the Benefits: Science and the Sustainable Intensification of Global Agriculture, Royal Society, 2009.
25 Meadows, Donella H., Meadows, Dennis L., Randers, Jorgen, et al., The Limits to Growth: A Report for The Club Of Rome's Project On The Predicament of Mankind, Universe Books, 1972.
26 FAO.org, Crop Production and Natural Resource Use, Food and Agriculture Organisation of the UN, 2015.
27 FAO.org, The Future of Food and Agriculture – Trends and Challenges, Food and Agriculture Organisation of the UN,
28 Ibid., p338; Royalsociety.org,, 2009, op. cit., p338.
29 Ibid., p338.
30 IPCC.ch, Climate Change and Land: Special Report, IPCC, 2019.
31 Worldwildlife.org, Soil Erosion and Degradation, World Wide Fund for Nature: Overview, 2020.
32 IPCC.ch, Climate Change and Land, 2019, op. cit., p338.
33 Ibid., p338.
34 Piore, Adam, The American Midwest Will Feed a Warming World. But For How Long?, MIT Technology Review, 2019.
35 Economist.com, Warmer Temperatures Could Play Havoc with Crops, Economist, 2019.
36 Ibid., p339.
37 Ibid., p339.
38 UNfccc.int, Why Methane Matters, UN Climate Change, 2014.
39 IPCC.ch, Land is a Critical Resource, IPCC report says, IPPC News, 2019.
40 Royalsociety.org, 2009, op. cit., p339.
41 Notaras, Mark, Does Climate Change Cause Conflict?, Our World, 2009.
42 Fao.org, The State of Agricultural Commodity Markets 2018: Agricultural Trade, Climate Change and Food Security, Food and Agriculture Organisation of the UN, 2018.
43 Ibid., p339.
44 IPCC.ch, Climate Change and Land, 2019, op. cit., p340.
45 Springmann, Marco, Clark, Michael, Mason-D'Croz, Daniel, et al., Options for Keeping the Food System Within Environmental Limits, Nature, Vol. 562, 2018.
46 Globalagriculture.org, Meat and Animal Feed, Global Agriculture, 2020.
47 Economist.com, Global Meat-eating is on the Rise, Bringing Surprising Benefits, Economist, 2019.
48 OECD.org, Meat Consumption data, OECD, 2020.
49 Ibid., p341.
50 Ibid., p341.
51 Ritchie, Hannah and Roser, Max, Crop Yields, Our World in Data, 2017.
52 Bloomberg.com, China Ramps Up Brazil Soybean Imports, Rebuffing U.S. Crops, Bloomberg News, 2019.
53 Worldatlas.com, Top Palm Oil Producing Countries In The World, World Atlas, 2018.
54 Rainforest-rescue.org, Questions and Answers About Palm Oil, Rainforest Rescue, 2011.
55 Ibid., p344; Moss, Catriona, Peatland Loss Could Emit 2,800 Years' Worth of Carbon in an Evolutionary Eyeblink: Study, Forest News, 2015; UCSUSA.org, Palm Oil and Global Warming, Union of Concerned Scientists, 2013.
56 Rainforest-rescue.org, 2011, op. cit., p344.
57 FAO.org, The State of the World Fisheries and Aquaculture: Report 2018, Food and Agriculture Organisation of the UN, 2018.
58 This paragraph is based on Zeller, Dirk and Pauly, Daniel, Viewpoint: Back to the Future for Fisheries, Where Will We Choose to Go?, Global Sustainability, Vol. 2, 2019.
59 Worldview.stratfor.com, China Sets a Course for the U.S.'s Pacific Domain, Stratfor, 2019.

60 Royalsociety.org, What is ocean acidification and why does it matter?, The Royal Society, 2020; EDF.org, Overfishing: The Most Serious Threat to Our Oceans, EDF, 2020.
61 Zeller, Pauly, 2019, op. cit., p345.
62 FAO.org, The State of the World Fisheries and Aquaculture: Report 2018, Food and Agriculture Organisation of the UN, 2018.
63 Ibid., p347.
64 Tacon, Albert G.J., Hasan, Mohammad R. and Metian, Marc, Demand and Supply of Feed Ingredients for Farmed Fish and Crustaceans, Food and Agriculture Organisation of the UN, 2011.
65 FAO.org, The State of the World Fisheries and Aquaculture, 2018, op. cit., p347.
66 Ibid., p347.
67 Ceballos, Gerardo, Ehrlich, Paul R. and Dirzo, Rodolfo, Biological Annihilation via the Ongoing Sixth Mass Extinction Signaled by Vertebrate Population Losses and Declines, PNAS, Vol. 114, 2017.
68 Willett, Rockstrom, Loken, et al., 2019, op. cit., p347. 69 Willett, Rockstrom, Loken, et al., 2019, op. cit., p347. 70 WWF.org.uk, A Warning Sign From Our Planet: Nature Needs Life Support, World Wild Fund of Nature, 2018.
71 IUCN.org, IUCN Red List of Threatened Species, IUCN, 2018.
72 Ibid., p348.
73 Black, Richard, Bee Decline Linked To Falling Biodiversity, BBC News, 2010.
74 Regan, Shawn, What Happened to the 'Bee-pocalypse'?, PERC, 2019.
75 FAO.org, Declining Bee Populations Pose Threat to Global Food Security and Nutrition.
76 Including from the Highly Respects, Food and Agriculture Organization of the UN, 2019.
77 Willett, Rockstrom, Loken, et al., 2019, op. cit., p349. 78 Willett, Rockstrom, Loken, et al., 2019, op. cit., p349. 79 Willett, Rockstrom, Loken, et al., 2019, op. cit., p349. 80 Willett, Rockstrom, Loken, et al., 2019, op. cit., p349.
81 IPCC.ch, Land is a Critical Resource, 2019, op. cit., p 349.
82 Economist.com, Gloom From the Climate-change Front Line, Economist, 2019.
83 Willett, Rockstrom, Loken, et al., 2019, op. cit., p349.

건강

1 davos2019.earthtime.org, Life Expectancy by Country, CREATE Lab: CMU, 2020. Data sourced from UN Population Division, Life Expectancy projections, UN Department of Economic and Social Affairs: Population Division: World Population Prospects, 2019; wikipedia.org, Countries by Average Life Expectancy According to the World Health Organization, Wikipedia map, 2015.
2 UNFPA.org, Ageing in the Twenty-First Century: Chapter 1: Setting the Scene, UNFPA, 2011.
3 Dong, Xiao, Milholland, Brandon and Vijg, Jan, Evidence for a Limit to Human Lifespan, Nature, Vol. 538, 2016; Sample, Ian, Geneticists Claim Ageing Breakthrough but Immortality Will Have to Wait, Guardian, 2005.
4 Federation of American Societies for Experimental Biology, Longevity Breakthrough: Scientists 'activate' Life Extension in Worm, Discover Mitochondria's Metabolic State Controls Life Span, ScienceDaily, 2010; Chen, Alice L. , Lum, Kenneth M., Lara-Gonzalez, Pablo, et al., Pharmacological Convergence Reveals a Lipid Pathway that Regulates C. Elegans Lifespan, Nature Chemical Biology, 2019; Faloon, William, Fahy, Gregory M. and Church, George, Age-Reversal Research at Harvard Medical School, Life Extension Magazine, 2016.
5 Hughes, Bryan G. and Hekimi, Siegfried, Many Possible Maximum Lifespan Trajectories, Nature, Vol. 546, 2017. Slagboom, Eline P., Beekman, Marian, Passtoors, Willemijn, et al., Genomics of Human Longevity, Philos Trans R Soc Lond B Biol Sci, Vol. 366, 2011; Diamandis, Peter H., Extending Human Longevity With Regenerative Medicine, Singularity Hub, 2019.
6 Slagboom, Beekman, Passtoors, et al., 2011, op. cit., p353.
7 그 사람의 성별 또한 중요한 요소이다. 남성들은 경향적으로 더 건강하지 않은 생활 습관과 더 짧은 수명을 보였다. 그들은 담배를 피우고 술을 마셨으며, 더 많은 사고를 당하고 전쟁과 범죄로 더 많이 죽는 경향이 있었다.
8 세계 평균 수명은 2000년과 2016년 사이에 5년 이상 증가했는데, 이것은 1960년대 이후 가장 빠른 증가세이다. 1990년대에 아프리카와 동유럽에서 HIV-AIDS가 유행하면서 이러한 증가세는 둔화되었다. 2000년 이후 가장 큰 증가폭을 보인 곳은 아프리카였는데, 아프리카에서는 HIV 치료를 위한 항바이러스 접근성 향상과 어린이 생존 능력 향상으로 기대 수명이 10년 이상(61세) 증가했다. who.int, Global Health Observatory (GHO) data: Life Expectancy: Situation, WHO, 2020.
9 Worldpopulationreview.com, Life Expectancy (2020), World Population Review, 2020.
10 CDC.gov, United States Life Tables: Life Expectancy, CDC, 2017; Woolf, Steven H. and Aron, Laudan, Failing Health of the United States, BMJ, Vol. 360, 2018.
11 그리고 65세 여성은 평균적으로 27.5년을 더 살 것으로 예상할 수 있다. Kontis, Vasilis, Bennett, James E., Mathers, Colin D., et al., Future Life Expectancy in 35 Industrialised Countries: Projections with a Bayesian Model Ensemble, Lancet, Vol. 389, 2017.
12 Preston, Samuel H., The Human Population: Chapter: Human Mortality Throughout History and Prehistory, Freeman, 1995.
13 Roser, Max, Ortiz-Ospina, Esteban and Ritchie, Hannah, Life Expectancy: Life Expectancy, 1543 to 2015 graph, Our World in Data, 2019.
14 Davos2019.earthtime.org, 2020, op. cit., p355; Gurven, Michael and Kaplan, Hillard, Longevity among Hunter-Gatherers: A Cross-Cultural Examination, Population and Development Review, Vol. 33, 2007.
15 Roser, Max, Ritchie, Hannah and Dadonaite, Bernadeta, Child and Infant Mortality: Child Mortality, 1800 to 2015 Graph, Our World in Data, 2019. Roser, Max, Ritchie, Hannah and Dadonaite, Bernadeta, Child and Infant Mortality: Child Mortality by Country: Kenya: Graph, Our World in Data, 2019.

16 Roser, Max, Ritchie, Hannah and Dadonaite, Bernadeta, Child and Infant Mortality: Child Mortality Graph, Our World in Data, 2019.
17 Alemu, Aye M., To What Extent Does Access to Improved Sanitation Explain the Observed Differences in Infant Mortality in Africa?, Afr J Prim Health Care Fam Med, Vol. 9, 2017.
18 Liu, Li, Oza, Shefali, Hogan, Daniel, et al., Global, Regional, and National Causes of Child Mortality in 2000–13, With Projections to Inform Post-2015 Priorities: an Updated Systematic Analysis, Lancet, Vol. 383, 2015.
19 See, Hill, Kenneth and Amouzou, Agbessi, Disease and Mortality in Sub-Saharan Africa. 2nd ed.: Chapter 3: Trends in Child Mortality, 1960 to 2000, The World Bank, 2006. Roser, Ritchie and Dadonaite, Child Mortality Rate: 1800–2015, 2019, op. cit., p356; Ahmad,Omar B., Lopez, Alan D., and Inoue, Mie, The Decline In Child Mortality: A Reappraisal, Bulletin of the World Health Organization, Vol. 78, 2000.
20 WHO.int, Health in the post-2015 Development Agenda: Need For A Social Determinants Of Health Approach, WHO, 2015.
21 Infoplease.com, Health and Social Statistics, Infant Mortality Rates of Countries, 2016.
22 Roser, Max and Ritchie, Hannah, Maternal Mortality: Maternal Mortality Ratio, 2015.
23 Roser, Max and Ritchie, Hannah, Maternal Mortality, Our World in Data, 2013.
24 WHO.int, Maternal Mortality, WHO, 2019.
25 The maternal mortality rate is 12 per 100,000 as compared to 239 per 100,000.
26 Ehling, Holger, No Condition Is Permanent: An Interview With Chinua Achebe, Publishing Research Quarterly, Vol. 19, 2003.
27 Who.int, Maternal Mortality, 2019, op. cit., p359.
28 McFadden, Clare and Oxenham, Marc F., The Paleodemographic Measure of Maternal Mortality and a Multifaceted Approach to Maternal Health, Current Anthropology, Vol. 60, 2019.
29 Aminov, Rustam I., A Brief History of the Antibiotic Era: Lessons Learned and Challenges for the Future, Frontiers in Microbiology, Vol. 1, 2010.
30 Wikipedia.org, Penicillin Was Being Mass-produced in 1944: Public Domain image, Wikipedia, 2020.
31 AMR-review.org, Antimicrobial Resistance: Tackling a Crisis for the Health and Wealth of Nations, AMR, 2014.
32 그는 이 과정을 '화학 요법'이라고 표현했지만, 이 용어는 암 치료에서 수십 년 후에야 통용되었다.
33 Kardos, Nelson and Demain, Arnold L., Penicillin: The Medicine With the Greatest Impact on Therapeutic Outcomes, Applied Microbiology and Biotechnolgy, Vol. 92, 2011.
34 Aminov, 2010, op. cit., p361.
35 Lobanovska, Mariya and Pilla, Giulia, Penicillin's Discovery and Antibiotic Resistance: Lessons for the Future?, Yale Journal of Biology and Medicine, Vol. 90, 2017.
36 McKenna, Maryn, What Do We Do When Antibiotics Don't Work Anymore?, TED Talk, 2015.
37 Pearson, Carole, Antibiotic Resistance Fast-Growing Problem Worldwide, Voice of America, 2009.
38 Larson, Elaine, Community Factors in the Development of Antibiotic Resistance, Annual Review of Public Health Vol. 28, 2007.
39 Tete, Annie, Sir Alexander Fleming's Ominous Prediction, The National WWII Museum Blog, 2013.
40 Bowler, Jacinta, The CDC Is Warning About Resistant 'Nightmare Bacteria' Spreading Through The US, Science Alert, 2018; emro.who.int, What is the Difference Between Antibiotic and Antimicrobial Resistance?, WHO EMRO, 2020.
41 WHO.int, What is the Difference Between Antibiotic And Antimicrobial Resistance?, WHO, 2020.
42 BSAC.org.uk, Antimicrobial Resistance Poses 'Catastrophic Threat', says Chief Medical Officer, BSAC, 2013.
43 Telegraph.co.uk, Antibiotic Resistance 'Could Kill Humanity Before Climate Change Does', Warns England's Chief Medical Officer, Telegraph, 2019.
44 Hampton, Tracy, Novel Programs and Discoveries Aim to Combat Antibiotic Resistance, JAMA, Vol. 313, 2015.
45 Cassini, Alessandro, Högberg, Liselotte D., Plachouras, Diamantis, et al., Attributable Deaths And Disability-adjusted Life-years Caused By Infections With Antibiotic-resistant Bacteria in the EU and the European Economic Area in 2015, Lancet, Vol. 19, 2018.
46 AMR-review.org, 2014, op. cit., 362.
47 De Kraker, Marlieke E. A., Stewardson, Andrew J. and Harbart, Stephan, Will 10 Million People Die a Year due to Antimicrobial Resistance by 2050?, PLoS Med, Vol. 13, 2016.
48 Wikipedia.org, Map of Cholera Cases, Wikipedia article, 2016. Originally published in 'On the Mode of Communication of Cholera' by John Snow, in 1854 by C.F. Cheffins, London, now in public domain.
49 Koch, Tom, Visualizing Disease: Understanding epidemics through maps, ESRI, 2011.
50 Brown, Lisa, 2009 H1N1 Influenza Pandemic 10 Times More Deadly Than Previously Estimated, NACCHO, 2013.
51 NHS.uk, The History of Swine Flu, NHS, 2009.
52 Zepeda-Lopez, Hector M., Perea-Araujo, Lizbeth, Miliar-Garcia, Angel, et al., Inside the Outbreak of the 2009 Influenza A (H1N1)v Virus in Mexico, PLoS One, Vol. 5, 2010; Hsieh, Ying-Hen, Ma, Stefan, Velasco Hernandez, Jorge X., Early Outbreak of 2009 Influenza A (H1N1) in Mexico Prior to Identification of pH1N1 Virus, PLoS One, Vol. 6, 2011.
53 Fraser, Christophe, Donnelly, Christ A., Cauchemez, Simon, et al., Pandemic Potential of a Strain of Influenza A (H1N1): Early Findings, Science Magazine, Vol. 324, 2009.
54 Euro.who.int, WHO Director-General declares H1N1 Pandemic Over, WHO, 2010.
55 Simonsen, Lone, Spreeuwenberg, Peter, Lustig, Roger, et al., Global Mortality Estimates for the 2009 Influenza Pandemic from the GLaMOR Project: Figure 5, PLoS Med, Vol. 10, 2013.
56 Viboud, Cecile and Simonsen, Lone, Global Mortality of

2009 Pandemic Influenza A H1N1, Lancet, Vol. 12, 2012; cdc.gov, First Global Estimates of 2009 H1N1 Pandemic Mortality Released by CDC-Led Collaboration, CDC, 2012; Dawood, Fatimah S., Iuliano, A Danielle, Reed, Carrie, Estimated Global Mortality Associated with the First 12 Months of 2009 Pandemic Influenza a H1N1 Virus Circulation: A Modelling Study, Lancet, Vol. 12, 2012.

57 Fang, Li-Qun, Li, Xin-Lou, Liu, Kun, et al., Mapping Spread and Risk of Avian Influenza A (H7N9) in China, Scientific Reports, Vol. 3, 2013.

58 Ibid., p365.

59 CDC.gov, Asian Lineage Avian Influenza A(H7N9) Virus, CDC, 2018.

60 Declan, 2013, op. cit., p365.

61 Butler, 2013, op. cit., p365; Tatem, Andrew J., Huang, Zhuojie and Hay, Simon I., Spread of H7N9, Unpublished data, 2013.

62 Czosnek, Hali, Predicting the Next Global Pandemic, Global Risks Insights, 2018.

63 Butler, Declan, Mapping the H7N9 avian flu outbreaks, Nature, 2013.

64 Ibid., p366.

65 Smith, Katherine F., Goldberg, Michael, Rosenthal, Samantha, et al., Global Rise In Human Infectious Disease Outbreaks, Journal of the Royal Society Interface, Vol. 11, 2014.

66 Pathologyinpractice.com, Measles: The Importance of Vaccination, Disease Monitoring and Surveillance, Pathology in Practice, 2018.

67 Muggah, Robert, Pandemics Are the World's Silent Killers. We Need New Ways to Contain Them, Devex, 2019.

68 Ourworldindata.org, Share of population with mental health and substance use disorders Map, Our World in Data, 2017.

69 Ourworldindata.org, Number of people with mental and substance use disorders, World, 1990 to 2017, Our World in Data, 2017.

70 보건 메트릭스 평가 연구소의 최근 추정치에 따르면 세계 인구의 약 13퍼센트인 약 9억 7,100만 명의 사람들이 일종의 정신 장애를 겪고 있는 것으로 나타났다. 여기에 포함된 3억 명의 사람들이 불안을 경험하고, 1억 6,000만 명이 우울증 장애를 겪고 있으며, 또 다른 1억 명의 사람들이 기분부전증 알려진 더 가벼운 형태의 우울증을 경험하고 있다. Rice-Oxley, Mark, Mental illness: is there really a global epidemic?, Guardian, 2019.

71 Who.int, Mental Disorders, WHO, 2019.

72 Ourworldindata.org, Share of the Population with Depression by Average Country Income, Our World in Data, 2017.

73 Trautmann, Sebastian, Rehm, Jürgen and Wittchen, Hans-Ulrich, The economic Costs of Mental Disorders, EMBO Reports, Vol. 17, 2016.

74 McManus, Sally, Meltzer, Howard, Brugha, Traolach, et al. Adult Psychiatric Morbidity in England, 2007: Results of a Household Survey, NHS, 2009.

75 Who.int, Breaking the Vicious Cycle Between Mental Ill-health and Poverty, WHO, 2007.

76 Who.imt, Mental Disorders, op. cit., p368.

77 Rice-Oxley, 2019, op. cit., p368.

78 Thelancet.com, The Lancet Commission on Global Mental Health and Sustainable Development, Lancet, 2018.

79 Who.int, Age-standardised Suicide Rates Both Sexes, WHO, 2018.

80 Ferrari, Alize J., Norman, Rosana E., Freedman, Greg, et al., The Burden Attributable to Mental and Substance Use Disorders as Risk Factors for Suicide: Findings from the Global Burden of Disease Study 2010. PLoS One, Vol. 9, 2014.

81 세계보건기구의 국제질병분류(ICD-10)는 이 일련의 질환들을 경증에서 중증까지 정의한다. IHME는 이 정의를 채택하여 가볍고 지속적인 우울증(기분부전등)과 심각한 우울증(심각)으로 구분하고 있다.

82 Ferrari, Norman, Freedman, et al., 2014, op. cit., p368.

83 Khazaei, Salman, Armanmehr, Vajihe, Nematollahi, Shahrzad, et al., Suicide Rate in Relation to the Human Development Index and Other Health Related Factors: A Global Ecological Study From 91 Countries, Journal of Epidemiology and Global Health, Vol. 7, 2017.

84 Ferrari, Norman, Freedman, et al., 2014, op. cit., p369. 85 Worldpopulationreview.com, Suicide Rate by Country (2020), World Population Review, 2020.

86 Who.int, Mental Health: Suicide data, WHO, 2020.

87 Bantjes, Jason, Iemmi, Valentina, Coast, Ernestina, et al., Poverty and Suicide Research in Low- and Middle-income Countries: Systematic Mapping of Literature published in English and a Proposed Research Agenda, Global Mental Health, Vol. 3, 2016.

88 Prasad, Ritu, Why US Suicide Rate is On the Rise, BBC News, 2018.

89 Case, Anne and Deaton, Angus, Rising Morbidity and Mortality In Midlife Among White Non-Hispanic Americans in The 21st Century, PNAS Vol. 112, 2015; Case, Anne and Deaton, Angus, Mortality and Morbidity in the 21st Century, Brookings Papers on Economic Activity, 2017,

90 Oi, Mariko, Tackling the Deadliest Day for Japanese Teenagers, BBC News, 2015.

91 UN.org, World Population Prospects: Key Findings and Advance Tables W.P. 248, UN DESA, 2017.

92 who.int, Fact Sheet: Ageing and Health, WHO, 2018.

93 고소득층 여성들이 1.6명이라는 낮은 출산율을 보이고 있는 반면, 아프리카의 일부 지역에서는 여전히 5명 이상의 출산율이 나타난다. 오늘날 세계 인구의 50퍼센트 이상이 출산율이 인구대체율보다 낮은 나라에 살고 있다. 이는 '하위 대체출산'이라는 현상을 만들어냈는데, 이것은 부유한 저출산 국가들에서 고령화가 일어날 뿐만 아니라 인구가 줄어들고 있다는 것을 의미한다. UN.org, Global Issues: Ageing, UN, 2019.

94 Haseltine, William A., Why Our World Is Aging, Forbes, 2018.

95 Magnus, George, The Age of Aging, Wiley, 2008.

96 Helpage.org, Global Age Watch Index 2015: Population Ageing Maps, Global Age Watch, 2015.

97 Population.un.org, Average Annual Rate of Population, Population Change 2020 – 2025: Maps, UN DESA, 2019.

98 합계 출산 관련 자료는 세 가지 출처에서 얻을 수 있다. 주민 등록, 표본 조사 그리고 인구총조사이다.

99 Theguardian.com, Russian Men Losing Years to Vodka, Guardian, 2014.
100 Bernstein, Lenny, U.S. Life Expectancy Declines Again, a Dismal Trend Not Seen Since World War 1, Washington Post, 2018.
101 CGDEV.org, Zimbabweans Have Shortest Life Expectancy, Center for Global Development, 2006.
102 Bor, Jacob, Herbst, Abraham J., Newell, Marie-Louise, et al., Increases in Adult Life Expectancy in Rural South Africa: Valuing the Scale-up of HIV Treatment, Science, Vol. 339, 2013.
103 Ibid., p375.
104 Siddique, Haroon, Life Expectancy in Syria Fell by Six Years at Start of Civil War, Guardian, 2016.
105 Muggah, Robert, How to Protect Fast Growing Cities from Failing, TED Global, 2014.
106 Haseltine, William A., 2018, op. cit., p375.
107 당뇨병의 경우, 비만과 과체중의 추정 유병률에 근거한 것이며, 교통사고의 피해는 현재의 경제 추세를 감안한 도로 위 자동차들의 추정 숫자를 근거로 예상한 것이다. Who.int, Projections of mortality and causes of death: 2016 to 2060, WHO, 2016.
108 Who.int, Fact Sheets: Malaria, WHO, 2020.
109 1978년 영국에서 2명이 감염되고 1명이 사망한 실험실 사고가 있었다.
110 PBS.org, Stamping Out Smallpox is Just One Chapter of His Brilliant Life Story, PBS News, 2017.
111 Loria, Kevin, Bill Gates Revealed a Scary Simulation that Shows how a Deadly Flu Could Kill More Than 30 Million People Within 6 Months, Business Insider, 2018.
112 Ourworldindata.org, Number of Reported Smallpox Cases: 1943, Our World in Data, 2018.
113 Ourworldindata.org, Decade in Which Smallpox Ceased to be Endemic by Country, Our World in Data, 2018.
114 WHO.int, Blueprint: Prioritizing Diseases for Research and Development in Emergency Contexts, WHO, 2018.
115 Branswell, Helen, The Data are Clear: Ebola Vaccine Shows 'Very Impressive' Performance in Outbreak, STAT, 2019.
116 Scott, Clare, New 3D Printing Method Combines Multiple Vaccines into One Shot, 2017.
117 Muggah, 2019, op. cit., p378.
118 Tekin, Elif, White, Cynthia, Manzhu Kang, Tina, et al., Prevalence and Patterns of Higher-order Drug Interactions in Escherichia coli, npj Systems Biology and Applications, Vol. 4, 2018.
119 Cassella, Carly, Experimental Antibiotic Gives New Hope Against Superbugs in Clinical Trials, Science Alert, 2018; Dockrill, Peter, We Just Found a Game-Changing Weapon Against Drug-Resistant Superbugs, Science Alert, 2018.
120 Gazis, Olivia, Author Jamie Metzl Says the 'Genetic Revolution' Could Threaten National Security, CBS, 2019; Beyret, Ergin , Liao, Hsin-Kai, Yamamoto, Mako, et al., Single-dose CRISPR–Cas9 Therapy Extends Lifespan of Mice with Hutchinson–Gilford Progeria Syndrome. Nature Medicine, Vol. 25, 2019; University of Rochester, 'Longevity Gene' Responsible for More Efficient DNA Repair.' ScienceDaily, 2019; Wray, Britt, The Ambitious Quest to Cure Ageing Like a Disease, BBC: Ageing, 2018.

교육

1 Thygesen, Tine, The One Thing You Need To Teach Your Children To Future-Proof Their Success, Forbes, 2016.
2 WEForum.org, White Paper: Realizing Human Potential in the Fourth Industrial Revolution, World Economic Forum, 2017.
3 Hanushek, Eric A. and Woessmann, Ludger, Education and Economic Growth, Economics of Education, 2010.
4 UNESCO Institute for Statistics, A Growing Number Of Children And Adolescents Are Out of School As Aid Fails to Meet the Mark, UNESDOC Policy Paper 32, 2015.
5 UNESCO.org, Themes: Literacy, UNESCO, 2020.
6 Lee, Jong-Wha and Lee, Hanoi, Human Capital in the Long Run, Journal of Development Economics, Vol. 122, 2016.
7 Hao, Karen, China Has Started a Grand Experiment in AI Education. It Could Reshape How the World Learns, MIT Technology Review, 2019.
8 염료를 파피루스에 표시한 최초의 기록은 기원전 3,500년경의 것이다. 그후 얼마 지나지 않아 페니키아 문자 체계가 나타났다. 그리고 거기서부터 문자는 그리스인들에 의해 다듬어졌고, 그후에 라틴어와 키릴 문자, 그 외에도 많은 문자가 생겨났다. 중국에서는 약 기원전 1,400년경 상나라 왕조 시기에 글자가 뼈에 새겨졌고, 곧 퍼져나갔다.
9 Roser, Max and Ortez-Ospina, Esteban, Literacy: Literacy rate, 1475 to 2015: Graph, Our World in Data, 2018.
10 Roser, Max and Ortez-Ospina, Esteban, Literacy: Literate and Illiterate World Population: Graph, Our World in Data, 2018.https://ourworldindata.org/grapher/literate-and-illiterate-world-population
11 Buringh, Eltjo and Van Zanden, Jan Luiten, Charting the 'Rise of the West': Manuscripts and Printed Books in Europe, A Long-term Perspective From the Sixth Through Eighteenth Centuries, Journal of Economic History, Vol. 69, 2009.
12 Van Zanden, Jan Luiten, Baten, Joerg, Mira d'Ercole, Marco, et al., How Was Life?: Global Well-being Since 1820, OECD Publishing, 2014.
13 Roser, Max and Ortez-Ospina, Esteban, Literacy: Population Having Attained at Least Basic Education by Region, 1870-2010, Our World in Data, 2013. Based on Van Zanden, Baten, Mira, et al., 2014, op. cit., p389.
14 OHCHR.org, Adopted and Opened for Signature, Ratification and Accession by General Assembly Resolution 2200A (XXI) of 16 December 1966, International Covenant on Economic, Social and Cultural Rights, 1966.
15 Roser, Max and Ortez-Ospina, Esteban, Global Education, Our World in Data, 2016.
16 Roser, Max and Ortez-Ospina, Esteban, Global Education: Mean years of schooling, 2017, Our World in Data, 2018.
17 Byun, Soo-yong and Park, Hyunjoon, When Different Types of Education Matter: Effectively Maintained Inequality of Educational Opportunity in South Korea, American Behavioral Scientist, Vol. 61, 2017.
18 Sistek, Hanna, South Korean Students Wracked with Stress,

Aljazeera, 2013.
19 CWUR.org, World University Rankings 2018-19, CWUR, 2019.
20 ICEF.com, South Korea: Record Growth in International Student Enrolment, ICEF Monitor, 2018.
21 Roser, Max and Ortez-Ospina, Esteban, Primary and Secondary Education: Share of the Population with No Formal Education, Projections by IIASA: 1970, 2050.
22 Roser, Max and Ortez-Ospina, Esteban, Global Education, 2016, op. cit., p392.
23 Roser, Max and Ortez-Ospina, Esteban, Government Spending: Share of Government Expenditure Spent on Education: 2016, Our World in Data, 2016.
24 The International Commission on Financing Global Education Opportunity, The Learning Generation, 2018.
25 Worldbank, Learning to Realize Education's Promise, World Development Report, 2018
26 Evans, David, Education Spending and Student Learning Outcomes, Development Impact, 2019.
27 Morais de Sa e Silva, Michelle, Conditional Cash Transfers and Improved Education Quality: A Political Search for the Policy Link, International Journal for Educational Development, Vol. 45, 2018; Bertrand, Marianne, Barrera-Osario, Felipe, Linden, Leigh, et al., Improving the Design of Conditional Transfer Programs: Evidence from a Randomized Education Experiment in Colombia, American Economic Journal: Applied Economics, Vol. 3, 2011.
28 Patrinos, Harry A. And Psacharopoulos, George, Strong Link Between Education and Earnings, World Bank Blogs, 2018.
29 Patrinos, Harry A. and Psacharopoulos, George, Returns to Investment in Education: A Decennial Review of the Global Literature, World Bank: Education Global Practice W.P. 8402, 2018; and associated data file for Annex 2.
30 Blundell, Richard, Costa Dias, Monica, Meghir, Costas, et al., Female Labor Supply, Human Capital, and Welfare Reform, Econometrica, Vol. 84, 2016.
31 Patrinos, and Psacharopoulos, 2018, op. cit., p395.
32 Lutz, Wolfgang, Crespo Cuaresma, Jesus and Sanderson, Warren, et al., The Demography of Educational Attainment and Economic Growth, Science, Vol. 319, 2008. Krueger, Alan B. and Lindahl, Mikael, Education for Growth: Why and For Whom?, NBER W.P. 7591, 2000.
33 Hanushek, Eric A. and Woessmann, Ludger, Universal Basic Skills: What Countries Stand to Gain, OECD Publishing, 2015.
34 Valero, Anna and Van Reenen, John, The Economic Impact of Universities: Evidence from Across the Globe, NBER W.P. 22501, 2016.
35 Easterly, William, The Elusive Quest for Growth: Economists' Adventures and Misadventures in the Tropic, MIT Press, 2001.
36 Hanushek, Eric A. and Woessmann, Ludger, Do Better Schools Lead to More Growth? Cognitive Skills, Economic Outcomes, and Causation, NBER W.P. 14633, 2009.
37 Hanushek, Eric A. and Woessmann, Ludger, Schooling, Cognitive Skills, and the Latin American Growth Puzzle, NBER W.P. 15066, 2009.
38 OECD-ilibrary.org, Education at a Glance 2015: OECD Indicators, 2015.
39 Browne, Angela W., and Barrett, Hazel R., Female Education in Sub-Saharan Africa: The Key to Development?, Comparative Education, Vol. 27, 1991; Fishetti, Mark, Female Education Reduces Infant and Childhood Deaths, Scientific American: Health, 2011.
40 Glaeser, Edward L., Ponzetto, Giacomo A. M. and Shleifer, Andrei, Why Does Democracy Need Education?, Journal of Ecomomic Growth, Vol. 12, 2007; Lutz, Wolfgang, Crespo Cuaresma, Jesus and Abbasi-Shavazi, Mohammad Jalal, Demography, Education, and Democracy: Global Trends and the Case of Iran, Population and Development Review, Vol. 36, 2010.
41 Glaeser, Edward A., Want a Stronger Democracy? Invest in Education, New York Times, 2009.
42 Lutz, Crespo Cuaresma and Abbasi-Shavazi, 2010, op. cit., p396.
43 Norrlof, Carla, Educate to Liberate: Open Societies Need Open Minds, Foreign Affairs article, 2019.
44 Drutman, Lee, Diamond, Larry and Goldman, Joe, Follow the Leader: Exploring American Support for Democracy and Authoritarianism, Democracy Fund: Voter Study Group, 2018.
45 Patrinos, Harry A., The Skills that Matter in the Race Between Education and Technology, World Bank Blogs, 2017.
46 OECD.org, The Future of Education of Skills: Education 2030, OECD Publishing, 2018.
47 Russell, Stuart, Human Compatible: Artificial Intelligence and the Problem of Control, Penguin, 2019.
48 Weforum.org, System Initiative: Shaping the Future of Education, Gender and Work, World Economic Forum, 2018.
49 Saavedra, Jaime, Alasuutari, Hanna and Gutierrez, Marcela, Finland's Education System: The Journey to Success, World Bank Blog, 2018.
50 OPH.fi, Finnish Education in a Nutshell, Finnish National Agency for Education, 2017.
51 Roser, Max and Ortiz-Ospina, Esteban, Population Breakdown by Highest Level of Education Achieved for Those Aged 15+, Brazil, 1970 to 2050 Chart, Our World in Data, 2016.
52 NCEE.org, Finland: Teacher and Principal Quality, Center on International Benchmarking, 2018.
53 Factsmaps.com, PISA Worldwide Rankings, Factmaps.com sourced from OECD, 2016.
54 Hancock, LynNell, Why Are Finland's Schools Successful?, Smithsonian Magazine, 2011.
55 LynNell, 2011, op. cit., p399.
56 Madden, Duncan, Ranked: The 10 Happiest Countries In The World In 2019, Forbes, 2019.
57 THL.fi, Alcohol Consumption in Finland has Decreased, But Over Half a Million are Still at Risk From Excessive Drinking, Finnish Institute for Health and Welfare, 2018.
58 Kingsley, Sam, Finland: From Suicide Hotspot to World's Happiest Country, Jakarta Post, 2019.

59 Constituteproject.org, Finland's Constitution of 1999 (with amendments through 2011), Constitution Project, 2011.
60 OPH.fi, Education System: Finnish Education System, Finnish National Agency for Education, 2020.
61 Economist.com, It Has the World's Best schools, But Singapore Wants Better, Economist, 2018.
62 Hogan, David, Why is Singapore's School System so Successful, and Is It a Model for the West?, The Conversation, 2014.
63 Including the Primary School Leaving Examination which shapes their educational pathway.
64 Liew, Maegan, The Singaporean Education System's Greatest Asset is Becoming its Biggest Weakness, Asean Today, 2019.
65 Smartnation.sg, Smart Nation: The Way Forward, Smart Nation and Digital, 2018.
66 Keating, Sarah, The Most Ambitious Country in the World, BBC News, 2018.
67 Ourworldindata.org, Average Learning Outcomes vs GDP per Capita, 2015, Our World in Data, 2015.
68 Gatesfoundation.org, Education Research and Development: Learning From the Field, Gates Foundation, 2019.
69 Houser, Kristen, China's AI Teachers Could Revolutionize Education Worldwide, Futurism, 2019.
70 Holoniq.com, Global Education Technology Market to Reach $341B by 2025, Holon IQ, 2018.
71 Ritchie, Hannah and Roser, Max, Share of the population using the Internet, 2015, Our World in Data, 2017.
72 Esposito, Mark, This is How New Technologies Could Improve Education Forever, World Economic Forum, 2018.
73 Lynch, Matthew, What Is the Future of STEM Education?, Education Week, 2018.
74 Siliconrepublic.com, What's Driving STEM Education? Emerging Trends on the Road Ahead, Silicon Republic, 2017.
75 Reynard, Ruth, Technology and the Future of Online Learning, Campus Technology, 2017; Kak, Subbash, Universities Must Prepare for a Technology-enabled Future, The Conversation, 2018.
76 Kaplan, Andreas M. and Haenlein, Michael, Higher Education and the Digital Revolution: About MOOCs, SPOCs, Social Media, and the Cookie Monster, Business Horizons, Vol. 59, 2016.
77 Reich, Justin and Ruiperez-Valiente, Jose A., The MOOC Pivot, Science, Vol. 363, 2019.
78 McCubbin, James, 4 Predictions for the Future of Technology in Education, Campus Blog, 2018.
79 Lederman, Doug, 'Clay Christensen, Doubling Down', Inside Hired, 2017.
80 See, Earthtime, CREATE Lab, CMU, Nobel Prize Winners sourced from worldmapper.org.
81 Tanzi, Alexandre, U.S. Student Loan Debt Sets Record, Doubling Since Recession, Bloomberg article, 2018.
82 Economist.com, A Booming Population is Putting Strain on Africa's Universities, Economist, 2019.
83 Johnson, Theodore R., Did I Really Go to Harvard If I Got My Degree Taking Online Classes?, Atlantic, 2013.
84 Economist.com, A Booming Population is Putting Strain on Africa's Universities, 2019, op. cit., p408.
85 McLeod, Scott and Fisch, Karl, Chapter 1: The Future of Jobs and Skills, World Economic Forum, 2020.
86 Pinder, Reuben, Fancy life As A Human Body Designer Or Rewilding Strategist? These 10 Creepy-sounding Job Titles Will Exist by 2025, Cityam, 2016.
87 Bernard, Zoe, Here's How Technology is Shaping the Future of Education, Business Insider, 2017.

문화

1 Mendelssohn, Scott, 'Avengers: Endgame' Tops 'Avatar' At Worldwide Box Office, Forbes, 2019.
2 Rosenberg, Matt, Number of McDonald's Restaurants Worldwide, Thought Co., 2020.
3 BBC.com, Bollywood's Expanding Reach, BBC News, 2012. 4 Zhou, Zier, The global influence of K-pop, Queen's Journal, 2019.
5 Jpninfo.com, How Has Japanese Anime Influenced the World?, Japan Info, 2015.
6 Tsunagujapan.com, 50 McDonald's Menu Items Only in Japan, Tsunagu Japan, 2014.
7 Prickman, Greg, 'The Atlas of Early Printing', University of Iowa Libraries, 2008. Retrieved from atlas.lib.uiowa.edu; Wikipedia.org, 15th Century Printing Towns of Incunabula Map, Wikipedia article, 2011. Based on Incunabula Short Title Catalogue of the British Library.
8 거의 1,000년이나 앞서 중국에서 인쇄 기술이 발명되었으나, 그 기술은 복잡하고 번거로웠으며 널리 퍼지지 못했다. Dewar, James A., The Information Age and the Printing Press, CA: RAND Corporation, 1998.
9 Dittmar, Jeremiah, Information Technology and Economic Change, 2011, op. cit., p416.
10 Lua, Alfred, 21 Top Social Media Sites to Consider for Your Brand, Buffer, 2019.
11 Statista.com, Global Digital Population as of April 2020, Statista, 2020; Wearesocial.com, Global Digital Report 2019, WeAreSocial Report, 2019.
12 Lua Alfred, 21 Top Social Media Sites to Consider for Your Brand, Buffer, 2019.
13 Ourworldindata.org, Number of Internet Users by Country: 1990, Our World in Data, 2017.
14 Barber, William L. and Badre, Albert N., Culturability: The merging of culture and usability. Presented at the Conference on Human Factors and the Web, Basking Ridge, New Jersey: AT&T Labs, 1998.
15 Spencer-Oatey, Helen, What is Culture? A Compilation of Quotations, GlobalPAD Open House, 2012.
16 CARLA.umn.edu, What is Culture?, CARLA University of Minnesota, 2019.
17 BBC.com, Islamic State and the Crisis in Iraq and Syria in Maps, BBC News, 2018.
18 Pagel, Mark, Does Globalization Mean We Will Become One Culture?, BBC: Future, 2014.

19 See Geoawesomeness.com, Netflix Expansion gif, Geo Awesomeness, 2018.
20 Travis, Clark, Netflix Quietly Debuted Sci-fi Movie 'the Wandering Earth', The Second-biggest Chinese Blockbuster Of All Time, Business Insider, 2019; Sharf, Zack, What If Netflix Released a $700 Million Blockbuster and No one Noticed? Oh Wait, It Just Did, Indie Wire, 2019.
21 Rice, Emma S., Haynes, Emma and Royce, Paul, Social Media and Digital Technology use Among Indigenous Young People in Australia: A Literature Review, International Journal for Equity in Health, 2016.
22 Carlson, Bronwyn L., Farrelly, Terri, Frazer, Ryan, et al., Mediating Tragedy: Facebook, Aboriginal Peoples and Suicide, Australian Journal of Information Systems, Vol. 19, 2015.
23 Dunklin, A. L., Globalization: A Portrait of Exploitation, Inequality and Limit, 2005.
24 Gov.uk, Policy Paper: Culture is Digital, Department for Digital, Culture, Media & Sport, 2019.
25 Ward, Peter, Using Today's Technology to Preserve the Past, Culture Trip, 2018.
26 Adzaho, Gameli, Can Technology Help Preserve Elements of Culture in the Digital Age?, Diplo, 2013.
27 catawbaarchives.libraries.wsu.edu resource.
28 plateauportal.libraries.wsu.edu resource.
29 passamaquoddypeople.com resource.
30 guides.library.ubc.ca, Indigenous Librarianship, University of British Columbia, 2020.
31 waiata.maori.nz songs resource.
32 Manish, Singh, Global Video Streaming Market is Largely Controlled by the Usual Suspects, Venture Beat, 2019.
33 Kovalchick, Shae, The Spread of the English Language, Geo 106 Human Geography, 2013; Beauchamp, Zack, The Amazing Diversity of Languages Around the World, in One Map, Vox 2015.
34 Eberhard, David M., Simons, Gary F. and Fennig, Charles D., Ethnologue: Languages of the World. Twenty-second edition. Dallas, Texas: SIL International, 2019.
35 Google, See what was trending in 2018 – Global, Google, 2018.
36 Kull, Steven, Culture Wars? How Americans and Europeans View Globalization, Brookings, 2001.
37 Mikanowski, Jacob, Behemoth, Bully, Thief: How the English Language is Taking Over the Planet, Guardian, 2018.
38 Noack, Rick, The Future of Language, Washington Post, 2015.
39 Mikanowski, 2018, op. cit., p423.
40 Noack, 2015, op. cit., p423.
41 Gobry, Pascal-Emmanuel, Want To Know The Language Of The Future? The Data Suggests It Could Be...French, Forbes, 2014.
42 Noack, Rick and Gamio, Lazaro, The World's Languages in 7 Maps and Charts, Washington Post, 2015. See map by endangeredlanguages.com, Endangered Languages Project (ELP), 2020.
43 멸종 위기 언어 목록. 이는 라일 캠벨(하와이대학 마노아), 앤서니 아리스타, 헬렌 아리스타-드라이(링귀스트 목록/이스턴미시간대학)가 만들었다.
44 Eberhard, Simons, and Fennig, 2019, op. cit., p423.
45 Noack and Gamio, 2015, op. cit. p424.
46 See wikitongues.org; Smithsonian: National Museum of Natural History, Recovering Voices, Smithsonian, 2020.
47 Arnold, Carrie, Can an App Save an Ancient Language?, Scientific American, 2016.
48 Endangeredlanguages.com, 2020, op. cit., p425.
49 UNESCO.org, UNESCO Atlas of the World's Languages in Danger, UNESCO, 2010.
50 Mikanowski, 2018, op. cit., p425.
51 Strochlic, Nina, The Race to Save the World's Disappearing Languages, National Geographic, 2018.
52 Ben, Reynolds, Starbucks: Aggressive Global Expansion Means Growth Percolating, NewsMax, 2018.
53 Ibid., op. cit., p425.
54 Knoema.com, Number of Starbucks Stores Globally: 1992 – 2019, KNOEMA, 2020.
55 Statista.com, Number of Starbucks Stores Worldwide From 2003 to 2019, Statista, 2020.
56 Yanofsky, David, A Cartographic Guide to Starbucks' Global Domination, Quartz, 2014.
57 Statista.com, Cities with the Largest Number of Starbucks in the United States as of April 2019, Statista, 2019.
58 Flanagan, Jack, How Starbucks Adapts to Local Tastes When Going Abroad, Real Business, 2014.
59 Willick, Jason, The Man Who Discovered 'Culture Wars', Wall Street Journal, 2018.
60 Heyrman, Christine L., The Separation of Church and State from the American Revolution to the Early Republic, National Humanities Center, 2008.
61 예를 들어, 1889년 위스콘신에서 거칠게 통과된 주법은 공립학교와 사립학교에서 주요 과목을 가르치기 위해 영어를 사용할 것을 강제했다.
62 Castle, Jeremiah, New Fronts in the Culture Wars? Religion, Partisanship, and Polarization on Religious Liberty and Transgender Rights in the United States, American Politics Research, Vol. 47, 2019.
63 McCarthy, Justin, U.S. Support for Gay Marriage Edges to New High, Gallup, 2017.
64 심지어 2004년, 매사추세츠주에서 동성 결혼을 합법화하기 수 주일 전까지도 오로지 42퍼센트만이 지지했다.
65 Ibid., p430.
66 Ibid., p430.
67 Lewis, Helen, Culture Wars Cross The Atlantic To Coarsen British Politics, Financial Times, 2018.
68 Newton, Casey, Far-right Extremists Keep Evading Social Media Bans, The Verge, 2019.
69 McDonell, Stephen, China Social Media: WeChat and the Surveillance State, BBC News, 2019.
70 Matsa, Katerina E., Fewer Americans Rely on TV News; What Type They Watch Varies by Who They Are, Pew Research Center, 2018.
71 Thehindu.com, For Indians, Smartphone is Primary Source of News, Hindu, 2019.

72 Wakefield, Jake, Social Media 'Outstrips TV' as News Source for Young People, BBC News, 2016.
73 Rainie, Lee, Americans' Complicated Feelings About Social Media in an Era of Privacy Concerns, Pew Research Center, 2018.
74 Scher, Bill, The Culture War President, Polito, 2017.
75 Borger, Julian, Trump Urges World to Reject Globalism in UN Speech that Draws Mocking Laughter, Guardian, 2018.
76 NPR.org, A Lavish Bollywood Musical Is Fueling A Culture War In India, NPR, 2018.
77 Ma Damien, Beijing's Culture War Isn't About the US It's About China's Future, Atlantic, 2012.
78 Legacy.joshuaproject.net, Evangelical Growth Rate Map, Joshua Project, 2010.
79 Lewis, Martin W., Mapping Evangelical Christian Missionary Efforts, GeoCurrents, 2013.
80 Van Herpen, Marcel H., Putin's Propaganda Machine, London: Rowman and Littlefield, 2016.
81 Haaretz.com, How Steven Bannon's 'The Movement' Is Uniting the Far Right in Europe, Haaretz, 2018.
82 BBC.com, Europe and Right-wing Nationalism: A Country-by-country Guide, BBC News, 2019.
83 BBC.com, The Movement: Steve Bannon Role in 2019 EU Elections, BBC Video Report, 2019.
84 Coman, Julian, Marine Le Pen and Emmanuel Macron Face Off for the Soul of France, Guardian, 2017.
85 Titley, Gavan, Pork is the Latest Front in Europe's Culture Wars, Guardian, 2014.
86 Chazan, Guy, Germany's Increasingly Bold Nationalists Spark A New Culture War, Financial Times, 2018.
87 Angelos, James, The Prophet of Germany's New Right, New York Times, 2017.
88 Meeus, Tom-Jan, The Wilders Effect, Politico, 2017.
89 Reuters.com, China Aims to 'optimize' Spread of Controversial Confucius Institutes, Reuters, 2019; Flew, Terry, Entertainment Media, Cultural Power, And Post-globalization: The Case of China's International Media Expansion and the Discourse of Soft Power, Pew Research Center, 2016.
90 Rosen, Stanley, Berry, Michael, Cai, Jindong, et al., Xi Jinping's Culture Wars, China File, 2014.
91 Wong, Edward, China's President Lashes Out at Western Culture, New York Times, 2012; Wong, Edward, Pushing China's Limits on Web, if Not on Paper, New York Times, 2011.
92 Osnos, Evan, China's Culture Wars, New Yorker, 2012.
93 Britishcouncil.org, International Development: Regions, British Council, 2020.
94 Washingtonpost.com, Why US Universities Have Shut Down China-funded Confucius Institutes, Washington Post, 2019.
95 McDonald, Alistair, Soft Power Superpowers: Global Trends in Cultural Engagement and Influence, London: British Council, 2018.
96 Kreko, Peter, Gyori, Lorant and Dunajeva, Katya, Russia is Weaponizing Culture in CEE by Creating a Traditionalist 'Counter-culture', StopFake.org, 2016.
97 Ibid., p437.
98 Ibid., p437.

결론

1 See ClimateReanalyzer.org, Climate Change Institute, University of Maine, 2020.
2 Niler, Eric, An AI Epidemiologist Sent the First Warnings of the Wuhan Virus, Wired, 2020.
3 See Coronavirus COVID-18 Global Cases by Johns Hopkins CSSE, Data Visualization, 2020.
4 See ESRI, esri.com, The Power of the Map and Planet Lab at planet.com.
5 Nagaraj, Abhishek and Stern, Scott, The economics of Maps, Journal of Economic Perspectives, Vol. 34, 2020.
6 Pinker, Steven, Enlightenment Now, Penguin, 2019.
7 Muggah, Robert and Wabha, Sameh, How Reducing Inequalities Will Make Our Cities Safer, World Bank, 2020.
8 IPBES.net, Global Assessment, IPBES Media Release, 2019. 9 Rees, Martin, Our Final Century, Heinemann, 2004.
10 Grose, Anouchka, How the Climate Emergency Could Lead to a Mental Health Crisis, Guardian, 2019.
11 Castelloe, Molly, Coming to Terms With Ecoanxiety, Psychology Today, 2019.
12 Goldin, Ian and Mariathasan, Mike, The Butterfly Defect, Princeton University Press, 2014.
13 Nyabiage, Jevans, US-China Trade War Hits Africa's Cobalt and Copper Mines with 4,400 Jobs Expected to Vanish, South China Morning Post, 2019.
14 Muggah, Robert, It Isn't Too Late to Save the Brazilian Rainforest, Foreign Policy article, 2019.
15 See WHO website at who.int, Fact Sheets: Measles.
16 Goldin, Ian, Divided Nations: Why Global Governance is Failing, and What We Can Do About It, Oxford University Press, 2013.
17 Muggah, Robert and Kosslyn, Justin, Why the Cities of the Future are 'Cellular', World Economic Forum Agenda, 2019.
18 Goldin, Ian and Kutarna, Chris, Age of Discovery: Navigating the Storms of Our Second Renaissance, Bloomsbury, 2017.
19 Oxfordmartin.ox.ac.uk, Now for the Long Term: The Report of the Oxford Martin Commission for Future Generations, Oxford Martin School, 2013.
20 Energyatlas.iea.org, CO2 Emissions from Fuel Combustion: Map, IEA Atlas of Energy, 2020.
21 Ucsusa.org, Each Country's Share of CO2 Emissions, Union of Concerned Scientists, 2019.
22 Taylor, Matthew and Watts, Jonathan, Revealed: The 20 Firms Behind a Third of All Carbon Emissions, Guardian, 2019.
23 Philippon, Thomas, The Great Reversal: How America Gave Up on Free Markets, Harvard University Press, 2019.
24 USCA.es, Profession: History of Air Traffic Control, USCA, 2020.

앞으로 100년

인류의 미래를 위한 100장의 지도

초판 1쇄 펴낸날 2021년 11월 29일
초판 7쇄 펴낸날 2022년 1월 24일
지은이 이언 골딘·로버트 머가
옮긴이 권태형·금미옥·김민정·김화진·유병진·유선희·유지윤·이은경·이지연·이효은 임민영·정훈희·추서연
펴낸이 한성봉
편집 하명성·신종우·최창문·이종석·조연주·김학제·신소윤·이은지·이동현
콘텐츠제작 안상준
디자인 정명희
마케팅 박신용·오주형·강은혜·박민지
경영지원 국지연·강지선
펴낸곳 도서출판 동아시아
등록 1998년 3월 5일 제1998-000243호
주소 서울시 중구 퇴계로 30길 15-8 [필동1가 26] 무석빌딩 2층
페이스북 www.facebook.com/dongasiabooks
전자우편 dongasiabook@naver.com
블로그 blog.naver.com/dongasiabook
인스타그램 www.instargram.com/dongasiabook
전화 02) 757-9724, 5
팩스 02) 757-9726
ISBN 978-89-6262-404-5 03320

만든 사람들
편집 최창문
크로스교열 안상준
디자인 최세정